Das Verfassungsprinzip der Menschenwürde in Österreich

Europäische Hochschulschriften
Publications Universitaires Européennes
European University Studies

Reihe II
Rechtswissenschaft

Série II Series II
Droit
Law

Bd./Vol. 3429

PETER LANG
Frankfurt am Main · Berlin · Bern · Bruxelles · New York · Oxford · Wien

Klaus Burger

Das Verfassungsprinzip der Menschenwürde in Österreich

PETER LANG
Europäischer Verlag der Wissenschaften

Die Deutsche Bibliothek - CIP-Einheitsaufnahme

Burger, Klaus:
Das Verfassungsprinzip der Menschenwürde in Österreich /
Klaus Burger. - Frankfurt am Main ; Berlin ; Bern ; Bruxelles ;
New York ; Oxford ; Wien : Lang, 2002
 (Europäische Hochschulschriften : Reihe 2,
 Rechtswissenschaft ; Bd. 3429)
 Zugl.: Regensburg, Univ., Diss., 2002
 ISBN 3-631-39096-3

Gedruckt mit Unterstützung der
Österreichischen Forschungsgemeinschaft in Wien.

Gedruckt auf alterungsbeständigem,
säurefreiem Papier.

D 355
ISSN 0531-7312
ISBN 3-631-39096-3
© Peter Lang GmbH
Europäischer Verlag der Wissenschaften
Frankfurt am Main 2002
Alle Rechte vorbehalten.

Das Werk einschließlich aller seiner Teile ist urheberrechtlich
geschützt. Jede Verwertung außerhalb der engen Grenzen des
Urheberrechtsgesetzes ist ohne Zustimmung des Verlages
unzulässig und strafbar. Das gilt insbesondere für
Vervielfältigungen, Übersetzungen, Mikroverfilmungen und die
Einspeicherung und Verarbeitung in elektronischen Systemen.

Printed in Germany 1 2   4 5 6 7

www.peterlang.de

Vorwort

Die Arbeit entstand in den Jahren 1999 bis 2001 und wurde im Wintersemester 2001/2002 von der Juristischen Fakultät der Universität Regensburg als Dissertation angenommen. Literatur und Rechtsprechung wurden dabei bis April 2001 berücksichtigt und diskutiert, vereinzelt erfolgten noch Literatur- und Rechtsprechungshinweise bis Januar 2002. Mein ganz herzlicher Dank gilt Herrn Professor Dr. Rainer Arnold, Inhaber des Jean-Monnet-Lehrstuhls für Europarecht an der Universität Regensburg, für seine wohlwollende Betreuung, Aufgeschlossenheit und zügige Förderung. Als vielfach beanspruchter Richter und Vater von drei kleinen Kindern bin ich ihm auch deshalb sehr verbunden, weil die Ausarbeitung so in zwei Jahren erfolgreich zu Ende gebracht werden konnte. Mein besonderer Dank gilt Herrn o. Universitätsprofessor Dr. Walter Berka, Salzburg, der die Arbeit kritisch, aber mit außerordentlichem Entgegenkommen, begleitete und mir als geduldiger Ansprechpartner zur Seite stand. Meine besondere Wertschätzung darf ich weiter Herrn em. Univ.-Prof. DDr. Franz Matscher, Direktor des Österreichischen Instituts für Menschenrechte, ausdrücken. Ihm sei Dank gesagt für seine stets freundliche Bereitwilligkeit, mir mit Rat und Tat zu helfen.

Diese vielfältigen Betreuungen führten zu einer wissenschaftlichen Qualifizierung, die eine Förderung durch die Österreichische Forschungsgemeinschaft ermöglichte, wofür ich mich als Deutscher geehrt fühlen darf, und für die ich mich ebenfalls recht herzlich bedanke.

Aufrichtig möchte ich meiner Ehefrau Barbara danken, ohne deren großer Geduld ein zügiges Ende der Ausarbeitung nicht möglich gewesen wäre. Mein herzlicher Dank gilt auch meinem Vater, der als Mediziner so manche Ausführung unter die Lupe nahm und mir wertvolle Hinweise gab.

Bad Reichenhall, im Februar 2002

Inhaltsverzeichnis

Einleitung	17
Ausgangspunkt und Zielsetzung der Ausarbeitung	17
I) Aktualität	17
II) Methodik	18
III) Ausarbeitung im einzelnen	19

Erster Teil
- I) Der Begriff der Menschenwürde ... 23
  - 1) Historische Entwicklung ... 23
    - a) Ideengeschichtlich ... 23
    - b) Verfassungsgeschichtlich ... 25
  - 2) Das Prinzip der Menschenwürde in der Bundesrepublik Deutschland ... 29
    - a) Anerkennung durch Art. 1 GG ... 29
    - b) Inhalt ... 31
    - c) Grundrechtscharakter, Subjektivität und Schutzpflicht ... 34
    - d) Unantastbarkeit und "Ewigkeitsgarantie" ... 36
    - e) Personelle Reichweite ... 37
- II) Rezeption der deutschen Menschenwürdediskussion in Österreich? ... 38
  - 1) Fortführung der rechtspositivistischen Verfassungstradition in Österreich nach 1945 ... 39
  - 2) Die Diskussion in Österreich von 1945 bis Mitte der 80er Jahre ... 41
    - a) Präpositiver Begründungsansatz ... 42
    - b) Positiv-rechtlicher Begründungsansatz ... 47
  - 3) Der Beginn einer neuen Diskussion auf dem Boden der EMRK ab Mitte der 80er Jahre ... 50
  - 4) Zusammenfassung ... 52

Zweiter Teil
Begründung eines Prinzips der Menschwürde aus der österreichischen Bundesverfassung ... 55
- I) Ungeschriebene Verfassungsprinzipien, Wertungsgrundsätze und Menschenwürde ... 55
  - 1) Menschenbild und Weltbild der österreichischen Verfassung ... 55

   a) Bestimmbares Menschenbild? 55
   b) Anthropozentrisches Weltbild? 62
  2) Obergerichtliche Rechtsprechung mit Hinweis auf das Prinzip
   der Menschenwürde als übergeordnetes Prinzip 65
   a) Der VfGH und die Menschenwürde als allgemeiner
    Wertungsgrundsatz 65
    aa) VfGH-Erkenntnis vom 10.12.1993 65
    bb) Literaturstimmen 67
    cc) Beurteilung des Leitbegriffs "allgemeiner Wertungs-
     grundsatz" 69
    dd) Gesamtbetrachtung 72
   b) Der OGH und die Menschenwürde 75
    aa) OGH und Grundrechte 75
    bb) Entscheidungen v. 14.4.1994 (ungeschriebene Wertvor-
     stellung) 75
    cc) Entscheidungen v. 12.9.1996 und 3.8.2000 77
    dd) Ordre public 79
    ee) Zusammenfassung 79
  3) Das Rechtsstaatsprinzip 80
   a) Rechtsstaat als ungeschriebenes Verfassungsprinzip 80
   b) Rechtsstaat und Menschenwürde 80
    aa) Grundrechtskern 80
    bb) Verfahrensschutz 82
  4) Das Verhältnismäßigkeitsprinzip 83
   a) Ableitung und dogmatische Begründung 84
   b) Schranken-Schranke bei Grundrechten mit Gesetzesvor-
    behalt 84
   c) Verhältnismäßigkeitsprinzip und Grundrechte ohne Ge-
    setzesvorbehalt 85
   d) Menschenwürde und Verhältnismäßigkeitsprinzip 86
III) Geschriebene Verfassungsbestimmung und implizite Gewährleistung
  der Menschenwürde 91
  1) Die Menschenwürde als Kern von Freiheitsgrundrechten 91
   a) Dogmatische Notwendigkeit einer Kernbereichsbestimmung 92
   b) Rechtslehre 95
   c) Rechtsprechung 96
   d) Wesensgehalt und Menschenwürde 98
    aa) Art. 19 Abs. 2 GG 99
    bb) Wesensgehaltssperre, Prinzip der Verhältnismäßigkeit
     und Bauprinzip der Bundesverfassung 101

2)	Art. 3 EMRK als Grundrecht auf Achtung und Schutz der Menschenwürde?	108
	a) EMRK als österreichischer Grundrechtskatalog	109
	b) Präambel, Bezugnahme auf AEMR 1948	110
	c) Art. 3 EMRK, Menschenwürde als Schutzgut	111
	d) Obergerichtliche Rechtsprechung zu Art. 3 EMRK	113
	aa) VfGH	113
	bb) EGMR	116
	cc) OGH	120
	dd) VwGH und UVS	121
	ee) Rechtslehre	122
	ff) Zusammenfassung	126
3)	Der Gleichheitssatz und die Menschenwürde	127
	a) Rechtslehre	128
	b) Der Kern des Gleichheitssatzes; VfGH v. 12.12.1998	129
	c) Bewertung	130
4)	Das Demokratieprinzip und die Menschenwürde	131
	a) Rechtslehre	132
	b) Rechtsprechung	134
	c) Bewertung	135
III) Art. 1 Abs. 4 PersFrG als explizite Bestimmung der Menschenwürde der österr. Bundesverfassung		136
1)	Regelungsgrund	136
2)	Rechtslehre	138
3)	Rechtsprechung	139
4)	Das Verhältnis von Art. 1 Abs. 4 PersFrG zu Art. 3 EMRK	141
5)	Übergreifende Bedeutung?	142

Dritter Teil
Menschenwürde und (einfaches) Bundesrecht 143
I) Einfaches Gesetzesrecht und materielles Verfassungsrecht 143
   1) Einfache Gesetze als Eingriffe in die Grundrechte 144
   2) Grundrechtsprägung durch einfache Gesetze 146
   3) Menschenwürde als Verfassungsprinzip und einfachgesetzlicher Rechtsbegriff? 149
   4) Zusammenfassende Bewertung 152
II) § 16 ABGB – eine Zentralnorm der österr. Rechtsordnung 152
   1) Begriffliche Verwandtschaft zur Virginia Bill of Rights und auch zu Kant 153
   2) Entstehungsgeschichte und Regelungsgrund 154

	3) § 16 ABGB als materielles Verfassungsrecht und Maßstab für den Inhalt des Prinzips der Menschenwürde	155
	4) Obergerichtliche Rechtsprechung	156
III)	Normtextliche Verankerung der Menschenwürde im einfachen Gesetzesrecht; Überblick, Literatur und Rechtsprechung	160
	1) Rundfunkrecht	160
	2) Unterbringungsrecht	167
	3) Militärstrafrecht	174
	4) Arbeitsverfassungsrecht	176
	5) Auslieferungs- und Ausweisungsschutz	180
	6) Sicherheitsrecht	183
	7) Strafvollzugs- und Strafrecht, Strafzumessung	185
	8) Gleichbehandlungsrecht	191
	9) Besonderheit: Vereinbarung Bund/Land Kärnten zur Sicherstellung der Patientenrechte 1999	192
	10) Gentechnik	194
IV)	Menschenwürde und einfaches Bundesrecht ohne normtextliche Erwähnung, aber implizit als Regelungsgrund	196
	1) Fortpflanzungsmedizingesetz und Biotechnologie	196
	2) §§ 146a und 1330 ABGB	200
	3) Beamtenrecht	204
V)	Zusammenfassung: Die Aussagekraft einfachgesetzlicher Menschenwürdebestimmungen	205

Vierter Teil
Menschenwürde und Landesverfassungsrecht ... 209

I)	Menschenwürde und Landesverfassungen; Regelungsgrund, Rechtswirkung, bedeutsame Unterschiede	209
	1) Burgenland	210
	2) Vorarlberg	210
	3) Tirol	212
	4) Oberösterreich	214
	5) Salzburg	214
II)	Menschenwürde, Landesverfassungsrecht und Bundesverfassungsrecht	215
	1) Verhältnis Bundes- und Landesverfassungsrecht	215
	2) Ausgleich bundesrechtlicher Defizite?	218
	3) Einheit der Rechtsordnung	220
	4) Menschenwürde und einfaches Landesrecht	221

Fünfter Teil
Die Menschenwürde im Spannungsfeld der Positivität und Präpositivität,
der Auslegung und Rechtsfortbildung 225
I) Methodische Vergewisserung 225
II) Ungeschriebene Verfassungsgrundsätze; allgemeine Rechts-
    grundsätze 225
III) Positivität der Menschenwürde 227
IV) Die Ableitung der Menschenwürde als Rechtsfortbildung? 232

Sechster Teil
Inhaltsbestimmung und Dogmatik 237
I) Dogmatische Sondierungen 238
   1) Die Grundrechte als objektive Werteordnung (Doppelfunktion) 238
      a) Verfassungsrechtslage in Deutschland 238
      b) Verfassungsrechtslage in Österreich 239
   2) Absolutheit der Menschenwürde 241
      a) Begründung der Absolutheit der Menschenwürde in
         Deutschland 241
      b) Ansätze einer Relativierung der Menschenwürde in
         Deutschland 242
         aa) BVerfG; Menschenbild des GG 243
         bb) Zuordnung der Menschenwürde zu Art. 2 Abs. 1 GG,
             einem Grundrecht mit Schrankenvorbehalt 244
         cc) Menschenwürde als Prinzip und Regel zugleich 247
      c) Absolutheit der Menschenwürde in *Österreich* 249
         aa) Keine ausreichende Begründung einer Relativität 250
             - Obergerichtliche Rechtsprechung 250
             - Menschenbild 251
             - Gesellschaftliche Ordnung als veränderliches
               Moment? 251
             - Übertragbarkeit des Modells von Alexy? 252
             - Menschenwürde und Verhältnismäßigkeitsprinzip 253
         bb) Begründung der Absolutheit 254
             - Teleologie 254
             - Grundrechtskern und begrifflich-logische Abwägungs-
               feindlichkeit 255
             - Ableitung aus Art. 3 EMRK 255
             - Menschenwürde als materielle Seite der Wesensge-
               haltssperre 257
             - Menschenwürde als Bauprinzip? 258

	- Menschenwürde als präpositiver Wert?	258
II)	Die Menschenwürde als Verfassungsprinzip in Österreich, verbindlich für Gesetzgeber, Verwaltung und Rechtsprechung	259
1)	Inhaltsbestimmung	259
	a) Mensch	261
	b) Würde	262
	c) Negative Definition	264
	d) Fundamentale Gebote und Verbote; positive Würdeparameter	266
	e) Zusammenfassung der generell-abstrakten inhaltlichen Vorgaben	272
	f) Dialektik des Gehalts der Menschenwürde – Ausdruck der Relativität?	273
	g) Thematisierung und Konkretisierung des Gehalts	274
	(1) Menschenwürde und Lebensschutz; Recht auf Leben	274
	- Todesstrafe und Rettungsschuß	275
	- Abtreibung	277
	- Beginn menschlichen Lebens	278
	- Eingriffe in das menschliche Genom	279
	- Stammzellenforschung	280
	- Klonen	282
	- Präimplantationsdiagnostik	284
	- Recht auf Gesundheit	285
	(2) Menschenwürde und Tod; Recht auf Tod?	286
	- Sterbehilfe	286
	- Freitod	293
	- Organentnahme	295
	- Würde des Verstorbenen	295
	(3) Erniedrigende Behandlung; Schutz des Kernbereichs der Integrität und Identität	297
	- Folter (repressiv, präventiv)	297
	- Körperstrafe und Strafvollzug	298
	- Heimunterbringung	299
	- Menschen mit Behinderung	299
	- Menschenversuche und Wahrheitsforschung	300
	- Sexuelle Selbstbestimmung	300
	- Unverletzlichkeit der Wohnung	301
	(4) Schutz des Kernbereichs der Gleichheit	303
	- Gleichwertigkeit	303
	- Genforschung	304

		- Mobbing	304
	(5)	Menschenwürde und Datenschutz	305
		- Totalerhebung und Teilerfassung	306
		- Datenerfassung und Kommunikation	306
		- Genetischer Code und DNA-Analye	307
	(6)	Schutz der sozialen Achtung	309
		- Sozialer Geltungsanspruch	309
		- Schutz des Kernbereichs der Ehre	310
	(7)	Menschenwürde, Strafrecht und Strafverfahrensrecht..	311
	(8)	Kinder- und Jugendschutz; Prügelstrafe und Erziehungsmaßregel	313
		- Staatliche Verantwortung	313
		- Elterliche Verantwortung	316
	(9)	Ausweisungs- und Abschiebungsschutz	317
	(10)	Sicherung der Existenz	318
		- materielle Existenz	318
		- ökologische Existenz	320
		- soziale Existenz	321
	(11)	Administrative und justitielle Teilhabe	321
		- Verfahrensgarantien	321
		- Verfahrenszugang	323
	(12)	Kernbereich der Glaubens- und Gewissensfreiheit	325
		- positiv	325
		- negativ	325
	(13)	Menschenwürde und Kommunikation	327
		- Versammlungsfreiheit	327
		- Medienberichterstattung	328
		- Negative Informationsfreiheit	329
	(14)	Menschenwürde und Familienschutz	329
		- ausländerrechtliche Maßnahmen	330
		- Recht auf Familie	331
	(15)	Menschenwürde und Kunst	332
	(16)	Menschenwürde, Eigentumsgarantie und Berufsfreiheit	333
	(17)	Menschenwürde und Grundpflichten; Menschenwürdepflichten	334
2)	Unverfügbarkeit		340
3)	Funktion		346
4)	Reichweite als objektiv-rechtliches Prinzip		348
III)	Die subjektiv-rechtliche Dimension der Menschenwürde		350
1)	Abwehrrecht		350

		a) Abwehrrechte als subjektive Rechte	350
		b) Menschenwürde als subjektives Recht	351
		c) Haltung des VfGH	353
		c) Anspruchsschranken	354
	2)	Schutzpflicht	356
		a) Rechtslage in Deutschland	356
		b) Keine Rezeption der herrschenden deutschen Dogmatik in Österreich	357
		c) StGG 1867; historische Bedeutung	358
		d) EMRK; dogmatische Differenzierung zum StGG	359
		e) Ableitung für Österreich aus der Friedens- und Ordnungsfunktion des Staates (Sicherungsfunktion)	361
		f) Schutzpflicht als subjektives Recht	362
		g) normativer Gehalt; Reichweite	363
IV)	Teilhaberechte		365
V)	Drittwirkung der Grundrechte		367
	1)	Ausgangslage	367
	2)	Mittelbare Wirkung der Grundrechte in Privatrechtsverhältnissen in Österreich	367
	3)	Deutsche Rechtslage	369
	4)	Drittwirkung und grundrechtliche Pflichten	370
	5)	Drittwirkung und Menschenwürde	371
VI)	Justitiabilität		374
	1)	Österreichspezifische Besonderheiten aus deutscher Sicht	374
	2)	Menschenwürde, Rechtsweggarantie und effektiver Rechts- und Verfahrensschutz	374
	3)	Konstellationen	376
		a) Justitiabilität und Bescheiderfordernis	377
		b) Justitiabilität und gesetzgeberisches Unterlassen	378

Siebter Teil
Zusammenfassende rechtliche Einordnung des Prinzips der Menschenwürde 381

I)	Rechtsprinzip		381
II)	Verfassungsprinzip; allgemeiner Rechtsgrundsatz		381
III)	Keine Staatszielbestimmung ohne subjektive Rechtsgewährung		384
	1)	Staatsziel und Legislative	385
	2)	Staatsziel und Exekutive	385
	3)	Staatsziel und Judikative	387
	4)	Staatsziel und Menschenwürde	387

IV)	Menschenwürde, kein Rechtsprinzip sui generis	388
V)	Verfassungsprinzip und Grundrecht	389
VI)	Bauprinzip der Bundesverfassung iSd Art. 44 Abs. 3 B-VG	390
VII)	Menschenwürde als unabänderliches Prinzip über Art. 44 Abs. 3 B-VG hinaus (Ewigkeitsgarantie)?	392

Achter Teil
Die Charta der Grundrechte der Europäischen Union 395
I) Sachstand und Rechtslage 395
II) Grundrechts-Charta und das Prinzip der Menschenwürde in Österreich 401

Abkürzungsverzeichnis 403

Literaturverzeichnis 407

Einleitung

Ausgangspunkt und Zielsetzung der Ausarbeitung

Der Titel dieser Ausarbeitung mag für den in der rechtspositivistischen Verfassungstradition wurzelnden Juristen in Österreich verwunderlich klingen, ist er doch als Feststellung formuliert. Diese Feststellung ist bewusst vorangestellt, weil sie zugleich das Ergebnis dieser Ausarbeitung ist, mithin ein Verfassungsprinzip der Menschenwürde in Österreich de lege lata gut zu begründen erscheint.

I) Aktualität

Der Begriff der Menschenwürde hat mittlerweile einen unübersehbaren Platz in der österreichischen Rechtsordnung eingenommen. Für den Sektor der einfachgesetzlichen Regelungen auf Bundes- und Landesebene ist dies augenscheinlich. Aber auch die überwiegende Zahl der Verfassungen der Länder verzichtet nicht mehr auf die Verankerung eines Rechtsprinzips der Menschenwürde[1].

In der österreichischen Bundesverfassung ist hingegen das Prinzip der Menschenwürde nur in einem Fall ausdrücklich benannt, und zwar in Art. 1 Abs. 4 des Bundesverfassungsgesetzes über den Schutz der persönlichen Freiheit (PersFrG). Aus dieser Bestimmung allein lässt sich freilich ein Verfassungsprinzip weder ableiten noch ausreichend begründen.

In zunehmendem Maße kann die obergerichtliche Rechtsprechung in Österreich zur Menschenwürde als vielschichtig bezeichnet werden. Dabei wird die Menschenwürde in den 90er Jahren sowohl durch den VfGH als auch durch den OGH als ein der österreichischen Rechtsordnung immanentes Prinzip anerkannt, freilich nicht in der rechtlichen Dimension des Art. 1 Abs. 1 des Grundgesetzes für die Bundesrepublik Deutschland.

Besondere Aktualität erfährt die Thematik durch Art. 1 der im Dezember 2000 proklamierten EU-Grundrechte-Charta, in der die Menschenwürde ausdrücklich verankert und den Grundrechten vorangestellt ist. Österreich wird sich

---

1 So aktuell das Land Salzburg 1999, siehe dazu unten, Vierter Teil (Landesverfassungsrecht).

damit der Diskussion über die Menschenwürde in Zukunft verstärkt stellen müssen[2].

II) Methodik

Methodisch wird das Prinzip der Menschenwürde auf dem Boden eines weiten Begriffes der Positivität als positivrechtlich verankertes Prinzip der österreichischen Bundesverfassung abgeleitet. Damit bezieht der Verfasser im Spannungsfeld der Positivität und Präposivität einerseits und der materiell-wertenden Verfassungsauslegung und Rechtsfortbildung andererseits freilich einen Standpunkt, der nicht im Einklang mit der positivistischen Verfassungstradition in Österreich steht[3]. Die hier vorgetragene These eines aus der Verfassung ableitbaren Prinzips der Menschenwürde ist einer praxisorientierten Wissenschaft[4] zuzuordnen, die „auf die Lösung konkreter Probleme anhand von bestehenden Rechtsnormen"[5] abzielt. Dies ist freilich nicht der Begriff der Rechtswissenschaft, wie er im Sinne Kelsens verstanden wird[6]. Die Rechtfertigung meiner Sichtweise gibt aber nicht zuletzt die obergerichtliche Rechtsprechung in Österreich selbst, wie dies in der Ableitung von ungeschriebenen Verfassungsprinzipien und auch in der Anerkennung des Begriffs der Menschenwürde zum Ausdruck kommt.

Das Konzept dieser Arbeit gründet also darauf, dass das Prinzip der Menschenwürde aus der geschriebenen Verfassungsrechtsordnung ableitbar ist. Dabei werden Verfassungsnormen wie auch die einschlägige höchstrichterliche Rechtsprechung analysiert. Literaturstimmen bestärken - freilich nicht mehrheitlich -

---

2 Auch in der Schweiz ist die Menschenwürde nunmehr in der neuen Bundesverfassung 1999, in Kraft getreten am 1. Januar 2000, explizit als Grundrecht verankert (Art. 7 nBV).
3 Eine Begründung aus naturrechtlichen Überlegungen erfolgt freilich nicht; dazu auch unter Erster Teil II 2; vgl hierzu Walter Grundrechtsverständnis, S. 1 ff (2 ff) und allgemein Loebenstein, Die Behandlung des österreichischen Grundrechtskataloges durch das Expertenkollegium zur Neuordnung der Grund- und Freiheitsrechte, EuGRZ 1985, S. 365 ff (327); Pernthaler, Allgemeine Staatslehre und Verfassungslehre, 2. Auflage 1996; § 74, Das Naturrecht; Berka, Grundrechte, Rn 23, 34; zur Notwendigkeit eines formellen Geltungsgrundes von Grundrechten Morscher, Die Hierarchie der Verfassungsnormen und ihre Funktion im Grundrechtsschutz in Österreich, Landesbericht Österreich 1990, EuGRZ 1990, S. 454 ff (454/455); vgl zu Naturrecht und Grundrechte aus deutscher Sicht Bleckmann, Staatsrecht II-Die Grundrechte, 4. Auflage, § 4.
4 Zum Begriff der „praxisorientierten Rechtswissenschaft" vgl auch Hiesel, Gleichheitssatz, aaO, S. 289.
5 Öhlinger, Verfassungsrecht, Rn 27.
6 Vgl Walter-Mayer, Bundesverfassungsrecht, Rn 127.

die hier vertretene Einschätzung. Das Prinzip der Menschenwürde als Norm mit Verfassungsrang wird zunächst als Schranke des einfachen Gesetzgebers und damit subjektiv-rechtliche und inhaltliche Kehrseite der Wesensgehaltssperre, also als Maßstab für das einfache Recht qualifiziert. Die derogative Kraft der Menschenwürde als Verfassungsprinzip ergibt sich dabei aus den Normen, aus denen dieses Prinzip abgeleitet wird, nämlich aus der Bundesverfassung.

Sodann setzt sich der Verfasser mit der Inhaltsbestimmung und der Reichweite des Prinzips der Menschenwürde auseinander, wobei die in der Bestandsaufnahme gefundenen Ansätze zugrunde gelegt, aber auch weiterentwickelt werden. Das Absolute des Begriffs der Menschenwürde wird analysiert und begründet, die Grenzen der Unverfügbarkeit bestimmt. Der Verfasser kommt zu dem Ergebnis, dass das Prinzip der Menschenwürde als subjektiv-rechtliches[7] Verfassungsprinzip und damit als Grundrecht auch der Disposition des „einfachen" Verfassungsgesetzgebers entzogen, mithin Bauprinzip der Bundesverfassung ist.

III) Gang der Ausarbeitung im Einzelnen

Zunächst wird das Prinzip der Menschenwürde ideengeschichtlich und verfassungsgeschichtlich kurz dargestellt, nachfolgend wird dieses Prinzip am Beispiel des Bonner Grundgesetzes erläutert. Festgestellt wird des Weiteren, dass vor dem Hintergrund vielfältiger früher Literaturstimmen in Österreich von einer Rezeption der deutschen Diskussion über den Rechtsbegriff der Menschenwürde nicht gesprochen werden kann, jedoch im Grundsätzlichen übereinstimmendes Gedankengut feststellbar ist.

Im Folgenden wird das Prinzip der Menschenwürde aus der Bundesverfassung abgeleitet. Eckpfeiler dieser Deduktion sind zum einen verschiedene ungeschriebene und geschriebene Verfassungsnormen und Verfassungsprinzipien, aus denen sich das Prinzip der Menschenwürde als jeweiliger Teil des Ganzen (Rechtsstaatsprinzip, Demokratieprinzip) oder als dessen Kern (Gleichheitsgrundsatz) darstellen lässt.

Zum anderen erscheint mir der essentielle Gehalt der Freiheitsrechte impliziter Anhaltspunkt der verfassungsrechtlichen Ableitung. Hierbei kommt der EMRK als österreichischem Grundrechtskatalog und insbesondere der notstandsfesten und vorbehaltlosen Bestimmung des Art. 3 EMRK nebst hierzu ergangener Rechtsprechung zur Menschenwürde besondere Bedeutung zu.

Im Ergebnis wird die Menschenwürde als inhaltliche Kehrseite der von der Verfassungsgerichtsbarkeit geprägten Wesensgehaltssperre qualifiziert, der

---

7 Verstanden als gerichtlich durchsetzbarer Anspruch.

strukturelle Unterschied zwischen den Prinzipien der Menschenwürde und der Verhältnismäßigkeit betont.

In den vielfältigen Menschenwürdebestimmungen der einfachen Gesetze drückt sich ebenfalls die Menschenwürde als übergreifendes Prinzip und rechtliche Wertbemessung aus. Beachtenswert sind überdies vielfältige einfachgesetzliche Bestimmungen mit impliziter Gewährleistung der Menschenwürde, wie z.b. § 16 ABGB, und die hierzu ergangene obergerichtliche Rechtsprechung. Die Regelungen werden benannt, der Regelungsgrund wird hinterfragt und die Rechtsprechung wird erläutert[8]. Freilich kann aus einfachgesetzlichen Bestimmungen kein Bundesverfassungsprinzip abgeleitet werden. Ein innerer Bezug zwischen der einfachgesetzlichen Bestimmung der Menschenwürde und dem verfassungsrechtlichen Gehalt eines Prinzips der Menschenwürde ist jedoch erkennbar und wird jeweils dargestellt.

Auch Landesverfassungsrecht kann Ausdruck einer gesellschaftlichen Übereinstimmung von Werten sein und in die Bundesverfassung ausstrahlen. Deshalb werden die Bestimmungen zur Menschenwürde in den Landesverfassungen erläutert und der Bezug zum Bundesverfassungsrecht diskutiert. Schließlich sind die Bestimmungen zur Menschenwürde in den einfachen Landesgesetzen zu erwähnen und zu hinterfragen.

Der anschließenden Inhaltsbestimmung werden zunächst dogmatische Weichenstellungen vorangestellt. Es wird diskutiert, ob die Grundrechte in Österreich eine objektive Werteordnung darstellen. Ferner wird begründet, warum dem Prinzip der Menschenwürde absolute Priorität zuzuordnen ist und dieses somit niemals mit anderen Verfassungsgrundsätzen und Grundrechten einer abwägenden Wertung unterworfen werden kann. Die eindeutige Vorrangstellung der Menschenwürde wird unterstrichen.

Die weitere Ausarbeitung umfasst sodann den Versuch einer Inhaltsbestimmung und wissenschaftlichen Darlegung des Prinzips der Menschenwürde. Eine Dialektik des Prinzips der Menschenwürde wird dargestellt, die Tragweite des Prinzips am Beispiel vieler aktueller Themen ausgelotet. So werden beispielsweise das Klonen, die Sterbehilfe, die Genforschung, die administrative und justitielle Teilhabe oder auch die Medienberichterstattung und sogar die Grundpflichten am Prinzip der Menschenwürde gemessen. Sodann werden die Grenzen der „Unverfügbarkeit" ausgelotet.

---

8 Die Achtung der Menschenwürde wird augenscheinlich durch den Bundes- und Landesgesetzgeber als ein hohes rechtliches Interesse festgeschrieben und als unverzichtbarer Maßstab bei der Beurteilung von Sachverhalten mit hohem Gefährdungspotential der persönlichen Integrität und und allgemein von Grundrechten der Person gesetzlich verankert. Eine Durchsicht der einschlägigen gesetzgeberischen Regelungsgründe wie auch der mittlerweile ergangenen obergerichtlichen Rechtsprechung belegt dies.

Gut begründbar und nicht im augenscheinlichen Widerspruch zur aktuellen obergerichtlichen Rechtsprechung stehend erscheint mir die Qualifizierung der Menschenwürde als objektiv-rechtliches Verfassungsprinzip, verbindlich für Gesetzgeber, Verwaltung und Rechtsprechung. Dem Prinzip der Menschenwürde ist jedoch als Ausdruck der Subjektivität des Menschen auch eine subjektiv-rechtliche Dimension zuzusprechen, sei es als Abwehrrecht oder als Schutzanspruch. Damit steht für mich fest: Das Prinzip der Menschenwürde ist in Österreich ein Grundrecht. Der subjektive Standort des Prinzips der Menschenwürde wird dabei in den einschlägigen Grundrechten oder im Ausnahmefall über andere Verfassungsprinzipien bestimmt[9].

Auf der Grundlage der erarbeiteten Dogmatik und Inhaltsbestimmung wird abschließend die rechtliche Einordnung dieses Prinzips überprüft. Die Würde des Menschen ist demgemäß weder als bloße Staatszielbestimmung noch als gleichwertiges Grundrecht unter Grundrechten, sondern als Bauprinzip der Verfassung im Sinne des Art. 44 Abs. 3 B-V zu qualifizieren.

Der abschließende Ausblick befasst sich mit der Bestimmung der Menschenwürde in der EU-Charta 2000 und der möglichen Auswirkung auf die Rechtsposition der Menschenwürde in Österreich.

Der Verfasser ist Richter in Deutschland. Im Bonner Grundgesetz ist der Rechtsbegriff der Menschenwürde ausdrücklich verankert. Diese Vorlage nimmt deshalb an vielen Stellen Bezug auf die deutsche Rechtslage. Auch die neue Bundesverfassung der Schweiz aus dem Jahr 1999[10] ist Gegenstand und Bezugspunkt der Erörterung.

---

9 Subjektiv-rechtliche Gewährleistungsansprüche werden dabei sowohl anerkannten Schutzpflichten aus Grundrechten der EMRK als auch aus dem StGG und anderen verfassungsmäßig gewährleisteten Rechten zugeordnet.
10 Müller, Grundrechte in der Schweiz, 1999, S. 3 Fn 13 spricht für die Schweiz davon, dass der Begriff der Menschenwürde "auf sehr pragmatische Art und Weise Eingang ins geltende Verfassungsrecht gefunden (hat)", zunächst in der bundesgerichtlichen Rechtsprechung, dann über eine spezielle Verfassungsbestimmung zur Fortpflanzungsmedizin und Gentechnologie (Art. 24 noviesBV, jetzt Art. 119 nBV) und nunmehr im Grundrechtskatalog selbst. Zur Entwicklung vgl Rhinow, Die neue schweizerische Bundesverfassung - Entwicklung und Schwerpunkte, ZfV 2000/1305, S. 553 ff. Vgl auch Koller/Biaggini, Die neue schweizerische Bundesverfassung/Neuerungen und Akzentsetzungen im Überblick, in: EuGRZ 2000, S. 337 ff. vgl auch Strejcek, Verfassungs - und Justizreform in der Schweiz, Genese und Schlußfolgerungen für die Verfassungsreform in Österreich, JRP 2001, Heft 1, S. 12 ff.

Erster Teil

I) Der Begriff der Menschenwürde

1) Historische Entwicklung

Würde ist zunächst ein philosophisch - ethischer Begriff. Würde ist die einem Menschen kraft seiner einmaligen Existenz (Individualität) und seiner moralischen Qualifikation zukommende und gebührende Achtung und Referenz. Nach der Starck'schen Zusammenfassung gibt es christliche, humanistisch-aufklärerische, marxistische, systemtheoretische und behavioristische Konzepte einer Würde[11]. Verfassungsinterpretation darf freilich kein philosophischer Prozess werden[12]. Der Begriff der Menschenwürde steht aber „in der Kontinuität der philosophischen Überlieferung"[13].

a) Ideengeschichtliche Entwicklung

Die Anfänge des Würdegedankens reichen nach wissenschaftlich übereinstimmenden Darstellungen in die Antike zurück[14]. In der Antike bedeutete „dignitas" u. a. die Kennzeichnung einer sozialen Position innerhalb der Gesellschaft, in der Stoa Teilhabe des Menschen an der Vernunft, für das Christentum in der Antike

---

11 Starck, in: v: Mangoldt/Klein/Starck, Grundgesetz, Band 1, Art. 1 Abs. 1 Rn 3; ders. in: Menschenwürde und Verfassungsgarantie im modernen Staat, JZ 1981, S. 457 ff. Die angesprochenen Konzepte sollen hier nicht diskutiert werden, sie sind nachzulesen u.a. bei Geddert-Steinacher, Menschenwürde als Verfassungsbegriff: Aspekte der Rechtsprechung des Bundesverfassungsgerichts zu Art. 1 Abs. 1 Grundgesetz, 1990, S. 110 ff; Enders, Die Menschenwürde in der Verfassungsordnung, 1997, S. 176 ff, Stern, Staatsrecht, Bd. III/1, § 58 I 1 ff; Vitzthum, Die Menschenwürde als Verfassungsbegriff, JZ 1985, S. 201 ff; vgl aus schweizerischer Sicht auch Kley, Der Grundrechtskatalog der nachgeführten Bundesverfassung - ausgewählte Neuerungen, ZBJV 1999/6, S. 301 ff (323 ff).
12 vgl Starck, in: Grundgesetz I, Art. 1 Abs. 1 Rn 3.
13 Starck, in Grundgesetz I, Art. 1 Abs. 1, Rn 16; vgl auch Häberle, in Isensee/Kirchhof, Band I, § 20 Rn 37.
14 Vgl zu den historischen Wurzeln Verdross, Die Würde des Menschen als Grundlage der Menschenrechte, EuGRZ 1977, S. 207 ff. Verdross betrachtet die „Genesis" als ältestes Dokument zur Menschenwürde.

und des Mittelalters die Gottesebenbildlichkeit des Menschen[15]. Thomas v. Aquin spricht von der „dignitas humana"[16], beschreibt die menschliche Würde als Teilhabe am göttlichen Endzweck. Besonders Pico della Mirandola nahm - gleichsam "auf dem Weg zu weltlicher Würde"[17] - im 15. Jahrhundert die Idee von der „hominis dignitas"[18] auf. Er versteht dabei - in der Renaissance wurzelnd - „den Menschen als Inbegriff von Möglichkeiten, zwischen denen zu wählen seine Würde sei"[19]. In Deutschland beschäftigte sich nach Pufendorf, der „der Idee der Würde die Idee der Gleichheit aller Menschen" hinzufügte[20], besonders Immanuel Kant mit der Idee der Menschenwürde. Dessen Würdebegriff folgt aus der sittlichen Autonomie des Menschen[21]: „Handle so, daß du die Menschheit, sowohl in deiner Person, als auch in der Person eines jeden anderen, jederzeit zugleich als Zweck, niemals bloß als Mittel brauchst."[22]

In der Mitte des 19. Jahrhunderts wurde der Begriff der Menschenwürde zum „politischen Kampfbegriff der Arbeiterbewegung"[23]. Proudhon erschließt den Begriff der Gerechtigkeit für die Menschenwürde und weist somit den Weg in die Dimension des Rechts[24].

Während im Liberalismus die Menschenwürde noch als Quelle der Menschenrechte sichtbar war, hat der Positivismus im Ergebnis wesentliche Elemente der Menschenwürde wie Grundrechte, Rechtsstaat oder gerichtlichen Rechtsschutz gefördert oder begründet[25], allerdings ohne metaphysische Dimension und in Abkehr von einer präpositiven Sichtweise überragender Rechtsquellen. Es soll hier nicht vertieft werden, ob ein Menschenwürdeprinzip „auf säkularisierten christlichen Glaubenssätzen beruht oder ein Produkt des Humanismus und der Aufklärung ist"[26]. Mir geht es besonders darum, ob ein Prinzip der Menschenwürde in Österreich verfassungsrechtlich existent ist und welche verfassungsspezifische Ausformung es erhalten kann.

---

15 Häberle, in: Isensee/Kirchhof, Band I, § 20 Rn 34.
16 Stern, Staatsrecht, Band III/1, § 58 I 1 a, S. 7.
17 Enders, Menschenwürde, S.184.
18 Stern, Staatsrecht, Band III/1, § 58 I 1 a.
19 Häberle, in: Isensee/Kirchhof, § 20 Rn 34.
20 Häberle, in: Isensee/Kirchhof, § 20 Rn 34.
21 Starck, JZ 1981, S. 457 ff (460); Stern, Staatsrecht, III/1, § 58 I 1 b (S. 8).
22 Stern, Staatsrecht, III/1, § 58 I 1 b, S.8 zitierend aus Kant, Grundlegung zur Metaphysik der Sitten, 2. Auflage 1786 (Werke, hrsgg. von E. Cassirer, Bd. IV, 1922, S. 287).
23 Häberle, in Isensee/Kirchhof, § 20 Rn 35 unter Bezugnahme auch auf Podlech, GG-AK, Art 1 Abs. 1 Rn 2 bis 4.
24 Podlech, GG-AK, Art. 1 Abs. 1, Rn 4, Häberle, in: Isensee/Kirchof, § 2o Rn 35.
25 Starck, JZ 1981, S. 461.
26 Starck, in: Grundgesetz I, Art. 1 Abs. 1 Rn 5.

b) Verfassungsgeschichtliche Entwicklung

Die Würde des Menschen als Verfassungsbegriff weist interessanterweise eine junge Tradition auf. Weder die Virginia bill of rights vom 12. 6. 1776 noch die französische Erklärung der Menschen- und Bürgerrechte vom 26. 8. 1789 trafen explizite Aussagen über die Menschenwürde[27].

Ohne die österreichische Bestimmung des § 16 ABGB[28] aus dem Jahr 1811 in den Rang einer verfassungsrechtlichen Vorschrift heben zu wollen, verdient sie verfassungsgeschichtlich besondere Beachtung, wird ihr doch auf breiterer Basis inhaltlich die Verankerung der Menschenwürde zugeordnet. Auffallend sind die fast wortgleichen Formulierungen mit der "Bill of Rights of Virginia" von 1776[29] und den Formulierungen Kants, der in seiner Metaphysik der Sitten den Begriff des "angeborenen Rechts"[30] der Freiheit verwendet. Nach Zeiller enthält § 16 ABGB das Recht, die Würde eines vernünftigen frei handelnden Wesens zu behaupten[31]. Kant hat unbestritten das Denken Zeillers mit geprägt. Der geistesgeschichtliche und philosophische Zusammenhang des § 16 ABGB mit der juristischen Fassung der Menschenwürde ist somit unübersehbar, wenngleich der Begriff der Menschenwürde nicht explizit im ABGB verankert wurde. Berka verweist darauf, dass mit dem Ende der französischen Revolution die „Idee der Menschenrechte bei vielen in Mißkredit geraten (war)", was sich dann auch „an der Kodifikationsgeschichte des österreichischen ABGB (zeigte)"[32].

Nach dem Scheitern der Pillersdorfschen Verfassung vom 25. 4. 1948 enthielt der „Kremsierer Entwurf" Grundrechtsformulierungen, die sich als geistesge-

---

27 Stern, Staatsrecht, III/1, § 58 II 1 a (S. 15).
28 § 16 Satz 1 ABGB: „Jeder Mensch hat angeborene, schon durch die Vernunft einleuchtende Rechte, und ist daher als eine Person zu betrachten."
29 „Alle Menschen sind von Natur gleich frei und unabhängig und besitzen gewisse angeborene Rechte ...", deutsch zitiert nach Maihofer, in Benda/Maihofer/Vogel, Verfassungsrecht, S. 201; vgl auch Berka, Grundrechte, Rn 41.
30 Stern, Staatsrecht, III/1, § 59 V 2 (S. 102) unter Bezugnahme auf Kant, Die Methaphysik der Sitten in zwei Teilen, Metaphysische Anfangsgründe der Rechtslehre, 1797, (Werke, herausgegeben von E. Cassirer, Bd. VII, 1922, S. 39 f).
31 Zeiller, Das natürliche Privatrecht, S. 65, zitiert nach Bydlinski, Der Ersatz ideellen Schadens als sachliches und methodisches Problem, JBl. 1965, S. 237 ff (253); zum geistesgeschichtlichen Hintergrund auch Walter, ABGB und Verfassung, ÖJZ 1966, S. 1 ff; aus deutscher Sicht Canaris, Grundprobleme des privatrechtlichen Persönlichkeitsschutzes, JBl. 1991, 205 ff (213); vgl auch Stern, Die historischen und ideengeschichtlichen Grundlagen der Grundrechte, in: Staatsrecht, Band III/1, § 58 I 4 (S. 14), § 59 V 2 (S. 105),, S. 102 mwN.
32 Berka, Grundrechte, Rn 45.

schichtlicher Ausdruck der Menschenwürde qualifizieren lassen können[33]. Dieser Verfassungsentwurf trat jedoch nicht in Kraft und wurde letztendlich durch das Staatsgrundgesetz vom 21.12.1867 „ersetzt"[34].

1848 hätte ein Antrag des Abgeordneten Mohr in der verfassungsgebenden Nationalversammlung in der Frankfurter Paulskirche 1848 über die notwendige Verbürgung zu einem "der Würde und dem Wesen des Menschen entsprechenden Dasein" richtungsweisend sein können, wurde bekanntlich aber nicht positiv verbeschieden[35].

In Deutschland enthielt die Weimarer Verfassung von 1919 bereits ein „verstecktes Vorbild"[36] für den Rechtsbegriff der Menschenwürde: „Die Ordnung des Wirtschaftslebens muß den Grundsätzen der Gerechtigkeit mit dem Ziel der Gewährleistung eines menschenwürdigen Daseins für alle entsprechen. In diesen Grenzen ist die wirtschaftliche Freiheit des einzelnen zu sichern." In Europa formulierte die Verfassung von Irland im Jahr 1937 erstmals - allerdings in der Präambel - einen positiv-rechtlichen Schutz der Menschenwürde.[37]

Die entscheidende verfassungsrechtliche Entwicklung setzt nach dem Ende des 2. Weltkrieges ein und war insbesondere Reaktion auf die Menschenverachtung des NS-Regimes. Sowohl in der Präambel der Charta der Vereinten Nationen vom 26. Juni 1945[38] als auch in der Präambel der Allgemeinen Erklärung der Menschenrechte der Generalversammlung der Vereinten Nationen vom 10. Dezember 1948[39] (AEMR) finden sich Formulierungen zum Gebot der Menschenwürde. Art 1 der AEMR formuliert sodann: "Alle Menschen sind frei und gleich an Würde und Rechten geboren."[40]

---

33 So § 1 eines Entwurfs eines Grundrechtskataloges zum Kremsierer Verfassungsentwurf: "Alle Menschen haben gleiche, angeborene und unveräußerliche Rechte ..." zitiert nach Grof, ÖJZ 1984, S. 589 ff (590).
34 Vgl Stern, Staatsrecht, III/1, § 59 V 4, S. 113/114; Berka, Grundrechte, Rn 59 ff mwN; Stelzer, ZÖR 54 (1999) 3 ff (4). Zur Entwicklung des österreichischen Grundrechtssystems und seines Rechtsschutzes Walter, Grundrechtsverständnis, S. 4 ff.
35 Stern, Staatsrecht, III/1, § 58 II 1,S.15/16; auch § 59 V 4 S. 112.
36 Häberle, in Isensee/Kirchhof, Band I, § 20 Rn 2.
37 Stern, Staatsrecht, Band III/1, § 58 II 1, S.16, vgl dort Fn 54: Präambel: "...so that the dignity and freedom of the individual may be assured,..." (auf dass die Würde und Freiheit des Individuums gewährleistet werde).
38 Nr. 2 der Charta enthält die Formulierung vom „Glauben an grundlegende Menschenrechte, an die Würde und den Wert der menschlichen Persönlichkeit", Stern, Staatsrecht, Band III/1, § 58 II 1 b, S. 16.
39 So in der Formulierung der „Anerkennung der allen Mitgliedern der menschlichen Familie innewohnenden Würde", Stern, Staatsrecht, III/1, § 58 II 1 b, S. 16; vgl auch Starck, Grundgesetz I, Art. 1 Abs. 1, Rn 2.
40 Vgl Stern, Staatsrecht III/1, § 58 II 1 b, S. 16; Article 1: „ All human beings are born free and equal in dignity and rights. They are endowed with reason and conscience

Deutsche Bundesländer wie Bayern[41], Hessen, Bremen, Rheinland-Pfalz und das Saarland nahmen Bestimmungen zur Menschenwürde in ihren Verfassungen auf[42] und schließlich stellte das Grundgesetz für die Bundesrepublik Deutschland vom 23. Mai 1949 die Unantastbarkeit der Menschenwürde an die Spitze der Normen[43]. Italien formulierte in seiner Verfassung 1947 das Prinzip der Menschenwürde im Zusammenhang mit der „privatwirtschaftlichen Initiative"[44].

Neuere Verfassungen in Europa[45] verankerten in Folge positiv-rechtlich den Begriff der Menschenwürde wie Griechenland 1975, Schweden 1975, Portugal 1976, Spanien 1978[46]. Nicht unerwähnt bleiben können die Präambeln der UN-Pakte über wirtschaftliche, soziale und kulturelle Rechte[47] sowie über bürgerliche und politische Rechte vom 19. Dezember 1966[48], die beide den Begriff der Menschenwürde ausdrücklich in herausgehobener Stellung gebrauchen[49], des Weiteren die Europäische Sozialcharta[50], die Präambel des zweiten Fakultativprotokolls zum UN-Pakt über bürgerliche und politische Rechte zur Abschaffung der

---

and should act towards one another in a spirit of brotherhood."; zur Erarbeitung, Verabschiedung und zum völkerrechtlichen Status, Stern, Staatsrecht, Band III/1, § 62 II 4 (S. 255 ff).

41 Verfassung des Freistaates Bayern vom 2. Dezember 1946, Art. 100: "Die Würde der menschlichen Persönlichkeit ist in Gesetzgebung, Verwaltung und Rechtspflege zu achten."

42 Vgl Häberle, in: Isensee/Kirchhof, Handbuch des Staatsrechts I, § 2o Rn 3; Stern, Staatsrecht, III/1, § 58 II 1 c, S. 17.

43 Art. 1 Abs. 1 GG: „Die Würde des Menschen ist unantastbar. Sie zu achten und zu schützen ist Verpflichtung aller staatlichen Gewalt."

44 Art. 41 der Verfassung der Republik Italien: „Die privatwirtschaftliche Initiative ist frei. Sie darf nicht im Gegensatz zum Gemeinwohl oder in einer Weise ausgeübt werden, die der Sicherheit, der Freiheit und der Würde des Menschen schadet ..." in: Die Verfassungen der EG- Mitgliedstaaten, Beck-Texte im dtv, 4. Aufl.; auch Dreier, in Dreier (Hrsg), Grundgesetz, Band 1, 1996, Art. 1 I Rn 30, auch zur Rechtslage in der USA mwN.

45 Zur Rezeption der Menschenwürde aus dem deutschen Grundgesetz in moderne Staatsverfassungen auch Kley, ZBJV 6/1999, S. 301 ff (325 ff).

46 Hierzu: Die Verfassungen der EG-Staaten, Beck-Texte, Starck, GG I, Art 1, Vor Rn 1, Vergleichbare Normen; Stern, Staatsrecht, III/1, § 58 II 1 S.19; Häberle, in: Isensee/Kirchhof, § 2o Rn 4 mwN.

47 BGBl. 1978/590. (*Anmerkung: Österreichisches Bundesgesetzblatt*).

48 BGBl. 1978/591 („ ... die Anerkennung der allen Mitgliedern der menschlichen Gesellschaft innewohnenden Würde...die Grundlage von Freiheit, Gerechtigkeit und Frieden in der Welt bildet, in der Erkenntnis, dass sich diese Rechte aus der dem Menschen innewohnenden Würde herleiten...", zitiert nach Häberle, in: Isensee/Kirchhof, Band 1, § 20 Rn 1).

49 hierzu Ermacora, Die UN-Menschenrechtspakte - Bestandteil der Österreichischen Rechtsordnung?, JBl. 1979, S. 191 ff.

50 BGBl. 1969/460.

Todesstrafe[51], die UN-Konventionen über die Rechte des Kindes[52] sowie zur Beseitigung jeder Form der Diskriminierung der Frau[53]. Eine grundrechtliche Dimension erschließt sich diesen völkerrechtlichen Verträgen aber in Österreich nicht[54].

Die Schweiz[55] formuliert in der Bundesverfassung der Schweizerischen Eidgenossenschaft vom 18. April 1999 (nBV), in Kraft getreten am 1. Januar 2000, zu Art. 7 (Menschenwürde): „Die Würde des Menschen ist zu achten und zu schützen."[56] In Art. 12 nBV ist festgehalten: „Wer in Not gerät und nicht in der Lage ist, für sich zu sorgen, hat Anspruch auf Hilfe und Betreuung und auf die

---

51 BGBl. 1993/333 („Im Vertrauen darauf, daß die Abschaffung der Todesstrafe zur Förderung der Menschenwürde und zur fortschreitenden Entwicklung der Menschenrechte beiträgt...,,).
52 BGBl. 1993/7; vgl Sax/Hainzl, Die verfassungsrechtliche Umsetzung der UN-Kinderrechtskovention in Österreich, 1999; Die Konvention verwendet in der Präambel (...reaffirmed their faith in fundamental human rights and in the dignity and worth of the human person...) sowie in Art. 23 (...a full and decent life, in conditions which ensure dignit...-übersetzt ein erfülltes und menschenwürdiges Leben unter Bedingungen...-) und in Art. 40 (...to be treated in a manner consistent with the promotion of the child's sense of dignity and worth...- übersetzt: in einer Weise behandelt zu werden, die das Gefühl des Kindes für die eigene Würde...) den Begriff der Würde. Die Gesetzesbegründung (StProtNR 413 XVIII GP, S. 27) verweist darauf, dass die geforderten Rechte in Österreich „bereits sehr weitgehend gewährleistet ...sind", es mithin darum gehe, dass durch die Ratifikation des Übereinkommens „die Achtung dieser Rechte auf weiterer Basis herbeigeführt und die Solidarität Österreichs mit den anderen Mitgliedstaaten der Vereinten Nationen bei der Förderung und Verwirklichung der Grundsätze der Satzung der Vereinten Nationen und anderer einschlägiger Rechtsinstrumente (Internationaler Pakt über wirtschaftliche, soziale und kulturelle Rechte, BGBl. Nr. 590/1978, sowie Internationaler Pakt über bürgerliche und politische Rechte, BGBl. Nr. 591/1978) nun auch im besonderen gegenüber Kindern zum Ausdruck gebracht werden".
53 BGBl. 1982/443.
54 Berka, Grundrechte, Rn 75; dazu auch Stelzer, Die Quellen der Grundrechte, ZÖR 54 (1999), S. 9 ff (11), der darauf hinweist, dass die völkerrechtlichen Verträge in Österreich in Verfassungsrang stehen, aber aufgrund eines Erfüllungsvorbehalts nicht unmittelbar anwendbar sind.
55 Müller, Grundrechte in der Schweiz, 3. Auflage, 1999, S. 1 ff; vgl auch Koller, Der Einleitungstitel und die Grundrechte in der neuen Bundesverfassung, AJP/PJA 6/1999, S. 656 ff, S. 664; zur Existenzsicherung bereits BGE 121 I 367 ff; BGE 122 II 193 ff (ungeschriebenes Verfassungsrecht), vgl Koller, siehe oben, S. 664.
56 Koller/Biaggini, Die neue schweizerische Bundesverfassung/Neuerungen und Akzentsetzungen im Überblick, EuGRZ 2000, S. 337 ff (344) weisen dabei darauf hin, dass über die Tragweite dieser Bestimmung in der parlamentarischen Debatte im Gegensatz zu anderen Bestimmungen nicht diskutiert worden sei. Sie sprechen von der „grundsatzartigen Bestimmung über die Menschenwürde als dem Ausgangspunkt der speziellen Grundrechte" (aaO, S. 343).

Mittel, die für ein menschenwürdiges Dasein unerlässlich sind." Art. 119 Abs. 2 nBV (ehemals Art 24 novies der alten Bundesverfassung[57]) formuliert: „Der Bund erlässt Vorschriften über den Umgang mit menschlichem Keim- und Erbgut. Er sorgt dabei für den Schutz der Menschenwürde, der Persönlichkeit und der Familie und beachtet insbesondere folgende Grundsätze: ..."

Die Menschenwürde ist nunmehr seit Dezember 2000 in Art. 1 der EU-Grundrechte-Charta verankert[58].

Österreich führte den Begriff der Menschenwürde verfassungsrechtlich erst durch das Bundesverfassungsgesetz über den Schutz der persönlichen Freiheit vom 29. 11. 1988 ein, in Kraft seit 1. 1. 1991[59].

2) Das Prinzip der Menschenwürde in der Bundesrepublik Deutschland

a) Anerkennung durch Art. 1 Abs. 1 GG

Durch die Anerkennung des Prinzips der Menschenwürde in Art. 1 Abs. 1 GG ist aus dem sittlichen Wert ein Rechtswert geworden[60]. Der Begriff der Menschenwürde hat seinen Ursprung in der europäischen Geistesgeschichte und ist Reaktion auf die schrecklichen Erfahrungen der NS-Zeit[61]. Die Menschenwürde ist dabei ein vorstaatlicher und vorrechtlicher Rechtswert, was die Entstehungsgeschichte des Art. 1 GG belegt[62]. Benda[63] formuliert: „Der prominente Ort, den

---

57 Vgl. I. Wildhaber, Auf dem Weg zu einem eidgenössischen Fortpflanzungsmedizingesetz. Quo vadis?, in: Bernat (Hrsg), Die Reproduktionsmedizin am Prüfstand von Recht und Ethik, RdM, Band 11, S. 84 ff (86).
58 Die Menschenwürde in der EU-Charta und deren rechtliche Reichweite werden im Achten Teil behandelt.
59 Dazu eingehend unten, Zweiter Teil III.
60 Benda, in: Handbuch des Verfassungsrechts der Bundesrepublik Deutschland, Benda/Maihofer/Vogel(Hrsg), Teil 1, 1984, Die Menschenwürde, S. 110.
61 Dreier, in: Dreier, Grundgesetz, Band 1, Art. 1 I Rn 32; Wilms, Ausländische Einwirkungen auf die Entstehung des Grundgesetzes, 1999. Zum Einfluss der internationalen Ausprägungen des Menschenwürdeprinzips (UN-Charta und AEMR); Stern, FS Scupin, 1983, Menschenwürde als Wurzel der Menschen- und Grundrechte, S. 627 ff (630, mit der Feststellung, dass der Einfluss „nicht exakt feststellbar" ist (Fn 14. zur Parlamentarischen Beratung); vgl auch Dreier, in: Dreier, Grundgesetz, Band 1, Art. 1 I Rn 24, der auch darauf hinweist, dass auf die AEMR 1948 in den Beratungen des Parlamentarischen Rates hingewiesen worden ist.
62 Enders, Menschenwürde, S. 404 ff (410); Brugger, Enders besprechend, AöR, Band 124 (1999) S.310-313; zur Debatte im parlamentarischen Rat zusammenfassend Podlech, GG-AK, Art. 1 Abs. 1 Rn 9. Nicht durchsetzen konnte sich ein Formulierungsvorschlag des Herrenchiemseer Konvents: (1) Der Staat ist um des Menschen willen

die Berufung auf die Würde des Menschen im Grundgesetz einnimmt, verdankt sich dem Konsens aller Gegner des nationalsozialistischen Regimes, der 1949 bestand."

Zunächst wurde in Deutschland Art. 1 GG als kodifiziertes Naturrecht und die Menschenwürde als vorstaatlicher Wert interpretiert[64]. Nipperdey formuliert: „Der Grundsatz des Art. 1 Abs. 1 ist ein naturrechtliches Elementarprinzip, er ist vorstaatliches, überpositives Recht."[65] Diese Auffassung wird heute nicht mehr so vertreten. Der *Begriff* der Menschenwürde ist allerdings vorstaatlich und vorrechtlich, weil er seinen Inhalt aus der europäischen Geistesgeschichte schöpft und er erst dieses Jahrhundert als Verfassungsbegriff Rechtswert erfahren hat. Mit Blick auf den zugeordneten Begriff der Unantastbarkeit (Art 1 Abs. 1 GG) auf dem Boden einer „Ewigkeitsgarantie" (Art. 79 Abs. 3 GG[66]) muss der Menschenwürde ein der Staatsgewalt übergeordneter Zweck beigemessen und ihr trotz der positiv-rechtlichen Formulierung Überpositivität zugesprochen werden. Die Menschenrechte und die Menschenwürde werden als Rechte bezeichnet, die „dem Staat um des Menschen willen zur positiven Realisierung aufgegeben sind. Sie sind damit zwar nicht Naturrecht im Sinne der klassische Tradition: zeitlos geltender und ewig unwandelbarer Rechte, wohl aber Naturrecht im Sinne der moderenen Konzeption: als für den Menschen als unverzichtbar und unabänderbar erkannte Bedingungen menschenwürdigen und menschengerechten Daseins, hinter die es nach unseren geschichtlichen Erfahrungen kein Zurück mehr geben kann"[67]. In Art. 1 Abs. 1 GG ist die absolute Geltung von Menschenwürde als

---

da, nicht der Mensch um des Staates willen. (2) Die Würde der menschlichen Persönlichkeit ist unantastbar. Die öffentliche Gewalt ist in allen ihren Erscheinungsformen verpflichtet, die Menschenwürde zu achten und zu schützen.", vgl Stern, Staatsrecht, III/1, § 58 II 1 c (S. 17).

63 Benda, in: FAZ v. 25. 5. 1999, Die Würde des Menschen ist unantastbar; vgl auch Starck, Menschenwürde als Verfassungsgarantie im modernen Staat, JZ 1981, S. 457 ff (458).

64 Häberle, in: Isensee/Kirchhof, Band I, § 2o Rn 37 unter Bezugnahme auf Wintrich und Nipperdey, vgl Fn 196, 197; zur parlamentarischen Diskussion Podlech, GG-AK, Art. 1 Abs. 1 Rn 9, vgl auch Bleckmann, Staatsrecht II-Die Grundrechte, § 4.

65 Nipperdey, in: Die Grundrechte (Hrsg Neumann/Nipperdey/Scheuner), 1954, 2. unveränderte Auflage 1968, Art. 1 Abs. 1, 1 a.

66 Art. 79 Abs. 3 GG: „Eine Änderung dieses Grundgesetzes, durch welche die Gliederung des Bundes in Länder, die grundsätzliche Mitwirkung der Länder bei der Gesetzgebung oder die in den Artikeln 1 und 20 niedergelegten Grundsätze berührt werden, ist unzulässig."

67 Maihofer, in: Handbuch des Verfassungsrechts der Bundesrepublik Deutschland, Benda/Maihofer/Vogel (Hrsg), 1984, Prinzipien freiheitlicher Demokratie, S. 201.

vorstaatlicher Begriff und Wert anerkannt und festgeschrieben[68]. Die Menschenwürde enthält „den apriorischen, überzeitliche Geltung beanspruchenden Legitimationsgrund des Staates und den letzten 'Grund der Grundrechte'"[69]. Dies hat auch die Konsequenz, dass die Absolutheit der Menschenwürde dogmatisch zu begründen ist, weil sie als Grundnorm des Rechts „eine verbindliche Letztbegründung menschlicher Freiheit und Gleichheit enthält"[70].

b) Inhalt

Eine positive, griffige und allgemein akzeptierte Begriffsbestimmung der Menschenwürde ist bislang nicht gefunden[71]. Dies ist aber kein deutsches Phänomen. Auch Müller formuliert zu der neuen schweizerischen Menschenwürdebestimmung in Art. 7 nBV: „Menschenwürde entzieht sich in der Offenheit ihrer Erscheinungsformen einer abschließenden positiven Festlegung."[72]

Würde ist etwas, „was den Eigenwert des Menschen als geistig-sittliches, eigenverantwortlich bestimmendes Wesen im Vergleich zu anderen Lebewesen ausmacht, etwas, was 'dem Menschen um seiner selbst und nicht um anderer Güter und Zwecke willen zukommt'"[73]. Nähere Inhaltsbestimmungen führen mitunter zu Abgrenzungsschwierigkeiten, „weil teilweise weltanschauliche Erklärungsansätze oder subjektive Interpretationen gewählt werden, obwohl nach der Vorstellung des Parlamentarischen Rates der Würdebegriff des Art. 1 Abs. 1 GG über alle Weltanschauungen erhaben sein sollte"[74]. Inhaltlich setzte Dürig den frühen Maßstab. Dabei wurde der Inhalt der Menschenwürde durch die sogenannte „Objektformel" vom Verletzungsvorgang her bestimmt: "Die Menschenwürde als solche ist getroffen, wenn der konkrete Mensch zum Objekt, zu einem Mittel, zur vertretbaren Größe herabgewürdigt wird."[75] Dürig hält diese Vorgehensweise „für die Rechtspraxis am besten", weist aber auf die naturgemäße

---

68 Enders, Menschenwürde, S. 383 mwN. ("Sie schöpft die unanzweifelbare (absolute) Kraft ihrer Aussage ganz aus der als solchen vorstaatlichen Selbstverständlichkeit der Menschqualität.").
69 Geddert-Steinacher, Menschenwürde, S. 45.
70 Geddert-Steinacher, Menschenwürde, S. 39.
71 Vgl Stern, Staatsrecht, Band III/2, 89 IV 4, S. 1112.
72 Müller, Grundrechte, S. 5.
73 Stern, Staatsrecht, Band III/2, § 89 IV 4, S. 1113, unter Bezugnahme auf Zippelius, BK, Art. 1 Abs. 1 und 2 (Drittbearbeitung), Rn 14; Jarras-Pieroth, GG-Kommentar, 2. Aufl. 1992, Art. 1 Rn 4; Dürig, in: Maunz-Dürig, Art. 1 Abs. 1 Rn 18.
74 Stern, Staatsrecht, III/2, § 89 IV 4 a, S. 1113.
75 Dürig, AöR Bd. 81 (1956) S. 117 ff (127); statt vieler Stern, Staatsrecht, III/2, § 89 IV 4 a, S. 1113; kritisch Hofmann, Die versprochene Menschenwürde, AöR 118. Band (1993), S.339 ff, auch zur Leistungstheorie.

„Simplifizierung" einer Definition hin[76]. Das BVerfG griff die Gedanken Dürigs aus dem Jahr 1956 auf[77]. Es übernahm die Dürig'sche Formel, bezeichnete sie jedoch als „Richtung", und ergänzte, dass der Mensch „einer Behandlung ausgesetzt wird, die seine Subjektqualität prinzipiell in Frage stellt ..."[78]. Das BVerfG formulierte in einer Entscheidung, dass die Behandlung „Ausdruck der Verachtung des Wertes, der dem Menschen kraft seines Personseins zukommt, also in diesem Sinne eine verächtliche Behandlung sein" muss[79]. Dazu wird bemerkt: „Wenn das Gericht in der zitierten Entscheidung[80] zusätzlich ein subjektives Element in die Objektformel einfügt, so wird man dies als 'dialektische(n) Gegenschlag' gegen eine schematische Verwendung des Objektbegriffs und ergebnisorientierte Weichenstellung einer vielfach kritisierten Entscheidung sehen müssen."[81]

Der Bezug der Objektformel Dürigs zu den Gedanken Immanuel Kants ist unübersehbar, wenngleich Dürig selbst die Berufung auf Kant erst sehr viel später formulierte[82]. Kant formulierte: "Handle so, daß du die Menschheit....niemals bloß als Mittel brauchst."[83] Nach allgemeiner Meinung liegt aber das Menschenbild Kants nicht dem Würdebegriff des Grundgesetzes zugrunde, weil Kant zum einen „nicht ohne weiteres allen Menschen Würde (zubilligt)"[84]. "Manches deutet darauf hin, dass Kant Würde im Grunde genommen überhaupt nicht unmittelbar dem (einzelnen) Menschen, sondern nur der Menschheit schlechthin oder gar

---

76 Maunz-Dürig, Grundgesetz, Kommentar, Art. 1 Abs. 1 Rn. 28.
77 Stern, Staatsrecht, Band III/1 58 III 2, in weitergehender Rechtsprechung aber nur als Auslegungsrichtung, vgl BVerfGE 30,1 (25); Häberle, Menschenwürde und Verfassung am Beispiel von Art. 2 I der Verfassung Griechenland 1975, in: Rechtstheorie 11 (1980), S. 389 (422); Geddert-Steinacher, Menschenwürde, S. 31; vgl Becker, Menschenbild, S.39; Niebler, Die Rechtsprechung des Bundesverfassungsgerichts zum obersten Rechtswert der Menschenwürde, BayVBl. 1989, S. 737 ff; Vitzthum, Die Menschenwürde als Verfassungsbegriff, JZ 1985, S. 201 ff (203).
78 BVerfGE 30,1 (25).
79 BVerfGE 30,1 (26); vgl Stern, Staatsrecht, III/1, § 58 II 3, S. 25.
80 Anmerkung: BVerfGE 30,1 (25).
81 Höfling, in: Sachs, Grundgesetz, Art. 1 Rn 14 unter Bezugnahme auf Vitzthum, JZ 1985, 201 ff (204).
82 Enders, Menschenwürde, S. 20, Fn 102, unter Bezugnahme auf Dürig, Dankrede, JöR NF, Bd. 36 (1987), S. 91 (95); vgl Badura, Generalprävention und Würde des Menschen, JZ 1964, S. 337 (339); Vitzthum, Menschenwürde und Verfassungsbegriff, JZ 1985, S. 201 (205 f).
83 Grundlegung zur Metaphysik der Sitten, 2. Auflage 1786, S. 287 (Werke herausgegeben von E. Cassirer, Bd.IV, 1922, zitiert bei Stern, § 58 I 1, S. 8 Fn 14).
84 Stern, Staatsrecht III/1, § 58 II S. 8.

nur der (autonomen) Sittlichkeit, mithin einem objektiven Prinzip, zubilligt."[85] Vitzthum[86] hält die praktische Philosophie Kants für die wichtigste geistesgeschichtliche Tradition, der Dürig verbunden ist, wenngleich Dürig auch dem Christentum verpflichtet sei. Starck[87] hält zutreffend einen Streit über die geistesgeschichtlichen Hauptströmungen für entbehrlich, weil die Menschenwürde einerseits auf säkularisierten christlichen Glaubenssätzen beruht und andererseits ein Produkt des Humanismus und der Aufklärung ist. Werden die Formulierungen von Kant, von Dürig und des BVerfG[88] gegenüber gestellt, ist festzustellen, dass bei Dürig das Wort „bloß" fehlt (Dürig: zum Objekt; BVerfG: zum *bloßen* Objekt; Kant: niemals *bloß* als Mittel), was den vom BVerfG betonten Aspekt der Gemeinschaftsgebundenheit und Gemeinschaftsbezogenheit des Menschen vernachlässigt haben könnte[89].

Der Inhalt der Menschenwürde wird auch geprägt von dem aus dem Grundgesetz abgeleiteten Menschenbild. Dieses ist auf Gemeinschaftsbezogenheit und Gemeinschaftsgebundenheit ausgerichtet[90]. Das Menschenbild des GG sieht den Menschen nicht als selbstherrliches Individuum, sondern als in der Gemeinschaft stehende und ihr vielfältig verpflichtete Persönlichkeit. Deutschland ist dabei aber ein religiös-weltanschaulich neutraler Staat[91]. Festzuhalten bleibt, dass die Menschenwürde durch das von der Rechtsprechung entwickelte Menschenbild des Grundgesetzes eine begriffliche Schranke erfährt.

Nach der Rechtsprechung des BVerfG[92] ist die Menschenwürde tragendes Konstitutionsprinzip[93], höchster Rechtswert[94], bildet den Mittelpunkt des Wertsystems des GG[95], ist Wurzel aller Grundrechte[96]. Die Würde des Menschen ist

---

85 Stern, Staatsrecht III/1, § 58 II S. 8/9 mit Verweis auf Fechner, JZ 1986, S. 654 ff und E.H. Riedel, EuGRZ 1986,474;vgl auch Enders, Menschenwürde, S. 20, Geddert-Steinacher, Menschenwürde, S. 31.
86 Vitzthum, JZ 1985, S. 201 (205).
87 Starck, in: Grundgesetz I, Art. 1 Abs. 1, Rn 5.
88 BVerfGE 27,1 (6).
89 So Becker, Menschenbild, S. 40.
90 BVerfGE 4, 7 (15/16): "Das Menschenbild des Grundgesetzes ist nicht das eines isolierten souveränen Individuums; das Grundgesetz hat vielmehr die Spannung Individuum - Gemeinschaft im Sinne der Gemeinschaftsbezogenheit und Gemeinschaftsgebundenheit der Person entschieden, ohne dabei deren Eigenwert anzutasten."; zum christlichen Menschenbild vgl Glück, Verantwortung, S. 52 ff.
91 BVerfGE 88, 203 (252).
92 Entscheidungen ausführlich wörtlich wiedergebend in Bleckmann, Staatsrecht II-Die Grundrechte, § 21 V.
93 BVerfGE 6, 32 (36).
94 BVerfGE 12, 45 (53).
95 BVerfGE 35, 202 (225).
96 BVerfGE 93, 266 (293).

weder verzichtbar[97] noch verwirkbar und auch nicht verfügbar[98]. Das BVerfG formuliert[99]: „Mit der Menschenwürde als oberstem Wert des Grundgesetzes und tragendem Konstitutionsprinzip ist der soziale Wert- und Achtungsanspruch des Menschen verbunden, der es verbietet, ihn zum bloßen Objekt des Staates zu machen oder ihn einer Behandlung auszusetzen, die seine Subjektqualität prinzipiell in Frage stellt (BVerfGE 6,32 [36,41]; 30,1[26]). Jedem Menschen ist sie eigen ohne Rücksicht auf seine Eigenschaften, seine Leistungen und seinen sozialen Status. Verletzbar ist der Wert und Achtungsanspruch, der sich aus ihr ergibt (vgl. BVerfGE 87,209 [228]). Was die Achtung der Menschenwürde im einzelnen erfordert, kann von den jeweiligen gesellschaftlichen Verhältnissen nicht völlig losgelöst werden (vgl. BVerfGE 45,187 [229]). Eine Verletzung des Achtungsanspruchs kann nicht nur in der Erniedrigung, Brandmarkung, Verfolgung oder Achtung von Personen (vgl BVerfGE 1, 97 [104]), sondern auch in der Kommerzialisierung menschlichen Daseins liegen."

Die begriffliche Offenheit der Menschenwürde ist nur vordergründig eine Schwäche, denn sie ermöglicht, neuartigen Gefährdungen und Verletzungen de lege lata entgegenzutreten.

c) Grundrechtscharakter, Subjektivität und Schutzpflicht

Der Menschenwürde wird wohl überwiegend Grundrechtscharakter beigemessen[100]. Da die Menschenwürde aber entweder über Art. 2 Abs. 1 GG (allgemeine Handlungsfreiheit) oder über spezielle Grundrechte wirkt, hat diese Fragestellung in der Rechtspraxis keine ausschlaggebende Bedeutung[101]. Die Menschenwürde weist dabei eine interpretative Funktion auf (schutzbereichserweiternd oder - eingrenzend) und wirkt auch als Schranken-Schranke. Des weiteren wird die Menschenwürde konstitutiv als Rechtsprinzip für aus der Verfassung nicht positivrechtliche Prinzipien ohne Verbürgung eines speziellen Freiheitsbereichs gebraucht (z.B. Resozialisierung, faires Verfahren)[102], allerdings wiederum mit Zuordnung zu einer einschlägigen Verfassungsbestimmung.

---

97 dazu auch BVerwGE 64,274 (278 ff)-Peep-Show, allerdings sehr bestritten.
98 BVerfGE 45, 187 (229).
99 BVerfGE 96, 375 (399).
100 BVerfGE 1, 332 (343); 15, 283 (286); Starck, in: Grundgesetz I, Art. 1 Abs. 1 Rn 24; Höfling, Die Unantastbarkeit der Menschenwürde - Annäherungen an einen schwierigen Verfassungssatz, JUS 1995, S. 857 mwN.; Hufen, In dubio pro dignitate, NJW 2001, S. 849 ff (850); a. A. Geddert-Steinacher, Menschenwürde, S. 164 ff (172/173); Enders, Menschenwürde, S. 92 mwN zum Meinungsstand.
101 vgl. Starck, in: Grundgesetz I, Art. 1 Abs. 1 Rn 24.
102 dazu Geddert-Steinacher, Menschenwürde, S. 154.

Da die Menschenwürde sich in der Praxis der Rechtsprechung über Grundrechte entfaltet, kann sie sowohl subjektive Anspruchsrechte in Form von Abwehrrechten gegenüber Eingriffen des Staates als auch subjektive Anspruchsrechte gegenüber dem Staat (auch Leistungsrechte) begründen[103]. Des Weiteren legt sie dem Staat bestimmte Pflichten zu ihrem Schutz auf, die in Grenzen auch subjektiv einklagbar sind. Dies ergibt sich positiv-rechtlich aus Art. 1 Abs. 1 Satz 2 GG, der lautet: „Sie zu achten und zu schützen ist Verpflichtung aller staatlichen Gewalt." Die Schutzpflicht umfasst dabei einerseits die staatliche Unterstützung und andererseits die staatliche Pflicht, die Menschenwürde vor Angriffen Dritter zu schützen[104]. Die Würdegarantie muss deshalb auch „normativ umgesetzt werden"[105]. Anders ausgedrückt: Die positiv-rechtliche Formulierung fordert, dass die Pflichten des Staates zu erweitern sind[106].

Grundrechtsfragen und insbesondere die subjektiv-rechtliche Ausgestaltung von Grundrechten sind immer auch Machtfragen. Kriele formuliert: "Der Umfang der Grundrechtsgeltung entscheidet über den Gestaltungsspielraum des demokratischen Gesetzgebers ... So würde zum Beispiel eine sehr extensive Grundrechtsauslegung eine Machtverschiebung von der parlamentarischen Demokratie zum Richterstaat mit sich bringen und den Schwerpunkt der rechtspolitischen Kontroversen von der öffentlichen demokratischen Auseinandersetzung auf den juristischen Expertendiskurs verlagern. Eine sehr einengende Grundrechtsauslegung hingegen würde die Grundrechte weitgehend zur Disposition des Gesetzgebers stellen und sie damit entleeren."[107] Die rechtliche Verbindlichkeit der Menschenwürde besagt daher auch Grundlegendes über das Verhältnis Mensch, Staat und richterliche Macht. Flankiert durch eine „starke" Verfassungsgerichtsbarkeit

---

103 Zu einer anderen Auffassung gelangt Enders, Die Menschenwürde in der Verfassungsordnung, 1997. Enders, der die Menschenwürde als oberstes objektives Verfassungsprinzip qualifiziert, will damit den Absolutheitscharakter der Menschenwürde erhalten. Enders wendet sich aus seiner Sicht folgerichtig dagegen, dass in Grundrechten die Menschenwürde als Kern erhalten ist, weil damit auch Kollisionen unvermeidlich seien; vgl Enders besprechend und zusammenfassend Brugger, AÖR Band 124 (1999), S. 130 ff (310).
104 Starck, in: Grundgesetz I, Art. 1 Abs. 1 Rn 36.
105 Starck, in: Grundgesetz I, Art. 1 Abs. 1 Rn 37.
106 Vgl Benda, Die Menschenwürde, in: Handbuch des Verfassungsrechts, S. 107 ff (110).
107 Kriele, in: Isensee/Kirchhof (Hrsg), Handbuch des Staatsrechts, Bd. V, § 110, Grundrechte und demokratischer Gestaltungsspielraum, Rn 1; vgl hierzu auch Stelzer, Das Wesensgehaltsargument und der Grundsatz der Verhältnismäßigkeit, S. 294 ff zur Verfassungsinterpretation im Spannungsfeld zwischen Verfassungsgerichtsbarkeit und Demokratie; zur Rechtsprechung des VfGH zur Wesensgehaltssperre auch Berka, Grundrechte, Rn 262.

vermag ein Prinzip der Menschenwürde Entscheidungen herbeiführen, die weitreichend die Macht des Gesetzgebers beschneiden können[108].

d) Unantastbarkeit und „Ewigkeitsgarantie"

Eine positiv-rechtliche Besonderheit der Menschenwürde in Deutschland ist deren Unantastbarkeit[109]. Damit wird zum einen die umfassende Garantie der Menschenwürde herausgestellt, insbesondere die Geltung auch Dritten gegenüber. Zum anderen wird damit zum Ausdruck gebracht, dass die Menschenwürde nicht eingeschränkt werden darf[110]. Diese Beurteilung wird getragen von zwei weiteren positiv-rechtlichen Besonderheiten, nämlich zum einen von der verfassungsrechtlichen „Ewigkeitsgarantie" gem. Art. 79 Abs. 3 GG, die weiter als die österreichische Bundesverfassung (Art. 44 Abs. 3 B-VG) fest schreibt, dass eine Änderung des GG unzulässig ist, durch welche u. a. der in Art. 1 GG niedergelegte Grundsatz berührt wird. Ein Absolutheitsanspruch kommt zum anderen in der verfassungsgesetzlich verankerten Wesensgehaltsgarantie des Art. 19 Abs. 2 GG[111] zum Ausdruck. Wie Starck formuliert, gilt deshalb für das Prinzip der Menschenwürde „die rechtsdogmatische Unterscheidung zwischen Grundrechtstatbestand und Grundrechtsschranken nicht. Der Menschenwürdeschutz steht und fällt mit der richtigen Definition des Garantiegehalts."[112]

Höchst kontrovers wird diskutiert, ob und in welchem Umfang auf die Menschenwürde verzichtet werden kann. Spektakuläres Beispiel für die Diskussion war die sogenannte Peepshow-Entscheidung des *BVerwG*[113].

Die Thematik der Unantastbarkeit der Menschenwürde wird vor dem Hintergrund relativierender Ansätze dieses Prinzips noch eingehend diskutiert[114]. Fest-

---

108 vgl hierzu die etwa zeitgleich ergangenen gegensätzliche Entscheidungen des BVerfG und des VfGH zum Schutz der ungeborenen Kinder, BVerfGE 39, 1ff und VfSlg 7400/1974.
109 Art. 1 Abs. 1 Satz 1 GG: "Die Würde des Menschen ist unantastbar."
110 Starck, Grundgesetz I, Art. 1 Abs. 1 Rn 30, vgl BVerfGE 93, 266 (293), Soldaten-Mörder: "... denn die Menschenwürde als Wurzel aller Grundrechte ist mit keinem Einzelgrundrecht abwägungsfähig. Da aber nicht nur einzelne, sondern sämtliche Grundrechte Konkretisierungen des Prinzips der Menschenwürde sind, bedarf es stets einer sorgfältigen Begründung, wenn angenommen werden soll, dass der Gebrauch eines Grundrechts auf die unantastbare Menschenwürde durchschlägt."
111 Art. 19 Abs. 2 GG: „In keinem Falle darf ein Grundrecht in seinem Wesensgehalt angetastet werden."
112 Starck, Grundgesetz I, Art. 1 Abs. 1, Rn 30.
113 Ausführlich hierzu unten, .Sechster Teil II 3; siehe auch Stern, Staatsrecht, Band III/2, § 86 III 3, S. 923.
114 Dazu unten, Sechster Teil I 2; das BVerfG bestätigt aktuell die Unterscheidung zwischen dem absolut geschützten Kernbereich der Persönlichkeit (Art. 2 Abs. 1 iVm

zuhalten bleibt für die nachfolgende Ausarbeitung, dass für die Beurteilung einer Menschenwürdeverletzung die Prüfungsschritte einer Beurteilung von Freiheitsgrundrechten wie Schutzbereichsbestimmung, Grundrechtseingriff und Rechtfertigung (mithin Schranken mit den jeweiligen Schranken-Schranken wie dem Prinzip der Verhältnismäßigkeit und der Wesensgehaltssperre) nicht tragen, da das Prinzip der Menschenwürde kein typisches Grundrecht ist, insbesondere kein Freiheitsgrundrecht im idealtypischen Sinn. Höfling[115] formuliert vor dem Hintergrund des absoluten Geltungsanspruchs in diesem Sinne, dass „sich die Menschenwürde dem gängigen Abwägungsmodell des grundrechtlichen Argumentationsprozesses entzieht".

e) Personelle Reichweite

Die personelle Reichweite des Schutzes der Menschenwürde in Deutschland reicht vom Schutz der ungeborenen Kinder[116] bis hin zur Würde des Verstorbenen[117]. Zu diesem Problemkreis gehören auch strittige Fragen der Biotechologie wie die Zulässigkeit der Forschung an embryonalen Stammzellen oder an überzähligen Embryonen. In Österreich ist, was den Schutz ungeborener Kinder anbelangt, das Fristenerkenntnis aus dem Jahr 1974[118] einschlägig. Die Diskussion verlief und verläuft kontrovers, die Thematik wird in dieser Ausarbeitung im Rahmen der Inhaltsbestimmung des Begriffs der Menschenwürde für Österreich behandelt[119]. Allerdings wird sich die Rechtsprechung des VfGH aus dem Jahr 1974 auf dem Boden der nachfolgend begründeten Auffassung meiner Meinung nach aktuell nicht mehr aufrechterhalten lassen[120]. Diese Einschätzung lässt sich

---

Art. 1 Abs. 1 GG) und dem einem Schrankenvorbehalt zugänglichen Persönlichkeitsrecht, BVerfG BvR 1741/99 vom 14.12.2000, EuGRZ 2001, S. 70 ff (73); diese Unterscheidung wird auf Art. 19 Abs. 2 GG und Art. 1 Abs. 1 GG gestützt, vgl BVerfGE 80, 367 (373).

115 Höfling, Die Unantastbarkeit der Menschenwürde - Annäherungen an einen schwierigen Verfassungsrechtssatz, JUS 1995, 857 ff (858).
116 BVerfGE 39, 1 (41); 88, 203 (251 - Mensch ab dem Zeitpunkt der Nidation; zur Menschqualität ab dem Zeitpunkt der Verschmelzung von Samen und Ei keine abschließende Aussage); gegensätzlich VfGH VfSlg 7400/1974.
117 BVerfGE 30, 173 (194). BVerfG v. 25. 8. 2000, NJW 2001, S. 594 ff (594).
118 VfGH Slg 7400/1974.
119 Siehe unten, Sechster Teil II 1 g (1).
120 So auch Morscher, Die Hierarchie der Verfassungsnormen und ihre Funktion im Grundrechtsschutz in Österreich, EuGRZ 1990, S. 454 ff (461); freilich ist mit der hier vertretenen Auffassung eines Menschenwürdeschutzes des Embryos nach der Rechtsprechung des deutschen BVerfG nicht zwingend eine Pönalisierung verbunden; vgl zum Recht auf Leben in der Rechtsprechung auch Kneihs, Das Recht auf Leben in Österreich, JBl. 1999, S. 76 ff, 83 ff; zur Kritik an BVerfGE 88, 203 ff

u. a. damit begründen, dass der VfGH von einer streng positivistischen Auffassung abgerückt ist und zunehmend Wertungen in seine Auslegung mit einfließen lässt.

II) Rezeption der deutschen Menschenwürdediskussion in Österreich

Gegenstand der nachfolgenden Überlegungen soll sein, ob und in welchem Umfang Art. 1 GG und die deutsche Diskussion über die Menschenwürde frühen Einfluss auf die österreichische Diskussion und Rechtsentwicklung der Menschenwürde bis in die 80er Jahre nahm. Die Entwicklung ab Mitte der 80er Jahre soll dabei zunächst ausgeklammert werden. Festzuhalten bleibt vorab, dass der VfGH erst im Jahr 1993[121] die Menschenwürde als allgemeinen Wertungsgrundsatz der österreichischen Rechtsordnung anerkannte. Der OGH formulierte 1994[122], dass die den Bestimmungen des Art. 1 und Art. 2 GG zugrunde liegenden Wertvorstellungen der österreichischen Rechtsordnung immanent sind.

---

statt vieler in ZfL 1993, S. 27 ff; zur Haltung der Exekutive vgl aktuell 1150/AB (XXI. GP)-eine neue Debatte zur Fristenlösung; auch StProtNR BlgNr 216 XVIII. GP, S. 13 ff (Gesetzesbegründung zum Fortpflanzungsgesetz): „Aus dem Recht auf Leben (Art. 2 MRK) ergibt sich nach der Rechtsprechung des Verfassungsgerichtshofs (VfSlg 7.400/1974), daß nur das *geborene Leben* geschützt wird. Zu dem Phänomen der überzähligen entwicklungsfähigen Zellen, die im Zusammenhang mit einer In-vitro-Fertilisation entstehen können, kann daher aus diesem Grundrecht nichts abgeleitet werden"; Hofmann, Die versprochene Menschenwürde, AÖR, 111. Band (1993), S. 353 ff (373), der darauf hinweist, daß die Ehrung des Andenkens Verstorbenen zur „eigenen, wechselseitigen anzuerkennenden Identität und Selbstachtung gehört". Die Frage des Embryoschutzes ist nach Hofmann eine Frage, „welchen Schutz wir dem ungeborenen Leben um unserer Selbstachtung willen schulden" (aaO, S. 376). Die Thematik wird erörtert unten, Sechster Teil I 1 g (1)- Menschenwürde und Lebensschutz.

121 VfSlg 13.635/1993; dabei verwies der VfGH auf F. Bydlinski, Fundamentale Rechtsgrundsätze, 1988, S. 171 ff (176) ohne eigenständige weitere eigenständige Ableitung des als Wertungsgrundsatz judizierten Menschenwürdeprinzips. Bydlinski seinerseits verweist bei seiner Ableitung u. a. auf die katholischen Naturrechtslehren, Kant, Art. 1 GG und auch § 16 ABGB.

122 JBl. 1995, S. 46 ff (47).

l) Fortführung der rechtspositivistischen Verfassungstradition in Österreich nach 1945

Die rechtspositivistische Verfassungstradition setzte sich nach dem Ende des 2. Weltkrieges in Österreich fort[123]. Als deren überragender Vertreter gilt Hans Kelsen[124], auch Hauptredakteur der Bundesverfassung[125]. Kelsen war bestrebt, den Verfassungstext „möglichst ideologiefrei zu gestalten"[126].
Aus entwicklungshistorischer Sicht wird darauf hingewiesen, dass „das B.-VG. Ausdruck eines politischen Kompromisses auf relativ schmaler Konsensbasis war, dessen Innovationen daher hauptsächlich im organisatorischen und nicht so sehr im werthaltigen Teil lagen"[127]. Eine Staats - und Grundrechtsdiskussion fand nach dem Ende des 2. Weltkrieges zwar auch in Österreich statt. Walter[128] weist darauf hin, dass auch die Grundrechtsentwicklung in Österreich an die Tradition der Verfassung von 1920 anknüpft, weil 1945 die „Rechtslage der Verfassung 1920" wieder hergestellt wurde. Walter formuliert: „Während die deutsche Lehre damit wieder aufgerufen war, eine neue rechtliche Situation zu bewältigen und dies mit großem geistigen Aufwand und in fortgesetzter Diskussion auch unternahm, war die österreichische Dogmatik 'festgeschrieben'. Im Hinblick auf die Rechtsentwicklung stand jene Auffassung der Grundrechte, wie sie sich in der ersten Republik herausgebildet hatte, in Lehre und Judikatur relativ ungebrochen in Geltung."

---

123 Vgl Öhlinger, FS Adamovich zum 60. Geburtstag, 1992, Stil der Verfassungsgesetzgebung - Stil der Verfassungsinterpretation, S. 502 ff. Öhlinger spricht von einem Verfassungsverständnis, „das heute noch mehr als in jedem anderen westeuropäischen Staat vom Gesetzespositivismus geprägt ist" (S. 513); .Schambeck, Zur Theorie und Interpretation der Grundrechte in Österreich, in Machacek/Pahr/Stadler Band 1, 1991, S. 83 ff (86); zur Balance zwischen Parlament und Verfassungsgerichtsbarkeit, Korinek, Betrachtungen zur österreichischen Verfassungsgerichtsbarkeit, FS Adamovich zum 60. Geburtstag, S. 253 ff (269).
124 Reine Rechtslehre, 2. Auflage, 1960, Wien; hierzu Jabloner, Wie zeitgemäß ist die Reine Rechtslehre?, in: Rechtstheorie 29 (1998), S.1 ff mit anschaulicher Skizzierung der wesentlichen Aussagen der Reinen Rechtslehre Kelsens (S. 3 ff); vgl auch Thienel, Der Rechtsbegriff der Reinen Rechtslehre-Eine Standortbestimmung, Koja FS, 1998, S.161 ff; Larenz, Methodenlehre der Rechtswissenschaft, 5. Auflage 1983, S. 69 ff; Hans Kelsen oder Die Reinheit der Rechtslehre, Koja (Hrsg), 1988.
125 Zur österreichischen Lehre aus deutscher Sicht: Stern, Staatsrecht, III/1, 1988, § 69 I 2 a (S. 891 ff); zur österreichischen Grundrechtstradition und der zunehmenden Kritik auch Kneihs, Grundrechte und Sterbehilfe, Wien 1998, S. 69 ff.
126 Schäffer, in Schambeck, Das österreichische Bundes-Verfassungsgesetz und seine Entwicklung, Die Interpretation, S. 57 ff, S. 64 mwN.
127 Schäffer, siehe oben, S. 77; hierzu auch Berka, Grundrechte, Rn 63.
128 Walter, Grundrechtsverständnis, S. 1 ff (16).

Für eine neue und moderne Verfassung fehlte es u. a. am unabdingbaren Willen zum Konsens unterschiedlicher gesellschaftlicher Strömungen und Wertvorstellungen. Wegbereiter hierfür ist oftmals Not oder totaler Zusammenbruch und damit die Notwendigkeit, Neues schaffen zu müssen[129]. Diese Situation prägte Deutschland nach dem Krieg und nährte letztlich den Boden für das Entstehen einer neuen, modernen und von Konsens getragenen Verfassung.

In Österreich war „die Interpretation der Grundrechte bis in die 70er Jahre durch ein ausgesprochen formales und begriffsjuristisches Verständnis gekennzeichnet"[130]. Kelsen hat die moderne, wertungsorientierte und teleologische Verfassungsinterpretation in seiner Reinen Rechtslehre „fast durchwegs in den Bereich der Rechtspolitik verwiesen"[131].

Noch heute wird bei aktualisierender Verfassungsinterpretation „große Zurückhaltung"[132] gefordert. In der Verfassungsrechtsprechung bestätigte sich die vorherrschende rechtspositivistische Auffassung insbesondere in dem Fristenerkenntnis aus dem Jahr 1974[133] und dem Hochschulerkenntnis aus dem Jahr 1977[134].

---

129 Anders beispielsweise die Situation in der Schweiz, die sich 1999 eine neue Bundesverfassung gab.
130 Berka, Grundrechte, Rn 116.
131 Adamovich, Kritik und Fortschritt im Rechtsstaat, Gedanken zur Verfassungsinterpretation im Zeitalter der europäischen Integration, Österreichische Juristenkommission, 20. Tagung Juni 1993, Wien 1995, S.25 (27); zur Notwendigkeit eines formellen Geltungsgrundes von Grundrechten auch Morscher, Die Hierarchie der Verfassungsnormen und ihre Funktion im Grundrechtsschutz in Österreich, Landesbericht Österreich 1990, EuGRZ 1990, S. 454 ff (454/455).
132 Korinek, in: FS Walter zum 60. Geburtstag, 1991, Zur Interpretation von Verfassungsrecht, S. 363 (373); zum gesetzespositivistischen Verfassungsverständnis auch Öhlinger, Stil der Verfassungsgesetzgebung. Stil der Verfassungsinterpretation, S. 502 ff, FS Adamovich zum 6o. Geburtstag, Wien 1992.
133 VfSlg 74oo/1974; EuGRZ 1975, S. 74: Leitsatz: „Die in § 97 Abs. 1 Z. 1 des österreichischen Strafgesetzbuches 1974 enthaltene Straflosigkeit eines Schwangerschaftsabbruches innerhalb der ersten drei Monate nach Beginn der Schwangerschaft widerspricht nicht dem in Art. 2 MRK enthaltenen Recht auf Leben, nicht dem Recht auf Privatleben (Art. 8 MRK), nicht dem Recht auf Familiengründung (Art. 12 EMRK) und nicht dem Gleichheitssatz."; hierzu Berka, Grundrechte, Rn 365, Rn 368 a.E., Rn 373; auch Stern, Staatsrecht Band III/1, 1988, 69 I 2 a; zum Rechtsvergleich mit Deutschland Grimm, JBl. 1976, S. 74 ff.
134 VfGH vom 3. Oktober 1977, EuGRZ 1978, S. 7 ff (13): „Daß aber Art. 17 Abs. 1 StGG darüberhinaus den Staat auch zu positiven Vorkehrungen, speziell dazu verpflichtet, den Hochschullehrern zur Sicherung dieses Grundrechtes eine maßgebende Mitwirkung an der unmittelbaren Wissenschaftsverwaltung einzuräumen, ist weder ihrem Wortlaut zu entnehmen noch aus der historischen Entwicklung ableitbar."

2) Die Diskussion der Menschenwürde in Österreich von 1945 bis Mitte der 80er Jahre

Dennoch fand auch in Österreich bereits früh nach dem Ende des Zweiten Weltkrieges eine Diskussion über die Menschenwürde statt, als deren herausragende Vertreter u. a. Ermacora, Marcic, Klecatsky, Schambeck, Verdross und auch Messner zu nennen sind. Die Auffassungen über die rechtliche Existenz eines Prinzips der Menschenwürde im österreichischen Recht blieben jedoch eine Minderheit, eine obergerichtliche Bestätigung blieb damals gänzlich aus.

Zusammenfassend lassen sich zwei gedankliche Strömungen unterscheiden. Die eine Richtung zielt auf die präpositive Begründung der Menschenwürde ab, die andere Richtung legt das Prinzip der Menschenwürde in den Gehalt positiver Verfassungsnormen, insbesondere in den Kerngehalt des Gleichheitssatzes. Die Begründungen werden jeweils mit dem universellen Gehalt der Menschenwürde in der UN-Charta aus dem Jahr 1945 und der AEMR aus dem Jahr 1948[135] untermauert. Trotz der unterschiedlichen Ansätze einer Begründung der Menschenwürde im österreichischen Verfassungsrecht lässt sich eine Gemeinsamkeit der Befürworter eines auch für Österreich rechtsverbindlichen Prinzips der Menschenwürde vorab darin formulieren, dass ein fundamentaler Wert (Menschenwürde ist ein Wertbegriff[136]) in die damals überwiegend wertneutral[137] qualifizierte Verfassungsordnung übernommen werden sollte, was im Wege einer Verfassungsinterpretation nach damals ganz vorherrschender Dogmatik nicht möglich war. Das Bedürfnis, unverrückbare Werte, Grundwerte in den Mittelpunkt des Rechtssystems zu rücken, auch vor dem Hintergrund der Erfahrungen der NS-Zeit, stand wohl im Hintergrund aller frühen österreichischen Überlegungen zur Menschenwürde.

Wertende oder teleologische Gesichtspunkte finden somit in dieser Entscheidung keine Berücksichtigung.
135 Siehe dazu bereits oben, Erster Teil, Verfassungsgeschichtliche Entwicklung, I 1 b.
136 Vgl Podlech, GG-AK, Art. 1 Abs. 1 Rn 10 im Gegensatz zur Interpretation der Würde als Leistung, wie ihn insbesondere Luhmann vertritt; hierzu Geddert-Steinacher, aaO, S. 118 ff; Schambeck, Der Begriff der „Natur der Sache", 1964, S. 52.
137 Vgl Schambeck, Zur Theorie und Interpretation der Grundrechte, in: Machacek/Pahr/Stadler, Band 1, 1991, S. 83 ff (S. 84, Fn 8).

a) Der präpositiver Begründungsansatz

Der präpositive Ansatz, wie ihn insbesondere Marcic[138] vertrat, stellt freilich den krassen Gegensatz zu dem bis in die 80er Jahre vorherrschenden Rechtspositivismus dar. Schon aus methodischen Gründen nahmen die Gedanken von Marcic weder größeren Einfluß in der Rechtslehre noch entfalteten sie Wirkungen in der damaligen obergerichtlichen Rechtsprechung. Marcic gilt als Vertreter des Naturrechts, einem Recht, das dem geschriebenen Recht vorgegeben ist, das sich entweder in positivierten Bestimmungen widerspiegelt oder als nicht positivierte Bestimmung wie geschriebenes Recht wirkt, und zwar mit überragendem Stellenwert im Stufenbau der Rechtsordnung. Marcic sah das Prinzip der Menschenwürde im christlichen Glauben verwurzelt. Er wies darauf hin, daß die Würde des Menschen „die seinsmäßig eigenständige Substanz erst von der Lehre der Gottesebenbildlichkeit" empfängt[139]. Mit dieser Sichtweise legt man die metaphysischen Wurzeln der Menschenwürde offen. Damit ist die Präpositivität impliziert, denn ein metaphysisches Prinzip kann nicht verliehen und gesetzlich begründet, allenfalls mittels geschriebenen Recht dargestellt werden. Nach meiner Auffassung war der von Marcic vertretene Ansatz darüber hinaus in besonders deutlicher Weise der Hinweis auf die Notwendigkeit einer materiell-wertenden Sicht der Grundrechte[140]. Er bezeichnet die Menschenwürde als präpositives Strukturelement der positiven Rechtsordnung, mithin auch der österreichischen Bundesverfassung[141]. Ebenso ordnet er die Freiheit und die Gleichheit als „von der Menschenwürde implizierte Größen" als „präpositive Strukturelemente der positiven Rechtsordnung"[142] ein. Diese Gedanken stehen unter der Überschrift

---

138 „Rene Marcic, ein besonders engagierter Verfechter des Naturrechtsgedankens, sprach in seiner letzten Arbeit vor seinem frühen Tod 1981 von der tiefsten Krise des Naturrechts in seiner langen Geschichte."(Faller, Wiederkehr des Naturrechts?, in: JÖR 1995, NF, Band 43, S. 1 ff (13 - unter Bezugnahme auf Natural Law called in Question, in Rechtsphilosophische Mitteilung Nr. 1, 1981, 1(13), Hrsg Universität Salzburg, Institut für Rechtsphilosophie, Methodologie der Rechtswissenschaften und allgemeine Staatslehre).

139 Marcic, Der unbedingte Rechtswert des Menschen, in: Festgabe Voegelin zum 60. Geburtstag, S. 360 ff (378); ebenso in „Die rechts- und staatspolitischen Grundgedanken der geltenden Österreichischen Verfassungsordnung, JBl .1965, S.552 ff (557).

140 „Neben allen Satzungen, allen gesetzten (=positiven) Werten...waltet unwandelbar seit je eine präpositive Ordnung der Seinswerte;" Marcic, Der unbedingte Rechtswert des Menschen, Festgabe Voegelin zum 6o. Geburtstag, S. 360 ff (393).

141 Marcic, Der unbedingte Rechtswert des Menschen, Festgabe Voegelin zum 60. Geburtstag, S. 36o ff (364,367).

142 Marcic, Die rechts- und staatsphilosophischen Grundgedanken der geltenden Österreichischen Verfassungsordnung, JBl. 1965, S. 552 ff (557).

„Die materialen Determinanten" des Rechtsstaates. Die materiale Sicht des Grundwertes der Menschenwürde spiegelt sich in seiner Forderung, dem Richter eine so unabhängige Stellung zu verschaffen, „daß alle Interventionen an ihm abprallen"[143]. Marcic stützt seine Auffassung einer überragenden Rechtsverbindlichkeit der Menschenwürde ersichtlich nicht nur auf die 1949 verankerte Bestimmung des Art. 1 GG, sondern beruft sich u. a. auf die philosophischen Gedanken von Verdross, die Vorschrift des §16 ABGB und auch die Erklärung des Zweiten Vatikanischen Ökumenischen Konzils über die Religionsfreiheit vom 7. Dezember 1965, Nr. 7[144]. Nach Marcic[145] verändert auch eine Übernahme des Prinzips der Menschenwürde in eine positive Verfassungsrechtsordnung nicht seinen präpositiven Charakter und Gültigkeitsgrund. Anzumerken bleibt, dass sich Marcic inhaltlich u. a. auf Dürig stützt[146].

Ein vielleicht zu wenig beachteter, aber herausragender Aspekt der Aussagen von Marcic ist die Gemeinschaftsbezogenheit und Gemeinschaftsgebundenheit des Menschen und die daraus erwachsenden Grundpflichten[147]. Er hält fest, dass nicht nur die Menschenwürde, sondern auch das Gemeinwohl die präpositiven Strukturelemente einer jeden positiven Rechtsordnung sind[148]. Marcic bringt damit zum Ausdruck, was das deutsche Bundesverfassungsgericht rechtsverbindlich bereits früh in seiner Rechtsprechung zum Menschenbild des Grundgesetzes formulierte[149]. Der Aspekt der Verpflichtung zum Gemeinwohl und zur Verantwortung muss meines Erachtens als ein wesentlicher Teilgehalt der Menschenwürde gesehen werden[150]. Die Pflichten ergeben sich dabei nicht nur im Verhältnis des

---

143 Marcic, Vom Gesetzesstaat zum Richterstaat, S. 323. Der Richter darf „von der Administrative nichts zu hoffen und nichts zu fürchten haben".
144 Menschenpflichten - Eine Gedanken und Systemskizze, Internationale FS für Verdross, Hrsg v. Marcic, Mosler, Suy, Zemanek, 1971, S. 221, (239). Zur Gemeinwohlbindung auch, Marcic, Vom Gesetzesstaat zum Richterstaat, 1957, S. 319 ff.
145 Marcic, Vom Gesetzesstaat zum Richterstaat, S. 328.
146 Vgl u.a. Marcic, Der unbedingte Rechtswert des Menschen, siehe oben, S. 382, Fn 68; ders. Vom Gesetzesstaat zum Richterstaat, 1957, S. 318: „Zur Frage nach dem Sinn und der rechtlichen Wirkkraft des Artikels 1 des Bonner Grundgesetzes liegt eine kurze, aber bestechend dichte Arbeit vor, die unseres Erachtens das Wesen der Problematik ganz erfaßt: „Der Grundrechtssatz von der Menschenwürde" von Professor Dr. Günter Dürig, Tübingen."
147 Marcic, Menschenpflichten - Eine Gedanken-und Systemskizze, S. 221 ff (223); vgl positivrechtlich Art. 10 Abs. 2 EMRK: „Die Ausübung dieser Freiheiten ist mit Pflichten und Verantwortung verbunden;"
148 Marcic, Menschenpflichten - Eine Gedanken und Systemskizze, S. 221 ff (223 unter Bezugnahme auf Verdross, Abendländische Rechtsphilosophie).
149 Siehe dazu unten, Zweiter Teil I 1 a - Menschenbild.
150 Vgl hierzu näher unten, Sechster Teil II 1 Inhaltsbestimmung (Dialektik der Menschenwürde und Menschenwürdepflichten); vgl auch Häberle, Menschenwürde und

Menschen zum Staat wie bspw. die Wehrpflicht, sie erstrecken sich insbesondere auf das Verhältnis Mensch zu Mensch im Staat. Menschliche Würde erfährt der Einzelne als soziales Wesen in der Übernahme von Verantwortung durch den anderen Menschen und in Solidarität. Zur Menschenwürde gehört aber auch, gleichsam als die Kehrseite derselben Medaille, dass der Einzelne Verantwortung und Solidarität übernimmt. Sieht man in einem Staatsgebilde eine Wertegemeinschaft, stellt sich die Menschenwürde auch als normative Grundlage einer „Solidargemeinschaft"[151] dar.

Der Ansatz einer präpositiven Begründung der Menschenwürde wurde auch von Verdross und Messsner vertreten, allerdings unter starker Betonung der nach dem 2. Weltkrieg entwickelten internationalen Vorgaben. Verdross[152] verweist auf die überpositive Grundlage der Erklärungen der Mitglieder der Vereinten Nationen, der Satzung der Vereinten Nationen, der AEMR sowie der UN- Pakte. In seiner bekannten Veröffentlichung „Abendländischen Rechtsphilosophie" befasst sich Verdross ausführlich mit den philosophischen Wurzeln der Menschenwürde und kommt zu dem Ergebnis, dass die Würde des Menschen dem positiven Recht vorgegeben ist[153]. Messner sieht die Menschenrechte auf der Men-

---

Verfassung am Beispiel von Art. 2 Abs. 1 Verf. Griechenland, aaO, S. 417: „Menschenwürde meint nicht nur Grundrechte - sie begründet auch Grundpflichten." Schutzgut der Menschenwürde ist nicht nur die Aufrechterhaltung oder Verwirklichung des eigenen Achtungsanspruches, Schutzgut muß auch die Achtung des anderen Menschen sein, da die Selbstachtung, wie sie in der Menschenwürde begründet ist auch die Achtung des anderen beinhaltet. Denn der Würdeanspruch, den man für sich selbst fordert, ist nur dann als tragender Grundwert gewährleistet, wenn dieser Wert zu gegenseitiger Achtung führt. Freilich verbindet sich mit der aus der Menschenwürde abgeleiteten Pflichten Tieferes als bloß solidarisches Handeln; es verbinden sich damit Grundpflichten, die für die Erhaltung der Subjektqualität des Menschen unabdingbar sind. Dazu zählt auch die Sicherung des Existenzminimums, wobei die Erfüllung dieser Pflicht zunächst auf den Staat übertragen ist, im Einzelfall aber auch unmittelbar im Verhältnis der Bürger untereinander zum Tragen kommen kann, was sich einfachgesetzlich zum Beispiel in der Pönalisierung der unterlassenen Hilfeleistung ausdrückt.

151 Hofmann, Die versprochene Menschenwürde, AÖR 118. Band (1993), S. 353 ff (370/371).
152 Die Würde des Menschen als Grundlage der Menschenrechte, EuGRZ 77, S. 207.
153 Verdross, Abendländische Rechtsphilosophie, in: Rechts- und Staatswissenschaften 16 (Hrsg Merkl/Verdross/Wolff), 2. Auflage, 1963, S. 266 unter Bezugnahme auf Coing, Rechtsphilosophie, 136; zusammengefaßt sind die Gedanken Verdross, Die Würde des Menschen in der abendländischen Rechtsphilosophie in Naturordnung in Gesellschaft Staat und Wirtschaft, Messner FS 1961,S. 353 ff (360).Verdross weist zum einen darauf hin, dass man zwischen Naturrecht und Naturrechtslehren unterscheiden müsse. Er fasst fünf allgemeine Forderungen zusammen, die sich aus der Würde des Menschen ergeben:

schenwürde gründen und führt als positiv-rechtliche Anerkennung dieses Bewusstseins die Formulierungen in der AEMR 1948 und in den UN-Pakten 1966 an. Messner hält unter Bezugnahme auf Art. 1 GG fest: „Die überpositive rechtliche Ordnung ist dadurch nicht erst existent geworden, 'dagegen ist es durchaus sinnvoll, dass der staatliche Gesetzgeber eine überpositive Norm positiviert'"[154]. Etwas zurückhaltender bestätigt Ringhofer[155] die Verankerung der Menschenwürde in der Bundesverfassung; er sieht ebenfalls die Grundrechte als Ausdruck der Menschenwürde. Der Mensch „hat Grundrechte vielmehr ganz ebenso wie er Leib und Seele hat, nämlich als integrierenden Bestandteil seiner Wesenheit. Eben deshalb sind Grundrechte auch jeder menschlichen, zumal jeder staatlichen Disposition schlechterdings unzugänglich". Ringhofer formuliert aber, dass dieses Grundrechtsverständnis nicht wissenschaftlich „im strengen Sinn des Wortes"

> „1. Jede Gemeinschaftsordnung muß dem Menschen einen Bereich einräumen, in dem er als ein freies und selbstverantwortliches Wesen wirken kann.
> 2. Die Gemeinschaftsordnung muß diesen Bereich sichern und schützen.
> 3. Der Gemeinschaftsautorität müssen Grenzen gezogen sein.
> 4. Die Einhaltung dieser Grenzen muß kontrolliert werden können.
> 5. Die Gehorsamspflicht der Rechtsgenossen gegenüber der Gemeinschaft ist keine absolute. Sie findet an der Würde der menschlichen Person ihre Grenze."

Ein Blick in die österreichische Rechtsordnung verdeutlicht, dass diese Grundsätze auch angestrebt werden .Nur als Beispiel lassen sich zu Nr. 5 die Bestimmungen der §§ 4,6 ADV und §17 MilStrG aus dem Jahr 1971 anführen, die Gehorsamspflichten explizit an dem Prinzip der Menschenwürde messen.

154 Messner, Die Idee der Menschenwürde im Rechtsstaat der pluralistischen Gesellschaft, Geiger FS zum 65. Geburtstag, 1974, S. 221 ff (239). Messner hält fest: „Es gibt nämlich einen unbestreitbaren Beweis für den heutigen Stand des sittlich-rechtlichen Bewußtseins der Menschheit hinsichtlich der Menschenrechte und der sie begründenden Menschenwürde. Diesen Beweis bietet die von der Generalversammlung der Vereinten Nationen am 10. Dezember 1948 (unter Stimmenthaltung der Sowjetunion und anderer Oststaaten) beschlossene Deklaration der Menschenrechte, nach der „die Anerkennung der allen Mitgliedern der menschlichen Familie innewohnenden *Würde* die Grundlage der Freiheit, der Gerechtigkeit und des Friedens der Welt bildet" und „alle Menschen frei geboren und gleich an Würde und Rechten sind". Besonders zu beachten sind auch zwei von der Generalversammlung der Vereinten Nationen am 16. Dezember 1966 beschlossenen Pakte über die wirtschaftlichen, sozialen und kulturellen Menschenrechte einerseits und die bürgerlichen und politischen Menschenrechte andererseits, weil sie beide einstimmig und ohne Stimmenthaltung angenommen wurden und weil sie in ihren Präambeln hervorheben, daß sich diese Rechte „aus der der menschlichen Person innewohnenden *Würde* herleiten." In diesen Dokumenten ist ... auch die Begründung der Menschenrechte auf die Menschenwürde, also auf überpositivrechtlicher Grundlage (bezeugt)." (aaO, S.225).
155 Ringhofer, Über Grundrechte und deren Durchsetzung im innerstaatlichen Recht, FS Hellbling zum 80. Geburtstag, 1981, S. 355 ff (356).

erarbeitet, vielmehr eine „Aufforderung zur Verwirklichung des richtigen Rechts"[156] ist.

Noch vorsichtiger stritt Klecatsky, ehemaliger Bundesminister der Justiz, für das Verfassungsprinzip der Menschenwürde. Er schlug auf rechtspolitischer Ebene vor, Art 1 B-VG wie folgt zu fassen: "Das Recht der demokratischen Republik Österreich geht von der Würde des Menschen aus."[157] Klecatsky begründet seine Auffassung insbesondere mit den internationalen Vorgaben und gedanklichen Übereinstimmungen, wie sie in den „Weltdokumenten" der UN-Charta 1945, der AEMR 1948, der EMRK, der Europäischen Sozialcharta und den UN-Pakten über wirtschaftliche, soziale und kulturelle Rechte sowie über bürgerliche und politische Rechte zum Ausdruck kommen. In diesen „Weltdokumenten wurde somit übereinstimmend die Menschenwürde als die zentrale Grundnorm des Weltrechtes formuliert, die Weltmenschenrechte und Weltfrieden tragen soll"[158].

Ein bis in die heutige Zeit herausragender Verfechter eines Rechtsprinzips der Menschenwürde ist Schambeck. Er verweist zunächst auf den präpositiven Ansatzpunkt, stellt aber im Laufe der Zeit unter dem zunehmenden Einfluß der EMRK auf positiv-rechtliche Vorgaben wie Art. 3 und 8 EMRK ab. Schambeck hält 1964 fest: „Aus der Natur des Menschen ergibt sich, daß ihm eine Würde angeboren ist, welche unverlierbar und unverzichtbar ist ... Die Würde der menschlichen Person ist ein dem positiven Recht vorausliegender Wert, dessen Positivierung keine Rechtsfindung darstellt, sondern eine allgemein verbindliche positiv-rechtliche Anerkennung."[159] Er verweist dabei auf bekannte Quellen mit ähnlichem oder gleichen Gedankengut wie Kant, Jellinek, Wertenbruch, Dürig, Coing, Nipperdey, Art. 1 GG und Art. 100 der Verfassung des Freistaates Bayern und Entscheidungen des Bay. VerfGH[160]. Schambeck nimmt auf Dürig als maßgeblichen inhaltlichen Wegbereiter des Rechtsprinzips der Menschenwürde Bezug[161]. Auch in seiner Veröffentlichung „Zur Theorie und Interpretation der

---

156 Ringhofer, FS Hellbling 1981, Über Grundrechte und deren Durchsetzung im innerstaatlichen Recht, S. 355 ff (356/357).
157 Klecatsky, Geht das Recht der Republik Österreich vom Volk aus?, JBl. 1976, S. 512 ff (515); vgl auch Klecatsky, Menschenrechte, innerstaatlicher Rechtsschutz und Volksanwaltschaft JBl 1985, S. 577 ff; Morscher, Kecatsky FS zum 7o. Geburtstag, Das Menschenbild im wissenschaftlichen Werk Hans. R. Klecatskys, S. 171 ff (174) weist auf die Gedanken Klecatskys über „die Freiheit und Würde des einmalig einzelnen Menschen als der Anfang und das Ende jeden Rechts" (in: Staat und Verkehr (Nr.89) 77) hin.
158 Klecatsky, siehe oben, JBl. 1976, S. 512 ff (514).
159 Schambeck, Der Begriff der „ Natur der Sache",Wien, 1964, S. 53.
160 Schambeck,.siehe oben, S. 53 Fn 83 ff.
161 Schambeck, Der Begriff der „Natur der Sache", 1964, S. 52 Fn 78.

Grundrechte in Österreich"[162] formuliert er einleitend, dass die Grundrechte „ihre geistige Wurzel in der Idee der Würde des Menschen" haben und „in einem gewissen Ausmaß jeder staatlichen Disposition entzogen" sind. Dies kann so verstanden werden, dass das Prinzip der Menschenwürde über Art. 44 Abs. 3 B-VG hinaus der Disposition des Volkes entzogen ist, mithin „Ewigkeitsgarantie" besitzt. Im Jahr 1992 formuliert Schambeck, dass die Menschenwürde nicht nur ausdrücklich genannt, sondern auch „stillschweigend vorausgesetzt und in ihrem Gehalt durch verschiedene Grundrechte geschützt"[163] und „insb. aus dem Recht aus Leben und Freiheit sowie Art. 3 und 8 EMRK abgeleitet"[164] wird.

b) Der positiv-rechtliche Begründungsansatz

Einen inhaltlich durchaus gleichliegenden, aber methodisch völlig andersartigen Begründungsansatz wählte Ermacora. Er leitete das Prinzip der Menschenwürde aus dem normativen Gehalt des Gleichheitssatzes ab: Jeder Mensch ist in seiner Menschenwürde gleich zu behandeln[165]. Ermacora stützt seine Begründung auf die positiv-rechtliche Vorgabe des § 16 ABGB und die Entwicklung der Menschenrechte auf internationaler Ebene nach dem Ende des 2. Weltkrieges[166]. Inhaltlich nimmt Ermacora ebenso wie Marcic auf Dürig Bezug, und zwar hier unter dem Begriff „absoluter Kerngehalt" und bejaht dessen „Objektformel" als „folgerichtig und logisch richtig und tiefsinnig„ und folgert, „daß nur von einem so verstandenen Gleichheitssatz her die Grundrechte selbst einen Mittelpunkt haben"[167]. Diese Formulierung weist darauf hin, dass auch Ermacora die Men-

---

162 Schambeck, in Machacek/Pahr/Stadler 1991, Band 1, S. 83.
163 Schambeck, Grundrechte in westeuropäischen Verfassungen, ÖJZ 1992, S. 634 ff (638).
164 Schambeck, Grundrechte in westeuropäischen Verfassungen, S. 638, Fn 42.
165 Ermacora, Handbuch der Grundfreiheiten und der Menschenrechte, Wien 1963, S. 59/60. Ermacora war zeitlebens ein Verfechter der Auffassung, wonach sich aus dem positivrechtlichen formulierten Gleichheitssatz für den österreichischen Staatsbürger „das Gebot, die Menschenwürde jedermanns gleich zu achten" ableiten lässt (Ermacora, Grundriß der Menschenrechte in Österreich, 1988, Rn 262).
166 Ermacora verweist darauf, dass sich „seit Kelsens Allgemeiner Staatslehre ... die Rechtslage in bezug auf die Menschenrechte total verändert" hat (FS Klecatsky II zum 60. Geburtstag, Auf dem Weg zur Menschenwürde und Gerechtigkeit, Die Menschenrechte als Grundnorm des Rechts, S. 151 ff, 154). Die Menschenrechte, generell und universell, sind inhaltliche Grundnorm jeder Rechtsordnung (Ermacora, FS Klecatsky II, S. 154) ,und dies „sowohl eine vorausgesetzte" als auch „von der Völkergemeinschaft gesetzte Grundnorm" (Ermacora, FS Klecatsky II, aaO, S. 160).
167 Ermacora, Handbuch der Grundfreiheiten und Menschenrechte, S. 60; vgl auch Ermacora, Handbuch der Grundfreiheiten und Menschenrechte, S. 39: „Daher wird

schenwürde als Kerngehalt von Grundrechten sieht. Er bezeichnet die Menschenwürde als „materielle Grundnorm" des österreichischen sozialen Rechtsstaates[168], spricht sich damit im Ergebnis auch für eine materiell-wertende Sichtweise des Gleichheitssatzes aus. Ermacora beschäftigt sich allerdings nicht mit frühen Entscheidungen des BVerfG zur Menschenwürde und zum Gleichheitssatz aus den Jahren 1956 und 1957[169]. In diesen Entscheidungen hält das BVerfG in Gedankenverwandtschaft mit Ermacora explizit fest, dass Menschenwürde jedem Menschen zukomme, „die Menschen insoweit gleich sind"[170]. Ermacora zeigt Verständnis für die Haltung Kelsens, der die These einer inhaltlichen Grundnorm kritisierte. Denn zum Zeitpunkt der Veröffentlichung der Reinen Rechtslehre wären die Menschenrechte und damit auch das Menschenwürdeprinzip noch nicht generell und universell normativ verankert gewesen[171]. Die Haltung Ermacoras ist freilich deutlich kritisiert worden[172] und konnte sich in der Lehre und der Rechtsprechung nicht durchsetzen.

Abschließend kann festgestellt werden werden, dass die Diskussion über die Menschenwürde in Österreich von den 50er Jahren bis in die 80er Jahre von unterschiedlichen methodischen Ansätzen geprägt war. Inhaltlich setzte jedoch Dürig den frühen Maßstab sowohl in Deutschland wie auch in Österreich, der in-

---

man nicht fehlgehen, mit Dürig (a.a.O., Sp. 986) der Menschenwürde auch in Österreich 'den Wertmaßstab der rechtlichen Gleichbewertung" zuzuerkennen und in ihm einen absoluten Teil des Gleichheitssatzes zu erblicken, 'in dem es keinerlei rechtliche Verschiedenheiten geben dürfe' (Dürig,a.a.O., Sp. 986)."Anmerkung zum Zitat Dürig: Dürig, in: Gleichheit, in Staatslexikon, 6. Auflage, III Band, 1959.

168 Ermacora, Handbuch der Grundfreiheiten und Menschenrechte, S. 60.
169 BVerfGE 5, 85, (2o4/205); 6, 265.
170 BVerfGE 5, 85 (205).
171 Ermacora, FS Klecatsky II, S. 160.
172 Koja, Buchbesprechung des Handbuchs der Grundfreiheiten und Menschenrechte, in: JBl. 1964, S.379 (380). Koja hält der Auffassung Ermacoras entgegen, dass § 16 ABGB nicht ohne weiteres Verfassungsrang zuerkannt werden könne. Überdies sei der Katalog der verfassungsmäßig gewährleisteten Rechte 1867 abschließend geregelt worden; des weiteren lasse sich sowohl aus dem Wortlaut als auch der Entstehungsgeschichte des Gleichheitssatzes kein absoluter Menschenwürdekern ableiten, das Bonner GG habe die Menschenwürde und den Gleichheitssatz auch in zwei getrennten Grundrechten dargestellt. Schäffer (Verfassungsinterpretation in Österreich, 1971, S. 153) warf 1971 die Frage einer Grundrechtsinterpretation aus einem der Menschenwürde verpflichteten Menschenbild auf, bemerkt unter Hinweis auf eine kritische Rezension Kojas zu den Vorstellungen Ermacoras: "Diese Leitbildvorstellung ist bisher in Theorie und Praxis mangels eines Anhaltspunktes im positiven Verfassungsrecht nicht weiter aufgegriffen worden". Er verneinte somit im Ergebnis eine positive Verankerung eines Prinzips der Menschenwürde in der österreichischen Verfassung.

haltliche deutsche Einfluß in Österreich erscheint somit unverkennbar. Funk[173] hält zum Verhältnis Bonner Grundgesetz und der Bundesverfassung Österreichs fest, dass das Grundgesetz „in betonter Antithese zum NS-Staat und in Abkehr von der Weimarer Reichsverfassung entstanden" ist, die österreichisch Bundesverfassung aus dem Jahr 1920 die „historische Antithese zur Habsburgermonarchie" darstelle. Er betont die Verschiedenartigkeit der Verfassungen in Herkunft und Entwicklung, stellt aber auch grundlegende Gemeinsamkeiten wie z.b. Demokratie, Rechtsstaatlichkeit, Gewaltentrennung, Bundesstaatlichkeit und republikanische Staaatsform heraus. Rezeptionen als unmittelbarere Wirkungszusammenhang habe es nur selten gegeben, herausgehoben wird hierzu die Rundfunkverfassung und der verfassungsrechtliche Rundfunkbegriff sowie der Bereich der Verfassungsgerichtsbarkeit[174]. Von diesen Rezeptionen sind freilich die vielen parallelen Entwicklungslinien der beiden Länder zu unterscheiden, was Rechtsetzung, Rechtssprechung und Rechtslehre anbelangt. Funk kommt zu dem Ergebnis, dass Entwicklungen in der neueren österreichischen Grundrechtsdogmatik „zumindest mittelbar vom Grundrechtsverständnis in der Bundesrepublik Deutschland beeinflußt wurden"[175].

Einen methodisch weiteren Schritt einer materiell-wertenden Grundrechtsinterpretation leitet Raschauer mit ein, der 1978 vertritt, daß das Prinzip der Menschenwürde der österreichischen „Rechtsordnung insgesamt als allgemeines Rechtsprinzip selbstverständlich zugrundeliegt"[176]. Er stützt seine Auffassung

---

173 Funk, Das Grundgesetz im internationalen Wirkungszusammenhang der Verfassungen, Bericht Österreich, in: Schriften zum öffentlichen Recht, Band 588 (Hrsg: Battis/Mahrenholz/Tsatsos), S. 53 ff (53).
174 Funk, siehe oben, S. 58 ff, S. 62 ff u.a. Individualantrag auf Normenkontrolle, B-VG-Novelle 1975, BGBl. 1975, 302, sowie die Entlastungsnovellen BGBl. 1981/350 und BGBl. 1984/296,. Erwähnt werden noch die B-VG-Novelle 1986, wonach die Vorsorge für das gesamtwirtschaftliche Gleichgewicht als Staatszielbestimmung verankert wird sowie die B-VG-Novelle 1988, wonach die Befugnis der Länder zum Abschluß völkerrechtlicher Verträge in ihren Angelegenheiten als selbständige Wirkungskreise der Länder eingeräumt werden.
175 Funk, siehe oben, S. 67.
176 Raschauer, Namensrecht, Forschungen aus Staat und Recht 45, 1978, S. 86. Raschauer verweist auf die EMRK und auf § 1 Abs. 1 R-ÜG, der „ansatzweise" das Menschenwürdeprinzip beinhaltet (aaO, S. 86, Fn 12). Anmerkung: § 1 BVG RÜG, StGBl. Nr. 6/1945: (1) Alle nach dem 13. März 1938 erlassenen Gesetze und Verordnungen sowie die einzelnen Bestimmungen in solchen Rechtsvorschriften, die mit dem Bestand eines freien und unabhängigen Staates Österreich oder mit den Grundsätzen einer echten Demokratie unvereinbar sind, die dem Rechtsempfinden des österreichischen Volkes widersprechen oder typisches Gedankengut des Nationalsozialismus enthalten, werden aufgehoben."

maßgeblich auf Art. 3 EMRK[177], bezeichnet die Achtung der Menschenwürde als Grundrechtsprinzip, das auch die Vollziehung bindet[178] und nimmt bei seiner Begründung Bezug auf die im Jahr 1977 einsetzende Rechtsprechung des VfGH, der bei der Inhaltsbestimmung des Art. 3 EMRK den Begriff der Menschenwürde ausdrücklich gebraucht[179], wobei er folgert, dass der VfGH „zutreffend ... die Dürigsche Formel von der 'die Menschenwürde beeinträchtigenden gröblichen Mißachtung des Beschwerdeführers als Person' aufgreift"[180]. Diese „Aufwertung" der Bestimmung des Art. 3 EMRK wird begleitet und gestützt durch die Rechtsprechung des EGMR, der bereits im Jahr 1978 von dem Schutzgut „person's dignity"[181] des Art 3 EMRK und später von der Fundamentalnorm des Art. 3 EMRK[182] spricht und den Schutzbereich dieser Bestimmung ausweitet.

Rosenmayr formuliert 1983 unmissverständlich, dass das Prinzip der Menschenwürde in Art. 3 EMRK verfassungsrechtlich verankert ist. Die Durchschlagskraft wird jedoch abgefedert: „Verwaltungsbehörden und Gerichte haben haben hier stets auch die zumindest indirekte, interpretative Wirkung des Art. 3 zu beachten."[183]

3) Der Beginn einer neuen Diskussion auf dem Boden der EMRK ab etwa Mitte der 80er Jahre

Die Diskussion um den rechtlichen Stellenwert der Menschenwürde wurde etwa Mitte der 80er Jahre neu entfacht. Dabei stand die Gegensätzlichkeit Rechtspositivismus und Naturrecht nicht mehr im Vordergrund[184]. Auf dem Boden der Be-

---

177 Namensrecht, in Forschungen aus Staat und Recht 45, 1978, S. 86: „ ... so stützt die MRK doch die Identifizierung des allgemeinen Rechtsgrundsatzes der Achtung der Menschenwürde im österreichischen Recht".
178 Raschauer, siehe oben, S. 87.
179 Vgl VfGH SlgNr. 8145/1977 und 8146/1977.
180 Raschauer, siehe oben, S. 86, Fn 13.
181 Fall Tyrer, EuGRZ 1979,v.25.4.1978, S.162 ff Nr. 35, siehe dazu oben, Zweiter Teil II 3 d bb.
182 Fall Soering, EuGRZ 1989, S. 314 ff v. 7.7. 1989, siehe dazu oben, Zweiter Teil II 3 d bb.
183 Rosenmayr, Artikel 3 MRK, in Ermacora/Nowak/Tretter (Hrsg), Die Europäische Menschenrechtskonvention in der Rechtsprechung der österreichischen Höchstgerichte, 1983, S. 157.
184 Vgl allgemein Thienel, Der Rechtsbegriff der Reinen Rechtslehre–Eine Standortbestimmung, Koja FS 1998, S. 161 ff (182): „Ein zentraler Aspekt des Rechtsbegriffs der Reinen Rechtslehre –wie aller rechtspositivistischen Rechtsbegriffe- liegt darin, dass jeder Regreß auf präpositive Werte -Moral oder Gerechtigkeit- vermieden wird, und damit der Gegensatz zu Naturrechtslehren betont wird:" Zur naturrechtli-

strebungen einer Grundrechtsreform[185] und insbesondere vor dem Hintergrund neuartiger Bedrohungen - z. B. durch die Möglichkeiten der Biotechnologie - verlor die Diskussion an Gegensätzlichkeit. Zudem setzte die Grundrechtsjudikatur neue Maßstäbe[186]. Die Bereitschaft des VfGH in den 80er Jahren, Vorgaben der EMRK aufzugreifen, zeigt sich insbesondere in der Judikaturlinie zu den positiven Gewährleistungspflichten und zur umfassenden Geltung des Verhältnismäßigkeitsprinzips[187]. Berka[188] spricht davon, dass es Mitte der 80er Jahre zu einem „markanten Wandel in der Grundrechtsjudikatur gekommen" ist. Die EMRK wird als „eine Art Katalysator" bezeichnet[189]. Mithin verdrängte die EMRK in der Rechtslehre den präpositiven Begründungsansatz der Menschenwürde. Der Vormarsch der Wertungsjurisprudenz und die zunehmende Akzeptanz einer teleologischen Interpretation im Verfassungsrecht entbehrte zusehend den Rückgriff auf eine präpositive Argumentation.

---

chen Begründung der Menschenrechte Pernthaler, Allgemeine Staatslehre und Verfassungslehre, 2. Auflage 1996, § 74 (Das Naturrecht). Für Deutschland Faller, Wiederkehr des Naturrechts? Die Naturrechtsidee in der höchstrichterlichen Rechtsprechung von 1945 bis 1993, JöR NF Bd 43, 1995, S. 1 ff.

185 Hierzu Berka, Grundrechte, Rn 82 ff (Rn 83); Holzinger, Verfassungsbereinigung, Zur Frage der Neukodifikation der Bundesverfassung, in FS 75 Jahre Bundesverfassung, 1995, S. 193 ff; Loebenstein, Die Behandlung des österreichischen Grundrechtskatalogs durch das Expertenkollegium zur Neuordnung der Grund- und Freiheitsrechte, in: Machacek/Pahr/Stadler, Band 1, 1991, S. 365 ff (S. 398 zur Würde der Person); Rack, Grundrechtsreform, 1985, Die Weiterentwicklung der klassischen Grund- und Freiheitsrechte am Beispiel des Gleichheitssatzes, S. 159 ff (169), der für eine Verfassungsbestimmung „Die Würde des Menschen ist unantastbar" plädiert.

186 Hierzu auch Korinek/Gutknecht, Der Grundrechtsschutz, in: Das österreichische Bundes-Verfassungsgesetz und seine Entwicklung (Hrsg Schambeck), S. 291 ff (202/203), die den internationalen Verträgen (auch dem Staatsvertrag von Wien) und vor allem der EMRK wesentliche Bedeutung für die Grundrechtsentwicklung beimessen. Vgl auch Jann, Verfassungsrechtlicher und internationaler Schutz der Menschenrechte: Konkurrenz oder Ergänzung?, EuGRZ 1994, Landesbericht Österreich, S. 1 ff (S. 9 ff); vgl auch Korinek, Betrachtungen zur österreichischen Verfassungsgerichtsbarkeit, FS Adamovich zum 60. Geburtstag, S. 253 ff (266, 272 ff).

187 Vgl. Kneihs, Grundrechte und Sterbehilfe, Wien 1998, S. 108/109; zur Verhältnismäßigkeit S. 99 Fn 348; zu Gewährleistungspflichten S. 108, Fn 400.

188 Berka, Grundrechte, Rn 117.

189 Berka, Grundrechte, Rn 117, so auch im Ergebnis Öhlinger, Verfassungsrecht, Rn 687; ebenso Novak, Fortpflanzungsmedizingesetz und Grundrechte, RdM, Bd.11, Bernat (Hrsg.), Die Reproduktionsmedizin am Prüfstand von Recht und Ethik, Wien 2000, S. 62 ff (S.63/64).

Als positiv-rechtlicher Ansatz diente insbesondere Art. 3 EMRK. Stolz[190] führt 1985 unter der Überschrift „Menschenwürde und österreichische Grundrechtsinterpretation" an, dass die EMRK als Verfassungsgesetz in Österreich den Weg für eine dogmatische Analyse bereite und Art. 3 EMRK „subsidiär als eine Art Generaltatbestand in die Interpretation der einschlägigen Menschenrechte"[191] zu werten sei. Er betont, dass Art. 3 EMRK „das gesamte staatliche Handeln zur Achtung der Menschenwürde verpflichtet"[192].

Noch weitergehender will Schlag[193] Anfang der 90er Jahre das Prinzip der Menschenwürde verfassungsrechtlich in Österreich verankert sehen. Er betont die Unterscheidung von Personen und Sachen in der österreichischen Rechtsordnung[194], verweist auf Dürig und die genannte Objektformel und folgert unter Bezugnahme auf Kant, dass das von Dürig beschriebene Bild des Menschen auch der österreichischen Rechtsordnung zugrunde liege. Unter Bezugnahme auf Ermacora sieht er aber den positivrechtlichen Ansatz im Gleichheitssatz. Die Menschenwürde sei insofern aber eine „lex imperfecta", „nur bereits erlassene Normen können Gegenstand einer gleichheitsrechtlichen Prüfung sein"[195]. Schlag zieht zur Begründung der Menschenwürde auch § 16 ABGB[196] und Art. 3 EMRK hinzu; Art 3 EMRK will er als eine Art Generaltatbestand, jedenfalls als übergreifende Norm werten[197].

4) Zusammenfassung

Zusammenfassend kann von einer Rezeption der deutschen Diskussion zur Menschenwürde oder gar von einer aus Art 1 GG und der hierzu ergangenen deutschen Verfassungsrechtsprechung rezipierten Dogmatik nicht gesprochen werden[198]. Maßgeblicher Ansatzpunkt für die Forderung einer Garantie der Menschenwürde in der österreichischen Verfassung war nicht Art. 1 Abs. 1 des Bon-

---

190 Stolz, Grundrechtsaspekte künstlicher Befruchtungsmethoden, in Bernat (Hrsg.), Lebensbeginn durch Menschenhand, Graz 1985, S.109 ff (113).
191 Stolz, aaO, siehe oben, S.114.
192 Stolz, aaO, siehe oben, S. 109 ff (113).
193 Schlag, Verfassungsrechtliche Aspekte der künstlichen Fortpflanzung, Wien, 1991.
194 Schlag, aaO, siehe oben, S.129 (dieses Konzept liege auch Art 1 GG zugrunde).
195 Schlag, aaO, siehe oben, S. 131; unter Bezugnahme wohl auf Ermacora, Handbuch der Grundfreiheiten und Menschenrechte, S. 60/61.
196 Schlag, aaO, siehe oben, S. 126.
197 Schlag, aaO, siehe oben, S. 131, in Anlehnung an Stolz, Lebensbeginn, S. 114.
198 Vgl zur Rezeption der Menschenwürde aus Schweizer Sicht Kley, ZBJV 1999/6, Der Grundrechtskatalog der nachgeführten Bundesverfassung-ausgewählte Neuerungen, S. 301 ff (325/331).

ner Grundgesetzes aus dem Jahr 1949. Gedankengrundlagen waren insbesondere die europäische (abendländische) Geistesgeschichte mit ihren Werten, die ihre Wurzeln im Christentum, aber auch in der Aufklärung und im Humanismus haben[199]; maßgebend waren auch die internationalen Verbürgungen der Menschenwürde durch die UN - Charta, die AEMR sowie die UN - Pakte und die Europäische Sozialcharta.

Die jeweiligen Ableitungsansätze in Österreich reichten von der präpositiven Qualifizierung der Menschenwürde bis hin zur positiven Ableitung aus dem Grundsatz der Gleichbehandlung und Art. 3 EMRK. Allen Ansätzen liegt aber auch explizit oder implizit der Gedanke zugrunde, dass die Grundrechte Ausfluß des Prinzips der Menschenwürde sind. Gemeinsames damaliges Anliegen erscheint mir, mit der Verankerung der Menschenwürde als Grundwert die materielle Wertigkeit der Verfassung zu betonen und einen Gegenpol zu der herrschenden rechtspositivistischen Verfassungstradition zu setzen. Diese Gegensätzlichkeit löst sich heute in fortschreitendem Maße auf, da mit zunehmender Akzeptanz Verfassungsinterpretation wertende und teleologische[200] Interpretation mit einschließt.

Dürig bestimmte allerdings den frühen inhaltlichen Maßstab der Menschenwürde wesentlich mit, insbesondere in Form der viel zitierten Objektformel, insofern kann von einer maßvollen inhaltlichen Rezeption gesprochen werden. Der Stellenwert der Diskussion um die Menschenwürde in Österreich von den 50er Jahren bis in die 80er Jahre darf jedoch nicht überbewertet werden. Die obergerichtliche Rechtsprechung griff die Dimension eines Rechtsprinzips der Menschenwürde erst in den 90er Jahren auf[201]. Interessant ist, dass die durch das BVerfG[202] schon früh ausgesprochene Gemeinschaftsgebundenheit und Gemeinschaftsbezogenheit des Menschen auch in der österreichische Diskussion unter dem Begriff „Menschenpflichten"[203] als Kehrseite und notwendiger Gehalt der

---

199 Geistesgeschichtlich werden der Menschenwürde immer auch verschiedene Richtungen zugeordnet werden, wie dies im übrigen auch in Deutschland feststellbar war. Die Verschiedenartigkeit der Zuordnungen ist dabei keine Schwäche der Diskussion um die Menschenwürde.
200 Vgl Schambeck, Zur Theorie und Interpretation der Grundrechte, In: Machacek/Pahr/Stadler, 1991, Band 1, S. 83 ff (S. 89 ff).
201 Dazu eingehend unten, Zweiter Teil II 2.
202 BVerfGE 4, 7 (15), dazu oben, Zweiter Teil I 1 a.
203 Marcic, Vom Gesetzesstaat zum Richterstaat, S.319; vgl auch Marcic, Menschenpflichten - Eine Gedanken- und Systemskizze, in: FS Verdroß 1971 (Hrsg: Marcic/Mosler/Suy/Zemanek), S. 221 ff, wonach unter Verweis auf Verdross Menschenwürde und Gemeinwohl „zwei Aspekte der einen Natur des Menschen (sind); sie sind die präpositiven Strukturelemente einer jeden positiven Rechtsordnung" (S. 223).

Menschenwürde Eingang fand. In diesem Zusammenhang ist abschließend der Einfluß des Art. 19 Abs. 2 GG (Wesensgehaltsgarantie)[204] auf die österreichische Verfassungsrechtsprechung zur Wesensgehaltssperre[205] anzusprechen, zumal nachfolgend die Wesensgehaltssperre und das Prinzip der Menschenwürde dogmatisch zusammengeführt werden. Es ist davon auszugehen, dass die positivrechtliche Verankerung der Wesensgehaltsgarantie im Grundgesetz für die Bundesrepublik Deutschland die Rechtsprechung des VfGH entscheidend beeinflusst hat[206].

---

204 Art. 19 Abs. 2 GG: „In keinem Falle darf ein Grundrecht in seinem Wesensgehalt angetastet werden."
205 Vgl Berka, Grundrechte, Rn 262 („seit VfSlg 3118/1956 und 3505/1959").
206 Schäffer, in Starck (Hrsg), Grundgesetz und deutsche Verfassungsrechtsprechung im Spiegel ausländischer Verfassungsentwicklung, S. 63 („gedankliche Übernahme der Wesensgehaltssperre"), zitiert auch in AÖR, 117. Band, 1992, Häberle, Besprechung, S. 283 (286); vgl auch Häberle, Das Grundgesetz im internationalen Wirkungszusammenhang der Verfassungen -40 Jahre Grundgesetz- ‚Schriften zum öffentlichen Recht, Bd. 588 Hrsg: Battis/Mahrenholz/Tsatsos), S. 28. Vgl auch Berka, Grundrechte, Rn 262 formuliert: „Unverkennbar war die Orientierung an der vergleichbaren Wesensgehaltsgarantie des deutschen Verfassungsrechts, die in Art. 19 Abs. 2 Bonner GG freilich ausdrücklich formuliert ist. Eine dogmatische Begründung ihrer Geltung für das österreichische Verfassungsrecht ist der VfGH schuldig geblieben."; ebenso Öhlinger, Verfassungsrecht, Rn 713 („in Anlehnung an das Bonner Grundgesetz"). Zur Prägung der Rechtsprechung durch Art. 19 Abs. 2 GG auch Dreier, in Dreier (Hrsg), Grundgesetz, Bd. 1, Art. 19 Abs. 2 Rn. 5, auch Fn 15 mwN; auch Baumgartner, EU-Mitgliedschaft und Grundrechtsschutz, 1997, S. 181, der die Rechtsprechung des EuGH zur Wesensgehaltssperre der deutschen Grundrechtsdogmatik zuordnet.

Zweiter Teil
Begründung eines Prinzips der Menschenwürde aus der österreichischen Bundesverfassung

I) Ungeschriebene Verfassungsprinzipien, Wertungsgrundsätze und Menschenwürde

Nachfolgend wird das Verfassungsprinzip der Menschenwürde in Österreich de lege lata begründet. Zunächst werden die Begriffe des Menschenbildes und des Weltbildes mit der Fragestellung diskutiert, ob diese Bilder konkretisierbar sind und einen eigenständigen Verfassungsgehalt sowie auch einen Bezug zur Menschenwürde aufweisen können. Sodann wird die obergerichtliche Rechtsprechung in Österreich zur Menschenwürde unter der methodischen Maßgabe eines ungeschriebenen Verfassungsprinzips der Menschenwürde vorgestellt. Im Anschluß werden die ungeschriebenen Verfassungsprinzipien des Rechtsstaates und der Verhältnismäßigkeit insbesondere unter dem Blickwinkel erörtert, ob sie das Prinzip der Menschenwürde beinhalten. Bereits hierbei wird ersichtlich werden, dass sich das Verfassungsverständnis in Österreich hin zu einer materiellwertenden Sichtweise verändert hat.

1) Menschenbild und Weltbild der österreichischen Verfassung

a) Menschenbild

Der Begriff des Menschenbildes ist der Anthropologie entlehnt[207] und eng mit dem Begriff und der Inhaltsbestimmung der Menschenwürde verknüpft. Ein bestimmbares Menschenbild aus der Bundesverfassung könnte ein Ansatzpunkt für die Ableitung eines Prinzips der Menschenwürde in Österreich sein[208].

---

207 Stern, Staatsrecht, III/1, § 58 II 7, S. 31 ff, dort auch zum Menschenbild des GG und der Rechtsprechung des BVerfG; Zum Menschenbild im Recht vgl Bergmann, Das Menschenbild der Europäischen Menschenrechtskonvention, 1995, S. 15 ff; vgl auch Höfling, Offene Grundrechtsinterpretation: Grundrechtsauslegung zwischen amtl. Interpretationsmonopol und privater Konkretisierungskompetenz, 1987, S. 111 ff (Zur Argumentationsfigur des „grundgesetzlichen Menschenbildes" und ihrer Funktion im Prozeß der Grundrechtskonkretisierung).
208 Feststellungen unterschiedlicher oder gemeinsamer Menschenbilder berühren überdies Fragen nach der Universalität der Menschenwürde. Dies soll aber hier zunächst

(1) Ausgangspunkt der Betrachtung soll zunächst die *Rechtslage in Deutschland* sein. Dort ist das Menschenbild der Verfassung durch das BVerfG definiert, dogmatisch ist dabei das Menschenbild des Grundgesetzes Inhalt und Mittel der Verfassungsinterpretation[209], immanente Schranke für schrankenlos gewährleistete Grundrechte[210] und damit im Ergebnis auch immanente Schranke und zugleich Inhalt des Prinzips der Menschenwürde[211]. Geiger[212] bezeichnet das Menschenbild als Strukturprinzip, „das die innere Einheit dieser Verfassung mitkonstruiert". Die Formulierung des BVerfG lautet: "Das Menschenbild des Grundgesetzes ist nicht das eines isolierten souveränen Individuums, das Grundgesetz hat vielmehr die Spannung Individuum-Gemeinschaft im Sinne der Gemeinschaftsbezogenheit und Gemeinschaftsgebundenheit der Person entschieden, ohne dabei deren Eigenwert anzutasten. Dies ergibt sich insbesondere aus einer Gesamtsicht der Art. 1, 2, 12, 14, 15, 19 und 20 GG."[213] Das BVerfG bestimmt das Menschenbild aus einer Zusammenschau verschiedener Grundrechte und Verfassungsbestimmungen, nicht isoliert aus der Bestimmung des Art. 1 Abs. 1 GG. Inhaltlich betont das BVerfG aber eine bedeutsame Zielrichtung der Menschenwürde, nämlich die Menschenpflichten, die der Mensch um seiner Selbstachtung willen auch anderen Menschen schuldet[214].

---

nicht vertieft werden. Hierzu Matscher, Kirche und Gesellschaft Nr. 264, Der Schutz der Menschenrechte in Europa, S. 3 ff (6 ff) mwN; vgl auch Pahr, Schutz und Ausbau der Menschenrechte - Eine Herausforderung unserer Zeit, in Machacek/Pahr/Stadler(Hrsg), Band 1, 1991, S. 3 ff (5 ff); vgl Stern, Die Universalität der Menschen- und Grundrechtsidee Staatsrecht, Staatsrecht, III/1, § 62, S. 209 ff; Hofmann, Die versprochene Menschenwürde, AöR 118. Band (1993), S. 353 ff (365 ff).
209 Vgl dazu Becker, Menschenbild, S. 101 ff.
210 Becker, Menschenbild, S. 111/112, Fn 51 zu BVerfGE 32, 98 (107 ff) und BVerfGE 39, 334 (367); so auch Huber, in v. Mangoldt/Klein/Starck, 2. Aufl., Art 19 Abs. 2 GG, Rn 131 iVm Fn 58; auch Höfling, Offene Grundrechtsinterpretation, S. 114 („Auf diese Weise wird das ' grundgesetzliche Menschenbild ' zur Legitimationsbasis für Grundrechtseingriffe, d.h. zur Grundrechtsschranke.").
211 Vgl auch Häberle, Das Menschenbild im Verfassungsstaat, Schriften zum öffentlichen Recht, Band 540, 1888, hierzu Buchbesprechung Dreier in AöR Band 116 (1991), S. 623 ff (628).
212 Geiger, Menschenrecht und Menschenbild in der Verfassung der Bundesrepublik Deutschland, FS Faller, S.4 (8)); vgl auch in Menschenrecht und Menschenbild in den Verfassungen Schwedens, Deutschlands und Österreich, Rechtsstaat in der Bewährung, Band 13, S. 45 ff (49).
213 BVerfGE 4, 7 (15).
214 Vgl zu den Menschenpflichten auch Hofmann, Die versprochene Menschenwürde, AÖR 118. Band (1993), S.353 ff (auch 371) und insbesondere oben, Sechster Teil II 1 g (17).

Im Ergebnis führt diese Rechtsprechung dazu, dass das Menschenbild zum Maßstab der Interpretation der Menschenwürde wird. Kritische Stimmen weisen darauf hin, dass die Würde des Menschen als absoluter Maßstab der Verfassungsinterpretation „entwertet"[215] werden kann, ferner, dass das Menschenbild des Grundgesetzes als „argumentative Generalklausel"[216] „mit Vorliebe auf dogmatisch unsicherem Terrain"[217] eingesetzt wird. Es wird auf die Unschärfe und damit eine Schwachstelle dieser Argumentation hingewiesen, da das BVerfG „einzelne Facetten des Menschenbildes"[218] unterschiedlich gewichte. Die „dialektische Grundkonzeption des Menschenbildes" begünstige zudem „die mangelnde Berechenbarkeit des Argumentationstopos Menschenbild"[219].

Diesen Bedenken ist nicht zu folgen. Bereits Plato unterstreicht die Gleichförmigkeit zwischen Individuum und Polis: Der Einzelne ist integrierter Teil des Ganzen, dem er eingeordnet ist. Was dem Staat nützt oder schadet, das schadet dem einzelnen Bürger. Dieser Satz gilt auch in seiner Umkehrung. Das Prinzip der Menschenwürde ist freilich nicht in der Denkweise von Plato verwurzelt, es ist Ausprägung einer Dialektik zwischen freier Selbstbestimmung und einem Mindestmaß an Verantwortung dem anderen Menschen gegenüber. Menschenwürdige Freiheit setzt verantwortlichen Gebrauch der Freiheit voraus. Diese Dialektik ist aber keine Schwäche dieses Prinzips, es verleiht ihm vielmehr Konturen und innere Schärfe. Eine Relativierung der Menschenwürde in dem Sinne, dass eine konkrete Inhaltsbestimmung eine zwangsläufige Abwägung mit anderen Verfassungswerten erfordere, ist damit nicht verbunden. Denn die Übernahme eines Mindestmaßes an Verantwortung für den anderen wurzelt in der Selbstachtung des Menschen. Verschiedene Rechtsgüter wie Selbstbestimmung und Solidarität sind nicht im Wege einer wertenden Abwägung in Ausgleich zu bringen. Mit anderen Worten: Zur Würde des Menschen gehört, dass man Verantwortung und Solidarität erfährt. Dies ist nur möglich, wenn Verantwortung und Solidarität übernommen werden. Die Würde des Menschen ist Ausdruck seiner Einzigartigkeit und findet seine begrifflich-immanente Schranke in einem Mindestmaß an Solidarität und Verantwortung.

---

215 Vgl Geddert-Steinacher, Menschenwürde, zu BVerfGE 30, 173 (195), S. 188, Fn 671.
216 Dreier, Buchbesprechung Häberle, Das Menschenbild im Verfassungsstaat, AöR 116 (1991) S. 623 (628).
217 Becker, Menschenbild, S. 121 unter Bezugnahme auf Dreier, aaO, S. 628.
218 Becker, Menschenbild, S. 126.
219 Becker, Menschenbild, S. 127. Becker bezweifelt sogar, dass die verfassungsrechtliche menschenbildbezogene Argumentation in Deutschland den „rechtsstaatlichen Begründungserfordernissen der Berechenbarkeit, Kontrollierbarkeit und Nachvollziehbarkeit" entspricht (aaO, S. 126).

(2) In *Österreich* stellt sich die *Rechtslage* zunächst anders dar. Zum einen hat die obergerichtliche Rechtsprechung kein Menschenbild aus der Bundesverfassung, auch nicht aus der EMRK entwickelt oder beschrieben, das als Maßstab der Verfassung - insbesondere im Sinne einer verfassungsrechtlich begründeten Verantwortung des Menschen für den anderen Menschen - interpretative Wirkung entfalten könnte. Zum anderen ist der obergerichtlichen Rechtsprechung fremd, aus der Verfassung eine objektive Werteordnung abzuleiten, die als Maßstab eines Menschenbildes dienen könnte; eine auf dieser Sichtweise fußende deutsche Grundrechtsdogmatik wurde nicht rezipiert. Dies liegt freilich mit daran, dass eine innere Einheit der österreichischen Bundesverfassung nur schwerlich feststellbar ist; die Verfassung stammt aus unterschiedlichen Epochen, ihr liegen unterschiedliche historische Ansätze zugrunde. Walter[220] weist darauf hin, daß „die historische Entwicklung der Grundrechtsvorschriften in Österreich zu einer Gemengelage von Rechtsschichten verschiedener Epochen geführt (hat) ... Es besteht daher kaum die Möglichkeit, von einem System der Grundrechte ausgehend, zu besonderen Erkenntnissen zu gelangen". In einer neueren Entscheidung stellt der VfGH[221] aufschlussreich fest: "Der österreichischen Grundrechtsordnung liegt ein individualistisches Konzept zugrunde".

Die *Literatur* zu einem Menschenbild der Verfassung Österreichs ist vergleichsweise überschaubar. Dennoch lohnt sich eine kurzer Disput, auch mit Blick auf ein möglicherweise bestimmbares Menschenbildes der EMRK (als österreichischer Grundrechtskatalog). Schäffer warf 1971[222] die Frage einer Grundrechtsinterpretation aus einem der Menschenwürde verpflichteten Menschenbild auf, wobei die Fragestellung mit der Feststellung beantwortet wird, dass „diese Leitbildvorstellung ... in Theorie und Praxis mangels eines Anhaltspunktes im positiven Verfassungsrecht nicht weiter aufgegriffen worden (ist)". Anders Rosenmayr: „Ansatzpunkte für ein der Menschenwürde verpflichtetes Menschenbild, das seinerseits Auswirkungen auf die Grundrechtsinterpretation hat, können aus Art. 3 und der bezüglichen österreichischen Judikatur nur in beschränktem Umfang gewonnen werden."[223] Er hält aber zum Grundrecht des Art. 3 EMRK fest: „Es verpflichtet - positiv formuliert - alles staatliche Handeln

---

220 Walter Grundrechtsverständnis, S. 1 ff (20).
221 VfSlg 15 373/1998; dazu Hiesel, Gleichheitssatz, verfassungsrechtliche Grundordnung und das Erkenntnis VfSlg 15.373/1998, in: ÖJZ 2000, S. 281 (288 ff).
222 Schäffer, Verfassungsinterpretation in Österreich, Forschungen aus Staat und Recht 18, 1971, S.153.
223 Rosenmayr, Artikel 3 MRK, in: Ermacora/Nowak/Tretter(Hrsg), Die Europäische Menschenrechtskonvention in der Rechtsprechung der österreichischen Höchstgerichte, Wien 1983, S. 156.

den Grundsätzen der Menschlichkeit und der Achtung der Menschenwürde."[224] Schambeck vertritt die Auffassung, dass im Staatsgrundgesetz „einzelne Grundrechte nacheinander aufgezählt werden, ohne dass darin aufgrund eines bestimmten anerkannten und zum Ausdruck gebrachten Menschenbildes ein System zu erkennen wäre"[225]. Die Grundrechte haben, so Schambeck, überwiegend liberalen, vereinzelt auch demokratischen wie auch liberalen und demokratischen Charakter. "Der demokratisch-republikanische Verfassungsgesetzgeber hat 1920 dieser mangelndem Wertbezogenheit auch nichts hinzugefügt"[226]. Wenngleich Schambeck kein Menschenbild der EMRK beschreibt, hält er jedoch fest, dass der VfGH den Kernbereich der Grundrechte für unantastbar erklärt hat (Wesensgehaltssperre). Er spricht von einem wertindifferenten Verfassungssystem, das außer dem Bekenntnis zur umfassenden Landesverteidigung und der Neutralitätserklärung „keine Staatszweck- und Werterklärung beinhaltet"[227]. Er hält fest, dass die Europäische Sozialcharta auch auf das Menschenbild einer freien Persönlichkeitsentfaltung und die Möglichkeiten der Selbstbestimmung und Eigenverantwortung abstellt[228]. Ermacora[229] formuliert im Zusammenhang mit Fragen der Reproduktionsmedizin: „Ein Menschenbild, das allen österreichischen Texten zugrunde liegt, ist, daß der Mensch ein Wesen ist, das auf dem durch die Naturgesetze vorgegebenen Weg in die Welt gesetzt ist".

---

224 Rosenmayr, Artikel 3 MRK, siehe oben, S. 155.
225 Schambeck, Menschenbild und Menschenrechte im österreichischen Verfassungsrecht, 1983, in: Menschenrecht und Menschenbild in den Verfassungen Schwedens, Deutschlands und Österreichs, Rechtsstaat in der Bewährung, Band 13, 1983, S. 57 ff (S. 60); vgl auch ders., Bild und Recht des Menschen in der Europäischen Sozialcharta, in: FS Schmitz, Band II, 1967, S. 216 ff (S. 243 - „Es ist auf die freie Persönlichkeitsentfaltung abgestellt").
226 Schambeck, Menschenbild und Menschenrechte im österreichischen Verfassungsrecht, aaO, siehe oben, S. 61.
227 Schambeck, Menschenbild und Menschenrechte im österreichischen Verfassungsrecht, S. 68. Schambeck stellt aber eine Entwicklung im österreichischen Verfassungsrecht fest, von einem „Ordnungsbewahrungsstaat zu einem Leistungsstaat" (aaO, S. 70). Schambeck unterstreicht seine Auffassung in einer Veröffentlichung 1997: "Aus dem Inhalt des Bundes-Verfassungsgesetzes ergibt sich eindeutig, daß der Verfassungsgesetzgeber den Primärzweck des Staates, nämlich den Rechts- und Machtzweck anerkennt" (Verfassungsrecht und Verfassungswirklichkeit in Österreich, FS Stern zum 65. Geburtstag, 1997, S.253 ff (287) unter Bezugnahme auf seine frühere Veröffentlichung "Die Staatszwecke der Republik Österreich, in: Die Republik Österreich, Gestalt und Funktion ihrer Verfassung, Hrsg Klecatsky, 1968, S. 243 ff).
228 Schambeck, Bild und Recht des Menschen in der europäischen Sozialcharta, in. FS Hans Schmölz zum 70. Geburtstag, Band II, Mayer-Maly, Nowak, Tomandl (Hrsg), 1967, S. 216 ff (S. 234).
229 Ermacora, Grundriß der Menschenrechte in Österreich, Rn 1190.

Loebenstein[230] fasst zusammen, dass das Menschenbild der internationalen Konventionen (UN-Pakte und AEMR 1948) sowie der EMRK, die das Prinzip der Menschenwürde anerkennen, Bestandteil der österreichischen Verfassungsordnung ist. Als Bekräftigung und Unterstützung der Verfassungsrechtslage dient § 16 ABGB. Schlag[231] weist darauf hin, dass das von Kant formulierte Bild vom Menschen (und der Menschenwürde) auch der österreichischen Rechtsordnung zugrunde liege. Er bezeichnet die Idee des Menschenbildes „nur als einen anderen Ausdruck für das, was in Deutschland mit Menschenwürde gemeint ist"[232]. Er hält es nicht für erforderlich, ein Menschenbild zu formulieren, denn auch in Österreich sei, was den Umfang staatlicher Schutzpflichten anbelange, die „Berufung auf den allgemeinen Menschenwürdeschutz zulässig". Kneihs[233] wendet sich gegen die Auffassung, dass der österreichischen Verfassungsordnung ein Menschenbild zugrunde liegt und die Menschenwürde „an oberster Stelle in einem hierarchisch gegliederten Grundrechtskatalog steht".

(3) *Bewertung*: Der Kern der Diskussion um ein Menschenbild zielt nicht auf die freiheitliche, individualistische Konzeption der Grundrechte ab, denn diese dürfte offensichtlich sein. Die Diskussion nähert sich im rechtlichen Gewand eines Interpretationsmaßstabes der in den freiheitlichen Grundrechtskatalogen weitgehend ausgeklammerten Selbstverständlichkeit, dass der Mensch zur Wahrung und Optimierung seiner Freiheiten Verantwortung zu übernehmen und Toleranz auszuüben hat. Toleranz beinhaltet meiner Auffassung nach die Duldsamkeit dem Mitmenschen gegenüber auf der Grundlage einer ethisch fundierten humanitären Gesinnung, die sich dem Gemeinwohl verpflichtet fühlt. Die Thematik der Verantwortung und Toleranz wird nachfolgend unter dem Begriff der Grundpflichten diskutiert werden[234].

Mit der Begriffsbestimmung des Menschenbildes sind im wesentlichen Fragen der Bürgerverantwortung verbunden. Die mangelnde normative Preisgabe von Verantwortung des Menschen ist dabei „keine österreichische Besonderheit und auch nicht nur ein Produkt einer normativen Staatstheorie"[235]. Berka weist - ausgehend von den Grundfreiheiten und Menschenrechten - auf den untrennbaren Zusammenhang zwischen der individuellen Selbstverwirklichung und der mit-

---

230 Loebenstrein, Die Zukunft der grundrechte im Lichte der künstlichen Fortpflanzung des Menschen, JBl. 1987, S. 694 ff (699).
231 Schlag, Verfassungsrechtliche Aspekte der künstlichen Fortpflanzung, S. 129/130.
232 Schlag, ÖJZ 1992, S. 50 ff (54).
233 Kneihs, Grundrechte und Sterbehilfe, S. 117/118.
234 Vgl Berka, Die Grundrechte, Rn 12. Eingehend befasst sich Berka mit der Verantwortung des Menschen im Staat in: Bürgerverantwortung im demokratischen Verfassungsstaat, VVDStRL 55, S. 49 ff.
235 Berka, in: VVDStRL 55, S. 52.

menschlichen Verantwortung hin und beschreibt das von der Rechtsprechung des BVerfG geprägte Menschenbild des GG als „Konkretisierung dieses Befundes"[236].

Nach meiner Auffassung liegt der österreichischen Verfassungsordnung, insbesondere mit Blick auf die Vorgaben der EMRK, ein Menschenbild zugrunde, das Elemente der Verantwortung sowie eines Mindestmaßes an Toleranz und Solidarität enthält. Art. 10 Abs. 2 EMRK[237], die Sozialpflichtigkeit des Eigentums oder auch der Gleichheitsgrundsatz und die Freiheitsrechte anderer als Schranken unbeschränkter Selbstverwirklichung und Gebote der Mitverantwortung sind verfassungsrechtliche Belege[238].

Mit der Akzeptanz eines bestimmbaren Menschenbildes ist freilich noch keine zwingende Aussage über die rechtliche Tragweite und eine dogmatische Einordnung verbunden. Bergmann folgert: „In der Rechtspraxis kann das Menschenbild der EMRK als Argumentationsfigur im Bereich der Subsumtion überall dort Verwendung finden, wo gewertet wird"[239]. Diese Aussage ist mir zu allgemein.

---

236 Berka, in: VVDStRL 55; S. 63 Fn 53.
237 Art. 10 Abs. 2 EMRK: „Die Ausübung dieser Freiheiten ist mit Pflichten und Verantwortung verbunden;".
238 Bergmann (Das Menschenbild der Europäischen Menschenrechtskonvention, Saarbrücken, 1995) beschäftigt sich mit einem Menschenbild der EMRK aus rechtshistorischer, grundrechtstheoretischer und rechtsphilosophischer Sicht und kommt zu dem Ergebnis, dass das Menschenbild der EMRK „in der Stufenfolge Individualismus-Kollektivismus zwar grundsätzlich "die mittlere Linie" hält, es „gibt im Zweifelsfall allerdings dem Individualismus dem Vorrang. ... Obwohl das konventionsspezifische Menschenbild schließlich als eindeutig christlich geprägt erscheint, ist es doch dergestalt religiös und weltanschaulich neutral, daß jede Religion oder Kultur in seinem Rahmen frei gelebt werden kann, soweit sie des Respekts in einer demokratischen Gesellschaft würdig und nicht unvereinbar mit dem Postulat der Menschenwürde ist" (These XI S. 305). Die Werte der Menschenwürde und der demokratischen Gesellschaft sind dabei neben dem Wert des Lebens, der Freiheit und Verantwortung an höchste Stelle gerückt (These XII, S. 305). Zur Bedeutung der Menschenwürde in der EMRK bemerkt Bergmann, dass sich die programmatische Tragweite des Art. 1 GG aus der EMRK nicht ableiten lasse. Bergmann sieht in Art. 3 EMRK jedoch die Achtung der Menschenwürde verwurzelt.
239 Bergmann, Menschenbild, S. 306. Bergmann qualifiziert Art. 3 EMRK auch als Auffangtatbestand (aaO, S.121). Er stellt fest: „Sowohl die Straßburger Organe als auch die Kommentarliteratur „begreifen und verwenden den Begriff der Menschenwürde als Auslegungshintergrund" (S. 123). Bergmann hält weiter fest, dass aus Art. 3 EMRK ein genereller Schutz der Menschenwürde abgeleitet und Würde dabei durchgängig als „seinsgebundener Wert" des Menschen begriffen wird. Obwohl die EMRK das Postulat des Schutzes der Menschenwürde nicht explizit positiviert hat, wird dieses doch insbesondere über Art. 3 der gesamten Konvention zugrunde gelegt und dabei als politischer Hintergrund und geistiger Gehalt der Konvention verstanden. Eine Publikation des Europarates bezeichnet in diesem Sinne als das „

Der hier vertretene Ansatzpunkt ist, dass der Gehalt an Verantwortung im Sinne einer Gemeinschaftsbezogenheit und Gemeinschaftsgebundenheit des Menschen im Prinzip der Menschenwürde selbst seinen rechtlichen Standort findet. Damit erübrigt sich eine Interpretationsfigur eines Menschenbildes mit eigenständiger dogmatischer Tragweite, weil sich das - in der Rechtsprechung des BVerfG eigenständig entwickelte Menschenbild - in dem begrifflichen Gehalt der Menschenwürde realisieren lässt und damit in Österreich seinen positiv-rechtlichen Standort beispielsweise in Art. 3 EMRK finden kann. Freilich bin ich mir bewusst, dass das Prinzip der Menschenwürde seinen bedeutenden Gehalt als Ausdruck der Freiheit und Selbstbestimmung des Menschen erfährt. In dieser Gehaltsbestimmung kann sich aber das Prinzip der Menschenwürde nicht erschöpfen[240]. Menschenwürde ist nicht identisch mit menschlicher Freiheit, aber Freiheit bildet die Voraussetzung, die Grund- und Ausgangslage, auf der sich erst menschliche Würde entfalten kann. Möglicherweise gibt mir der EGMR Recht, wenn er in der Entscheidung vom 22. 11. 1995[241] zur Vergewaltigung in der Ehe festhält, dass der Wesenskern der EMRK in der Achtung der Menschenwürde *und* der menschlichen Freiheit liegt.

In der Praxis eignen sich im übrigen insbesondere die materiellen Gesetzesvorbehalte der EMRK (z. B. Art. 8 Abs. 2, 9 Abs. 2, 10 Abs. 2, 11 Abs. 2 EMRK („in einer demokratischen Gesellschaft notwendig") oder Art. 10 Abs. 2 EMRK („Die Ausübung dieser Freiheiten ist mit Pflichten und Verantwortung verbunden;"), Sachverhalte auch unter dem Gesichtspunkt einer Gemeinschaftsgebundenheit und Gemeinschaftsbezogenheit des Menschen zu würdigen.

b) Anthropozentrisches Weltbild

Anthropologie kann als Naturwissenschaft im Sinne eines Teilbereichs der Biologie aufgefasst oder auch als übergeordneter Begriff aller Geisteswissenschaften beschrieben werden, und zwar im Sinne: Wer ist der Mensch?[242]. In der Rechtswissenschaft beschreibt der Begriff der Menschenwürde insbesondere das Ver-

---

höchste Recht:Menschenwürdiges Leben" (aaO, S. 124/125, auch Fn 48 unter Bezugnahme auf FORUM EUROPARAT,1/80,XVIII).
240 Zu dieser Thematik wird bei der Inhaltsbestimmung der Menschenwürde unter der These „Menschenwürdepflichten" Stellung bezogen, siehe dazu unten, Sechster Teil II 1 (17).
241 EGMR, ÖJZ 1994, S. 356 (357), vgl dazu unten, Zweiter Teil II 3 d bb.
242 Die Spezifizierung einer Anthropo-Theologie im Sinne Ludwig Feuerbachs kann demgegenüber vernachlässigt werden.

hältnis Mensch und Staat[243]. Menschenwürde beinhaltet, dass „der einzelne Mensch als der höchste Wert im Zentrum der Rechtsordnung steht und dass daher der Staat um des Menschen willen da ist und nicht umgekehrt"[244]. Die Menschenwürde ist nach Stern sogar der „Schlüsselbegriff"[245], der das Verhältnis von Staat und Mensch festlegt. Nach Starck lassen sich die Staatsaufgaben in Deutschland auf drei Ziele zurückführen: "Den inneren und äußeren Frieden zu garantieren, die Freiheit zu sichern und für sozialen Ausgleich zu sorgen ... Ein ausgewogenes Verhältnis der drei Hauptziele des Staates .. lässt sich nur finden und sichern unter Beachtung der Würde jedes konkreten Menschen"[246].

Damit stellt sich auch die Frage, ob der österreichischen Bundesverfassung ein anthropozentrisches Weltbild, basierend auf dem homo mensura - Satz des Protagoras[247] - im Gegensatz beispielsweise zu einem ökozentrischen Weltbild - zugrunde liegt und welche Folgerungen daraus zu ziehen wären[248].

Die österreichische Bundesverfassung kennt Grundrechte der Person, des Gemeinschaftslebens und des Wirtschaftslebens[249]. Aus diesen Grundrechten und der Stellung der Grundrechte im Gesamtgefüge der Bundesverfassung, insbesondere auch durch die Übernahme der EMRK als moderner Grundrechtskatalog in die Verfassung, ergibt sich die von Berka eingangs beschriebene Auffassung, dass der Staat für den Menschen als Subjekt da ist und nicht der Mensch objektiven Staatszwecken zu dienen hat. Berka formuliert: „Die staatliche Gemeinschaft

---

243 Siehe grundlegend Nipperdey (unter Bezugnahme auf Coing), Grundrechte, 1954, 2. Auflage 1964, Art. 1 Abs. 1, S. 8 ff: „Die Abgrenzung der einzelnen Machtbereiche und die Beachtung der damit gesetzten Grenzen, die dem Recht wesentlich sind, gründet sich ursprünglich auf den Willen zu Frieden und Ordnung. Sobald das Recht sich versittlicht, erhalten sie ein neues sittliches Fundament: die Forderung des „neminem laedere", ursprünglich ein Friedensgebot (Verbot der Eigenmacht), erscheint jetzt als Ausfluß der Achtung vor der Personenwürde des Mitmenschen. Diese ist das Zentrum der Rechtsidee als der versittlichenden Kraft im Recht." (Nipperdey, aaO, S. 9).
244 Berka, Grundrechte, Rn 379; dazu unter Erster Teil I 1 b.
245 Stern, Staatsrecht, § 58 II 1, S.15 unter Bezugnahme auf R. Herzog, Evangelisches Staatslexikon(EvStL), 1. Aufl. 1966, S. XXX.
246 Starck, in: Grundgesetz I, Art 1 Abs. 1, Rn 11.
247 „Aller Dinge Maß ist der Mensch", Enzyklopädie der Philosophie, Von der Antike bis zur Gegenwart ,Weltbild Verlag Augsburg, 1992, S. 270.
248 Vgl auch Verdross, Abendländische Rechtsphilosophie, S. 21 ff zum Ursprung der Anthropologie in der griechischen Philosophie, insbesondere auch in den Gedanken Protagoras; eine knappe Zusammenfassung der Geistesgeschichte der Würde des Menschen und der Anthroposophie findet sich bei Geddert-Steinacher, Menschenwürde, S.38 ff; vgl auch Enders, Menschenwürde, S. 381 zur anthropozentrischen Sichtweise des Staates.
249 Vgl die Übersicht bei Berka, Grundrechte, Inhaltsverzeichnis, XI ff.

bezieht ihre tiefste Rechtfertigung aus dem Umstand, dass sie ein friedliches Zusammenleben der Menschen in Freiheit, Gleichheit und Würde ermöglicht und sichert."[250] Der demokratische Verfassungsstaat erkennt mit rechtlicher Verbindlichkeit die Menschenrechte an und verhilft zu einer effektiven Durchsetzung[251]. Aus der österreichischen Bundesverfassung sei dies nicht unmittelbar herauszulesen, so Berka, aber aus der Präambel der EMRK ergeben sich explizit die „beiden Gestaltungsprinzipien staatlicher Herrschaft", die Gewährleistung der Grundrechte und die demokratische Herrschaft[252]. Der Mensch darf niemals Objekt staatlichen Handelns sein, seine Subjektqualität ist zu beachten[253].

Die österreichische Bundesverfassung kennt auch die Staatsziele der Neutralität, der Landesverteidigung, des Umweltschutzes und das Gebot zur Sicherstellung des gesamtwirtschaftlichen Gleichgewichts[254]. Mit Blick auf die Grundrechtsbestimmungen der EMRK und auf dem Boden der zunehmend materiellwertenden Betrachtungsweise des VfGH ist meiner Auffassung nach zwar keineswegs von einer Wertneutralität der österreichischen Verfassungsrechtsordnung auszugehen. Ob der Bundesverfassung ein anthropozentrisches Weltbild in dem Sinne, dass der Mensch das Maß aller Dinge ist, zugrunde liegt, kann aus beachtlichen historischen Gründen bestritten werden[255]. Freilich legt eine materiell-wertende Verfassungsauslegung nahe, dass der Mensch Zweck des Staatshandelns ist. Die Bestimmung eines Weltbildes bedarf aber wie die Bestimmung eines Menschenbildes verlässlicher und auch konsensfähiger grammatikalischer, historischer, systematischer oder teleologischer Anknüpfungspunkte. Diese scheinen mir nicht in ausreichendem Maße vorzuliegen. Für die Ableitung eines Prinzips der Menschenwürde kann daher die Frage eines der österreichischen Bundesverfassung zugrunde liegenden Weltbildes kein tragender Anhaltspunkt

---

250 Berka, Grundrechte, Rn 1.
251 Berka, Grundrechte, Rn 2.
252 Berka, Grundrechte, Rn 4.
253 vgl VfGH VfSlg 13.635/1993, 14.12 1993; Art. 1 Abs. 4 PersFrG, die Rechtsprechung des VfGH zu Art. 3 EMRK und auch die vielen einfachgesetzlichen Bestimmungen zur Menschenwürde. Dazu im Folgenden.
254 Berka, Grundrechte, Rn 1046; Öhlinger, aaO, Rn 91 ff.
255 Schambeck hält fest: „Aus dem Inhalt des Bundes-Verfassungsgesetzes ergibt sich eindeutig, daß der Verfassungsgesetzgeber den Primärzweck des Staates, nämlich den Rechts- und Machtzweck anerkennt, weil Österreich in einer Vielzahl von Bestimmungen die Kennzeichen des demokratischen Rechtsstaates eignen." (Schambeck, Verfassungsrecht und Verfassungswirklichkeit in Österreich, FS Stern 1997, S. 253 ff, S. 287 mwN); „Das österreichische Verfassungsrecht ist insgesamt durch eine Wertneutralität gekennzeichnet und überläßt die Entscheidung seiner Kultur-, Sozial- und Wirtschaftsstaatlichkeit dem einfachen Gesetzgeber." (Schambeck, Zur Theorie und Interpretation der Grundrechte in Österreich, in: Machacek/Pahr/Stadler, Band 1, 1991, S. 83 ff (S. 84 Fn 8)).

sein, da die vorhandenen, einer rechtswissenschaftlichen Diskussion zugänglichen Anhaltspunkte für die Fragestellung eines bestimmbaren Weltbildes keine allzu schlagkräftigen Antworten geben können. Umgekehrt können aber aus der nachfolgend begründeten Verankerung des Prinzips der Menschenwürde in der österreichischen Bundesverfassung durchaus weitergehende Anhaltspunkte für eine Weltbilddiskussion gewonnen werden.

2) *Obergerichtliche Rechtsprechung mit dem Hinweis auf das Prinzip der Menschenwürde als übergeordnetes Prinzip*

a) *Der VfGH und die Menschenwürde als allgemeiner Wertungsgrundsatz*

aa) *VfGH-Erkenntnis vom 10. 12. 1993*

Der VfGH[256] beschreibt die Menschenwürde in einem Erkenntnis vom 1o. 12. 1993[257] als allgemeinen Wertungsgrundsatz der österreichischen Rechtsordnung und erkennt das Prinzip der Menschenwürde damit als wichtiges allgemeines Rechtsgut an.

In dieser Entscheidung ging es letztlich um die Beurteilung von Menschenversuchen nach den Vorschriften des damaligen Chemikaliengesetzes und der

---

256 Zum Grundrechtsschutz durch den VfGH Berka, Grundrechte, Rn 297 ff.
257 VfGH VfSlg 13.635/1993 S.635: „Umsomehr muß es aber -auch ohne besondere gesetzliche Anordnung-entsprechend den allgemeinen Wertungsgrundsätzen unserer Rechtsordnung zulässig sein, die Berücksichtigung der Ergebnisse von Versuchen am Menschen durch ein entsprechendes Beweisverwertungsverbot zumindest teilweise zu beschränken: Wenn 'kein Mensch jemals als bloßes Mittel für welche Zwecke immer betrachtet werden und behandelt werden darf' (so mit ausführlicher Ableitung und Auseinandersetzung zum Rechtsgrundsatz der Personen- und Menschenwürde F. Bydlinski, Fundamentale Rechtsgrundsätze, 1988, S.171 ff, Zitat S.176), ist für die Einstufung gefährlicher Zubereitungen nach den gefährlichen Eigenschaften des § 2 Abs. 5 ChemG die Berücksichtigung von Menschenversuchen nur dann zulässig, wenn derartige Versuche zur Erkenntnis von Gefahren f ü r d e n M e n s c h e n unumgänglich sind. Nur dann wird ein Mensch nicht 'für welche Zwecke immer betrachtet und behandelt', wenn der -mit seiner Zustimmung vorgenommene- Versuch ausschließlich dazu dient, eine sonst nicht wahrnehmbare Gefahrenlage für den Menschen festzustellen. Der mit einem Versuch am Menschen auch mit dessen Zustimmung zwangsläufig verbundene Eingriff in die Menschenwürde setzt voraus, daß der Test am Menschen ausschließlich dem Schutz des Menschen bzw. seiner Gesundheit dient (und nicht etwa wirtschaftlichen Zwecken, wie etwa der beweismäßigen Entlastung der nach dem ChemG einstufungspflichtigen Hersteller und Importeure gefährlicher Zubereitungen)."

entsprechenden Durchführungsverordnung. Der VfGH nahm - was die Inhaltsbestimmung der Menschenwürde anbelangt - Bezug auf Bydlinski; kein Mensch dürfe jemals als bloßes Mittel für welche Zwecke auch immer betrachtet und behandelt werden. Die Wesensverwandtschaft dieser Inhaltsbestimmung zu der in Deutschland anerkannten und von Dürig maßgeblich initiierten Definition der Menschenwürde[258] ist nicht überlesbar.

Nun ist freilich dieses Erkenntnis ohne weitere Gesamtbetrachtung nicht geeignet, ein Verfassungsprinzip der Menschenwürde in Österreich zu begründen. Die Argumente liegen auf der Hand. Zum einen gebraucht der VfGH nicht das Wort „Verfassungsprinzip". Andere Grundsätze werden hingegen durchaus implizit[259] oder explizit[260] als Verfassungsprinzip oder Verfassungsgrundsatz qualifiziert. Dennoch, und dies sei hier gleich eingewandt, bezeichnet der VfGH die Menschenwürde als Wertungsgrundsatz der österreichischen „Rechtsordnung". Zu einer Rechtsordnung zählt auch und gerade die Verfassung.

---

258 Siehe dazu oben, Erster Teil I 2 b.
259 So der Vertrauensgrundsatz, wonach das Vertrauen in die Rechtsordnung unter bestimmten Voraussetzungen durch den Gleichheitsgrundsatz geschützt ist (VfGH 5. 10. 1989, VfSlg 12186); zum Vertrauensgrundsatz im EG-Recht, Schilling, Allgemeine Rechtsgrundsätze des EG-Rechts, EuGRZ 2000, S. 3 ff (21 ff).
260 VfGH VfSlg 12133, Gz: V7/89: "Es kann keine Rede davon sein, daß § 9 Abs. 3 StrG, insbesondere der Begriff „vorwiegend für den Verkehr innerhalb der Gemeinde wichtig(e Straßen)", an Hand seiner Merkmale nicht hinreichend meßbar sei und dem Verfassungsprinzip der inhaltlichen Bestimmtheit der Gesetze zuwiderlaufe."
VfGH VfSlg 13004, Gz. WI-6/91: „Eine andere Interpretation, die eine Erschwerung der Wahlwerbung zur Folge hätte, verbietet sich schon im Hinblick auf das Verfassungsprinzip der Freiheit der Wahlwerbung, wie es sich aus Art. 3 des 1. ZP EMRK ergibt."
VfGH VfSlg 10718, Gz: G 168/85: „Nach der ständigen Judikatur des VfGH (vgl. zB VfSlg. 9237/1981;VfGH 4.10.1984 G 70/84) kann das erwähnte Grundrecht durch Gesetz verfassungsrechtlich einwandfrei eingeschränkt werden, solange dadurch nicht sein Wesensgehalt berührt oder in einer anderen Weise gegen einen den Gesetzgeber bindenden Verfassungsgrundsatz verstoßen wird."
VfGH VfSlg 14841, Gz: B20/96: „Es gibt keinen Verfassungsgrundsatz, der den Gesetzgeber oder die Vollziehung dazu verpflichtet, im Rahmen der Sozialhilfe Einrichtungen zur Pflege in solcher Menge und Qualität bereitzustellen, daß entweder der gemeinsame Aufenthalt oder gar die gemeinsame Pflege von Ehepartnern unter allen Umständen jederzeit sichergestellt werden kann."
VfGH v. 30. 9.1999; G 220/98; V 93/98: „Der Gesetzgeber kann daher...., sofern er dadurch nicht den Wesensgehalt des Grundrechts der Unversehrtheit des Eigentums berührt oder in anderer Weise gegen einen auch ihn bindenden Verfassungsgrundsatz verstößt...".

Zum anderen handelt es sich um eine Einzelfallentscheidung[261], die sich bisher in ihrer Aussage zur Menschenwürde nicht auf andere Sachverhalte erstreckte. Sie ist daher nicht ohne weiteres verallgemeinerungsfähig.

bb) Literaturstimmen

Die Literatur ist sich der Besonderheit der Entscheidung als Einzelfallentscheidung bewusst und übt Zurückhaltung in der Bewertung. So spricht Berka davon, dass die Tragweite einer Gewährleistung der Menschenwürde noch nicht ausgelotet ist[262]. Er ordnet jedoch diese Rechtsprechung konkret als verfassungsimmanente Schranke der Wissenschaftsfreiheit (Art. 17 StGG) ein: „Zu den verfassungsimmanenten Grenzen der wissenschaftlichen Forschung gehört auch die menschliche Würde, mit der es unvereinbar wäre, wenn der Einzelne zu einem bloßen Objekt wissenschaftlicher Neugierde oder wirtschaftlicher Interessen herabgewürdigt würde (in diesem Sinn VfSlg 13.635/1993). Freilich sind solche Einschränkungen der Wissenschaftsfreiheit nur zulässig, wenn es sich um ernsthafte Gefährdungen grundlegender Rechtsgüter handelt."[263] Ausgehend von den allgemeinen Grundrechtslehren zu vorbehaltlosen (aber nicht schrankenlosen) Grundrechten billigt Berka dem Prinzip der Menschenwürde nach meiner Auffassung somit konkret Verfassungsrang zu, wertet dieses als verfassungsimmanente Gewährleistungsschranke des Art. 17 StGG, da der Menschenwürde der Forschungsfreiheit entgegenstehende Grundrechtsqualität zugebilligt wird.[264] Öhlinger[265] weist darauf hin, dass der VfGH den Grundsatz der Menschenwürde als einen allgemeinen Wertungsgrundsatz unserer Rechtsordnung anerkennt. Er bringt nach meiner Auffassung damit schlüssig zum Ausdruck, dass es der allgemeine Sprachgebrauch nicht nahelegt, die Formulierung des VfGH so zu verstehen, dass damit ein Verfassungsprinzip der Menschenwürde ins Leben gerufen oder bestätigt worden ist. Novak[266] spricht davon, daß die „Aussage in einem entlegenen Zusammenhang gefallen und vereinzelt geblieben" ist. Kopetzki[267] hält mit Blick auf die Entscheidung des VfGH vom 10. 12. 1993 die Frage für

---

261 Vgl Novak, Fortpflanzungsmedizingesetz und Grundrechte, in: Bernat (Hrsg), Die Reproduktionsmedizin am Prüfstand von Recht und Ethik, RdM, Band 11, 2000, S. 62 ff (64).
262 Berka, Grundrechte, Rn 378.
263 Berka, Grundrechte, Rn 595.
264 Berka, Grundrechte, Rn 292 („Daher darf der Staat der Forschung am Menschen enge Grenzen setzen oder sie zum Schutz des Lebens und der menschlichen Würde überhaupt verbieten (VfSlg 13.635/1993).").
265 Öhlinger, Verfassungsrecht, Rn 748.
266 Novak, Fortpflanzungsmedizingesetz und Grundrechte, siehe oben, S. 64.
267 Kopetzki. Unterbringungsrecht, Band 1, 1995, S. 403.

ungeklärt, ob die Bundesverfassung eine Garantie der Menschenwürde enthält. Der VfGH habe in seiner Entscheidung offen gelassen, ob dem Prinzip der Menschenwürde „als allgemeiner Rechtsgrundsatz Verfassungsrang zuzubilligen ist"[268]. Stelzer[269] bemerkt, dass dieses Prinzip „herangezogen (wurde), um einer Verordnung, die vielleicht durch den Text des Gesetzes nicht gestützt gewesen wäre, die nötige rechtliche Deckung zu verleihen. Die Menschenwürde wurde aber (noch) nicht als subjektive Rechtsposition anerkannt, sondern lediglich als Bestandteil des objektiven Rechts".

Die Rechtsprechung des VfGH aus dem Jahr 1993 ist nur vereinzelt kritisiert worden. Unvergleichlich scharf in der Kritik weist Kneihs - neben einer seiner Meinung nach formulierten sprachlichen Ungenauigkeit (das verwendete Wort „Eingriff" müßte „Rechtfertigung" heißen) - auf die mangelnde Preisgabe des normativen Ansatzes für die Verankerung der Menschenwürde hin. Er beurteilt die Aussage des VfGH als „in sich unschlüssig", weil es an einer Begründung fehle, „wie der Mensch mit seiner eigenen Zustimmung als bloßes Mittel zum Zweck betrachtet und behandelt werden darf"[270]. Die Rechtsprechung sei „verfehlt", weil „die freiheitsstiftende Funktion der Grundrechte" verkannt werde und „systematische Überlegungen im Hinblick auf Art:8 EMRK" unterblieben. Das Verbot der erniedrigenden Behandlung des Art. 3 EMRK reiche nicht so weit, dass auch Handlungen mit Einverständnis oder auf Wunsch des Betroffenen erfasst würden: „Es widerspricht dem Ziel und Zweck der Konvention, die in ihr garantierten Rechte in einer Weise auszulegen, die zu einer Einschränkung der Freiheit des einzelnen führt"[271]. Kneihs hätte sich aber - erkennt man die Menschenwürde als obersten Wert an - nach meiner Auffassung eingehender mit der Frage beschäftigen müssen, ob die Menschenwürde unverzichtbar ist und demgemäß über sie auch nicht verfügt werden könne[272]. Allerdings hält der VfGH, und dies spricht wiederum für Kneihs, die Menschenwürde für einen Wertungsgrundsatz; er ordnet diesen Grundsatz nicht als obersten Wert ein. Bedeutsam erscheinen mir die Gedanken von Adamovich, der 1993 festhält: „Das Zeitalter der europäischen Integration ist dadurch gekennzeichnet, daß in den europäischen Staaten (und nicht nur dort) weitgehender Konsens über rechtlich relevante Grundwerte besteht. Dies kommt nicht zuletzt zum Ausdruck im europäischen Standard, in dessen Sinn die Gesetzesvorbehalte der Europäischen Menschen-

---

268 Kopetzki, siehe oben, S. 403, Fn 2580.
269 Stelzer, Die Quellen der Grundrechte, S. 16, auch Fn. 28.
270 Kneihs, Grundrechte und Sterbehilfe, S. 306.
271 Kneihs, Grundrechte und Sterbehilfe, S. 307.
272 Für Deutschland läßt sich das aus dem geschriebenen Verfassungstext begründen (Art. 1 Abs. 1 GG).Im Übrigen siehe ausführlich zu dieser Problematik unter Sechster Teil II 2.

rechtskonvention auszulegen sind. Im Hintergrund steht die Menschenwürde. Positivistische Rechtswissenschaftler haben immer wieder den Standpunkt vertreten, der Begriff der Menschenwürde sei zu unbestimmt, um als Basis rechtlichen Handelns dienen zu können. Diese Auffassung läßt sich spätestens seit dem Inkrafttreten der Europäischen Menschenrechtskonvention nicht mehr halten, weil diese Konvention deutlich macht, was unter Menschenwürde zu verstehen ist.[273]"

cc) Beurteilung des Leitbegriffs „allgemeiner Wertungsgrundsatz"

Eine begriffliche Analyse des Wortes Wertungsgrundsatz ist schwierig, mithin spekulativ. Soweit erkennbar, gehört der Begriff Wertungsgrundsatz nicht zum wiederholten Sprachgebrauch des VfGH. Eine eingehende Erörterung dieses Begriffs in der Literatur ist mir nicht bekannt. Eine begriffliche Verwandtschaft zu dem Rechtsbegriff „allgemeiner Rechtsgrundsatz" fällt auf[274]. Allgemeine Rechtsgrundsätze sind nach der Rechtsprechung des EuGH Regelungsprinzipien auf Verfassungsebene, die dem Gemeinschaftsrecht immanent sind. Die Grundrechte zählen zu den allgemeinen Rechtsgrundsätzen, wobei die EMRK und die Verfassungsüberlieferungen der Mitgliedstaaten die Erkenntnisquellen darstellen. Der VfGH gebraucht ebenfalls die Formulierung „allgemeiner Rechtsgrundsatz" im Zusammenhang mit einem implizit in der Verfassung verankerten Recht[275]. Allgemeiner Rechtsgrundsatz und allgemeiner Wertungsgrundsatz werden demgemäß als eigenständige Begriffe verwendet. Eine tragende Begründung in die eine oder andere Richtung wird aber aus der unterschiedlichen Verwendung der Begriffe nicht abzuleiten sein, zumal Grundrechte materiell betrachtet auch Grundwertungen sind.

Wertungsgrundsatz, Grundwertung, Grundsatz der Werte, die Wortspiele lassen sich fortsetzen, führen aber zu keiner zwangsläufigen Erkenntnis. Dennoch kann ein Wertungsgrundsatz einer Rechtsordnung prinzipiell mit einer Grundwertung einer Rechtsordnung gleichgesetzt werden, mithin auch als ein Grund der Rechtsordnung qualifiziert werden. Unter einem Grundwert lässt sich inhalt-

---

273 Adamovich, Gedanken zur Verfassungsinterpretation im Zeitalter der europäischen Integration, in: Kritik und Fortschritt im Rechtsstaat, 20. Tagung der Österreichischen Juristenkommission 1993 vom 10. bis 12. Juni in Weißenbach am Attersee, 1995, S. 25 ff (30).
274 Vgl hierzu Potacs, Auslegung im öffentlichen Recht, 1994, S. 210 ff (219 ff).
275 VfGH v. 6. 12. 1994, VfSlg 13966: „Es gilt als allgemeiner Rechtsgrundsatz einer auf Freiheit hin orientierten Verfassung, worin Pflichten ausdrücklich normiert sein müssen, daß niemand gezwungen werden kann, eine solche Wahl auch anzunehmen …".

lich ein rechtlich normierter ethischer Grundkonsens[276] umschreiben. Die Frage ist allerdings, ob Grundwerte generell einen „Gegenstand des Konsenses"[277] beschreiben müssen. Hierfür spricht einiges, denn Grundwerte und Grundkonsens sind fundamentale Strukturaussagen eines Staatsgefüges. Ohne Grundkonsens dürfte die Friedenssicherungs - und Ordnungsfunktion des Staates kaum längerfristig gewährleistet sein.

Grundwerte oder Wertungsgrundsätze sind nicht mit dem Gehalt von geschriebenen Grundrechten identisch. Dies ergibt sich schon aus dem Wortlaut. Der eigenständige Sinn eines Grundwertes kann - in Abgrenzung zu einem Grundrecht - meiner Auffassung nach darin liegen, dass ein Grundwert den unantastbaren Kern eines Grundrechts umschreibt. Der oftmals strittige Gehalt lediglich des Schutzbereichs oder der Reichweite von Grundrechtsschranken ist nicht von einem grundlegenden Wertekonsens der Gesellschaft getragen. Zu den Grundwerten zählen nach meiner Ansicht das Prinzip der Menschenwürde, also auch der Kern der Freiheitsrechte, der Kerngehalt des Gleichheitssatz mit dem Willkürverbot und dem Sachlichkeitsgebot sowie der Grundsatz der Verhältnismäßigkeit, schließlich auch der Grundgehalt an Verfahrensschutz, insbesondere das Gebot des effektiven Rechtsschutzes[278].

Das Wort „Wertungsgrundsatz" lässt die Deutung zu, von einem konstitutiven Begriff auszugehen, von einem Konstitutionsprinzip, das für die Rechtsordnung begründend ist. Bydlinski, auf dessen Lehre der VfGH in seiner Entschei-

---

276 Vgl Isensee, Verfassungsgarantie ethischer Grundwerte und gesellschaftlicher Konsens, NJW 1977, S. 545 ff; zum Begriff Grundwert, Isensee, aaO, S. 545 Fn 2 mwN, u.a. BVerfGE 2, 1(12) =NJW 1952, 1407.
277 Isensee, aaO, siehe oben, S. 545: „Sie bilden den gemeinsamen sozialethischen Nenner der pluralistischen Gesellschaft. Der Konsens bezieht sich auf die Grundwerte als solche, nicht aber auch auf ihre unterschiedlichen, im einzelnen streitigen Ableitungen und ihre philosophischen, theologischen oder juristischen Geltungsgründe."
278 Die weiterführende Frage freilich ist, ob die Grundwerte dynamisch und evolutiv in dem Sinne wirken, dass die Verfassung die Grundwerte sichern muss, auch wenn diese aktuell nicht von einem gesellschaftlichen Konsens getragen sind. Das deutsche BVerfG weist im Zusammenhang mit dem Verbot einer politischen Partei auf die Grundordnung und Grundwerte des deutschen Verfassungsstaates hin, wonach „der Mensch in der Schöpfungsordnung einen eigenen selbständigen Wert besitzt und Freiheit und Gleichheit dauernde Grundwerte der staatlichen Einheit sind. Daher ist die Grundordnung eine wertgebundene Ordnung. Sie ist das Gegenteil des totalen Staates, der als ausschließliche Herrschaftsmacht Menschenwürde, Freiheit und Gleichheit ablehnt." (BVerfGE 2,1(12) in Isensee, aaO, siehe oben, S. 547).

dung Bezug nimmt, erläutert, dass der Grundsatz der Personenwürde (Menschenwürde) nicht nur bei der abwägenden Begründung zahlloser konkreter Prinzipien und Regeln eine bestimmte Rolle spiele, sondern in einigen Fällen unmittelbare und alleinige Ableitung detaillierter Vorschriften, wie das Verbot der Vergewaltigung oder der Folter zur Erreichung eines Geständnisses beinhalte[279].

Aus deutscher Sicht lässt sich das Wort Wertungsgrundsatz allerdings schwerlich mit dem durch das Grundgesetz vorgegebenen Anspruch der absoluten Geltung der Menschenwürde vereinbaren, zumal der VfGH auch im Plural, nämlich von „Wertungsgrundsätzen" spricht. Das deutsche BVerfG formuliert, dass die Menschenwürde als Wurzel aller Grundrechte mit keinem Einzelgrundrecht abwägungsfähig, mithin unantastbar ist[280]. Die Menschenwürde darf folglich nicht an einem Konsens orientiert werden, der Inhalt der Menschenwürde darf nicht das Ergebnis eines Abwägungsvorgangs mit anderen Prinzipien sein. Fikentscher[281] weist darauf hin, dass Wertungen majorisierbar sind. Der Wertcharakter werde aber erhalten, „wenn man nicht majorisierbare Werte hinzufügt, das Werturteil durch ein Grundwerturteil absichert". Der VfGH verwendet möglicherweise in diesem Sinne das Wort „Wertungs**grundsatz**" und spricht nicht nur von einer Wertung. Auch ist bemerkenswert, dass der VfGH die Menschenwürde im konkreten Fall als nicht verzichtbar qualifiziert, mithin eine Verfügbarkeit abspricht und damit doch eine absolute Stellung impliziert[282].

Das vom VfGH in dem Erkenntnis vom 10. 12. 1993 zusätzlich verwendete Wort „allgemein" deutet auf den übergreifenden Charakter des Grundsatzes hin, zum einen materiell auf die Gültigkeit dieses Prinzips in der gesamten österreichischen Rechtsordnung, zum anderen formell darauf, dass das Prinzip eine verbindliche Vorgabe für Legislative, Exekutive und Judikative darstellt. Eine Qualifizierung des Wortes allgemein als grundsätzlich verbietet sich, da sich die Formulierung „grundsätzlich" bereits in der Formulierung „Wertungsgrundsätze" ausdrückt. Allgemein muss daher etwas anderes bedeuten als grundsätzlich.

---

279 Bydlinki, Fundamentale Rechtsgrundsätze, 1988, S. 177. Walter diskutiert § 7 ABGB zum Problem der Rechtsschutzlücke. Nach herrschender Meinung sind unter „natürlichen Rechtsgrundsätzen" des § 7 ABGB „die allgemeinen Wertprinzipien" der österreichischen Rechtsordnung zu verstehen. Walter weist aber mit Nachdruck darauf hin, dass § 7 ABGB „ im Lichte des Verfassungsrechts eines gewaltenteilenden Rechtsstaates zu sehen" ist (Walter, Überlegungen zum Problem der Rechtslücke, Gedenkschrift Ringhofer, 1995, S. 197 ff (S. 208 ff); zur Judikatur der Lückenfüllung durch den VfGH, Walter, aaO, siehe oben, S. 215, wobei sich der VfGH nicht auf die natürlichen Rechtsgrundsätze bezieht (aaO, S. 219).
280 Siehe dazu unten, Sechster Teil I 2 a.
281 Fikentscher, Methoden des Rechts IV, 1977, S. 402.
282 Zur Frage der Unverfügbarkeit siehe unten, Sechster Teil II 2.

dd) Gesamtbetrachtung

Im Ergebnis ist festzuhalten, dass der Begriff des Wertungsgrundsatzes, isoliert betrachtet, wenig weiterführend ist. Soweit erkennbar, verwendet auch Bydlinski diesen Begriff nicht eingehend. Die Formulierung „entsprechend den allgemeinen Wertungsgrundsätzen unserer Rechtsordnung" lässt mehr als offen, ob es gleichwertige Wertungsgrundsätze in der österreichischen Rechtsordnung gibt. Legt man das Gewicht der Aussage auf das Wort „Wertung", kann man durchaus argumentieren, dass der Grundsatz der Menschenwürde in eine wertende Betrachtung und damit in eine Abwägung in andere Rechtspositionen einzubringen ist. Legt man das Schwergewicht der Aussage auf das Wort „Grundsatz", betont man die übergeordnete Bedeutung der Menschenwürde, gibt einen Hinweis auf eine fundamentale Rechtsposition[283].

Die Begrifflichkeit Grundwertungen findet sich nicht nur in der Literatur[284], sondern auch in weiterer obergerichtlicher Rechtsprechung. So zählt der OGH auch den Gehalt des Art 3 EMRK zu den der österreichischen Rechtsordnung „zugrunde liegenden sozialen Wertvorstellungen"[285]; ferner die Persönlichkeit[286], auch den Gehalt von Art. 8 EMRK, § 1 DSG und § 77 UrhG[287]. Bydlinski definiert Rechtsprinzipien u. a. als rechtsethische Prinzipien im Rahmen der Wertungsjurisprudenz: „Sie enthalten Vorentscheidungen - man kann wohl auch sagen: Grundwertungen - über die zu treffenden weiteren Wertungen. Sie sind damit Leitgedanken und Rechtfertigungsgründe einer rechtlichen Regelung, nicht aber die positive Regelung selbst."[288]

---

283 Vgl. Bydlinski, Fundamentale Rechtsgrundsätze, 1988, S.176 S. 177 a.E., der die Menschenwürde im Ergebnis als „das fundamentalste normative oder kulturellsoziale Interesse" qualifiziert.
284 Vgl auch Isensee, in: Isensee/Kirchhof, Band V, § 115 Rn 220, der zum Thema der Grundwerte auf „Aspekte der Verfassungserwartungen" hinweist.
285 OGH v. 7. 11. 1974, 7 Ob 218/74, SZ 1974, 121; auch in Rosenmayr, Artikel 3 MRK, S. 176.
286 „§ 16 ist nicht bloß Programmsatz, sondern Zentralnorm unserer Rechtsordnung, mit normativem subjektive Rechte gewährenden Inhalt. Sie anerkennt die Persönlichkeit als Grundwert. In seinem Kernbereich schützt § 16 ABGB die Menschenwürde." (1990/02/27 10 ObS 40/90, in JBl 1990, 734; ebenso OLG Wien 7 Rs79/99 v. 16.06.1999; bestätigt in 1 Ob 341/99z v. 25.05.2000.
287 OGH v. 14.5.1997, 7 Ob 89/97g.
288 Bydlinski, Juristische Methodenlehre und Rechtsbegriff, 1991, S. 132. Bydlinski formuliert den methodischen Ansatz für den rechtlichen Schutz der Menschenwürde : „Was kausal voll determiniert ist, läßt sich normativ nicht beeinflussen; ebenso gilt aber auch die Eigenschaft, (mindestens praktisch) nur beschränkt determiniert zu sein (aaO, S. 356).

Vergeblich sucht man bis heute eine Wiederholung oder Konkretisierung der Entscheidung des VfGH aus dem Jahr 1993, wonach die Menschenwürde als „allgemeiner Wertungsgrundsatz" bezeichnet wurde. Ein Erkenntnis des VfGH vom 24. 2. 1999[289] zu einer in § 2a RundfunkG einfachgesetzlich normierten Bestimmung der Menschenwürde gebraucht die Wörter „grundsätzliche Wertung", die an das im Erkenntnis vom 10.12.1993 verwendete Wort „Wertungsgrundsatz" erinnern: "In Berücksichtigung dieser zulässigen grundsätzlichen Wertung kann der belangten Behörde aus verfassungsrechtlicher Sicht nicht entgegengetreten werden, wenn sie ...das Recht auf Achtung der Menschenrechte und der Menschenwürde ... als unverzichtbar einstufte". Die Formulierung der Worte „grundsätzliche Wertung" wird in dem Erkenntnis vom 24.2.1999 in dem Sinne gebraucht, dass bei der Abwägung von Rechtsgütern der Menschenwürde ein „besonders hohes Gewicht beizumessen" ist.

Ein am 14. 10. 1999 gewonnenes Erkenntnis zu Art. 3 FortpflanzungsmedizinG[290] nahm nicht Bezug auf die Menschenwürde. Es bezog vielmehr das Streben nach Erfüllung eines Kinderwunsches mit medizinischer Unterstützung in den Schutzbereich des Art. 8 EMRK ein und betonte, dass dem Gesetzgeber bei der Grenzziehung zwischen zulässigen und unzulässigen (naturfernen) Methoden ein weiter Spielraum zukomme, soweit diese „komplizierte wissenschaftliche, rechtliche, moralische und gesellschaftliche Probleme" aufwerfe und solange über deren ethisch-moralische Auswirkungen einheitliche Auffassungen in den Mitgliedstaaten der EMRK noch nicht bestünden. Hintergrund so mancher Erwartung einer Aussage zur Menschenwürde im Zusammenhang mit der Fortpflanzungsmedizin war wohl nicht der in der deutschen Diskussion offensichtliche Rückgriff auf die Menschenwürde bei der Beurteilung bioethisch umstrittener Sachverhalte, sondern zunächst die regierungsamtliche Begründung des FortpflanzungsmedizinG[291] selbst, wonach explizit der hohe Stellenwert der Menschenwürde -wenngleich nicht „ausdrücklich"[292] verfassungsgesetzlich verankert- neben dem Kindeswohl und dem Recht auf Fortpflanzung betont wird.

Der VfGH ist zwar in einer Vielzahl von Fällen zu einer Interpretation des einfachgesetzlichen Begriffs der Menschenwürde aufgerufen[293]. Gerade das Erkenntnis vom 10. 12. 1993 zeigt, dass der Gehalt der Menschenwürde mehr ist als eine einfachgesetzliche Wertung, mithin als ein übergeordnetes hohes Prinzip bei der Beurteilung eines ethisch anspruchsvollen Sachverhalts zugrunde gelegt

---

289 VfGH B 416/98, ÖJZ 2000, H.9, S.357 (358), siehe dazu unten, Dritter Teil III 1.
290 EuGRZ 1999, Heft 23-24, S.680 ff; JBl. 2000, Heft 4 , S. 228 ff; dazu auch unter Dritter Teil IV 1.
291 StProtNR 216, 1992, XVIII. GP, S. 10.
292 So die Regierungsbegründung, aaO, siehe oben, S. 10.
293 Dazu unten, Dritter Teil III.

wird. Damit erkennt der VfGH den Grundsatz der Menschenwürde in der gesamten österreichischen Rechtsordnung, also auch in der Verfassungsrechtsordnung an und umschreibt ihn sogar in engen Grenzen. Eine subjektiv- rechtliche Dimension billigte der VfGH diesem Prinzip allerdings nicht zu, eine Entscheidung hierüber war aber auch nicht notwendig. Dieses Erkenntnis ist auch deshalb so bemerkenswert, weil es sich von der deutlich positivistischen Denkweise löst, wie diese noch im Fristen- und Hochschulerkenntnis in den Jahren 1974[294] und 1977[295] zum Ausdruck gekommen ist. Die Entscheidung wird als signifikant für „den Kurswechsel der Judikative" eingestuft[296]. Die Menschenwürde wird nicht nur als ethischer Wert, sondern als ein Rechtswert qualifiziert und findet ihre höchstrichterliche Anerkennung in Österreich nach meiner Auffassung auch in der Verfassungsrechtsordnung. Diese Einschätzung lässt sich mit der Erkenntnis verfestigen, dass der VfGH zunehmend Werte und Wertungsgesichtspunkte seiner Rechtsprechung zugrunde legt, mithin gesetzgeberische Entscheidungen „materiell-wertend"[297] nachvollzieht. Diese Werte können zum einen eine Stütze und Hilfe bei der Auslegung von Verfassungsbestimmungen sein, mithin kann ihnen interpretative Kraft beigemessen werden. Zum anderen könnten sich Werte

---

294 VfSlg 7400/1974.
295 VfGH v. 3. Oktober 1977, EuGRZ 1978, S. 7 ff.
296 Novak, Fortpflanzungsmedizingesetz und Grundrechte, in: Bernat (Hrsg), Die Reproduktionsmedizin am Prüfstand von Recht und Ethik, RdM, Bd. 11, S. 62 (64). Anmerkung: Entsprechend dem Selbstverständnis des VfGH und seinem gesetzlichem Auftrag sind dessen Entscheidungen immer streng einzelfallbezogen; der VfGH kennt grundsätzlich kein obiter dictum, wie dies aus zahlreichen Entscheidungen des deutschen BVerfG bekannt ist. Die strenge Zurückhaltung in politischen Fragestellungen ist dabei für den deutschen Beobachter bemerkenswert; vgl auch Korinek, Betrachtungen zur österreichischen Verfassungsgerichtsbarkeit, Adamovich FS zum 60. Geburtstag, S. 253 ff (265/272). Schambeck weist 1991 darauf hin, dass in die Entscheidungen des VfGH zunehmend „wertende Überlegungen" einfließen, „das zeigt sich vor allem in der sehr dynamischen Rechtsprechung zum Gleichheitssatz" (Schambeck, Zur Theorie und Interpretation der Grundrechte in Österreich, in: Machacek/Pahr/Stadler, Band 1, 1991, S. 83 ff (84 mwN)). Walzel v. Wiesentreu (Vertrauensschutz und generelle Norm, ÖJZ 2000, S. 1 ff (11)) spricht von einer „materialen Rechtsprechungstradition" des VfGH seit Beginn der 80er Jahre.
297 Novak, aaO, siehe oben, S. 63. Der VfGH sei „zunehmend bereit, Entscheidungen des Gesetzgebers materiell-wertend nachzuvollziehen und nachzuprüfen". Für den einzelnen Bürger sei eine Änderung des Verfassungsverständnisses hin zu einer wertorientierten Auslegung von Vorteil, räumt es dem Staatsbürger doch eine weiter gehende und effektivere gerichtliche Kontrolle über den strengen Wortlaut des Gesetzes hinaus ein und betont den vorrangigen Stellenwert des einzelnen Menschen im Staat (Vgl Schambeck, Zur Theorie und Interpretation der Grundrechte in Österreich, in: Machacek/Pahr/Stadler, Band 1, 1991, S. 83 ff [98/99]).

zu einer eigenständigen Regel verdichten. Billigt man Werten eine „mittelbare" normative Kraft zu, ist ein breiter gesellschaftlicher Konsens zu fordern[298]. Dieser breite gesellschaftliche Konsens zur Anerkennung des Prinzips der Menschenwürde lässt sich in Österreich auch in der Übernahme der EMRK sehen, die nicht wertneutral, sondern wertbestimmt ist und die über die Präambel und die AEMR 1948 auf die Menschenwürde Bezug nimmt, und vielleicht sogar auf ihr gründet. Dieser gesellschaftliche Konsens drückt sich aber auch in den vielschichtigen einfachgesetzlichen Bestimmungen und den überwiegenden Verfassungen der Länder aus, die den Rechtswert der Menschenwürde explizit verankern[299].

b) Der OGH und die Menschenwürde

aa) Der OGH und die Grundrechte

Der OGH hat sich in vielen Fällen auf einfachgesetzlicher Ebene mit dem Gesetzesbegriff der Menschenwürde zu befassen, und zwar als abschließende oberste Instanz der ordentlichen Gerichtsbarkeit[300]. Denn - anders als in Deutschland - unterliegen in Österreich Akte der ordentlichen Gerichtsbarkeit nicht der Kontrolle durch den VfGH. Eine Verfassungsbeschwerde gegen OGH-Entscheidungen ist in Österreich nicht möglich, der OGH ist mithin auch Hüter der Grundrechte[301]. Durch das Grundrechtsbeschwerdegesetz[302] wurde überdies im Bereich des PersFrG ein besonderer Rechtszug zum OGH geschaffen[303].

bb) Entscheidung vom 14. 4. 1994

Ein grundlegendes Urteil des OGH zur Menschenwürde stellt eine Entscheidung vom 14. 4. 1994[304] dar, worin es darum ging, ob Intimbeziehungen zwischen ei-

---

298 Vgl Potacs, Auslegung im öffentlichen Recht, S. 236; zum materiellen Grundrechtsverständnis und zur Anerkennung von Gewährleistungspflichten auch Zellenberg, Art. 3 EMRK, in Machacek/Pahr/Stadler, Band 3, S. 441 ff (455/456 mwN).
299 Dazu unten, Dritter und Vierter Teil.
300 Zum Grundrechtsschutz durch die ordentlichen Gerichte, Berka, Grundrechte, Rn 320 ff; zu den einfachgesetzlichen Menschenwürdebestimmungen und der einschlägigen Judikatur siehe oben, Dritter Teil III.
301 D.h. der erfassungsgesetzlich gewährleistete Rechte iSd Art. 144 Abs. 1 B-VG und somit auch der Konventionsrechte; vgl Hinteregger, Die Bedeutung der Grundrechte für das Privatrecht, ÖJZ 1999, S. 741 ff (743).
302 BGBl. 1992/864.
303 Vgl dazu auch Berka, Grundrechte, Rn 434.
304 OGH 10 Ob 501/94 JBl. 1995, S.46 ff (47).

ner Frau und einem Mann (Empfängnisverhütung) einer Vereinbarung im Rechtssinn zugänglich sind. Darin wird ausgesprochen: „Die vom Richter vorzunehmende Interessenabwägung muß eine grobe Verletzung rechtlich geschützter Interessen oder bei Interessenkollision ein grobes Mißverhältnis zwischen den durch die Handlung verletzten und den durch sie geförderten Interessen ergeben (ZAS 1992/15; 8 Ob 531/93). Ein solches Mißverhältnis liegt hier vor: Das Verschweigen der Empfängnismöglichkeit durch die Bekl berührt zunächst allein den engsten persönlichen Freiheitsbereich der Frau, die in ihrer Willensentscheidung, ob sie zur Vermeidung einer Schwangerschaft empfängnisverhütende Mittel anwendet, freibleiben muß, weil es zu ihrer personalen Würde und zur Willensfreiheit einer Frau gehört, sich immer wieder neu und frei für ein Kind entscheiden zu können (Selb, JZ 1971, 201 [207 f]; FamRZ 1986, 773). Fehlen auch im österr. Bundesverfassungsrecht den Art. 1 und 2 des Grundgesetzes für die Bundesrepublik Deutschland entsprechende Bestimmungen, die die Würde des Menschen und das Recht auf freie Entfaltung seiner Persönlichkeit ausdrücklich schützen, so kann davon ausgegangen werden, daß die diesen Bestimmungen zugrundeliegenden Wertvorstellungen der österreichischen Rechtsordnung immanent sind und in den angeborenen Rechten des Menschen (§ 16 ABGB) ihren positiv-rechtlichen Ausdruck finden (Aicher in Rummel, ABGB Rz 11 zu § 16)."

Die Beurteilung der Entscheidung ergibt, dass zwar der Grundsatz der Menschenwürde als immanentes Prinzip der Rechtsordnung anerkannt wird, mithin die Entscheidung aber den Schluss verbietet, der OGH qualifiziere den Grundsatz der Menschenwürde als Verfassungsgrundsatz oder obersten Wert in einer Werteordnung der österreichischen Bundesverfassung[305]. Der OGH kommt im vorliegenden Fall zu dem Ergebnis, dass in die personale Würde und in den engsten persönlichen Freiheitsbereich eingegriffen werde, also Vereinbarungen über Schwangerschaftsverhütungen im Rechtssinn nicht tragen und somit der Disposition der Parteien entzogen sind. Bemerkenswert dabei ist, dass das Rechtsprinzip der Menschenwürde bei der Beurteilung dieses Sachverhalts den Ausschlag gab, mithin die einschlägige Anerkennung dieses Prinzips eine Abwägung von Interessen gleichsam ersetzte. Der OGH spricht zwar im Zusammenhang mit der Ableitung der Menschenwürde von Wertvorstellungen. Er nimmt in dieser Entscheidung aber keine Wertung im Sinne einer umfassenden Abwägung vor, obgleich eine Wertung nach der Rechtsprechung des OGH in anderen Fällen als eine Gegenüberstellung von Interessen verstanden wird. So judiziert der OGH in einer Entscheidung vom 24. 10. 1978[306] unter Bezugnahme auf § 16 ABGB, dass „aus

---

305 In der Werteordnung des deutschen Grundgesetzes ist die Menschenwürde hingegen der oberste Wert ist, vgl BVerfGE 96, 375 (398).
306 SZ 51/146.

der Absolutheit" der persönlichen Rechte noch nicht folge, „daß jedes Verhalten rechtswidrig ist, das diese Rechte gefährdet; es bedarf vielmehr in starkem Maße einer genauen Wertung, bei welcher dem Interesse am gefährdeten Gut stets die Interessen der Handelnden und die der Allgemeinheit gegenübergestellt werden müssen"[307]. Der Begriff der „Wertvorstellungen" lässt sich methodisch der Wertungsjurisprudenz zuordnen: „Was die Wertungsjurisprudenz an zusätzlichen Wertungen für die Rechtsgewinnung erschließt, könnte daher zunächst die Gesamtheit aller allgemein anerkannten oder doch deutlich herrschenden Wertvorstellungen in einer bestimmten Rechtsgemeinschaft sein; unabhängig von ihrem Verhältnis zum Recht."[308]

Die vorliegende Entscheidung des OGH spricht dafür, dass dem Prinzip der Menschenwürde ein überragender Stellenwert eingeräumt wird, der im Rahmen einer Abwägung von Interessen den Ausschlag gibt. Die Menschenwürde unterliegt nicht der Disposition der Parteien, damit wird der unverzichtbare Charakter der Menschenwürde zumindest in der Dimension des vorliegenden Einzelfalls anerkannt.

cc) Entscheidungen vom 12. 9. 1996 und 3. 8 2000

In einer Entscheidung vom 12. 9. 1996[309] befasst sich der OGH mit der Kostentragung einer Geschlechtsumwandlung und der Freiheit des einzelnen, seiner se-

---

[307] SZ 51/146, S. 651. Diese Haltung widerspricht im übrigen nicht der deutschen Rechtsprechung zum allgemeinen Persönlichkeitsrecht des BGB. Auch dort wirkt nach herrschender Dogmatik der verfassungsrechtliche Schutz nicht absolut, außerhalb des Kernbereichs können Eingriffe durch die Wahrung schutzwürdiger Interessen gerechtfertigt sein, „wenn sie auf gesetzlicher Grundlage erfolgen und verhältnismäßig sind". So BVerfG 48, 85; 80, 367, 373 ff mwN.; zur Verwertbarkeit tagebuchartiger Aufzeichnungen des Beschuldigten auch BGHZ 73, 128.

[308] Bydlinski, Juristische Methodenlehre und Rechtsbegriff, 1991, S. 129. Hinteregger, in: Die Bedeutung der Grundrechte für das Privatrecht, ÖJZ 1999, Heft 20, S. 741 ff (753)), stellt die verstärkte Tendenz des OGH fest, „den Regelungsgehalt der Grundrechte zu beachten und die in den Grundrechten enthaltenen Wertungen für die Auslegung des Privatrechts zu nutzen".

[309] SZ 69/209: „ Bereits in seiner in NJW 1992, 760 veröffentlichten Entscheidung betreffend die gerichtliche Feststellung der Geschlechtszugehörigkeit einer transsexuellen Person hat das OLG Zweibrücken –unter Hinweis auf das Erkenntnis des deutschen Bundesverfassungsgerichts NJW 1979, 595, auf welches der deutsche Gesetzgeber in den bereits erwähnten Materialien zum TSG seinerseits ausdrücklich Bezug genommen hat (BT-Dr 8/2947, 8 f) - erkannt, daß „die Menschenwürde und das Grundrecht auf freie Persönlichkeitsentfaltung es gebieten, den Personenstand des Menschen dem Geschlecht zuzuordnen, dem er nach seiner psychischen und physischen Konstitution zugehört. Dabei geht unsere Rechtsordnung und unser so-

xuellen Orientierung entsprechend zu leben. Der OGH nimmt dabei Bezug auf ein Entscheidung des OLG Zweibrücken[310], wonach die Menschenwürde und das Grundrecht auf freie Persönlichkeit es gebieten, den Personenstand des Menschen dem Geschlecht zuzuordnen, dem er nach seiner psychischen und physischen Konstitution zugehört. Diese verfassungsrechtlichen Wertungen sind nach Darstellung des OGH auch auf die österreichische Rechtslage übertragbar. Der OGH verweist dabei auf Art. 8 EMRK, wonach das dortige Recht auf Achtung des Privatlebens u. a. die Freiheit des einzelnen umfaßt, seiner sexuellen Orientierung entsprechend zu leben. Der OGH weist aber in diesem Zusammenhang darauf hin, dass unter den Voraussetzungen des Art. 8 Abs. 2 EMRK Eingriffe zulässig wären. Mithin führt diese Rechtsprechung des OGH nicht zu einer Ableitung der Menschenwürde mit absolutem und unantastbaren Charakter. Vielmehr wird der Begriff der Menschenwürde in dem konkreten Fall Art. 8 EMRK zugeordnet, der nicht als vorbehaltloses und notstandsfestes Grundrecht ausgestaltet ist.

In einer aktuellen Entscheidung vom 3. 8. 2000[311] zu § 201 StGB qualifiziert der OGH die Menschenwürde hingegen ausdrücklich als absoluten Wert, der einen opferbezogenen Maßstab bei der Bewertung einer Tathandlung verbietet.

---

ziales Leben von dem Prinzip aus, daß jeder Mensch entweder 'männlichen' oder 'weiblichen' Geschlechts ist". Solche verfassungsrechtliche Wertungen sind durchaus auch auf die österreichische Rechtslage übertragbar: Nach Art. 8 Abs. 1 der von Österreich ratifizierten und seither in Verfassungsrang in Geltung stehenden EMRK (BGBl 1958/210 idgF) hat „jedermann Anspruch auf Achtung seines Privat- und Familienlebens". Der nicht näher definierte Begriff des „Privatlebens" wird hierbei als die „intime Sphäre eines Menschen verstanden, in der er seinen spezifischen Interessen und Neigungen nachgeht, die Ausdruck seiner Persönlichkeit sind; dazu gehören auch Beziehungen zu anderen Menschen, insbesondere auch solche sexueller Natur" (Mayer, MKK B-VG 443). Das Recht auf Achtung des Privatlebens umfaßt danach also u.a. die Freiheit des einzelnen, seiner sexuellen Orientierung entsprechend zu leben (Lukasser, Europäische Menschenrechtskonvention und individueller Lebensstil, ÖJZ 1994, 569), manifestiert sich doch die Einzigartigkeit jedes Menschen (so treffend Ermacora, Grundriß der Menschenrechte in Österreich, Rz 555) nicht nur in seiner weltanschaulichen und politischen Auffassung, sondern auch seiner Einstellung zur Transzendenz, seiner Geschlechtlichkeit, seiner Körperlichkeit seiner Psyche und seinem Tod. Beeinträchtigungen dieser zentralen Bereiche menschlicher Existenz sind somit Eingriffe in das Menschenrecht auf Achtung des Privatlebens, die nur bei Vorliegen der Voraussetzungen des Art. 8 Abs. 2 leg cit zulässig sind (Lukasser, aaO 570). Insoweit darf also der Staat „die Sexualität nicht tangieren" (Ermacora, aaO Rz 556; siehe auch Klecatsky/Morscher, B-VG 3 E 7 zu Art. 8 EMRK)."

310 Vgl BVerfGE 49, 286 (289).
311 12 Os 72/00, hierzu unten, Sechster Teil I 2 (Absolutheit der Menschenwürde in Österreich) und II 1 g (7).

Der OGH betont, daß eine frühere Prostitutionsausübung des Opfers kein Maßstab bei der Beurteilung einer Tathandlung als besonders erniedrigend sein kann, der gewaltsam erzwungener Verzicht auf die sexuelle Selbstbestimmung ist nach der Rechtsprechung des OGH ein Angriff auf die Menschenwürde. Diese Entscheidung ist insofern bemerkenswert, als der Menschenwürde eine absolute und damit wohl einmalige Stellung in der österreichischen Rechtsordnung zugesprochen wird.

dd) Ordre public

Bereits in einer Entscheidung vom 7. 11. 1974[312] befasste sich der OGH mit dem Begriff der „menschlichen Behandlung" im Zusammenhang mit dem ordre public. Unter ordre public versteht der OGH den „Rechtssatz, dem zufolge eine nach den allgemeinen Grundsätzen des internationalen Privatrechts anzuwendende Norm dann nicht heranzuziehen ist, wenn ihre Anwendung das inländische Rechtsempfinden in unerträglichem Maß verletzt ... Die ausländische Norm darf bei ihrer Anwendung unverzichtbaren Grundprinzipien der inländischen Rechtsordnung nicht widersprechen. Die wichtigste Aufgabe der Vorbehaltsklausel ist der Schutz der inländischen Rechtsordnung vor dem Eindringen mit ihr vollkommen unvereinbarer Rechtsgedanken ..." Es widerspricht also einem „unverzichtbaren Grundprinzip" sowie der „Wertvorstellung", die der „inländischen Rechtsordnung" zugrunde liegt, wenn „ein Rechtssatz, der dem Vater die Pflege und Erziehung über einen Minderjährigen ohne jede Rücksicht auf dessen Wohl, also selbst für den Fall einräumt, daß dieser dem Minderjährigen etwa infolge Drohungen, Mißhandlungen oder aus anderen Gründen keine menschliche Behandlung zuteil werden läßt, unter diesem Gesichtspunkt auch gegen Art. 3 der MRK verstößt"[313].

ee) Zusammenfassung

Festzuhalten bleibt, dass der OGH vereinzelt den Grundsatz der Menschenwürde anerkennt, und zwar als übergreifend abgeleiteten Rechtswert, als bestimmendes Leitprinzip, als unverzichtbares Grundprinzip, als absolute Wertvorstellung, die der österreichischen Rechtsordnung zugrunde liegt. Es zeigt sich auch, dass bestimmte Sachverhalte ohne Wertungsjurisprudenz nicht oder zumindest nur schwer in den Griff zu bekommen sind. Methodisch wird das Prinzip der Menschenwürde im Zivilrecht als bedeutsames Kriterium der Abwägung eingesetzt,

---

312 7 Ob 218/74, SZ 1974/121.
313 OGH SZ 1974/121 a. E.

um bei Sachverhalten mit hoher grundrechtlicher Eingriffsintensität eine tragfähige Entscheidungsgrundlage zu schaffen. Im Ergebnis setzt sich aber auch hier das Prinzip durch, wenn eine Verletzung bejaht wird.

3) Das Rechtsstaatsprinzip

a) Rechtsstaat als ungeschriebenes Verfassungsprinzip

Der Begriff des Rechtsstaates findet im österreichischen Verfassungsrecht keine ausdrückliche Erwähnung[314]. Dennoch ist dieses ungeschriebene Prinzip als Verfassungsprinzip und auch Grundprinzip mit erhöhter Bestandsgarantie im Sinne des Art. 44 Abs. 3 B-VG in Rechtslehre und Rechtsprechung anerkannt[315]. Der VfGH verzichtete bislang auf eine dogmatische Begründung dieses Verfassungsprinzips[316]. Öhlinger[317] hält es für gerechtfertigt, „das rechtsstaatliche Prinzip in Art. 1 B-VG verankert zu sehen", als Element des demokratischen Prinzips.

b) Rechtsstaat und Menschenwürde

aa) Grundrechtskern

---

314 Hiesel, Die Rechtsstaatjudikatur des Verfassungsgerichtshofes, ÖJZ 1999, S. 522 ff (522); Hiesel skizziert die Judikatur des VfGH zum rechtsstaatlichen Prinzip und weist auf das Erkenntnis VfSlg 2455/1952 hin, in dem das Rechtsstaatsprinzip als leitender Grundsatz der Bundesverfassung qualifiziert worden ist (aaO, S. 523).
315 Vgl. Adamovich/Funk/Holzinger, Staatsrecht 1, 1997, Rn 14.013 ff; Walter-Mayer, Bundesverfassungsrecht, Rn 165 ff; Öhlinger, Verfassungsrecht, 1999, Rn 73 ff , Berka, Grundrechte, Rn 79.
316 Hiesel resümiert: "Eine dogmatische Begründung, warum das rechtsstaatliche Grundprinzip zu den leitenden Grundsätzen des österreichischen Verfassungsrechts zu zählen ist, ist der GH bisher schuldig geblieben." Hiesel spricht von einem „eklatanten Begründungsdefizit" (aaO, S. 525).
317 Öhlinger, Verfassungsrecht, Rn 73; Öhlinger weist in diesem Zusammenhang darauf hin, dass die Formulierung des Art. 1 B-VG auf Kelsen zurückgehe und auf dessen Auffassung beruhe, „daß Staat und Rechtbegrifflich identisch" seien. Dennoch hält Öhlinger aus heutiger Sicht fest: "Demokratie iSd B-VG ist eine rechtsstaatliche Demokratie."; vgl auch Öhlinger, Verfassungsrecht, Rn 355.

Der Rechtsstaat ist der Gerechtigkeit verpflichtet. Inhaltliche Gerechtigkeitsmaßstäbe sind insbesondere die Grundrechte und - als Kern aller Grundrechte - die Menschenwürde. „Von besonderer rechtsstaatlicher Bedeutung sind die grundrechtlichen Garantien der Achtung der Würde des Einzelnen (Art 3 MRK), der Privatsphäre (Art 8 MRK), eines fairen Verfahrens in Zivil- und Strafsachen (Art 6 MRK) und eines wirksamen Rechtsschutzes (Art 13 MRK)"[318] als tragende materielle Elemente der Rechtsstaatlichkeit.

Die Grundrechtsordnung ist Bestandteil des rechtsstaatlichen *Bau*prinzips. Zur Abgrenzung „zwischen einer Beschränkung oder Verdrängung eines Grundrechts durch eine noch zulässige Verfassungsbestimmung und dem baugesetzwidrigen Einbruch in das rechtsstaatliche Prinzip" bestimmt Berka den Standort der Menschenwürde wie folgt: "Anzunehmen ist, dass jedes Grundrecht einen auch dem Verfassungsgesetzgeber unzugänglichen 'Wesenskern' enthält, den man aus seinem Menschenwürdegehalt ableiten kann. Denn es ist nicht anzunehmen, dass der zentrale inhaltliche Bezugspunkt aller Grundrechte, der Schutz der menschlichen Würde, in einem Rechtsstaat beseitigt werden dürfte, ohne dass dieses Prinzip selbst aufgehoben wird. Dann wäre jedenfalls die gänzliche Aufhebung eines Grundrechts ebenso eine Gesamtänderung wie die schwer wiegende, den Menschenwürdekern betreffende Durchbrechung eines einzelnen Grundrechts, auch wenn dies nur für einen einzigen Anwendungsfall erfolgen sollte. In diesen Kernbereich würde aber auch dann eingegriffen, wenn (etwa durch ein Maßnahmegesetz) die Grundrechte für einzelne Personen oder Personengruppen durchbrochen würden."[319] Pernthaler ordnet die Grundrechte, "als Katalog oder inhaltlich gewichtet", dem Rechtsstaatsprinzip[320] zu und geht von einem „eingriffsfesten"[321] Grundrechtsgehalt aus.

Sind die Grundrechte materiell dem Rechtsstaatsprinzip zuzuordnen und begreift man zugleich die Menschenwürde auch als Kern der Grundrechte, so ist der untrennbare Zusammenhang zwischen Rechtsstaatsprinzip und Menschenwürde dogmatisch begründet. In der Menschenwürde wurzelt zudem der Gehalt staatlicher Machtbegrenzung, da der Mensch in seiner Subjektivität im Mittelpunkt der

---

318 Adamovich/Funk/Holzinger, Staatsrecht 1, Rn 14.015.
319 Berka, Grundrechte, Rn 79; Walter/Mayer, Bundesverfassungsrecht, Rn 164, bezeichnen die Grund- und Freiheitsrechte als liberales Bauprinzip,, da diese in Österreich vorwiegend liberalistisch konzipiert sind; dagegen Berka, Grundrechte, Rn 79, Fn 15.
320 Pernthaler, Der Verfassungskern, S. 52/53 mwN; zum Meinungsstand in FN 225 und mit Hinweis auf das von ihm mit vertretene materielle Rechtsstaatskonzept.
321 Pernthaler, Der Verfassungskern, S. 67; er verweist, was den Gehalt der Menschenwürde der einzelnen Grundrechte anbelangt, auf Barfuß, Grenzen der Verfassungsänderung,. Baugesetze-Grundrechte-Neukodifikation, 13. ÖJT I/1 (1987), 43.

Rechtsordnung steht[322]. Der Rechtsstaat ist durch die Prinzipien der Gewaltentrennung, des Rechtsschutzes durch unabhängige Gerichte, durch das Gebot der Gesetzmäßigkeit der Verwaltung und durch das Willkürverbot und Sachlichkeitsgebot auch darauf ausgerichtet, staatliche Macht zu begrenzen und damit die Subjektivität, Einzigartigkeit und Selbstbestimmung des Menschen anzuerkennen. Ausführungen des VfGH über einen entsprechenden Zusammenhang zwischen rechtsstaatlichem Prinzip und der Menschenwürde lassen sich bislang nicht finden[323].

bb) Verfahrensschutz

Der Bezug der Menschenwürde zum Rechtsstaatsprinzip (verstanden auch als Beschränkung der Staatsmacht) ergibt sich zum anderen aus dem Gebot eines effektiven Rechtsschutzes, das dem Rechtsstaatsprinzip immanent ist[324] und nach hiesiger Auffassung als notwendiger verfahrensrechtlicher Annex des Schutzes der Menschenwürde zu qualifizieren ist. Die Notwendigkeit der verfahrensrechtlichen Absicherung der Menschenwürde leitet sich insofern aus dem Prinzip der Menschenwürde selbst ab und weist somit in seiner verfahrensrechtlichen Dimension eine Teilidentität mit dem Rechtsstaatsprinzip auf.

Der VfGH leitete 1986[325] aus dem rechtsstaatlichen Prinzip ein Gebot der faktischen Effektivität des Rechtsschutzes ab. Für die österreichische Verfassungsrechtslage ist hierzu insbesondere Art. 6 und Art. 13 EMRK[326] maßgebend. Der effektive Rechtsschutzanspruch ist in Deutschland als subjektives Recht im Verfassungsrang verbürgt, Art. 19 Abs. 4 Satz 1 GG[327]. Die Rechtsschutzgarantie

---

322 Siehe dazu nachfolgend unter Inhaltsbestimmung der Menschenwürde, Sechster Teil II 1.
323 Nach der herrschenden Auffassung in Deutschland gründet der Rechtsstaat inhaltlich auf der Anerkennung und Gewähr der Menschenwürde; vgl Sommermann, in: v. Mangoldt/Klein/Starck, Grundgesetz II, Art. 20 Abs. 3, Rn 228; zu anderen europ. Verfassungen, aaO, Rn 232, Fn 59; zu Menschenwürde und Rechtsstaat auch Schmidt-Aßmann, in: Isensee/Kirchhof; Handbuch des Staatsrechts, Bd. 1, § 24, Rn 3o ff (S. 1003 ff).
324 Rechtsschutzstaat, vgl Walter/Mayer, Bundesverfassungsrecht, Rn 165; Öhlinger, Verfassungsrecht, Rn 84 unter Bezugnahme u.a. auf VfGH Slg 11.196/1986-Grundsatz der faktischen Effizienz eines Rechtsbehelfs.
325 VfGH Slg 11.196/1986; hierzu Hiesel, aaO, siehe oben, S. 525 ff.
326 vgl auch Art. 10 AEMR 1948; vgl Berka, Grundrechte, Rn 355 für das europäische Gemeinschaftsrecht.
327 Art. 19 Abs. 4 Satz 1 GG :"Wird jemand durch die öffentliche Gewalt in seinen Rechten verletzt, so steht ihm der Rechtsweg offen."; zum wirksamen Rechtsschutz Krebs, in: v. Münch/Kunig, Grundgesetz, 5. Auflage 2000, Art. 19 Rn 62 ff; Huber,

ist „ein wesentlicher Bestandteil des Rechtsstaatsprinzips, das sie durch eine individuelle Anspruchsnorm sichert"[328].

Der Thematik sei mit diesen Hinweisen an dieser Stelle Genüge getan. Die aus dem Prinzip der Menschenwürde erwachsenden Anforderungen an den Rechtsschutz werden in späteren Kapiteln behandelt[329].

4) Das Verhältnismäßigkeitsprinzip als ungeschriebenes Verfassungsprinzip

Das Prinzip oder auch der Grundsatz der Verhältnismäßigkeit bedarf insbesondere deshalb besonderer Erörterung, weil ein Teil der neueren Rechtslehre ein Element dieses Grundsatzes mit dem Prinzip der Menschenwürde verknüpft. Zum anderen hinterlässt die obergerichtliche Rechtsprechung in Österreich insbesondere zu den einfachgesetzlichen Bestimmungen zur Menschenwürde in nicht wenigen Fällen den Eindruck, dass das Prinzip der Menschenwürde unter mehreren Prinzipien gewertet wird und damit implizit auch einer Abwägung, also einem Element des Verhältnismäßigkeitsprinzips, zugänglich sein müsse.

Der Grundsatz der Verhältnismäßigkeit ist nicht nur Maßstab und Grenze für den einfachen Gesetzgeber, er bindet auch die Gerichte und Verwaltungsbehörden bei der Vollziehung des verfassungskonformen Rechts[330]. Dieser Grundsatz wird als allgemeines Muster der Grundrechtsinterpretation bezeichnet, als Folge verschiedener Faktoren wie dem Gedankenaustausch der europäischen Verfassungsgerichte untereinander sowie der verstärkten Auseinandersetzung mit allgemeinen Grundrechtslehren und den materiellen Gesetzesvorbehalten der EMRK[331].

Der Grundsatz der Verhältnismäßigkeit wird als ungeschriebenes Verfassungsprinzip qualifiziert, weil es weitreichende Geltung beansprucht und allgegenwärtig ist, jedoch als Verfassungsprinzip nicht explizit positiv-rechtlich verankert ist. Allerdings findet sich in Art. 1 Abs. 3 PersFrG[332] eine Ausgestaltung und Beschreibung in einem Bundesverfassungsgesetz.

---

in: v. Mangoldt/Klein/Starck, Bonner Grundgesetz, 4. Auflage 1999, Art. 19 Abs. 4, Rn 391.
328 Huber, in: v. Mangoldt/Klein/Starck, Grundgesetz I, Art 19 Abs. 4, Rn 364 m.w.N.
329 Siehe dazu unten, Sechster Teil II 1 e und g (11) und VI.
330 Dazu Öhlinger, Die Verwaltung zwischen Gesetz, Billigkeit und Bürgernähe, ZfV 1999/5, S. 678 ff; Berka, ZÖR 54, 1999, Konkretisierung und Schranken der Grundrechte, S.31 ff (51, mit dem Hinweis, dass es sich methodisch um einen Anwendungsbereich der verfassungskonformen Interpretation handelt).
331 Schäffer/Jahnel, Der Schutz der Grundrechte, ZÖR 54 (1999), S. 71 ff (77).
332 Text Art. 1 Abs. 3 PersFrG: Der Entzug der persönlichen Freiheit darf nur gesetzlich vorgesehen werden, wenn dies nach dem Zweck der Maßnahme notwendig ist;

a) Ableitung und dogmatische Begründung

Der VfGH lässt eine Ableitung und dogmatische Begründung dieses ungeschriebenen und umfassend geltenden Prinzips bisher offen[333]. Der VwGH[334] beschreibt dieses Prinzip - aus dem Gleichheitssatz abgeleitet - als verbindliches Prinzip des Verwaltungshandelns. In der Literatur werden unterschiedliche Antworten gegeben. Diese reichen von der Ableitung aus dem Rechtsstaatsprinzip oder dem Gleichheitssatz bis hin zur „historisch belegbaren Gemeinwohlbindung grundrechtsbeschränkender Gesetze"[335]. Berka spricht davon, dass das Prinzip positiv-rechtlich in den materiellen Gesetzesvorbehalten der Konvention angeordnet ist und sich somit „für die meisten Grundrechte ... ohnehin zwanglos begründen läßt"[336]. Adamovich/Funk/Holzinger[337] leiten den Grundsatz der Verhältnismäßigkeit aus dem materiellen rechtsstaatlichen Erfordernis ab, neben der Achtung der Würde des Einzelnen, der Privatsphäre, einem fairen Verfahren und einem wirksamen Rechtsschutz. Potacs[338] resümiert: „Zumindest als allgemeiner Grundgedanke tritt die Verhältnismäßigkeit in zahlreichen Erkenntnissen des VfGH zu verschiedenen Rechtsgebieten in Erscheinung. Daher darf angenommen werden, dass jedenfalls der Grundgedanke nach Meinung des Gerichtshofes einen allgemeinen Rechtsgrundsatz im dargelegten Sinn darstellt."

b) Schranken - Schranke bei Grundrechten mit Gesetzesvorbehalt

Der Grundsatz der Verhältnismäßigkeit ist - ähnlich wie die Wesensgehaltssperre - eine Schranke für Grundrechtseinschränkungen, mithin eine Schranken -

---

die persönliche Freiheit darf jeweils nur entzogen werden, wenn und soweit dies nicht zum Zweck der Maßnahme außer Verhältnis steht."; vgl Berka, Grundrechte, Rn 403/404.
333 Berka, Grundrechte, Rn 265.
334 VwGH v. 16.11.1994, VwSlg 14157 A/1994; zur Rechtsprechung des OGH vgl OGH v. 22. 10. 1986, 1 Ob 36/86; v. 7. 5. 1992, 7 Ob 536/92; v. 15. 2. 2000, 5 Ob 333/99b.
335 Berka, Grundrechte, Rn 265; auch in ZÖR 54, 1999, S.31 ff (46); auch in FS Koja, 1998, Das allgemeine Gesetz als Schranke der grundrechtlichen Freiheit, S. 221 ff (236/237); Öhlinger, Die Verwaltung zwischen Gesetz, Billigkeit und Bürgernähe, ZfV 1999/5 S. 678 ff (S. 679 - Das Erfordernis der Verhältnismäßigkeit).
336 Berka, Grundrechte, Rn 265.
337 Adamovich/Funk/Holzinger, Staatsrecht 1, 1997, Rn 14.015.
338 Potacs, Auslegung im öffentlichen Recht, Wien 1994, S. S.220/221; zur Rechtsprechung des EuGH 210 ff; zur Rechtsprechung des VwGH S. 227 ff.

Schranke[339]. Er gilt auch als Schranke bei Grundrechten mit bloß formellem Gesetzesvorbehalt. „Die Schranken der Grundrechte müssen daher heute nicht mehr nur an Hand des formalen Prinzips der Gesetzmäßigkeit, sondern nach inhaltlichen Maßstäben beurteilt werden."[340] Es wird darauf hingewiesen, dass die Judikatur des VfGH zur Wesensgehaltssperre schrittweise durch das Verhältnismäßigkeitsprinzip ersetzt worden ist[341].

c) Das Prinzip der Verhältnismäßigkeit und Grundrechte ohne Gesetzesvorbehalt

Bei Grundrechten ohne Gesetzesvorbehalt sind intentionale Beschränkungen unzulässig. "Darüber hinaus gilt ein dem Verhältnismäßigkeitsgrundsatz ähnliches Gebot der Güterabwägung"[342]. Zu den vorbehaltlosen Grundrechten zeichnet Berka[343] unter Berücksichtigung der Rechtsprechung ein differenziertes Bild. Bei den immanenten Gewährleistungsschranken handelt es sich zum einen um begrifflich-immanente Schranken, mit denen der sachliche Gewährleistungsbereich umschrieben wird[344], des weiteren um verfassungsimmanente Gewährleis-

---

339 Berka verweist auf den „Durchbruch zu einer umfassenden Anerkennung des Verhältnismäßigkeitsprinzips als allgemein geltender grundrechtlicher Schranken-Schranke", wonach auch bei einem unter formellen Gesetzesvorbehalt stehenden Grundrecht des StGG (Erwerbsfreiheit) eine Prüfung nach den Kriterien der Verhältnismäßigkeit iSd materiellen Gesetzesvorbehalte bei Grundrechten der EMRK vorgenommen wurde" (Grundrechte, Rn 263 unter Bezugnahme auf eine Entscheidung des VfGH aus dem Jahr 1984 (VfSlg 10.179/1984 - Schrottlenkung I), mwN zur Literatur der Judikaturlinie, Rn 264, Fn 15); vgl auch Öhlinger, Verfassungsrecht, Rn 715.
340 Berka, Grundrechte, Rn 264.
341 Berka, ZÖR 54,1999, Konkretisierung und Schranken der Grundrechte, S.31 ff (44); Berka hält fest, dass Eingriffe in ein unter Gesetzesvorbehalt gewährleistetes Freiheitsrecht nur dann verfassungsgemäß sind, wenn sie gesetzlich vorgesehen sind, sie nicht gegen ein absolutes Eingriffsverbot verstoßen, sie im öffentlichen Interesse liegen und der Eingriff in das Grundrecht zur Erreichung des öffentlichen Interesses geeignet und erforderlich und im Lichte der Wertmaßstäbe einer demokratischen Gesellschaft darüber hinaus auch angemessen ist. (aaO, S. 46); dazu auch Walter/Mayer,Bundesverfassungsrecht, Rn 1336; zum Prüfungsmaßstab Öhlinger, Verfassungsrecht, Rn 716; Berka, Grundrechte, Rn 267.
342 Öhlinger, Verfassungsrecht, Rn 722.
343 Berka, Grundrechte, Rn 287 ff.
344 Berka, Grundrechte, Rn 291; vgl hierzu auch die Rechtsprechung des VfGH zu Art. 3 EMRK, hierzu nachfolgend unter Zweiter Teil II 3 d aa.

tungsschranken, insbesondere entgegenstehende Grundrechte anderer[345] wie auch die allgemeinen Gesetze (sachlich-immanente Schranken)[346].

Der Grundsatz der Verhältnismäßigkeit ist jedenfalls nicht als Schranke der ausdrücklich vorbehaltlosen Grundrechte geeignet. Berka[347] bemerkt in diesem Zusammenhang: "Werden die vorbehaltlosen Grundrechte einer Güterabwägung zugeführt, verflüchtigt sich der eingriffsfeste Kernbereich dieser Grundrechte".

Die Frage nach den immanenten Grundrechtsschranken ist somit auch eine Frage nach dem unantastbaren Kern eines Grundrechts. Die Entscheidung des Verfassungsgesetzgebers, dass bestimmte Freiheitsrechte keinem Schrankenvorbehalt unterliegen, kann nicht dazu führen, dass die Freiheiten unbeschränkt ausgeübt werden können, weil die in einem unauflöslichen Widerspruch zur Gewährung von Grundrechten anderer stehen würde und mit der Friedens- und Ordnungsfunktion des Staates nicht vereinbar wäre. Vorbehaltlos heißt nicht schrankenlos[348]. Auf der anderen Seite kann nicht übergangen werden, dass sich die vorbehaltlosen Grundrechte historisch, grammatikalisch und auch teleologisch von Grundrechten mit Schrankenvorbehalt abheben. Deshalb besteht die teleologische Vorgabe, den jeweiligen eingriffsfesten Kern sorgfältig zu bestimmen und nicht mit relativierenden Überlegungen, wie sie dem Grundsatz der Verhältnismäßigkeit immanent sind, zu überfrachten.

d) Menschenwürde und Verhältnismäßigkeitsprinzip

Das Prinzip der Menschenwürde unterscheidet sich von dem Prinzip der Verhältnismäßigkeit nicht nur von seiner Ableitung, sondern insbesondere von der jeweiligen eigenständigen Funktion in der modernen europäischen Verfassungsordnung, sowohl in Deutschland, in der Schweiz[349], in der Europäischen Uni-

---

345 Berka, Grundrechte, Rn 292; Berka weist in diesem Zusammenhang auf VfGH VfSlg 13.635/1993 hin, wonach der Staat zum Schutz der menschlichen Würde der Forschung am Menschen deutliche Grenzen setzen darf.
346 Hierzu Berka, Grundrechte, 293 ff auch zur Abgrenzung zwischen den allgemeinen Gesetzen und den nicht-allgemeinen Gesetzen.
347 Berka, Das allgemeine Gesetz als Schranke der grundrechtlichen Freiheit,in: Staat-Verfassung-Verwaltung, FS Koja 1998, S. 221 ff (238); Berka weist darauf hin, dass die vorbehaltlosen Grundrechte der Wissenschaftsfreiheit und Kunstfreiheit verfassungsimmanenten Schranken unterliegen, und zwar anderen verfassungsrechtlichen Normen und entgegenstehenden Grundrechten anderer. Vgl auch Berka, Konkretisierung und Schranken der Grundrechte, ZÖR 54, 1999, S.31 ff (37).
348 Vgl BVerfG v. 29. 6. 2000 zur Kunstfreiheit, NJW 2001, S. 598 ff (598).
349 Vgl Art. 7 nBV; hierzu Müller, Grundrechte, S. 1 ff.

on[350] wie auch nach meiner Auffassung in Österreich. In Deutschland und in der Schweiz ist das Prinzip der Menschenwürde und auch die Wesensgehaltsgarantie der Grundrechte verfassungsrechtlich positiviert[351], der Grundsatz der Verhältnismäßigkeit wird insbesondere als Ausprägung und Bestandteil des Rechtsstaatsprinzips verstanden[352]. Das BVerfG leitet den Grundsatz der Verhältnismäßigkeit aus dem Rechtsstaatsprinzip und auch aus den Freiheitsrechten ab[353]. Durch die sogenannte neue Formel des BVerfG zum Gleichheitssatz erfährt der Grundsatz der Verhältnismäßigkeit eine nochmalige Aufwertung und zwingt nun dazu, die Verhältnismäßigkeit einer Ungleichbehandlung insbesondere von Per-

---

350 Nach der Rechtsprechung des EuGH ist das Verhältnismäßigkeitsprinzip ein allgemeiner Rechtsgrundsatz des Gemeinschaftsrechts mit „ Überverfassungsrang". Sommermann, in: v. Mangoldt/Klein/Starck (Hrsg), Bonner Grundgesetz, Band 2, Art. 20 Abs. 3, Rn 301 m.w.N., spricht von der Entwicklung des Verhältnismäßigkeitsprinzips zu „einem regulativen Leitprinzip des Grundrechtsschutzes,, in Europa. Der EGMR entfalte dabei im wesentlichen dieses Prinzip anhand der in den Schrankenvorbehalten der Art. 8 bis 11 EMRK gebrauchten Formel „ notwendig in einer demokratischen Gesellschaft", während der EuGH dieses Prinzip als einen allgemeinen Rechtsgrundsatz der Mitgliedstaaten der Europäischen Gemeinschaft qualifiziert. Siehe dazu auch Potacs, Auslegung im öffentlichen Recht, S. 211 ff; vgl auch Schilling, Allgemeine Rechtsgrundsätze des EG-Rechts, EuGRZ 2ooo, S. 3 ff (23 ff); hierzu auch Baumgartner, EU-Mitgliedschaft und Grundrechtsschutz, 1997, S. 178 ff.
351 Art. 1 Abs. 1, Art. 19 Abs. 2 GG; Art 7, Art. 36 Abs. 4 (Unantastbarkeit des Kerngehalts von Grundrechten) nBV.
352 Das Verhältnismäßigkeitsprinzip wird durch das BVerfG (BVerfGE 90, 145 (172/173-Cannabis) wie folgt beschrieben: "Nach diesem Grundsatz muß ein grundrechtseinschränkendes Gesetz geeignet und erforderlich sein, um den erstrebten Zweck zu erreichen. Ein Gesetz ist geeignet, wenn mit seiner Hilfe der erstrebte Erfolg gefördert werden kann; es ist erforderlich, wenn der Gesetzgeber nicht ein anderes, gleich wirksames, aber das Grundrecht nicht oder weniger stark einschränkendes Mittel hätte wählen können.... Bei der Beurteilung der Eignung und Erforderlichkeit des gewählten Mittels zur Erreichung der erstrebten Ziele sowie bei der in diesem Zusammenhang vorzunehmenden Einschätzung und Prognose der dem Einzelnen oder der Allgemeinheit drohenden Gefahren steht dem Gesetzgeber ein Beurteilungsspielraum zu, welcher....nur in begrenztem Umfang überprüft werden kann. Ferner muß bei einer Gesamtabwägung zwischen der Schwere des Eingriffs und dem Gewicht sowie der Dringlichkeit der ihn rechtfertigenden Gründe die Grenze der Zumutbarkeit für die Adressaten des Verbots gewahrt sein...Die Maßnahme darf sie mithin nicht übermäßig belasten (Übermaßverbot oder Verhältnismäßigkeit im engeren Sinne, vgl...".
353 BVerfGE 90,145 (173).

sonen oder Personengruppen strenger zu prüfen und schränkt damit die Gestaltungsfreiheit des Gesetzgebers nicht unerheblich ein[354].

Aus den jeweiligen Definitionen des BVerfG wie auch des VfGH lässt sich erkennen, dass es sich bei der Anwendung des Grundsatzes der Verhältnismäßigkeit, insbesondere auf der Ebene der sogenannten Verhältnismäßigkeit im engeren Sinne, um Güterabwägungen handelt. Das Prinzip der Menschenwürde ist nach hiesiger Auffassung hingegen nicht abwägbar, nicht relativierbar, und dies nicht nur in Deutschland, wo es zum einen in Art. 1 GG den Grundrechten vorangestellt und explizit als unantastbar qualifiziert ist und damit zum anderen auch von Grundrechten ohne Gesetzesvorbehalt unterschieden wird. Auch für *Österreich* ist eine strikte dogmatische Trennung zwischen den Prinzipien der Verhältnismäßigkeit und der Menschenwürde notwendig und dogmatisch gut zu begründen.

In der Literatur in Österreich wird auf dem Boden der Rechtsprechung des VfGH freilich auch eine andere Sichtweise vertreten. Die Beachtung des Prinzips der Menschenwürde habe sich in der Rechtsprechung häufig im Grundsatz der Verhältnismäßigkeit aufgelöst[355]. Alexy[356] formuliert zunächst für Deutschland auf dem Boden seiner Grundrechtstheorie, dass der Prinzipiencharakter den Grundsatz der Verhältnismäßigkeit „impliziert", was bedeutet, dass „der Grundsatz der Verhältnismäßigkeit mit seinen drei Teilgrundsätzen der Geeignetheit, der Erforderlichkeit (Gebot des mildesten Mittels) und der Verhältnismäßigkeit im engeren Sinne (eigentliches Abwägungsgebot) aus dem Prinzipiencharakter logisch folgt, also aus ihm deduzierbar ist"[357]. Alexy begründet den Grundsatz der Verhältnismäßigkeit nicht aus dem Rechtsstaatsprinzip, sondern „aus den Grundrechtsnormen, soweit sie Prinzipiencharakter haben"[358]. Prinzipien werden dabei als Optimierungsgebote „relativ auf die rechtlichen und tatsächlichen Möglichkeiten"[359] verstanden. "Der Grundsatz der *Verhältnismäßigkeit im engeren Sinne*, also das Abwägungsgebot, folgt aus der Relativierung auf die *rechtlichen* Möglichkeiten"[360]. „Die Grundsätze der Erforderlichkeit und der Geeignetheit folgen demgegenüber aus dem Charakter der Prinzipien als Optimie-

---

354 U. a. BVerfGE 87,232 (247);92,26(52); Starck, Grundgesetz I, Art 3 Abs. 1 Rn 11; vgl auch Jarras, Folgerungen aus der neueren Rechtsprechung des BVerfG für die Prüfung von Verstößen gegen Art. 3 I GG, NJW 1997, S. 2545 ff (2549 mwN).
355 Kopetzki, Unterbringungsrecht, Bd 1,1995, S.404 m.w.N zur Rechtsprechung des VfGH, des EGMR und der KOM zu Art. 3 EMRK; so auch Mayer, Heinz, Bundes-Verfassungsrecht, Art. 3 EMRK I 2.
356 Alexy, Grundrechte, S. 100 ff.
357 Alexy, Grundrechte, S. 100.
358 Alexy, Grundrechte, S. 103.
359 Alexy, Grundrechte, S. 100.
360 Alexy, Grundrechte, S. 100.

rungsgebote relativ auf die *tatsächlichen* Möglichkeiten"[361]. Stelzer[362] leitet in Anlehnung an Alexy und Dworkin[363] aus dem Optimierungsgebot der Grundrechte die konkrete Ausgestaltung des Verhältnismäßigkeitsprinzips ab. Die Judikaturlinie des VfGH insbesondere zur Erwerbsfreiheit weise schon früh darauf hin, dass eine Beurteilung einer Wesensgehaltsverletzung einer Prüfung der Verhältnismäßigkeit entspreche[364]. Im Rahmen der Überprüfung der neueren Judikatur kommt Stelzer zu dem Ergebnis, dass Eingriffe in Grundrechte „im wesentlichen nur dann zulässig sind, wenn sie dem Gebot der Verhältnismäßigkeit folgen"[365].

Trotz beachtlicher anderweitiger Rechtsauffassungen sind die Prinzipien der Menschenwürde und der Verhältnismäßigkeit auch in Österreich strikt zu trennen. Dies ergibt sich - im Vorgriff auf die nachfolgende Erörterung - zum einen daraus, dass der Kern der Grundrechte mit dem Prinzip der Menschenwürde korrespondiert, die Menschenwürde die *inhaltliche* Kehrseite der von der österreichischen Verfassungsgerichtsrechtsprechung entwickelten Wesensgehaltssperre ist. Grundrechtskern und Verhältnismäßigkeitsprinzip lassen sich nicht inhaltsgleich zuordnen, ein Kerngehalt ist einer Güterabwägung nicht zugänglich. Auch Art 3 EMRK als positiv-rechtlicher Ansatz der Menschenwürde in Österreich ist vorbehaltlos und notstandsfest festgeschrieben. Eine Relativierung der Würdegarantie ist zwangsläufig dann gegeben, wenn die Verhältnismäßigkeit zum Kriterium der Menschenwürde geriete. Dies widerspräche der verfassungsrechtlichen Vorgabe des Art. 3 EMRK. Auch der Kern des Gleichheitssatzes, in dem das Prinzip der Menschenwürde ruht, wie nachfolgend erörtert wird, ist keiner Abwägung zugänglich. Die Menschenwürde ist also Maßstab der Verfassungsauslegung und nicht Gegenstand der Optimierung von Grundrechten.

---

361 Alexy, Grundrechte, S. 101.
362 Stelzer, Wesensgehaltsargument, S. 138 mwN; dazu auch Holoubek, Gewährleistungspflichten, S .134 ff; Stelzer beschreibt -vor dem Hintergrund der Rechtsprechung des VfGH zur Wesensgehaltssperre- zunächst einen inhaltlichen Ansatz mehrerer Autoren zum Wesen eines Grundrechts, wonach dieser auf den objektiven Gehalt, auf den Schutz der Institution oder des Instituts zu beziehen ist, S. 13, Fn 69.
363 Bürgerrechte ernstgenommen, 1984; vgl Berka, Grundrechte, Rn 136.
364 Stelzer, Wesensgehaltsargument, S. 14.
365 Stelzer, Wesensgehaltsargument, S. 286. Dabei betont Stelzer, dass es durchaus Kernbereiche bei den Freiheitsgewährleistungen gebe, die einer Abwägung nicht zugänglich seien, mithin die als Prinzipien zu begreifenden Freiheitsrechte als Regel wirken. Bei den materiellen Eingriffsschranken der EMRK wirke dies über die Schranke „ in einer demokratischen Gesellschaft notwendig". Die Rechtsprechung des VfGH biete hierzu bei den vorbehaltlosen Grundrechten Anhaltspunkte über den Begriff des „intentionalen" Eingriffs.

Die Menschenwürde ist zum anderen unantastbar[366]. Dieses Unantastbarkeitserfordernis widerspricht einer relativierenden Dimension, wie es jeder Verhältnismäßigkeitsprüfung im engeren Sinne und damit einer Güterabwägung immanent ist. Diese Auffassung wird durch den österreichischen Verfassungsgesetzgeber bestärkt, der zwischen den Prinzipien der Menschenwürde und der Verhältnismäßigkeit begrifflich unterscheidet, und zwar in der Bundesverfassungsbestimmung des Art. 1 Abs. 3 und 4 PersFrG[367]. Auch der VfGH bezeichnet die Menschenwürde als einen allgemeinen Wertungsgrundsatz und damit als einen eigenständigen Grundsatz. Ein Bezug der Menschenwürde zum Prinzip der Verhältnismäßigkeit oder gar eine inhaltliche Gleichstellung lässt sich aus dem Inhalt der hier bereits besprochenen Entscheidung zur Menschenwürde nicht herstellen[368]. Eine jüngste Rechtsprechung des OGH zum Tatbestand des § 201 StGB erscheint mir in diesem Zusammenhang beachtlich, weil der Menschenwürde ausdrücklich eine absolute Geltung zugesprochen wird: „Der Tatbestand des § 2o1 StGB pönalisiert den im gewaltsam erzwungenen Verzicht auf die sexuelle Selbstbestimmung gelegenen Angriff auf die Menschenwürde einer Person ... Da die Menschenwürde als letztlich hier geschütztes Rechtsgut ein absoluter, somit jeder Person wesensimmanenter Wert ist, der sich jedweder Abstufung von vornherein entzieht, geht der von der Beschwerde unter Hinweis auf eine frühere Prostitutionsausübung der hier betroffenen Frau geforderte opferbezogene Maßstab bei Bewertung einer Tathandlung als besonders erniedrigend (Z 10) fehl."[369]

Die Prüfung der Verhältnismäßigkeit ist freilich der Prüfung der Menschenwürde in vielen Fällen vorzuschalten, damit trägt man auch den in „einer antinomischen Rechtsordnung unausweichlichen Abwägungs - und Wertungsprozessen"[370] Rechnung und verhindert „eine Überfrachtung der Menschenwürde mit Zweckmäßigkeitsüberlegungen"[371].

---

366 Dies wird unten, Sechster Teil I 2 (Absolutheit der Menschenwürde) eingehend begründet.
367 Dazu unter Zweiter Teil III.
368 VfGH v. 10.12.1993, VfSlg 13.635/1993 S.635, siehe unten, Zweiter Teil I 2 a.
369 OGH 12 Os 72/00 v. 03. 08. 2000.
370 Geddert-Steinacher, Menschenwürde, S. 59.
371 Geddert-Steinacher, Menschenwürde, S. 59.

II) Geschriebene Verfassungsbestimmungen und implizite Gewährleistung der Menschenwürde

Nach der Präsentation der ungeschriebenen Verfassungsprinzipien soll nun in einem weiteren Schritt die normative Grundlage des Prinzips der Menschenwürde dargelegt werden. Zunächst wird begründet, dass sich der Gehalt der Menschenwürde im Kern der jeweiligen Freiheitsgrundrechte widerspiegelt. Es wird sodann erörtert, dass die durch den VfGH entwickelte Wesensgehaltssperre nach hiesiger Auffassung inhaltlich der Menschenwürde zuzuordnen ist. In einem weiteren Schritt wird Art. 3 EMRK auf dem Boden der Rechtsprechung und Literatur als wesentlicher Eckpfeiler des Prinzips der Menschenwürde in Österreich beschrieben. Als weitere normative Grundlagen der Menschenwürde werden sodann der Kern des Gleichheitssatzes und das Demokratieprinzip in Österreich benannt und vor dem Hintergrund aktueller Rechtsprechung und Lehre analysiert. Zuletzt wird in diesem Kapitel Art. 1 Abs. 4 PersFrG als ausdrückliche verfassungsrechtliche Bestimmung der Menschenwürde vorgestellt und hinterfragt.

1) Die Menschenwürde als Kern von Freiheitsgrundrechten

Die Verfassung ist die normative Grundordnung des Gemeinwesens. Im modernen Verfassungsstaat nehmen die Freiheitsrechte eine entscheidende Rolle ein, ist der Staat um der Bürger willen da und nicht umgekehrt[372]. Die verfassungsmäßige Verankerung von Freiheitsrechten trifft ebenso wie das Prinzip der Achtung der Menschenwürde grundlegende Aussagen über das Verhältnis der Menschen zu ihrem Staat. Der VfGH stellt fest: „Der österreichischen Grundrechtsordnung liegt ein individualistisches Konzept zugrunde."[373] Von der historischen Entwicklung stellen sich dabei die Freiheitsgrundrechte zunächst als Abwehrrechte gegen eine staatliche Machtentfaltung dar[374].

---

372 vgl auch Stern, Staatsrecht, III/1, § 58 II 1c ß (S. 17). So der Herrenchiemseer Konvent zur Erarbeitung eines Grundgesetzes für die Bundesrepublik Deutschland nach dem 2. Weltkrieg. Art. 1 Abs. 1: „Der Staat ist um des Menschen willen da, nicht der Mensch um des Staates willen". vgl auch Berka, Grundrechte, Rn 379. Nach der Rechtsprechung des deutschen BVerfG sind Grundrechte in erster Linie dazu bestimmt, die Freiheitssphäre des einzelnen vor Eingriffen der öffentlichen Gewalt zu sichern.
373 VfSlg 15.373.
374 Vgl Berka, Grundrechte, Rn. 87.

In den Freiheitsgrundrechten und auch im Gleichheitssatz[375] ist ein Kerngehalt mit inhaltlicher und dogmatischer Eigenständigkeit verankert. Im Folgenden wird das dogmatische Bedürfnis einer solchen Sichtweise beschrieben und erläutert, dass dieses Ergebnis sowohl von einem Teil der Rechtslehre wie auch von einschlägiger Rechtsprechung getragen wird. Auch in der neuen schweizerischen Bundesverfassung von 1999 ist in Art. 36 Abs. 4 explizit festgehalten: „Der Kerngehalt der Grundrechte ist unantastbar"[376].

a) Dogmatische Notwendigkeit einer Kernbereichsbestimmung

(1) Die dogmatische Notwendigkeit einer Bestimmung des Kernbereichs von Grundrechten ergibt sich zum einen aus Art. *44 Abs. 3 B-VG*, wonach der Umfang der Dispositionsbefugnis des einfachen Verfassungsgesetzgebers abzuklären ist[377]. Von tragender und übergreifender Bedeutung hierzu ist meines Erachtens die Rechtsprechung des VfGH zum Gleichheitssatz[378], wonach dieses Grundrecht über einen der verfassungsrechtlichen Grundordnung angehörenden Kern verfügt. Ordnet man die Grundrechtsordnung als Bestandteil des rechtsstaatlichen Bauprinzips des Art. 44 Abs. 3 B-VG ein, so stellt sich zwangsläufig die Frage, ob und in welchem Ausmaß ein einzelner Grundrechtseingriff der Disposition des einfachen Verfassungsgesetzgebers und damit auch des einfachen Gesetzgebers entzogen ist. Berka[379] bezieht Position: „Anzunehmen ist, dass jedes Grundrecht einen auch dem Verfassungsgesetzgeber unzugänglichen 'Wesenskern' enthält, den man aus seinem Menschenwürdegehalt ableiten kann. Denn es ist nicht anzunehmen, dass der zentrale inhaltliche Bezugspunkt aller Grundrechte, der Schutz der menschlichen Würde, in einem Rechtsstaat beseitigt werden dürfte, ohne dass dieses Prinzip selbst aufgehoben wird. Dann wäre jedenfalls die gänzliche Aufhebung eines Grundrechts ebenso eine Gesamtänderung wie die schwer wiegende, Menschenwürdekern betreffende Durchbrechung eines einzelnen Grundrechts, auch wenn dies nur für einen einzigen Anwendungsfall erfolgen sollte." Dieser Aussage ist zuzustimmen.

---

375 Für den Gleichheitssatz siehe VfGH 15.373/1998, dazu unter Zweiter Teil II 3.
376 Müller, Grundrechte, S. 1 formuliert unter Bezugnahme auf die Botschaft des Bundesrates zum VE 96, BBl 1997 I 140: „Im Schutz der Menschenwürde erkennt man einen Kern der anderen Grundrechte und eine Richtschnur für deren Auslegung."
377 Als qualifizierter Verfassungsgesetzgeber wird das Volk verstanden. Für Deutschland vgl die Vorschrift des Art. 79 Abs. 3 GG, dazu nachfolgend.
378 VfSlg 15.374/1998. Siehe dazu unten, Zweiter Teil II 3. Die dortige Feststellung ist zwar als obiter dictum getroffen, dennoch wird sie für die zukünftige Rechtsentwicklung Bedeutung entfalten, weil sonst kein tragender Anlass bestand, so eine gewichtige Aussage zu formulieren.
379 Berka, Grundrechte, Rn 79.

Interessant erscheint in diesem Zusammenhang der Blick nach Deutschland. Die dortige Diskussion um den Kern der Grundrechte findet ihren Standort insbesondere in der inhaltlichen Bestimmung der sogenannten Ewigkeitsgarantie des Art. 79 Abs. 3 GG, wonach Art. 1 GG *und* Art. 20 GG (und nicht Art. 1 *bis Art. 20*) durch den Verfassungsgesetzgeber für unantastbar erklärt werden, mithin die einzelnen Grundrechte von dieser Unabänderlichkeit ausgenommen sind[380]. Die Grundrechte werden als „partiell verselbständigte Ausschnitte aus der Menschenwürde" bezeichnet[381]. Diese Auffassung wird auf das verfassungsspezifisches Argument des Art. 79 Abs. 3 GG gestützt, wonach ein Grundbestand an Menschenrechten im Sinne des Art 1 Abs. 2 GG gegen eine Verfassungsrevision geschützt ist. Schon deshalb müsste der konkrete Gehalt der Menschenwürde der einzelnen Grundrechte ermittelt werden, um die Grenzen ihrer normativen Einschränkung festzustellen[382]. So ergibt sich auch für Stern, dass „für eine Streichung praktisch kein Grundrecht des individuellen klassischen Grundrechtskatalogs in Frage kommt", weil sie in „ihrem Kerngehalt Ausprägungen der Menschenwürde"[383] sind. Diese Auffassung entspricht der Rechtsprechung des BVerfG und wird aktuell bestätigt: „Art. 79 III GG entzieht die in Art. 1 I und 20 GG niedergelegten Grundsätze jeglicher Änderung. Das Grundgesetz erklärt damit neben dem in Art. 1 I GG verankerten Grundsatz der Menschenwürde und den von ihm umfassten Kerngehalt der nachfolgenden Grundrechte ... für unantastbar".[384]

---

380 Art: 79 Abs. 3 GG: „Eine Änderung dieses Grundgesetzes, durch welche die Gliederung des Bundes in Länder, die grundsätzliche Mitwirkung der Länder bei der Gesetzgebung oder die in den Artikeln 1 und 20 niedergelegten Grundsätze berührt werden, ist unzulässig."; hierzu Stern, Staatsrecht, Band III/2, § 89-Der Schutz der Grundrechtsnormen gegen Änderungen.
381 Benda, Die Menschenwürde, in: Handbuch des Verfassungsrechts, S. 107 ff (111 - unter Verweis auf Kübler, Über Wesen und Begriff der Grundrechte, Diss. Tübingen 1965, S. 151); Benda weiter: „Freilich verdanken die Grundrechte ihre Entstehung unterschiedlichen politischen und sozialen Ideen, und sie stellen jeweils eine Antwort auf die besonderen Herausforderungen unserer Zeit dar. Aber bei aller Wandelbarkeit des Begriffs der Gerechtigkeit hat diese noch einen überzeitlichen materialen Gehalt, der am ehesten mit der Würde des Menschen umschrieben werden kann." (aaO, S. 111).
382 Benda, aaO, siehe oben, S. 112.
383 Stern, Staatsrecht, Band III/1, § 89 VI 4, S. 1132; Stern verweist zunächst auf Dürig, der bereits mit dem Wesensgehalt den Menschenwürdegehalt und damit die Unzulässigkeit der Abänderbarkeit verknüpft (aaO, 89 VI 4, S. 1128). Vgl auch BVerfGE 84, 90 (121), wonach die Grundrechte einer Einschränkung nicht zugänglich sind, „als sie zur Aufrechterhaltung einer dem Art. 1 Abs. 1 und 2 GG entsprechenden Ordnung unverzichtbar sind".).
384 BVerfG v. 19. 12. 2000, NJW 2001, S. 429 (431/432).

(2) Ein weiterer Grund für die dogmatische Notwendigkeit einer Kernbereichsbestimmung ist der meiner Ansicht nach in der Menschenwürde implizit verankerte *Absolutheitsanspruch*[385]. Das Kernprinzip der Würde eines Grund-

---

[385] Zur Begründung der Absolutheit der Menschenwürde auch für Österreich siehe oben, Sechster Teil I 2; Gerade mit dem Argument, den Absolutheitsanspruch der Menschenwürde zu retten und Grundrechtskollisionen zu verhindern, die das Prinzip der Menschenwürde relativieren, wendet sich Enders (Die Menschenwürde in der Verfassungsordnung, 1997; vgl auch Brugger, Besprechung, AÖR Band 124 (1999), S. 130). Enders folgert aber, dass in Deutschland das Prinzip der Menschenwürde objektiv-rechtlich gewährleistet ist. Er betont für Deutschland, dass auf der Ebene unter der Verfassungsänderung, als Schutz des Kerns der Grundrechte, bereits die jeweilige Grundrechtsgewährleistung in Verbindung mit der objektiv-rechtlichen Bestimmung des Art. 19 Abs. 2 GG normativ erfaßt sei. Ähnliches kann für Österreich aus der vom VfGH entwickelten Schranken-Schranke der Wesensgehaltssperre formuliert werden. Der eigentliche mögliche Bereich normativer Selbständigkeit sei die Bestimmung des Art. 79 Abs. 3 GG, der die Menschenwürde und nicht die Grundrechte umfaßt (aaO, S. 115). Der Menschenwürde bleibt „als sachlich *eigenständiger* Regelungsbereich nur die Abwehr besonders schwerer Eingriffe von ansonsten bereits durch spezielle Grundrechte geschützten Bereichen" (aaO, S. 114 mwN Fn 80). Enders vertritt die Auffassung, dass „die Eigenständigkeit der Menschenwürde, die ihr für den Fall der Verfassungsänderung zukommt, sich darum nicht in Kategorien des subjektiven (Abwehr-)Rechts erfassen (läßt)" (aaO, S. 117). Er argumentiert: „Im Ergebnis ist aller Schutz, der durch ein subjektives Recht 'Menschenwürde' gewährt werden könnte, was seinen Gegenstandsbereich betrifft, bereits durch spezielle Grundrechtsbestimmungen gewährleistet. Die Menschenwürde weist insoweit sachlich keinen eigenständigen Schutzbereich auf und kann in der Folge auch kein subjektives Recht statuieren. Ihr verbleibt demgegenüber als Norm lediglich dort eine qualitativ eigenständige Bedeutung, wo die Funktion der Grundrechte durch die Verfassung objektiv-rechtlich begrenzt wird. Der Absolutheit des Begriffs der Menschenwürde und der Unbestimmtheit ihres Schutzbereichs entspricht es demnach, wenn sich positivrechtlich aus Art. 1 Abs. 1 GG kein eigenständiges subjektives Recht ergibt, dieser vielmehr nur in einer objektiv-rechtlichen und auf alle Grundrechte bezogenen Funktion zum Tragen kommt. Dies hat seinen guten Grund: Ist einerseits der Schutzbereich der Menschenwürde unbestimmt und geradezu *sachlich unbegrenzt*, und lassen sich andererseits aufgrund der (notwendigen) Identität von Schutzbereich und Schranken auch *keine äußeren Abwägungskriterien* angeben (da selbst die Begrenzung der Wirkung eines absoluten Rechts doch noch aus dem absoluten Recht begründet werden müßte), so käme es im Kollisionsfall zu einem nicht mehr vermittelbaren Gegeneinander absoluter subjektiver Rechte. Eben aufgrund der Unbestimmtheit des Schutzbereichs wäre dieser Kollisionsfall nie mit Sicherheit auszuschließen." (aaO, S. 117/118). Enders Argumente sind nicht von der Hand zu weisen. Dennoch meine ich, dass diese nicht dazu zwingen, die „Kernbereichsthese" von der Menschenwürde aufzugeben. Zum einen wird hier vertreten, dass die Menschenwürde inhaltlich auch die Wesensgehaltsgarantie konkretisiert. Etwas Unantastbares für den einfachen Gesetzgeber muß etwas Absolutes beinhalten. Zum anderen verlangt die Fundamentalität der Men-

rechts darf wegen der absoluten Stellung der Menschenwürde nicht eingeschränkt und nicht gegen andere Rechtsgüter abgewogen werden[386]. Nur sofern dieses Kernprinzip nicht greift, so Starck für Deutschland, kommen Einschränkungen des Persönlichkeitsschutzes im Rahmen des Art. 2 Abs. 1 GG und Güterabwägungen in Betracht. Der Anspruch einer absoluten Geltung der Menschenwürde erfordert demgemäß eine Abgrenzung von Kernbereich und weiter gefasstem Schutzbereich der Grundrechte; in letzterem Bereich ist eine Abwägung mit anderen Rechtsgütern möglich, das Prinzip der Verhältnismäßigkeit findet somit einen breiten Anwendungsbereich.

Diese Einschätzung entspricht der ständigen Judikatur des BVerfG in Deutschland. Der Kern der Persönlichkeit wird durch die unantastbare Würde des Menschen absolut geschützt, das in Art. 2 Abs. 1 in Verbindung mit Art. 1 Abs. 1 GG gewährleistete allgemeine Persönlichkeitsrecht kann hingegen im überwiegenden Allgemeininteresse eingeschränkt werden[387].

Die Frage der Absolutheit der Menschenwürde wird nachfolgend eingehend auch für Österreich diskutiert und bekräftigt[388]. Deshalb soll es zunächst mit dieser Feststellung sein Bewenden haben.

b) Rechtslehre

In der Rechtslehre in Österreich wird zunehmend Grundrechten ein unantastbarer Menschenwürdegehalt zugeordnet. Berka[389] geht, wie oben bereits dogmatisch konsequent zu Art. 44 Abs. 3 B-VG dargelegt, davon aus, dass alle Grundrechte Teilinhalte der Menschenwürde gewährleisten, jedes Grundrecht einen unverfügbaren Wesensgehalt enthält und dieser Wesensgehalt unverletzlich ist. Nach Ho-

---

schenwürde nach Subjektivität. Hinzu kommt, dass die Menschenwürde begrifflich die Einzigartigkeit und Einmaligkeit des Menschen schützt, somit die subjektivrechtliche Dimension der Menschenwürde implizit ist. Auch ist in der Menschenwürde selbst nach hiesiger Auffassung eine verfahrensrechtliche Absicherung angelegt, weil der Schutz der Menschenwürde nicht von einem möglicherweise relativen Verfahrenschutz abhängig sein kann.

386 Starck, Grundgesetz I, Art 2 Abs. 1, Rn 54. Auch bei Art. 2 Abs .2 GG gilt Art. 1 GG, sofern der Würdeschutz betroffen ist (Starck, Grundgesetz I, Art. 2 Abs. 2, Rn 231). Auch der Kern der Meinungsfreiheit, Art. 5 GG, wird durch die Garantie der Menschenwürde geschützt (Starck, Grundgesetz I, Art. 5 Abs. 1,2, Rn 257). Das Verhältnis der Würdenorm des Grundgesetzes zu anderen Grundrechten ist nicht unter Konkurrenzgesichtspunkten erklärbar, Geddert-Steinacher, Menschenwürde, S.166. Das Verhältnis ist sui generis (aaO, S. 166).
387 BVerfGE 80, 367 (373/374); BVerfG 2 BvR 1741/99, 2 BvR 276/00 und 2 BvR 2061/00 v. 14. 12. 2000, EuGRZ 2001, S. 70 ff (73).
388 Siehe unten, Sechster Teil I 2.
389 Berka, Grundrechte, Rn 378.

loubek[390] liegt dem StGG 1867 wie auch der EMRK „der Gedanke der Unantastbarkeit der Würde des Menschen insgesamt zugrunde", die Bedeutung der Einzelgrundrechte „erschließt sich daher auch nur unter Beachtung dieser grundlegenden Teleologie". Holoubek untermauert diese Auffassung mit der Rechtsprechung des VfGH zu Art. 3 EMRK und der Rechtsprechung des EGMR, der im Fall Tyrer[391] den fundamentalen Charakter des Art. 3 EMRK betont. Adamovich[392] formuliert: „So sehr sich auch das Grundgesetz und das österreichische Bundesverfassungsrecht vom Stil her unterscheiden; daß die Menschenwürde da wie dort prägender Gedanke aller Grundrechte ist, wird man kaum bezweifeln dürfen". Schambeck[393] betont, dass die Grundrechte „ihre geistige Wurzel ... in der Idee der Würde des Menschen (haben), welche das abendländische Rechtsdenken von Anbeginn an geprägt hat". „Die Grundrechte der Einzelperson sind positivrechtlicher Ausdruck der Freiheit und Würde des Menschen"[394]. Die Menschenwürde sei in Österreich wie in der Schweiz[395] oder in Belgien nicht explizit positivrechtlich verankert, werde aber „stillschweigend vorausgesetzt und in ihrem Gehalt durch verschiedene Grundrechte geschützt" (insbesondere dem Recht auf Leben und Freiheit sowie Art. 3 und 8 EMRK)[396].

c) Rechtsprechung

Der VfGH weist dem Gleichheitssatz einen unantastbaren Kern zu[397]. Der Gleichheitssatz ist zwar formell kein Freiheitsrecht. Aber er garantiert inhaltlich eine Freiheit insbesondere vor willkürlicher Behandlung durch den Staat. Im übrigen muss der Gedanke des VfGH übergreifend gelten, da es dogmatisch keinen Grund gibt, dem Gleichheitsgrundrecht und nicht den Freiheitsgrundrechten einen Kern zuzusprechen. Der VfGH formuliert dabei: „Wenngleich auch dem Verfassungsgesetzgeber im Sinn des Art. 44 Abs. 1 B-VG der Gleichheitssatz nicht zur beliebigen Disposition steht, weil er als ein wesentlicher Bestandteil der Grundrechtsordnung und des demokratischen Baugesetzes einen nicht ohne Volksabstimmung nach Art. 44 Abs. 3 B-VG abänderbaren festen Kern hat,

---

390 Holoubek, JÖR 1995, NF, Band 43, S. 573 ff (586).
391 EuGRZ 1979, 164 ff.
392 Adamovich, Grundrechte heute, in:Machacek/Pahr/Stadler I, 1991, S. 7 ff (19).
393 Schambeck, Grundrechte in westeuropäischen Verfassungen, ÖJZ 1992, S. 634 ff (634).
394 Schambeck, aaO, siehe oben, S. 638.
395 Siehe nunmehr aber Art. 7 nBV.
396 Schambeck, aaO, siehe oben, S. 638, auch Fn. 42.
397 VfGH v. 12.10. 1998, VfSlg 15373, S. 724. Diese Entscheidung wird im Zusammenhang mit der Thematik Menschenwürde und Gleichheitssatz eingehender besprochen, siehe unter Zweiter Teil II 3.

bleibt nämlich doch ein gewisser Spielraum zu seiner (verfassungsgesetzlichen) Konkretisierung oder -wie hier- zu einer punktuellen Durchbrechung in besonderen Sachlagen." Oberndorfer weist darauf hin, dass diese „vom VfGH bisher nur obiter dictum aufgestellte These" bereits von mehreren namhaften Autoren in Österreich vertreten worden ist[398].

Eine Entscheidung des OGH vom 3. 8. 2000 zu § 201 StGB qualifiziert die Menschenwürde ausdrücklich als absoluten Wert[399], „der sich jedweder Abstufung von vornherein entzieht". Der OGH hält seit langem in ständiger Rechtsprechung zu § 16 ABGB fest: „In seinem Kernbereich schützt § 16 ABGB die Menschenwürde ... ".[400] Der OGH weist somit auch einer zivilrechtlichen Norm einen Kern zu, wenngleich die Trennung zwischen Kern- und Schutzbereich eher dem öffentlichen Recht und hierbei insbesondere dem Verfassungsrecht zugeordnet sein dürfte[401]. In einer Entscheidung vom 23. 2. 1999[402] befasst sich der OGH mit dem Kern der menschlichen Ehre im Zusammenhang mit der Vorschrift des Art. 1330 ABGB und kommt zu dem Ergebnis, dass die Menschenwürde den Kern der menschlichen Ehre darstelle und nur diese Kernverletzung der Ehre der Kunstfreiheit, also einen verfassungsmäßig gewährleisteten Recht, Grenzen setze. Der VfGH formulierte bereits in einem Erkenntnis vom 22. 11. 1985[403] zur Leibesvisitation einer Frau unter weitgehender Entkleidung in Gegenwart mehrerer Mithäftlinge: "Dadurch wurde sie nämlich als (von Rechts wegen) ihrer Freiheit Beraubte in der Tat in derart unzumutbarer Weise bloßgestellt, gedemütigt und in ihrer Ehre getroffen, dass bereits von einer „erniedrigenden", die Menschenwürde verletzenden Behandlung iS des Art. 3 MRK gesprochen werden muß"[404].

---

398 Oberndorfer, in Korinek/Holoubek (Hrsg), Österreichisches Bundesverfassungsrecht, Textsammlung und Kommentar, 2000, Art. 1 Rn 27 mwN (so von Ermacora, Antoniolli, Winkler und Thienel).
399 OGH 12 Os 72/00 v. 03. 08. 2000.
400 SZ 63/32; u.a. 1 Ob 341/99z v. 25.05.2000; 4 Ob 64/00 v. 14.03.2000; 7 Ob 150/97 v. 23.07.1997.
401 Vgl hierzu auch die Rechtsprechung des VfGH zu den civil rights in Art. 6 EMRK, dazu Berka, Grundrechte, Rn 803 ff.
402 4 Ob 37/99s.
403 VfGH B 889/84, VfSlg 10663.
404 Nach Berka bleibt offen, ob in Art. 3 EMRK ein Anspruch auf Achtung der Ehre angelegt ist. Berka geht davon aus, daß zumindest der Menschenwürdekern des Ehranspruchs in Art. 3 EMRK verankert ist.(Berka, aaO, Rn 389). Auch für die deutsche Rechtslage formuliert Starck unter Bezugnahme auf die einschlägige Rechtsprechung, dass auch hier der strafrechtlich und zivilrechtliche Ehrenschutz nur in seinem Kern einen Würdeschutz darstelle. Nicht jede Kundgabe von Mißachtung verletze bereits die Menschenwürde. Dasselbe gelte auch für Verletzungen des Persönlichkeitsrechts wie z.B. Verwendung von Photos, Tonbändern oder persönlicher Aufzeichnungen. Das einfache Recht gewähre höheren Schutz, als es aus

Der EGMR betont in einer Entscheidung vom 22. 11. 1995[405], dass das Prinzip der Achtung der Menschenwürde Wesenskern der EMRK ist (... with the fundamental objectives of the Convention, the very essence of which is respect for human dignity and human freedom."). Insofern bestätigt der EGMR die These, dass in vielen Grundrechten, insbesondere den Freiheitsgrundrechten, die Menschenwürde als Kernbereich angelegt und herauszuschälen ist.

Die *inhaltliche* Frage, wann der Kern eines Grundrechts verletzt ist, wird in der Rechtsprechung nicht näher erarbeitet. Die Inhaltsbestimmung der Menschenwürde ist nachfolgend wesentlicher Bestandteil dieser Ausarbeitung[406]. Eines ist jedoch vorab festzuhalten: Es gibt weder in Österreich noch in Deutschland und auch nicht in der Schweiz[407] eine mehrheitlich gebilligte positive Definition der Menschenwürde. Demgemäß gibt es auch keine tragende, vom Einzelfall und Einzelgrundrecht gelöste positive Inhaltsbestimmung des Kerns von Freiheitsgrundrechten[408] und des Gleichheitssatzes.

d) Wesensgehalt und Menschenwürde

In Österreich entwickelte der VfGH die Wesensgehaltssperre als unantastbare Schranke der Grundrechte für den einfachen Gesetzgebers[409]. Wesen und Kern eines Grundrechts weisen bereits begrifflich in eine gleiche Richtung. Eine begriffliche Verknüpfung mit dem Prinzip der Menschenwürde unterblieb bislang. Die Rechtsprechung des VfGH soll nachfolgend diskutiert werden. Der Wesensgehalt könnte dabei mit dem Prinzip der Verhältnismäßigkeit umschrieben, ferner

---

einer verfassungsrechtlichen Menschenwürdegarantie abzuleiten wäre. Allerdings, so zumindest in Deutschland, ist der durch Art. 1 Abs. 1 GG geschützte Kern der menschlichen Ehre absolut und güterabwägungsfeindlich (Starck, in: Grundgesetz I, Art. 1 Abs. 1, Rn. 92). Zum Schutz der Ehre durch das Prinzip der Menschenwürde vgl unter Sechster Teil II g (6).

405 S.W. Vs UK, ÖJZ 1996, S. 356; siehe dazu nachfolgend unter 2; vgl zu Art. 3 EMRK und Menschenwürde auch Kneihs, Grundrechte und Sterbehilfe, S. 282 Fn 1207.
406 Siehe dazu Sechster Teil II 1.
407 Vgl Müller, Grundrechte, S. 5.
408 Vgl beispielhaft zum Kern des Persönlichkeitsschutzes Starck, Grundgesetz I, Art. 1 Abs. 1 Rn. 100.
409 Gegenüber dem einfachen Gesetzgeber verleiht in Deutschland die Wesensgehaltssperre des Art. 19 Abs. 2 GG einen eingriffsfesten und damit abwägungsresistenten Schutz der Grundrechte. Die Gleichsetzung von Menschenwürde und Wesensgehalt hängt freilich davon abhängt, „wie man das von der Garantie der Menschenwürde erfaßte Schutzgut bestimmt"(Huber, in: v. Mangoldt/Klein/Starck, Grundgesetz I, Art. 19 Abs. 2 Rn 131).

selbstständig bestimmt oder mit dem Gehalt der Menschenwürde ausgefüllt werden[410].

Zunächst soll die deutsche Rechtslage dargestellt werden, die in Art. 19 Abs. 2 GG ihren positiv-rechtlichen Ausdruck findet.

aa) Art. 19 Abs. 2 GG

In Deutschland darf in keinem Falle ein Grundrecht in seinem Wesensgehalt angetastet werden[411]. Das Verhältnis der Wesensgehaltsgarantie des Art. 19 Abs. 2 GG zu Art 1 GG ist schwierig zu bestimmen und Gegenstand reichhaltiger Erörterung. Insbesondere wird die Frage, ob der Wesensgehalt eines Grundrechts mit dem Gehalt der Menschenwürde identisch ist, kontrovers diskutiert[412]. Die Entscheidung über die Tragweite der Wesensgehaltsgarantie hängt auch von dem Grundrechtsverständnis und insbesondere davon ab, welche Funktion den Grundrechten zugewiesen wird.[413] Die Garantie des Wesensgehalts umfasst nach meiner Auffassung mindestens denjenigen Gehalt des Grundrechts, der die notwendige Folgerung aus dem Gebot staatlicher Achtung der Menschenwürde darstellt[414]. Dies ergibt sich u. a. aus der Überlegung, dass die Wesensgehaltsgarantie eine absolute Sperre[415] für den Gesetzgeber ist, somit das „relative" Prinzip

---

410 Vgl Stern, Staatsrecht, III/2, § 85 III 2 c, S. 872.
411 Art. 19 Abs. 2 GG: „In keinem Fall darf ein Grundrecht in seinem Wesensgehalt angetastet werden." Eine dem Art. 19 Abs. 2 GG vergleichbare Vorschrift findet sich in der österreichischen Bundesverfassung nicht.
412 In Deutschland überwiegen die Einwände gegen eine Gleichsetzung der Menschenwürde mit der Wesensgehaltsgarantie des Art. 19. Abs. 2 GG (zum Meinungsstand Huber, in: Grundgesetz I, Art. 19 Abs. 2 Rn 124 mwN; zu den Einwänden aaO, Rn 131). Argumente gegen eine Gleichsetzung werden verfassungsspezifisch aus den positiven Bestimmungen des Art. 19. Abs. 2 GG und 79 Abs. 3 GG abgeleitet (vgl Huber, aaO, Rn 131); vgl auch Stern, Staatsrecht, III/2, § 85 III 2 c ß, S. 873; Starck (Grundgesetz I, Art. 1 Abs. 1, Rn 30) bemerkt, dass das Antasten des Wesensgehalts nicht immer gleichbedeutend mit dem Antasten der Menschenwürde ist, da nicht alle Grundrechte aus der Menschenwürde abgeleitet werden können; vgl dazu BVerfGE 80, 367 (373/374), das die Absolutheit des Kernbereichsschutzes der Persönlichkeit sowohl mit Art. 19 Abs. 2 GG und auch gesondert mit Art. 1 Abs. 1 GG begründet.
413 Krebs, in: v. Münch/Kunig, Grundgesetz, Art. 19, Rn 22; Huber, aaO, Art. 19 Abs. 2, Rn 124.
414 vgl auch Krebs, aaO, Art. 19 Abs. 2 Rn 25.
415 Hufen, Entstehung und Entwicklung der Grundrechte, NJW 1999, S. 1504 ff (1509), bezeichnet die Menschenwürde als „ 'Wesensgehaltsgarantie' unantastbarer und damit auch abwägungsfeindlicher Personalität". Hufen begründet das wie folgt: „Art. 1 GG ist heute ein echtes und gerade durch seine Anpassungsfähigkeit hochaktuelles Grundrecht. Vom Embryonenschutz bis zum Recht auf würdiges Sterben,

der Verhältnismäßigkeit oder das Übermaßverbot nicht Ausdruck der Wesensgehaltsgarantie sein kann. Die Menschenwürde wirkt als einziges Grundrecht absolut. Insofern spricht eine hohe Vermutung dafür, dass der Gehalt der Menschenwürde - sieht man dieses Prinzip in den Grundrechten verankert - inhaltlich den Schutzmaßstab vorgibt. Der Wesensgehalt eines Grundrechtes muss freilich nicht immer mit dem „Menschenwürdegehalt" identisch sein[416]. „Je stärker aber das jeweilige Grundrecht durch die Garantie der Menschenwürde geprägt, ja durch diese zwingend gefordert wird, desto mehr gelangen beide Gehaltsgewährleistungen zur Deckung."[417] Huber argumentiert, dass bei einer Anerkennung des Prinzips der Menschenwürde als Staatsfundamentalnorm und der Auffassung, dass das Wesen der Grundrechte in der „bereichsspezifischen Ausgestaltung der Menschenwürdegarantie besteht, Menschenwürdegehalt und Wesensgehalt notgedrungen auch in eins fallen"[418] müssen. „Die Parallelität von Wesens - und Menschenwürdegehalt findet auch in der Rechtsprechung des BVerfG seinen Widerhall"[419].

Die eigenständige Bedeutung des Art. 19 Abs. 2 GG besteht darin, dass der Gehalt der Menschenwürde in den Grundrechten einer Relativierung und Abwägung durch den einfachen Gesetzgeber entzogen ist, die Abwägungsresistenz gegenüber dem verfassungsändernden Gesetzgebers ergibt sich hingegen ohne Widerspruch aus Art. 79 Abs. 3 GG[420]. Stern, der Wesensgehalt begrifflich als Kern oder Kernbestandteil sieht, geht es darum, einen „grundrechtsspezifischen Wesensgehalt"[421] zu bewahren. Dazu müssten „identitäts - und typusbestimmende Bestandteile" gesucht werden[422]. Im Bereich der Bestimmung des Schutzes des

---

ja bis zum Ehrenschutz nach dem Tode schützt die Menschenwürde konkrete Rechtssubjekte. Sie bildet den Hintergrund des Schutzes des Persönlichkeitsrechts im Strafprozeß, bei Schmähkritik im Presserecht, gegen Gehirnwäsche durch Religionsgemeinschaften ..."(aaO, S. 1509). Anders Alexy, dazu nachfolgend.

416 Benda, in: Handbuch des Verfassungsrechts, S. 112 m.w.N.
417 Benda ,aaO, siehe oben, S. 112.
418 Huber, in: Grundrechte I, Art. 19 Abs. 2, Rn 129, u.a. unter Bezugnahme auf BVerwGE 47, 330, 357 und G. Dürig, AöR 81(1956), 117, 136 f.
419 Huber, in: Grundrechte I, Art. 19 Abs. 2, Rn 130.
420 Huber, in: Grundrechte I, Art. 19 Abs. 2, Rn 131.
421 Stern, Staatsrecht, III/2, § 85 III 2, S. 874 ff.
422 Als Beispiele werden genannt, dass „aktive" Freiheitsrechte nicht so eingeschränkt werden dürfen, „daß der Freiheitsgebrauch fremdbestimmt wirkt. Art. 2 Abs. 2 GG ist durch Folter und andere schwere Zwangseinwirkungen auf Psyche und Physis eines Menschen in seinem Wesensgehalt angetastet, z.B. bei der Zwangssterilisation. Schreib- oder Publikationsverbote treffen die Wissenschaftsfreiheit des Art. 5 Abs. 3 GG in ihrem Kern. ...Wird die Ehe ihres Schutzes entkleidet und eheähnliche Lebensgemeinschaften gleichberechtigt neben sie gestellt, so stehen wohl die identitätsbegründenden Merkmale des Art. 6 Abs. 1 GG in Frage. Durchweg kehrt im We-

Kernbereichs der Persönlichkeit betont das deutsche BVerfG, dass eine abstrakte Umschreibung nicht möglich ist, die Besonderheiten des konkreten Falles berücksichtigt werden müssen, wobei formale wie auch inhaltliche Kriterien zu beurteilen sind[423].

Das BVerfG[424] verwendet Menschenwürde und Wesensgehalt nicht synonym; die Wesensgehaltsgarantie darf allerdings auch nicht durch Abwägungen im Sinne der Verhältnismäßigkeit relativiert werden, „da es sich hierbei um eine absolute (letzte) Grenze handelt und der Verhältnismäßigkeitsgrundsatz unabhängig davon bei jeder Grundrechtsbeschränkung zu beachten ist"[425].

Nach meinem Verständnis ergibt sich für Deutschland der Inhalt des Wesensgehalts im Grundsätzlichen aus dem Gehalt der Menschenwürde.

bb) Wesensgehaltsperre, Prinzip der Verhältnismäßigkeit und Bauprinzip der Bundesverfassung

Nach der einschlägigen Rechtsprechung des VfGH dürfen gesetzliche Beschränkungen nicht gegen den Wesensgehalt eines Grundrechts verstoßen. Das wäre dann der Fall, wenn eine Beschränkung ihrer Wirkung nach der Aufhebung eines Grundrechts gleichkäme[426]. Die vom VfGH geprägte Wesensgehaltssperre hat zwar in der Praxis keine besondere Bedeutung erlangt[427]. Der VfGH hält aber trotz der überragenden und übergreifenden Bedeutung des Prinzips der Verhältnismäßigkeit die von ihm entwickelte Wesensgehaltssperre (als Schranken - Schranke) aufrecht[428].

In Österreich stellt sich die Schärfe der deutschen Diskussion insofern nicht, als weder die Menschenwürde noch die Wesensgehaltsgarantie in der Verfassung positiviert sind und daher die Frage nach selbstständigen Normbereichen nicht im Vordergrund stehen kann. Auch enthält die Bundesverfassung keine dem Art. 79 Abs. 3 GG entsprechende Bestimmung, wonach die Menschenwürde und nicht die einzelnen Grundrechte selbst einer sogenannten Ewigkeitsgarantie unterliegen.

---

sensgehaltsschutz der Grundtenor aller Grundrechtsfunktionen wieder: das zu schützen, was bei persönlichkeitsbezogenen Grundrechten die Selbstbestimmung des Menschen ausmacht, bei sonstigen Grundrechten das Essentielle ihres Schutzgegenstands" (Stern, Staatsrecht, III/2, § 85 III 3, S. 876).
423 BVerfGE 8o, 367 (374).
424 BVerfGE 80, 367 (373/374); vgl auch Geddert-Steinacher, Menschenwürde, S. 18O zu BVerfGE 32, 373(378f).
425 BVerfGE 34, 238 (245), zitiert bei Geddert-Steinacher, Menschenwürde, S. 181.
426 Berka, Grundrechte, Rn 262.
427 Berka, Grundrechte, Rn 262.
428 Vgl Berka, Grundrechte, Rn 202 ff.

Dennoch besteht auch in Österreich der wesentliche Unterschied zwischen der Wesensgehaltsgarantie und den Bauprinzipien der Bundesverfassung im Sinne von Art. 44 Abs. 3 B-VG darin, dass die Wesensgehaltsgarantie Vorgabe für den einfachen Gesetzgeber und ein Bauprinzip Vorgabe für den „einfachen" Verfassungsgesetzgeber ist. Ordnet man die Menschenwürde als fundamentales Rechtsprinzip ein, das im Kern der Grundrechte wurzelt und der Disposition des einfachen Gesetzgebers wie auch des einfachen Verfassungsgesetzgebers nicht zugänglich ist, so müssen sich Wesensgehaltssperre und Bauprinzip grundsätzlich decken, was allerdings nur vordergründig als Widerspruch erscheint. Denn der innere Zusammenhang und Legitimationsgrund zwischen Wesensgehalt und Bauprinzip besteht im absoluten Schutz der Menschenwürde mit entsprechender Vorgabe an den demokratisch legitimierten Gesetzgeber; mithin besteht - so betrachtet - nur ein gradueller Unterschied zwischen dem einfachen Gesetzgeber und dem „einfachen" Verfassungsgesetzgeber (Akte des Bundesverfassungsgesetzgeber mit Zweidrittelmehrheit, Art. 44 Abs. 1 B-VG). Die Rechtsprechung des VfGH zum Kernbestandteil des Gleichheitssatzes besagt meiner Meinung nach, dass die Grundrechte über einen Wesenskern verfügen, der nicht nur für den einfachen Gesetzgeber, sondern auch für den „einfachen" Verfassungsgesetzgeber unzugänglich ist. Ein unterschiedlicher Gehalt zwischen dem für den einfachen Gesetzgeber und dem für den einfachen Verfassungsgesetzgebers jeweiligen unantastbaren Grundrechtskern wäre - Unantastbarkeit des Kernbereichs unterstellt - kaum zu begründen. Der Wesenskern von tragenden Verfassungsbestimmungen muss das Wesentliche einer Verfassung sein, das - in der abendländischen Tradition, des Humanismus und der Aufklärung wurzelnd - nur das Prinzip der Menschenwürde wiedergeben kann, wie dies gedanklich nach dem 2. Weltkrieg auch in Österreich im Rechtsüberleitunggesetz 1945[429] seinen Ausdruck findet.

In Österreich wird auf dem Boden der Rechtsprechung des VfGH diskutiert, ob sich die Wesensgehaltssperre nicht im Prinzip der Verhältnismäßigkeit auflöst. Eine derartige Auffassung, wonach der Wesensgehaltsgarantie eine relative Dimension zuzuweisen ist, wird auch in Deutschland vertreten. Alexy[430] weist darauf hin, dass es möglich ist, die Wesensgehaltsgarantie auf subjektive Positionen oder den objektiven Zustand grundrechtlicher Normierung zu beziehen. Mit

---

429 RÜG StGBl.Nr. 6/1945 § 1. (1) Alle nach dem 13. März 1938 erlassenen Gesetze und Verordnungen sowie alle einzelnen Bestimmungen in solchen Rechtsvorschriften, die mit dem Bestand eines freien und unabhängigen Staates Österreich oder mit den Grundsätzen einer echten Demokratie unvereinbar sind, die dem Rechtsempfinden des österreichischen Volkes widersprechen oder typisches Gedankengut des Nationalsozialismus enthalten, werden aufgehoben.
430 Alexy, Grundrechte, S. 267 ff.

Blick auf den Charakter der Grundrechte als individuelle Rechte spricht sich Alexy gegen die objektive Theorie aus. Eine weitere Frage ist für Alexy dann, ob die Wesensgehaltsgarantie in einem relativen oder absoluten Sinne zu interpretieren ist. Nach der relativen Theorie reduziert sich der Wesensgehalt auf den Grundsatz der Verhältnismäßigkeit, weil der Wesensgehalt das ist, „was nach einer Abwägung übrig bleibt"[431]. Da der Grundsatz der Verhältnismäßigkeit „ohnehin gilt, hat Art. 19 Abs. 2 GG eine lediglich deklaratorische Bedeutung."[432] „Nach der absoluten Theorie gibt es demgegenüber einen Kern eines jeden Grundrechts, in den in keinen Fall eingegriffen werden darf"[433]. Alexy belegt die absolute Theorie mit Entscheidungen des BVerfG, die auf diese Theorie deuten. Dennoch gebe es auch Entscheidungen des BVerfG, die auf eine relative Sichtweise hinweisen und die relative These belegen[434]. Er bemerkt, dass es durchaus Bedingungen gibt, „bei denen mit sehr hoher Sicherheit gesagt werden kann, dass kein gegenläufiges Prinzip vorgeht"[435]. „Die Absolutheit seines Schutzes bleibt freilich eine Sache der Prinzipienrelation. Eine Konstellation, in der gegenläufige Prinzipien doch vorgehen, kann nicht ausgeschlossen werden. Dennoch ist die Sicherheit des Schutzes so hoch, dass unter Bezug auf normale Umstände von einem absoluten Schutz gesprochen werden kann. Die relative Funktion des Schutzes darf allerdings nicht aus den Augen verloren werden. Der Umfang des 'absoluten' Schutzes hängt von Prinzipienrelationen ab. Der Eindruck, er könne unabhängig von Abwägungen unmittelbar oder intuitiv erkannt werden, entsteht aus der Sicherheit der Prinzipienrelationen. Die Überzeugung, dass es Rechte gibt, die auch unter extremsten Positionen nicht zurückweichen - nur solche Rechte sind genuin absolute Rechte - , mag der einzelne, der die Freiheit hat, sich für bestimmte Grundsätze zu opfern, für sich für verbindlich halten, vom Standpunkt des Verfassungsrechts kann sie nicht gelten. Damit steht das Ergebnis fest. Die Wesensgehaltsgarantie des Art. 19 Abs. 2 GG formuliert gegenüber dem Verhältnismäßigkeitsgrundsatz keine zusätzliche Schranke der Einschränkbarkeit von Grundrechten. Da sie mit einem Teil des Verhältnismäßigkeitsgrundsatzes äquivalent ist, ist sie aber ein weiterer Grund dafür, daß der Grundsatz der Verhältnismäßigkeit gilt."[436]

Stelzer kommt für Österreich zu einem ähnlichen Ergebnis[437]. Er hält fest, dass die Judikaturlinie des VfGH, insbesondere zur Erwerbsfreiheit, schon früh

---

431 Alexy, Grundrechte, S. 269.
432 Alexy, Grundrechte, S. 269.
433 Alexy, Grundrechte, S. 269.
434 Alexy, Grundrechte, S. 269 zu BVerfGE 22, 180 (219).
435 Alexy, Grundrechte, S. 271.
436 Alexy, Grundrechte, S. 272.
437 Stelzer, Wesensgehaltsargument, S. 319.

darauf hinweise, dass eine Beurteilung einer Wesensgehaltsverletzung auf eine Prüfung der Verhältnismäßigkeit hinauslaufe[438], was anhand neuerer Judikatur belegt wird. Stelzer geht es aber weniger um die inhaltliche Ermittlung des jeweiligen Wesensgehalts, sondern „um die Analyse und allfällige Begründung" des Wesensgehaltsarguments, „mit dem die Grundrechtseingriffe des Gesetzgebers beschränkt werden sollen", mithin der gesetzesfeste Kern von Grundrechten abzugrenzen ist[439]. In Anlehnung an Alexy werden die Grundrechte dabei als Prinzipien eingeordnet; Kollisionen mit anderen Prinzipien löst das Prinzip der Verhältnismäßigkeit.

Es ist zwar augenscheinlich, dass so manche Entscheidung des VfGH zur Wesensgehaltsgarantie eines Grundrechts im konkreten Fall auf eine Prüfung der Verhältnismäßigkeit abzielt. Diese Prüfung erfolgt nach meinem Verständnis aber jeweils im Vorfeld der Prüfung zum Wesensgehaltseingriff durch den Gesetzgeber und nicht als inhaltliche Umschreibung des Wesensgehalts. Der Geltungsgrund der Wesensgehaltssperre liegt gerade in der Unterscheidung zu den formellen und materiellen Schranken der Grundrechte, wonach Grundrechte mit anderen Rechtsgütern abgewogen und Eingriffe gerechtfertigt werden können. So werden in einer Entscheidung vom 15. 3. 2000[440] zum Wesensgehalt des Art. 5 StGG dem Begriff des Wesensgehalts die Begriffe öffentliches Interesse, Unverhältnismäßigkeit und Unsachlichkeit gegenübergestellt. Aus dieser begrifflichen Trennung folgt meines Erachtens ein unterschiedlicher und eigenständiger Ge-

---

438 Stelzer, Wesensgehaltsargument, S. 14.
439 Stelzer, Wesensgehaltssperre, S. 21. Stelzer untersucht die bereits oben von Alexy angesprochenen absoluten und relativen Wesensgehaltsgarantien anhand der Rechtsprechung des VfGH (aaO, s. 104 ff). Er analysiert unter der Betrachtungsweise „Ansätze zu einer relativen Wesensgehaltsbestimmung" die Aussage, dass auch nach der Auffassung des VfGH „der Wesensgehalt von Grundrechten dort (beginnt), wo ihre zulässige Einschränkbarkeit endet" (aaO, S. 122). Der VfGH entwickelte dabei nur formale Kriterien, eine Inhaltsbestimmung sei „im wesentlichen argumentativ zu lösen" S.123. Stelzer arbeitet das öffentlich Interesse als u. a. wichtiges Kriterium heraus, wonach bei dessen Bejahung eine Verletzung des Wesensgehalts nicht gegeben sei (aaO, S.130 ff). Ein Umkehrschluß dahingehend, dass bei Verneinung des öffentlichen Interesses der Wesensgehalt eines Grundrechts verletzt sei, sei nicht zwingend, jedoch weise sich das öffentliche Interesse als eine variable Größe aus. In weiteren Entscheidungen sei die aus dem Gleichheitssatz abgeleitete Sachlichkeit Kriterium dafür, dass bei sachlich gerechtfertigten Eingriffen der Wesensgehalt nicht verletzt sei (aaO, S. 133). Auch sei eine eine Zusammenschau des Grundrechts mit anderen Verfassungsbestimmungen für eine Wesensgehaltsbestimmung u. U. maßgeblich (aaO, S. 138 ff [142]).
440 VfGH G 46/98.

halt[441]. In einer Entscheidung vom 30. 9. 1993[442] zu Art. 6 StGG kommt ebenfalls deutlich zum Ausdruck, dass der Wesensgehalt eines Grundrechts von einer Prüfung der Verhältnismäßigkeit zu unterscheiden ist, die eigenständige Funktion des Prinzips der Verhältnismäßigkeit wird dargestellt. Der VfGH hält fest, dass eine gesetzliche Schranke für den Zugang zu einer Erwerbstätigkeit grundsätzlich als schwerer Eingriff zu qualifizieren ist, „der nur angemessen ist, wenn dafür besonders wichtige öffentliche Interessen sprechen und wenn keine Alternativen bestehen, um den erstrebten Zweck in einer gleich wirksamen, aber das Grundrecht weniger einschneidenden Weise zu erreichen ...". Aus der Entscheidung ergibt sich also, dass ein Eingriff in den Wesensgehalt etwas anderes ist als ein schwerer Eingriff. In einem anderen Erkenntnis vom 23. 9. 1996[443] konkretisiert der VfGH den Wesensgehalt des Art. 13 StGG: "Eine nähere Bestimmung des Wesensgehaltes dieses Grundrechtes findet sich in Art. 10 EMRK". Daraus folgt zum einen, dass der Wesensgehalt eines Grundrechts jeweils eigenständig zu begründen ist („dieses Grundrechtes"). Zum anderen ist inhaltlich bedeutsam, dass der Gesetzestext des Art. 10 Abs. 2 EMRK das Wort „unentbehrlich" im Zusammenhang mit den enumerierten Einschränkungsmöglichkeiten gebraucht. Einschränkungen müssen deshalb unentbehrlich sein, entbehrliche Einschränkungen berühren den Wesensgehalt dieses Grundrechts nicht. In einem weiteren Erkenntnis vom 4. 10. 1999[444] gebraucht der VfGH statt dem Wort unentbehrlich das Wort notwendig und hebt die Verknüpfung mit dem Wort „demokratische Gesellschaft" hervor. Die dogmatische Funktion der Wesensgehaltssperre kann sich somit nicht in einer Schranken-Schranken-Funktion[445] erschöpfen, sonst

---

441 Der VfGH stellt zunächst fest, dass ein Gesetz nicht den Wesensgehalt des Grundrechts verletzen und die Regelung „auch sonst nicht verfassungswidrig„ sein darf. Sodann wird ausgesprochen, dass eine gesetzliche Regelung nur zulässig ist, wenn das öffentliche Interesse sie gebietet, „sie zur Zielerreichung geeignet und adäquat ist und sie auch sonst sachlich gerechtfertigt werden kann (vgl VfGH v. 6.3.1998, VfSlg 15122; auch v. 30.9.1993, VfSlg 13555; VfGH v. 15.3.2000, Gz. G 46/98). Damit ist aber nicht belegt, dass der VfGH unter dem Wesensgehalt das Prinzip der Verhältnismäßigkeit versteht.
442 VfSlg 13555.
443 VfSlg 14561.
444 VfGH B 2447/97.
445 Das Prinzip der Menschenwürde ist nicht der gängigen Prüfungsschritte eines Freiheitsgrundrechts zugänglich ist, wie diese idealtypisch wären: Schutzbereichsbestimmung, Qualifizierung eines Eingriffs und zuletzt Prüfung einer Rechtfertigung des Eingriffs, wobei die Schranken (insbesondere die Gesetzesvorbehalte) und sodann die Schranken-Schranken (wie z.B. das Verhältnismäßigkeitsprinzip oder die Wesensgehaltssperre) zu diskutieren sind. Vgl Kingreen, Die Gemeinschaftsgrundrechte, JUS 2000, Heft 9, S. 857 (863). So auch der EuGH, der die Wesensgehalts-

hätte der VfGH dieses Rechtsprinzip mit der umfassenden Anerkennung des Prinzips der Verhältnismäßigkeit als umfassende Schranken-Schranke vernachlässigen können.

Die vom VfGH entwickelte Wesensgehaltssperre muss meines Erachtens - inhaltlich betrachtet - dem Prinzip der Menschenwürde zugeordnet werden, wenngleich freilich ein konkreter inhaltlicher Vergleich mangels einer inhaltlichen Konkretisierung der Wesensgehaltssperre durch den VfGH nicht möglich ist. Der Wesensgehalt beinhaltet etwas Absolutes, was dem Prinzip der Menschenwürde innewohnt[446]. Schon begrifflich lässt sich ein Wesensgehalt, der dem Gesetzgeber Grenzen setzt, durchaus mit dem Wort 'Kern' oder 'eingriffsfester Kern' umschreiben. Der VfGH weist in einer aktuellen Entscheidung, wie bereits dargestellt, dem Gleichheitsgrundsatz einen unantastbaren 'Kern' zu[447]. Dieser kann sich inhaltlich eigentlich nicht von einem Wesensgehalt oder Wesenskern unterscheiden. Das Besondere an dieser 'Kernbereichsrechtsprechung' ist allerdings, dass darin explizit die Befugnisse nicht nur des einfachen Gesetzgebers, sondern auch des Verfassungsgesetzgebers eingeschränkt werden.

Der VfGH hat den Wesensgehalt von Grundrechten möglicherweise deshalb bisher inhaltlich nicht konkretisiert, weil sich dieser Begriff - wie der Begriff der Menschenwürde - einer positiven Inhaltsbestimmung verschließt und der VfGH ohne praktische Notwendigkeit vermeidet, komplexe weitere Fragen aufzuwerfen, zumal der VfGH auch die normative Grundlage seiner Rechtsprechung nicht preisgibt[448]. Die Wesensgehaltssperre in ihrer objektiv-rechtlichen Ausprägung kann nach meiner Auffassung als ungeschriebener Verfassungsgrundsatz bezeichnet werden, wonach der Kerngehalt von Grundrechten nicht eingeschränkt werden kann. Der Wesensgehalt verkörpert dabei die Grundwerte, die für den

---

sperre auch als Schranken-Schranke bei der Beurteilung von Grundrechtseingriffen qualifiziert.
446 Vgl unten, Sechster Teil I 2.
447 VfGH v. 12. 10. 1998, VfSlg 15373, S. 724.
448 Für die Inhaltsbestimmung bietet sich die auch in Österreich durch den VfGH in Anlehnung an Dürig und Bydlinski verwandte Formel an, wonach der Mensch nicht zum bloßen Objekt der Staatsgewalt herabgewürdigt und keiner Behandlung ausgesetzt werden darf, die seine Subjektqualität prinzipiell in Frage stellt oder in ihr eine die Menschenwürde beeinträchtigende gröbliche Mißachtung des Betroffenen als Person zum Ausdruck kommt. Diese Formel kann allerdings nach herrschender Auffassung nur die Richtung andeuten. Eine Kernbereichsverletzung zwingt zu der Feststellung, dass der Wert, der dem Menschen kraft seines Personseins zukommt, verachtet wird, wobei eine „böse Absicht" nicht erforderlich ist (vgl Starck, in: Grundgesetz I, Art. 1 Abs. 1 Rn 13 und zum Sonderproblem der Freiwilligkeit, Starck, Grundgesetz I, Art. 1 Abs. 1 Rn 97 zu Peep-Shows und zum Zwergenweitwurf m.w.N.).

Staat unantastbar und auch für den Einzelnen nicht verfügbar sind. Diese Unverfügbarkeit kommt in dem Erkenntnis des VfGH vom 10. 12. 1993[449] zum Ausdruck, wonach das Prinzip der Menschenwürde Versuche am Menschen auch mit dessen Zustimmung nur für zulässig erachtet, wenn der Test am Menschen ausschließlich dem Menschen bez. dem Schutz seiner Gesundheit dient.

Der Begriff Wesen eines Grundrechts vermittelt, dass etwas nicht explizit formuliert ist, sondern etwas dem Grundrecht innewohnt. Dieser Gedanke der Implizität drückt sich auch in der bereits diskutierten Entscheidung des OGH vom 14. 14. 1994 aus[450], wonach die Menschenwürde als eine der österreichischen Rechtsordnung immanente Wertvorstellung qualifiziert wird. Auch der EGMR bezeichnet die Menschenwürde als Wesenskern der EMRK[451]. Die EMRK als österreichischer Grundrechtskatalog rekurriert über die Präambel auf die AEMR 1948, die das Menschenwürdeprinzip als wesentlichen Grundwert ausweist.

Der Begriff der Wesensgehaltssperre wird folgerichtig nicht im Zusammenhang mit der Beurteilung des Art. 3 EMRK genannt, weil er dogmatisch nicht einschlägig ist. Denn Art. 3 EMRK ist als vorbehaltloses und notstandsfestes Grundrecht ausgestaltet, bei dem der VfGH die Frage der Gewährleistung bez. des Schutzbereichs inhaltlich bereits unter dem Gesichtspunkt einer Verletzung der Menschenwürde[452] beurteilt. Bei diesem Grundrecht bedarf es keines formalen Kriteriums wie der Wesensgehaltssperre zur Versagung eines legislativen Eingriffs.

Die von mir vertretene These dürfte nicht deshalb erschüttert werden, weil es auch Bereiche eines Wesensgehalts eines Grundrechts geben kann, die außerhalb des Gehalts der Menschenwürde liegen[453]. So wurzelt nach herrschender Meinung das Recht auf Asyl (nicht das Verbot der Ausweisung oder Abschiebung) nicht im Prinzip der Menschenwürde[454]. Zudem wird es Grundrechte geben, bei denen sich der Kernbereich inhaltlich nicht in der Menschenwürde erschöpfen kann, wie dies beispielsweise bei der Vereinigungsfreiheit der Fall sein dürfte. Dies bedeutet aber keinen Widerspruch zu der hier vertretenen These. Entscheidend ist, dass die Menschenwürde identitätsprägendes Merkmal fast aller Grundrechte in dem Sinne ist, dass kein Mensch zum bloßen Objekt staatlichen Handelns erniedrigt werden darf, mithin seine Subjektqualität im Sinne der Einzigartigkeit und Autonomie nicht in Frage gestellt werden darf.

---

449 VfSlg 13635/1993 S.635, hierzu unter Zweiter Teil I 2 a.
450 JBl. 1995, S. 46 ff.
451 C.R. v. U.K. (Vergewaltigung in der Ehe) vom 22.11.1995, ÖJZ 1996, S. 356.
452 Siehe dazu eingehend im folgenden Kapitel.
453 Stern, Staatsrecht, III/2, 85 III 2 c ß, S. 873.
454 Dazu oben, Sechster Teil II 1 g (9).

In den meisten Fällen wird sich freilich das Prinzip der Menschenwürde mit dem Wesensgehalt eines Grundrechts decken[455]; insbesondere bei den Freiheitsgrundrechten und dem Gleichheitssatz.

Abschließend ist darauf hinzuweisen, dass der EuGH neben dem Grundsatz der Verhältnismäßigkeit ebenfalls die Wesensgehaltsgarantie als Schranken - Schranke für Grundrechte entwickelte. Baumgartner weist aber darauf hin, dass der EuGH diesen Begriff ebenso wie der VfGH nicht konkretisiert und inhaltlich eng mit dem Prinzip der Verhältnismäßigkeit verknüpft, mithin „eine Identität zwischen dem Gebot der Verhältnismäßigkeit der Grundrechtseinschränkungen und der Wesensgehaltssperre des Gemeinschaftsrechts"[456] besteht. Die Frage, ob die Wesensgehaltssperre absolut oder relativ zu verstehen ist, werde tendenziell sowohl vom VfGH als auch vom EuGH in Richtung einer relativen Bestimmung des Wesensgehalts vertreten[457], allerdings nur, was formale Kriterien anbelangt, der VfGH beurteile den Wesensgehalt gesondert für jedes Grundrecht[458].

Festzuhalten ist: Das Prinzip der Menschenwürde ist inhaltlich der Wesensgehaltssperre, wie sie der VfGH entwickelt hat, durchaus zuzuordnen. Erst mit dieser inhaltlichen Zuordnung erschließt sich nach meiner Auffassung das volle Verständnis und die Tragweite dieser gewichtigen Rechtsprechung: Der Grundrechtskern formal verstanden als Wesensgehaltssperre, die dem Gesetzgeber eine Disposition verbietet, materiell verstanden als Prinzip der Menschenwürde, das Gehalt und Reichweite dieser versagten Dispositionsbefugnis und somit die inhaltliche Ausgestaltung bestimmt. Eine vergleichbare Betrachtungsweise vermittelt das Rechtsstaatsprinzip, dem formale und materielle Erfordernisse zugeordnet werden; die Menschenwürde wird dabei als materielles Gut des Rechtsstaats qualifiziert[459].

3) Art. 3 EMRK als Grundrecht auf Achtung und Schutz der Menschenwürde

Die Menschenwürde wurzelt - wie dargestellt - u. a. im Kern der Freiheitsrechte. Art. 3 EMRK weist als fundamentales Freiheitsgrundrecht deshalb herausragende Bezüge zum Gehalt der Menschenwürde auf. Diese Vorschrift beschreibt Verletzungshandlungen, umschreibt kein positives Schutzgut. Dies korrespondiert mit der herkömmlichen Bestimmung des Inhalts der Menschenwürde über einen

---

455 Das sind die Grundrechte, aus denen das Menschenwürdeprinzip in Österreich abgeleitet werden wird.
456 Baumgartner, EU-Mitgliedschaft, S. 182/183.
457 Baumgartner, EU-Mitgledschaft, S. 183.
458 Baumgartner, EU-Mitgliedschsft, S. 185.
459 Adamovich/Funk/Holzinger, Staatsrecht 1, Rn 14.015.

Verletzungsvorgang. Der Schutzgehalt des Art. 3 EMRK ist zudem vorbehaltlos und notstandsfest gewährt. Dies ist geeignet, die von mir vertretene Auffassung eines absoluten Schutzes der Menschenwürde auch für Österreich zu bekräftigen. Hinzu kommt, dass die obergerichtliche Rechtsprechung in dem Gehalt dieses Grundrechts augenscheinlich das Prinzip der Menschenwürde erblickt. Diese Besonderheiten rechtfertigen eine vertiefende Betrachtungsweise des Grundrechts des Art. 3 EMRK.

a) Die EMRK als österreichischer Grundrechtskatalog

Die EMRK[460] ist in Österreich Bundesverfassungsrecht und damit fester Bestandteil der verfassungsrechtlichen Grundrechtsordnung. Arnold[461] qualifiziert die EMRK auch unter Berücksichtigung der unterschiedlichen Beachtung in den europäischen Staaten inhaltlich als eine europäische Verfassung[462]. Die Konvention, als Kernstück einer künftigen Verfassung für das vereinte Europa konzipiert[463], war im Ergebnis - ebenso wie das Bonner GG - eine Antwort auf eine menschenverachtende nationalsozialistische Politik[464].

---

460 BGBl. 1958/210; Regierungsvorlage = 60 BlgNr. StenProt NR IX, GP; wegen Unklarheiten durch BVG vom 4. 3. 1964, BGBl. 59, rückwirkend mit Verfassungsrang ausgestattet; vgl Berka, Grundrechte, Rn 67; vgl dazu auch Öhlinger, Verfassungsrecht, Rn 681; vgl auch Frowein, in: Frowein/Peukert, EMRK, 2. Aufl., 1996, Einführung, Rn 6 (Die Stellung der Konvention im innerstaatlichen Recht); allgemein:Bergmann, Das Menschenbild der Europäischen Menschenrechtskonvention, Baden-Baden, 1995; Weiß, Das Gesetz im Sinne der Europäischen Menschenrechtskonvention, Schriften zum Europ. Recht, Band 24, 1994; vgl auch Baumgartner, Das Verhältnis von Grundrechtsgewährleistungen auf europäischer und nationaler Ebene, ZÖR 54 (1999), S. 117 ff (S. 120 ff zum Einfluß der Rechtsprechung des EGMR).
461 Arnold, Die europäischen Verfassungsgerichte und ihre Integrationskonzepte in vergleichender Sicht, in: Staat-Verfassung-Verwaltung, FS-Koja, 1998, S. 3 ff (4).
462 In Deutschland gilt die EMRK nur im Range eines einfachen Bundesgesetzes (Art. 59 Abs. 2 GG) und ist daher auch nicht Prüfungsmaßstab für das BVerfG (Huber, in: v. Mangoldt/Klein/Starck, Art. 19 Abs. 4 Rn 544 mit Hinweis auf BVerfG NJW 1997, 2811, 2812.
463 Klose, DRiZ, 1997, S. 122.
464 Vgl auch Kneihs, Grundrechte und Sterbehilfe, S. 82. Zur Entstehungsgeschichte Nowak, Allgemeine Bemerkungen zur Europäischen Menschenrechtskonvention aus völkerrechtlicher und innerstaatlicher Sicht, in: Ermacora/Nowak/Tretter (Hrsg), Menschenrechtskonvention; Frowein/Peukert, EMRK-Kommentar, 1996, Einführung, Rn 1.

Berka[465] bezeichnet die EMRK als den wichtigsten Katalysator für den Wandel der Grundrechtsjudikatur in Österreich, durch den die Grundrechte eine ganz neue und gesteigerte Bedeutung erlangten, mithin eine autonome nationale Grundrechtsdogmatik deshalb nur noch beschränkt zu begründen sei[466]. Eine gewisse Präjudizialität des EGMR für das österreichische Verfassungsrecht ist mittlerweile wohl unbestritten und kommt deutlich in den Entscheidungen des VfGH zum Ausdruck[467].

b) Präambel

Die EMRK beinhaltet nicht explizit den Begriff der Menschenwürde. Allerdings wird zum einen in der Präambel auf die Allgemeine Erklärung der Menschenrechte der Generalversammlung der Vereinten Nationen vom 10. Dezember 1948 verwiesen („in Erwägung der"), die ihrerseits die Achtung der Menschenwürde proklamiert[468]. Damit bezieht sich die Wertedimension der EMRK zwar nur mittelbar, aber doch ausdrücklich auf das Prinzip der Menschenwürde. Dieses Prinzip ist damit den Werten der EMRK immanent, nach der Rechtsprechung der EMRK sogar „the very essence", der Wesenskern[469]. Der vorstaatliche („inherent" dignity) wie auch der überstaatliche Charakter („rights of the human family") der AEMR sind erkennbar[470]. Maihofer betont, dass die EMRK in der Sa-

---

465 Berka, Grundrechte, Rn 66, vgl ders., Die Europäische Menschenrechtskonvention und die europäische Grundrechtstradition, ÖJZ 1979, S. 365 ff.
466 Die europäische MRK und die österreichische Grundrechtstradition, ÖJZ 1979, S. 365.
467 Vgl VfGH v. 14.10.1999, EuGRZ 1999, 680; zur Organisation und zum neuen Verfahren des EGMR Meyer-Ladewig/Petzold, Der neue ständige europäische Gerichtshof für Menschenrechte, NJW 1999, S. 1165.
468 AEMR 1948 (Unversal Declaration of Human rights): Preamble: „WHEREAS recognition of the inherent dignity and of the equal and inalienable rights of all members of the Human family. Text Article 1: „All human beings are born free and equal in dignity and rights. They are endowed with reason and conscience and should act towards one another in a spirit of brotherhood."(alle Menschen sind frei und gleich an Würde und Rechten geboren). Interessant ist in diesem Zusammenhang, dass auch bei den Beratungen des Parlamentarischen Rates zu Art. 1 Bonner GG auf diese allgemeine Erklärung der Menschenrechte ausdrücklich hingewiesen worden ist. Dreier bezeichnet auch Art. 3, 4 Abs. 1 und 8 EMRK als Konkretisierungen des Menschenwürdegrundsatzes (Dreier, in: Dreier, Grundgesetz 1, Art. 1 Rn 24 unter Bezugnahme auf JöR 1 (1951), S. 50; Parl. Rat V, S. 586, 592); zur AEMR Pernthaler, Allgemeine Staatslehre und Verfassungslehre, S. 277.
469 C. R. v. UK vom 27. 10. 1995, Nr. 48/1994/495/577; in deutscher Zusammenfassung ÖJZ 1996, S. 356; siehe dazu nachfolgend.
470 Maihofer, Handbuch des Verfassungsrechts, S. 173 ff (202, Fn 69).

che der AEMR 1948 folge, weil sie sich zu den in der AEMR verkündeten Rechten bekenne[471].

Die rechtliche Bedeutung der Präambel liegt nach herrschender Meinung darin, dass deren Inhalt bei der Interpretation der EMRK herangezogen werden kann[472].

c) Art. 3 EMRK; Menschenwürde als Schutzgut

Art. 3 EMRK[473] ist vorbehaltlos und notstandsfest (Art. 15 Abs. 2 EMRK) ausgestaltet, mithin eine absolute und auch in Notstandssituationen nicht abzuändernde Forderung. Damit unterscheidet sich dieses Grundrecht fundamental von anderen Grundrechten mit Schrankenvorbehalt, die Dogmatik Schutzbereich-Eingriff[474]-Schranken (mit den sogenannten Schranken-Schranken) greift nicht.

Unbestritten dürfte sein, dass die Menschenwürde Schutzgut des Art. 3 EMRK ist, auch wenn diese dort nicht begrifflich erwähnt wird[475]. Bemerkenswert sind die Ausführungen in der Regierungsvorlage vom 23. 9. 1959: „Art. 3 der Konvention zum Schutze der Menschenrechte und Grundfreiheiten verbietet

---

471 Maihofer, aaO, siehe oben, S. 202 mwN; Messner, Die Idee der Menschenwürde im Rechtsstaat der pluralistischen Gesellschaft, FS Geiger 1974, S. 221 ff, S. 225, qualifiziert die AEMR 1948 als „einen unbestreitbaren Beweis für den heutigen Stand des sittlich-rechtlichen Bewußtseins der Menschheit hinsichtlich der Menschenrechte und der sie begründenden Menschenwürde".
472 Frowein, in: Frowein/Peukert, EMRK, Präambel, Rn 5 unter Bezugnahme auf Art. 31 Abs. 2 der Wiener Vertragsrechtskonvention; auch Kneihs, Grundrechte und Sterbehilfe, Wien 1998, S. 73 ff; zur rechtlichen Bedeutung der Präambel des Bonner GG, Starck, Grundgesetz I, Präambel, Rn 30 ff.
473 Art. 3: „Niemand darf der Folter oder unmenschlicher oder erniedrigender Strafe oder Behandlung unterworfen werden. Englisch: „No one shall be subjected to torture or to unhuman or degrading treatment or punishment. Französisch: „Nul ne peut etre soumis a la torture ni a des peines ou traitements inhumains ou degradants.
474 Vgl grundlegend auch Holoubek, Der Grundrechtseingriff, DVBl. 1997, S. 1031 ff.
475 Zellenberg, Der grundrechtliche Schutz vor Folter, unmenschlicher oder grausamer Strafe oder Behandlung,, in: Machacek/Pahr/Stadler, Band 3, S. 441 ff (442; 451 ff mwN unter Bezugnahme auf die Rechtsprechung des EGMR, Fall Tyrer, EuGRZ 1979, 165, Z. 33 und EKMR, Fall Ostafrikanische Asiaten, EuGRZ 1999, 388, Z. 189; Berka, Grundrechte ‚Rn 376; Öhlinger, Verfassungsrecht, Rn 748; allgemein auch Walter-Mayer, Bundesverfassungsrecht, Rn 1402/3. Vgl auch Berka, Grundrechte, Rn 382 mwN. zur Rechtsprechung in Rn 387; VfGH VfSlg 11.687/1988;12.271/1990 u.a.; Kneihs, Grundrechte und Sterbehilfe, S. 282 ff. Kneihs spricht Art. 3 EMRK einen umfassenden Menschenwürdeschutz ab, prüft jedoch Art. 3 EMRK im Zusammenhang mit Fragen der Sterbehilfe, da die Weiterbehandlung eines todkranken Menschen als unmenschliche Behandlung qualifiziert werden kann.

die Folter und untersagt jede unmenschliche oder erniedrigende Strafe oder Behandlung. In Österreich wurde bereits im 18. Jahrhundert durch Kaiser Josef II. die Folter aufgehoben, ebenso wurden alle unmenschlichen und erniedrigenden Strafen untersagt. Aber gerade deshalb, weil derartige Verletzungen der Menschenwürde noch vor Eintritt in das Zeitalter des Konstitutionalismus und des Liberalismus, dem unser Grundrechtskatalog im wesentlichen entstammt, abgeschafft wurden, ist dieses Menschenrecht in Österreich verfassungsgesetzlich nicht garantiert. Eine entsprechende Ergänzung des Grundrechtskataloges erscheint daher geboten"[476].

Sowohl die Rechtsprechung des VfGH als auch die Judikatur des EGMR verwenden zu Art. 3 EMRK den Begriff der Menschenwürde[477]. Auch das BVerfG[478] in Deutschland formuliert den Begriff der „Erniedrigung", wie er in Art. 3 EMRK niedergeschrieben ist, um eine Verletzung der Menschenwürde im Sinne des Art. 1 Abs. 1 GGss zu bejahen.

Legt man zugrunde, dass Art. 3 EMRK die Menschenwürde schützt, so zwingt diese Feststellung dazu, den Inhalt des in Art. 3 EMRK verankerten Schutzes aufzuhellen. Die Anwendungsfälle werden im wesentlichen gegliedert in Strafen und Maßnahmen unmittelbarer verwaltungsbehördlicher Befehls- und Zwangsgewalt, Asyl, Auslieferung und Ausweisung sowie Haftbedingungen und Strafvollzug. Offensichtlich unterliegen aber auch Fälle der Diskriminierung der Beurteilung durch Art. 3 EMRK[479]. Berka[480] geht davon aus, dass ein Kern des Ehranspruchs in Art. 3 EMRK verankert ist und der Staat deshalb verpflichtet ist, einer die Menschenwürde beeinträchtigenden Verletzung der Ehre entgegen zu treten. Hervorzuheben ist dabei die deutliche Tendenz der Straßburger Judikatur, aus Art. 3 EMRK positive staatliche Schutzpflichten abzuleiten[481].

Die zentrale Fragestellung ist, ob aus Art. 3 EMRK ein übergeordnetes Strukturprinzip abgeleitet werden kann, auf das in Österreich prüfend zurückgegriffen werden kann, wenn die Menschenwürde missachtet wird und/oder der Staat zum Schutze der Menschenwürde aktiv verpflichtet werden soll. Dazu ist zunächst ein Blick auf die Rechtsprechung des VfGH, des OGH, des VwGH wie auch des EGMR unerlässlich.

---

476 60 StProt NR IX. GP, Erläuternde Bemerkungen, S.5.
477 Dazu unter 2 d aa und bb.
478 Vgl BVerfGE 1, 104; BVerfGE 96, 375 (400). vgl Dürig, in:Maunz-Dürig, Art. 1 Abs. 1 Rn 30.
479 Vgl Zellenberg, in: Machacek/Pahr/Stadler, S. 495 ff.
480 Berka, Grundrechte, Rn 389.
481 Vgl auch Zellenberg, in: Machacek/Pahr/Stadler, Band 3, S. 496; vgl EGMR, Urt. v.19.2.98, NJW 1999, S.3181 zu Art. 8 EMRK.

d) Die obergerichtliche Rechtsprechung zu Art. 3 EMRK

aa) VfGH

Der VfGH[482] hält in einer schon fast als traditionell zu qualifizierenden Judikaturlinie fest, dass der verfassungsrechtliche Schutz des Art. 3 EMRK vor unmenschlicher oder erniedrigender Behandlung dann greift und ein Verhalten als erniedrigend zu qualifizieren ist, wenn in ihm eine die Menschenwürde beeinträchtigende gröbliche Mißachtung des Betroffenen als Person zum Ausdruck kommt[483]. Der VfGH unterscheidet dabei in seiner Rechtsprechung nicht zwischen erniedrigender und unmenschlicher Behandlung[484], wenngleich als Ausgangspunkt seiner Betrachtungsweise die Frage gestellt wird, wann ein Verhalten als erniedrigend zu qualifizieren ist.

Der VfGH judiziert: „Keinesfalls können das Vorgehen der einschreitenden Beamten und die Zustände in den Arrestlokalen (die er zum Teil selbst verschuldet hatte) als derart bezeichnet werden, daß sie nach allgemeinem Empfinden von erniedrigender Wirkung gewesen wären, daß ihnen also eine die Menschenwürde beeinträchtigende gröbliche Mißachtung des Beschwerdeführers als Person zu eigen gewesen wäre"[485]. In dieser Entscheidung bejaht der VfGH eine menschenunwürdige Behandlung durch eine mit körperlicher Gewaltanwendung erzwungene, aber vermeidbare ärztliche Behandlung (statt einer Beruhigungsinjektion zum Schutz vor einer Selbstschädigung wäre an eine Einweisung in ein Krankenhaus zu denken gewesen, so der VfGH), die Maßnahme war „nicht unbedingt geboten". Bei dieser Formulierung denkt man zwangsläufig an das Verfassungsprinzip der Verhältnismäßigkeit. Letztendlich geht es aber darum, Beurteilungskriterium für die Qualifizierung einer Maßnahme als eine die Menschenwürde beeinträchtigende ‚gröbliche Mißachtung des Betroffenen als Person' zu finden. Da Art. 3 EMRK vorbehaltlos gewährleistet ist, verbietet sich ohnehin der Einsatz des Verhältnismäßigkeitsprinzips als Schranke. Allerdings deutet die Rechtsprechung des VfGH im Ergebnis darauf hin, dass Art. 3 EMRK „unter

---

482 Zum Grundrechtsschutz durch den VfGH Berka, Grundrechte, Rn 297 ff.
483 Berka, Grundrechte, Rn 382, 387, 388 mwN, statt vieler VfGH v. 18.6.1984, SlgNr 10051; zur Judikatur und Judikaturentwicklung des VfGH zu Art. 3 EMRK siehe Zellenberg, in Machacek/Pahr/Stadler, Band 3, S. 441 ff (473 ff); Der VfGH setzt seine Judikaturlinie konstant fort und verweist dabei immer wieder auf seine zahlreichen früher ergangenen Entscheidungen so z.B. wird in der Entscheidung vom 12.12.1998, Gz. B 1341/97,wonach „ das Versetzen von Ohrfeigen, Fußtritten, Schlägen etc. nach den Umständen des Falles gegen Art 3 EMRK verstoßen kann", auf vierzehn frühere Entscheidungen Bezug genommen.
484 Berka , Grundrechte, Rn. 382.
485 VfGH v. 18. 6. 1984, VfSlg 10051.

dem Gebot der Verhältnismäßigkeit und des Maßhaltens"[486] steht. Zellenberg weist auf „die Relativität des Beurteilungsmaßstabs" hin, weil beurteilt werden müsse, ob die Schwelle der Schwere des Eingriffs überschritten sei. Zudem orientiere sich der VfGH (deutlicher als der EGMR) am Verhältnismäßigkeitsprinzip, beurteilt ein Vorgehen der Behörde mithin daran, „ob es im Hinblick auf die Erforderlichkeit des eingesetzten Mittels und den verfolgten Zweck verhältnismäßig war"[487].

In einer Entscheidung vom 21. 2. 1985[488] merkt der VfGH zur Frage einer unmenschlichen Behandlung durch eine Fesselung an, dass „das verfassungsrechtliche Beschwerdeverfahren kein zureichendes tatsächliches Substrat erbrachte, das die begründete Annahme zuließe, die Behörde habe die Fesselung länger als notwendig (und unter unzumutbaren Begleitumständen) aufrechterhalten". In einer Entscheidung vom 4. 3. 1985[489] verneint der VfGH eine Verletzung des Art 3 EMRK, weil „die angestrebte Entfernung aus dem Lokal den Umständen nach auf schonendere Weise nicht erreicht werden konnte". In einer weiteren Entscheidung vom 8. 6. 1985[490] geht es u. a. um die Verletzung einer Person durch den Gebrauch einer Schusswaffe. Der lebensgefährdende Gebrauch war - so der VfGH - nach den in den Bestimmungen des WaffengebrauchsG „angeführten Anlässen notwendig; sie wurden maßhaltend ausgeübt". In dieser Entscheidung wird weiter in einer anderen Fragestellung festgehalten, dass auch „die absichtliche Verzögerung der ärztlichen Versorgung einer schweren Wunde" gegen Art. 3 EMRK verstoßen könnte. Mit Entscheidung vom 28. 11. 1986[491] qualifiziert der VfGH Fußtritte gegen Versammlungsteilnehmer als eine die Menschenwürde beeinträchtigende gröbliche Mißachtung des Betroffenen als Person. Andererseits betont der VfGH: „Angesichts des nachhaltigen (passiven) Widerstands des Bf. (und offensichtlich vieler anderer Versammlungsteilnehmer) war die Anwendung von Körperkraft in der Form des Hinabdrängens vom Damm schon von der Intention her auf den Zweck der Amtshandlung (Auflösung der Versammlung), nicht aber gegen die Menschenwürde gerichtet". Der VfGH verneint in diesem Zusammenhang eine Verletzung des Art. 3 EMRK, weil die „Vorgangsweise der Beamten an sich maßhaltend war" und auch dem Verhalten der Beamten der offenbar legitime Zweck der Amtshandlung zugrunde lag.

---

486 Ermacora, Grundriß der Menschenrechte in Österreich, 1988, Rn 240, zitiert bei Zellenberg, in: Machacek/Pahr/Stadler, Band 3, S. 441 ff (461).
487 Zellenberg, in: Machacek/Pahr/Stadler, Band 3, S. 460/461.
488 VfSlg 10321.
489 VfSlg 10378.
490 VfSlg 10427.
491 VfSlg 11095.

In einer Entscheidung vom 22. 11. 1985[492] spricht der VfGH im Zusammenhang mit einer Leibesvisitation (unter weitgehender Entkleidung in Gegenwart mehrerer Häftlinge) übergreifende inhaltliche Gesichtspunkte der EMRK an: "Dadurch wurde sie nämlich als (von Rechts wegen) ihrer Freiheit Beraubte in der Tat in derart unzumutbarer Weise bloßgestellt, gedemütigt und in ihrer Ehre getroffen, daß bereits von einer 'erniedrigenden', die Menschenwürde verletzenden Behandlung i S des Art 3 MRK gesprochen werden muß." Die Ehre wird damit als inhaltlicher Maßstab bei der Beurteilung einer erniedrigenden Behandlung anerkannt. Ob damit eine Anerkennung der Ehre als verfassungsgesetzlich gewährleistetes Recht verbunden sein sollte, muss angesichts der beiläufigen Erwähnung bezweifelt werden[493].

Allerdings ist diese Entscheidung kein Einzelfall. Der VfGH wiederholt in einem Erkenntnis vom 26. 2. 1990[494] diese Feststellungen: „Der Befehl, sich zu entkleiden und auch die getragene Damenbinde vorzuweisen, stellt jedenfalls dann eine 'erniedrigende Behandlung' dar, wenn dieses Vorgehen nicht aus sachlichen Gründen dringend geboten ist (vgl. VfSlg. 10 661/1985); zur Verpflichtung der Behörde, Gewalt maßhaltend anzuwenden, vgl. etwa VfSlg. 11 228/1987, 11 229/1987, 11 230/1987, 11 327/1987, 11 329/1987, 11 508/1987. Von solchen Gründen kann hier keine Rede sein: Die Beschwerdeführerin wurde im Zusammenhang mit geringfügigen Verwaltungsübertretungen festgenommen. Es bestand kein Anhaltspunkt dafür, daß sie im Besitz von Gegenständen wäre, die für sie oder für andere Personen eine Gefahr bilden könnten (etwa von Waffen oder von Suchtgift). Es war von vornherein beabsichtigt, die Beschwerdeführerin nur kurzfristig (nämlich nur solange, bis sie sich beruhigt hatte) anzuhalten. Unter diesen Umständen war es keinesfalls notwendig, die Beschwerdeführerin dazu zu verhalten, sich einer in der geschilderten Weise vorgenommenen Leibesvisitation zu unterziehen. Dadurch wurde sie als (von Rechts wegen) ihrer Freiheit Beraubte in einer derart unzumutbaren Weise bloßgestellt und in ihrer Ehre getroffen, daß bereits von einer „erniedrigenden", die Menschenwürde verletzenden Behandlung iS des Art 3 MRK gesprochen werden muß."

In dieser Entscheidung kommt zum Ausdruck, dass die Beurteilung einer Verletzung der Menschenwürde an den Geboten der Sachlichkeit und des Maßhaltens gemessen wird. Das Gebot der Sachlichkeit erinnert dabei an den Gleichheitssatz, das Gebot des Maßhaltens und auch der Erforderlichkeit an Kriterien des Prinzips der Verhältnismäßigkeit.

---

492 VfGH, B 889/ 84, SlgNr 10663.
493 Vgl hierzu Berka, Grundrechte, Rn 389.
494 VfGH VfSlg 12.258.

Eine grundlegende Erweiterung des Schutzbereiches des Art. 3 EMRK durch den VfGH ist bislang jedoch nicht feststellbar. Aufsehen erregte eine Erweiterung des Schutzbereichs des Art. 8 EMRK durch den VfGH zu § 3 FortpflanzungsmedizinG vom 14. 10. 1999[495]. Mit Blick auf die schutzbereichserweiternde Rechtsprechung des VfGH - in personeller Reichweite auch jüngst der. EGMR[496] - kann erwartet werden, dass Art. 3 EMRK übergreifendere Funktionen aufweisen wird; dies auch vor dem Hintergrund des in der Präambel formulierten Gebotes, die Grundfreiheiten und Menschenrechte fortzuentwickeln.

bb) EGMR[497]

Die Judikatur des EGMR[498] verknüpft die Bestimmung des Art. 3 EMRK nicht so durchgängig wie die Rechtsprechung des VfGH mit dem Begriff der Menschenwürde, hingegen wird der Schutzbereich weit und offen gefasst[499]. Hervorstechend sind Formulierungen und Überlegungen zum „fundamentalen Charakter"[500] dieser Bestimmung, deren Wesen - so der EGMR - in der Menschenwürde wurzelt.

Aussagekräftige Entscheidungen erscheinen mir vor allem Chahal, Tyrer, Ribitsch, Soering, Campell und Cosans sowie C. R.

In der Entscheidung *Chahal* v. 15. 11. 1996[501] beschäftigte sich der EGMR mit dem aus Art. 3 EMRK abgeleiteten Verbot der Abschiebung. Wenn für den Abgeschobenen ein reales Risiko bestehe, im Land der Abschiebung einer menschenunwürdigen Behandlung unterworfen zu werden, darf eine Abschiebung nicht erfolgen. Entgegen einer deutschen Übersetzung in Leitsatz 2 spricht der EGMR jedoch nicht von menschenunwürdiger Behandlung, sondern von „treat-

---

495 EuGRZ 1999, Heft 23-24, S. 680 ff; siehe dazu unten, Dritter Teil IV 1.
496 EGMR v. 8. 7. 1999, ÖJZ 2ooo, S.474 (476), zur Frage, ob ein Familienmitglied eines Betroffenen, der in einer gegen Art. 3 EMRK verstoßenden Weise behandelt worden ist, als Opfer einer Konventionsverletzung anzusehen ist.
497 Leider entsprechen die deutschen Übersetzungen, wie z.B in Fachzeitschriften veröffentlicht, nicht immer verlässlich dem orginalen englischen oder französischem Text.
498 Zum Grundrechtsschutz durch den EGMR Berka, Grundrechte, Rn 323 ff (zu den innerstaatlichen Wirkungen Rn 329). Zur Individualbeschwerde, auch zum Vorgehen im einstweiligen Rechtsschutz, Wittinger, Die Einlegung einer Individualbeschwerde vor dem EGMR, NJW 2001, S. 1238 ff.
499 Zur Problematik der Ausweitung des Schutzbereichs vgl deutlich BVerwG, NVwZ 1997,.Heft 11, S..1127 ff.
500 Vgl Jabari v. Turkey, 517, 11. 7. 2000: "Fundamental value".
501 Nr. 70/1995/576/662, NVwZ 1997, Heft 11, S. 1093 ff.

ment contrary to Article 3"[502]. Sowohl die KOM[503] als auch der EGMR[504] weisen auf Art 3 EMRK als einen der grundlegendsten Werte in einer demokratischen Gesellschaft hin. Die Unvereinbarkeit einer Abschiebung aus Art 3 EMRK beinhaltet auch die Verpflichtung, den Betroffenen nicht in dieses Land auszuweisen[505].

Im Fall *Tyrer* vom 25. 4. 1978[506] ging es um die Prügelstrafe auf der Insel Man. Der EGMR entschied, dass „das Element der Demütigung den im Begriff der 'erniedrigende Strafe' innewohnenden Schweregrad erreichte"[507], wobei die Art und der Zusammenhang der Strafe sowie die Art und Weise ihrer Durchführung maßgeblich waren[508]. Wirksame Abschreckung und fehlende Öffentlichkeit führen dabei zu keiner anderen Beurteilung. Der EGMR formuliert: "Thus, although the applicant did not suffer severe or long-lasting physical effects, his punishment - whereby he was treated as an object in the power of the authorities - constituted an assault on precisely that which it is one of the main purposes of Article 3 (art. 3) to protect, namely a person's dignity and physical integrity". Damit erwähnt der EGMR die Menschenwürde zwar nicht in der Formulierung „human dignity" und auch nicht in der Formulierung des Art. 1 der Allgemeinen Erklärung über die Menschenrechte[509]. Auffallend bei dieser Entscheidung ist jedoch die argumentative Bezugnahme auf die Herabwürdigung des Menschen zum bloßen Objekt staatlichen Handelns - treatet as an object in the power of authorities -, wie dies sowohl in der Rechtsprechung des BVerfG unter Bezugnahme auf die Formel Dürigs[510] als auch in der Rechtsprechung des VfGH[511] zum Ausdruck kommt[512].

---

502 Chahal v. U. K., Nr 97, Slg 96 S. 1831.
503 Nr. 79 „Article 3 enshrines one of the most fundamental values of democratic society".
504 Nr.96 - nahezu gleich in der Formulierung ("... one of the fundamental values of democratic societies ...").
505 EGMR v. 17. 12. 1996, NVwZ 1997, Heft 11, S. 1100 (1101) -Ahmed/Österreich, Nr. 71/1995/577/663.
506 EuGRZ 1979 S. 162 ff; dazu auch Zellenberg, in: Machacek/Pahr/Stadler, Band 3, S. 441 ff (471/472).
507 EGMR, aaO, Nr. 35.
508 EGMR, aaO, Nr. 30.
509 Universal Declaration Of Human Rights, Art. 1: „All human beings are born free and equal in dignity and rights."
510 AöR 81, 1956, S. 117 ff (127).
511 VfGH vom 10. 12. 1993, VfSlg 13.635/1993, siehe dazu unter Zweiter Teil I 2 a.
512 Vgl Bergmann, Menschenbild, S. 124, der die Formeln von Kant, Dürig und des BVerfG gegenüberstellt.

Im Fall *Ribitsch*[513] formulierte der EGMR, „daß jede körperliche Gewaltanwendung gegen eine ihrer Freiheit beraubten Person diese in ihrer Menschenwürde beeinträchtigt und prinzipiell eine Verletzung der in Art. 3 EMRK garantierten Rechte darstellt, wenn die Gewaltanwendung nicht im Hinblick auf das eigene Verhalten des Opfers unbedingt notwendig gewesen ist"[514]. In der neben der französischen maßgeblichen englischen Formulierung wird das Wort „human dignity" verwendet: „The Court emphasises that, in respect of a person deprived of his liberty, any recourse to physical force which has not been made strictly necessary by his own conduct diminishes human dignity and is in principle an infringement of the right set forth in Article 3 (art. 3) of the Convention."[515]

Im Fall *Soering*[516] wies der EGMR auf den fundamentalen Charakter von Art. 3 EMRK hin und wandte damit Art. 3 EMRK auf Auslieferungsfälle, mithin auf potentielle Konventionsverletzungen, an. In dieser Entscheidung wird ebenfalls bestätigt, dass Art. 3 EMRK „einen der grundlegensten Werte der demokratischen Gesellschaften bildet, die sich im Europarat zusammengeschlossen haben"[517]. Der EGMR betonte in diesem Zusammenhang wiederum die Notwendigkeit, die Schutzgarantien der EMRK praktisch wirksam und effektiv zu gestalten, zu verstehen und anzuwenden[518].

Bereits im Fall *Campell und Cosans* vom 25. 2. 1982[519] wurde dargelegt, dass bereits Bedrohungen mit einem durch Art. 3 EMRK verbotenen Verhalten von dieser Vorschrift umfasst werden können. Allerdings müsse eine zu einer erniedrigenden Behandlung führende Demütigung oder Herabsetzung „ein Mindestmaß an Schwere"[520] erreichen. Es komme auf die Umstände des Einzelfalls an. Diese Judikaturlinie setzt sich bis heute fort. So wird die Notwendigkeit, dass Mißhandlungen ein Mindestmaß an Schwere erreichen müssen, bevor sie in den Anwendungsbereich von Art. 3 EMRK fallen, in der Entscheidung Smith und Grady/Vereinigtes Königreich vom 27. 9. 1999[521] bestätigt, worin es um die Entlassung aus der britischen Luftwaffe wegen Homosexualität ging.

---

513 EGMR, Urteil v. 4. 12. 1995. Nr. 42/1994/489/571, EuGRZ 1996,S. 504 ff.
514 EGMR, aaO Nr. 38, S 512.
515 EGMR, aaO, Nr. 38.
516 Urteil v. 7. 7. 1989, Nr. 1/1989/161/217, EuGRZ 1989, S. 314 ff.
517 EGMR, aaO, Nr. 88.
518 EGMR, aaO, Nr. 87.
519 EuGRZ 1982, S. 153 ff; vgl Zellenberg, in: Machacek/Pahr/Stadler, Band 3, S. 441 ff (472).
520 EGMR, aaO, Nr. 28, S. 154.
521 NJW 2000, S. 2089 ff, Nr. 122, wonach Ermittlungen gegen Angehörige der Streitkräfte und ihre Entlassung wegen Homosexualität quälend und erniedrigend sind, aber unter Berücksichtigung aller Umstände des zu berücksichtigenden Einzelfalles

Im Fall *C. R. v. U. K.* (Vergewaltigung in der Ehe) vom 22. 11. 1995[522] qualifiziert der EGMR das Prinzip der Achtung der Menschenwürde als Wesenskern der EMRK. Der englische Originaltext lautet: „42. ... What is more, the abandonment of the unacceptable idea of a husband being immune against prosecution for rape of his wife was in conformity not only with a civilised concept of marriage but also, and above all, with the fundamental objectives of the Convention, the very essence of which is respect for human dignity and human freedom."

Zu erwähnen bleibt, dass der EGMR aus den Konventionsrechten staatliche Schutzpflichten abgeleitet hat und sich diese Rechtsprechung fortsetzt[523]. Von besonderer Bedeutung erscheint mir eine jüngere Entscheidung vom 8. 7. 1999[524], die nicht nur zur Schutzpflicht aus Art. 2 EMRK[525], sondern auch zur personellen Reichweite des Art. 3 EMRK Stellung nimmt.

Die Rechtsprechung des EGMR zu Art. 3 EMRK weist zusammenfassend die Menschenwürde als Schutzgut aus. Der fundamentale Charakter des Art. 3 EMRK wird beständig herausgestellt. Die Tragweite einer Bestimmung wie Art 1 Abs. 1 GG ist damit freilich nicht erreicht, wenngleich nicht nur subjektive Abwehransprüche des Bürgers, sondern auch subjektive Schutzpflichten des Staates aus Art. 3 EMRK abgeleitet werden. Frowein[526] plädiert in einer Art Fortentwicklung des Schutzumfangs dafür, dass es auch richtig sei, die staatliche Untätigkeit gegenüber existenzbedrohender Armut als Verletzung des Art. 3 EMRK zu qualifizieren und weist damit in die Richtung einer übergreifenden Bedeutung des Art. 3 EMRK[527], wie sie auch dem Prinzip der Menschenwürde immanent ist.

---

nicht das Mindestmaß an Schwere erreichen, um von Art. 3 EMRK erfasst zu werden; vgl auch EGMR v. 28. 7. 1999, Selmouni/Frankreich, NJW 2001, S. 56 (60).
522 Nr. 48/1994/495/577, Nr. 42, vgl ÖJZ 1995, S. 356 ff mit entsprechender Begründung in der Entscheidung S. W. v. U. K., Nr. 47/1994/494/576.
523 vgl EGMR v. 19.2.1998, Nr. 116/1996/735/932, Guerra und andere/Italien, NJW 1999, 3181 ff zu Art. 8 EMRK.
524 Cakici/Türkei, ÖJZ 2000, H 12, S. 474. Danach kann auch ein Familienmitglied eines Betroffenen, dem gegenüber eine Verletzung des Art. 3 EMRK zu bejahen ist, selbst Opfer einer Verletzung des Art. 3 EMRK sein, wenn bestimmte Faktoren (z.B. Reaktion und Verhaltensweisen von Behörden) vorliegen.
525 „Art. 2 MRK erlegt den Staaten eine positive Verpflichtung dahin gehend auf, dass das Recht auf Leben gesetzlich geschützt wird. Dies verlangt implizit, dass es in irgendeiner Form eine wirksame offizielle Untersuchung gibt, wenn Menschen infolge der Anwendung von Gewalt getötet werden."(EGMR, siehe oben, ÖJZ 2000, S. 474).
526 Frowein, in: Frowein/Peukert, EMRK, Art. 3 Rn 25.
527 In diesem Zusammenhang drängt sich der Gedanke an die Rechtsprechung des BVerfG auf, das eine staatliche Pflicht zum Schutz der Menschenwürde auch dann bejaht, wenn die Mindestvoraussetzungen für ein menschenwürdiges Dasein nicht gegeben sind; hierzu unten, Sechster Teil II 1 g (10).

cc) OGH

Der OGH[528] als Hüter der Grundrechte bei justitiellen Entscheidungen hält ausdrücklich fest, dass in Art. 3 EMRK das Recht auf Achtung der Menschenwürde festgelegt ist[529].

Bereits im Jahr 1979 stellt der OGH klar: „Nicht jede nach dem WaffengebrauchsG unzulässige Anwendung von Körperkraft verletzt zwingend auch Art. 3 MRK, vielmehr muß qualifizierend eine die Menschenwürde beeinträchtigende gröbliche Mißachtung des Betroffenen als Person hinzutreten ..."[530].

In vielen Entscheidung wird ein rechtliches Interesse an der gerichtlichen Feststellung der Unzulässigkeit einer Unterbringung oder einer vorgenommenen Behandlung (Unterbringung im Rahmen des UnterbringungsG) auch noch nach deren Aufhebung (entsprechend der bisherigen Judikaturlinie) bestätigt, „greifen doch die den Ärzten im Rahmen der Psychiatrie übertragenen Zwangsbefugnisse nach dem Unterbringungsgesetz in zahlreiche verfassungsrechtlich gewährleistete Grundrechte des Patienten ein, so in jenes der persönlichen Freiheit nach Art. 5 MRK und in das Recht auf Achtung der Menschenwürde nach Art. 3 MRK"[531].

Freilich ist mit dieser Feststellung des OGH noch keine Aussage über eine Inhaltsbestimmung des Prinzips der Menschenwürde getroffen. Dennoch wird ausgedrückt, dass der OGH die Menschenwürde als Schutzgut des Art. 3 EMRK anerkennt. Inhalt und Reichweite sind im Einzelfall zu bestimmen. Diese Rechtsprechung ist nicht vereinzelt, sondern generell und betont letztendlich den Zusammenhang der Menschenwürde mit einem effektiven Rechtsschutz, wobei der normative Ansatz des effektiven Rechtsschutzes Art. 13 EMRK ist[532].

---

528 Zum Grundrechtsschutz durch den OGH Berka, Grundrechte, Rn 320 ff.
529 Vgl OGH v. 17. 6. 1992, ÖJZ 1993; EvBl. 1993/33, S. 167= SZ 65/92: "... ‚in dem in Art. 3 MRK festgelegten Recht auf Achtung der Menschenwürde verletzt zu sein, ...".
530 OGH v. 20.9.1979, 12 Os56/79 = EvBl. 1980/55 S. 185.
531 OGH v. 14. 8. 1996, 6 0b2117/96h; diese Rechtsprechung ist bereits in früheren Entscheidungen vom 17. 6. 1992 (2 Ob 512/92 in ÖJZ 1993, EvBl 33 S. 167) und vom 26. 8. 1993 (2 Ob 539/93) entwickelt und wurde in ähnlicher Weise in einer Entscheidung vom 7. 12. 1993 (6 Ob 631 93) bestätigt, wonach die vom Staat im Unterbringungsgesetz gewährten Rechtsschutzeinrichtungen im Lichte der MRK auszulegen sind und u.a. die Behauptung „in seinen Rechten auf Achtung der Menschenwürde (Art. 3 EMRK)„ verletzt zu sein, nachträgliches rechtliches Feststellungsinteresse gewährt. So auch OGH v. 29. 1. 1997, 7 0b17/97v, und 20. 11. 1997, 2 0b347/97m; auch OGH v. 20. 1. 2000, 6 Ob 242/99b.
532 Vgl OGH v. 26.8.1993, 2 Ob539/93.

dd) VwGH und UVS

Der VwGH[533] beschäftigt sich u. a. in einer Entscheidung vom 21. 9. 1995[534] mit der Menschenwürde und hält im Rechtssatz fest: "Mit dem Haftvollzug einhergehende Zwangsakte könnten etwa dann gegen § 37 Abs. 1 FrG verstoßend anzusehen sein, wenn qualifizierend hinzutritt, daß sie nach Lage des Falles eine die Menschenwürde beeinträchtigende gröbliche Mißachtung des Betroffenen als Person zum Ausdruck bringen(hier: Haftvollzug in Nigeria)." Damit übernimmt der VwGH inhaltlich die Menschenwürdejudikatur des VfGH zu Art. 3 EMRK, hier auf einfachgesetzlicher Ebene.

Auch die Unabhängigen Verwaltungssenate (UVS)[535] übernehmen in zahlreichen Entscheidungen die Rechtsprechung des VfGH zu Art. 3 EMRK[536]. Dabei führt der UVS Steiermark in einem Bescheid vom 18. 6. 1998[537] aus: „Nach ständiger Judikatur des VwGH verletzen physische Zwangsakte die Bestimmung des Art. 3 MRK, wenn ihnen eine die Menschenwürde beeinträchtigende Mißachtung des Betroffenen als Person zu Eigen ist". Überraschenderweise fährt der Bescheid in dogmatischer Anlehnung an das Verhältnismäßigkeitsprinzip fort: „Für die Beurteilung ist inhaltlich das Gebot der Verhältnismäßigkeit und des Maßhaltens ausschlaggebend."[538] Im Ergebnis ist festzuhalten, dass die Unabhängigen Verwaltungssenate die Rechtsprechung des VfGH zu Art. 3 EMRK auch ihrer jeweiligen Beurteilung zugrunde legen. Der UVS Oberösterreich[539] stützt in einer Entscheidung aus dem Jahr 2000 einen Verstoß gegen eine menschenwürdige Behandlung sowohl auf Art. 3 EMRK als auch auf Art. 1 Abs. 4 PersFrG: „Durch das Anlegen von Handfesseln wurde der Beschwerdeführer sohin „erniedrigend" i.S.d. Art. 3 MRK bez. unter „Nichtbeachtung seiner Menschenwürde" iSd Art. 1 Abs. 4 PersFrSchG, nämlich unter gröblicher Missach-

---

533 Zum Grundrechtsschutz durch den VwGH, Berka, Grundrechte, Rn 313 ff.
534 VwGH Gz. 93/18/0611.
535 Zum Grundrechtsschutz durch den UVS, Berka, Grundrechte, Rn 318 ff; Balthasar, Die unabhängigen Verwaltungssenate: Verwaltungsbehörden und/oder Verwaltungsgerichte, Wien 2000.
536 Statt vieler UVS Burgenland v. 17.7. 1998, Gz. 13/02/98017; UVS Vorarlberg Bescheid vom 28.6.1999, Gz. 2-06/94; UVS Oberösterreich vom 7.6.1999, Gz. VwSen- 420243/36/Kl/Rd; UVS Oberösterreich vom 30. 10. 1995, VwSen-420081/20/Kl/Rd; UVS Kärnten vom 28.7. 1992, Gz. KUVS-51/7/92.
537 Gz.20.3-16/98, 20.3-17/98, 20.3-18/98.
538 Mit Verweis auf VfGH 7.3.1994,B 115/93,VfSlg 13708).
539 UVS Oberösterreich vom 28. 6. 2000, VwSen-420273/55/Gf/Km; zur Frage des Verhältnisses von Art. 3 EMRK und Art. 1 Abs. 4 PersFrG vgl oben, Zweiter Teil III 3.

tung des Betroffenen als Person (...) behandelt und damit in seinen verfassungsmäßig gewährleisteten Rechten verletzt."

ee) Rechtslehre

Wie verhält sich die Rechtslehre zu der Fragestellung, ob und inwieweit aus Art. 3 EMRK ein fundamentales Rechtsprinzip verfassungsrechtlich abzuleiten ist, das sich mit dem Begriff der Menschenwürde umschreiben und sich als übergreifendes Verfassungsprinzip über den Wortlaut und die bisherige Anerkennung als Schutzgut hinaus qualifizieren lässt?

Bereits 1956 hielt Echterhölter[540] fest, dass es sich bei Art. 3 EMRK um eine Generalklausel handle. Er verweist dabei auf Art. 104 GG und Art. 1 Abs. 1 GG. Dürig[541] sprach sich für das Bonner Grundgesetz schon früh dafür aus, dass der Grundgesetzartikel des Art. 2 Abs. 1 GG das Auffanggrundrecht darstellen soll, „das den von Art. 1 I geforderten absoluten Wertschutz lückenlos realisiert". Auf dem Boden dieser Überlegung eines lückenlosen Schutzes der Menschenwürde drängt sich auch für Österreich die Überlegung auf, ob nicht Art. 3 EMRK eine lückenschließende Funktion übernehmen könnte, zumal der Grundrechtsschutz in Österreich bekanntlich nicht lückenlos kodifiziert ist. In der österreichischen Literatur gibt es zur Frage einer übergreifenden Geltung des Art. 3 EMRK eine Vielzahl verneinender, skeptischer, aber auch einige bejahende Stimmen[542].

Berka[543] formuliert vor dem Hintergrund, „dass grundsätzlich alle Grundrechte Teilinhalte der Menschenwürde gewährleisten": „Soweit eine besondere grundrechtliche Ausprägung der Menschenwürde fehlt, wird Art. 3 EMRK heranzuziehen sein." Öhlinger[544] hält zu Art. 3 EMRK fest, dass die Menschenwürde „im Grundrechtskatalog der österreichischen Bundesverfassung kein explizit verankertes Grundrecht" ist. Unter Bezugnahme auf die Entscheidung des VfGH vom 10. 12. 1993[545] geht Öhlinger wohl davon aus, dass die Menschenwürde implizit in der österreichischen Verfassung verankert ist. Holoubek[546] weist dar-

---

540 JZ 1956, Die Europäische Menschenrechtskonvention in der juristischen Praxis, S.142 (144).
541 Dürig, in: Maunz-Dürig, Grundgesetz, Art. 1 Abs. 1, Rn 88.
542 Einen knappen Einblick in den Diskussionsstand gibt auch Kneihs, Grundrechte und Sterbehilfe, Wien 1998, S. 282, Fn 12o7; auch Zellenberg, in: Machacek/Pahr/Stadler, Band 3, S. 441 ff (454).
543 Berka, Grundrechte, Rn 378.
544 Öhlinger, Verfassungsrecht, Rn 748.
545 VfSlg 13.635/1993.
546 Holoubek, JöR 1995, Band 43, NF, Überblick über einige Grundpositionen des Grundrechtsschutzes in der jüngeren Rechtsprechung des österreichischen Verfassungsgerichtshofes, S. 573 ff (586).

auf hin, dass die EMRK keine allgemeine grundrechtliche Verbürgung der Menschenwürde kenne und dies damit zusammenhänge, daß der Grundrechtskatalog der EMRK kein lückenloses „Wert- und Anspruchssystem" errichten, sondern „in einem konkreten historischen Kontext auf virulente Bedrohungssituationen reagieren" wollte. Doch sowohl dem StGG 1867 wie auch der EMRK liege „der Gedanke der Unantastbarkeit der Würde des Menschen insgesamt zugrunde, nur von diesem Grundgedanken her werden die verschiedenen Einzelgrundrechte in ihrem vollen Gehalt verständlich, ihre Bedeutung erschließt sich daher auch nur unter Beachtung dieser grundlegenden Teleologie".

Rosenmayr[547] formuliert, dass ein aus Art. 3 EMRK „abgeleitetes und der Menschenwürde verpflichtetes Grundrechtsverständnis zur Folge haben könnte, daß die Verletzung jedes anderen Grundrechts, erreicht sie nur einen bestimmten Schweregrad, gleichzeitig auch als unmenschliche oder erniedrigende Strafe oder Behandlung angesehen werden muß", gleichsam Art. 3 EMRK als „Generaltatbestand"[548] wirken könnte. Eine solche Weiterentwicklung zu einem Verfassungsprinzip der Achtung der Menschenwürde hält er aber eher für unwahrscheinlich. Dennoch spricht Rosenmayr von einem von Art. 3 EMRK ausgesprochenen verfassungsrechtlichen Grundsatz der Achtung der Menschenwürde und verweist zudem auf § 16 ABGB. Dogmatisch weist er darauf hin, dass Behörden und Gerichte die „zumindest indirekte, interpretative Wirkung des Art. 3 EMRK zu beachten" haben, vor allem in den Bereichen des staatlichen Handelns, „die in die Lebensführung des einzelnen am stärksten eingreifen, wie im Polizeiwesen, der Strafgerichtsbarkeit, dem Strafvollzug, dem Militär- und dem Flüchtlingswesen und bei der Anhaltung von psychisch Kranken"[549].

Raschauer[550] sieht die EMRK als Stütze einer „Identifizierung des allgemeinen Rechtsgrundsatzes der Achtung der Menschenwürde im österreichischen Recht". Er verweist dabei auf Art. 2 bis 7 EMRK und bezeichnet die Achtung der Menschenwürde als allgemeines Rechtsprinzip, als Grundrechtsprinzip, das sowohl die Legislative als auch die Exekutive binde. Als Beispiel führt er das Namensrecht an, wonach verletzende Namen nicht erteilt werden dürfen. Ebenso plädiert Stolz[551] dafür, Art. 3 EMRK „subsidiär als eine Art Generaltatbestand in die Interpretation der einschlägigen Menschenrechte einfließen zu lassen", ver-

---

547 Rosenmayr, in: Ermacora/Novak/Tretter (Hrsg), Die Europäische Menschenrechtskonvention in der Rechtsprechung der österreichischen Höchstgerichte, Wien 1983, Art. 3 MRK, S. 156.
548 Rosenmayr, aaO, siehe oben, S. 156.
549 Rosenmayr, aaO, siehe oben, S. 157.
550 Raschauer, Namensrecht, Forschungen aus Staat und Recht 45,1978, S. 86.
551 Stolz, Grundrechtsaspekte künstlicher Befruchtungsmethoden, in:Bernat (Hrsg), Lebensbeginn in Menschenhand, Graz 1985, S. 114.

stärkend helfe der Gleichheitssatz (Art. 2 StGG, Art. 7 B-VG), wobei als Richtschnur einer sachlich gerechtfertigten Differenzierung, so Stolz, wiederum die Menschenwürde dienen soll. Eine gesetzliche Ungleichbehandlung sei dann nicht willkürlich, wenn sie zur Verwirklichung der Menschenwürde geboten erscheine. Was den Inhalt der Menschenwürde anbelangt, verweist Stolz auf § 16 ABGB als präpositive Wertvorgabe[552].

In diese Argumentationsrichtung zielt auch Schlag[553], der zunächst in Anlehnung an Ermacora die Menschenwürde als absoluten Kern des Gleichheitssatzes begreift. Schlag kommt zu dem Ergebnis, dass Art. 3 EMRK dem Staat eine Pflicht zum Schutze der Menschen vor unwürdiger Behandlung, auch durch Private, auferlege[554]. Bergmann[555] verteidigt die Auffassung Schlags, der - weitergehender als Stolz - eine einklagbare Gestaltungspflicht des Staates zum Schutz der Bürger vor unwürdiger Behandlung fordert. Die „Unbedingtheit"[556] des Art. 3 EMRK hat konsequenterweise „auf allen Ebenen des menschlichen Zusammenlebens zu greifen. Ein Schutz der Würde des Einzelnen ist nicht teilweise gewährbar, sonst wäre er nichts wert." Bergmann kommt zu folgendem Ergebnis: "Obwohl die EMRK das Postulat des Schutzes der Menschenwürde nicht explizit positiviert hat, wird dieser doch insbesondere über Art. 3 der gesamten Konvention zugrundegelegt und dabei als politischer Hintergrund und geistiger Gehalt der Konvention verstanden. Eine Publikation des Europarates bezeichnete in diesem Sinne als das 'höchste Recht: Menschenwürdiges Leben' "[557].

Jann[558] qualifiziert die Rechtsprechung des VfGH der 80er Jahre zu Art. 3 EMRK als Ausdruck des Prinzips der Verhältnismäßigkeit: „Hierbei ist der Verfassungsgerichtshof grundsätzlich vom Verhältnismäßigkeitsprinzip ausgegangen und hat in diesem Zusammenhang wiederholt ausgesprochen, dass die Anwendung von Gewalt sowie insbesondere die Intensität der angewendeten Gewalt unter dem Aspekt des Art. 3 EMRK dahingehend zu prüfen ist, ob sie maßhaltend ausgeübt wird, also verhältnismäßig im Hinblick auf den angestrebten Zweck der Amtshandlung, die Erforderlichkeit des von der Behörde eingesetzten

---

552 Stolz, aaO, siehe oben, S. 114 unter Berufung auf Zeiller, Das natürliche Privatrecht, 1808, S. 59.
553 Schlag, Verfassungsrechtliche Aspekte der künstlichen Fortpflanzung, Wien 1991, S. 125 ff.
554 Schlag, aaO, siehe oben, S. 132.
555 Bergmann, Menschenbild, S. 121.
556 Bergmann, Menschenbild, S. 121.
557 Bergmann, Menschenbild, S. 125, Fn 48 FORUM EUROPARAT, 1/80, XVIII.
558 Jann, Verfassungsrechtlicher und internationaler Schutz der Menschenrechte: Konkurrenz oder Ergänzung?, Landesbericht Österreich für die IX. Konferenz der Europäischen Verfassungsgerichte, EuGRZ 1994, S. 1 ff (9).

Mittels sowie unter Berücksichtigung des konkreten Verhaltens des Beschwerdeführers selbst."

Öhlinger/Novak[559] sprechen sich dagegen aus, Art. 3 EMRK als eine Art Generaltatbestand aufzufassen. Eine anders lautende Auffassung überschätze die Tragfähigkeit dieser Bestimmung. Es lasse sich insbesondere aus dem staatsgerichteten Abwehrrecht des Art. 3 EMRK weder eine sogenannte Drittwirkung noch ein umfassender Gestaltungsauftrag an den einfachen Gesetzgeber ableiten. Im Ergebnis erlange Art. 3 EMRK nicht die Tragweite von Art. 1 GG. Funk[560] leitet u. a. aus Art. 3 EMRK Gewährleistungen „im Interesse des Schutzes der Gesundheit und der Umwelt" ab. Dabei geht es um „den Schutz von Menschen vor Gefährdungen und Beeinträchtigungen, die die Folge von umweltschädigendem Verhalten anderer sind"[561]. Die Pflicht zur Vorsorge gegen todbringende Einwirkungen werde dabei von Art. 2 EMRK erfasst, die Pflicht zur Vorsorge des Staates gegen andere gesundheitliche Schäden ergebe sich aus Art. 3 EMRK, weil die Einwirkung als eine unmenschliche und erniedrigende Behandlung zu qualifizieren sei. Art. 3 EMRK stehe dabei konkurrierend Art. 8 EMRK zur Seite. Funk weist jedoch darauf hin, dass diese Auffassung Mindermeinung sei[562]. Kneihs[563] bezweifelt, ob aus Art. 3 EMRK ein „die ganze Verfassungsordnung bestimmender Schutz der Menschenwürde" abgeleitet werden könne. Für Fragestellungen medizinisch gebotener Behandlung oder deren Unterlassung könne „nur in sehr engen Grenzen das Gebot eines bestimmten Vorgehens abgeleitet werden"[564]. Kneihs hält allerdings fest, dass „Heileingriffe, die gegen den Willen eines einsichtsfähigen Patienten bez einer einsichtsfähigen Patientin vorgenommen werden, als erniedrigend iSd Art. 3 EMRK zu qualifizieren (sind), weil durch sie der einsichtsfähige Mensch gegen seinen Willen zum Objekt des Handelns anderer gemacht wird"[565]. Er sieht aber eine Parallele zum Prinzip der Menschenwürde in der Struktur des Art. 3 EMRK, zumal die Formulierung des Art. 3 EMRK kein positives Schutzgut umschreibt, sondern ein Verbot von Übergriffen normiert[566].

---

559 Grundrechtsfragen künstlicher Fortpflanzung in Österreich, in: Österreichische Enquete zum Thema Familienpolitik und künstliche Fortpflanzung 1985, S. 31 (33).
560 Funk, Ein Grundrecht auf Schutz der Gesundheit, in: JRP 1994,, S. 68 ff (73).
561 Funk, aaO, siehe oben, S. 69.
562 Funk, aaO, siehe oben, S. 73.
563 Kneihs, Grundrechte und Sterbehilfe, Wien 1998, S. 282.
564 Kneihs, Grundrechte und Sterbehilfe, S. 322.
565 Kneihs, Grundrechte und Sterbehilfe, S. 292.
566 Kneihs, Grundrechte und Sterbehilfe, S. 285, Fn 1216.

ff) Zusammenfassende Bewertung

Die EMRK war - auch als Antwort auf die menschenverachtende nationalsozialistische Politik in Deutschland - als Kernstück einer zukünftigen Verfassung für ein vereintes Europa konzipiert. Der EMRK liegt die Vorstellung zugrunde, dass der Staat dem Menschen dient und nicht der Mensch dem Staat. Denn die EMRK wurzelt im Demokratieprinzip, wie sich dies schon begrifflich aus der Präambel und den Schrankenvorbehalten ergibt; ferner spricht sie sich in Art. 3 schrankenlos und notstandsfest gegen unmenschliche Behandlungen aus. Zwar ist nicht zu übersehen, dass die EMRK ausdrücklich auch die Verantwortung des Menschen festschreibt, vgl. Art. 10 Abs. 2, Art. 4 Abs. 3 Ziff. d, aber auch Art. 1 Abs. 2 1. ZProtEMRK, aber einer Verantwortung des Menschen für den *Menschen*. Bemerkenswert ist meiner Ansicht nach auch die in der Präambel der EMRK formulierte Zielvorgabe, die Grundrechte fortzuentwickeln. Eigentlich ist es nur schwer vorstellbar, dass der EMRK nicht der Grundsatz der 'human dignity' - wie in der AEMR angesprochen - als rechtlicher Wert zugrunde liegt; dies insbesondere auf dem Boden der Rechtsprechung des EGMR, der die Menschenwürde ausdrücklich als Wesenskern der EMRK qualifiziert[567].

Freilich zwingt die Ableitung eines Verfassungsgrundsatzes der Menschenwürde zu einer Dogmatik und wirft viele Fragen auf. Ein übergreifendes Prinzip der Menschenwürde in der Dimension des Art. 1 GG ist dabei rechtsmethodisch weder grammatikalisch, systematisch, teleologisch noch historisch überzeugend allein aus der Bestimmung des Art. 3 EMRK ableitbar. Die strukturelle Ähnlichkeit dieser Bestimmung mit einem unantastbaren Schutzgut der Menschenwürde ist jedoch nicht von der Hand zu weisen, zumal vorbehaltlose Handlungsverbote normiert werden, die, da notstandsfest ausgestaltet, grundsätzlich auch der Disposition der Legislative entzogen sind. Der Schutzbereich des Art. 3 EMRK wird vom Verletzungsvorgang beschrieben, sowie sich dies auch in der gängigen Definition der Menschenwürde durch das BVerfG und den VfGH[568] darstellt. In der Zusammenschau mit anderen Ansätzen einer Deduktion des Prinzips der Menschenwürde aus der Bundesverfassung verdichtet sich auch auf dem Boden der obergerichtlichen Rechtsprechung die Annahme, dass dieses Prinzip implizit österreichische Verfassungsrechtsqualität besitzt. In Anlehnung an Raschauer[569] und dessen Gedanken aus dem Jahr 1978 ist die Ableitung eines Prinzips der Menschenwürde im Wege einer lückenschließenden Gesamtschau der EMRK zwar nicht zu begründen. Jedoch stützt, so Raschauer, die EMRK (Art. 2 bis 7)

---

567 Siehe oben, Zweiter Teil II 2 d bb, Fall C.R. v. UK.
568 Vgl insbesondere VfGH v. 10. 12. 1993, VfSlg 13.635/1993.
569 Raschauer, aaO, S. 86.

die „Identifizierung" dieses allgemeinen Rechtsgrundsatzes. Adamovich[570] weist bereits 1991 darauf hin, dass die Judikatur des VfGH zu Art. 3 EMRK „ausbaufähig wäre und gerade in Grenzfällen (vor allem beim Grundrecht auf persönliche Freiheit) zu einer großzügigeren Grundrechtsinterpretation führen könnte als bisher". Gutknecht[571] deutet - allerdings ohne nähere Begründung - an, dass aus Art. 3 EMRK Umweltschutzpflichten abzuleiten wären. Diese Stimmen aus der Praxis und Rechtslehre bestärken die hier vertretene Auffassung, dass die Ableitung und der Gehalt des Prinzips der Menschenwürde in Art. 3 EMRK eine tragende Stütze finden. Der EGMR weist Art. 3 EMRK bereits als fundamentalen Rechtsgrundsatz und die Menschenwürde als Wesenskern der EMRK aus. So kann ich mir vorstellen, dass die Erweiterung des Schutzbereichs des Art. 3 EMRK in Richtung eines umfassenden Menschenwürdeschutzes nur eine Frage der Zeit ist und beispielsweise aus Art. 3 EMRK der verfassungsrechtliche Schutz des Kernbereichs der Ehre begründet wird.

4) Der Gleichheitssatz und die Menschenwürde

Der Gleichheitssatz ist ein wichtiger normativer Ansatz sowohl für die Begründung als auch für die Inhaltsbestimmung eines Prinzips der Menschenwürde. In einer systematischen Ungleichbehandlung drückt sich eine Missachtung aus, die den Menschen erniedrigen und ihm auch die Subjektqualität absprechen kann. Auch gebietet der Gleichheitssatz im Kern, die prinzipielle Gleichwertigkeit des Menschen zu achten, beispielsweise nicht durch „positive" genetische Manipulationen den Menschen zum bloßen Objekt der Wissenschaft oder der Wunschvorstellungen Dritter, insbesondere der Eltern, zu instrumentalisieren. Als Beispiel für eine Verletzung des Kerns des Gleichheitssatzes und der Menschenwürde ist das Klonen eines Menschen zu nennen, weil der einzelne Mensch seiner Einzigartigkeit beraubt und die Menschen damit in ihren Ansprüchen auf eine unverwechselbare genetische Identität ungleich behandelt werden[572].

---

570 Adamovich, Grundrechte heute, in : Machacek/Pahr/Stadler, Band 1, 1991, S. 7 ff (19).
571 BVG Umwelt, in: Korinek/Holoubek, Österreichisches Bundesverfassungsrecht, Textsammlung und Kommentar, 1999, Rn 44.
572 Siehe dazu unten, Sechster Teil II 1 g (1) unter Klonen.

a) Rechtslehre

Wie bereits dargelegt, begründet Ermacora die Ableitung der Menschenwürde aus dem positivrechtlichen Gleichheitssatz[573]. Auch in Deutschland verweist Dürig[574] bereits früh auf den untrennbaren Zusammenhang der Menschenwürde und dem Gleichheitssatz: Die Menschenauffassung, die der Menschenwürde zugrunde liegt, enthält „die Gegebenheit, daß jeder Mensch frei ist (sich und die Umwelt zu gestalten); zum anderen die Gegebenheit, daß jeder Mensch diese Freiheit hat, insoweit also gleich ist (vgl. Art. 1 der UN-Dekl.: „frei und gleich an Würde und Rechten") ". Benda formuliert[575]: „Menschen, denen die Menschenwürde ohne jede Ausnahme zukommt, (müssen) auch die gleichen Rechte haben. Art. 3 Abs. 1 GG ist daher eine selbstverständliche Konsequenz des Art. 1 Abs. 1 GG". Kirchhof[576] zählt die personale Würde des Menschen zu den Kernaussagen des Gleichheitssatzes. Nach Kirchhof enthalten die Unantastbarkeitsgarantie der Menschenwürde wie auch die „Unverletzlichkeitsgarantien" des Art. 2 Abs. 2 Satz 1 und 2 „fundamentale Gleichheitssätze, weil sie jedem Menschen zugesprochen werden, damit als Basisrechte jedes Menschen spezielle Gleichheitsgewährleistungen enthalten"[577]. „Der Grundsatz 'Jeder hat gleichen Anspruch auf Freiheit und Menschenwürde' wird zum Rechtsprinzip schlechthin, das im Gegensatz zum Machtprinzip der Parteilichkeit steht"[578]. Kirchhof folgert: "Wenn alle Menschen vor dem Gesetz gleich sind, so meint das Gesetz die den Menschen in personaler Würde und Freiheit schützende und den rechtsstaatlichen Gewährleistungen entsprechende Regelung. Eine Gleichheit in der totalitären Unterwerfung, in der verordneten Ausrichtung des Denkens auf eine Staatsparole, in der wirtschaftlichen Verelendung oder in der Entwürdigung und Verach-

---

573 Ermacora, Handbuch der Grundfreiheiten und Menschenrechte, 1963,Kap. II § 6, S. 59/60, ders. in: Grundriß der Menschenrechte in Österreich, 1988, Rn 245, 262; zur fundamentalen Stellung des Gleichheitssatzes Hiesel, Gleichheitssatz, verfassungsrechtliche Grundordnung und das Erkenntnis VfSlg 15.373/ 1989, ÖJZ 2ooo, S. 281 ff (284/285 mwN unter Bezugnahme auf Korn, Melichar, Ermacora, Kobzina, Barfuß, Pernthaler und Öhlinger; zur normativen Begründung der Menschenwürde als Verfassungssatz aus dem absoluten Kern des Gleichheitssatzes auch Schlag, Verfassungsrechtliche Aspekte der künstlichen Fortpflanzung,, S. 125 ff.
574 Dürig, in :Maunz-Dürig, Grundgesetz, Band I, Art. 1 Abs. 1 Rn 18.
575 Benda, Die Menschenwürde, in: Handbuch des Verfassungsrechts, S. 112, unter Bezugnahme auf BVerfGE 5, 85 (205).
576 Kirchhof, Der allgemeine Gleichheitssatz, in: Isensee/Kirchhof, Handbuch des Staatsrechts, Band V,1992, § 124, Rn 46; vgl zur elementaren Rechtsgleichheit als Gewährleistungsinhalt der Menschenwürde, Höfling, in: Sachs, Grundgesetz, Art. 1 Rn 27; Podlech, GG-AK, Art 1 Abs. 1 Rn 23.
577 Kirchhof, in: Isensee/Kirchhof, Handbuch des Staatsrechts, Band V, § 124, Rn 112.
578 Kirchhof, aaO, siehe oben, § 124, Rn 103 unter Bezugnahme auf Kriele.

tung wäre das Gegenteil der von Art. 3 Abs. 1 geforderten Gleichheit. Alle Menschen sind von Verfassung wegen in ihrer unantastbaren Würde und in ihren Freiheitsrechten, nicht jedoch in beliebigen Lagen auch der Unterdrückung und des Elends gleich"[579]. Der Gleichheitssatz begründet notwendige Differenzierungsverbote, die auch aus der Menschenwürde oder anderen Verfassungsgarantien folgen[580].

b) Der Kern des Gleichheitssatzes; VfGH v. 12. 12. 1998

Das deutsche BVerfG weist in einer frühen Entscheidung auf den engen Zusammenhang zwischen Gleichheit und Menschenwürde hin und hält fest, dass die Menschenwürde jedem Menschen zukomme, „die Menschen insoweit gleich sind"[581]. Das Schweizerische Bundesgericht betont aktuell den engen Zusammenhang der Diskriminierung mit dem Gehalt der Menschenwürde, weil die Diskriminierung „an ein Unterscheidungsmerkmal anknüpft, das einen wesentlichen und nicht oder nur schwer aufgebbaren Bestandteil der Identität der betreffenden Person ausmacht"[582]. Der VfGH judiziert in einer bedeutsamen Entscheidung vom 12. 12. 1998[583], dass der Gleichheitssatz über einen der verfassungsrechtlichen Grundordnung angehörenden Kern verfügt. Diese Judikatur des VfGH, wonach der Gleichheitssatz nicht mehr zur beliebigen Disposition des einfachen Verfassungsgesetzgebers steht, wird als Kehrtwendung bezeichnet[584]. Ehemals führte der VfGH aus: "Es ist jedoch von vornherein ausgeschlossen, eine Bestimmung der Bundesverfassung am verfassungsgesetzlichen Gleichheitsgebot zu messen"[585].

Es stellen sich freilich die unbeantworteten Fragen nach dem Inhalt des Kerns und den Grenzen der Dispositionsbefugnis des einfachen Verfassungsgesetzgebers[586]. Auch Art. 44 Abs. 3 B-VG gibt weder vom Wortlaut noch von der Entstehungsgeschichte „klare und eindeutige Antworten auf die Frage ..., wann eine Gesamtänderung der Bundesverfassung vorliegt"[587]. Der Kern des Gleichheits-

---

579 Kirchhof, aaO, siehe oben, § 124, Rn 168.
580 Starck, Grundgesetz I, Art. 3 Abs. 1 Rn 18 unter Verweis auf Dürig.
581 BVerfGE 5, 85 (205).
582 Urteil v. 11. 9. 2000, EuGRZ 2001, S. 47 ff (52).
583 VfSlg 15.374.
584 Hiesel, Gleichheitssatz, S. 281 ff.
585 VfGH Slg 10.651/1985, zitiert bei Hiesel, Gleichheitssatz, S. 283.
586 Vgl Hiesel, Gleichheitssatz, S. 288.
587 Hiesel, Gleichheitssatz, S. 290.

satzes muß mehr sein als der Verankerung des Gleichheitssatzes selbst[588]. Hiesel differenziert zwischen dem sachlichen und persönlichen Geltungsbereich des Gleichheitssatzes. Was den persönlichen Geltungsbereich anbelange, läge eine Gesamtänderung der Bundesverfassung dann vor, „wenn auch nur eine einzige Person vom persönlichen Geltungsbereich des Gleichheitssatzes ausgeschlossen wird"[589]. Was den sachlichen Anwendungsbereich anbelangt, ist die Grenze zu einer Gesamtänderung der Bundesverfassung dann überschritten, wenn von einer „weitgehenden Aushöhlung dieses Grundrechts gesprochen werden muss".[590] Oberndorfer[591] bemerkt zu der Feststellung des VfGH zum unabänderlichen Kern des Gleichheitssatzes, dass diese These bereits von mehreren namhaften Autoren[592] in Österreich vertreten worden ist.

Die materiell-wertende Sicht des Gleichheitssatzes wird in der Rechtsprechung des VfGH zum ungeschriebenen Verfassungsprinzip des Vertrauensschutzes bestätigt, das dogmatisch mit dem Gleichheitssatz begründet wird[593].

c) Bewertung

Der Kern des Gleichheitssatzes kann inhaltlich in der Achtung der Menschenwürde erblickt werden, denn in der Würde sind alle Menschen gleich, eine Differenzierung ist wegen des unantastbaren und nicht verfügbaren Charakters der Menschenwürde ausgeschlossen[594]. Aus der Gleichheit der Menschen in der Würde ergibt sich die Forderung, den Menschen in grundlegenden Lebensberei-

---

588 Vgl auch Hiesel, Gleichheitssatz, S. 292 mit dem Hinweis, dass eine Gesamtänderung der Bundesverfassung nicht erst dann vorliege, wenn der Gleichheitssatz gänzlich abgeschafft wird.
589 Hiesel, Gleichheitssatz, S. 292.
590 Hiesel, Gleichheitssatz, S. 292/293.
591 Oberndorfer, in: Korinek/Holoubek (Hrsg), Österreichisches Bundesverfassungsrecht, Art. 1 B-VG, Rn 27.
592 Ermacora, Handbuch der Grundfreiheiten und der Menschenrechte, 1963, 59; Antoniolli, Die rechtliche Tragweite der Baugesetze der Bundesverfassung, FS Merkl, 1971, 33 (35); Winkler, Studien zum Verfassungsrecht, 1991, 54; Thienel, Das Berufungsverfahren nach dem UOG 1993, 1996.
593 Vgl Berka, Grundrechte, Rn 967 mit Hinweis auf die grundlegenden Entscheidungen des VfGHin VfSlg 11309/1987 und VfSlg 12.186/1989; vgl auch Walzel v. Wiesentreu, Vertrauensschutz und generelle Norm, ÖJZ 2000, S. 1 ff (S. 3/4); Potacs, Auslegung im öffentlichen Recht, 1994, S. 221 ff.
594 Vgl. Starck, Grundgesetz I, Art 3 Abs. 1 Rn 18, Kirchhof, in Isensee/Kirchhof (Hrsg), Handbuch des Staatsrechts, Band V, § 124, Rn 111/112; auch Huber, in: v. Mangoldt/Klein/Starck, 4. Auflage, Art. 19 Abs. 2, Rn 128 mwN, wonach der „Kern" des Gleichheitssatzes „die prinzipielle Gleichheit aller vor dem Gesetz" ist und „in der Würde des Menschen wurzelt".

chen gleich zu behandeln. Dies betrifft die Startchancen: Genetische Manipulationen im Sinne einer selektiven, positiven Menschenzüchtung verstoßen gegen den Gleichheitssatz. Freilich beruht diese Folgerung auf einer materiellwertenden Sicht des Schutzgegenstandes des Gleichheitssatzes. Der Gleichheitssatz umfasst dabei nicht nur die Abwehr einer willkürlichen ungleichen Behandlung, sondern wendet sich als Schutzauftrag an den Staat, grundlegende materielle Gerechtigkeit zu achten und zu wahren. Hierfür wichtige Parameter sind die Gleichheit in der Rechtsfähigkeit des Menschen, die Gleichheit in der Anwendung des Gesetzes, die Gleichheit im Gerichtsschutz und die Wahrung der elementaren Gleichheit im demokratischen Verfahren.

Der durch den Verfassungsgesetzgeber unantastbare Kernbereich des Gleichheitssatzes in Österreich korrespondiert nach meiner Auffassung mit den unantastbaren Kernbereichen anderer Grundrechte, insbesondere der Freiheitsgrundrechte, und lässt sich formal mit dem Wesensgehalt, der Wesensgehaltssperre und auch mit einem Bauprinzip der Bundesverfassung und inhaltlich mit der Menschenwürde beschreiben.

5) Das Demokratieprinzip und die Menschenwürde

Auch das Demokratieprinzip ist ein bedeutender Eckpfeiler des Prinzips der Menschenwürde in Österreich. Dieses Prinzip ist positivrechtlich in Art. 1 B-VG[595] verankert und wird als Bauprinzip der Bundesverfassung im Sinne des Art. 44 Abs. 3 B-VG[596] qualifiziert. Materielle Gesetzesvorbehalte der EMRK (Art. 8 bis 11 EMRK) müssen sich an dem Maßstab messen lassen, ob Grundrechtseinschränkungen in einer demokratischen Gesellschaft notwendig oder unentbehrlich sind[597]. Im RÜG 1945[598] ist als Zielvorgabe für Österreich eine „echte Demokratie" genannt, in ausdrücklich benannter Antithese zum Nationalsozialismus.

---

595 Art. 1 B-VG lautet: "Österreich ist eine demokratische Republik. Ihr Recht geht vom Volk aus."
596 Art. 44 Abs. 3 B-VG bestimmt, dass jede Gesamtänderung der Bundesverfassung einer Abstimmung des gesamten Bundesvolkes zu unterziehen ist.
597 Vgl Oberndorfer, in Korinek/Holoubek, Band II, Art. 1 B-VG, Rn 28.
598 StGBl. Nr. 6/1945 § 1 (1) „Alle nach dem 13. März 1938 erlassenen Gesetze und Verordnungen sowie alle einzelnen Bestimmungen in solchen Rechtsvorschriften, die mit dem Bestand eines freien und unabhängigen Staates Österreich oder mit den Grundsätzen einer echten Demokratie unvereinbar sind, die dem Rechtsempfinden des österreichischen Volkes widersprechen oder typisches Gedankengut des Nationalsozialismus enthalten, werden aufgehoben."

Die Begrenzung staatlicher Macht ist nicht nur fundamentaler Inhalt des Prinzips der Menschenwürde, sondern auch ein Kerngehalt einer Demokratie. Denn der demokratische Prozess ist geeignet, staatliche Machtentfaltung zu begrenzen, zu kontrollieren und Individualität zu erhalten. Insofern weisen Demokratie und Menschenwürde in ihrer Zweckrichtung Identität auf.

Der Begriff der Demokratie umfasst nicht nur eine formale Komponente, sondern drückt sich materiell in der Zuerkennung von individuellen und kollektiven Kommunikationsrechten[599] aus, deren Kerngehalt ebenfalls eine Identität mit dem Gehalt der Menschenwürde aufweist; denn Kommunikation ist Ausdruck der Selbstbestimmung und Autonomie des Menschen, zugleich aber auch Basisvoraussetzung für die Wahrnehmung eines Mindestmaßes an Verantwortung gegenüber dem anderen Menschen und damit Ausdruck der Achtung des anderen.

a) Rechtslehre

Art 1 B-VG ist eine „Staatsfundamentalnorm" und „enthält nicht zuletzt ein die Einheit der Verfassung bewirkendes, sinnstiftendes, normatives Strukturprinzip, das auch für die Länder und ihre Verfassungen von tragender Bedeutung ist"[600]. Als verknüpfendes Element zwischen Demokratie und Menschenwürde werden die Grundrechte genannt[601]. Berka[602] betont, dass sich der demokratische Verfassungsstaat dadurch auszeichnet, „dass er die Menschenrechte tatsächlich mit rechtlicher Verbindlichkeit anerkennt und die Mittel und Verfahren zu ihrer effektiven Durchsetzung bereitstellt. Insoweit ist der demokratische Verfassungsstaat auch ein Menschenrechtsstaat und ein Grundrechtsstaat". Diese Auffassung ist für Österreich nicht isoliert aus dem B-VG aus dem Jahr 1920 und dem StGG aus dem Jahr 1867 zu begründen[603]. Durch die Übernahme der EMRK in das innerstaatliche Recht mit Verfassungsrang unter besonderer Berücksichtigung der Aussagen der Präambel der EMRK werden „die Grundfreiheiten und Menschenrechte als die inhaltlichen Maximen demokratischer Herrschaft"[604] dem demo-

---

599 Stern, Staatsrecht, III/1, § 63 V 2, S. 371, formuliert, dass das Demokratieprinzip „zahlreiche die Stellung des einzelnen berührende Aspekte" beinhalte, „die allerdings durch speziellere Gewährleistungen weithin überlagert sind", wie u.a. den allgemeinen Gleichheitssatz, die Meinungs-, Presse-, Versammlungs- und Vereinsfreiheit.
600 Oberndorfer, in: Korinek/Holoubek, Band II, Art. 1 B-VG, Rn 8.
601 Öhlinger, Verfassungsrecht, Rn 359.
602 Berka, Grundrechte, Rn 2.
603 „Eine Interpretation der Grundrechte als Staatsfundamentalnormen des demokratischen Verfassungsstaats wäre bei dieser Ausgangslage schwierig", Grundrechte, Rn 3.
604 Berka, Grundrechte, Rn 3.

kratischen Prozeß zur Seite gestellt. Berka[605] bezeichnet dabei unter Bezugnahme auf die Präambel der EMRK die Grundrechte „als Ausdruck der individuellen Freiheit, Gleichheit und Würde der Menschen". „Bezogen auf die Traditionen und Werte der Staaten des Europarats, die in der Präambel der EMRK angerufen werden, ist die demokratische Gesellschaft im Sinn der Konvention die soziale Demokratie in den Formen des Rechtsstaats, die Freiheit und Würde des Menschen zu ihrem Höchstwert erhoben hat."[606] Oberndorfer[607] formuliert: „Demokratie und Grundrechte gehören eng zusammen ... Vielmehr baut das demokratische Grundprinzip im Sinne der Bundesverfassung auf Menschenwürde und individuelle Freiheit, die im Wege demokratischer Gesetzgebung einesteils zu verwirklichen, andererseits von dieser und den anderen Staatsfunktionen zu respektieren sind." Klecatsky bezeichnet die Menschenwürde als „die zentrale Grundnorm des Weltrechtes". Auch das Demokratieprinzip, so Klecatsky[608] unter Verweis auf Art. 21 AEMR und Art. 3 des 1. ZP zur EMRK, werde daraus abgeleitet[609]. In Deutschland weist Maihofer[610] darauf hin, dass der klassische Begriff Demokratie unterschiedliche Bedeutungen hat, von der Bestimmung des Trägers der Herrschaft im Staat über den Zweck dieser Herrschaft (für das Volk), der Bestimmung des Verfahrens zur Bestimmung des Willens (Mehrheit) oder als Maßstab (Herrschaft der Gleichheit). „Demokratie als politische Selbstbestimmung des Volkes hängt ab von der Selbstbestimmung der Mitglieder des Volkes"[611]. Die Selbstbestimmung und Autonomie des Menschen ist auch prägender Gehalt des Prinzips der Menschenwürde.

---

605 Berka, Grundrechte, Rn 4.
606 Berka, Grundrechte, Rn 277; vgl auch Oberndorfer, in: Korinek/Holoubek, Art. 1 B-VG, Rn 28.
607 Oberndorfer, in: Korinek/Holoubek, Art. 1 B-VG, Rn 26.
608 Klecatsky, Geht das Recht der Republik Österreich vom Volke aus? JBl. 1976, S. 512 ff (S. 514).
609 Klecatsky, aaO, siehe oben, S. 514; vgl auch Klecatsky, Was verlangt der Rechtsstaat heute? ÖJZ 1967, S. 113: „Was Demokratie und Rechtsstaat ... untrennbar verkettet, ist das an der Menschenwürde orientierte Gesetz."
610 Maihofer, Die demokratische Ordnung des Grundgesetzes, in: Handbuch des Verfassungsrechts, S. 173 ff (175).
611 Kriele, Freiheit und Gleichheit, in: Handbuch des Verfassungsrechts, S. 129 ff (143). Aus historischer Sicht vgl Hofmann, Menschenrechte und Demokratie, in: JZ 1/2001, S. 1 ff.

b) Rechtsprechung

Der untrennbare Zusammenhang zwischen Demokratie und Menschenwürde wird bereits in einer frühen Entscheidung des deutschen BVerfG[612] formuliert, wonach dem Menschen „um seiner Würde willen ... eine möglichst weitgehende Entfaltung seiner Persönlichkeit gesichert werden" muss. „Für den politisch-sozialen Bereich bedeutet das", so das BVerfG, „der Einzelne soll vielmehr in möglichst weitem Umfange verantwortlich auch an Entscheidungen für die Gesamtheit mitwirken". Dies ist auch deshalb wichtig, weil die Fähigkeit zu eigenverantwortlicher Lebensgestaltung es erfordert, „seine Interessen und Ideen mit denen der anderen auszugleichen".

In Art. 1 B-VG ist das Leitbild der freiheitlichen Demokratie verankert.[613] Der VfGH spricht von der Bundesverfassung als „einer auf Freiheit angelegten Verfassung"[614]. Weiter spricht der VfGH davon, dass der Gleichheitssatz ein wesentlicher Bestandteil des demokratischen Baugesetzes ist und und auch über einen unabänderlichen Kern im Sinne des Art. 44 Abs. 3 B-VG verfügt[615]. Diese Judikatur des VfGH verdeutlicht den Stellenwert der freiheitlichen Grundwerte und Grundrechte und des Gleichheitssatzes in der Demokratie. Der Kernbereich der Freiheitsgrundrechte und des Gleichheitssatzes sind unabänderlicher Teil des Demokratieprinzips. Ordnet man die Menschenwürde inhaltlich den Kernbereichen der Freiheitsgrundrechte und des Gleichheitssatzes zu, findet die Menschenwürde ihren Standort im Kernbereich der Demokratie.

---

612 BVerfGE 5, 85 (204/205): „In der freiheitlichen Demokratie ist die Würde des Menschen der oberste Wert. Sie ist unantastbar, vom Staate zu achten und zu schützen. Der Mensch ist danach eine mit der Fähigkeit zu eigenverantwortlicher Lebensgestaltung begabte „Persönlichkeit". Sein Verhalten und sein Denken können daher durch seine Klassenlage nicht eindeutig determiniert sein. Er wird vielmehr als fähig angesehen, und es wird ihm demgemäß abgefordert, seine Interessen und Ideen mit denen der anderen auszugleichen. Um seiner Würde willen muß ihm eine möglichst weitgehende Entfaltung seiner Persönlichkeit gesichert werden. Für den politisch-sozialen Bereich bedeutet das, daß es nicht genügt, wenn eine Obrigkeit sich bemüht, noch so gut für das Wohl von „Untertanen" zu sorgen; der Einzelne soll vielmehr in möglichst weitem Umfange verantwortlich auch an den Entscheidungen für die Gesamtheit mitwirken. Der Staat hat ihm dazu den Weg zu öffnen; das geschieht in erster Linie dadurch, daß der geistige Kampf, die Auseinandersetzung der Ideen frei ist, daß mit anderen Worten geistige Freiheit gewährleistet wird. Die Geistesfreiheit ist für das System der freiheitlichen Demokratie entscheidend wichtig, sie ist geradezu eine Voraussetzung für das Funktionieren dieser Ordnung;"
613 Oberndorfer, in: Korinek/Holoubek, Art. 1 B-VG, Rn 26.
614 VfGH VfSlg.13.966/1994, zitiert in: Oberndorfer, aaO, siehe oben, Rn 276.
615 VfgH VfSlg 15.373/1998.

Der EGMR und die KOM betonen den untrennbaren Zusammenhang zwischen der aus Art 3 EMRK ableitbaren Menschenwürde und dem Demokratieprinzip. So weist der EGMR im Fall Soering[616] auf den fundamentalen Charakter des Art. 3 EMRK hin, der einen der grundlegendsten Werte der demokratischen Gesellschaften bilde. Diese Feststellungen entsprechen einer gängigen Judikaturlinie[617]. Im Fall C. R.[618] (Vergewaltigung in der Ehe) bezeichnet der EGMR, wie bereits dargelegt, die Achtung der Menschenwürde und der menschlichen Freiheit als Wesenskern („the very essence") der EMRK.

c) Bewertung

Für Österreich läßt sich festhalten, dass das Demokratieprinzip einen festen Kern aufweist, der auch für den Verfassungsgesetzgeber unantastbar ist (Art. 44 Abs. 3 B-VG)[619]. Diesem Kernbereich des Demokratieprinzips lässt sich auch der Wesensgehalt derjenigen Grundrechte zuordnen, die Ausprägungen des Demokratieprinzips sind, so zum Beispiel der Kern des Gleichheitssatzes (alle Staatsbürger müssen die gleichen staatsbürgerlichen Rechte haben)[620] oder der Kern der individuellen und kollektiven Meinungsfreiheit (freie politische Meinungs - und Willensbildung einschließlich der Vereinigungsfreiheit). Diese das Demokratieprinzip in Österreich prägenden Kernbereiche von Grundrechten lassen sich formal auch mit der Wesensgehaltssperre, materiell mit dem Prinzip der Menschenwürde umschreiben. Insofern leitet sich das Prinzip der Menschenwürde über den Kerngehalt wesentlicher Freiheitsrechte aus dem Demokratieprinzip mit ab.

Die Menschenwürde und die Demokratie weisen eine weitere Gemeinsamkeit auf, nämlich die Begrenzung staatlicher Macht. Das Prinzip der Menschenwürde und das Demokratieprinzip sind wesentlich dazu bestimmt, den überragenden Stellenwert des Menschen im Verhältnis zum Staat zu betonen und damit

---

616 EuGRZ 1989, S. 314 ff, siehe oben, Zweiter Teil II 2 d bb.
617 Vgl Fall Chahal, NVwZ 1997, Heft 11, S. 1093 ff; Slg 96/S. 1831, Nr. 96: „Article 3 ... enshrines one of the fundamental values of the democratic societies ..."; vergleichbar die KOM (aaO, Nr. 79).
618 ÖJZ 1995, S. 356 (357), Nr. 48/1994/495/577, Nr. 42, siehe dazu oben, Zweiter Teil II 2 d bb.
619 Vgl Öhlinger, Verfassungsrecht, Rn 66; vgl Berka, Grundrechte, Rn 79, für das rechsstaatliche Prinzip und die menschliche Würde als „zentraler inhaltlicher Bezugspunkt aller Grundrechte"; vgl auch Pernthaler, Verfassungskern, S. 66/67, vgl weniger weitergehend Walter-Mayer, Bundesverfassungsrecht, Rn 147.
620 Vgl hierzu die Rechtsprechung des VfGH VfSlg 15375, wonach dem Gleichheitssatz ein der Disposition des Verfassungsgesetzgebers entzogener Kernbereich zugeordnet wird.

staatliche Macht zu begrenzen. Ein wesentlicher Gehalt der Menschenwürde ist folglich im Kern des freiheitlichen Demokratieprinzips in Österreich verankert, die Menschenwürde nach meinem Verständnis somit aus einer weiteren geschriebenen Verfassungsbestimmung positivrechtlich ableitbar[621].

Die untrennbare Verknüpfung zwischen Demokratie und Menschenwürde zeigt sich schließlich auch darin, dass die Verwirklichung der Demokratie davon abhängt, dass die Menschen im Staat über ein notwendiges materielles Existenzminimum verfügen. Die Sicherung des materiellen Existenzminimums ist Gehalt des Prinzips der Menschenwürde[622].

III) Art. 1 Abs. 4 PersFrG als explizite Bestimmung der Menschenwürde in der österreichischen Bundesverfassung

1) Regelungsgrund

Ausdrücklich und erstmals ist der Begriff der Menschenwürde im österreichischen Bundesverfassungsrecht im B-VG vom 29. 11. 1988 über den Schutz der persönlichen Freiheit[623] verankert, und dies als subjektives verfassungsgesetzlich gewährleistetes Recht[624]. Das Gesetz ist am am 1. 1. 1991 in Kraft getreten. Regelungsgrund war, den Vorgaben des Art. 5 EMRK zu entsprechen und Widersprüche der bis dahin bestehenden Rechtslage zu beseitigen. Im Bericht des Verfassungsausschusses[625] über die Regierungsvorlage ist zu lesen, dass das Gesetz ein Ergebnis von Beratungen in der Grundrechtskommission ist. Das Gesetz soll „den vergleichsweise höheren Rechtsschutzstandard, den die österreichische Rechtsordnung teilweise durch einfachgesetzliche Regelungen bereits vorsieht,

---

621 Zu diesem methodologischen Ansatz oben, Fünfter Teil. Zur begrifflichen Gleichstellung Wesen und Kern/Kerngehalt vgl auch Pernthaler, Verfassungskern, S. 62/62.
622 Siehe oben, Sechster Teil II 1 g (10).
623 BGBl. Nr. 684/1988; Art. 1 Abs. 4: "(4) Wer festgenommen oder angehalten wird, ist unter Achtung der Menschenwürde und mit möglichster Schonung der Person zu behandeln und darf nur solchen Beschränkungen unterworfen werden, die dem Zweck der Anhaltung angemessen oder zur Wahrung von Sicherheit und Ordnung am Ort seiner Anhaltung notwendig sind."; zur Entstehung, Laurer, Der verfassungsrechtliche Schutz der persönlichen Freiheit nach dem Bundesverfassungsgesetz vom 29. November 1988, in Walter (Hrsg), Verfassungsänderungen 1988 (1989), S. 27 ff; auch Lebitsch, Einige Gedanken zur Neuregelung des Rechts auf persönliche Freiheit, JBl. 1992, S. 430 ff.
624 Vgl Kopetzki, Unterbringungsrecht, Band 1, 1995, S. 380.
625 667 Blg StProtNR XVII. GP, Bericht des Verfassungsausschusses, S. 1.

ausdrücklich verfassungsrechtlich verankern"[626]. „Im Abs. 4 sollte außer Zweifel gestellt werden, daß die Verpflichtung zur Achtung der Menschenwürde dessen, der festgenommen oder angehalten wird, auch hinsichtlich der ihm auferlegten Beschränkungen zu gelten habe"[627]. Weiter formuliert der Ausschuss, dass man der Auffassung war, „es müsse das Verhältnismäßigkeitsprinzip auch im Zusammenhang mit dieser Regelung verfassungsrechtlich verankert werden"[628]. Die Regierungsvorlage gibt den deutlichen Hinweis, dass ein zusätzlicher, aber nicht exklusiver Maßstab geschaffen werden sollte.

Nun fällt auf, dass der Grund, die Menschenwürde zu verankern, nicht näher erläutert wird. Es handelt sich immerhin um ein verfassungsrechtliches Novum. Leider ist nicht die Rede davon, warum es eines ausdrücklichen Schutzes der Menschenwürde bedurfte, ob möglicherweise dieses Prinzip bereits implizit der Bundesverfassung zugrunde lag oder Defizite zu beheben waren. Festzuhalten ist, dass zum Zeitpunkt der Diskussion und Verabschiedung des Gesetzes die Rechtsprechung des VfGH zu Art. 3 EMRK und zum dort abgeleiteten Verbot einer unmenschlichen oder erniedrigenden Behandlung in der Formulierung einer die Menschenwürde beeinträchtigenden, gröblichen Missachtung des Betroffenen als Person bereits einen festen und akzeptierten Platz in der österreichischen Rechtsordnung einnahm, mithin die Pflicht zur Achtung der Menschenwürde von Personen, denen die Freiheit entzogen wurde, bereits aus Art. 3 EMRK materiell ableitbar war.

Die Menschenwürde wird in Art. 1 Abs. 4 PersFrG zwar gesetzestechnisch der ebenfalls expliziten Verankerung des Prinzips der Verhältnismäßigkeit zugeordnet, aber auch gesondert erwähnt, woraus zu folgern ist, dass auch der österreichische Verfassungsgesetzgeber beide Begriffe getrennt wissen will und sich der Grundsatz der Achtung der Menschenwürde nicht als Ausfluss des Prinzips der Verhältnismäßigkeit darstellen soll und kann. Insofern ist die Menschenwürde als eigenständiger Verfassungsbegriff niedergeschrieben worden.

Die mit einem Freiheitsentzug verbundenen Anhaltungen in geschlossenen Anstalten sind im Unterbringungsgesetz von 1990 geregelt. Darin ist -auf einfachgesetzlicher Ebene- das Gebot der Achtung der Menschenwürde besonders hervorgehoben und sogar in Anlehnung an Art. 1 Abs. 1 GG formuliert. Dazu wird später Stellung genommen[629].

---

626 667 Blg, aaO, S. 1.
627 667 Blg, aaO, S. 1/2.
628 667 Blg, aaO, S. 2.
629 Siehe Dritter Teil III 2; vgl dazu auch Berka, Grundrechte, Rn 419.

2) Rechtslehre

Die Rechtslehre weist darauf hin, dass die EMRK und hierbei insbesondere Art. 5 EMRK für die Bestimmung des Art. 1 Abs. 4 PersFrG prägend war. Jedoch wird der Begriff der Menschenwürde eng mit dem Grundsatz der Verhältnismäßigkeit gekoppelt. So formuliert H. Mayer[630] knapp: "Abs. 4 ordnet das Gebot der Verhältnismäßigkeit für die Durchführung freiheitsentziehender Maßnahmen an ... ." Öhlinger[631] bemerkt unter der Überschrift Verhältnismäßigkeitsgrundsatz, dass für den Entzug der Freiheit ein explizit normiertes Verhältnismäßigkeitsgebot gelte. Der gesetzgeberische Grund der Einführung des Grundsatzes der Achtung der Menschenwürde wird wohl wegen der notwendigen straffen Kommentierung nicht hinterfragt. Zellenberg[632] spricht davon, dass Art. 1 Abs. 4 PersFrG „in seinem normativen Gehalt nicht über Art. 3 EMRK hinausgeht". In der Kommentierung Walter-Mayer[633] wird der Bezug zu Art. 3 EMRK deutlich herausgehoben: "Wer festgenommen oder angehalten wird, ist unter Achtung der Menschenwürde (Art 3 MRK) und mit möglichster Schonung der Person zu behandeln; ... " Novak formuliert unter der Überschrift „Paradigma Menschenwürde", dass die Menschenwürde „als selbständige Verbürgung in den österreichischen Verfassungstexten" nicht vorkomme und qualifiziert Art. 1 Abs. 4 PersFrG als „bloß hinweisartig"[634]. Kopetzki[635] spricht unter Bezugnahme auf Korinek von einem Antwortcharakter der Neuregelung des Rechts auf persönliche Freiheit. Neben der Verankerung eines subjektiven Abwehrrechts ergebe sich aus Art. 1 Abs. 4 PersFrG auch ein positiver Anspruch auf Gewährleistung menschenwürdiger Haftbedingungen. Er spricht unter Verweis auf die Begründung des Gesetzes und der Rechtsprechung des VfGH davon, dass „mit Art 1 Abs. 4 PersFrG nur ein *zusätzlicher*, aber kein exklusiver Maßstab für die Durchführung von Freiheitsentziehungen geschaffen werden sollte"[636]. Berka[637] betont, dass dieses Gesetz den in der Konvention gewährleisteten Standard beträchtlich aus-

---

630 Mayer, Heinz, Das österreichische Bundes-Verfassungsgesetz, B-VG F-VG (1997), IV, Art 1, III.
631 Öhlinger Verfassungsrecht, Rn 851.
632 Zellenberg, Der grundrechtliche Schutz vor Folter, unmenschlicher oder erniedrigender Strafe oder Behandlung - Art. 3 EMRK, in: Machacek/Pahr/Stadler (Hrsg), Band 3, S. 441 ff (442).
633 Walter-Mayer, Bundesverfassungsrecht, Rn 1402/3.
634 Fortpflanzungsmedizin und Grundrechte, in: Bernat (Hrsg), RdM 11, Die Reproduktionsmedizin am Prüfstand von Recht und Ethik, S. 62 ff (S. 64 Fn 6).
635 Kopetzki, Unterbringungsrecht, Band 1, 1995, S. 382.
636 Kopetzki, Das Recht auf persönliche Freiheit, in: Machacek/Pahr/Stadler, Band 3, S. 261 ff (429).
637 Berka, Grundrechte, Rn 395.

gebaut hat. Verfassungsgesetzlich werde jedem seiner Freiheit Beraubten garantiert, dass er unter Achtung der Menschenwürde und mit möglichster Schonung der Person behandelt wird[638]. Diesem Gebot zur Achtung der Menschenwürde ist, so Berka, vor allem beim Vollzug von gerichtlichen Freiheitsstrafen nach dem StVG oder von Verwaltungsstrafen (§§ 53 ff VStG) Rechnung zu tragen. Berka kritisiert allerdings die Judikatur des VfGH als „zumindest mißverständlich", da nach ständiger Rechtsprechung das Grundrecht nur dann greift, wenn der Wille der Behörde primär auf die Beschränkung der Freiheit gerichtet war[639].

3) Rechtsprechung

Zunächst ist zu bemerken, dass der Rechtsschutz bei Eingriffen in die persönliche Freiheit obergerichtlich je nach Sachverhalt durch den OGH nach dem Grundrechtsbeschwerdegesetz[640] oder - bei Festnahme oder Anhaltung durch ein Exekutivorgan - mittels Beschwerde an den UVS gewährleistet ist und gegen die bescheidförmige Entscheidung der VfGH[641] oder der VwGH befasst werden kann[642].

Eine für die Ableitung eines Verfassungsprinzips der Menschenwürde verwertbare Rechtsprechung zu Art. 1 Abs. 4 PersFrG ist nicht erkennbar. Die Rechtsprechung des VfGH zu Art. 3 EMRK steht dem Sinngehalt des Art. 1 Abs. 4 PersFrG besonders nahe. In einem Erkenntnis vom 12. 12. 1998[643] beruft sich der VfGH auf seine ständige Rechtsprechung zu Art. 3 EMRK, wonach auch ein möglicherweise als rigoros einzustufendes Vorgehen so überschießend sein muss, „daß von einer, die Menschenwürde beeinträchtigenden gröblichen Mißachtung des Betroffenen als Person gesprochen werden kann". Eine unmenschlich oder erniedrigende Behandlung wird dabei als eine Verletzung eines verfassungsmäßig gewährleisteten Rechts nach Art. 3 EMRK qualifiziert. In diesem Fall stützte sich der VfGH auf Art. 3 EMRK, da er den Willen der einschreitenden Behörde nicht primär auf eine Freiheitsbeschränkung gerichtet sah. In einem Erkenntnis vom 7. 3. 1994[644] hält der VfGH fest, dass die zu Art 8 StGG[645] entwickelten

---

638 Berka, Grundrechte, Rn 432.
639 Berka, Grundrechte, Rn 397.
640 BGBl. 864/1992.
641 Gz 97/02/0035.
642 Berka, Grundrechte, Rn 433 ff.
643 Der VwGH spricht in einer Entscheidung vom 28. 2. 1997 von dem Verfassungsgrundsatz des Art 1 Abs. 3 PersFrG (B 1341/97).
644 B 115/93; SlgNr 13.708.

Grundsätze unter Berücksichtigung erfolgter Änderungen auf das PersFrG zu übertragen sind und sich „das verfassungsgesetzlich gewährleistete Recht auf persönliche Freiheit strukturell nicht von den meisten Grundrechten (unterscheidet), hinsichtlich deren nicht jeder gesetzwidrige Eingriff einer Verletzung des Grundrechts gleichkommt". Der VfGH beurteilt die Zulässigkeit einer Personen- und Gepäckdurchsuchung nicht nach Art. 1 Abs. 4 PersFrG (nicht auf die Beschränkung der Bewegungsfreiheit gerichtet), sondern nach Art. 3 EMRK und bemerkt, dass die im Sinne des Art. 3 EMRK notwendige erniedrigende Behandlung qualifizierend verlange, dass ihr eine die Menschenwürde beeinträchtigende gröbliche Missachtung des Betroffenen als Person zu eigen ist.

Die für Sachverhalte außerhalb des Anwendungsbereichs des PersFrG entwickelten Maßstäbe werden auch dann gelten, wenn eine Verletzung der Menschenwürde ausschließlich oder vorrangig nach Art. 1 Abs. 4 PersFrG zu beurteilen sein wird. In einer Entscheidung des UVS Oberösterreich vom 28. 6. 2000[646] zur Frage der Rechtmäßigkeit einer Handfesselung wird die enge Verknüpfung von Art. 3 EMRK und der Bestimmung des Art. 1 Abs. 4 PersFrG betont: „Zu prüfen bleibt weiters, ob in diesem Zusammenhang auch das Anlegen von Handfesseln rechtmäßig war. Gemäß Art. 3 MRK darf niemand der Folter oder unmenschlicher bez. erniedrigender Strafe oder Behandlung unterzogen werden ... Im Besonderen legt Art. 1 Abs. 4 PersFrSchG fest, dass ein Festgenommener unter Achtung der Menschenwürde und mit möglichster Schonung der Person zu behandeln ist; ... . Durch das Anlegen von Handfesseln wurde der Beschwerdeführer sohin „erniedrigend" iSd Art. 3 MRK bez. unter „Nichtbeachtung seiner Menschenwürde" i.S.d. Art. 1 Abs. 4 PersFrSchG, nämlich unter gröblicher Missachtung des Betroffenen als Person (vgl. z.B. VfSlg 9836/1983 sowie Berka, Die Grundrechte, Wien 1999, RN 382 f, m.w.N.) behandelt und damit in seinen verfassungsmäßig gewährleisteten Rechten verletzt. ... Aus allen diesen Gründen war der vorliegenden Beschwerde sohin gemäß § 67c Abs. 3 AVG insoweit stattzugeben, als die Festnahme des Beschwerdeführers ohne richterlichen Haftbefehl und dessen durch das Anlegen von Handfesseln sowie die Verabreichung eines Schlages ins Gesicht jeweils bewirkte erniedrigende Behandlung iSd Art. 3 MRK und Art. 1 Abs. 4 PersFrSchG als rechtswidrig zu erklären war; ... ." Der UVS Steiermark prüft in einem Bescheid vom 6. 9. 2000[647] Art. 1 Abs. 4 PersFrG und Art. 3 EMRK gleichrangig und argumentiert in einer Weise, die das Prinzip der Menschenwürde in die Nähe des Prinzips der Verhältnismäßigkeit

---

645 Diese Verfassungsbestimmung wurde durch das PersFrG v. 29. 11 1988 mit Wirkung vom 1. Januar 1991 aufgehoben.
646 VwSen - 420273/55/Gf/Km; ÖJMR-Newsletter 2000/4, S. 159 ff.
647 UVS Steiermark, 20. 3-19/2000 v. 6. 9. 2000.

rückt: „Somit stand das enge Anlegen der Handfesseln als auch das Niederschlagen des Kopfes auf den Kofferraumdeckel in keinem Verhältnis zum angestrebten Zweck der Festnahme und wurde dadurch der Beschwerdeführer einer unmenschlichen Behandlung unterworfen."

4) Das Verhältnis von Art. 1 Abs. 4 PersFrG zu Art. 3 EMRK

Festzustellen bleibt, dass sich der Inhalt der Gewährleistung des Art. 1 Abs. 4 PersFrG und der Schutzbereich des Art. 3 EMRK überschneiden. Bemerkenswert an der oben zitierten Entscheidung des UVS ist, dass Art. 1 PersFrG flankierend Art. 3 EMRK zur Seite gestellt wird, obgleich sich die Rechtswidrigkeit insoweit auch allein auf Art. 1 Abs. 4 (Verletzung der Menschenwürde) stützen könnte. Die 'Zweispurigkeit' rechtlicher Beurteilung ergibt sich insbesondere daraus, dass Art. 3 EMRK ein umfassendes Grundrecht mit weitem sachlichen Geltungsbereich ist. Es ist anzunehmen, dass die Begründung eines Schutzes der Menschenwürde aus Art. 3 EMRK auch deshalb erfolgt, um die Geltung des Prinzips außer Zweifel zu stellen. Keineswegs kann aus der Bestimmung des Art. 1 Abs. 4 PersFrG der Umkehrschluss gezogen werden, dass das Prinzip der Menschenwürde aus österreichischer Sicht nicht in Art. 3 EMRK verankert ist. Denn ein Umkehrschluss wäre nur dann zulässig, wenn sich der sachliche und persönliche Gewährleistungsgehalt beider Vorschriften decken[648]. Dies ist augenscheinlich nicht der Fall. Auch der VfGH judiziert das Prinzip der Menschenwürde als allgemeinen und damit übergreifenden Wertungsgrundsatz der Rechtsordnung[649]. Ich denke, dass die Funktion der Menschenwürde in Art. 1 Abs. 4 PersFrG mit Konkurrenzbegriffen wie der Subsidiarität oder der Spezialität nicht ausgelotet werden kann, zumal die Menschenwürde inhaltlich nicht teilbar ist[650]. Überschneidet sich der Gewährleistungsgehalt von Art. 1 Abs. 4 PersFrG und Art. 3 EMRK, sehe ich keinen Widerspruch, wenn eine Verletzung der Menschenwürde dem Gewährleistungsgehalt beider Vorschriften zugeordnet wird. Freilich umfasst der Schutzbereich des Art. 1 Abs. 4 PersFrG nicht eine allgemeine Handlungsfreiheit oder gar die Willensfreiheit, sondern die körperliche Bewegungsfreiheit, mithin den Schutz der Menschenwürde im Freiheitsentzug und bei der Durchführung des Freiheitsentzugs[651]. Insofern ist der Schutzumfang der Men-

---

648 Vgl zum Umkehrschluß Bydlinski, Juristische Methodenlehre und Rechtsbegriff, 1991, S. 476/477.
649 Hierzu bereits oben, Zweiter Teil I 2 a.
650 Nicht geprüft werden sollen hier Konkurrenzen im Rechtsweg mit der Zuordnung einer Verletzung der Menschenwürde zu einer bestimmten Norm.
651 Mayer Heinz, B-VG, F-VG, IV, Art 1, I 1.

schenwürde an die tatbestandlichen gesetzlichen Vorgaben und an den Schutzbereich des spezifischen Gesetzes geknüpft. Auffallend ist der staatsgerichtete Ansatzpunkt des Schutzes in Art. 1 PersFrG. Eine Drittwirkung wird verneint.

5) Übergreifende Bedeutung?

Die Aufnahme der Menschenwürde in das Bundesverfassungsgesetz über den Schutz der persönlichen Freiheit hat sowohl in der Rechtsprechung als auch in der Lehre keine übergreifende Bedeutung erfahren. Festzuhalten bleibt aber, dass Freiheit und Menschenwürde auf Verfassungsebene ausdrücklich gekoppelt werden. Der Grund, warum in der österreichischen Rechtsprechung und Lehre die Bestimmung der Menschenwürde in Art. 1 Abs. 4 PersFrG nicht übergreifend behandelt und in anderen Fällen analog herangezogen wird, mag daran liegen, dass auf der einen Seite bereits Gängiges normiert worden ist (vgl. Art. 3 EMRK) und in sehr vielen Fällen ohnehin Sachverhalte nach der Verfassungsbestimmung des Art. 3 EMRK beurteilt werden. Auf der anderen Seite legt es die rechtspositivistische Verfassungstradition nicht nahe, ein derartiges spezielles Gesetz zu verallgemeinern und aus einzelnen Bestimmungen übergreifende Verfassungsnormen abzuleiten. Die Verfassung in Österreich wird nicht als lückenloses System verstanden mit der Konsequenz, dass die Verfassung eine geschlossene objektive Werteordnung beinhaltet und deshalb in der Verfassung formulierte Werte übergreifend gelten. Der Begriff der Menschenwürde ist in einem eng umgrenzten Eingriffsfeld gebraucht und eingefügt worden; der begrenzte Regelungsgehalt des Gesetzes gebietet offenbar keine übergreifende Ableitung. So nahm auch der VfGH in seiner Entscheidung vom 10. 12. 1993[652], in der das Prinzip der Menschenwürde als allgemeiner Wertungsgrundsatz der österreichischen Rechtsordnung bezeichnet worden ist, nicht ansatzweise Bezug auf die immerhin seit 1991 im Verfassungsrang stehende Bestimmung der Menschenwürde in Art. 1 Abs. 4 PersFrG.

---

652 VfSlg 13.635/1993.

Dritter Teil

Menschenwürde und einfaches Bundesrecht

In diesem Teil der Ausarbeitung werden die einfachgesetzlichen Bestimmungen der Menschenwürde in Österreich auf dem Boden der obergerichtlichen Rechtsprechung analysiert und der Regelungsgrund hinterfragt. Einleitend wird der vielschichtige Zusammenhang zwischen einfachem Gesetzesrecht und Verfassungsrecht besprochen.

I) Einfaches Gesetzesrecht und materielles Verfassungsrecht

Nicht zu übersehen sind die vielfältigen Bundesgesetze, in denen der Begriff der Menschenwürde ausdrücklich genannt wird[653]. Der Begriff der Menschenwürde hat damit seinen festen Platz in der österreichischen Rechtsordnung. Offensichtlich bestand Regelungsbedarf, das Prinzip der Menschenwürde in vielen Bereichen als Rechtsbegriff einfachgesetzlich zu verankern. Diese Rechtswirklichkeit kann nicht ohne Einfluss auf die verfassungsrechtliche Diskussion der Menschenwürde bleiben. Freilich darf dabei nicht aus den Augen verloren werden, dass ein Verfassungsprinzip der Menschenwürde aus der Verfassung selbst und nicht aus der Zusammenschau einfachgesetzlicher Bestimmungen der Menschenwürde abzuleiten ist.

Die fundamentalen verfassungsrechtlichen Unterschiede zwischen Verfassungsrecht und einfachem Recht in Wirkung und Bindung werden nicht verkannt und sollen aus guten Gründen auch nicht rechtsmethodisch aufgeweicht werden[654]. Die Schutzfunktion der Verfassung ist ein starkes materielles Argu-

---

653 Vgl hierzu Berka, Grundrechte, Rn 378 mit Hinweis auf Demmelbauer, Die Menschenwürde in der österreichischen Rechtsordnung, ÖGZ 1993/9, 19; des weiteren Berka, Grundrechte, Rn 419, 432.
654 Die Bindungswirkung der Grundrechte gegenüber der einfachen Gesetzgebung ergibt sich für Österreich aus ihrem Verfassungsrang (Öhlinger, Verfassungsrecht, Rn 710). Öhlinger bezeichnet die Bindung des Gesetzgebers als „zentralen Gehalt der Grundrechte" (Öhlinger, Verfassungsrecht, Rn 709). Für Deutschland ist die Bindungswirkung in Art. 1 Abs. 3 GG den Grundrechten vorangestellt (Art. 1 Abs. 3 GG: „Die nachfolgenden Grundrechte binden Gesetzgebung, vollziehende Gewalt und Rechtsprechung als unmittelbar geltendes Recht.").

ment dafür[655], eine Verfassungsänderung nicht interpretativ zu bewirken. Einfaches Gesetzesrecht kann schnelllebig sein und dem Zeitgeist unterliegen. Die Verfassung verkörpert Tradition und Stabilität durch hohe Bestandskraft[656] und trägt zur Identität eines Volkes bei. Freilich werden die Wertvorstellungen der Gesellschaft primär über den einfachen Gesetzgeber umgesetzt[657].

1) Einfache Gesetze als Eingriffe in die Grundrechte

Grundrechtseingriffe durch einfaches Gesetzesrecht sind in vielen Fällen deshalb möglich, weil Grundrechte oftmals ausdrücklich unter einem Gesetzesvorbehalt stehen, der als Eingriffsvorbehalt und auch als Ausgestaltungvorbehalt wirken kann[658]. Einfachgesetzliche Bestimmungen können Grundrechtsschranken sein. Dabei ist darauf hinzuweisen, dass diese Schranken wiederum durch sogenannte Schranken-Schranken begrenzt werden (z.B. das Verhältnismäßigkeitsprinzip

---

655 Vgl Schambeck, Zur Theorie und Interpretation der Grundrechte, in: Machacek/Pahr/Stadler, Band 1, 1991, S. 83 ff (86).
656 Vgl auch Korinek, FS Adamovich zum 60. Geburtstag, S. 253 ff, Betrachtungen zur österreichischen Verfassungsgerichtsbarkeit, S. 253 ff (270), der auf die erhöhte Bestandsgarantie der Verfassungsnormen hinweist, die politisch „eine Schutzfunktion für qualifizierte Minderheiten" bedeutet. Ringhofer bezeichnet den politischen Sinn „der Aufspaltung in Verfassungsgesetzgebung und einfache Gesetzgebung .... darin, daß die allerwichtigsten Fragen des Gemeinschaftslebens einer vergleichsweise stabileren Regelung zugeführt werden sollen...". Er betont, dass der Verfassungsgesetzgeber ein „höheres Maß an gesellschaftlichen Konsens repräsentiert...".(Ringhofer, Über Grundrechte und deren Durchsetzung im innerstaatlichen Recht, FS Hellbling 1981, S. 355 ff (357)).
657 „Den wichtigsten Beitrag zur Aktualisierung der Grundwerte leistet der Gesetzgeber" (Isensse, Verfassungsgarantie ethischer Grundwerte und gesellschaftlicher Konsens, NJW 1977, S. 545 ff (550)). Isensee weist darauf hin, dass sich „der demokratische Verfassungsvollzug nicht gegen die herrschenden sittlichen Vorstellungen der Gesellschaft abschirmen (läßt) .... Die Entscheidungsfindung über den Vollzug der Grundwerte ist ein dialogisches Verfahren ... Verfassungsauslegung wird damit zur Integration."
658 Öhlinger, Verfassungsrecht, Rn 711; hierzu auch Berka, Konkretisierung und Schranken der Grundrechte, ZÖR 54 (1999), S. 31 ff (34). Korinek weist darauf hin, „daß gute Gründe dafür sprechen, daß die Gesetzesvorbehalte nicht ausschließlich, ja wohl nicht einmal primär das Ziel haben, die grundrechtlich verbürgten Freiheiten einzuschränken. Sie haben vielmehr - zumindest auch - den Sinn, die Ausübung der Freiheit gegenüber der Ausübung (auch anderer) Freiheiten durch andere Grundrechtsträger sowie gegenüber öffentlichen Interessen abzugrenzen, also ihren Gebrauch zu ermöglichen und zu ordnen" (Korinek, Zur Interpretation von Verfassungsrecht, FS Walter 1991, S. 363 ff (381)).

oder auch die Wesensgehaltssperre⁶⁵⁹). Die rechtliche Verknüpfung zwischen Grundrechten und einfachem Gesetzesrecht zeigt sich in Österreich insbesondere in der Wechsel - und Ausstrahlungswirkung, wie sie sich aus der Anwendung der formellen Gesetzesvorbehalte des StGG und der materiellen Gesetzesvorbehalte der EMRK ergeben. Damit wird die Bindungswirkung der Grundrechte gegenüber dem Gesetzgeber „abgeschwächt"⁶⁶⁰. Problematisch ist, „wie weit der einfache Gesetzgeber in das betreffende Grundrecht eingreifen darf und und worin der 'unverletzliche Kernbereich' des Grundrechts besteht, der von Eingriffen frei bleiben muß"⁶⁶¹. Freilich wird darauf hingewiesen, dass die Befugnis des Gesetzgebers zur Grundrechtseinschränkung nur vordergründig unbegrenzt⁶⁶² sei. „Die Schranken der Grundrechte müssen daher heute nicht mehr nur an Hand des formalen Prinzips der Gesetzmäßigkeit, sondern nach inhaltlichen Maßstäben beurteilt werden."⁶⁶³ Die strikte Trennung von Grundrechtstatbestand und Grundrechtsschranken ist bedeutend, ja sogar „freiheitssichernd", denn sie „verhindert die Gefahr willkürlicher Einengung der Freiheit durch einengende ad-hoc-Definition des Grundrechts"⁶⁶⁴.

Ein anschauliches Beispiel für die Durchschlagskraft einer einfachgesetzlichen Bestimmung gibt ein Erkenntnis des VfGH zu § 2a RundfunkG⁶⁶⁵, wonach die dort formulierte „einfachgesetzliche" Menschenwürde als „unverzichtbar" eingestuft wurde mit der Folge, daß das Argument der Menschenwürde im Ergebnis verfassungsrechtlicher Überprüfung standhält, mithin andere Verfassungsgüter nicht in der Lage sind, dieses Prinzip unterzuordnen.

---

659 Vgl Berka, ZÖR 54 (1999) S. 31 ff (43 ff).
660 Öhlinger, Verfassungsrecht, Rn 710.
661 Walter-Mayer, Bundesverfassungsrecht, Rn 1335 unter Bezugnahme auf Korinek, FS Merkl, 1970, 171; zu den Gesetzesvorbehalten Walter- Mayer, Bundesverfassungsrecht, Rn 1335 ff; Öhlinger, Verfassungsrecht, Rn 712 ff; Berka, Grundrechte, Rn 252 ff; ders. in: ZÖR 54 (1999), 31 ff.
662 Berka, Grundrechte, Rn 255.
663 Berka, Grundrechte, Rn 264.
664 Starck, Grundgesetz I, Art. 1 Abs. 3 Rn 229; zu der Grundrechtsdogmatik von Schutzbereich, Eingriff und Schranken Berka, Grundrechte, Rn 241 ff und 251 auch zum Begriff des Grundrechtseingriffs und zu der in der Lehre kritisierten „Intentionalitätsjudikatur" des VfGH.
665 VfGH, B 416/98, in: ÖJZ 2000, H. 9, S. 357.

2) Grundrechtsprägung durch einfache Gesetze

„Der grundrechtsdogmatische Problemkreis Grundrecht und Gesetz reicht weit über die Frage der gesetzlichen Einschränkung von Grundrechten hinaus."[666] Einfachgesetzliche Bestimmungen haben mithin die Funktion und die Auswirkung, Grundrechte auszugestalten[667]. Insbesondere der Gesetzgeber als zeitlich demokratisch legitimiertes Organ übernimmt aktuelle Wertvorstellungen der Gesellschaft und legt damit auch den aktuellen Gehalt von Grundwerten fest. Der einfache Gesetzgeber vollzieht nicht nur die Verfassung, er aktualisiert sie inhaltlich[668], wenn auch nicht formal, da kompetenzrechtlich nicht befugt. Einfache Gesetze beschränken also nicht nur Grundrechte, sondern normieren auch Verfahren, Organisation und Rechtsformen sowie Leistungsansprüche[669]. Ohne konkrete einfachgesetzliche Ausgestaltung ist ein effektiver Grundrechtsschutz, auch in der Form der Grundrechtsgewährleistung, nicht vorstellbar.

In der deutschen Literatur begegnet man dem Begriff der Grundrechtsprägung: „Die gesetzgeberische Leistung vollzieht sich in den Hauptformen der Grundrechtsprägung (einem weit zu verstehenden terminologisch großzügigen Oberbegriff für gesetzgeberische Kompetenzen, die grundrechtliche Substanz näher zu definieren) sowie des Grundrechtseingriffs (jener ebenfalls weit zu verstehenden Vorstellung, die alle gesetzgeberischen Kompetenzen erfaßt, begrenzend in die schon geprägte Substanz der Grundrechte einzuwirken)."[670]

---

666 Starck, Grundgesetz I, Art. 1 Abs. 3 Rn 251.
667 Hierzu Berka, Grundrechte, Rn 247 ff.
668 Vgl dazu Isensee, Verfassungsgarantie, aaO, S. 550.
669 Starck, Grundgesetz I, Art. 1 Abs. 3, Rn 251; Berka (Grundrechte, Rn 247) hält fest: „Gesetzliche Ausgestaltungen lassen die Substanz der jeweiligen Freiheit unberührt und müssen daher auch nicht wie Eingriffe an den Schrankenvorbehalten gemessen werden. "Im Einzelfall ist aber „sorgfältig zu prüfen, ob nicht doch ein auch ein Eingriff vorliegt."
670 Lerche, Inhalt und Schranken der Freiheitsrechte, in: Isensee/Kirchhof (Hrsg), Band V, § 121 Rn 38 (S. 762). Lerche spricht davon, dass sich „die Fülle der gesetzgeberischen Begrenzungen und Substantiierungen der grundrechtlichen Schutzbereiche den zwei Hauptformen der Grundrechtsprägung und des Grundrechtseingriffs zuordnen (läßt)" (aaO, § 121 Rn 37). Formen der Grundrechtsprägung (aaO, Rn 39 ff) sind dabei die grundrechtliche Konstituierung (Inhaltsbestimmung und Regelung), wie in Deutschland der Eigentumsschutz, des weiteren die grundrechtliche Konkretisierung, wie dies in der Verankerung verdeutlichender Normen oder der Bestimmung von Schutznormen oder der verfahrensmäßigen Vollzugshilfe zum Ausdruck kommt. Ein weiterer Fall der Grundrechtsprägung ist die „Grundrechtskonturierung kraft Verweisung", so z. B. in Deutschland in Art. 2 Abs. 1 GG, wo als Schranke der allgemeinen Handlungsfreiheit die 'verfassungsmäßige Ordnung' genannt ist und

Der Begriff der Grundrechtsprägung darf aber nicht dazu missbraucht werden, einfachgesetzlichen Bestimmungen im Ergebnis Verfassungsrang zuzubilligen. Eine maßgebliche Verknüpfung zwischen Verfassungsrecht und einfachem Recht liegt vielmehr in der Auslegung der Verfassung. Freilich ist es wegen der Geltungs - und Bindungswirkung von Verfassungsrecht und wegen einer einsichtigeren und berechenbareren Subsumtion sowie einer „Disziplinierung und Vervollständigung des verfassungsrechtlichen Argumentierens durch stufende, systematisierende Ordnung"[671] notwendig, die Interpretation der Grundrechte über die Stufen des Grundrechtstatbestandes, der Grundrechtsschranken und der Schranken-Schranken vorzunehmen. Dies hindert aber nicht, in Ausnahmefällen auch im Wege der Verfassungsauslegung (und nicht im Wege der Rechtsfortbildung) allgemeine Rechts - oder Wertungsgrundsätze zu formulieren, die der Verfassungsrechtsordnung immanent sind[672]. Potacs formuliert zu den allgemeinen Rechtsgrundsätzen des EuGH und auch des VfGH: „Die Häufigkeit entsprechender ausdrücklicher Regelungen mag für die Annahme eines allgemeinen Rechtsgrundsatzes eine gewisse Rolle spielen. Letztlich muß aber der überzeugende Nachweis gelingen, daß diese Regelungen der Ausdruck eines allgemeinen normativen Prinzips außerhalb des formulieren Textes sind. Ein Rekurs auf bestimmte allgemeine gesellschaftliche Wertvorstellungen erscheint zu diesem Zweck wohl unvermeidlich."[673] Gegen eine Veränderung der Verfassung auf interpretativem Weg ohne formelle Verfassungsänderung wendet sich nachdrücklich Korinek: „Zurückhaltung wird man insb bei der systematischen Interpretation von Verfassungsregeln aus ihrem Zusammenhang mit unterverfassungsgesetzlichem Recht zu üben haben: denn die Schutzfunktion der Verfassung verbietet es auch anzunehmen, daß die Änderung einfachen Gesetzesrechts den Sinngehalt der Verfassung verändern können soll."[674]

Die rechtsmethodische 'Gretchenfrage' bleibt freilich, in welchen Fällen sich eine Verfassungsinterpretation bereits als Änderung der Verfassung, mithin als eine unzulässige Rechtsfortbildung auf Verfassungsebene darstellt, und in welchen Fällen von einer notwendigen und zulässigen Auslegung, also von einer

---

sich somit der „Schutzbereich des Grundrechts ... damit zugleich von Veränderungen des jeweiligen externen Normengefüges abhängig (sieht)" (aaO, § 121 Rn 44).
671 Starck, Grundgesetz I, Art. 1 Abs. 3 Rn 229, Kloepfer, BVerfG-FS II (1976), S.407 zitierend.
672 Vgl zum Prinzip der Menschenwürde VfGH VfSlg 13. 635/1993; OGH JBl. 1995, 46.
673 Potacs, Auslegung im öffentliche Recht, 1994, S. 236, unter Bezugnahme auf Bydlinski, Methodenlehre, S. 490.
674 Korinek, Zur Interpretation von Verfassungsrecht, FS Walter 1991, S. 363 ff, S. 374/375.

Konkretisierung des Verfassungsrechts gesprochen werden kann. Die Beantwortung dieser Fragen kann von dem jeweiligen verfassungsrechtlichen Grundverständnis nicht losgelöst werden und es werden sich immer gute Argumente auf beiden gegensätzlichen Seiten finden lassen[675].

Es gibt Stimmen, die eine verfassungsrechtliche Wirkkraft einfachgesetzlicher Bestimmungen betonen. Die Interpretation des Begriffs der Würde verlange „eine Analyse der herrschenden rechtsethischen Vorstellungen, die beim Erlaß des Grundgesetzes einen Schutz der Menschenwürde forderten, aber auch der inzwischen eingetretenen Konkretisierungen, Differenzierungen und Wandlungen dieser Rechtsauffassungen"[676]. Würde wird somit als wertausfüllungsbedürftiger Rechtsbegriff qualifiziert. Dabei liegt es „nahe, den Begriff der Menschenwürde in erster Linie aus dem Kontext des Grundgesetzes zu erhellen ... Wo die Unschärfe verfassungsrechtlicher Begriffe der Interpretation einen Spielraum läßt, ist es durchaus legitim, daß jene Begriffe auch 'aus der einfachen Gesetzgebung heraus' (kritisch Leisner, JZ 64, 204 f) und aus den Grundsätzen der Rechtsprechung (vgl J. Esser, Grundsatz und Norm, 2. Aufl. 1964) und der Verfassungspraxis mit Sinn erfüllt werden, weil auch diese im großen und ganzen ein Niederschlag des in der Rechtsgemeinschaft herrschenden Rechtsethos' und wichtiges Indiz des rechtsethischen Milieus zu sein pflegen ... ."[677]

Eine „Verfassung nach Gesetz"[678] ist dogmatisch nicht zu begründen. Leisner macht 1964 auf die Gefahr begrifflicher Unterwanderung der Verfassung aufmerksam. Begriffsinhalte und auch dogmatische Vorstellungen dürften nicht in die Verfassung wandern. Als Gefahren beschwört er die Durchbrechung der Gewaltenteilung; was der Verfassungsgesetzgeber mit der notwendigen qualifizierten Mehrheit beschließen müsste, leiste dann der einfache Gesetzgeber. Im Übrigen werde das Verfassungsrecht zementiert, weil einfaches Gesetzesrecht im Mantel der Verfassung auftrete, „gehärtet" und „für später unaufhebbar gemacht werde"[679]. Er schlägt deshalb vor, dass nur der 'Rechtsgrundsatzgehalt', die Prinzipien, das Wesentliche, die Grundzüge jeden Rechtsgebiets-wenn überhaupt-

---

675 Diese Fragen sind universal, was sich an den unterschiedlichen Gerichtsauffassungen zur Zulässigkeit der Stimmennachzählung in Florida im Rahmen der amerikanischen Präsidentenwahl 2000 zeigte; denn eine explizite gesetzliche Vorgabe zur Entscheidungsfindung war offensichtlich nicht gegeben. Auch hier ging es vielfach um die Frage, ob formelle oder wertende Verfassungsgesichtspunkte den Ausschlag geben müssen, wenngleich sich der Supreme Court der USA abschließend auf den Gleichheitssatz stützte und sich knapp mehrheitlich gegen die Zulässigkeit weiterer Stimmenauszählungen entschied.
676 Zippelius, Bonner Grundgesetz, Art. 1 Rn 7.
677 Zippelius, Bonner Grundgesetz, Art. 1 Rn 8.
678 Leisner, Die Gesetzmäßigkeit der Verfassung, JZ 1964, S. 201 ff (204).
679 Leisner, aaO, S. 205.

aus einfachem Gesetzesrecht in die Verfassung übernommen und damit verhärtet werden[680].

Nach meiner Ansicht bleibt die verfassungsrechtliche Aussagekraft der einfachgesetzlichen Regelungen der Menschenwürde eingeschränkt, wenngleich - von einer sinnstiftenden und harmonisierenden Einheit der Rechtsordnung ausgehend - eine Vielzahl von einfachgesetzlichen Bestimmungen der Menschenwürde Ausdruck und Bestätigung dafür sein kann, dass das Prinzip der Menschenwürde der Verfassungsordnung immanent ist[681]. Wenn nach der Rechtsprechung des VfGH die Menschenwürde ein allgemeiner Wertungsgrundsatz[682] ist, also ein die gesamte Rechtsordnung übergreifendes Prinzip ausdrückt, dann sind Bestimmungen aller Rangstufen in der Stufenordnung des Rechts für die Ableitung und Inhaltsbestimmung dieses Prinzips bedeutsam, freilich in unterschiedlicher Gewichtung. In den einfachgesetzlichen Bestimmungen über die Menschenwürde kommt ein Menschenbild zum Ausdruck, das der österreichischen Rechtsordnung und damit auch der Verfassungsrechtsordnung zugrunde liegt[683]. Ein Menschenbild des einfachen Gesetzgebers kann sich nicht ernstlich wesentlich von einem Menschenbild des Verfassungsgesetzgebers unterscheiden. Die Ausprägung der Grundrechte spiegelt sich in den einfachen Gesetzen wider.

3) Menschenwürde als Verfassungsprinzip und einfachgesetzlicher Rechtsbegriff?

Betrachtet man die vielfältigen einfachgesetzlichen Bestimmungen der Menschenwürde, so könnte sich auch die Frage stellen, ob die Menschenwürde als einfachgesetzlicher Rechtsbegriff eine verfassungsrechtliche Qualifizierung ausschließt. Die Frage ist nicht schwierig dahingehend zu beantworten, dass es dem einfachen Gesetzgeber selbstverständlich unbenommen bleibt, Verfassungsbegriffe einfachgesetzlich zu verankern. Mit einer einfachgesetzlichen Verankerung der Menschenwürde erübrigt sich in manchen Fällen ein Rekurs auf das Verfas-

---

680 Leisner, aaO, S. 205.
681 Demmelbauer spricht im Rahmen einer Gesamtschau einfachgesetzlicher Menschenwürdebestimmungen aus dem Jahr 1993 davon, dass die Menschenwürde als „Vorverständnis" der österreichischen Rechtsordnung zugrunde liege und ihre Absicherung in § 16 ABGB habe. Eine verfassungsrechtliche Funktion weist er allerdings der Menschenwürde nicht zu (aaO, Die Menschenwürde und die österreichische Rechtsordnung, ÖGZ 1993/9,19 ff, S. 21, unter Bezugnahme auf Esser, Vorverständnis und Methodenwahl in der Rechtsfindung, 1972).
682 VfSlg 13.635/1993.
683 Auch wenn damit kein Rechtswert eines Menschenbildes verbunden ist.

sungsrecht, wie die zitierte Entscheidung des VfGH zu § 2a RundfunkG zeigt. Ebenfalls können Fragen der Drittwirkung von Grundrechten im Vorfeld ausgeräumt werden, weil eine unmittelbare Wirkung in Privatrechtsverhältnissen erzeugt werden kann.

Auch in Deutschland finden sich einfachgesetzliche Bestimmungen zur Menschenwürde, obgleich der Schutz der Menschenwürde explizit in Art. 1 GG verankert ist[684]. Der jeweilige einfachgesetzliche Schutz wird sich -im Gewährleistungsgehalt der jeweiligen Norm- inhaltlich an den Gehalt des verfassungsrechtlichen Begriffs der Menschenwürde anlehnen. So verbindet das Bundesverfassungsgericht mit dem einfachgesetzlichen Begriff der Menschenwürde im Straftatbestand der Volksverhetzung den Gehalt der Verfassungsbestimmung der Menschenwürde[685].

Aus rechtspolitischer Sicht ist die Verankerung von Menschenwürdebestimmungen im einfachen Recht nachvollziehbar, ermöglicht doch die Verwendung dieses Begriffs mit seiner eigentümlichen semantischen Offenheit vielfältigen und auch neuartigen Bedrohungen entgegenzuwirken, zum einen auf der Abwehrebene, zum anderen auf der Leistungsebene und zum Dritten auf der Ebene der staatlichen Schutz - oder Gewährleistungspflichten[686]. Aus juristischer Sicht sollte allerdings große Zurückhaltung bei der Verwendung des Begriffs der Menschenwürde auf einfachgesetzlicher Ebene gefordert werden, wenn man - wie nachfolgend begründet werden wird - das Prinzip der Menschenwürde als effektives, subjektiv-rechtliches und justitiables Grundrecht auch der österreichischen Bundesverfassung anerkennt.

Freilich kann es methodisch zu Ungereimtheiten kommen. Denn einfaches Gesetzesrecht kann bei Grundrechten mit formellen und auch materiellen Vorbehalten dogmatisch eine Grundrechtsschranke sein; insofern kann eine einfachgesetzliche Bestimmung der Menschenwürde als Grundrechtsschranke zu qualifizieren sein. Nach meiner Auffassung entzieht sich aber das Prinzip der Menschenwürde der idealtypischen Verfassungsdogmatik der Freiheitsgrundrechte. Die Menschenwürde ist der Kern, mithin das Wesen insbesondere der Freiheitsrechte und damit einer Schrankendogmatik nicht zugänglich. Die Menschenwürde ist somit Maßstab und nicht Gegenstand der Optimierung von Grundrechten.

---

684 So z. B in §§ 130, 131 StGB-Volksverhetzung; § 6 Gesetz über die Verbreitung jugendgefährdender Schriften; §§ 22, 31 Wehrstrafgesetz; des weiteren im Beamtenrecht § 38 Abs. 2 BRRG, § 56 Abs. 2 BBG, vgl auch § 1 Abs. 2 Bundessozialhilfegesetz, ferner im Baurecht und Umweltrecht.
685 BVerfG, Beschl. v. 20. 10. 1992, NJW 1993, 1457 ff (1458); BVerfG Beschl. v. 6. 9. 2000, NJW 2001, S. 61 (62).
686 Vgl dazu Häberle, Menschenwürde und Verfassung am Beispiel von Art. 2 Abs. 1 Verf. Griechenland 1975, Rechtstheorie Band 11, S. 889 ff (396/397).

Ein vordergründiger Widerspruch zwischen dem verfassungsrechtlichen Wirkbereich einer einfachgesetzlichen Bestimmung zur Menschenwürde und dem Verfassungsprinzip der Menschenwürde ist dahingehend aufzulösen, dass die einfachgesetzlichen Bestimmungen der Menschenwürde als absolutes und nicht abwägbares Schutzgut wirken, sofern eine Verletzung in der verfassungsrechtlichen Dimension bejaht wird. In diesen Fällen hat die einfachgesetzliche Norm nur deklaratorischen Charakter, da ohnehin inhaltlich der Verfassungssatz der Menschenwürde greift. Freilich ist es dem einfachen Gesetzgeber in gewissem Rahmen überlassen, an eine Verletzung der Menschenwürde unterschiedliche rechtliche Konsequenzen zu koppeln. Eine Verletzung der Menschenwürde auf Verfassungsebene erfordert nicht immer, die Handlung zu pönalisieren. Dies wird in der deutschen Grundrechtsdogmatik verfassungsgerichtlich bestätigt; maßgeblich ist ein angemessener und wirksamer Schutz der Menschenwürde[687]. Entscheidet sich der Gesetzgeber für eine Pönalisierung, so ist dies eine Rechtsfolgenentscheidung des Gesetzgebers, die Menschenwürde besonders effektiv zu schützen.

In den Fällen, in denen eine Verletzung des Prinzips der Menschenwürde auf einfachgesetzlicher Ebene bejaht wird und eine Kollision mit anderen Verfassungsgütern nicht ersichtlich ist, braucht der einfachgesetzlichen Norm keine verfassungsrechtliche Bedeutung unterlegt werden. Dies wird aber der Ausnahmefall bleiben, weil der Gebrauch der Freiheit des einen in vielen Fällen die Freiheit des anderen beschränken wird.

Eine im Vergleich zum Verfassungsgehalt der Menschenwürde restriktivere einfachgesetzliche Inhaltsbestimmung verbietet sich, da sich der unabdingbare Inhalt der Menschenwürde aus der Verfassung ergibt. Der Rückgriff auf die Rechtsprechung des VfGH zu Art. 3 EMRK bei der Auslegung einfachgesetzlicher Bestimmungen der Menschenwürde in Österreich bestätigt dies[688].

Im Einzelfall kann im Wege der historischen, systematischen oder teleologischen Auslegung freilich der Schluss gezogen werden, dass das einfachgesetzli-

---

687 Allerdings sind an die Ausgestaltung des Schutzes Mindestanforderungen an die Rechtsordnung zu stellen, das BVerfG in Deutschland bezeichnet dies als Untermaßverbot, vgl. BVerfGE 88, 203 (254/255 - Schwangerschaftsabbruch II). Siehe hierzu unter Sechster Teil VI 3 a.

688 Siehe hierzu die erläuterte Rechtsprechung des VfGH, des OGH, des VwGH und des UVS zu Art. 3 EMRK, vgl unten, Zweiter Teil II 2 d; vgl auch bereits Rosenmayr, in: Ermacora/Nowak/Tretter, Die Europäische Menschenrechtskonvention in der Rechtsprechung der österreichischen Höchstgerichte, 1983, Artikel 3 MRK, S. 175 ff (mwN zur Rechtsprechung des VwGH, 15. 9. 1964, Z/ 2200/63, und OGH, v. 7. 12. 1972, 9 Os 44/72; OGH v. 7. 11. 1974, 7 Ob 218/74). „Wo es um die Auslegung des Begriffs „Menschenwürde" in einfachen Gesetzen geht, greifen die Gerichte zur Auslegung auf die Bestimmung des Art. 3 und die einschlägige Judikatur des VfGH zurück."(aaO, S. 175).

che Prinzip der Menschenwürde eine weitergehende inhaltliche Zielrichtung aufweist und nicht mit dem Gehalt der verfassungsrechtlichen Vorgabe korrespondiert. Als Beispiel ist § 96 Abs. 1 Z. 3 ArbVG zu nennen[689]. In dieser Vorschrift wird die Eingriffsintensität herabgesetzt. In den Fällen, in denen der einfachgesetzliche Schutz weiter reichen soll als der verfassungsrechtliche Gehalt der Menschenwürde, muss sich der „überschießende Inhalt" anderen Rechtsgütern im Wege der Abwägung stellen und im Einzelfall mittels einer verfassungskonformen Auslegung Verfassungsrechtsgütern weichen.

4) Zusammenfassende Bewertung

Aus den einfachgesetzlichen Vorgaben zur Menschenwürde lässt sich aus grundlegenden verfassungsdogmatischen Erwägungen eine Verfassungsrechtsqualität des Prinzips der Menschenwürde nicht ableiten. Nicht von der Hand zu weisen ist allerdings der „Dialog" zwischen einfachem Gesetzesrecht und den in der Verfassung insbesondere in Form von Grundrechten verankerten Grundwerten. Die einfachgesetzlichen Bestimmungen zur Menschenwürde begründen zwar nicht ein Verfassungsprinzip der Menschenwürde, bestätigen aber die von mir dargelegte Ableitung dieses Verfassungsprinzips, weil der Wort - und Sinngehalt einfacher Gesetze auch Ausdruck des gesellschaftlichen und rechtlichen Werteverständnisses ist.

Die Aussagekraft der einzelnen einfachgesetzlichen Bestimmungen wird nachfolgend dargestellt und abschließend zusammengefasst. Im Vorgriff soll die zentrale Rechtsnorm des § 16 ABGB auf ihren Menschenwürdegehalt analysiert werden, als ein historischer und aktueller Bezugspunkt der Diskussion über die Menschenwürde in Österreich.

II) § 16 ABGB - eine Zentralnorm der österreichischen Rechtsordnung

Bereits im Jahr 1811 wird in der Rechtsordnung Österreichs in § 16 ABGB folgende Aussage verankert: „Jeder Mensch hat angeborene, schon durch die Vernunft einleuchtende Rechte, und ist daher als eine Person zu betrachten."[690]

§ 16 ABGB ist eine herausragende Bestimmung des einfachen Gesetzesrechts, in der sich implizit der Gehalt des Prinzips der Menschenwürde ausdrückt. Deshalb wird diese Vorschrift in diesem Abschnitt über die einfachge-

---

689 Hierzu Dritter Teil III 4.
690 § 16 Satz 1 ABGB. Vgl unter vielen Klecatsky, Erinnerungen, S. 275 ff.

setzlichen Bestimmungen der Menschenwürde behandelt und wegen ihrer zentralen Bedeutung auch vorangestellt.

§ 16 ABGB gilt als Zentralnorm der österreichischen Rechtsordnung, die als subjektives Recht, wenn auch nicht ausdrücklich, so aber implizit im Kernbereich die Würde des Menschen schützt[691]. Von Interesse ist die Ausstrahlungswirkung dieser einfachgesetzlichen Bestimmung auf die Verfassung. Einer Qualifizierung dieser Norm als materielles Verfassungsrecht[692] wird hier nicht beigetreten, da dies insbesondere die verfassungsrechtlich vorgegebene Trennlinie zwischen einfachem Recht und Verfassungsrecht einhält. Freilich können sich in dieser Norm Wertungen widerspiegeln, die in die Verfassung ausstrahlen und aus der Verfassung ableitbare Prinzipien bestärken. Klecatsky[693] allerdings weist in einem aktuellen Beitrag darauf hin, dass „der Personenbegriff des § 16 ABGB im Jahre 1867 geradezu das tragende Fundament des StGG und der darin verfassungsrechtlich gewährleisteten Grundrechte" ist. „Mit der Rezeption des StGG durch Art. 149 Abs. 1 B-VG wurde § 16 ABGB auf dem Wege der zum geltenden Bundesverfassungsrecht auch sonst führenden Überleitungen zur bis heute geltenden - unentbehrlichen - Norm der republikanischen Bundesverfassung."

1) Die begriffliche Verwandtschaft zur Virginia Bill of Rights und auch zu Kant

Art 1 der „Bill of Rights of Virginia" von 1776 formuliert: "Alle Menschen sind von Natur gleich frei und unabhängig und besitzen gewisse angeborene Rechte ... ."[694] Die begriffliche Verwandtschaft zwischen dieser Grundrechtsnorm und § 16 ABGB ist nicht übersehbar. Die frühen „Bill of Rights" der Verfassungen der amerikanischen Staaten werden als „die ersten modernen Grundrechtskataloge"[695] benannt. Berka hält allerdings fest, dass die Geschichte der Kodifikation des ABGB in Österreich ein Bild davon gebe, dass mit dem Ende der französi-

---

691 Ständige Rechtsprechung des OGH: 10 Ob S 40/90; 4 Ob 98/92; 4 Ob 99/94; 7 Ob 150/97b; 6 Ob 155/99k; 4 Ob 64/00s; 4 Ob 59/00f; 1 Ob 341/99z; 6 Ob 238/00v; vgl Dittrich/Tades, ABGB,1999, 35. Aufl.,§ 16 (E1) unter Bezugnahme auf OGH JBl. 1990, 734 = SZ 63/32; Aicher, in Rummel, ABGB, § 16 Rn 3; Schwimann in Schwimann/Posch (Hrsg); AGBG I,§ 16 Rz 3 und 6.
692 Vgl Ermacora, Handbuch der Grundfreiheiten und Menschenrechte, S. 39; bejahend Klecatsky, Erinnerungen, S. 275 ff (280/281); ablehnend hierzu Koja, JBl. 1964, 379 (380).
693 Klecatsky, Erinnerungen, S. 275 ff (279).
694 Maihofer, Prinzipien freiheitlicher Demokratie, in: Benda/Maihofer/Vogel, Verfassungsrecht, S. 201; hierzu auch Berka, Grundrechte, Rn 41(mit englischem Text).
695 Berka, Grundrechte, Rn 42.

schen Revolution die „Idee der Menschenrechte bei vielen in Misskredit geraten" sei[696].

Interessant ist, dass auch Kant, der - unbewusst - mit als geistiger Vater der hinlänglich bekannten Objektformel zur Inhaltsbestimmung der Menschenwürde gilt, den Begriff des „angeborenen Rechts" der Freiheit in seiner Metaphysik der Sitten[697] verwendet, mithin nicht nur verfassungsgeschichtliche, sondern auch ideengeschichtliche Verknüpfungen zwischen der Diskussion der Menschenwürde und der Bestimmung des § 16 ABGB festzustellen sind.

2) Entstehungsgeschichte und Regelungsgrund

Die Redaktoren des § 16 ABGB haben unter angeborenen Rechten die Rechte verstanden, die sich aus dem Naturrecht ergeben. Die Anerkennung der angeborenen Rechte in §16 ABGB wird geschichtlich mit einer „zarten Rücksichtnahme auf das Ausland"[698] dargestellt. Wellspacher weist zwar auf Zeillers Antrag hin, dass naturrechtliche Bestimmungen nicht in ein Zivilgesetzbuch gehörten[699], hält aber fest, daß „wir einer Idee in unserem Gesetze Unterkunft bieten können, die in der Zukunft zu immer größerer Bedeutung gelangen wird"[700]. Zeiller selbst habe das Urrecht des Naturrechts definiert als „das Recht, die Würde eines vernünftigen, frei handelnden Wesens zu behaupten"[701]. Wellspacher fügt hinzu, dass § 16 ABGB als Ausgangspunkt „für die Ausbildung derjenigen Persönlichkeitsrechte, deren Anerkennung die fortschreitende Rechtsentwicklung erheischt und - was für uns Österreicher besonders wertvoll ist - , daß wir nicht genötigt sind, für jede einzelne neue Frage auf diesem Gebiete das Einschreiten der Gesetzgebung abzuwarten"[702].

---

696 Berka, Grundrechte, Rn 45; Stern, Staatsrecht, Band III/1, § 59 V 2 (S. 105) spricht unter Bezugnahme auf Leisner, Grundrechte und Privatrecht, 1960, S. 21, von einer „antirevolutionären Phobie".
697 Zitiert bei Maihofer, aaO, S. 205 (Ausgabe Vorländer bei Meier, 4. Aufl., 1922, S. 43).
698 Wellspacher, Das Naturrecht und das ABGB, Festschrift zur Jahrhundertfeier des allgemeinen bürgerlichen Gesetzbuches, 1. Juni 1911, Erster Teil, Wien 1911, S. 173 ff (181).
699 Wellspacher, aaO, S. 181.
700 Wellspacher, aaO, S. 187.
701 Wellspacher, aaO, S.188 (Fn 47), Zeiller zitierend aus „Das natürliche Privarecht, Kommentar zu § 16.
702 Wellspacher, aaO, S. 188.

3) § 16 ABGB als materielles Verfassungsrecht und Maßstab für den Inhalt des Prinzips der Menschenwürde?

Als extreme Position wird § 16 ABGB materielle Verfassungsqualität, mithin „Grundrechtscharakter" zugewiesen; die Vorschrift weise auf eine präpositive Ordnung hin[703]. § 16 ABGB wird als Fundamentalnorm der Verfassung bezeichnet, als solche gelte sie und war auch so gedacht[704]. Eine andere Denkrichtung leitet den Verfassungsgrundsatz der Menschenwürde in Österreich zwar aus anderen im Verfassungsrang stehenden Vorschriften, insbesondere Art. 3 EMRK ab, will jedoch den Inhalt dieses Grundsatzes aus § 16 ABGB ermitteln. Verfassungsrechtlich sei dies auch deshalb gerechtfertigt, weil „die Eingangsbestimmungen des ABGB als ein Ersatz für einen im Jahr 1811 zwar geplanten, aber nicht verwirklichten 'politischen Kodex' dienen sollten"[705].

Den tragenden materiellen Gehalt des § 16 ABGB für die österreichische Rechtsordnung stellt auch Bydlinski[706] dar. Er hält die Meinung Ermacoras zum Charakter des § 16 ABGB als materielle Grundnorm der gesamten österreichischen Rechtsordnung für zutreffend[707]. Die überwiegende Meinung weist zwar auf Gemeinsamkeiten zwischen § 16 ABGB und der Verfassung hin, ohne § 16 ABGB jedoch Verfassungsrang zuzubilligen.. So werden „die - aus dem Geiste der Aufklärung geborenen - Naturrechtslehren", wie sie in Österreich vor allem durch Martini und Zeiller repräsentiert wurden als „geistige Grundlage des ABGB." bezeichnet[708]. Der Gedanke des § 16 ABGB war - so Walter - auch gedanklich Grundlage des StGG 1867. Rechtlich habe dieser Gedanke der den Menschen angeborenen Rechte, die durch den Staat nicht eingeschränkt werden dürfen, in Art. 7 B-VG und Art. 2 StGG seinen Niederschlag gefunden, ebenso

---

703 Ermacora, Handbuch der Grundfreiheiten und Menschenrechte, Wien 1963, S. 39.
704 Marcic, Die Rechts- und staatsphilosophischen Grundgedanken der geltenden Österreichischen Verfassungsordnung, JBl. 1965, 553 (561).
705 Stolz, Grundrechtsaspekte künstlicher Befruchtungsmethoden, in:Bernat (Hrsg), Lebensbeginn durch Menschenhand, S. 114.
706 Bydlinski, Der Ersatz ideellen Schadens als sachliches und methodisches Problem, JBl. 1965, 237 ff (253/254), zitiert Zeiller (Das natürliche Privatrecht, S. 65), wonach § 16 das Urrecht enthalte, nämlich das Recht, die Würde eines vernünftigen, frei handelnden Wesens zu behaupten.
707 Bydlinski übernimmt die Formulierung des Urrechts der Persönlichkeit und hält sich offensichtlich auch an die von Kant mit geprägte und von Dürig für das deutsche Verfassungsrecht fruchtbar gemachte Formulierung, wonach auch ein Ehrangriff eine Verletzung der Menschenwürde sein könne, „wenn der Betroffene nicht als Person mit rechtlichem Eigenwert, sondern als bloßes Objekt irgendwelcher Zwecke oder Triebe behandelt wird" (aaO, S. 254).
708 Walter, ABGB. und Verfassung, in: ÖJZ 1966,S. 1/2 ff, Fn 16 mwN.

im Gedanken der liberalen Freiheit und der Rechtssicherheit[709]. § 16 ABGB erfordert allerdings kein Bekenntnis zum Naturrecht[710]. Der zugrunde liegende Schutz der Rechtsgüter sei durch positive Anordnung zu einer normativen Kategorie geworden, eine Fortentwicklung sei „im Wege der Auslegung und Lückenfüllung"[711] möglich. Als „offene Norm" wirkt § 16 ABGB als „Transformationsstelle"[712]. § 16 ABGB sei „als Teilstück eines letztlich nicht zustande gekommenen Codex politicus im ABGB verankert worden"[713].

Nach meiner Ansicht kann zwar § 16 ABGB materiell keine Verfassungsrechtsqualität zugesprochen werden, die Entstehungsgeschichte und der Inhalt belegen allerdings die Bedeutung dieser Vorschrift weit über das ABGB hinaus. § 16 ABGB ist einfachgesetzlicher Ausdruck einer Grundwertung in der österreichischen Rechtsordnung. Der Inhalt dieser Vorschrift lässt sich mit der Inhaltsbestimmung des Prinzips der Menschenwürde gut vereinbaren und kann zwar die Ableitung dieses Prinzips nicht begründen, aber historisch und aktuell bestärken. Canaris[714] bestätigt diese Auffassung, wonach § 16 ABGB - als Ausdruck der Menschenwürde - nicht in den Rang eines einer Verfassungsnorm gehoben werden könne, jedoch klinge „in dieser Vorschrift in besonders signifikanter Weise jene *ungeschriebene* Grundnorm (an), in der letztlich alle einzelnen Menschenrechte wurzeln".

4) Obergerichtliche Rechtsprechung

Die obergerichtliche Rechtsprechung des OGH verdeutlicht schon früh die herausgehobene Stellung des § 16 ABGB in der österreichischen Rechtsordnung[715].

---

709 Allerdings weist Walter auf den begrenzten Einfluß der Bestimmung des § 16 ABGB hin: „Insbesondere wäre es verfehlt, dem § 16 ABGB eine zu große juristische Bedeutung beizumessen" (aaO, S. 2, Fn 25 unter Verweis auf Wellspacher, S. 187).
710 Aicher, in: Rummel, ABGB, § 16 Rn 2.
711 Aicher, in Rummel, § 16, Rn 14 unter Verweis auf BVerfGE 34,269(281) zur Lückenfüllungsfunktion des allgemeinen Persönlichkeitsrechts.
712 Schwimann, in: Schwimann/Posch (Hrsg), § 16 Rn 3.
713 Loebenstein, Die Zukunft der Grundrechte im Lichte der künstlichen Fortpflanzung des Menschen, JBl. 1987, 694 (699).
714 Canaris, Grundprobleme des privatrechtlichen Persönlichkeitsschutzes, JBl. 1991,205(213); Canaris nimmt dabei Bezug auf Zeiller und Kant, der das Denken Zeillers wesentlich geprägt habe. Canaris kann sich „nicht vorstellen, dass die Menschenwürde in Österreich nicht verfassungsrechtlich gewährleistet sein soll. Ihr Schutz liegt vielmehr den Gewährleistungen der einzelnen Freiheitsrechte durch das StGG wie auch dem -sehr weitreichenden- Schutz personenbezogener Daten durch die Verfassungsbestimmung des § 1 DSG m. E. als selbstverständlich voraus".
715 Vgl auch Klecatsky, Erinnerungen, S. 275 ff (285 ff).

So widerspreche eine ausländische, keine menschliche Behandlung gewährende Norm dem österreichischen ordre public[716].

Der OGH hält in ständiger Rechtsprechung fest: „§ 16 ABGB ist nicht bloß Programmsatz, sondern Zentralnorm unserer Rechtsordnung, mit normativem subjektive Rechte gewährenden Inhalt. Sie anerkennt die Persönlichkeit als Grundwert[717]. In seinem Kernbereich schützt § 16 ABGB die Menschenwürde."[718] Interessant ist, dass der OGH auch bei einer zivilrechtlichen Norm von einem Kernbereich spricht, einer Terminologie, die scheinbar dem Verfassungsrecht vorbehalten ist. Dieser Kernbereich lässt sich inhaltlich mit dem Begriff der Menschenwürde umschreiben, so offenbar der OGH. Allerdings formuliert die obergerichtliche Rechtsprechung: „In seinem Kernbereich schützt § 16 ABGB die Menschenwürde ... Eines dieser angeborenen Rechte ist das Recht auf körperliche Unversehrtheit, dessen Schutz auch durch Art. 2 MRK im Verfassungsrang gewährleistet ist"[719]. Lässt sich aus dieser Formulierung, insbesondere aus dem Wörtchen „auch" *definitiv* entnehmen, dass der OGH die Menschenwürde demgemäß nicht als impliziten Wert im Verfassungsrang sieht?

Ich denke nicht. Aus den weiteren Entscheidungsgründen über die Pflicht zur Duldung eines Heilverfahrens oder einer Operation im Interesse der Sozialversicherungsträger und damit auch der Versicherten lässt sich jedoch ersehen, dass eine wertende Entscheidung zu treffen ist und verschiedene Bewertungen, insbesondere der Schwere und der Zumutbarkeit des Eingriffs vorzunehmen sind. Dies deutet darauf hin, dass der OGH (im Zivilrecht) das Prinzip der Menschenwürde als (relatives) Abwägungskriterium unter vielen bewertet, ohne diesem Prinzip konkret Verfassungsrang beizumessen. In der bereits genannten Entscheidung des OGH vom 14. 4. 1994[720] wird der Bezug der Menschenwürde zu § 16 ABGB als übergeordnetes Rechtsprinzip ausdrücklich herausgestellt. Wenn der OGH unter Bezugnahme auf die Bestimmungen der Art. 1 und 2 Bonner GG formuliert, „daß die diesen Bestimmungen zugrundeliegenden Wertvorstellungen der österreichischen Rechtsordnung immanent sind und in den angeborenen Rechten des Men-

---

716 SZ 1974/121; vgl auch Zellenberg, Der grundrechtliche Schutz vor Folter, unmenschlicher oder erniedrigender Strafe oder Behandlung - Art. 3 MRK, in: Machacek/Pahr/Stadler, Band 3, 1997, S. 441 ff (456); auch Rosenmayr, Artikel 3 MRK, in: Ermacora/Nowak/Tretter, S. 176 mit Hinweis darauf, daß der OGH Art. 3 EMRK als Bestandteil der Grundwertungen der österreichischen Rechtsordnung bezeichnet.
717 Vgl die ähnliche Formulierung wie „Wertungsgrundsatz", so in dem Erkenntnis des VfGH vom 10.12.1993, VfSlg 13. 635.
718 OGH v. 27. 02. 1990, 10 Obs 40/90 in JBl. 1990,374 = SZ 63/32 ständige Rechtsprechung, weitere Nachweise siehe unten, Dritter Teil II (Einführung).
719 OLG Wien v. 16. 6. 1999, 7 Rs79/99k.
720 JBl. 1995, S. 46 ff (47). Hierzu oben, Zweiter Teil I 2 b bb.

schen (§16 ABGB) ihren positiv-rechtlichen Ausdruck finden (Aicher in Rummel,ABGB Rz. 11 zu § 16)", so ist damit nach meiner Auffassung der Menschenwürde Verfassungsrang zugebilligt worden. Die Norm des § 16 ABGB sollte damit freilich nicht in den Rang einer Verfassungsnorm gehoben werden. Die ausschließliche Bezugnahme auf § 16 ABGB und nicht etwa auf Art. 3 EMRK lässt sich womöglich daraus erklären, dass der OGH als Hüter der Grundrechte in der ordentlichen Gerichtsbarkeit fungiert und bei der Suche nach inhaltlichen, übergreifenden Maßstäben aus seinem Selbstverständnis heraus an die zentrale Vorschrift des ABGB anknüpft.

In einer Entscheidung aus dem Jahr 1986 weist der OGH auf den auch der Menschenwürde zugrunde liegenden Autonomiegedanken des § 16 ABGB hin: "... zudem wird ohnehin auch die Bestimmung des § 16 ABGB, wie schon das Berufungsgericht ausgeführt hat, zum Schutz der Selbstbestimmung überall dort herangezogen, wo faktische Übermacht eines Beteiligten bei bloß formaler Parität diesem Fremdbestimmung über andere ermöglicht und damit Grundlage für den Abschlußzwang wird, der für den Monopolisten auch aus seiner Bindung an den Gleichheitsgrundsatz abgeleitet wird ..."[721].

Die aus der Rechtsprechung des OGH zu § 16 ABGB gewonnenen Erkenntnisse sind nur bedingt für eine verfassungsrechtliche Ableitung eines Schutzes der Menschenwürde verwertbar. § 16 ABGB wird zwar eine Lückenschließungsfunktion zugebilligt. Diese Funktion ist wegen des Prinzips der Gewaltenteilung und der begründeten Meinung, dass weder das StGG noch die EMRK und auch die B-VG im Grundrechtsbereich ein lückenloses System gewährleisten, nicht auf die Verfassungsrechtslage übertragbar. Die Rechtsprechung des OGH kann § 16 ABGB nicht den übergreifenden Schutz zuweisen, wie ihn das Prinzip der Menschenwürde auf Verfassungsebene gewährleistet. Schutzgut des § 16 ABGB ist in erster Linie das Persönlichkeitsrecht. Zudem gibt es im Zivilrecht keine absoluten Rechtsprinzipien, die über dem Verfassungsprinzip der Privatautonomie[722] stehen und unantastbar, mithin jeglicher Abwägung entzogen, sind. Zivilrechtliche Prinzipien fließen grundsätzlich in eine Güter- und Interessenabwägung ein. Das zivilrechtliche Prinzip der Menschenwürde ist nach herrschender Rechtsprechung des OGH nicht unantastbar und vermittelt das Ergebnis eines Abwägungsvorgangs, an dem das Prinzip der Menschenwürde als Kriterium der Abwägung selbst teilnimmt.

---

721 OGH v. 14. 7. 1986, SZ 59/130, S. 672.
722 VfGH 12.227/1989, vgl dazu Hinteregger, Die Bedeutung der Grundrechte für das Privatrecht, ÖJZ 1999, S. 741 ff (742).

Der wertende und damit relativierende Ansatz des OGH lässt sich in einer Entscheidung aus dem Jahr 1978[723] zum Recht auf Achtung der Geheimsphäre als angeborenes Recht im Sinne des § 16 ABGB deutlich herauslesen: „Die persönlichen Rechte sind absolute Rechte und genießen als solche Schutz gegen Eingriffe Dritter. Aus der Absolutheit folgt aber noch nicht, dass jedes Verhalten rechtswidrig ist, das diese Rechte gefährdet; es bedarf vielmehr in starkem Maße einer genauen Wertung, bei welcher dem Interesse am gefährdeten Gut stets die Interessen der Handelnden und die der Allgemeinheit gegenübergestellt werden müssen. Bei vielen Persönlichkeitsrechten würde nämlich eine Überspannung des Schutzes zu einer unerträglichen Einschränkung der Interessen anderer oder jener der Allgemeinheit führen (Koziol a.a.O., 6)." Im Zivilrecht, auch bei der Beurteilung von angeborenen Rechten im Sinne von § 16 ABGB, ist demgemäß eine Wertung, also eine Gegenüberstellung von Interessen, erforderlich. Absolutheit und Gegenüberstellung von verschiedenen Interessen widersprechen sich insofern nicht[724]. Anders urteilte jüngst der OGH im Bereich des Strafrechts, wonach das Prinzip der Menschenwürde als ein „absoluter Wert" qualifiziert wird[725].

In einer Entscheidung aus dem Jahr 1988 beschäftigt sich der OGH mit der Kunstfreiheit und hält zur Frage der Grundrechtsbedeutung im privatrechtlichen Bereich fest: „Herrschende Auffassung ist es aber, daß die Grundrechtsnormen an sich zwar im Privatrecht nicht angewendet werden können, wohl aber die Persönlichkeits - und Freiheitsrechte, die in ihnen anerkannt sind, auch im Privatrecht Beachtung und Schutz verdienen; sie wirken sich mittelbar über die privatrechtlichen Begriffe, Normen und Generalklauseln auch auf die Anwendung des Privatrechts aus (Franz Bydlinski,RZ 1965,69). Als legitimer Sitz der zivilen Persönlichkeitsrechte, durch die die Grundrechte in die Zivilrechtsordnung einfließen, wird § 16 ABGB angesehen (F. Bydlinski aaO 70)"[726]. Auch in dieser Entscheidung hebt der OGH die Notwendigkeit eines Abwägungsvorgangs hervor: „ ... die Freiheit der Kunst stellt nicht nur einen Anspruch gegen den Staat, sondern ein allgemeines Persönlichkeitsrecht dar, das im Falle eines Interessenkonfliktes mit anderen Persönlichkeitsrechten abzuwägen ist"[727].

Abschließend ist zu bemerken, dass der OGH Fallkonstellationen zu Art. 16 ABGB anerkennt, die einer Abwägung von Interessen nicht mehr zugänglich sind. So judizierte der OGH am 14. 3. 2000[728] zur Unzulässigkeit einer getarnten

---

723 OGH v. 24. 10.1978, SZ 51/146, S.651.
724 So auch OGH vom 22.10.1986 unter Verweis auf SZ 56/124 mwN.
725 OGH v. 3. 8. 2000, 12 Os72/oo zu § 201 StGB, vgl unten , Zweiter Teil 1 2 b cc.
726 OGH v. 11. 10. 1988, SZ 61/210, S. 231/232.
727 OGH, aaO, siehe oben, S. 232.
728 JZ 2000 Nr. 147 (S.635, S. 636 a. E.).

Werbesendung[729]: „Für eine Interessenabwägung ist kein Raum, weil ein Interesse des Werbenden an täuschenden Werbemaßnahmen von vornehein zu verneinen ist." Auch spricht die Zuordnung der Menschenwürde zu einem Kernbereich, wie im Urteil vom 27. 2. 1990 oben dargelegt, eigentlich für einen weitgehend absoluten Charakter der Menschenwürde, weil Kernbereichen schon begrifflich etwas Unantastbares immanent sein dürfte. Überdies belegt die grundlegende Entscheidung des OGH vom 14. 4. 1994[730] vom Ergebnis betrachtet, dass das Menschenwürdeprinzip, wird es als einschlägig qualifiziert, einer Abwägung nicht mehr zugänglich ist. Das Prinzip der Menschenwürde dürfte somit auf zivilrechtlicher Ebene im Ergebnis zumindest primus inter pares sein.

Anzumerken ist, dass der *VfGH* in seiner Entscheidung zur Qualifizierung der Menschenwürde als allgemeiner Wertungsgrundsatz[731] zwar auf F. Bydlinski und damit mittelbar auf seine Begründungsansätze, nicht aber ausdrücklich auf die Vorschrift des § 16 ABGB verweist.

III) Normtextliche Verankerung der Menschenwürde im einfachen Gesetzesrecht

1) Rundfunkrecht

a) Überblick

Das Rundfunkgesetz[732], das Kabel - und Satelliten - Rundfunkgesetz[733] und auch das Privatradiogesetz[734] formulieren, dass alle Sendungen des österreichischen

---

729 Ansichtskarte mit Urlaubsgruß „See you! Love! Dein Black Jack".
730 OGH JBl. 1995, S. 46 ff (47), siehe oben, Zweiter Teil I 2 b.
731 VfSlg 13.635/1993, siehe unten, Zweiter Teil I 2 a.
732 § 2 a Abs. 1 RFG: „(1) Alle Sendungen des Österreichischen Rundfunks müssen im Hinblick auf ihre Aufmachung und ihren Inhalt die Menschenwürde und die Grundrechte anderer achten." (BGBl. Nr. 379/1984 idF BGBl. I Nr. 49/2ooo). § 5 c Nr. 1: „§ 5 c. Fernsehwerbung darf nicht 1. die Menschenwürde verletzen ...".
733 § 15 Abs. 1: „(1) Alle Sendungen der Kabel-oder Satelliten-Rundfunkveranstalter müssen im Hinblick auf ihre Aufmachung und ihren Inhalt die Menschenwürde und die Grundrechte anderer achten." (BGBl. I Nr. 42/1997). § 21 Nr. 1: „ § 21 Fernsehwerbung und Teleshopping dürfen nicht ... 1. die Menschenwürde verletzen ..". (BGBl. I Nr. 42/1997 idF BGBl. I Nr. 49/2000). In dem Bundesgesetz, mit dem das Kabel- und Satelliten-Rundfunkgesetz und das Rundfunkgesetz geändert wurden (BGBl. Nr. 49/2000), wird dem Kabel- und Satelliten-Rundfunkgesetz eine Bestimmung über die Beschwerdeberechtigung zugefügt (§ 44 Abs. 1 Z. 3), wonach „... der behaupteten Verletzung im Hinblick auf die Zielsetzungen der angeblich verletzten Bestimmung erhebliche Bedeutung zukommt - wie etwa durch eine

Rundfunks im Hinblick auf ihre Aufmachung und ihren Inhalt die Menschenwürde und die Grundrechte anderer zu achten haben, ferner die Fernsehwerbung nicht die Menschenwürde verletzen dürfe. Die Notwendigkeit der Regelung[735] wird mit der Teilnahme Österreichs am EWR - Abkommen[736] begründet, wonach die Übernahme bestimmter Strukturen und Inhalte des EG - Rechts vorgegeben ist, insbesondere die Umsetzung der einschlägigen Richtlinien. „Die Achtung der Würde des Menschen, seiner Freiheit und Eigenverantwortlichkeit soll im Interesse einer keine Zweifel zulassenden Durchführung des Europarats-Übereinkommens ausdrücklich normiert werden. Dieser Grundsatz ließe sich im übrigen auch aus § 2 Abs. 2 des Rundfunkgesetzes ableiten"[737]. Damit wird verdeutlicht, dass es sich nach Auffassung der Regierung um eine gesetzliche Klarstellung handelt. Bemerkenswert ist bei dieser Formulierung, dass Art. 2 Abs. 2 RFG „auf die Grundsätze der österreichischen Verfassungsordnung" verweist, die Menschenwürde somit als Bestimmung mit Verfassungsrang gesehen werden könnte, was aber dem Gesetzgeber nicht zu unterstellen ist. Als für den Schutz der Menschenwürde besonders beispielhaft wird die „Intimsphäre des einzelnen, etwa bei der Darstellung von Tod, Krankheit, Schmerz und Trauer"[738] hervorgehoben. Was das Werbungsverbot des § 5 c Nr. 1 RFG anbelangt, äußert sich die Regierungsvorlage[739] knapp, dass diese Formulierung auf Art. 12 der Fernseh - Richtlinie zurückgehe. Die Begründung der Regierungsvorlage zur Änderung des RRG[740] (jetzt: Privatradiogesetz) verweist auf Art. 7 des Europarats-Übereinkommens zum grenzüberschreitenden Fernsehen und führt aus: „Der Inhalt der

---

schwerwiegende Beeinträchtigung der sittlichen Entwicklung Jugendlicher oder durch einen massiven Verstoß gegen den Schutz der Menschenwürde- ... ".
734 BGBl. I Nr. 20/2001, § 16 Abs. 4 (ehemals § 4 Abs. 4 Regionalradiogesetz (RRG, BGBl. Nr. 506/1993 idF BGBl. I Nr. 2/1999)): „(4) Alle Sendungen müssen im Hinblick auf ihre Aufmachung und ihren Inhalt die Menschenwürde und die Grundrechte anderer achten und dürfen nicht zu Hass auf Grund von Rasse, Geschlecht, Religion und Nationalität aufstacheln."
735 1082 Blg StProtNR 1993 XVIII. GP.
736 Unter Verweis auf 460 BlgNR XVIII GP.
737 1089 BlgNR XVIII GP, S. 6. § 2 Abs. 2 RFG lautet: "(2) Der Österreichische Rundfunk hat bei der Erfüllung seiner öffentlichen Aufgaben auf die Grundsätze der österreichischen Verfassungsordnung, insbesondere auf die bundesstaatliche Gliederung nach dem Grundsatz der Gleichbehandlung der Länder sowie auf die Grundsätze der Freiheit der Kunst, der Objektivität und Unparteilichkeit der Berichterstattung, der Berücksichtigung der Meinungsvielfalt und der Ausgewogenheit der Programme, Bedacht zu nehmen ...(BGBl. Nr. 379/1984).
738 RV, aaO, S. 6.
739 RV, aaO, S. 10.
740 § 4 Abs. 4 RRG; RV, 499 BlgNR XX. GP.

Regelung ist aber von so grundlegender Bedeutung, daß er auch für den Hörfunk gerechtfertigt erscheint."[741]

b) Rechtsprechung des VfGH

Bemerkenswert ist ein Erkenntnis des VfGH vom 24. 2. 1999[742]. Danach verstößt es gegen § 2 Abs. 1 RFG, einen Jugendlichen in einer bildlich oder akustisch erkennbaren Weise in Zusammenhang mit Geheimprostitution, früheren Drogenkonsum bzw. immer noch aktueller Drogengefährdung zu bringen. Die Betroffene stand aktuell unter Therapie. Die Bestimmung des RFG postuliere auf einfachgesetzlicher Ebene eine Drittwirkung der Grundrechte mit Bezug auf alle Sendungen des ORF. Im Ergebnis führe die genannte Bestimmung dazu, daß die zwangsläufige Interessenabwägung zwischen den Belangen des allgemeinen Informationsbedürfnisses und dem Persönlichkeitsschutz der jugendlichen Person „in fatalen Lebenssituationen" deutlich zugunsten des Persönlichkeitsschutzes ausschlage und diesem Schutz „ein besonders hohes Gewicht beizumessen" sei. Der VfGH formuliert weiter: „In Berücksichtigung dieser zulässigen grundsätzlichen Wertung kann der belangten Behörde aus verfassungsrechtlicher Sicht nicht entgegengetreten werden, wenn sie ... das Recht auf Achtung der Menschenrechte und der Menschenwürde ... als unverzichtbar einstufte." Interessant ist in diesem Zusammenhang die Formulierung „grundsätzliche Wertung", die an die Formulierung in dem Erkenntnis des VfGH vom 10. 12. 1993[743] zur Menschenwürde erinnert, wonach die Menschenwürde als „allgemeiner Wertungsgrundsatz" der österreichischen Rechtsordnung qualifiziert worden ist. Die Formulierung „grundsätzliche Wertung" soll nicht überbewertet werden, dennoch deutet sie grammatikalisch im Gegensatz zur Formulierung „Wertungsgrundsatz" signifikanter auf die Notwendigkeit hin, bei der Abwägung von Rechtsgütern dem Prinzip der Menschenwürde ein besonders hohes, übergeordnetes Gewicht beizumessen. Im vorliegenden Fall gibt das Prinzip der Menschenwürde im Ergebnis den Ausschlag vor anderen Rechtsgütern, auch Rechtsgütern im Verfassungsrang (Informationsfreiheit), insofern wird der Menschenwürde in diesem Fall ein hoher Rechtswert, wenn nicht im Ergebnis Verfassungsrang zugesprochen, da sie gleichsam als Schranken-Schranke des Art. 10 Abs. 2 EMRK wirkt. Der VfGH kommt dogmatisch zu dem Ergebnis, dass es einer verfassungskonformen Abwägung von Rechtsgütern entspricht, wenn die Menschenwürde als unverzichtbar eigestuft wird und demgemäß den Maßstab der Abwägung bildet. Das BVerfG in

---

741 RV, BlgNR. 499 XX GP, S. 18.
742 B 416/98 in:ÖJZ 2000, H.9, S. 357 ff.
743 VfSlg 13.653/1993.

Deutschland entschied in gleichgelagerter Sache unter Berufung auf das Prinzip der Menschenwürde ähnlich. So wird in einem Beschluß vom 31. 3. 2000[744] unter Bezugnahme auf die ständige Rechtsprechung[745] zur Bildberichterstattung über Prominente formuliert: „Kinder bedürfen hinsichtlich der Gefahren, die von dem Interesse der Medien und ihrer Nutzer an Abbildungen von Kindern ausgehen, eines besonderen Schutzes ... Dieser Schutz verwirklicht sich nicht nur über das elterliche Erziehungsrecht des Art. 6 I GG, sondern folgt auch aus dem eigenen Recht des Kindes auf ungehinderte Entfaltung seiner Persönlichkeit i. S. von Art. 2 I i.V. mit Art. 1 I GG ...".

Eine weitere Entscheidungen des VfGH zu Art. 2 a Abs. 1 RFG stammt aus dem Jahr 1998[746], in der die Ausstrahlung der Filme „Stille Tage in Clichy" und „Henry und June" Gegenstand des Verfahrens waren. Der Beschwerdeführer sah eine pornographische Darstellung (im weiteren Sinne) und rügte eine Verletzung der Menschenwürde. Die Kommission zur Wahrung des Rundfunkgesetzes (RFK) trug mit Bezug auf die Begründung des Gesetzes vor, dass § 2 a Abs. 1 RFG „nicht ... die Menschenwürde und die Grundrechte von Fernsehkonsumenten, sondern die Intimsphäre des Einzelnen etwa bei der Darstellung von Tod, Krankheit, Schmerz und Trauer sowie bei Interviews und Talkshows die Würde und Intimsphäre des Befragten oder Gesprächspartners (NR GP XVIII RV 1082)" schütze. Der VfGH stellt fest: „Es fehlt aber auch an jeglichem Anhaltspunkt dafür, daß sich die RFK bei ihrer Willensbildung von unsachlichen Momenten leiten ließ. Aber auch mit objektiver Willkür ist der angefochtene Bescheid nicht belastet. Er knüpft fern jeder Leichtfertigkeit an die - im gegebenen Kontext aus verfassungsrechtlicher Sicht jedenfalls nicht zu beanstandende- Rechtsprechung des OGH zum Begriff „unzüchtig" an, erachtet aber, dass für den ORF (den er im Zeitpunkt der Sendung im Bereich des Fernsehens zutreffend als Monopolbetrieb beschreibt) durch das RFG engere Grenzen gezogen sind. Insgesamt kann der RFK im Ergebnis nicht entgegengetreten werden, wenn sie zur Auffassung gelangte, dass durch die Aussendung der beiden inkriminierten Filme § 2a Abs. 1 RFG, wonach alle Sendungen des ORF im Hinblick auf ihre Aufmachung und ihren Inhalt u.a. die Menschenwürde achten müssen, nicht verletzt wurde." Der VfGH billigt der RFK mithin einen verfassungsrechtlich nicht überprüfbaren Beurteilungsspielraum zu, die einfachgesetzliche Vorschrift der

---

744 NJW 2000, H. 30, S. 2191.
745 Vgl BVerfGE 24, 119 (144) = NJW 1968, 2233; BVerfGE 45, 400 (417) = NJW 1977, 1723; BVerfGE 72, 122 (137) = NJW 1986, 3129.
746 VfGH v. 23. 2. 1998, Gz. B 3367/96, SlgNr. 15068.

Achtung der Menschenwürde wird am Gleichheitssatz und dem daraus abgeleiteten Willkürgebot gemessen[747].

c) Bewertung

Im Rundfunkrecht offenbart sich in vereinzelt dramatischer Offenheit das Spannungsverhältnis zwischen Persönlichkeitsschutz und Kommunikationsfreiheit (Pressefreiheit, Meinungs- und Informationsfreiheit)[748]. Rundfunkrechtlich darf unterstellt werden, dass der (einfache) Gesetzgeber in Österreich von keiner verfassungsrechtlichen Verankerung der Menschenwürde ausging, er andernfalls dies in der Gesetzesbegründung erwähnt oder gar auf eine einfachgesetzliche Bestimmung verzichtet hätte. Mithin war wohl Art. 3 EMRK in Form der bereits einschlägigen Judikatur des VfGH nach Auffassung des Gesetzgebers nicht geeignet, sich auf einschlägige Sachverhalte des Rundfunkrechts zu erstrecken.

In Deutschland genießt der Persönlichkeitsschutz hohen verfassungsrechtlichen Rang durch das in Art. 2 Abs. 1 GG verankerte allgemeine Persönlichkeitsrecht, das in Verbindung mit dem Prinzip der Menschenwürde über eine hohe Durchschlagskraft verfügt. In Österreich stellt sich die Rechtslage - allerdings nur vordergründig[749] - anders dar. Das Recht auf Ehre ist kein Grundrecht[750], § 16 ABGB keine Verfassungsnorm. Die Überlegung drängt sich zunächst auf, ob diese formal-verfassungsrechtliche Schwäche eines Teils des Persönlichkeitsschutzes mit einer einfachgesetzlichen Bestimmung zur Menschenwürde ausgeglichen werden sollte, weil mit der semantischen Offenheit und der überragenden Bedeutung dieses Rechtsbegriffs Schutzstandards eröffnet werden, die sich

---

747 VfGH v. 23. 2. 1998, siehe oben: „Bei der Unbedenklichkeit der dem angefochtenen Bescheid zugrunde liegenden Rechtsvorschriften könnte eine Verletzung des verfassungsgesetzlich gewährleisteten Rechts auf Gleichheit aller Staatsbürger vor dem Gesetz nach ständiger Rechtsprechung des Verfassungsgerichtshofes (zB VfSlg. 10413/1985, 11682/1988) nur vorliegen, wenn die Behörde der angewendeten Rechtsvorschrift fälschlicherweise einen gleichheitswidrigen Inhalt unterstellt oder wenn sie bei Erlassung des Bescheides Willkür geübt hat."
748 Vgl hierzu Berka, Persönlichkeitsschutz auf dem Prüfstand: Verfassungsrechtliche Perspektiven, in: Persönlichkeitsschutz und Medienrecht, H. Mayer (Hrsg), 2000, S. 1. Berka spricht die „soziale Macht der Medien" an, „die durch ein Wort oder Bild die empfindsame Persönlichkeit des Einzelnen buchstäblich zerstören können und auf denen daher eine besondere Verantwortlichkeit lastet"(aaO, S. 16).
749 Berka, Persönlichkeitsschutz auf dem Prüfstand, aaO, siehe oben, S. 12.
750 Nach hiesiger Auffassung ist der Kernbereich der Ehre im Prinzip der Menschenwürde und damit verfassungsrechtlich mit absolutem Stellenwert verankert, siehe dazu unter Sechster Teil II 1 g.

inhaltlich - wenn auch nicht formal - an fundamentale Grundwerte anlehnen können. Der Gedanke einer gesetzgeberischen kompensatorischen Absicht ist freilich spekulativ und nicht belegt. Der einfachgesetzliche Begriff der Menschenwürde dürfte aber unstreitig eine Wertsetzung im Sinne des hohen Stellenwertes des Persönlichkeitsschutzes sein, der zwar im Gesetz nicht als ausschlaggebender Wert formuliert ist, aber in der Wirkung einem verfassungsrechtlichen Begriff gleichkommen kann, freilich in der einfachgesetzlichen Auslegung nicht gleichkommen muss[751], was die Gesetzespraxis belegt. So wird bei der Beschwerdeberechtigung im Rahmen des Rundfunkrechts[752] u.a. auf den darzulegenden „massiven Verstoß gegen den Schutz der Menschenwürde" abgestellt. Diese Formulierung stimmt mit der hier vertretenen Dogmatik der Menschenwürde nicht überein, wonach nicht zwischen massiven und weniger massiven Verletzungen - und davon abhängig über entsprechende Beschwerdemöglichkeiten - unterschieden werden kann. In diesem Sinne ist auch die Formulierung in § 2a Abs. 1 Z. 1 RFG, wonach der Begriff der Menschenwürde neben den Begriff der Grundrechte gestellt wird, geeignet, das Mißverständnis hervorrufen, dass die Menschenwürde wie die meisten Grundrechte Schranken aufweise. Auch der Stellenwert, wie er dem Prinzip der Menschenwürde in § 5 c RFG unter vielen anderen Schutzgütern wie politische Überzeugungen, Sicherheit und Umweltschutz zugewiesen ist, entspricht nicht dem fundamentalen Rechtsprinzip der Menschenwürde. Die Menschenwürde verkommt damit gesetzestechnisch eher zu einer „kleinen Münze"[753].

Entscheidend für die Beurteilung des Stellenwertes des rundfunkrechtlichen Begriffs der Menschenwürde ist der Regelungsgrund. Die Suche danach erfordert zunächst die methodische Feststellung, dass einer einfachgesetzlichen Rechtsnorm ein Zweck zugrunde liegt, der Interessenlagen und Bewertungen widerspiegelt. Der Normzweck kann dabei eindeutig sein und vom Gesetzgeber explizit (z.B in den Gesetzesmaterialien) nach außen gekehrt sein. Falls klare Bekenntnisse in ausreichendem Maße nicht zur Verfügung stehen, muss die „ratio legis" anhand objektiv - teleologischer Kriterien ermittelt werden. Methodisch bietet sich an, zunächst die der Norm zugrunde liegende Interessenlage zu erörtern. Danach ist zu fragen, wie das Gesetz die Interessen bewertet, warum ein Gebot oder Verbot ausgesprochen wird, welche abschließende Wertung zum

---

751 Vgl zum Stellenwert des Persönlichkeitsschutzes aber OGH v. 23.9.1997, 4 Ob 184/97 f, in Zeiler, Recht und Unrecht am eigenen Bild - Fragen des Bildnisschutzes am Beispiel der Kriminalberichterstattung, in: Persönlichkeitsschutz und Medienrecht, H. Mayer (Hrsg), 2000, S. 23 ff (31 ff mit Besprechung dieser Entscheidung zur Bildberichterstattung).
752 Siehe oben zu § 44 Abs. 1 Z. 3 Kabel- und Satelliten- Rundfunkgesetz.
753 Dürig, in: Maunz-Dürig, Grundgesetz, Art. 1 Abs. 1 Rn 16.

Ausdruck kommt. Allerdings sind die Grenzen zwischen der Feststellung der Interessenlage und der Wertung fließend. Der Gesetzgeber ist in der Lage, Interessen zu schützen und damit bereits seine Wertung auszudrücken. Die Interessenlagen im Rundfunkrecht spiegeln sich insbesondere in Wirtschafts -, Kommunikations - und Schutzinteressen wider. Der verfassungsrechtliche Schutz der Pressefreiheit und der freien Kommunikation auch in Rundfunk und Fernsehen ist neben der Informationsfreiheit ein hohes Gut, das „Interessen" ausweist. Dem gegenüber steht der Persönlichkeitsschutz. Es gilt, den Kernbereich der persönlichen Integrität und Identität sicherzustellen, die gesunde Entwicklung des jungen Menschen zu gewährleisten und den Bürger vor massiven Ehrverletzungen schützen. Dies insbesondere dann, wenn sich Menschen nicht angemessen wehren können (insbesondere. Kranke, Behinderte, Kinder) oder aus der Eigendynamik des modernen Rundfunkwesens heraus ein Mindeststandard an Schutz- und Abwehrmöglichkeit gar nicht mehr gewährleistet ist oder nicht mehr zeitlich angemessen zum Tragen kommen kann.

Die Dürig'sche Formel zur Menschenwürde, wonach kein Mensch zum bloßen Objekt des Handels herabgewürdigt werden darf, ist im Rundfunkrecht besonders anschaulich, weil *jeder* mit entsprechenden Gefährdungslagen (als Objekt der Berichterstattung) konfrontiert werden kann, sei es im Wege einer massiv bedrohlichen Bildberichterstattung über ihn selbst oder über einen nahestehenden Angehörigen (z. B. Kind). Die Rechtsprechung des VfGH zur unmenschlichen Behandlung im Sinne des Art. 3 EMRK[754] beschreibt eigentlich sehr trefflich das, was im Rundfunkrecht unterbunden werden soll: Niemand darf so behandelt werden, dass darin eine die Menschenwürde beeinträchtigende gröbliche Missachtung des Betroffenen als Person zum Ausdruck kommt. Da die Rechtsprechung offenbar Art. 3 EMRK auf entsprechende rundfunkrechtliche Sachverhalte nicht anwendet, ist nach meiner Auffassung auf einfachgesetzlicher Ebene ein Defizit kompensiert worden, und zwar insbesondere zum Schutz des Kernbereichs der Ehre[755] als essentieller Bereich der Persönlichkeit und der Persönlichkeitsentwicklung. Besondere Merkmale der rundfunkrechtlichen Gefährdungssituation sind dabei das Unvorhersehbare und die Wehrlosigkeit. Schutzgut ist der Kernbereich der Privat - und Intimsphäre und das Recht, sich in einem Kernbereich selbst gesellschaftlich definieren zu können. Schutzgut ist aber auch das eigene Recht des Kindes oder Jugendlichen auf ungehinderte Entwicklung seiner

---

754 Siehe oben, Zweiter Teil II 2 d aa.
755 Mit der Bestimmung der Menschenwürde im einfachen Rundfunkrecht kann m. E., soweit ein Ehrangriff verbunden ist, nur der Kernbereich der Ehre gemeint sein, zumal der einfachgesetzliche Ehrenschutz ohnehin bereits über das Strafgesetzbuch oder das ABGB ausreichend gewährleistet erscheint.

Persönlichkeit, wobei dieses Recht auch mit dem elterlichen Erziehungsrecht verbunden ist[756].

Mit einer einfachgesetzlichen Regelung, hier am Beispiel des Rundfunkrechts, eröffnet der Gesetzgeber zusammengefasst folgende Möglichkeiten:
1) Die verfassungsrechtliche Wertung des Art. 3 EMRK in Form der ständigen Rechtsprechung kann inhaltlich auf einfachgesetzlicher Ebene übernommen werden, im Ergebnis sogar anderen verfassungsrechtlichen Vorgaben standhalten[757].
2) Durch die semantische Offenheit des Begriffs der Menschenwürde kann der Staat effektiv und schnell auf neuartige und derzeit nicht absehbare Bedrohungen reagieren und wertend eingreifen.
3) Als einfachgesetzlicher Begriff ist die Menschenwürde zunächst einer Abwägung und einer wertenden Auslegung zugänglich, mithin werden rundfunkrechtliche Einschätzungen offengehalten.
4) Rechtlich betont der Staat mit der Bestimmung der Menschenwürde nicht nur eine abwehrrechtliche Funktion, sondern stellt sich schützend vor seine Bürger und vermittelt neben der Gewährleistungsdimension auch im Ergebnis eine Drittwirkung; die Menschenwürde als Schutzgut wirkt umfassend im Staat.
5) Rechtspolitisch kommt in der Bestimmung die hohe Verantwortungsbereitschaft des Staates zum Ausdruck, qualifiziert er die Menschenwürde als „Grundwertung" der österreichischen Rechtsordnung, wie dies die systematische Verankerung in § 2a Abs. 1 Z. 1 RFG belegt ("... die Menschenwürde und die Grundrechte anderer achten ...").

2) Unterbringungsrecht

a) Überblick

Seit dem 1. 1. 1991 ersetzt das Unterbringungsgesetz (UbG)[758] das frühere Anhaltungsgesetz. § 1 Abs. 1 Satz 2 UbG formuliert unter der Überschrift Persönlichkeitsrechte: „Die Menschenwürde psychisch Kranker ist unter allen Umständen zu achten und zu wahren." Die Formulierung erinnert an Art. 1 Abs. 1

---

756 Vgl dazu für die deutsche Rechtslage BVerfG (1. Kammer des Ersten Senats) vom 31.3.2000, NJW 2000, 2191, wonach es zur Entwicklung eines Kindes auch gehört, sich in der Öffentlichkeit angemessen bewegen zu können.
757 Vgl VfGH v. 24. 2. 1999, ÖJZ 2000, S. 357, wie vorstehend besprochen.
758 BGBl. 1990/155.

GG[759]. Auffällig ist zunächst die Formulierung „unter allen Umständen". Der zusätzliche Sinngehalt dieser Formulierung kann meiner Auffassung nach insbesondere darin liegen, dass ein Abwägen mit anderen Gütern oder Rechtssubjekten nicht erfolgen darf. Ein Blick in die parlamentarischen Materialien ist leider nicht sehr ergiebig. Zunächst fand sich die Formulierung über die Achtung der Menschenwürde nicht in der Regierungsvorlage[760]. Im Vorblatt dieser Regierungsvorlage wird allerdings darauf verwiesen, dass der Schutz der Persönlichkeitsrechte der Patienten in einer geschlossenen psychiatrischen Abteilung nicht ausreichend gewährleistet ist, das bisherige geltende Recht entspreche nicht mehr zeitgemäßen rechtsstaatlichen Ansprüchen. Dabei wird auf entsprechende Reformen in anderen westeuropäischen Staaten hingewiesen. Der Justizausschuss[761] sprach sich dann ohne eingehende Begründung für eine Aufnahme der „Zielbestimmung" Menschenwürde aus.

b) Literatur

Hopf/Aigner[762] weisen darauf hin, dass die einleitende Formulierung nicht nur programmatischen Gehalt aufweise, sondern unmittelbare Handlungsanweisung für alle die mit der Behandlung und Betreuung befassten Personen sei und zugleich eine Auslegungsregel schaffe, wonach „im Zweifel immer vom Schutz der Persönlichkeitsrechte und der Achtung und Wahrung der Menschenwürde psychisch Kranker auszugehen ist". Kopetzki[763] hält den Ausbau des Rechtsschutzes für die leitende Zielsetzung des Gesetzes. Das Rechtsschutzbedürfnis von Patienten sei besonders hoch, zum einen wegen der hoheitlichen Zwangsbefugnisse der Ärzte, zum anderen wegen der zumindest eingeschränkten Fähigkeit der Patienten, ihre Rechte wahrzunehmen. Die Menschenwürde sei dabei leitender Grundsatz, „richtungsweisende Interpretationsleitlinie, die dem Schutz der Persönlichkeitsrechte und der Menschenwürde den Vorrang gegenüber gegenläufigen Interessen (wie z.B. dem ungestörten Ablauf der Anstaltsroutine) einräumt"[764]. Zum anderen gewähre § 1 UbG „die Grundlage für besondere - über bloße (negatorische) Enthaltungspflichten hinausreichende - *Schutz- und Fürsorgepflichten* ..."[765]. Dennoch sei eine „umfassende Interessenbeurteilung und

---

759 Art. 1 Abs. 1 GG: „ (1) Die Würde des Menschen ist unantastbar. Sie zu achten und zu schützen ist Verpflichtung aller staatlichen Gewalt."
760 RV v. 9. 3. 1988, 464 BlgStenPr XVII. GP.
761 1202 Blg StProt NR XVII. GP, S. 4.
762 Hopf/Aigner, Unterbringungsgesetz, Wien 1993, § 1 Rn 7.
763 Kopetzki, Unterbringungsrecht, Bd. 2, S. 435.
764 Kopetzki, Unterbringungsrecht, Bd. 2, S. 440.
765 Kopetzki, Unterbringungsrecht, Bd. 2, S. 440.

Interessenabwägung im Einzelfall" erforderlich, da in vielen Fällen gegenläufige Persönlichkeitsrechte kollidieren können („zB körperliche und psychische Unversehrtheit versus Selbstbestimmung"[766]). Kopetzki spricht aber auch von der „Tendenz des Gesetzgebers ... , durch eine zunehmende 'Flucht in die Menschenwürde' konkreten Regelungen und Interessenabwägungen auszuweichen"[767]. Er beurteilt § 1 UbG als kein Instrument der Rechtssicherheit[768]. Berka[769] weist bei der rechtlichen Beurteilung von Anhaltungen wegen Erkrankungen bei erheblicher psychischer Eigengefährdung auf das von der Verfassung mit „Vorrang" versehene Selbstbestimmungsrecht des Kranken hin[770]. Das Prinzip der Autonomie des Menschen und damit der Gedanke des Vorrangs der Selbstbestimmung des Kranken (vor beispielsweise einer objektiv zweckmäßigen Therapie - oder Diagnose) dürfte tragender Ansatz für die explizite Verankerung des Prinzips der Menschenwürde im UbG sein.

c) Rechtsprechung

Vor dem Hintergrund der zurückhaltenden Begründung des Gesetzes zur Bestimmung der Menschenwürde in § 1 UbG ist eine Betrachtung der einschlägigen Rechtsprechung gewinnbringend.

Der OGH beschreibt in einer Entscheidung vom 17. 6. 1992[771] unter Bezugnahme auf die Regierungsvorlage Grund und Zielsetzung des UbG. In der Psychiatrie werden den Ärzten staatliche Zwangsbefugnisse übertragen, die in Grundrechte der Patienten eingreifen. Zielsetzung ist ein verstärkter Schutz der Persönlichkeitsrechte psychisch Kranker in stationären Einrichtungen der Psychiatrie. Bei der Frage der Zulässigkeit von Zwangsbehandlungen ist wegen der möglicherweise verbundenen Gefahr einer die Menschenwürde beeinträchtigenden gröblichen Missachtung des Betroffenen als Person insbesondere Art. 3 EMRK zu beachten. Der OGH bezeichnet in dieser Entscheidung die Menschenwürde als ein in „Art. 3 EMRK festgelegtes Recht". Bei der Auslegung von Bestimmungen des UbG komme verfassungsrechtlichen Überlegungen besondere

---

766 Kopetzki, Unterbringungsrecht, Bd. 2, S. 440/441.
767 Kopetzki, Unterbringungsrecht, Bd. 2, S. 407.
768 Kopetzki, Unterbringungsrecht, Bd. 2, 407, dortige Fn 2607.
769 Berka, Grundrechte, Rn 418 zu Art. 2 Abs. 1 Z. 5 PersFrG (Erkrankung als Rechtfertigung einer Anhaltung), zum Unterbringungsrecht, Berka, Grundrechte, Rn 419.
770 Art. 2 Abs. 1 Z. 5 PersFrG: „Die persönliche Freiheit darf einem Menschen in folgenden Fällen auf die gesetzlich vorgeschriebene Weise entzogen werden: ...5. wenn Grund zur Annahme besteht, dass er eine Gefahrenquelle für die Ausbreitung ansteckender Krankheiten sei oder wegen psychischer Erkrankung sich oder andere gefährde ...".
771 Gz 2 Ob 512/92.

Bedeutung zu, dies wegen der staatlichen Zwangsbefugnisse, die in Grundrechtspositionen eingreifen. Die Entscheidung enthält keinen Hinweis auf eine mögliche Abgrenzung des einfachgesetzlichen Begriffs der Menschenwürde und der offenbar auch verfassungsgesetzlich gewährleisteten Menschenwürde in Art. 3 EMRK.

Interessant ist eine Entscheidung des OGH vom 19. 5. 1994[772], worin der Zweck der Menschenwürde im Unterbringungsgesetz am Beispiel einer bewusstlosen, stationär behandelten Patientin dargestellt wird. Die Gefahr einer Verletzung von Persönlichkeitsrechten stationär aufgenommener psychisch kranker Patienten sei im Vergleich zu anderen Kranken besonders hoch. Und gerade bei einem Bewusstlosen, so der OGH, sei „wegen dessen Hilflosigkeit auf die Wahrung seiner Menschenwürde besonders zu achten". Auch eine Verweigerung einer gebotenen ärztlichen Behandlung könne eine Verletzung der Menschenwürde darstellen.

Eine Entscheidung des OGH vom 22. 6. 1995[773] weist zunächst im einleitenden Rechtssatz auf das Recht auf Achtung der Menschenwürde aus Art. 3 EMRK hin. In der Sache geht es insbesondere um die zwangsweise Sondenernährung einer Magersüchtigen. Das Recht auf Achtung der Menschenwürde wird „unter dem Gesichtspunkt der Schwere des Eingriffs in die Rechte der Kranken" diskutiert, die Vor - und Nachteile einer Sondenernährung gegenüber der enteralen Ernährung mittels Infusion abgewogen: „Bei einer Zwangsernährung ist jedoch der naheliegende Fall zu bedenken, dass die der Behandlung ablehnend gegenüberstehende Patientin die Nahrungszufuhr durch Entfernen der für die Infusion notwendigen Vorrichtungen verhindern will und eine zwangsweise Infusion nur durch Anwendung von Zwangsmittel, also primär wohl durch Anschnallen der Patientin, durchgeführt werden kann. In dieser Form kann aber die Infusionsmethode unter dem Gesichtspunkt der Schwere des Eingriffs in die Rechte der Kranken, insbesondere in das von der Rekursbewerberin hervorgehobene Recht auf Achtung der Menschenwürde, nicht mehr als eine relevant weniger in die Persönlichkeit eingreifende Heilmethode im Vergleich zur Sondenernährung beurteilt werden." Die Prüfung des Grundsatzes der Verhältnismäßigkeit ist damit der Prüfung, ob die Menschenwürde verletzt ist, vorangestellt. Eine Verletzung des Grundsatzes der Verhältnismäßigkeit wird im konkreten Fall verneint, damit eine Verletzung der Menschenwürde nicht eingehender geprüft[774].

---

772 Gz 6 Ob 559/94-Ablehnung von 4 Ob 534/94; ÖJZ 1995, S.139 ff, EvBl. 24; SZ 67/91.
773 Gz 6 Ob 546/95, SZ 68/117.
774 Der OGH geht dabei von dem „Grundsatz" aus, „daß bei der vorzunehmenden Abwägung zwischen dem durch die zwangsweise Heilbehandlung verursachten Rechtsverlust der Kranken und der dadurch erreichbaren Abwehr einer drohenden

In ständiger Rechtsprechung[775] spricht der OGH von dem „Recht auf Achtung der Menschenwürde (Art. 3 EMRK)" und von dem „Recht auf Freiheit und Sicherheit (Art. 5 EMRK)". Beide Rechte gewähren ein rechtliches Interesse an der Feststellung der Rechtmäßigkeit bereits beendeter Behandlung und Heilbehandlung. In einem Fall[776] ging es um die Frage der besonderen Heilbehandlung nach § 36 Abs. 2 UbG und der hierfür notwendigen Genehmigung des Gerichts. In einem anderen Fall[777] hebt das Gericht auch den Zweck des Gesetzes hervor: den Schutz der Persönlichkeitsrechte des Kranken. Die Anlegung eines Kavakatheters zur Schaffung eines intravenösen Zugangs für das Einbringen von perenteraler Ernährung und Medikation wird unter dem Gesichtspunkt einer besonderen Heilbehandlung und deshalb als genehmigungsbedürftig diskutiert und im konkreten Fall verneint. Die einfachgesetzliche Bestimmung der Menschenwürde des § 1 UbG wird in diesen beiden Entscheidungen nicht angesprochen. S

In einer Entscheidung vom 20. 11. 1997[778] bestätigt der OGH seine ständige Rechtsprechung, wonach Zwangsmaßnahmen einer gerichtlichen Kontrolle auch nach der Beendigung der Beschränkung unterliegen. Der OGH formuliert im Rechtssatz: "Nach nunmehr ständiger Rechtsprechung sind die nach dem Unterbringungsgesetz gewährten Rechtsschutzeinrichtungen im Lichte der in den Bestimmungen der EMRK festgelegten Individualrechte dahin auszulegen, daß derjenige, der behauptet, in seinen Rechten auf Achtung der Menschenwürde sowie in seinem Recht auf Freiheit und Sicherheit verletzt zu sein, auch noch nach Beendigung ... ein rechtliches Interesse an der Feststellung hat, ob die an ihm vorgenommene Behandlung zu Recht erfolgte ...". Auffallend hierbei ist, dass der Begriff der Menschenwürde neben den Begriffen Freiheit und Sicherheit gestellt wird und demgemäß einen eigenständigen und abgrenzbaren Inhalt aufweisen muss[779].

In einer neueren Entscheidung vom 9. 2. 1999[780] spricht der OGH von dem programmatischen Charakter der Bestimmung des Art. 1 UbG: „Damit steht auch

---

Gefahr die Grenze dort zu ziehen ist, wo der Gebrauch der Freiheit krankheitsbedingt zu einer absehbaren schweren Gesundheitsbeeinträchtigung und - wie hier - sogar zu einer Lebensgefahr führen kann." (OGH,aaO).

775 2 Ob 512/92; 2 Ob 539/93; 2 Ob 573/93; 6 Ob 631//93; u.a. auch 5. 9. 1996, 2 Ob 2215/96s; 14.8.1996, 6 Ob 2117/96h; SZ 69/202; 29. 1. 1997, SZ 70/17; jüngst OGH v. 20. 1. 2000, 6 Ob 238/99i und 6 Ob 242/99b.
776 OGH v. 5. 9. 1996, 2 Ob 2215/96, siehe oben.
777 OGH v. 14. 8. 1996, 6 Ob 2117/96h, siehe oben.
778 Gz. 2 Ob 347/97m.
779 Freiheit bedeutet dabei im wesentlichen Bewegungsfreiheit, wenngleich nach dem Gesetzestext (§ 33 UbG) und der Rechtsprechung auch weitergehende Beschränkungen des Bewegungsraumes mit umfasst sind.
780 GZ. 7 Ob 22/99g.

nicht die allgemein gehaltene und gleichsam plakativ bereits in § 1 dem Gesetz vorangestellte Umschreibung des besonderen Schutzes der Persönlichkeitsrechte in Widerspruch, weil es sich hier zwar um eine Bestimmung mit programmatischem Charakter (Kopetzki, Unterbringungsrecht II 439) handelt, deren nähere Ausführungen jedoch -wie gezeigt- in den folgenden Paragraphen jeweils auf die Schutz- und Interessensphäre sowie auf die Menschenwürde einzelner betroffener Kranker abstellen." Diese Formulierung kann andeuten, dass der OGH auf dem Boden seiner übergreifenden Anerkennung des Prinzips der Menschenwürde[781] § 1 UbG lediglich deklaratorischen, affirmativen Charakter beimisst, da die Menschenwürde ohnehin bereits übergreifend und somit auch im Unterbringungsrecht als Rechtsprinzip wirkt.

d) Bewertung

Die Unterbringung psychisch Kranker zeichnet sich durch eine niedrige Schwelle von potenziell ungerechtfertigten Grundrechtseingriffen und durch eine nachhaltige Schutzbedürftigkeit der Untergebrachten aus. Die Menschenwürde in § 1 UbG verankert den Vorrang der Interessen des Untergebrachten. Zweck des Gesetzes ist es, die Integrität in körperlicher und psychischer Hinsicht sicherzustellen, auch die Identität des Untergebrachten zu wahren und nicht zu brechen. Das Unterbringungsrecht erfasst eine menschenrechtliche Sondersituation und regelt Gefährdungslagen, wie sie sich im Umgang mit sicher auch schwierigen Patienten ergeben können. Psychisch Kranke werden oft keine Kraft haben, keinen Mut haben oder keine Wege finden, Verletzungen anzuzeigen und zu verfolgen. Ausgehend von der Überlegung, dass der Schutz der Menschenwürde nur implizit über die Rechtsprechung des VfGH zu Art. 3 EMRK gewährleistet ist, kann ich mir gut vorstellen, dass sich der einfache Gesetzgeber verpflichtet sah, den Schutz der Menschenwürde im Gesetz ausdrücklich zu verankern, und zwar nicht nur in der abwehrrechtlichen Dimension, sondern gerade in einer Schutz- und Gewährleistungsfunktion. Damit räumt er nicht nur den Interessen der Kranken den Vorzug ein, er stellt auch sicher, dass es sich bei der Bestimmung der Menschenwürde um eine Grundwertung im Unterbringungsrecht handelt. Er gleicht insofern eine fehlende explizite verfassungsrechtliche Vorgabe aus.

Art. 3 EMRK schützt zwar vor erniedrigender Behandlung und Strafe, nach der obergerichtlichen Rechtsprechung aber wohl nicht den Kernbereich der Ehre[782]. Der Schutz der Menschenwürde umfasst nach meiner nachfolgend darge-

---

781 Vgl dazu bereits oben, Zweiter Teil I 2 b.
782 Vgl Berka, Grundrechte, Rn 389.

stellten Auffassung[783] den sozialen Achtungsanspruch, mithin auch die Ehre. Dies bedeutet, dass auch der Stellenwert des Ehrenschutzes im Unterbringungsrecht erhöht ist, andere Rechtsgüter zurücktreten müssen, die Ehre zumindest im Kernbereich kein abzuwägendes Gut ist.

Der Schwerpunkt der Regelung des § 1 UbG wird im Gewährleistungsgehalt, im Schutzauftrag liegen, weil das Straf - und Zivilrecht bereits in vielen Fällen Schutz gewähren können und sich der verfassungsrechtliche Schutz der Persönlichkeit bereits in einer abwehrrechtlichen Dimension verwirklicht. Die semantische Offenheit des Begriffs der Menschenwürde ermöglicht dabei dem Rechtsanwender, flexibel auch auf neuartige Gefährdungslagen reagieren zu können, weil es gerade im bioethischen und biomedizinischen Bereich Entwicklungen gibt, die nicht vorhersehbar sind. In der Offenheit des Begriffs der Menschenwürde liegt gerade seine Stärke. Dies musste dem Gesetzgeber bewusst sein.

Abschließend ist aus meiner Sicht festzuhalten: Die besondere Gefährdungssituation stationär untergebrachter psychisch Kranker veranlasste den Gesetzgeber, den Schutz der Menschenwürde ausdrücklich zu verankern, und zwar nicht nur in der Dimension des Abwehrrechts, sondern insbesondere in der Dimension der Schutzpflicht. Das Prinzip wird nicht verfassungsrechtlich begründet. Daraus kann aber nicht der gegenteilige Schluss gezogen werden, dass die Menschenwürde nicht aus der Verfassung ableitbar ist, mithin keinen verfassungsgesetzlichen Rang besitzt. Die einfachgesetzliche Menschenwürde, analysiert man die zivilrechtlichen Entscheidungen des OGH, wird als Kriterium der Abwägung mit besonders hoher Durchschlagskraft zu werten sein, so dass in vielen Fällen ein Rückgriff auf eine mögliche Grundrechtsverletzung insbesondere aus Art. 3 EMRK, nicht mehr notwendig sein wird. Auch eine Prüfung des Prinzips der Verhältnismäßigkeit wird als vorrangiger Prüfungsschritt eine inhaltliche Auseinandersetzung mit dem Prinzip der Menschenwürde in vielen Fällen ersetzen. Falls ein verfassungsrechtlicher Schutz der Menschenwürde dennoch gefordert sein sollte, mithin andere Grundrechtspositionen betroffen sind, kann auf den verfassungsrechtlich abgesicherten Schutz der Menschenwürde (insbesondere Art. 3 EMRK) zurückgegriffen werden, wie dies die zitierte Rechtsprechung des OGH zum Feststellungsinteresse bereits beendeter Behandlung zeigt. Nach meiner Auffassung hat die Bestimmung des § 1 UbG auf dem Boden der hier vertretenen verfassungsrechtlichen Dimension der Menschenwürde affirmative Bedeutung, um vor Augen zu führen, dass kein Mensch, auch wenn er noch so krank und schwierig sein mag, als bloßes Objekt ohne eigene Identität und Integrität behandelt werden darf. Die Bestimmung am Anfang des Gesetzes wirkt wie eine Dienstanweisung auf oberster Ebene und muss auch so verstanden werden. Frei-

---

783 Vgl unten, Sechster Teil, II 1 g (6).

lich bleibt es dem Anwender der Vorschrift unbenommen, in der einfachgesetzlichen Bestimmung der Menschenwürde ein weitergehendes Schutzniveau zu erblicken, als dies der verfassungsrechtliche Schutz der Menschenwürde erfordert.

3) Militärstrafrecht

Aufschlussreich ist ein Blick in die obergerichtliche Rechtsprechung zu den Bestimmungen der Würde des Menschen im Militärstrafgesetz (MilStG)[784], wonach Befehle die Menschenwürde nicht verletzen dürfen, sowie der ADV[785], wonach der Vorgesetzte alles zu unterlassen hat, was die Menschenwürde der Untergebenen verletzen könnte[786]. Bereits in einer Entscheidung vom 20. 9. 1979[787] weist

---

784 BGBl Nr. 344/1970 idF 511/1974.
§ 35 (Entwürdigende Behandlung): „Wer 1. einen Untergebenen oder Rangniederen in einer die Menschenwürde verletzenden Weise behandelt oder 2. ...".
§17 (Straflosigkeit der Nichtbefolgung von Befehlen): „Eine Handlung nach den §§ 12 bis 16 bleibt straflos, wenn der Befehl 1. Die Menschenwürde verletzt, 2. ...".
Die Regierungsvorlage 35 BlgNR XII. GP zu § 18 (S. 15) verweist auf die „Forderungen der Europäischen Menschenrechtskonvention" und führt als Beispiel an, wenn ein Befehlsempfänger als Angehöriger „eines minderwertigen oder wertlosen Teiles der Gesamtbevölkerung dargestellt" wird.
Weiter ist auf das Militärbefugnisgesetz -MBG sowie auf die Änderung des Sperrgebietgesetzes 1995, BGBl. I Nr. 86/2000 hinzuweisen: § 11 Abs. 4 (Vorläufige Festnahme): „Der Festgenommene ist unter Achtung seines Ehrgefühls und seiner Menschenwürde sowie mit möglichster Schonung seiner Person zu behandeln."; § 12 Abs. 4 Satz 2 (Durchsuchung von Personen): "Eine Durchsuchung ist unter Achtung des Ehrgefühls und der Menschenwürde des Betroffenen sowie mit möglichster Schonung seiner Person durchzuführen." Ebenso § 43 Abs. 8 Heeresdisziplinargesetz (BGBl. Nr. 522/1994): „Der Festgenommenen ist unter Achtung seines Ehrgefühles und seiner Menschenwürde zu behandeln. Er hat alles zu unterlassen, was die Sicherheit und Ordnung während der Dauer der vorläufigen Festnahme gefährden könnte."
785 BGBl. Nr. 43/1979, § 4 Abs. 1: „Der Vorgesetzte hat seinen Untergebenen ein Vorbild an soldatischer Haltung und Pflichterfüllung zu sein. Er hat sich seinen Untergebenen gegenüber stets gerecht, fürsorglich und rücksichtsvoll zu verhalten und alles zu unterlassen, was ihre Menschenwürde verletzen könnte." § 6 Abs. 1: „Der Vorgesetzte darf nur solche Befehle erteilen, die im Zusammenhang mit dem Dienst stehen. Wenn es der Dienst erfordert, ist er zur Befehlsgebung verpflichtet. Befehle, die die Menschenwürde verletzen oder deren Befolgung gegen strafgesetzliche Vorschriften verstoßen würde, dürfen nicht erteilt werden."
786 Vgl dazu Wagner, Zur Gehorsamspflicht in der staatlichen Verwaltung, ZfV 1987/2, S. 116 ff. Wagner will insofern das Prinzip der Menschenwürde als Rechtfertigungsgrund auch außerhalb des militärischen Bereichs heranziehen (aaO, 123).

der OGH auf folgendes hin: „Durch das eben ausgeführte Verhalten der beiden Beschwerdeführer wurden C und D vorsätzlich in einer die Menschenwürde verletzenden Weise behandelt. Unter Verletzung der Menschenwürde ist vor allem unmenschliche und erniedrigende Behandlung im Sinne des Art. 3 der Europäischen Menschenrechtskonvention (MRK) zu verstehen ... Gegen das im Art. 3 EMRK statuierte Verbot der erniedrigenden Behandlung verstoßen psychische Gewaltakt (nur) dann, wenn qualifizierend hinzutritt, dass ihnen eine die Menschenwürde beeinträchtigende gröbliche Missachtung des Betroffenen als Person zu eigen ist ... In diesem Zusammenhang ist auch die Bestimmung des § 4 Abs. 4 ADV zu erwähnen, aus der hervorgeht, 'daß die Menschenwürde des Soldaten zu achten, oberste Aufgabe des Vorgesetzten ist' (Ermacora, Handbuch der Grundfreiheiten und Menschenrechte, 235) ...".

In einem Erkenntnis des UVS Oberösterreich vom 8. 1. 1996[788] wird ein militärischer Sachverhalt zunächst auch unter Bezugnahme auf die einfachgesetzliche Menschenwürdebestimmung des § 4 ADV gewürdigt und ein Befehl zwar als mangelhaft, aber nicht die Menschenwürde verletzend qualifiziert. Des weiteren werden nachfolgend auch verfassungsrechtliche Erwägungen dargestellt und festgestellt, dass die Befugnisausübung des Vorgesetzten unter dem Blickwinkel der Verhältnismäßigkeit nicht gerechtfertigt ist und eine vorläufige Festnahme im vorliegenden Fall den Beschwerdeführer in seinem verfassungsgesetzlich gewährleisteten Recht der persönlichen Freiheit verletzte. Die unrechtmäßige Festnahme verletze überdies Art. 3 EMRK.

Bewertung: Das Prinzip der Menschenwürde im Wehrrecht hat junge Tradition und findet sich auch im deutschen Wehrstrafgesetz[789]. Der Grund liegt zum einen im Achtungsanspruch des anderen, wenn die Ausübung eines Befehls drittgerichtet ist. Dritte sind aber in der Regel schon dadurch geschützt, dass rechtswidrige Befehle verboten sind und im Übrigen bei Verletzungen der Menschenwürde die speziellen und allgemeinen Strafvorschriften greifen werden. Die Vorschrift wirkt aber auch universell, weil sie jeden Drittgerichteten schützt, mithin ist die Kultur des Respekts und der gegenseitigen Achtung auch im Verteidigungs- oder sonstigen militärischen Einsatzfall vorgeschrieben. Ein solches universelles Verbot und Gebot muss in der Verfassung wurzeln, weil es in dieser Form im

---

787 12 Os 56/79, EvBl 1980/55 S.185=SSt 50/54; dazu auch Rosenmayr, Artikel 3 MRK, in: Ermacora/Nowak/Tretter (Hrsg), Die Europäische Menschenrechtskonvention in der Rechtsprechung der österreichischen Höchstgerichte, 1983, S. 159.
788 VwSen-420082/35/Kl/Rd.
789 § 22 Abs. 1 Satz 1 WStG: „In den Fällen des § 19 bis 21 handelt der Untergebene nicht rechtswidrig, wenn der Befehl nicht verbindlich ist, insbesondere wenn er nicht zu dienstlichen Zwecken erteilt ist oder die Menschenwürde verletzt oder wenn durch das Befolgen eine Straftat begangen würde."

modernen Staat ein fundamentaler Rechtsgrundsatz ist. Ein besondere Grund der Regelung liegt zudem in der Wahrung der Selbstachtung, weil jemand zum bloßen Objekt militärischen und damit staatlichen Handelns erniedrigt wird, wenn er um des Befehls willen Befehle ausüben muss, die andere Menschen demütigen und erniedrigen. Hierfür kann es in einer freiheitlichen Demokratie keine staatsrechtliche Legitimation geben. Der Achtungsanspruch des Menschen, wie er im Prinzip der Menschenwürde zum Ausdruck kommt, hat nämlich zwei Seiten, die untrennbar miteinander verbunden sind: Achtung vor der Subjektivität des anderen bedeutet zugleich Achtung vor der eigenen Subjektivität, denn die Anerkennung eigener Subjektivität bedeutet zwangsläufig auch die Anerkennung fremder Subjektivität.

In Deutschland folgt das Gebot, von Vorgesetzten menschenwürdig behandelt zu werden, aus der verfassungsrechtlichen Bestimmung des Art. 1 Abs. 1 GG[790]. Bestrafungsrituale wie etwa das Verspeisen von Regenwürmern, eingesetzt als persönlichkeitsbrechende Maßnahmen, sind dabei obergerichtlich als verfassungsrechtliche Verletzungen der Menschenwürde qualifiziert[791]. In Österreich ist Art. 3 EMRK die Grundrechtsbestimmung, die die Menschenwürde im Wehrverhältnis sowohl in abwehrrechtlicher als auch in schützender Dimension wahrt. Der Grund der einfachgesetzlichen Normierungen in Österreich dürfte wie im bisher besprochenen Rundfunk - und Unterbringungsrecht darin liegen, dass die besondere Schutzbedürftigkeit der Befehlsempfänger einerseits und die zwangsläufig hohe Intensität von Grundrechtseingriffen im Wehrbereich andererseits den Gesetzgeber im modernen Verfassungsstaat gerade dazu zwingt, die Menschenwürde gleichsam als gesetzliche und damit unumstößliche Dienstanweisung zu verankern.

4) Arbeitsverfassungsrecht

Einfachgesetzliche Bestimmungen zur Menschenwürde enthalten § 96 Abs. 1 Z. 3 Arbeitsverfassungsgesetz (ArbVG)[792] sowie weitere zahlreiche gesetzliche Vorgaben, welche die Unzulässigkeit einer einseitigen Einführung und Verwen-

---

790 Vgl Starck, Grundgesetz I, Art. 1 Abs. 1 Rn 69 mwN zur deutschen Rechtsprechung, wie z.B. zum Tragen eines Haarnetzes oder der Grußpflicht.
791 Starck, Grundgesetz I, Art. 1 Abs. 1, Rn 69 zu BVerwG 88, 362; BVerwG, NJW 1992, 587 ff.
792 BGBl. Nr. 22/1974; § 96 Abs. 1: „Folgende Maßnahmen des Betriebsinhabers bedürfen zu ihrer Rechtswirksamkeit der Zustimmung des Betriebsrates: ... 3. die Einführung von Kontrollmaßnahmen und technischen Systemen zur Kontrolle der Arbeitnehmer, sofern diese Maßnahmen (Systeme) die Menschenwürde berühren; ...".

dung von Kontrollmaßnahmen und technischen Systemen aussprechen, wenn sie die Menschenwürde offensichtlich berühren[793].

In einer obergerichtlichen Entscheidung vom 27. 5. 1993[794] beschäftigt sich der VwGH mit der Einführung von Kontrollmaßnahmen, welche die Menschenwürde im Sinne des § 96 Abs. 1 Z. 3 ArbVG berühren und damit der zwingenden Mitwirkung des Betriebsrates bedürfen (sichtbares Tragen des Personalausweises). Der VwGH bemerkt zunächst, dass nach der Gesetzesformulierung „berühren"[795] keine Verletzungsintensität erforderlich ist. Bei der rechtlichen Beurteilung komme - soweit nicht bereits eine Beeinträchtigung der Menschenwürde auf der Hand liege - dem Persönlichkeitsrecht entscheidende Bedeutung zu, es ist eine „umfassende Abwägung der von der Rede stehenden Kontrollmaßnahme berührten Interessen vorzunehmen". Als wesentlicher Gesichtspunkt wird dabei „das Prinzip der Verhältnismäßigkeit betont, wonach ein Persönlichkeitsrecht nicht weiter beschränkt werden darf, als es von der Sache her geboten erscheint". Der VwGH fährt fort: "Angewendet auf Kontrollmaßnahmen ergibt sich daraus das Postulat auf den Einsatz des den Arbeitnehmer jeweils schonendsten Kontrollverfahrens". Dem Persönlichkeitsrecht kommt nach der Rechtsprechung des VwGH[796] „entscheidender Stellenwert" bei der Beurteilung der Menschenwürde nach § 96 Abs. 1 Z. 3 ArbVG zu: Wird durch die optische und inhaltliche Ausgestaltung eines zu tragenden Ausweises das Persönlichkeitsrecht von Dienstnehmern nicht beeinträchtigt, so hat die zur Verfolgung des legitimen Kontrollanliegens des Dienstgebers verfügte Ausweispflicht im Rahmen der gebotenen Interessenabwägung keine übersteigerte Intensität. Eine Berührung der Menschenwürde durch die Kontrollmaßnahme war daher zu verneinen.

---

793 Vgl § 35 c Land- und Forstarbeiter-Dienstrechtsgesetz (BGBl. 280/1980 idF BGBl. I Nr. 127/1999; § 38 c Abs. 1 Landarbeitsgesetz 1984 (Ausnahme: Betriebsvereinbarung, § 201 Abs. 1 Nr. 3); BGBl. 287/1984 idF BGBl. I Nr. 101/1998; § 76g Richterdienstgesetz (BGBl. Nr. 305/ 1961 idF BGBl. I Nr. 127/1999; § 291 Vertragsbedienstetengesetz 1948 (BGBl. Nr. 86/1948 idF BGBl. I Nr. 7o/1999; § 79c Beamten-Dienstrechtsgesetz 1979 (BGBl. Nr. 333/1979 idF BGBl. I Nr.127/1999; § 10 Abs. 1 Arbeitsvertragsrechts-Anpassungsgesetz (BGBl. Nr. 459/1993 idF BGBl. Nr. 450/1994), Ausnahme: Betriebsvereinbarung oder ggfs Zustimmung.

794 VwGH, Gz 92/01/092: „Der sprachlich unklare Begriff 'die Menschenwürde berühren' i § 96 Abs. 1 Z 3 ArbVG bedeutet, daß jedenfalls auch alle jene Maßnahmen dazuzuzählen sind, die die Menschenwürde „tangieren", ohne sie zu verletzen bzw die abstrakt geeignet sind, sie zu beeinträchtigen, wobei es auf die „juristische Nähe" zur Beeinträchtigung ankommt. Vgl auch Erkenntnis VwGH vom 2o.10. 1999, Gz 99/04/0069; zum Begriff berühren vgl auch Art. 99 Abs. 1 B-VG und die einschlägige Kommentierung.

795 Vgl begrifflich zu „berühren" auch Art. 79 Abs 3 GG mit ggfs weiterführenden Auslegungshinweisen in der einschlägigen Kommentarliteratur.

796 VwGH, aaO, siehe oben.

Der im ArbVG verankerte Schutz der Menschenwürde orientiert sich nach der obergerichtlichen Rechtsprechung an dem Persönlichkeitsrecht, dessen Belange mit anderen Interessen abzuwägen sind. Wird eine Beeinträchtigung des Persönlichkeitsrechts verneint, ist die Menschenwürde nicht berührt. Steht eine Persönlichkeitsverletzung in Rede, ist eine umfassende Interessenabwägung[797] vorzunehmen. Gesetzgeberischer Hintergrund der Verankerung der Menschenwürde war nach meiner Auffassung, der Schutzbedürftigkeit abhängiger Arbeitnehmer Rechnung zu tragen und eine Vorgabe zu normieren, die einschlägige Grundrechte wegen fehlender unmittelbarer Drittwirkung nur schwer und auf dogmatisch unsicherem Terrain vermitteln könnten. Die einfachgesetzliche Dimension der Menschenwürde besteht sowohl im Abwehr - als auch im Schutzstatus.

Festzustellen ist, dass die Bestimmung des ArbVG dem Persönlichkeitsrecht auf einfachgesetzlicher Ebene besondere Durchschlagskraft verleiht. Ein Rekurs auf verfassungsmäßig gewährleistete Rechte ist daher in den meisten Fällen nicht mehr notwendig, wäre sicherlich angesichts fehlender expliziter Drittwirkung von Grundrechten auch nicht einfach zu begründen. Tomandl[798] stellt klar, dass der Betriebsrat Kontrollen, die die Menschenwürde verletzen, mittels Zustimmung nicht sanktionieren kann. Derartige Kontrollen „werden von der Rechtsordnung nicht zugelassen"[799]. Art. 3 EMRK ist als Grundrecht geeignet, verfassungsrechtlichen Schutz zu gewähren und der Abwägung mit anderen Verfas-

---

797 VwGH v. 27. 5. 1993, Gz. 92/01/0927: „....also einerseits der Interessen des Dienstgebers, der durch die angestrebte Maßnahme neben der ihm prinzipiell zukommenden Kontrolle seiner Dienstnehmer z.B. auch sein Eigentum sichern und schützen will ... und andererseits der Interessen des Dienstnehmers an der Wahrung seines Persönlichkeitsrechtes. Als wesentlicher Aspekt wird in diesem Zusammenhang zu Recht das Prinzip der Verhältnismäßigkeit betont, wonach ein Persönlichkeitsrecht nicht weiter beschränkt werden darf, als es von der Sache her geboten erscheint ... Angewendet auf Kontrollmaßnahmen ergibt sich daraus das Postulat auf den Einsatz des den Arbeitnehmer jeweils schonendsten Kontrollverfahrens ... Kontrollmaßnahmen mit übersteigerter Intensität (das sind solche, die jenes Maß übersteigen, welches für Arbeitsverhältnisse der betreffenden Art typisch und geboten ist) berühren das Persönlichkeitsrecht auf menschenwürdige Behandlung, wodurch die Mitbestimmungspflicht des Betriebsrats ausgelöst wird ...".
798 Tomandl, Probleme des Einsatzes von Betriebsvereinbarungen, 1983.
799 Tomandl, aaO, S. 2 unter Verweis auf die EB der Regierungsvorlage 840 Blg NR 13. GP und mwN. Es solle nur „ der schmale Grenzbereich zwischen den die Menschenwürde verletzenden (und damit ohnehin sittenwidrigen) Maßnahmen und den die Menschenwürde überhaupt nicht tangierenden Maßnahmen des Betriebsinhabers geregelt werden. Es ist dabei vor allem an Art und Umfang von Torkontrollen, Leibesvisitationen, Kontrolleinrichtungen am Arbeitsplatz und dgl zu denken". (Tomandl, aaO, S. 7 unter Zitat aus 840 Blg NR 13. GP).

sungswerten wie Privatautonomie oder Eigentumsschutz standzuhalten[800]. Der Anwendungsbereich der einfachgesetzlichen Regelung ist im Wesentlichen darin zu sehen, daß die Mitbestimmungspflicht des Betriebsrats dann greift, wenn Eingriffe die Menschenwürde berühren, aber nicht verletzen[801].

Der Gesetzgeber beschränkte mit dieser Regelung die Privatautonomie, der selbst Grundrechtsqualität beigemessen wird[802]. Die Bestimmung zur Menschenwürde im ArbVG muss allerdings als atypisch bezeichnet werden, da sie durch den Zusatz „berühren" und unter der Maßgabe, dass *Verletzungen* der Menschenwürde ohnehin untersagt sind, Persönlichkeitsrechte privatrechtlich sichern soll, deren Schutz im Rahmen einer Wertung unter Berücksichtigung der Zielsetzungen des ArbVG jeweils im Einzelfall ermittelt werden müssen[803]. Letztendlich muss insbesondere geprüft werden, ob eine Maßnahme erforderlich ist und und das schonendste Mittel darstellt, mithin ist eine Prüfung des Prinzips der Verhältnismäßigkeit notwendig. Es wurde schon darauf hingewiesen, dass die Prüfung eines Sachverhalt anhand des Prinzips der Verhältnismäßigkeit der Prüfung einer Verletzung der Menschenwürde voranzugehen hat, in vielen Fällen sich also die Prüfung einer Verletzung der Menschenwürde erübrigt. Dogmatisch hätte es des Begriffs der Menschenwürde in § 96 ArbVG nach meiner Auffassung nicht bedurft; die Formulierung ist aber geeignet, die Zielsetzungen des Gesetzgebers zu verdeutlichen, und zwar dahingehend, dass der Arbeitnehmer auch im Vorfeld einer Verletzung der Menschenwürde nicht als bloßes Objekt behandelt und als Arbeitskraft instrumentalisiert werden darf. Die Menschenwürde ist „ein vom Arbeitsverfassungsgesetz vorausgesetzter Wert- und Rechtsbegriff"[804], den der Gesetzgeber einsetzt, um auszudrücken, dass auch im Arbeitsverhältnis die Achtung des Menschen als jeweils eigene und einzigartige Persönlichkeit geboten ist. Der Staat zeigt dadurch, dass er sich auch im Privatrechtsverhältnis schützend vor seine Bürger stellt und potentielle Gefährdungssituation erkennt und zu verhindern gedenkt. Die Verankerung des Begriffs der Menschenwürde im Privatrecht vermittelt im Ergebnis eine unmittelbare Drittwirkung.

---

800 So auch im Ergebnis Tomandl, aaO, S. 14/ 15.
801 Vgl Tomandl, aaO, S. 16.
802 Vgl Hinteregger, Die Bedeutung der Grundrechte für das Privatrecht, ÖJZ 1999, S. 741 (742) unter Bezugnahme auf VfGH VfSlg 12.227/1989.
803 Vgl hierzu Tomandl, aaO, sieh oben, S. 11. So auch zur Interessenabwägung Schwarz/Löschnigg, Arbeitsrecht, 6. Auflage, 1997, S.807.
804 Tomandl, aaO, siehe oben, S. 8.

5) Auslieferungs - und Ausweisungsschutz

Einen weiteren bedeutsamen Bereich des einfachgesetzlichen Schutzes der Würde des Menschen in Österreich stellt das Auslieferungs - und Fremdenrecht dar. In § 34 Abs. 1 Satz 2 Auslieferungs - und Rechtshilfegesetz[805] ist formuliert, daß im Rahmen einer Bewilligung oder Ablehnung der Auslieferung neben den Interessen der Republik Österreich und völkerrechtlichen Verpflichtungen auch „auf den Schutz der Menschenwürde Bedacht" zu nehmen ist. § 57 Fremdengesetz[806] verbietet die Zurückweisung, Zurückschiebung oder die Abschiebung Fremder in einen Staat, „wenn stichhaltige Gründe für die Annahme bestehen, daß sie Gefahr liefen, dort einer unmenschlichen Behandlung oder Strafe oder der Todesstrafe unterworfen zu werden". Die Regierungsvorlage 1997 verweist dabei auf Art. 3 und 7 EMRK sowie auf Art. 7 erster Satz des Internationalen Paktes über bürgerliche und politische Rechte und betont, dass der durch die EMRK gebotenen Schutz gegenüber der Genfer Flüchtlingskonvention weiter sei[807]. Nur der guten Ordnung halber ist auf § 65 Abs. 3 Satz 1 Fremdengesetz[808] (ehemals § 37 Abs. 1 FrG[809]) hinzuweisen, der in Anlehnung an Art. 1 Abs. 4 PersFrG bei der Festnahme und Anhaltung zur Achtung der Menschenwürde verpflichtet.

Das Verhältnis zwischen Ausweisung und Asylrecht[810] und der Menschenwürde ist differenzierter als man zunächst vermuten mag. Denn - von inländischen Anforderungen an Haftbedingungen, Unterbringungsbedingungen und Behandlungen abgesehen, für die selbstverständlich allgemeine Maßstäbe gelten - ist die Ausweisung oder die Versagung des Asyls grundsätzlich nicht als eine Verletzung der Menschenwürde qualifizieren[811]. In der österreichischen Verfas-

---

805 BGBl. Nr. 529/1979.
806 BGBl. I Nr. 75/1997; vgl auch Morscher, Die Rechtsprechung des österreichischen Verfassungsgerichtshofes zum Fremdengesetz, EuGRZ 1997, S.133 ff. Der VfGH bezieht sich, was das Refoulement-Verbot anbelangt, auf die ständige Rechtsprechung des EGMR (aaO, S. 141).
807 vgl Keplinger, Fremdenrecht, Wien 1997, zu § 57 (685 BlgNR, 20. GP, 74 f).
808 BGBl. I Nr. 75/1997; § 65: „ (3) Bei der Festnahme und Anhaltung ist auf die Achtung der Menschenwürde des Fremden und auf die möglichste Schonung seiner Person Bedacht zu nehmen."
809 Vgl RV 692 Blg StProtNR 1992 XVIII GP.
810 Vgl dazu Rosenmayr, Asylrecht, aaO, S. 535 ff.
811 Vgl Starck, Grundgesetz I, Art. 1 Abs. 1 Rn 74; kritisch und auf die Dialektik zwischen universellem Geltungsanspruch der Menschenwürde und der „Partikularität der Verwirklichungsgemeinschaft in einer Welt differierender Nationalismen" hinweisend (unter Hinweis auf BVerfGE 54, 341(357) und BVerfGE 56, 216 (235)) Hofmann, Die versprochene Menschenwürde, AöR 118. Band (1993), S.353 ff (366). Dazu auch unter Sechster Teil II 1 g (9).

sungsordnung ist ein Grundrecht auf Asyl nicht enthalten[812], in verfassungsrechtlicher Hinsicht entfaltet jedoch Art. 3 EMRK für dieses Rechtsgebiet maßgebliche Bedeutung. Sowohl die EMRK als auch der EGMR entwickelten aus dieser Vorschrift konkrete Ansätze zu einem Recht auf Nichtabschiebung und somit zu einem Recht auf Aufenthalt[813]. Frowein[814] betont, „daß die EMRK weder ein Recht auf politisches Asyl kennt noch das bekannte Prinzip der Nichtauslieferung politischer Täter festgelegt hat. Hiervon muß die Rechtsprechung der KOM zur Verletzung von Art. 3 durch Auslieferung oder Ausweisung daher klar abgegrenzt werden." Er qualifiziert die Rechtsprechung des EGMR und der EKMR zu den Ausweisungs- und Auslieferungsfällen jedoch „als eine sehr bedeutsame Fortentwicklung des Konventionsrechts"[815].

Das BVerfG in Deutschland hält 1996 fest: „Das Asylgrundrecht gehört nicht zum Gewährleistungsgehalt von Art. 1 Abs. 1 GG. Was dessen Gewährleistungsinhalt ist und welche Folgerungen sich daraus für die deutsche Staatsgewalt ergeben, ist eigenständig zu bestimmen."[816] Auch in der Schweiz ist lediglich das non-refoulement Gebot als Grundrecht formuliert, ein Asyl*recht* wird hingegen nicht als Ausfluss der Menschenwürde qualifiziert[817]. Droht jedoch die Todesstrafe oder sind ernsthaft Folter, grausame Strafen oder erniedrigende Behandlung zu befürchten, so ist eine Auslieferung, Ausweisung oder Zurückschiebung unzulässig, da diese Tatbestände als Verletzung der Menschenwürde zu qualifizieren sind. Eine schwierige Frage ist, ob gefordert werden muss, dass im Aufnahmeland die Möglichkeit besteht, „je wieder der Freiheit teilhaftig zu werden"[818].

Der VwGH übernimmt in seiner Rechtsprechung zu der ehemaligen Vorschrift des § 37 Abs. 1 FrG bei der Beurteilung einer Menschenwürdeverletzung - ohne nähere dogmatische Begründung - die Rechtsprechung des VfGH zu Art. 3 EMRK. So lehnt er sich in einer Entscheidung aus dem Jahr 1995 zu § 37 Abs. 1 FrG bei der Beurteilung der Frage einer möglichen Verletzung der Menschen-

---

812 Vgl Berka, Grundrechte, Rn 385. Berka formuliert: „Die mit den modernen Flüchtlings-und Migrationsbewegungen aufgeworfenen menschenrechtlichen Probleme haben daher weitgehend -sieht man von Art. 3 und 8 EMRK ab- im österreichischen Verfassungsrecht noch keinen Niederschlag gefunden."; vgl. dazu auch Öhlinger, Verfassungsrecht, Rn 816 und 822; Rosenmayr, Asylrecht, in: Machacek/Pahr/Stadler, Band 3, S. 543.
813 Zur Judikatur des VfGH und EGMR und auch EKMR, Berka, Grundrechte, Rn 385 Fn 13.
814 Frowein, in: Frowein/Peukert, EMRK, Art. 3, Rn 18.
815 Frowein, in: Frowein/Peukert, EMRK, Art. 3 Rn 18 und Rn 23.
816 BVerfGE 94, 49 (Leitsatz; S. 103).
817 Art. 25 nBV; dazu Müller, Grundrechte, S. 158 ff.
818 Vgl BVerfG 45, 187 (240 ff); Starck, Grundrechte I, Art. 1 Abs. 1 Rn 44 mwN.

würde an die einschlägige Formulierung des VfGH zu Art. 3 EMRK an: „Was 'unmenschliche' Behandlung oder Strafe umfaßt, hängt von den Umständen des Falles ab. Mit dem Haftvollzug einhergehende Zwangsakte könnten etwa dann gegen § 37 Abs. 1 FrG 1993 verstoßend anzusehen sein, wenn qualifizierend hinzutritt, daß sie nach Lage des Falles eine die Menschenwürde beeinträchtigende gröbliche Mißachtung des Betroffenen als Person zum Ausdruck bringen (hier: Haftvollzug in Nigeria)."[819] Der UVS Burgenland[820] beschäftigt sich mit § 69 Abs. 4 FrG und einem Verstoß gegen Art. 3 EMRK, wobei der Sachverhalt ebenfalls an den Vorgaben des VfGH zu Art. 3 EMRK gemessen wird.

In einer Entscheidung des VwGH vom 21. 9. 2000[821] verdeutlicht sich auch für Österreich aktuell die unterschiedliche rechtliche Gewichtung von einfachgesetzlichen Asylrechtsfragen und dem verfassungsrechtlichen Schutz vor Abschiebung. In diesem Erkenntnis befasst sich der VwGH zunächst mit den Voraussetzungen einer Asylgewährung gemäß § 7 AsylG 1997[822] und stellt fest: „Nach ständiger Rechtsprechung des Verwaltungsgerichtshofes gewinnen aber selbst staatliche Maßnahmen nicht allein deshalb den Charakter einer politischen oder religiösen Verfolgung, weil sie die Menschenwürde des Betroffenen verletzen. Erst durch die Anknüpfung an bestimmte persönliche Merkmale des Betroffenen werden sie zu asylrelevanter Verfolgung." Der VwGH fährt zur verfassungsrechtlichen Frage des Ausweisungsschutzes fort: „ Sollte die belangte Behörde im fortgesetzten Verfahren neuerlich zur Verneinung der Flüchtlingseigenschaft der Beschwerdeführerin gelangen, so wird ergänzend angemerkt, dass für die Frage der Gewährung eines Zurückweisungs-, Zurückschiebungs - oder Abschiebungsschutzes im Sinne des § 8 AsylG i.V.m. § 57 Abs. 1 FrG maßgeblich ist, ob stichhaltige Gründe für die Annahme bestehen, Österreich würde im Falle der Außerlandesschaffung der Beschwerdeführerin nach Nigeria gegen Art. 3 EMRK verstoßen."

Der Grund der einfachgesetzlichen Bestimmungen zur Menschenwürde kann darin zusammengefasst werden, dass die grundrechtliche Vorgaben wie insbesondere Art. 3 EMRK einfachgesetzlich umgesetzt und unmißverständlich normiert wurden, um einerseits den internationalen Schutzstandard zu bestätigen und andererseits der Exekutive den Handlungs - und Beurteilungsmaßstab vorzugeben. Im übrigen gelten auch die Überlegungen sinngemäß, wie sie im Rundfunkrecht bei der Beurteilung des Regelungsgrundes der Menschenwürde dargestellt wurden[823].

---

819 VwGH v. 21.9.1995, Gz. 93/18/0611.
820 Erkentnis vom 17.7.1998,Gz. 13/02/98017.
821 VwGH 98/20/0557.
822 BGBl. I Nr. 76/1997 in der Fassung BGBl. I Nr. 4/1999.
823 Vgl hierzu Dritter Teil III 1.

6) Sicherheitsrecht

Auf einfachgesetzlicher Ebene im Sicherheitsrecht wurde das Gesetz zum Schutz der persönlichen Freiheit umgesetzt und in Art. 47 Abs. 1 Satz 2 SPG[824] formuliert, dass bei Festnahme und Anhaltung auf die Achtung der Menschenwürde des Betroffenen und auf die möglichste Schonung seiner Person Bedacht zu nehmen ist. Die Regierungsvorlage[825] erläutert zu § 47 SPG, dass es sich bei diesem Anspruch um eine Garantie handelt, wie sie bereits durch das PersFrG eingeräumt worden ist. Eine gleichartige Bestimmung findet sich in § 36 Abs. 2 VStG[826]. Entsprechend ist auch der Schutz in § 4 der Anhalteordnung[827] formuliert. Der UVS Steiermark hatte sich mit der Verabreichung von drei Ohrfeigen gegenüber einem psychisch und zeitweise unzurechnungsfähigen und spuckenden Kranken zu beschäftigen und beurteilte in einem Bescheid vom 27. 11. 2000 die Ohrfeigen sowohl als eine Verletzung von Art. 3 EMRK als auch als einen Verstoß gegen § 47 Abs. 1 SPG: „Bereits die allgemeine Lebenserfahrung zeigt, dass Ohrfeigen das Verhalten eines psychisch Kranken nicht ändern. Es wäre dem Beamten zumutbar gewesen, durch andere gelindere Mittel - Veränderung des Sitzplatzes, wenn möglich, Vorhalt einer Decke u.a. - Vorkehrungen gegen derartige Attacken zu treffen."[828] Diese Argumentation entspricht einer Sachverhaltsbeurteilung, wie sie dem Prinzip der Verhältnismäßigkeit immanent ist.

Interessant ist in diesem Zusammenhang § 5 der Richtlinien-Verordnung (RLV)[829], der mit „Achtung der Menschenwürde" überschrieben ist. Diese Vorschrift ist Verwaltungsanweisung für die Organe des öffentlichen Sicherheitsdienstes ohne Rechtsanspruch des Bürgers auf Einhaltung der Richtlinien im Ein-

---

824 BGBl. Nr. 566/1991 idF BGBl. I Nr. 12/1997: § 47 Abs. 1 Satz 2: „Bei der Festnahme (Vorführung) und Anhaltung ist auf die Achtung der Menschenwürde des Betroffenen und auf die möglichste Schonung seiner Person Bedacht zu nehmen."
825 148 Blg StProtNR XVIII. GP.
826 BGBl. Nr. 52/1991: § 36 Abs. 2 Satz 1: "Bei der Festnahme und Anhaltung ist unter Achtung der Menschenwürde und mit möglichster Schonung der Person vorzugehen."; vgl hierzu UVS OÖ, VwSen–420156/39/K1/Ur/Rd vom 22. 12. 1997, wonach Art. 3 EMRK und die hierzu ergangene Rechtsprechung des VfGH im Ergebnis auch den Beurteilungsmaßstab einer Verletzung der Bestimmung des § 36 Abs. 2 VStG bildet.
827 BGBl. II Nr. 128/1999 , § 4 Abs. 1: „Die Häftlinge sind unter Achtung der Menschenwürde und mit möglichster Schonung ihrer Person anzuhalten." In § 3 Abs. 1 Anhalteordnung ist formuliert: „Die Aufsichtsorgane haben den Häftlingen gegenüber die gebotene Zurückhaltung zu üben; sie haben ihnen mit Ruhe, Ernst und Festigkeit, gerecht sowie unter Achtung ihres Ehrgefühls, der Menschenwürde und mit möglichster Schonung ihrer Person zu begegnen."
828 UVS Steiermark Bescheid, 2o. 3 - 37/2000 v. 27. 11. 2000 (Rechtssatz).
829 BGBl. Nr. 266/1993.

zelfall[830], allerdings ist sie über § 89 SPG 1991 der Beschwerde zum unabhängigen Verwaltungssenat zugänglich[831]. In ihr wird angewiesen, „alles zu unterlassen, das geeignet ist, den Eindruck von Voreingenommenheit zu erwecken oder als Diskriminierung ... empfunden zu werden". Des weiteren wird angewiesen, alle Menschen grundsätzlich mit 'Sie' anzusprechen und bei Durchsuchungen von Menschen - von Ausnahmefällen abgesehen - eine Person desselben Geschlechts oder einen Arzt einzusetzen. Der VwGH beschreibt 1999 die „Richtlinienbeschwerde" gemäß § 89 SPG als „Sonderfall einer Dienstaufsichtsbeschwerde, in der die Verletzung einer Richtlinie nach der Richtlinienverordnung, welche einen Verhaltenskodex für Exekutivorgane bei der Ausübung von Befugnissen festlegt, durch die Organe des öffentlichen Sicherheitsdienstes bei Erfüllung ihrer Aufgaben - insbesondere jener, die durch Ausübung verwaltungsbehördlicher Befehls- und Zwangsgewalt zu besorgen sind - geltend gemacht wird" und betont die Selbstständigkeit dieser Beschwerdemöglichkeit gegenüber einer Beschwerde „wegen Ausübung unmittelbarer verwaltungsbehördlicher Befehls- und Zwangsgewalt"[832]. In einem Erkenntnis vom 16. 6. 1999[833] lehnte der VwGH im konkreten Fall eine Sachentscheidung ab, weil eine Richtlinienbeschwerde ein „Einschreiten" (§ 31 Abs. 1 SPG) erfordere, der Beschwerdevorwurf aber nicht auf „ein unmittelbares ihm gegenüber gerichtetes oder sonst außenwirksames Amtshandeln" stützen konnte. Dabei ging es um eine Vormerkung einer Personenbeschreibung mit den Wörtern „Neger + Mischling". Der UVS Burgenland hatte sich jüngst mit der Frage zu beschäftigen, ob die Äußerung eines Gendarmeriebeamten „und Sie schleichen sich jetzt" das in § 5 RLV genante Gebot der Menschenwürde nicht beachtete. Der UVS hält fest: „Der § 5 RLV ist mit der 'Achtung der Menschenwürde' übertitelt. Was darunter zu verstehen ist, ist den folgenden Vorschriften zu entnehmen."[834] Der UVS kommt zu dem Ergebnis, dass diese Äußerung weder im Sinne der Richtlinien diskriminiert noch objektiv geeignet ist, einen unzulässigen Eindruck einer Voreingenommenheit zu erwecken. Es handelte sich vielmehr um eine „Unhöflichkeit", die überdies sachlich nicht gerechtfertigt war.

Der Grund der gesetzlichen Regelung des § 47 Abs. 1 Satz 2 SPG wie auch der anderen vergleichbaren Bestimmungen zur Menschenwürde im Sicherheitsrecht ist Ausfluss der verfassungsrechtlichen Garantie der Menschenwürde in § 1

---

830 Vgl.Hauer/Keplinger, SPG, 1997, B. 1. Richtlinien-Verordnung, S. 203, zitierend Erläuterungen des BMI vom 20. 1.1993, ZI 76012/64-IV/11/93/D.
831 Vgl VwGH v.24. 6. 1998, Gz. 96/01/0609 zu sicherheitspolizeilichen Maßnahmen gegenüber einer juristischen Person.
832 VwGH v. 24. 11. 1999, Gz. 96/01/0582.
833 VwGH Gz. 98/01/0477.
834 UVS Burgenland, Erkenntnis, 047/02/00003 v. 19. 12. 2000.

Abs. 4 PersFrG. Insofern kann auf die dortigen Begründungen verwiesen werden. Ein Verfassungsgrundsatz wurde somit einfachgesetzlich normiert, möglicherweise mit der Konsequenz, dass dem Prinzip der Menschenwürde auf einfachgesetzlicher Ebene ein größerer Wirkbereich zugewiesen wird, wie die Formulierung in § 5 der Richtlinien-Verordnung zeigt. Freilich eignen sich die in dieser Vorschrift aufgeführten Pflichten nicht, in jedem Fall eine Verletzung der Menschenwürde im verfassungsrechtlichen Sinne zu begründen. So verletzt eine bewußte Du-Anrede in der Regel nicht die Menschenwürde, kann aber sehr wohl eine Dienstpflichtverletzung und eine Strafbarkeit wegen Beleidigung begründen. Eine *Überschreibung*[835] von Dienstpflichten ist freilich kein rechtlich verbindlicher Befehl, verdeutlicht aber den Willen des Gesetzgebers, dass der Staat in einem wesentlichen Bereich seine Macht zu begrenzen und den Bürger als Subjekt (Sie-Anrede) und nicht als bloßes Objekt sicherheitspolizeilicher Interessen zu behandeln hat.

7) Strafvollzug und Strafrecht, Strafzumessung

Neben dem Sicherheitsrecht „ist das Strafrecht eine der schärfsten Waffen des Staates zum Schutz der Menschenwürde, und es bringt doch - dialektisch - zugleich eine der schärfsten Bedrohungen der menschlichen Würde mit sich".[836] Menschenwürde und Straf - und Strafvollzugsrecht stellen sich vornehmlich in den Dimensionen
- Schutz der Menschenwürde im Verfahren und Vollzug,
- Menschenwürde als Schutzgut von Normen des Strafrechts, des Strafverfahrensrechts und des Strafvollzugs und
- Pflicht des Staates zu strafrechtlichem Würdeschutz[837].

Die Thematik umfasst somit den Schutz der Persönlichkeit und der Selbstbestimmung des Bürgers wie auch die Wahrung der Menschenwürde der Beschuldigten selbst, vom Beginn des Ermittlungsverfahrens bis hin zu Unterbringungs - bzw. Haftbedingungen.

---

835 Die Menschenwürde ist nur in der Überschrift zu § 5 der Richtlinien-Verordnung formuliert.
836 Vitzthum, Die Menschenwürde als Verfassungsbegriff, JZ 1985, S. 201 ff (204).
837 Vgl Vitzthum, aaO, siehe oben, S. 204.

a) Strafvollzugsgesetz

Der Begriff der Menschenwürde ist im Strafvollzugsgesetz[838] fest verankert. So dürfen Strafgefangene nach § 26 Abs. 1 StVG die Befolgung von Anordnungen ablehnen, „wenn die Anordnung gegen strafgesetzliche Vorschriften verstößt oder die Befolgung dagegen verstoßen oder offensichtlich die Menschenwürde verletzen würde". § 14a Abs. 2 StVG formuliert: "Die innere Revision hat unter besonderer Bedachtnahme auf die Wahrung der Menschenwürde die Realisierung der Vollzugszwecke, die Gestaltung des Vollzugs, ... zu untersuchen, ...". § 22 Abs. 1 Satz 1 StVG formuliert: "Die Strafgefangenen sind mit Ruhe, Ernst und Festigkeit, gerecht sowie unter Achtung ihres Ehrgefühls und der Menschenwürde zu behandeln." In § 42 Abs. 2 Satz 1 und 2 StVG ist festgehalten: "Die Strafgefangenen haben ihren Körper so zu pflegen, wie es Gesundheit und Reinlichkeit erfordern. Bei einer Überwachung der Körperpflege sind Ehrgefühl und Menschenwürde zu wahren." Schließlich ist in § 165 Abs. 1 Ziff. 1 zu einer Unterbringung nach § 21 Abs. 1 niedergelegt: „Die Rechte der Untergebrachten, die den in den §§ 119 bis 122 den Strafgefangenen eingeräumten Rechten entsprechen, sowie die Menschenwürde der Untergebrachten dürfen nicht beeinträchtigt werden."

In der Regierungsvorlage zur Strafvollzugsgesetznovelle 1996[839] wird zum neugefassten § 14 a (Innere Revision) auf eine „Neugestaltung des Strafvollzugs im Lichte der Europäischen Strafvollzugsgrundsätze" hingewiesen, wonach „schon in der Präambel dieser europäischen Fassung der internationalen Mindestgrundsätze für die Behandlung der Gefangenen" das Schwergewicht u. a. „auf das Gebot der Menschenwürde" gelegt wird. Zu § 14a StVG Ziff. 3 wird ausgeführt: „Die Achtung der Menschenwürde beim Umgang mit den Strafgefangenen ist an sich schon unter dem Gesichtspunkt des Prüfungsfeldes „Gestaltung des Vollzuges" bzw. im Hinblick auf das allgemeine Revisionsziel „Gesetzmäßigkeit der Vollziehung" zu evaluieren, schreibt doch § 22 Abs. 1 schon seit dem Inkrafttreten des StVG vor, daß die Strafgefangenen „mit Ruhe, Ernst und Festigkeit, gerecht sowie unter Achtung ihres Ehrgefühls und der Menschenwürde zu behandeln" sind. Aber nicht nur die Tradition der Verankerung der Menschenwürde im StVG - es war seinerzeit das erste österreichische Justizgesetz, in das dieser Begriff Eingang gefunden hat - sondern auch deren permanente Herausforderung durch die besondere Grundrechtseingriffsintensität der Institution Strafvollzug lassen es geboten erscheinen, (auch) bei der inneren Revision in besonderem Maße auf ihre Wahrung in der Vollzugspraxis Bedacht zu nehmen. Es

---

838 BGBL. Nr. 144/1969 idF BGBl. Nr. 55/1999.
839 317 Blg StProtNR XX. GP unter I. Allgemeines.

versteht sich von selbst, daß Achtung der Menschenwürde im vorliegenden Zusammenhang nicht bloß die Einhaltung des etwa durch Art. 3 der Europäischen Menschenrechtskonvention vorgegebenen Mindeststandards, sondern ganz allgemein einen grundrechtskonformen Vollzug meint."

In der Regierungsvorlage wird damit zum einen unterstrichen, dass es im grundrechtsintensiven Eingriffsbereich des Strafvollzugs einer expliziten Verankerung der Menschenwürde bedarf. Zum anderen wird darauf hingewiesen, dass die Achtung der Menschenwürde nicht nur - gleichsam als Mindeststandard - in Art. 3 EMRK verankert ist, sondern einem grundrechts-, also verfassungskonformen Vollzug immanent ist.

In einer Entscheidung aus dem Jahr 1992 verneint der VwGH[840] zu § 26 Abs 1 StVG eine Verletzung der Menschenwürde in Form einer Anordnung des Aufenthalts eines Strafgefangenen in einem durch acht Personen überbelegten Raumes, da der Strafgefangene Einschränkungen in seiner Persönlichkeitssphäre hinnehmen muß: „Gemäß § 26 Abs. 1 StVG haben die Strafgefangenen den Anordnungen der im Strafvollzug tätigen Personen Folge zu leisten. Sie dürfen die Befolgung von Anordnungen nur ablehnen, wenn die Anordnung gegen strafrechtliche Vorschriften verstößt oder die Befolgung dagegen verstoßen oder offensichtlich die Menschenwürde verletzen würde. Der Beschwerdeführer bestreitet nicht, die ihm erteilte Anordnung, in der Zelle G I 15 zu bleiben, nicht befolgt zu haben. Der Beschwerdeführer behauptet nur, diese Anordnung des Verbleibens im Haftraum von ca. 50 m² würde die „Menschenwürde" verletzen. Zunächst ist dem Beschwerdeführer entgegenzuhalten, daß ausgehend von seinen Behauptungen, (es läge durch die Anordnung des Aufenthaltes im durch acht Personen überbelegten Raume eine Verletzung der Menschenwürde vor), eine offensichtliche Verletzung der Menschenwürde, nämlich eine erniedrigende Verhaltensweise des Strafgefangenen gegenüber dem Anordnenden, nicht vorliegt; denn Beschränkungen in der Persönlichkeitssphäre muß jeder Strafgefangene hinnehmen. Ob die Bodenfläche des Haftraumes, wie der Beschwerdeführer behauptet, ca. 50 m² oder ... 53, 29 m² betrage, ist hierbei unerheblich. Die erstmals in der Beschwerde aufgestellte Behauptung, es stünden nur vier Sitzplätze zur Einnahme von Mahlzeiten an einem Tisch im Haftraum zur Verfügung, ist eine unbeachtliche Neuerung, abgesehen davon, daß damit nicht eine erniedrigende Behandlung des Beschwerdeführers im Sinne des Art. 3 MRK erkennbar wäre."

Maßstab des VwGH ist folglich Art. 3 EMRK, da es um die Anordnung selbst und nicht um die Frage einer rechtmäßigen Ablehnung einer Anordnung im Sinne des § 26 Abs. 1 StVG ging. Dennoch ist kaum vorstellbar, dass die Maßstäbe des Art. 3 EMRK und der einfachgesetzlichen Vorschrift des § 26 StVG unter-

---

840 Erkenntnis vom 8. 4. 1992, Gz 92/01/0047.

schiedlich sein können. Dies gebietet schon das aus dem Gleichheitsgrundsatz abzuleitende Gebot der Sachlichkeit. Denn es kann schwerlich einen sachlichen Unterschied in der Beurteilung einer Anordnung selbst und der von der Anordnung ausgehenden Ablehnung der Anordnung geben. Allenfalls das in § 26 Abs. 1 StVG eingefügte Wort „offensichtlich" weist einen Unterschied auf, der aber nicht unterschiedliche einfach- und verfassungsrechtliche Maßstäbe der Menschenwürde setzen kann. Aus sachlich gebotenen Vollzugsgründen (ex ante Sicht vor Ort und ex post Sicht im Rahmen der nachfolgenden justitiellen Überprüfung) muss eine Verletzung der Menschenwürde offensichtlich sein, um unmittelbare vollzugsrechtliche Auswirkungen zu haben. Dies ist legitim. Es ist aber nicht vorstellbar, dass eine Verletzung der Menschenwürde bejaht wird, die Offensichtlichkeit aber mit der Folge verneint wird, dass sich der Strafgefangene wegen der Ablehnung der Befolgung der entsprechenden Anordnung rechtswidrig verhalten hat. Wird eine Verletzung bejaht werden, wird wegen der Ausnahmefunktion der Menschenwürde explizit auch die Offensichtlichkeit im Sinne des StVG zu bejahen sein.

b) Strafgesetze

Im Strafgesetzbuch[841] ist der Begriff der Menschenwürde im Straftatbestand der Verhetzung erwähnt, § 283 Abs. 2 StGB. Dabei sieht § 117 Abs. 3 StGB unter Bezugnahme auf die Menschenwürde unter bestimmten Voraussetzungen eine Berechtigung zur Anklage durch den öffentlichen Ankläger vor. Leukauf[842] weist darauf hin, dass eine Verletzung der Menschenwürde u. a. dann vorliegt, wenn „den Angehörigen der betreffenden Gruppe das Lebensrecht als gleichwertige Bürger bestritten wird oder wenn sie als minderwertige oder wertlose Teile der Gesamtbevölkerung dargestellt werden ... oder wenn sie sonst einer unmenschlichen oder erniedrigenden Behandlung unterworfen werden (Art 3 MRK ...)". § 283 Abs. 2 StGB kann nicht unter dem Blickwinkel eines weit gefassten Ehrenschutzes beurteilt werden. Der Gesetzgeber bezweckt den Schutz der Subjektivität des Menschen, wie er der Menschenwürde zugrunde liegt. In der Bestimmung der Verhetzung drückt sich auf einfachgesetzlicher Ebene das aus, was der Schutz der Menschenwürde im Wesentlichen bezweckt: Niemand darf zum bloßen Objekt unter Aberkennung seiner Subjektqualität erniedrigt werden. § 283 Abs. 2 StGB ist ein Beispiel dafür, wie der Gesetzgeber seiner Pflicht, die Men-

---

841 BGBl. Nr. 60/1974; § 283 Abs. 2: „Ebenso ist zu bestrafen, wer öffentlich gegen eine der im Abs. 1 bezeichneten Gruppen hetzt oder sie in einer die Menschenwürde verletzenden Weise beschimpft oder verächtlich zu machen sucht."
842 Leukauf/Steininger, Strafgesetzbuch, 3. Auflage, 1992, § 283, Rn. 5.

schenwürde zu schützen, auf einfachgesetzlicher Ebene nachkommt. Der Schutz äußert sich in einem Verbot und einer staatlichen Sanktion und betrifft das Verhältnis der Bürger untereinander und damit die privaten Rechtsbeziehungen; insofern entfaltet das Prinzip der Menschenwürde eine unmittelbare Drittwirkung.

In der Strafprozeßordnung 1975[843] hält § 184 Satz 3 StPO in Anlehnung an die entsprechenden Vorschriften des Strafvollzugsgesetzes fest, dass Untersuchungshäftlinge u. a. „unter Achtung ihres Ehrgefühls, der Menschenwürde und mit möglichster Schonung ihrer Person zu behandeln" sind. § 184 Satz 3 StPO stellt die Ehre unter besonderen Schutz. Der Schutz der Menschenwürde muss demgemäß über den bloßen Ehrenschutz hinausgehen, soll dieser nicht nur deklaratorisch verstanden werden. Die Menschenwürde verbietet nach meiner Auffassung, den Menschen im Strafvollzug seine Individualität abzusprechen und ihn wie ein bloßes Objekt des Untersuchungsverfahrens zu behandeln. Betrachtet man die Menschenwürde wie hier als verfassungsrechtlich gewährleisteten Kernbereichsschutz, wäre es aus gesetzessystematischer Sicht aufschlußreicher, die Schutzgüter Ehre, Schonung der Person (auch als Ausdruck des Prinzips der Verhältnismäßigkeit) und Menschenwürde gesondert auszuweisen.

In der Rechtsprechung des OGH werden insbesondere im Bereich der Sexualdelikte immer wieder Sachverhalte ausdrücklich als besonders einschneidende Missachtung der Menschenwürde dargestellt. Die Verletzung der Menschenwürde des Opfers ist nach der Rechtsprechung des OGH ein Erschwerungsgrund bei Sexualdelikten[844]. Der OGH hält in einer Entscheidung vom 30. 8. 1983[845] zu § 209 StGB[846] (gleichgeschlechtliche Unzucht mit Jugendlichen) fest: „Das vom Erstgericht gefundene Maß der Zusatzfreiheitsstrafe entspricht ... im Ergebnis dem vor allem durch eine brutale Mißachtung der Menschenwürde gekennzeichneten Schuldgehalt der Tat ... ,". Unter Verweis auf die Regierungsvorlage[847] judiziert der OGH[848] am 9. 11. 1993 zu § 217 Abs. 1 StGB[849] (Menschenhandel),

---

843 BGBl. Nr. 631/1995.
844 OGH v. 9. 11. 1972, 12 Os 123/72; auch v. 15. 9. 1977 13 Os 79/77; vgl auch v. 21. 3. 1990, 13 Os 10/90; auch v. 8. 8. 1991, 12 Os 75/91.
845 Gz. 9 Os 111/83.
846 § 209 StGB: „Eine Person männlichen Geschlechtes, die nach Vollendung des neunzehnten Lebensjahres mit einer Person, die das vierzehnte, aber noch nicht das achtzehnte Lebensjahr vollendet hat, gleichgeschlechtliche Unzucht treibt, ist mit Freiheitsstrafe von sechs Monaten bis zu fünf Jahren zu bestrafen.".
847 EB RV 30 Blg StProtNR XIII. GP 364.
848 Gz. 11 Os 134/93, in EvBl 1994/30, S. 134.
849 § 217 Abs. 1 StGB: „Wer eine Person, mag sie auch bereits der gewerbsmäßigen Unzucht ergeben sein, dieser Unzucht in einem anderen Staat als in dem, dessen Staatsangehörigkeit sie besitzt oder in dem sie ihren gewöhnlichen Aufenthalt hat,

dass „die Eingliederung von total isolierten, der deutschen Sprache nicht mächtigen Frauen fremder Staatsangehörigkeit ohne jeden sozialen Inlandsbezug, die in Österreich sonst über keine Wohnmöglichkeiten verfügen und nur auf Grund der Not in ihrer Heimat im Ausland der Prostitution nachgehen, in einen Bordellbetrieb eine besonders einschneidende Mißachtung ihrer Menschenwürde darstellt, die der Gesetzgeber als besonders gefährliches und schamloses Verbrechen pönalisiert". Der OGH formuliert in einer Entscheidung vom 8. 8. 1991[850] zur Qualifikation des dritten Falles zu § 201 Abs. 3 StGB[851] (Vergewaltigung), dass die Tathandlungen „in der exzeptionellen Herabwürdigung des Opfers zum bloßen Objekt gipfelten" und die betroffene Frau „in ihrer Menschenwürde tief verletzt" wurde. In einer Entscheidung vom 17. 6. 1993[852] beschäftigt sich der OGH mit der Qualifikation einer Vergewaltigung gem. § 201 Abs. 3 zweiter und dritter Fall[853] (qualvoller Zustand und besondere Erniedrigung). Das Vorliegen des Qualifikationstatbestandes des § 201 Abs. 3 StGB wurde höchstgerichtlich bejaht, weil die erniedrigte Frau „auch in ihrer Menschenwürde gröblichst verletzt wurde". In dieser Entscheidung wird festgestellt, dass die Frau „zum reinen Lustobjekt" erniedrigt worden ist.

Der Bericht des Justizausschusses[854] zur Gesetzesvorlage hält zum Begriff der Erniedrigung fest, dass eine einschlägige Erniedrigung dann vorliegen wird, „wenn das mit einer Vergewaltigung in jedem Fall verbundene Maß an Demütigung noch erheblich überschritten wird".

Es wäre wohl überzogen, aus den oben dargestellten Vorschriften des StGB und der StPO eine zwingende Aussage dergestalt abzuleiten, dass dem Straf- und Strafprozeßrecht ein verfassungsrechtlicher allgemeiner Rechtsgrundsatz der Menschenwürde zugrunde liegt. Dennoch sind auch diese Vorschriften Mosaiksteine im Gesamtbild der österreichischen Rechtsordnung und bestärken die Präsenz der Menschenwürde auf breiter einfachgesetzlicher Ebene, und zwar in einer Schutz - und Drittwirkungsdimension. Eine aktuelle Rechtsprechung des OGH zu § 201 StGB weist einen beachtenswerten Weg und erkennt das Prinzip der Menschenwürde als absolut wirkenden und damit übergreifenden Wert an: „Der Tat-

---

zuführt oder sie hierfür anwirbt, ist mit Freiheitsstrafe von einem bis zu zehn Jahren zu bestrafen."
850 Gz. 12 Os 75/91.
851 § 201 Abs. 3 StGB: „Hat die Tat eine schwere Körperverletzung (§ 84 Abs. 1) zur Folge oder wird die vergewaltigte Person durch die Tat längere Zeit hindurch in einen qualvollen Zustand versetzt oder in besonderer Weise erniedrigt, so ist der Täter ...".
852 Gz. 15 Os 68/93 (15 Os 69/93).
853 Siehe hierzu auch Kienapfel/Schmoller, Grundriß des österreichischen Strafrechts, Besonderer Teil, Band III, 1999, §§ 201-203, Rn 41.
854 927 BlgStProtNR XVII. GP, S. 4.

bestand des § 201 StGB pönalisiert den im gewaltsam erzwungenen Verzicht auf die sexuelle Selbstbestimmung gelegenen Angriff auf die Menschenwürde einer Person, welcher nach dem Gesetz (§ 201 Abs. 1 und Abs. 3 StGB) umso schwerer wiegt, je gravierender die eingesetzten Zwangsmittel oder die mit der Tat verbundene Beeinträchtigung oder Schädigung des Opfers sind. Da die Menschenwürde als letztlich hier geschütztes Rechtsgut ein absoluter, somit jeder Person wesensimmanenter Wert ist, der sich jedweder Abstufung von vornherein entzieht, ..."[855].

8) Gleichbehandlungsrecht

Im Bundes - Gleichbehandlungsgesetz[856] findet sich eine Bestimmung in § 7 Abs. 2 Nr. 1, wonach eine sexuelle Belästigung u. a. dann vorliegt, „wenn ein der sexuellen Sphäre zugehöriges Verhalten gesetzt wird, 1. das die Würde einer betroffenen Person beeinträchtigt ...". Das Gesetz drückt somit einen objektivierten Maßstab einer sexuellen Belästigung in Form einer Beeinträchtigung der Würde einer Person aus; die Literatur fordert „ein gewisses Ausmaß" des sexuell geprägten Verhaltens[857]. Die Regierungsvorlage[858] verweist darauf, dass eine Anpassung des österreichischen Gleichbehandlungsrechts an das EG-Recht erforderlich und im Zusammenhang mit der UN- Konvention zur Beseitigung jeglicher Diskriminierung der Frau[859] eine Transformation dieser Konvention für den öffentlichen Dienst notwendig sei.

Ein wesentlicher Bestandteil der Menschenwürde ist der Schutz des Kernbereichs der Ehre und die Gewährleistung elementarer Rechtsgleichheit. Der Kern des Gleichheitssatzes lässt sich inhaltlich mit dem Prinzip der Menschenwürde umschreiben. Eine Diskriminierung aufgrund einer Zugehörigkeit zu einem bestimmten Geschlecht betrifft den elementaren Kern der Rechtsgleichheit[860]. Der Grund der Regelung korrespondiert mit dem Gedanken des Prinzips der Menschenwürde, der eine systematische Ungleichheit verbietet und die Achtung der Gleichwertigkeit der Geschlechter in einem weltanschaulich neutralem Staat ge-

---

855 OGH v. 3. 8. 2000, 12 Os 72/00.
856 BGBl. 1993/100; vgl dazu Parlamentskorrespondenz /03/21.01.2000/Nr. 23 zum Gleichbehandlungsbericht 1998.
857 Rosenkranz, Das Bundes-Gleichbehandlungsgesetz, Wien, 1997, S. 196.
858 857 BlgNR XVIII GP, Vorblatt.
859 BGBl. Nr. 443/1982.
860 Vgl Podlech, GG-AK, Art 1 Abs. 1, Rn 29 ff (31); Höfling, in: Sachs, Grundgesetz, Art. 1 Rn 27. Siehe auch zur Inhaltsbestimmung der Menschenwürde unter Sechster Teil II 1 g (4).

bietet. Der staatlichen Gewalt und damit auch dem einfachen Gesetzgeber obliegt es, die gesellschaftlichen Bedingungen so zu gestalten, daß Gruppen nicht diskriminiert werden und ihnen die gleichen Chancen zur Entwicklung, auch Persönlichkeitswahrung gegeben werden. In diesem Sinne kommt der Staat mit der Gesetzgebung zum Gleichheitsrecht seine Verpflichtung nach, die elementare Rechtsgleichheit als Ausdruck der Menschenwürde zu wahren und verleiht damit dem Prinzip der Menschenwürde eine Schutz - und Gewährleistungsdimension in privaten Rechtsverhältnissen, mithin eine unmittelbare Drittwirkung.

9) *Besonderheit: Vereinbarung Bund/Land Kärnten zur Sicherstellung der Patientenrechte 1999 (Patientencharta)*

Eine andersartige und wegen der Wirkung in Privatrechtsverhältnissen auch besondere Dimension des Schutzes der Würde des Menschen stellt die Wahrung der Patientenrechte dar, wie dies in der Vereinbarung zur Sicherstellung der Patientenrechte (Patientencharta) zwischen dem Bund und dem Land Kärnten 1999 gem. Art 15a B-VG zum Ausdruck kam[861]. Artikel 2 dieser Charta unter der Überschrift „Grundsätzliches" lautet: „Die Persönlichkeitsrechte der Patienten und Patientinnen sind besonders zu schützen. Ihre Menschenwürde ist unter allen Umständen zu achten und zu wahren." Die Formulierung ist angelehnt an § 1 UbG[862] und erweitert u. a. die personelle Reichweite des Prinzips der Menschenwürde dahingehend, dass der Schutz der Menschenwürde alle Patienten umfasst. Der Adressatenkreis wird damit erheblich ausgeweitet, eine besondere Gefährdungssituation und Intensität von Grundrechtseingriffen, wie sie dem UbG zugrunde liegt, nicht mehr vorausgesetzt. In der Regierungsvorlage[863] wird ausgeführt: "Die 'Menschenwürde' ist durch § 16 ABGB und Artikel 3 EMRK geschützt. Die neuerliche Anführung im Zusammenhang mit Patientenrechten soll verdeutlichen, daß diesem Schutzinteresse im Konfliktfall mit gegenläufigen Interessen grundsätzlich Vorrang zukommt".

Auch inhaltlich ist der Schutzumfang dieser Charta zwangsläufig weiter als derjenige des UbG. In der Regierungsvorlage der Charta werden insbesondere die Ehre, die Privatsphäre und das Briefgeheimnis als Persönlichkeitsrechte mit

---

861 BGBl. I Nr. 195/1999, einen Überblick über die Regelung der Patientenrechte in der EU verschafft Hanika, Patientencharta, MedR 1999, Heft 4, S. 149 ff (S. 156 zu Österreich); Kranich/Böcken, Patientenrechte und Patientenunterstützung in Europa, 1997.
862 BGBl. Nr. 1990/155.
863 RV 1824 BlgStProtNR XX. GP, S. 9.

besonders relevantem Schutz genannt[864]. Bemerkenswert ist die Formulierung in der Vereinbarung, dass die Menschenwürde nicht nur zu achten, sondern im Sinne einer positiven Schutzpflicht auch zu wahren ist.

Die Regierungsvorlage führt zum formellen Regelungs - beziehungsweise Übereinkommensgrund - aus, daß - ausgehend von dem Arbeitsübereinkommen der Regierungsparteien 1990 über die systematische Weiterentwicklung der Patientenrechte - ein Bundespatientengesetz wegen der Kompetenzlage Bund/ Land nur in Teilbereichen weiterführend sei. Deshalb werde auf ein eigenes Patientengesetz verzichtet und der Versuch unternommen, eine sogenannte Patientencharta auf der Grundlage einer Vereinbarung gem. Art. 15 a B-VG zwischen Bund und Ländern zu schaffen, worin sich Bund und Länder wechselseitig zur Sicherstellung der darin genannten Patientenrechte im Rahmen ihrer Zuständigkeiten verpflichten[865].

Als Grund für diese Form der Verankerung der Menschenwürde in der österreichischen Rechtsordnung wird in der amtliche Begründung u. a. die Weiterentwicklung der Patientenrechte und eine Lückenschließung genannt[866]. Eine verfassungsrechtliche Dimension der Menschenwürde wird damit sicher nicht ausgesprochen. Das Bestreben der Bundesregierung, die Menschenwürde in sensiblen, grundrechtsintensiven Bereichen zu verankern, in denen besonders die Autonomie und Selbstbestimmung gefährdet sind (Patientenautonomie) zeigt aber deutlich, dass es sich bei der Menschenwürde um ein bedeutsames rechtliche Gut handelt, das als Rechtsprinzip einen sehr hohen Stellenwert einnehmen kann. Nach meiner Auffassung ist es eigentlich nicht vorstellbar, dass die *Patienten*autonomie als Ausfluss der Menschenwürde nicht im Verfassungsrang geschützt ist, so wie dies explizit durch den VfGH beispielsweise für die *Privat*autonomie[867] ausgesprochen worden ist.

Die Patientencharta ist meines Erachtens mit ihren verschiedenen Regelungsgehalten der Ausdruck dafür, dass die Menschenwürde als Rechtsprinzip in Österreich übergreifend Geltung beansprucht. Die Patientencharta bewirkt, dass nicht nur Recht weiterentwickelt oder Lücken geschlossen werden, sondern auch, dass das geltende, zersplitterte Recht zusammengefasst ist und für den Alltag transparenter wirkt. In der Praxis rückt somit die Menschenwürde immer mehr dort in den legislativen Vordergrund, wo insbesondere die *Autonomie und Selbstbestimmung* des Menschen abstrakt gefährdet erscheinen. Leitidee des Schutzes der Menschenwürde des Patienten ist - abgesehen von erniedrigender

---

864 RV, aaO, S. 9.
865 RV, aaO, S. 7, Vorblatt.
866 RV. aaO, S. 8.
867 VfSlg 12227/1989; vgl zur Selbstbestimmung auch Kneihs, Grundrechte und Sterbehilfe, Wien 1998, S. 256 ff; zur Privatautonomie Berka, Grundrechte, Rn 712.

Behandlung im Sinne des Art. 3 EMRK - die Gewährleistung „individuellen Entscheidungsverhaltens".[868] Der Patient ist im Zeitalter der Biotechnologie zunehmend Gefährdungen und Risiken ausgesetzt, die er nicht mehr überblicken und deren Folgen schwer abzuschätzen sind. Humangenetik, Transplantationsmedizin und auch Möglichkeiten der Intensivmedizin bergen potentiell die Gefahr, dass die Subjektqualität des Menschen nicht mehr im Vordergrund steht, sondern allgemein biologische, medizinische oder gar wirtschaftliche Fragestellungen und Forschungsinteressen den Menschen zum bloßen Objekt des Verfahrens herabwürdigen und ihn somit instrumentalisieren. Diese Gefahr ist um so größer, wenn die Wehrfähigkeit des Menschen wegen Krankheit, Behinderung oder seelischer Ausnahmesituation deutlich herabgesetzt oder nicht mehr vorhanden ist. Der Mensch befindet sich durch eine Krankheit oftmals in „einer Position der Schwäche und Abhängigkeit"[869], die sich mit dem medizinisch - technischen Fortschritt noch verstärkt. Hier umschreibt der notwendige Schutz der Menschenwürde dasjenige, was Vorrang hat, nämlich das Interesse des Menschen als Individuum und Subjekt gegenüber den Interessen der Forschung, Wissenschaft und Wirtschaft. Die Verankerung des Prinzips der Menschenwürde ist mithin auch eine Absage an ein utilitaristisches Menschenbild.

10) Gentechnik

Ein neuartiger Bereich, der den Stellenwert und den Anwendungsbereich des Prinzips der Menschenwürde geradezu herausfordert, ist die Bio - und Gentechnologie. Man kann formulieren, dass die Menschenwürde Grundbegriff und Ausgangspunkt der biomedizinischen und bioethischen Diskussion ist, wie dies auch das in Österreich zur Ratifikation anstehende Übereinkommen über Menschenrechte und Biomedizin des Europarats vom 4. April 1997 offenbart. Deshalb ist es nicht verwunderlich, wenn ein Gentechnikgesetz den Rechtsbegriff der Menschenwürde verwendet.

Als einfache, mit bioethischen Fragestellungen befasste Gesetze sind neben dem Unterbringungsgesetz, dem KAG, der Bund/Land-Kärnten-Patientencharta (Art 15a Abs. 1 B-VG) insbesondere das FortpflanzungsmedizinG und das GentechnikG zu nennen. Dabei ist in § 3 Nr. 5 GentechnikG[870] festgehalten: „Bei Genanalysen und Gentherapien am Menschen ist auf die Wahrung der Men-

---

868 Vgl zu diesem Begriff Höfling, in: Sachs, Grundgesetz, Art. 1 Rn 37.
869 Hanika, Patientencharta, S. 149; so auch Stellamor/Steiner, Handbuch des österreichischen Arztrechts, 2. Band, 1999, S. 21, der auch auf die Funktion einer „Bewußtseinsänderung beim Medizinpersonal und beim Krankenhausträger" hinweist.
870 BGBl.Nr. 510/1994.

schenwürde Bedacht zu nehmen; der Verantwortung des Menschen für Tier, Pflanze und Ökosystem ist Rechnung zu tragen." In der Regierungsvorlage[871] wird als vorrangiges Ziel des Gesetzes der Schutz der Gesundheit des Menschen und seiner Umwelt vor Risiken gentechnisch veränderter Organismen genannt. In der Begründung wird darauf hingewiesen, „daß § 3 Nr. 5 ein ethisches Prinzip" definiere[872]. Allerdings hält die Gesetzesbegründung ausdrücklich fest, dass der aus dem Jahr 1867 stammende österreichische Grundrechtskatalog keinen umfassenden Persönlichkeitsschutz, insbesondere auch kein Grundrecht auf Wahrung der Menschenwürde enthalte; das Gesetz schütze die Menschenwürde „besonders durch das Verbot des Eingriffs in die menschliche Keimbahn sowie durch einschränkende Bestimmungen für die Durchführung von Genanalysen am Menschen ..."[873].

Die Biotechnologie ist geeignet, die Subjektqualität und die Einzigartigkeit des Menschen im Sinne einer unverwechselbaren genetischen Identität zu bedrohen. Der Schutz der Menschenwürde, wonach kein Mensch zum bloßen Objekt von Forschungsinteressen oder Interessen Dritter, insbesondere der Eltern, herabgewürdigt werden darf, stellt sich in der biotechnologischen Entwicklung auf das Schärfste. Biotechnologie eröffnet die Möglichkeit, mit aus künstlichen Befruchtungsmethoden gewonnenen überzähligen Embryonen zu experimentieren, an embryonalen Stammzellen zu forschen und Menschen zu klonen[874]. Genmanipulationen und Eingriffe in Keimbahnen eröffnen Möglichkeiten, den Menschen zu manipulieren und zu instrumentalisieren. Aus diesen Überlegungen erschließt sich meiner Ansicht nach der Regelungsgrund der Bestimmung zur Menschenwürde im GentechnikG in Österreich[875].

---

871 1465 Blg StProtNR 1994, XVIII. GP, Vorblatt.
872 RV, aaO, S. 48: „Individualität gehört zum Wesen des Menschen und ist Bestandteil seiner Würde, die vor Verletzung zu schützen ist. Der grundrechtliche Schutz der Würde und Integrität der Person ist ein ethisches Postulat."
873 RV, aaO, S. 45. Auf den Grundrechtskatalog der EMRK wird nicht Bezug genommen.
874 Vgl Starck, Grundgesetz I, Art. 1 Abs. 1 Rn 90.
875 Freilich verspricht sich die Forschung an Stammzellen auch erfolgreiche Therapien gegen Krankheiten wie Krebs, Diabetes oder auch Morbus Parkinson zu entwickeln. Bioethische und gentechnische Fragen sind demgemäß vielschichtig und werden vehement diskutiert, wie das Verfahren zur Ratifikation der sogenannten Biomedizin-Konvention des Europarates in Österreich wie auch in Deutschland zeigt (Siehe hierzu oben, Dritter Teil IV 1). Die bioethische Grundsatzfragen werden nachfolgend unter dem Kapitel 'Inhalt der Menschenwürde' näher angesprochen und aus hiesiger Sicht beantwortet (Siehe hierzu oben, Sechster Teil II 1).

IV) Menschenwürde und einfaches Bundesrecht ohne normtextliche Erwähnung, aber implizit als Regelungsgrund

1) Fortpflanzungsmedizingesetz und Biotechnologie

Als einfaches Gesetz der Biomedizin in Österreich mit impliziter Verankerung des Prinzips der Menschenwürde ist das FortpflanzungsmedizinG (FMedG) zu nennen[876]. In der Gesetzesbegründung[877] wird die besondere Bedeutung - und auch das Spannungsfeld - der menschlichen Würde, des Kindeswohls und des Rechts auf Fortpflanzung herausgestellt, „neben den verfassungsrechtlich verankerten Grundrechten"[878]. Es wird betont, dass der menschlichen Würde in Österreich „mangels ausdrücklicher verfassungsgesetzlicher Verankerung in Österreich rein rechtlich gesehen scheinbar ein geringerer Stellenwert als in anderen Staaten" zukomme. Dennoch habe der Gesetzgeber auf dieses Prinzip Bedacht zu nehmen. Interessant ist, dass im Gegensatz zum deutschen Embryonenschutzgesetz Verletzungen des FMedG nicht kriminalstrafrechtlich, sondern nur als Verwaltungsübertretung verfolgt werden[879].

In diesem Zusammenhang ist ein Erkenntnis des VfGH vom 14. Oktober 1999[880] von Bedeutung, wonach das nahezu generelle Verbot heterologer medizinischer Methoden für verfassungsrechtlich unbedenklich erachtet wird. Dabei hat der VfGH erstmals das Streben nach Erfüllung eines Kinderwunsches mit medizinischer Unterstützung dem Schutzbereich des Art. 8 EMRK zugeordnet. Das FMedG sei aber nicht verfassungswidrig, da dem Gesetzgeber bei der Grenzziehung zwischen zulässigen und unzulässigen Methoden der Fortpflanzung ein relativ weiter Spielraum zukomme, soweit diese „komplizierte wissenschaftliche, rechtliche, moralische und gesellschaftliche Probleme" aufwerfe und solange über deren ethisch - moralische Auswirkungen einheitliche Auffassungen in den Mitgliedstaaten der EMRK noch nicht bestünden[881]. Interessant ist in diesem Zusammenhang, dass der VfGH nicht das Prinzip der Menschenwürde bemüht, sondern den Kindeswunsch von Ehegatten und auch Lebensgefährten mit

---

876 BGBl. Nr. 275/1992.
877 216 BlgStProtNR 1992, XVIII. GP.
878 RV, aaO, siehe oben, S. 10.
879 Bernat, Das österreichische Recht der Medizin-eine Bestandsaufnahme, JAP 1999/2000 S.105 ff (112). Zur Rechtslage in Deutschland: Lippert, Der deutsche Sonderweg in der Fortpflanzungsmedizin-eine Bestandsaufnahme, in:Bernat, (Hrsg), Die Reproduktionsmedizin am Prüfstand von Recht und Ethik, RdM, Bd 11, 2000, S. 74 ff.
880 VfGH in: EuGRZ 1999, Heft 23-24, S. 680 ff.
881 VfGH, aaO, siehe oben, Z. 2.4.2.2. unter Bezugnahme auf EGMR 23. 4. 1997, in: ÖJZ 1998/14.

medizinischer Unterstützung dem Schutzbereich des Art. 8 EMRK zuordnet. Das Kindeswohl wird als legitimes Schrankenziel im Sinne des Art. 8 Abs. 2 EMRK anerkannt[882].

Die Literaturstimmen zur Biomedizin und damit auch zur Forschungsfreiheit sind vielfältig[883]. Berka[884] diskutiert das Erkenntnis des VfGH zur Menschenwürde[885] auch unter dem Gesichtspunkt der verfassungsimmanenten Gewährleistungsschranken des Art. 17 StGG, wonach „der Staat der Forschung am Men-

---

882 Vgl Novak, Fortpflanzungsmedizingesetz und Grundrechte, in: Bernat (Hrsg), Die Reproduktionsmedizin am Prüfstand von Recht und Ethik, RdM Band 11, 2000, S. 62 ff (68). Er stellt das FMedG und den Standpunkt des VfGH dar und äußert sich kritisch zur Gleichheitsprüfung und Deutung des Art. 8 EMRK durch den VfGH.
883 Vgl Bernat (Hrsg), Fortpflanzungsmedizingesetz und Grundrechte, RdM, Bd 11, 2000; Weitere Literatur: Fahrenhorst ‚Fortpflanzungstechnologien und Europäische Menschenrechtskonvention, EuGRZ 1988, S. 125 ff; Bodendiek/Nowrot, Bioethik und Völkerrecht, Archiv des Völkerrechts, Band 37, Heft 2, Mai 1999, S. 177 ff; Laufs, Arzt, Patient und Recht am Ende es Jahrhunderts, NJW 1999, S. 1758 ff (S. 1762-Ungeborenen Menschen und Fortpflanzungsmedizin). (Deutsche) Bundestagsdrucksache 13/9577 vom 6.1.1998 - Antwort der Bundesregierung auf die kleine Anfrage 13/9520 - Schutz einwilligungsunfähiger Menschen bei Forschungsvorhaben. Interessant ist in diesem Zusammenhang die Meinung Pickers, Tübingen, der die Ungleichbehandlung einwilligungsfähiger und einwilligungsunfähiger Menschen als entscheidenden Makel der Bioethik-Konvention ansieht, mithin den Gleichbehandlungsgrundsatz für verletzt ansieht. Weiterführende Literatur: Kopetzki, Rechtspolitik der Zukunft - Medizinrecht, in: Rechtspolitik der Zukunft - Zukunft der Rechtspolitik, Holoubek/Lienbacher (Hrsg), 1999, S. 221 ff, S. 238 ff zum Stand des geltenden Medizinrechts und zu den verfassungsrechtlichen und einfachgesetzlichen Rechtsquellen; Schmoller, Lebensschutz bis zum Ende?, ÖJZ 2000, S. 361 ff, der in Anlehnung an die Formulierung des VfGH die Würde des Menschen in der österreichischen Rechtsordnung als allgemeinen Wertungsgrundsatz ("Wertgrundsatz", S. 365 Fn 29) verankert sieht und als „rechtliches Kriterium" im Zusammenhang mit Fragen des Lebensschutzes analysiert und diskutiert. Zum Problemfeld Heilbehandlung und experimentelle Eingriffe bei Personen unter Sachwalterschaft, in Deutschland auch unter dem Gesichtspunkt der Menschenwürde diskutiert, Barth, Medizinische Maßnahmen bei Personen unter Sachwalterschaft, ÖJZ 2000, S. .57 ff (64). vgl weiter Bernat, Das österreichische Recht der Medizin-eine Bestandsaufnahme, JAP 3-1999/2000 S.105 ff (zur Bioethikkonvention S.114/115). Deutsches Bundesministerium der Justiz, Januar 1998/2, Das Übereinkommen zum Schutz der Menschenrechte und der Menschenwürde im Hinblick auf die Anwendung von Biologie und Medizin - Übereinkommen über Menschenrechte und Biomedizin - des Europarats vom 4. April 1997, Informationen zu Entstehungsgeschichte, Zielsetzung und Inhalt; siehe auch Tagungsbericht: Bioethik- Konvention - Schreckgespenst oder Menschenrechtsschutz, ZfL 1/1999, S. 20 ff.
884 Berka, Grundrechte, Rn 292.
885 VfSlg 13.635/1993.

schen enge Grenzen setzen oder sie zum Schutz des Lebens und der menschlichen Würde überhaupt verbieten" darf. Die menschliche Würde wird als verfassungsimmanente Schranke der wissenschaftlichen Forschung qualifiziert.[886] Öhlinger/Nowak[887] sprechen zwar davon, dass bestimmte Praktiken künstlicher Fortpflanzung unmittelbare Angriffe auf die Menschenwürde darstellen. Art. 3 EMRK sei aber kein tragfähiger Ansatz für einen Gestaltungsauftrag (Schutzauftrag) an den Gesetzgeber. Allerdings seien z. B. Experimente am Nasciturus, sofern der Staatsgewalt direkt zuzurechnen, als Verletzung des Art. 3 EMRK (menschenunwürdige Behandlung) zu qualifizieren[888]. Novak[889] bezeichnet die Rechtsprechung des VfGH vom 10. 12. 1993 aktuell als „aufschlußreich" und spricht davon, dass der VfGH zunehmend bereit ist, Entscheidungen des Gesetzgebers materiell-wertend nachzuvollziehen und nachzuprüfen. Er verweist auf die Anerkennung der Menschenwürde in dieser Entscheidung, betont aber: „Die Aussage ist in einem entlegenen Zusammenhang gefallen und vereinzelt geblieben. Gleichwohl ist sie signifikant für den geschilderten Kurswechsel der Judikatur."

Edlbacher[890] will ein Prinzip der Menschenwürde aus § 16 ABGB als materielle Grundrechtsbestimmung ableiten, flankiert durch die Verfassungsbestimmung des Art. 8 EMRK. Holzinger[891] fasst zusammen, dass aus Art. 3 EMRK keine dem Bonner Grundgesetz vergleichbare Verpflichtung aller staatlichen Gewalt, die Menschenwürde durch positive Handlungen gegen Beeinträchtigungen durch Private zu schützen, ableitbar sei. Steiner[892] äußert, dass aus dem Gleichheitssatz und aus Art. 8 EMRK ein Gebot zur Achtung der Menschenwürde abgeleitet werden kann, aus „Gründen der Optik" sollte dieses Ergebnis aber möglichst rasch auch positiv-rechtlich im Verfassungsrang niedergelegt werden. Dies auch vor dem Hintergrund, so Steiner, dass dem Fristenlösungserkenntnis des VfGH aus dem Jahr 1974[893] bereits mehrfach und überzeugend widerspro-

---

886 Vgl Berka, Grundrechte, Rn 595.
887 Öhlinger/Nowak, Grundrechtsfragen künstlicher Fortpflanzung, in: Österreichische Enquete zum Thema Familienpolitik und künstliche Fortpflanzung, 1985, 31 (33).
888 Öhlinger/Nowak, aaO, siehe oben, S. 39.
889 Novak, Fortpflanzungsmedizingesetz und Grundrechte, siehe oben, S. 62 (64).
890 Edlbacher, Rechtliche Fragen der künstlichen Fortpflanzung, in: Österreichische Enquete 1985, aaO, S. 49 ff (S. 54).
891 Holzinger, Arbeitskreis 1 „Grundrechtsfragen", in: Österreichische Enquete 1985, aaO, S. S. 96 (98).
892 Steiner, Ausgewählte Rechtsfragen der Insemination und Fertilisation, ÖJZ 1987, S. 513 (514).
893 EuGRZ 75, S. 74 ff. vgl auch Groiss/Schantl/Welan, ÖJZ 1978, S.1 ff. dem gegenüber Machacek, Das Recht auf Leben in Österreich, EuGRZ 1985, S. 453 ff; aktuell

chen worden sei. Loebenstein[894] verweist darauf, dass aus Art. 3 EMRK ein allgemeines Recht auf menschenwürdige Behandlung abzuleiten und diese Bestimmung für die Fortpflanzungsmedizin bedeutsam sei. Er leitet das Prinzip der Menschenwürde aus dem Menschenbild ab, wie es sich aus der Präambel zur EMRK, zu den UN-Weltpakten und aus der AEMR 1948 ergebe[895]. Bekräftigung und Unterstützung erfahre die angesprochene Ableitung aus § 16 ABGB. Waldstein[896] bemerkt, dass die Verschiedenheit der Entscheidungen des deutschen BVerfG und des österreichischen VfGH zur Abtreibungsfrage nicht in unterschiedlichen Verfassungsrechtslagen oder Gerichtskompetenzen ihren Grund hätte, sondern in entgegengesetzten Grundrechtstheorien. Machacek[897] betont das positivistische Rechtsverständnis des VfGH und auch des VwGH. Voraussetzung für die Bejahung eines Grundrechts sei das Vorhandensein eines Verfassungsgesetzes im formellen Sinne, daraus folge auch eine streng formal-positivistische Interpretationsmethode.

Die sogenannte Bioethik - Konvention des Europarates ist derzeit in vielen Ländern Europas und auch in Österreich auf dem Prüfstand[898]. Mehrere Landesparlamente in Österreich wenden sich gegen eine Ratifikation, auch die Bundesregierung[899] spricht sich nach meiner Erkenntnis bislang gegen eine Ratifizierung aus. Dabei spielt insbesondere eine Rolle, dass die Konvention trotz einer Verankerung der Vorgaben als Mindeststandard (Art. 27 des Übereinkommens) in einigen Punkten nicht den österreichischen Schutzstandard erreicht, insbesondere was die Frage der Zulässigkeit fremdnütziger Forschung an nichteinwilligungsfähigen Menschen, die Entnahme von Organen und Gewebe von nichteinwilligungsfähigen Menschen sowie das Fehlen eines klaren Verbots der Forschung an menschlichen Embryonen anbelangt[900]. Kopetzki[901] hält dazu fest: „Was die Be-

---

auf der Ebene der Exekutive: Anfragebeantwortung durch den Bundesminister für Justiz 1150/AB (XXI. GP) -eine neue Debatte über die Fristenlösung.
894 Loebenstein, Die Zukunft der Grundrechte im Lichte der künstlichen Fortpflanzung des Menschen (Schluß), JBl. 1987, S. 749 (750).
895 Loebenstein, Die Zukunft der Grundrechte im Lichte der künstlichen Fortpflanzung (Teil 1), JBl. 1987, S. 694 (699).
896 Waldstein, Das Menschenrecht zum Leben, S. 60.
897 Machacek, Das Recht auf Leben in Österreich, EuGRZ 1983, S. 453 ff (455).
898 Nachtrag: Vgl. zum Stand des Unterzeichnungs- und Ratifizierungsverfahrens: www.conventions.coe.int/Treaty/EN. Stand 03.02.02: 30 Unterzeichnungen, davon 11 Ratifizierungen.
899 Schüssel, XX. GP 2246/AB (vergangene Legislaturperiode).
900 Bericht des Verfassungsausschusses über den Antrag 554/A(E), 2038 Blg StenProtNR XX. GP.
Deutsche Literaturauswahl zur Bioethik-Konvention: Koppernock; Das Grundrecht auf bioethische Selbstbestimmung: Zur Rekonstuktion des allgemeinen Persönlichkeitsrechts, 1997; Poplutz, Offene Fragen rund um die Bioethik-Konvention, ZfL

deutung der Menschenwürdegarantie für medizinische Eingriffe betrifft, wird einerseits auf das Ziel des Eingriffs, andererseits auf die Zustimmung des Betroffenen abzustellen sein. Weithin anerkannt ist zunächst, daß die zwangsweise Vornahme fremdnütziger Eingriffe, die den Betroffenen etwa zum bloßen Forschungsobjekt degradieren, grundsätzlich die Menschenwürde verletzen". Versuche mit Zustimmung des Betroffenen zu rein wirtschaftlichen Zwecken hält Kopetzki unter Bezugnahme auf die Rechtsprechung des VfGH[902] für unzulässig. Bei therapeutisch indizierten Behandlungsmethoden stellt sich die Rechtslage nach Kopetzki differenzierter dar und Maßnahmen seien „nicht per se als menschenunwürdige Vorgangsweise einzustufen, weil und sofern ihr Ziel im gesundheitlichen Schutz des Betroffenen liegt"[903].

Die rechtlichen Auswirkungen des Prinzip der Menschenwürde auf bioethische Sachverhalte werden nachfolgend im Kapitel der Inhaltsbestimmung der Menschenwürde diskutiert[904].

2) § 146 a ABGB und § 1330 ABGB

a) § 146a ABGB

Durch Art. I Ziff. 5 KindRÄG ist mit Wirkung vom 1. 7. 1989[905] dem § 146a ABGB ein letzter Halbsatz angefügt worden, dessen gesetzgeberisches Anliegen die Durchsetzung einer gewaltfreien Erziehung ist. Nach mittlerweile ständiger Rechtsprechung des OGH soll der neu gefasste Zusatz Behandlungen unterbin-

---

1/1998, S. 6 ff; Taupitz, Medizinische Forschung mit nichteinwilligungsfähigen Personen, VersR 1997, S. 911 ff; Laufs, Das Menschenrechtsübereinkommen zur Biomedizin und das deutsche Recht, NJW 1997 ,S. 776 ff; Kern, Die Bioethik-Konvention des Europarates - Bioethik versus Arztrecht?, MedR 1998, S. 485 ff; Elzer, Die Grundrechte Einwilligungsunfähiger in klinischen Prüfungen - ein Beitrag zum EMRÜ-Biomedizin, MedR 1998, S. 122 ff; Honnefelder, Das Menschenrechtsübereinkommen zur Biomedizin des Europarats. Zur zweiten und endgültigen Fassung des Dokuments, in: Jahrbuch für Wissenschaft und Ethik, Band 1, 1996, S. 305 ff.
901 Kopetzki, Unterbringungsrecht, Band 1, 1995, S. 405.
902 VfGH v. 10. 12. 1993, JBl. 1995, S. 105.
903 Kopetzki, Unterbringungsrecht, Band 1, S. 405/406.
904 Hierzu unten, Sechster Teil, II 1 g (1).
905 BGBl. 1989/162; § 146a ABGB: „Das minderjährige Kind hat die Anordnungen der Eltern zu befolgen. Die Eltern haben bei ihren Anordnungen und deren Durchsetzung auf Alter, Entwicklung und Persönlichkeit des Kindes Bedacht zu nehmen; die Anwendung von Gewalt und die Zufügung körperlichen oder seelischen Leidens sind unzulässig."; vgl Dittrich/Tades, ABGB (1994), § 146a, E 2.

den, welche die Menschenwürde verletzen. Damit werden nicht nur Körperverletzungen und die Zufügung körperlicher Schmerzen, sondern auch schwere Beschimpfungen insbesondere vor Dritten, oder die Verhöhnung oder Verspottung vor anderen untersagt[906]. Der Gedanke und die Durchsetzung der gewaltlosen Erziehung ist auch im JWG 1989[907] festgehalten. In einem viel zitierten Aufsatz betont Maleczky 1993[908], dass der Gedanke der gewaltfreien Erziehung auch „die Vermeidung struktureller Gewalt, welche die Menschenwürde verletzt" umfaßt.

Der OGH als Hüterin der Grundrechte im Bereich des Zivilrechts verknüpft Art. 146a ABGB sowie auch Art. 1330 ABGB[909] mit dem Prinzip der Achtung der Menschenwürde. In einer Entscheidung vom 24. 6. 1992[910] formuliert der OGH: "§ 146a ABGB untersagt jede unzumutbare, dem Kindeswohl abträgliche Behandlung. Das schließt nicht nur Körperverletzung und die Zufügung körperlicher Schmerzen („g'sunde Watschn") aus, sondern auch jede sonstige die Menschenwürde verletzende Behandlung, selbst wenn das Verhalten vom Kind im konkreten Fall nicht als 'Leid' empfunden werden sollte." Der OGH bekräftigt seine Auffassung in nachfolgenden Entscheidungen[911]. In der Entscheidung vom 26. 7. 1996[912] wiederholt der OGH die bisherige Rechtsprechung und führt weiter aus: "Die Zufügung von körperlichem und seelischem Leid ist eine rechtswidrige Erziehungsmethode; ein nachhaltiger Verstoß gegen das Gewaltverbot des § 146a ABGB kann einen Obsorgewechsel rechtfertigen ... Eine entsprechende Gefährdung des Kindeswohls kann auch dann vorliegen, wenn die Mutter nicht selbst Gewalt gegen ihr Kind ausübt, sondern diese Gewaltausübung durch einen Dritten -etwa den Ehegatten oder Lebensgefährten- duldet. Der Schutz des Kindes erfordert die Anlegung eines solchen strengen Maßstabs."

Bei der Beurteilung von Fragen nach der Gefährdung des Kindeswohls im Sinne des § 176 ABGB infolge eines gegen § 146a ABGB verstoßenden Verhal-

---

906 So Schwimann, in: Schwimann, ABGB, § 146a Rz 3 („dies wohl auch dann, wenn ein solches Verhalten vom Kind im konkreten Fall nicht als „Leid" empfunden werden sollte").
907 RV zu JWG 1989, 171 BlgNR XVII. GP, S. 15.
908 Zur Strafbarkeit der „G'sundn Watschn", ÖJZ 1993,S.625 ff (626 - unter Hinweis auf die völkerrechtliche Verpflichtung Österreichs aus Art. 19 der UN-Konvention über die Rechte des Kindes, BGBl 1993/7).
909 JGS Nr. 946/1811, zuletzt geändert durch RGBl. Nr. 69/1916: § 1330 Abs. 1 ABGB „(1) Wenn jemandem durch Ehrenbeleidigung ein wirklicher Schaden oder Entgang des Gewinns verursacht worden ist, so ist er berechtigt, den Ersatz des Schadens zu fordern."
910 OGH 1 Ob 573/92, JBl. 1992, S. 639 ff (640-Rechtssatz); EvBl 1993/13, S. 85.
911 OGH 7 Ob 523/93.
912 OGH 1 Ob 2078/96m.

tens geht es letztlich auch darum, besonderen Gefährdungslagen Rechnung zu tragen und sich als Staat schützend vor Personen zu stellen, die aus vornehmlich tatsächlichen Gründen (z.B. körperlich-altersbedingte, emotionale, soziale oder psychosoziale Abhängigkeit) nicht in der Lage sind, ihre schutzwürdigen Belange selbst wahrzunehmen und durchzusetzen. Das Gebot der gewaltfreien Erziehung ist damit Ausdruck der Verpflichtung des Staates, einem Missbrauch des elterlichen Erziehungsrechts Einhalt zu gebieten. Verfassungsrechtlicher Ansatzpunkt des Elternrechts in Österreich ist dabei Art. 2 1. ZProtEMRK; allerdings findet die Reichweite des Elternrechts in der menschlichen Würde ihre Begrenzung[913].

§ 146 a ABGB ist damit positivrechtlicher Schutz der Würde des Kindes und Normierung des Schutzgutes Menschenwürde auf der Ebene des Zivilrechts, also auch auf der Ebene privater Rechtsverhältnisse, sowie inhaltlich Ausdruck der Pflicht der Eltern und Erziehungsberechtigten, die Würde des Kindes zu achten. Der Grund der Regelung beruht nach meiner Auffassung darauf, dass niemandem „ein Recht an einem anderen Menschen eingeräumt werden" darf, das den anderen Menschen als bloßes Erziehungsobjekt sieht und die Würde des Anvertrauten missachtet. In dem Schutz der Würde des Kindes kommt deutlich ein gemeinschafts- und pflichtenbezogenes Element zum Ausdruck, wonach das Erziehungsrecht der Eltern seine Grenzen nicht nur in der Erniedrigung des Kindes findet, sondern Eltern auch zu einer lebendigen Erziehung im Geiste der Menschenwürde aufgefordert sind. Denn der Grundstein zur Wahrung und Achtung der Menschenwürde in einem Staat wird in der Erziehung, mithin in der Familie, gelegt. Dieser Gedanke bestätigt sich in den Erziehungszielen[914] und Jugendschutzgesetzen[915] der Länder, wonach die Menschenwürde als Bildungsziel und vorrangiges Schutzgut der Jugenderziehung verankert ist; freilich aus Kompetenzgründen auf Länderebene.

Das Übereinkommen über Rechte des Kindes[916] wird im Rahmen der Inhaltsbestimmung der Menschenwürde angesprochen. Das Übereinkommen erlangt wegen der Vorbehalte in Österreich keine tragende rechtliche Bedeutung.

b) § 1330 Abs. 1 ABGB

Interessant erscheinen unter dem Aspekt der Menschenwürde auch mehrere Entscheidungen des OGH zu § 1330 Abs. 1 ABGB, weil in dieser Bestimmung nach

---

913 Vgl Berka, Grundrechte, Rn 702.
914 Vgl hierzu die vielfältigen Lehrpläne (abrufbar unter www. ris. bka. gv. at., unter Bundesrecht und Suchwort Menschenwürde.
915 Siehe dazu Vierter Teil II 4.
916 BGBl. Nr. 7/1993.

obergerichtlicher Rechtsprechung der Grundsatz der Achtung der Menschenwürde implizit enthalten ist.

So befasst sich der OGH in einer Entscheidung vom 30. 10. 1991[917] mit der Kunstfreiheit und definiert die Menschenwürde als Kern der menschlichen Ehre, die der Kunstfreiheit Grenzen setzt: "Dabei sind an die Beurteilung der Form (der Verfremdung, der Verzerrung) im Sinne der Kunstfreiheit nicht allzu strenge Maßstäbe anzulegen, so dass erst die Verletzung des Kerns der menschlichen Ehre, der Menschenwürde oder des gesamten öffentlichen Ansehens einer Person der äußeren Form „Satire oder Karikatur" jedenfalls Grenzen setzen ...". Diese Formulierung entspricht ständiger Rechtsprechung[918].

In einer Entscheidung vom 21. 9. 1993[919] geht es um die Äußerung „psychische Eutanasie", die als Wertung im Sinne des § 1330 Abs. 1 ABGB qualifiziert wird. Der OGH führt aus: "Dem Kläger wird damit vorgeworfen, ein Therapiekonzept zu verfolgen, das die Menschenwürde des Behinderten nicht achtet, sondern an ihm 'psychische Eutanasie' begeht. Dieser Begriff ist vielschichtig; er ist aber jedenfalls, wie er auch immer verstanden wird, extrem negativ besetzt; enthält er doch jedenfalls den Vorwurf, den Behinderten in Wirklichkeit nicht zu helfen, sondern einen entscheidenden Teil ihrer Persönlichkeit zu unterdrücken und damit absterben zu lassen."

c) Ergebnis

Festzuhalten ist, dass sich das Prinzip der Menschenwürde nach der obergerichtlichen Rechtsprechung nicht nur in § 16 ABGB ausdrückt, sondern sich auch in weiteren Bestimmungen des ABGB implizit widerspiegelt, und zwar in Bereichen, denen Grundrechtskollisionen innewohnen. Die Menschenwürde ist Maßstab bei der Frage eines Obsorgewechsels und einer Gefährdung des Kindeswohls, ist Maßstab des in § 146a ABGB festgeschriebenen Gewaltverbots sowie bei der Beurteilung einer Ehrverletzung nach der Vorschrift des § 1330 Abs. 1 ABGB. Der Begriff der Menschenwürde hat sich in diesen beiden Vorschriften weniger als bedeutsames Kriterium der Abwägung wie in § 16 ABGB etabliert, vielmehr wird der Begriff der Menschenwürde als entscheidendes Kriterium bei der abschließenden Beurteilung einschlägiger Sachverhalte verwendet, mithin begründet eine festgestellte Verletzung der Menschenwürde einen Verstoß gegen diese Vorschriften bzw. erschließt deren Anwendungsbereich. Insofern lässt sich die Judikaturlinie des OGH nicht so beschreiben, dass der Begriff der Men-

---

917 OGH 1 Ob 4/91 unter Bezugnahme auf OLG Wien in MR 1986, 17.
918 vgl OGH vom 23. 2. 1999, Gz 4 Ob 37/99s.
919 OGH 4 Ob 132/93.

schenwürde lediglich als ein Kriterium der Abwägung unter vielen verwendet wird. Inhaltlich ist das Prinzip der Menschenwürde Ausdruck der Verpflichtung des Staates, sich fördernd und schützend vor diejenigen zu stellen, deren Behandlung als bloßes Objekt in Kernbereichen menschlichen Zusammenlebens in Rede steht. Das Schutzgut der Menschenwürde im Zivilrecht verleiht diesem Prinzip eine unmittelbare Wirkung in Privatrechtsverhältnissen.

3) Beamtenrecht

Auch im Beamtenrecht findet der Grundsatz der Menschenwürde implizit seine Anwendung und damit Anerkennung[920]. In einer Entscheidung vom 23. 11. 1989[921] hält der VwGH fest: „Eine menschenunwürdige ..., körper- oder ehrverletzende Behandlung von jugendlichen Schülern hat nichts mit erzieherischer notwendiger Härte zu tun. Sie beeinträchtigt im Gegenteil die Autorität des Lehrers und mindert die Achtung der Schüler ... Da die Bildung auf die Entfaltung der Persönlichkeit der jugendlichen Schüler und des Bewußtseins ihrer Würde gerichtet sein muß, kommt der Lehrer einem ihm anvertrauten Schüler zweifellos erzieherisch nicht richtig entgegen, wenn er sich dazu hinreißen läßt, diesem ein auf dem Boden liegendes Plastiksäckchen mit Kleinmaterialien für den Werkunterricht ins Gesicht zu werfen. Es kann dies für den Betroffenen nicht nur schmerzhaft sein, sondern auch eine individuelle Mißachtung und entwürdigende Behandlung darstellen." Im Ergebnis stellt eine menschenunwürdige Behandlung von Schülern eine nicht zu billigende Dienstpflichtverletzung im Sinne von § 91 BDG dar. Der Grundsatz der Achtung der Menschenwürde wird dabei als ein überragendes Bildungsziel qualifiziert.

---

920 Vgl hierzu auch Art. 28 Abs. 2 des Übereinkommens über Rechte des Kindes, BGBl. Nr. 7/1993: „Die Vertragsstaaten treffen alle geeigneten Maßnahmen, um sicherzustellen, daß die Disziplin in der Schule in einer Weise gewahrt wird, die der Menschenwürde des Kindes entspricht und im Einklang mit diesem Übereinkommen steht."
921 VwGH, Z 1. 89/09/0098; im Leitsatz in ÖJZ 1990, 45. Jg, H 19, VwGH 369. Das Gericht prüfte anhand der Vorschriften der § 91, 43 Abs. 1 BDG 1979, 47 Abs. 1 erster Satz, Abs. 3 SchUG, § 8 Abs. 1 lit. B SchO v. 24. Juni 1974 (BGBl. Nr. 373).

V) Zusammenfassung: Die Aussagekraft einfachgesetzlicher Bestimmungen zur Menschenwürde in Österreich

Der Begriff der Menschenwürde wird nach meinem Eindruck im österreichischen einfachen Gesetzesrecht teilweise als „kleine Münze"[922] dargestellt, weil die begriffliche Zuordnung anderer Rechtsgüter geeignet - wenn auch möglicherweise nicht beabsichtigt - ist, den überragenden Stellenwert der Menschenwürde zu mindern. Der einfache Gesetzgeber weist der Menschenwürde begrifflich und systematisch nicht den Rang eines absoluten und anderen Rechtsgütern vorgehenden Rechts zu. Überdies erfährt die Menschenwürde eine unterschiedliche inhaltliche Zuordnung. So weist Art. 2 der Patientencharta zwischen dem Bund und dem Land Kärnten übergreifend auf die „Persönlichkeitsrechte" hin, qualifiziert die Menschenwürde somit als Persönlichkeitsrecht. § 16 Abs. 4 PrivatradioG wie auch § 2a Abs. 1 RFG und § 15 Abs. 1 Kabel-Satelliten-RFG trennen zwischen der Menschenwürde und den Grundrechten. § 5c RFG setzt die Menschenwürde in einen Zusammenhang mit anderen Rechtsgütern, die offenbar nicht deren Stellenwert einnehmen können. So darf die Fernsehwerbung weder die Menschenwürde verletzen noch z. B. religiöse oder politische Überzeugungen verletzen oder Verhaltensweisen fördern sowie die Gleichheit, Sicherheit oder den Umweltschutz gefährden. So verbindet Art. 7 Abs. 1 des Vertrages über grenzüberschreitendes Fernsehen[923] den Begriff der Menschenwürde inhaltlich mit den Begriffen der Unsittlichkeit und unangemessenen Darstellung von Gewalt. § 6 Abs. 1 ADV verbietet Befehle, die die Menschenwürde verletzen oder deren Befolgung gegen strafrechtliche Vorschriften verstoßen. § 96 Abs. 1 Z. 3 ArbVG stellt darauf ab, ob die Menschenwürde „berührt" (und nicht verletzt) wird. § 3 Abs. 1 Anhalteordnung normiert die Pflicht, Häftlingen „gerecht sowie unter Achtung ihres Ehrgefühls, der Menschenwürde und mit möglichster Schonung ihrer Person zu begegnen". Ebenso formuliert § 43 Abs. 8 des HeeresdisziplinarG 1994[924], dass der Festgenommene „unter Achtung seines Ehrgefühls und seiner Menschenwürde zu behandeln" ist. § 42 Abs. 1 StVG spricht davon, „Ehrgefühl und Menschenwürde zu wahren". Die Achtung des Ehrgefühls, der Menschenwürde und die möglichste Schonung der Person wird auch in § 184 StPO herausgestellt. § 26 Abs. 1 StVG erlaubt den Ungehorsam

---

922 vgl. allgemein: Dürig, in : Maunz-Dürig, Grundgesetz, Art. 1 Abs. 1 Rn 16.
923 BGBl. III Nr. 164/1998, Artikel 7 Abs. 1: „Alle Sendungen eines Programms müssen im Hinblick auf ihre Aufmachung und ihren Inhalt die Menschenwürde und die Grundrechte anderer achten. Insbesondere dürfen sie a) nicht unsittlich sein und namentlich keine Pornographie enthalten; b) Gewalt nicht unangemessen herausstellen und nicht geeignet sein, zum Rassenhaß aufzustacheln."
924 BGBl. Nr. 522/1994.

von Anordnungen, die „offensichtlich" die Menschenwürde verletzen. § 3 Z. 5 GentechnikG weist neben der Wahrung der Menschenwürde auf die Verantwortung des Menschen für Tier, Pflanze und Ökosystem hin. In § 64 Abs. 2 ZivildienstG 1986[925] wird das Nichtbefolgen einer Weisung für straflos erachtet, wenn die Weisung u. a. „die Menschenwürde verletzt" oder „von einer unzuständigen Person oder Stelle ausgegangen ist, „durch eine andere Weisung unwirksam geworden ist" oder „in keiner Beziehung zum Zivildienst steht".

Aus der Gesamtschau der Verwendung einfachgesetzlicher Bestimmungen der Menschenwürde ergibt sich, dass der Begriff der Menschenwürde nicht als oberster Leitbegriff, sondern oftmals gleichwertig neben anderen Rechtsgütern verwendet wird. Damit scheint dieser Rechtsbegriff in der einfachgesetzlichen Dimension mit anderen Rechtsgütern zu konkurrieren[926]. Dies ist aber auch ein internationales Phänomen. So spricht beispielsweise die Präambel zum Vertrag über die Sicherheit der Seeschiffahrt[927] von einer „ernsten Verletzung der Menschenwürde", differenziert offensichtlich zwischen verschiedenen Graden einer Verletzung. Man sollte dies allerdings nicht überbewerten. So wird beispielsweise auch in Art. 3 EMRK die Folter als besonders verwerfliche Verletzung der Menschenwürde neben der erniedrigenden Behandlung besonders erwähnt. Kopetzki[928] spricht allerdings von einer Tendenz des Gesetzgebers, „durch eine zunehmende 'Flucht in die Menschenwürde' konkreten Regelungen und Interessenabwägungen auszuweichen".

Freilich weist der Sinngehalt einfachgesetzlicher Bestimmungen, teleologisch und wertend ermittelt, in eine verfassungsrechtliche Dimension der Menschenwürde. Wie dargestellt, ist die jeweilige Verankerung Ausdruck der staatlich auferlegten Verpflichtung, niemanden zum bloßen Objekt unter Vernachlässigung dessen werden zu lassen, was seine Qualität als Mensch verkörpert: Sei es die Wahrung eines Kerns der Selbstbestimmung und der Selbstachtung, sei es die Wahrung des Kerns der allgemeinen Persönlichkeit durch den Schutz des Kerns der Ehre oder den Schutz der Persönlichkeitsentwicklung, sei es die Wahrung der elementaren Rechtsgleichheit, die Wahrung eigener und fremder Subjektivität, mithin die Wahrung des Kernbereichs der persönlichen Integrität und Identität. Mit der Verankerung in den Straf - und Zivilgesetzen sowie in öffentlichrechtlichen Normen kommt der Staat seiner aus dem verfassungsrechtlichen Prinzip der Menschenwürde selbst erwachsenden Verpflichtung nach, sich schützend

---

925 BGBl. Nr. 679/1986, geändert durch BGBl. Nr. 598/1988.
926 Vgl hierzu die RV zum FortpflanzungsmedizinG, 216 Blg StProtNR 1992, XVIII GP, wonach die Menschenwürde dem Kindeswohl und dem Recht auf Fortpflanzung gleichgestellt ist.
927 BGBl. Nr. 406/1992.
928 Kopetzki, Unterbringungsrecht, Band. 1, S. 407.

vor seine Bürger zu stellen und darauf zu achten, dass die Personenwertigkeit auch in spezifischen, besonderen Gefährdungssituationen (wie bei staatlicher Polizeigewalt, elementar ungleicher Macht wie im Rundfunkrecht oder auch bei Unterbringungen und im Strafvollzug) gewahrt bleibt und vor allem Schwache, Kranke, Behinderte und Wehrlose, Kinder und Abhängige geschützt werden.

Allerdings ist dogmatisch festzuhalten, dass trotz der Verknüpfung des einfachen Gesetzesrechts mit dem Verfassungsrecht[929] aus vereinzelten einfachgesetzlichen Bestimmungen der Menschenwürde auf ein Verfassungsprinzip der Menschenwürde nicht geschlossen werden kann. Vor dem Hintergrund der rechtsmethodologischen Ableitung des Verfassungsprinzips der Menschenwürde im Wege der Verfassungsauslegung[930] war es hingegen aufschlussreich, die einfachgesetzlichen Bestimmungen in Österreich zu benennen, den Regelungsgrund und Inhalt zu erfragen und daraus auch Rückschlüsse dergestalt zu ziehen, was inhaltlich Ausdruck der Menschenwürde in Österreich sein kann.

---

929 Über die Grundrechtsschranken und die Grundrechtsprägung oder -ausgestaltung.
930 Sicher sehr strittig, vgl Walter-Mayer, Bundesverfassungsrecht, Rn 128: „Der Umstand, daß das österreichische Verfassungsrecht nur geschriebene Rechtsquellen aufweist, engt die Interpretationsproblematik auf die der Auslegung von Rechtsquellentexten ein."; vgl aber Stelzer, Die Quellen der Grundrechte, ZÖR 54 (1999) S. 9 ff (15), der unter Hinweis auf VfGH, VfSlg 13.635/1993, die Anerkennung des Prinzips der Menschenwürde als allgemeinen Rechtsgrundsatz mit den Worten kommentiert, dass der VfGH „erst in einem einzigen Fall ... seine enge Bindung an den geschriebenen Text -vorsichtig- geöffnet" hat. Zur Verfassungsauslegung auch Potacs, Auslegung und öffentliches Recht, 1994, S. 253 ff, der Rechtsordnungen auch allgemeine Prinzipien im Wege der Auslegung und nicht im Wege der Rechtsfortbildung zuweist. Zu dieser rechtsmethodologischen Überlegung oben, Fünfter Teil.

Vierter Teil

Menschenwürde und Landesverfassungsrecht

In diesem Teil der Ausarbeitung werden die Bestimmungen der Menschenwürde in der bereits überwiegenden Zahl der Verfassungen der Bundesländer in Österreich dargestellt, der Regelungsgrund und die Rechtswirkungen, insbesondere unter dem Blickwinkel des Verhältnisses Bundes - und Landesverfassungsrecht, hinterfragt. Abschließend werden die Bestimmungen zur Menschenwürde in den einfachen Landesgesetzen vorgestellt.

I) Menschenwürde und Landesverfassungen; Regelungsgrund, Rechtswirkung, bedeutsame Unterschiede

Nicht mehr zu überlesen sind mittlerweile die ausdrücklichen Bestimmungen der Menschenwürde in den österreichischen Landesverfassungen[931]. Die Bestimmungen finden sich beginnend in den frühen 80er Jahren in den Landesverfassungen des Burgenlandes, Vorarlbergs, Tirols (Präambel), Oberösterreich und seit 1999 in der Landesverfassung Salzburgs[932]. Berka[933] bemerkt, dass die Landesverfassungsgesetzgeber in der jüngeren Zeit zu einer Erweiterung des Grundrechtstatbestandes beigetragen haben, die „praktische Bedeutung" der Grundrechte aber „begrenzt" sei.

---

931 Vgl Berka, Grundrechte, Rn 1048 und Rn 1034 ff; allgemein zur Verfassungsautonomie der Länder und den dortigen Grundrechten: Walter-Mayer, Bundesverfassungsrecht, Rn 812; Öhlinger, Verfassungsrecht, Rn 106; Schreiner, Grundrechte und Landesverfassungen, ZÖR 54 (1999), S. 89 ff, dort auch S. 89, Fn 2 zu den Rechtsquellen der Landesverfassungen; Kienberger, Grundrechtsverbürgungen in den österreichischen Landesverfassungen, in: Machacek/Pahr/Stadler (Hrsg), Band 2, S. 27 ff; Koja, Das Verfassungsrecht der österreichischen Bundesländer, 1988; Novak, Landesgesetzgebung und Verfassungsrecht - Stand, Tendenzen, Reformen, in Schambeck (Hrsg), Föderalismus und Parlamentarismus in Österreich, Wien, 1992, S. 53 ff; Demmelbauer, Die Menschenwürde in der österreichischen Rechtsordnung, ÖGZ 1993/9, S. 19/20.
932 Vgl Berka, Grundrechte, Rn 1048.
933 Berka, Grundrechte, Rn 72.

1) Burgenland

In dem Landesverfassungsgesetz Burgenland ist in Art. 1 Abs. 2[934] festgehalten: „Burgenland gründet auf der Freiheit und Würde des Menschen; es schützt die Entfaltung seiner Bürger in einer gerechten Gesellschaft." Wimmer[935] spricht dabei von einem materiellen Grundprinzip, einer Ausgestaltung des in Art. 1 Abs. 1 der Landesverfassung formulierten Programmsatzes der demokratischen und sozialen Rechtsstaatlichkeit. Die Formulierung des Art. 1 Abs. 2 Landesverfassung überlasse es jedoch dem einfachen Gesetzgeber, „die konkreten Proportionen zwischen Mensch und Gesellschaft herauszuarbeiten, sich darüber zu einigen, was des ersteren Würde, der letzteren Gerechtigkeit ist". Die Bestimmung sei ein wichtiger Ansatz und eine Rechtfertigung für eine materielle Verfassungsdogmatik, die normative Bedeutung hänge jedoch vom Willen des einfachen Gesetzgebers ab. Brauneder[936] spricht allgemein davon, dass die wenig griffigen Formulierungen eine Interpretation von der Einstufung als bloße proklamatische Erklärung bis zum subjektiv-öffentlichen Grundrecht zulasse. Widder[937] sieht in der Formulierung die Absicht einer demokratischen Impulswirkung durch den Landesverfassungsgesetzgeber. Dieser „Verfassungsimpuls sei so zu verstehen, dass durch „ergänzende bez. begleitende legistische Vorkehrungen eine Sekundärwirkung"[938] eintrete. "Auch eine Landesverfassung kann nicht abgeschlossen von gesellschaftlichen Entwicklungen bleiben und bedarf stetiger behutsamer Weiterentwicklungen durch demokratisch-legitimierbare und abgesicherte Vorkehrungen."[939]

2) Vorarlberg

Die Landesverfassung Vorarlbergs[940] formuliert in Art 7 Abs. 2 unter der Überschrift „Ziele und Grundsätze des staatlichen Handelns": „Jedes staatliche Han-

---

934 LGBL Nr. 42/1981 idF LGBl. 1996/3; vgl textlich Öhlinger, Verfassungsrecht, Rn 106.
935 Die neue Burgenländische Landesverfassung - Hüterin des politischen Friedens, in: Die Burgenländische Landesverfassung, Burgenländische Kulturoffensive, Publikationen 10, S. 67 ff (68).
936 Brauneder, Die Gesetzgebungsgeschichte der österreichischen Bundesländer, in: Machacek/Pahr/Stadler Band 1, S. 189 ff (346).
937 Widder, Der Burgenländische Landtag, in: Schambeck, aaO, S. 167 ff, 22o ff zur neuen Landesverfassung 1981.
938 Widder, aaO, S. 222.
939 Widder, aaO, S. 223.
940 LGBl. 1984/30 idF LGBl 1997/64.

deln des Landes hat die Würde des Menschen, die Gleichheit vor dem Gesetz, die Verhältnismäßigkeit der angewandten Mittel und die Grundsätze von Treu und Glauben zu achten." Die Regierungsvorlage zu dem Verfassungsgesetz über eine Änderung der Landesverfassung aus dem Jahr 1984 zu dem gleichlautenden damaligen Artikel 6a Abs 2 formuliert: "Den vorgesehenen Sätzen ist durchaus normative Wirkung zugedacht. Widersprüche zur Bundesverfassung ergeben sich daraus nicht ... Zahlreiche Verfassungsgesetzgeber, zwar nicht in Österreich, wohl aber in der Nachbarschaft und in der ganzen Welt haben Grundsätze dieser Art formuliert ... in Abs. 2 werden Grundregeln des staatlichen Handelns festgeschrieben. Von jeder dieser Normen kann gesagt werden, sie sei schon jetzt Bestandteil der österreichischen Rechtsordnung."[941] Koja kommentiert hierzu, dass diese Auffassung der Landesregierung richtig sei, aber nicht für den Verfassungsrang zutreffe[942].

Eine vertiefende dogmatische Ableitung oder Begründung des Prinzips der Menschenwürde fehlt leider. Die Grundsätze - so die Regierungsvorlage - sind als „rechtliche Steuerungsprinzipien" im Bewusstsein der Verwaltungsorgane weniger verankert als innerstaatliche Normen, da die herausgehobenen Grundsätze „nur im Gewande internationaler Verträge in das österreichische Recht Eingang gefunden haben". Als weitere Gründe für die Aufnahme der Grundsätze in die Landesverfassung werden in der Regierungsvorlage genannt: unangemessene Beschränkung des sachlichen Geltungsbereichs oder Verankerung auf niedrigerer Stufe. "Alle diese, die Wirksamkeit der angeführten Prinzipien beeinträchtigenden Hemmnisse sollen entfallen."[943]

In der Literatur wird sogar darauf hingewiesen, dass die Menschenwürde als subjektives, verfassungsgesetzlich gewährleistetes Recht zu qualifizieren ist, „selbst wenn der Gesetzgeber sie im Zusammenhang mit objektiven Zielen und Grundsätzen staatlichen Handelns geregelt hat ...". Schutzgut sei der Mensch, seine subjektive Rechtssphäre werde durch grundrechtswidriges Handeln unmittelbar verletzt. Dogmatisch handle es sich um „materielle Schranken der Staatstätigkeit", um „Aufträge an die Gesetzgebung zur Herstellung einer grundrechtskonformen Rechtsordnung"[944], mithin um subjektive Rechte. Die Würde des Menschen wird dabei als als erstrangige rechtliche Entscheidung und Leitlinie der staatlichen Ordnung qualifiziert, unter Verweis auf Art. 1 Abs. 1 GG und auch § 16 ABGB; jeder Mensch sei als Selbstwert, niemals als Mittel zum Zweck

---

941 4. Beilage im Jahr 1984 zu den Sitzungsberichten des XXIII. Vorarlberger Landtages, S. 16.
942 Koja, Das Verfassungsrecht der österreichischen Bundesländer, S. 88.
943 Sitzungsbericht, aaO, siehe oben, S. 16.
944 Pernthaler/Lukasser, in: Schäffer (Hrsg), Das Verfassungsrecht der österreichischen Bundesländer, Vorarlberg, Wien 1995, Art. 7 Rn 2 (S. 55).

zu behandeln[945]. Brandtner/Hämmerle/Müller[946] weisen darauf hin, dass zunächst seitens der Landesregierung die Absicht bestand, dem Landtag entsprechende Grundrechte zur Beschlussfassung vorzuschlagen. Da sich dieser Vorschlag im Verlaufe der parlamentarischen Verhandlungen aber nicht durchsetzte, verblieben lediglich das Petitionsrecht und die Eigentumsgarantie. Stolz[947] betont die Verwandtschaft zum Bonner Grundgesetz, was sich aus dem Motivenbericht ergebe. Vorarlberg könnte, so Stolz, ohne Kompetenzkonflikte einer besonderen Förderungsverpflichtung der Familie aus Art. 8 VlbgLV nachkommen und dabei eine Unterstützung bei der Kindeserzeugung im Wege künstlicher Befruchtung einschränken oder ausschließen. Als grundrechtliches Korrektiv biete sich der Gleichheitssatz an. Demmelbauer[948] betont die Vorbildfunktion der Vorarlberger Landesverfassung für das Oberösterreichische Landes-Verfassungsgesetz und qualifiziert die Menschenwürde als Staatszielbestimmung.

3) Tirol

Die Tiroler Landesverfassung (Landesordnung) 1989[949] erwähnt in der Präambel die Würde des Menschen als geistige, politische und soziale Grundlage des Landes Tirol, die zu wahren und zu schützen oberste Verpflichtung der Gesetzgebung und der Verwaltung des Landes Tirol sein muss. Aus den Materialien der Landesordnung[950] lässt sich entnehmen, dass der Präambel keine normative Kraft zukommen soll, Rechte und Pflichten könnten aus ihr nicht abgeleitet werden. Die Präambel beinhalte weder objektive noch subjektive Rechte. In der Praxis, so die Formulierung, könne ihr aber eine gewisse Bedeutung bei der Auslegung landesrechtlicher Vorschriften, insbesondere solcher der Landesordnung zukommen.

---

945 Pernthaler/Lukasser, aaO, siehe oben, Art. 7 Rn 14.
946 Der Vorarlberger Landtag, in: Schambeck (Hrsg), Föderalismus und Parlamentarismus in Österreich, S. 539 (576/577).
947 Stolz, Grundrechtsaspekte künstlicher Befruchtungsmethoden, in: Bernat (Hrsg), Lebensbeginn durch Menschenhand, S. 109 ff (123).
948 Demmelbauer, Die Menschenwürde in der österreichischen Rechtsordnung, ÖGZ 1993/9, S. 19.
949 LGBl. 1988/61 idF LGBl. 1995/36; textlich siehe Öhlinger, Verfassungsrecht, Rn 106; zur Entstehungsgeschichte Strimitzer/Schober/Kienberger/Rath-Kathrein, Der Tiroler Landtag, in: Schambeck (Hrsg), Föderalismus und Parlamentarismus in Österreich, S. 495 ff (528).
950 EB (Erläuternde Bemerkungen des Amtes der Tiroler Landesregierung) 41 ff in Schwamberger, Tiroler Landesordnung 1989, 2. Auflage, Innsbruck 1989; auch Morscher, Tirol, in: Schäffer (Hrsg), DasVerfassungsrecht der österreichischen Bundesländer, Wien 1991, Präambel, Rn 2.

Morscher[951] weist darauf hin, dass im Ausland die Rechtsnatur und damit die Verbindlichkeit von Präambeln zunehmend bejaht werde. Er zitiert auch den VfGH[952], wonach eine Präambel zur näheren inhaltlichen Bestimmung des Behördenhandels herangezogen werden könne[953]. Nach wohl überwiegender Auffassung entfalten Präambeln zwar keine normative Wirkung, jedoch könne bestimmten Aussagen über historische Verlautbarungen und Motive hinaus durchaus die Qualität von Staatszielbestimmungen beigemessen werden, die ihrerseits interpretative Kraft entfalten können[954]. Von anderen Autoren wird darauf hingewiesen, dass die Präambel zwar nicht normativen Charakter habe, aber diese „den Geist zu erkennen" gebe, „von dem das 'offizielle Tirol' beseelt sein sein will"[955]. Pernthaler[956] weist darauf hin, daß die Verankerung der Freiheit und Würde des Menschen „als oberster Wert der politisch - staatsrechtlichen Ordnung im Lande" als Vertiefung des liberalen Grundzugs der Verfassung gedacht sei und als Inhalts- und Rechtsbestimmung der ebenfalls in der Verfassung genannten „Treue zu Gott und zum geschichtlichen Erbe" diene. Stolz[957] diskutiert den Begriff der Menschenwürde im Zusammenhang mit den „Möglichkeiten eines eigenständigen Vorgehen des Tiroler Landesgesetzgebers im Bereich künstlicher Behandlungsmethoden", qualifiziert das Prinzip der Menschenwürde als Staatszielbestimmung und bemerkt, dass Tirol überdies durch die Zuweisung der Gesetzgebung an den Bund die Hände gebunden seien.

---

951 Morscher, Tirol, aaO, siehe oben, Präambel, Rn 2.
952 Morscher, Tirol, aaO, siehe oben, Entscheidungen zur Präambel, VfSlg 7338; 9238;VfGH v. 3. 10. 1989, G 88/89.
953 So auch Frowein, in: Frowein/Peukert, EMRK, Präambel, Rn 5,allerdings unter Bezugnahme auf das Völkerrecht und Art. 31 Abs. 2 der Wiener Vertragsrechtskonvention.
954 Zur Bedeutung und dem Rechtscharakter von Präambeln vgl auch Starck, Grundgesetz I, Präambel, Rn 29 ff, der die rechtlichen Elemente der Präambel in historische Dokumentation, Staatszielbestimmung und Motive unterteilt.
955 Strimitzer/Schober/Kienberger/Rath-Kathrein, aaO, siehe oben, S. 529, was maßgeblich auf das persönliche Betreiben des damaligen Landeshauptmanns Wallnöfer zurückgehe.
956 Pernthaler, Die Präambel zur Tiroler Landesordnung, Ein Beitrag zur verfassungsrechtlichen Grundwerte - Formulierung, Pax et justitia, FS für A. Kostelecky zum 70. Geburtstag, hrsg. von Hans Walter Kaluza, Berlin, 1990, S.143 ff (146).
957 Stolz, Grundrechtsaspekte künstlicher Befruchtungsmethoden, in Bernat (Hrsg), aaO, S. 122.

4) Oberösterreich

Oberösterreich formuliert in seiner Landesverfassung 1991[958] in Art 10: „Jedes staatliche Handeln des Landes hat die Würde des Menschen, die Gleichheit vor dem Gesetz und die Verhältnismäßigkeit der Mittel zu achten." Demmelbauer[959] sieht darin eine Staatszielbestimmung. Überzeugende Hinweise einer anderen Rechtsqualität finden sich nicht. Zellenberg weist darauf hin, dass diese landesverfassungsrechtliche Bestimmung wie auch die Bestimmungen zur Menschenwürde in Vorarlberg, Burgenland und Tirol „bloß programmatischen Charakter haben und keine subjektiven Rechte gewähren"[960].

5) Salzburg

In der Landes-Verfassungsgesetz-Novelle Salzburgs 1998[961] wird in Art. 10 Abs. 2[962] der Grundsatz der Menschenwürde herausgestellt. In Art. 9 ist die Menschenwürde als eine unter mehreren Aufgaben und Zielsetzungen des staatlichen Handelns erwähnt („die Sicherstellung der zur Führung eines menschenwürdigen Lebens notwendigen Grundlagen für jene, die dazu der Hilfe der Gemeinschaft bedürfen"). In der Regierungsvorlage zu Art. 9[963] wird darauf hingewiesen, dass diese Bestimmung „keine durchsetzbaren Ansprüche des Einzelnen" begründe, sich die Bestimmung an die Gesetzgebung und Vollziehung (z.B. bei der Handhabung von Ermessen) wende. „Art 10 legt die Grundsätze für die Besorgung der in Art. 9 proklamierten Staatsaufgabe fest." Zu Art. 10 wird in der Regierungsvorlage weiter formuliert, dass diese Vorschrift „eine Reihe hervorragender elementarer Grundwerte der staatlichen Gemeinschaft" nenne,

---

958 LGBl 1991/122/ idF LGBl. 1998/17; zur Entwicklung der Landesverfassung, Pesendorfer, Der Oberösterreichische Landtag, in: Schambeck, Föderalismus und Parlamentarismus in Österreich, S. 275 ff (310 ff); vgl auch Demmelbauer, Die Menschenwürde in der österreichischen Rechtsordnung, S. 19, der auf die Aufnahme der Bestimmung zur Menschenwürde in der Novelle 1987, LGBl. Nr. 54, hinweist.
959 Demmelbauer, aaO, ÖGZ 1993/9, 19 ff (19).
960 Zellenberg, Der grundrechtliche Schutz vor Folter, unmenschlicher oder erniedrigender Strafe oder Behandlung, in: Machacek/Pahr/Stadler, Band 3, S. 441 ff (442).
961 LGBl. Nr. 25/1999.
962 Art. 10: „(2) Jedes in den selbständigen Wirkungskreis des Landes fallende staatliche Handeln hat die Freiheit und die Würde des Menschen sowie seine freie Entfaltung in der Gemeinschaft zu respektieren ... ".
963 Nr. 377 der Blg zu StPr. des Salzburger LT 1998, 5. Session der 11. GP, 6. Zu den einzelnen Bestimmungen wird angeführt: Zu Z. 7.

„die in der Landesverfassung ausdrücklich festgeschrieben werden sollen. Diese Grundwerte sind auch für die Gesetzgebung des Landes zu bedeutsam"[964].

II) Menschenwürde, Landesverfassungsrecht und Bundesverfassungsrecht

Mehrere Fragen drängen sich nun auf. Warum wird seit Beginn der 80er Jahre die Menschenwürde in den Landesverfassungen Österreichs positivrechtlich verankert? Welche Schlussfolgerungen können aus dieser Tatsache für die Fragestellung gezogen werden, ob und ggfs. mit welcher normativer Kraft dieses Prinzip auf bundesverfassungsrechtlicher Ebene wirkt?

1) Verhältnis Bundes- und Landesverfassungsrecht

Zunächst ist das Verhältnis Bundes- und Landesverfassungsrecht, insbesondere unter dem Blickwinkel subjektiver Grundrechtsgewährleistungen, anzusprechen. Die wesentliche bundesverfassungsrechtliche Vorgabe lautet, dass die Landesverfassung die Bundesverfassung nicht berühren darf[965]. Die Grundrechte der Landesverfassungen dürfen den Grundrechten der Bundesverfassung nicht widersprechen oder den Geltungsumfang bundesverfassungsrechtlich geregelter Grundrechte beschränken[966]. Bekanntlich stehen Landesverfassungen in der Stufenordnung des Rechts sogar unter einfachen Bundesgesetzen, wenn der Bundesgesetzgeber zuständigkeitshalber abschließende Regelungen getroffen hat.

Nachhaltig, aber doch weitgehend im Ergebnis einvernehmlich wird die Frage diskutiert, ob verfassungsgesetzlich gewährleistete Rechte im Sinne des Art. 144 Abs. 1 B-VG auch die landesverfassungsgesetzlich vorgegebenen Rechte mit umfasst. So kommt Kienberger zu dem Ergebnis, dass sich Art. 144 Abs. 1 B-VG auch auf landesgesetzlich gewährleistete Rechte bezieht, wenn der Formulierung der betreffenden Vorschrift „mit hinreichender Deutlichkeit zu entnehmen ist, daß mit ihr ein subjektives Recht eingeräumt wurde"[967]. Schreiner

---

964 RV, aaO, siehe oben, Zu Z. 7.
965 Art. 99 Abs. 1 B-VG; vgl Walter-Mayer, Bundesverfassungsrecht, Rn 812.
966 Berka, Grundrechte, Rn 72; Öhlinger, Verfassungsrecht, Rn 690; Schreiner, Grundrechte und Landesverfassungen, ZÖR 54 (1999), S. 89 ff (90); zur Zulässsigkeit der Normierung von Grundrechten auch Kienberger, Grundrechtsverbürgungen in den österreichischen Landesverfassungen, S. 32 ff; auch Koja, Das Verfassungsrecht der österreichischen Bundesländer, mit Hinweis auf notwendige Differenzierungen, S. 71 ff.
967 Kienberger, aaO, siehe oben, S. 27 ff (46).

betont dabei, dass für die Anerkennung einer Verfassungsbestimmung als Grundrecht „ein hinlänglich individualistisches Parteiinteresse an einer objektiven Verfassungsbestimmung" bestehen müsse, da sich häufig weder vom Normtext noch von den Materialien des Gesetzes her dogmatisch klar bestimmen lasse, ob einzelne Bestimmungen Grundrechte enthalten[968]. Berka[969] äußert unter Bezugnahme auf eine obergerichtliche Rechtsprechung des VfGH, dass verfassungsgesetzlich gewährleistete Rechte im Sinne des Art. 144 Abs 1 B-VG auch durch Landesverfassungsrecht erzeugt werden können, Kompetenzeinwände würden heute nicht mehr erhoben. Doch sei „die rechtliche Tragweite landesverfassungsrechtlicher Grundrechtsgewährleistungen begrenzt"[970]. Der Gesetzgeber der Landesverfassung könne ein neues soziales Grundrecht einführen oder den Garantiegehalt eines gegebenen Grundrechts der Bundesverfassung erweitern; er könne freilich nicht - so Berka - bundesverfassungsrechtlich gewährleistete Grundrechte einschränken oder zu einer Einschränkung einer solchen Freiheit ermächtigen, die weiter gehe, als es das entsprechende Grundrecht der Bundesverfassung vorsehe.

Hier liegt mit das Kernproblem, das mit der Beurteilung der Menschenwürde in Landesverfassungen verbunden ist, insbesondere dann, wenn man ihnen subjektiv-rechtlichen Charakter zusprechen will. Denn die Verwirklichung landesverfassungsrechtlicher Gewährleistungsrechte steht nicht selten in Konkurrenz mit bundesgrundrechtlichen Abwehrrechten, wie umgekehrt auch landesgrundrechtliche Abwehrrechte ihre Grenze dort finden werden, wo bundesverfassungsrechtliche Schutzpflichten dem Gesetzgeber Eingriffe in landesverfassungsrechtliche Positionen auferlegen. Aus dem Rechtsbegriff der Menschenwürde lassen sich nicht nur soziale Grundrechte ableiten oder neue soziale Gewährleistungen auf Landesebene begründen. Darin könnten sich die normativen Aussagen in den Landesverfassungen zur Menschenwürde auch nicht erschöpfen. Ein Blick auf die vielen möglichen Fallgestaltungen und Einzelfälle einer Verletzung der Menschenwürde in der Rechtsprechung des VfGH (insbesondere zu Art. 3 EMRK) wie auch des deutschen BVerfG zeigt, dass der Schutz der Menschenwürde vielfach andere Freiheitsrechte (z.B. den Schutz kollidierender Persönlichkeitsrechte[971], die Meinungs -, Presse - und Forschungsfreiheit, letztere insbesondere im Bereich der Biotechnologie) berührt und diese Rechte zurücktreten müssen. Bei Bejahung einer positiven Schutzpflicht aus einer landesverfassungsrechtlichen Bestimmung zur Menschenwürde würden bundesverfassungsrechtlich gewährte Grundrechtskollisionen in vielen Fällen unvermeidlich sein mit der Folge, dass

---

968 Schreiner, aaO, siehe oben, S. 90.
969 Berka, Grundrechte, Rn 1034.
970 Berka, Grundrechte, Rn 1035.
971 Vgl in Deutschland BVerfGE 39, 1 ff; BVerfGE 88, 203 ff.

die Gewährleistungen nicht gelten können. Den Bestimmungen der Menschenwürde in den Landesverfassungen werden schon aus diesen Gründen keine umfassenden subjektiven Qualitäten zuzubilligen sein, allenfalls für einen nicht kollisionsfähigen Bereich sozialer oder landespolitischer Grundrechte. Auch wenn man den Landesbestimmungen die Qualität von Staatszielen zukommen ließe, blieben noch viele Fragen offen. Koja[972] betont hierzu prägnant, dass - auch nach überwiegender Literaturmeinung - „der Landesverfassungsgesetzgeber (bei Vermeidung eines Widerspruchs zur BV) landesverfassungsgesetzlich gewährleistete Rechte formulieren darf, soweit und solange er sich im Rahmen jener Kompetenzen bewegt, die dem einfachen Landesgesetzgeber zustehen". Was die Gewährleistung neuer oder die Erweiterung bestehender Grundrechte anbelange, so ist dies nicht an Art. 99 B-VG, sondern an der Kompetenzordnung zu messen[973], wobei sich ein differenziert zu beurteilendes Bild abzeichne. Im Bereich der sozialen Grundrechte (Teilhabe an staatlichen Leistungen) sei die Frage der bundesverfassungsrechtlichen Zulässigkeit einer Normierung einfacher zu beantworten, weil die Kompetenzen eindeutiger zu bestimmen seien; soweit und solange sich der Landesgesetzgeber im Rahmen der eigenen Kompetenzen halte, dürfe er insoweit tätig werden[974].

Es wird deutlich, dass die Kompetenzordnung der Rechtsqualität von grundlegenden Bestimmungen der Landesverfassungen Grenzen setzt. Demgemäß ist die rechtliche Qualifizierung der neu geschaffenen Bestimmungen der Landesverfassungen (Programmsätze und Grundsätze des staatliche Handelns) auch umstritten[975]. Berka[976] ordnet im Ergebnis die Bekenntnisse zur Achtung der Menschenwürde in den dargestellten Landesverfassungen als Staatszielbestimmungen ein. Staatsziele sind dabei verbindliches Verfassungsrecht, in engen Grenzen justitiabel, und können unterschiedliche rechtliche Wirksamkeit entfalten. Öhlinger[977] bezeichnet Art. 1 Abs. 2 der Burgenländischen Landesverfassung ausdrücklich auch als Staatszielbestimmmung, zählt „zu diesem neuen Stil" auch die

---

972 Koja, Das Verfassungsrecht der österreichischen Bundesländer, S. 76 m.w.N.
973 Koja, aaO, S. 72.
974 Koja, aaO, S. 75/76.
975 Koja, aaO, S. 82 mwN (Deklaration ohne selbständigen normativen Charakter oder Richtlinie für den Gesetzgeber und Interpretationshilfe für die Vollziehung).
976 Berka, Grundrechte, Rn 1044/1045 mit Hinweis auf folgende Wirkungen: Gesichtspunkt der verfassungskonformen Interpretation; als Verankerung öffentlicher Interessen ein Kriterium der Sachlichkeit im Rahmen der Anwendung des Gleichheitssatzes oder rechtfertigender Gründe für Schranken, die der Gesetzgeber dem Gebrauch gewisser Freiheiten setzt; Sperrwirkung gegenüber der Absenkung eines bereits eingeführten gesetzlichen Schutzniveaus; Maßstab für die Beurteilung der rechtlichen Verantwortlichkeit oberster Staatsorgane.
977 Öhlinger, Verfassungsrecht, Rn 106.

Präambel der Tiroler Landesverfassung. Eine Staatszielbestimmung unterscheide sich von Grundrechtsbestimmungen dadurch, dass sie keine subjektiven Rechte gewährleiste[978]. Adamovich[979] weist auf die neue Form von Grundrechten in den Landesverfassungen hin, man könne freilich über die Qualität als subjektive Rechte oder als Programmsätze streiten. Die Tendenz der Landesverfassungsgesetzgeber sei jedoch nicht zufällig, möglicherweise habe auch ein gewisses Konkurrenzdenken gegenüber dem Bund eine Rolle gespielt, der mit seiner Grundrechtsreform nicht zurande kam.

Ausgehend von dem kompetenzrechtlichen Gefüge der Bundesverfassung, den dort gewährleisteten Grundrechten und mangels eindeutiger historischer Auslegungsnachweise wird man die Bestimmungen über die Menschenwürde in den Landesverfassungen als Staatszielbestimmungen zu qualifizieren haben. Subjektiv-rechtliche Ansprüche werden nicht zu begründen sein; dies ergibt sich freilich nicht aus dem Prinzip der Menschenwürde selbst, sondern aus der Besonderheit einer Landesverfassung in einer bundesstaatlichen Ordnung.

2) Ausgleich bundesrechtlicher Defizite?

Es stellt sich die weitere Frage, ob die Motivation des Landesverfassungsgesetzgebers für die jeweilige Aufnahme der Bestimmung zur Menschenwürde der Vorstellung entsprang, etwas implizit in der österreichischen Rechtsordnung Vorhandenes positiv-rechtlich zu fassen, gleichsam als (plakative) Behebung eines normativen Defizits. Oder ist die Verankerung des jeweiligen Menschenwürdeprinzips nur Ausdruck moderner, möglicherweise auch zukunftsgerichteter Denkweise?

Mit Blick auf die gescheiterte umfassende Grundrechtsreform des Bundes ist zunächst festzustellen, dass die politischen Strömungen in den Ländern augenscheinlich schlagkräftiger zu bündeln sind. Vielleicht liegt dies auch daran, dass die unmittelbaren Wirkungen des Landesverfassungsrechts überschaubar bleiben, mithin vergleichsweise gering sind. Die Umsetzung der Grundaussagen obliegt nach fast einhelliger Meinung dem Landesgesetzgeber, hängt de facto von dessen Bereitschaft ab.

Interessant und vielleicht stellvertretend auch für die anderen Bundesländer sind die grundsätzlichen Ausführungen in der Regierungsvorlage des Vorarlber-

---

978 Öhlinger, Verfassungsrecht, Rn 90.
979 Adamovich, Grundrechte heute - Eine Einführung, in: Machacek/Pahr/Stadler, Band 1, S. 16 ff.

ger Landtags aus dem Jahr 1984[980]: „Nach 1945 ist es zur Übung geworden, die Landesverfassung etwa alle zehn Jahre einer Teilerneuerung zu unterziehen, um den in der Zwischenzeit eingetretenen Änderungen in den gesellschaftlichen und politischen Verhältnissen sowie in den rechtlichen Rahmenbedingungen, aber auch neuen rechtswissenschaftlichen Erkenntnissen und praktischen Erfahrungen Rechnung zu tragen. Die periodische Prüfung der Verfassungsurkunde soll verhindern, daß deren Steuerungsfunktion abnimmt und von anderen Kräften, deren demokratische Legitimation weniger abgesichert ist, übernommen wird ... Die Offenlegung von Grundprinzipien, die das Verhältnis des Staates zum einzelnen und seinen Gemeinschaften bestimmen soll, sowie die Einräumung von Grund- und Freiheitsrechten gehören zum Wesensbestandteil der Verfassungen unseres Kulturkreises. Auch die österreichische Bundesverfassung, die im Geiste der Wiener Schule des Rechtspositivismus als weitgehend wertfreies Regelwerk konzipiert ist, entbehrt solcher Elemente nicht. Vor allem sind durch Art. 149 des Bundes-Verfassungsgesetzes die Grundrechtsverbürgungen der Dezemberverfassung 1867 rezipiert. Durch den Abschluß von Staatsverträgen wuchs und wächst immer neuer Grundrechtsbestand zu[981] ... Schließlich ist in Betracht zu ziehen, daß diese materialen Verfassungsbestimmungen keineswegs bloß (je nach Ausgestaltung unterschiedliche) Rechtswirkungen im engeren Sinne entfalten, sondern daneben eine nicht zu vernachlässigende, gemeinschaftsbildende, das staatliche Handeln rechtfertigende Funktion haben und dadurch das Staatsbewußtsein fördern."[982]

Zusammenfassend kann festgehalten werden, dass die Länder mit ihrer Verfassungsgesetzgebung ihre Selbständigkeit betonen[983]. Pernthaler bemerkt hierzu, daß die Präambel zur Tiroler Landesordnung „undenkbar ohne den Hintergrund der neueren Entwicklung der Verfassungsautonomie der Länder und des sie tragenden (internen) Selbstbestimmungsrechts des Landesvolkes"[984] ist. Zum anderen erkennen Exekutive und Verfassungsgesetzgeber an, dass das Prinzip der Menschenwürde der österreichischen Rechtsordnung immanent ist und in modernen, im europäischen Kulturkreis wurzelnden Verfassungen einen festen Stellenwert einnimmt. Dabei muss nicht unbedingt das deutsche Grundgesetz und die

---

980 4. Beilage 1984 zu den Sitzungsberichten des XXIII. Vorarlberger Landtags, S. 11.
981 RV, aaO, siehe oben, S. 12.
982 RV, aaO, siehe oben, S. 13.
983 RV, aaO, siehe oben, S. 13: „... als selbständiger Gliedstaat im Gefüge des Bundesstaates liegt es nahe, die Verfassungsprinzipien dieses Staates in dessen eigener Verfassung niederzuschreiben ...".
984 Pernthaler, Präambel, S. 143 ff (S. 144).

Verfassungen der deutschen Länder[985] Pate stehen. Die anhaltende Diskussion und der Stellenwert der Menschenwürde in anderen Ländern und insbesondere in der Schweiz dürften in Österreich gut bekannt sein[986]. Festzustellen ist aber auch, dass die Ausgestaltung des Prinzips der Menschenwürde nicht die alles überragende Form einnimmt und nicht einem Katalog von Grundsätzen oder Staatszielbestimmungen vorangestellt wird. Auch die Ausgestaltung als subjektivöffentliches Recht ist offensichtlich nicht gewollt.

3) Einheit der Rechtsordnung

Schließlich ist zu diskutieren, ob und gegebenenfalls mit welcher normativer Kraft die Aussagen der Landesverfassungen zur Menschenwürde auf bundesverfassungsrechtliche Fragestellungen wirken und insbesondere unter dem Gesichtspunkt der Verfassungswirklichkeit[987] und der Einheit der gelebten Rechtsordnung eine rechtliche Ausstrahlungswirkung anzuerkennen ist.

Unter dem Blickwinkel der Einheit der Rechtsordnung eines Bundesstaates wie Österreich müssen landesverfassungsrechtliche Grundsatznormen, nehmen sie deutlichen Mehrheitscharakter an, auch für die bundesverfassungsrechtliche Ordnung Wirkung entfalten[988]. Die mittlerweile überwiegende Zahl der Länder erkennt das Rechtsprinzip der Menschenwürde an und schreibt es in ihren Verfassungen nieder. Eine Gegensätzlichkeit zwischen Landesverfassungsgesetzgeber und Bundesverfassungsgesetzgeber in der grundlegenden Frage der Stellung des Menschen im Staat, wie dies im Prinzip der Menschenwürde zum Ausdruck kommt, ist in einer stabilen Demokratie und einem Bundesstaat wie Österreich

---

985 Vgl Starck, Grundgesetz I, Art. 1, Vor Rn 1, Vergleichende Normen (z. B. Art. 100 der Verfassung des Freistaates Bayern vom 2. Dezember 1946: „Die Würde der menschlichen Persönlichkeit ist in Gesetzgebung, Verwaltung und Rechtspflege zu achten.").

986 vgl Kley, Der Grundrechtskatalog der nachgeführten Bundesverfassung - ausgewählte Neuerungen, in: ZBJV, Band 135, 1999, S. 301 ff (323 ff - Menschenwürde- ein Grundrecht? mwN zur internationalen Verfassungsrechtslage). Danach findet sich der Grundsatz der Menschenwürde –nicht nur in vielen deutschen Länderverfassungen- auch in mehreren neueren Kantonsverfassungen der Schweiz. Hierbei „fungiert er nicht als klassisches Grundrecht , sondern ist 'Orientierungspunkt für die Ausgestaltung der Verfassung'. Er soll als Leitlinie für die Auslegung und Konkretisierung der verschiedenen verfassungsmässigen Rechte dienen". (S. 326).

987 Hierzu auch Schambeck, Der Verfassungsbegriff und seine Entwicklung, FS Kelsen zum 90. Geburtstag, S. 211 ff (225).

988 Pernthaler (aaO, Präambel, S. 143 ff (155) hält zur Präambel der Tiroler Landesordnung fest: „Verfassungen sind Ausdruck einer bestimmten Verfassungskultur und Verfassungsgesinnung."

vernünftigerweise nicht vorstellbar. Freilich können aus den dargelegten verfassungsrechtlichen Vorgaben Ländergrundrechte grundsätzlich nicht den Inhalt von Grundrechten der Bundesverfassungsrechtsordnung bestimmen. Insofern ist eine Ableitung eines bundesverfassungsrechtlichen Prinzips der Menschenwürde aus der überwiegenden Anzahl der Landesverfassungen rechtlich nicht möglich. Dennoch besagt das zunehmend in den Landesverfassungen verankerte Prinzip der Menschenwürde zumindest soviel, dass ein bundesverfassungsrechtliches Prinzip der Menschenwürde den Vorstellungen der Länder nicht widerspricht, vielmehr zur Einheit der Rechtsordnung beiträgt. Denn bei der Beurteilung, ob ein Rechtsprinzip immanent in einer Rechtsordnung verankert ist[989], ist der gesellschaftliche Konsens, wie ihn die Landesverfassungsgesetzgeber mehrheitlich zum Ausdruck bringen, ein wichtiger Indikator, wenn nicht sogar Katalysator. Das dem Prinzip der Menschenwürde zugrunde liegende Menschenbild der Länder kann sich schwerlich von einem Menschenbild der Bundesverfassung unterscheiden[990].

Erwähnenswert, wenngleich nicht in diesem Zusammenhang rechtlich einschlägig, erscheint mir die Aussage des VfGH zur gegenseitigen Rücksichtnahmepflicht von Bund und Ländern[991], wonach die Bundesverfassung als „die Grundlage einer harmonisierenden Rechtsordnung" qualifiziert wird.

4) Menschenwürde und einfaches Landesrecht

Bemerkenswert bleiben noch die vielen Bestimmungen zur Menschenwürde im einfachen Landesrecht. Eine Durchsicht verdeutlicht, dass die Menschenwürde im klassischen Kompetenzbereich der Länder wie Erziehung, Schule und Jugendschutz (z. B. Spielautomatengefährdung[992]) als ein hohes rechtliches Interesse, als Leitziel und als Maßstab bei Sachverhalten mit potentiell hohem Gefährdungspotential der persönliche Integrität (Alten- und Pflegeheimunterbringung) wie auch der materiellen Lebenssituation (Sozialhilfeerfordernis) festgeschrieben wird. Dies erfolgt auch in Ländern wie Niederösterreich, Kärnten, Wien und Steiermark, in denen das Prinzip der Menschenwürde nicht ausdrücklich landes-

---

989 Vgl zum immanenten Rechtsprinzip der Menschenwürde in der österreichischen Rechtsordnung, zu der auch die Rechtsordnung in den Ländern zählt, OGH v. 14. 4. 1994, JBl. 1995, S. 46 ff.
990 Zum Menschenbild bereits oben, Zweiter Teil I 1.
991 VfSlg 10292/1994.
992 Zum Geltungsgrund des verfassungsrechtlichen Prinzips der Menschenwürde im Bereich der simulierten Verletzung der Menschenwürde als Freizeitbeschäftigung siehe unter Sechster Teil II 1 b.

verfassungsgesetzlich verankert ist. Ohne die zahlreichen Regierungsvorlagen im einzelnen gesichtet zu haben, dürften die Motive der Landesgesetzgeber im Ergebnis den Motiven des Bundesgesetzgebers bei der Verankerung der Menschenwürde auf Bundesgesetzebene entsprechen[993]. Auffallend ist wiederum, dass die Menschenwürde in den Landesgesetzen nicht als höchster Wert vor die Klammer gezogen wird, sondern oftmals neben anderen Werten und Schutzinteressen eingefügt ist. Die Menschenwürde wird dabei als ein Wertungskriterium gebraucht, von der Qualifizierung als ranghöchstes Gut ist auch der Landesgesetzgeber weit entfernt[994].

Auf folgende gesetzliche Regelungen in den Ländern kann hingewiesen werden[995]:

1) Burgenland
Sozialhilfegesetz 2000[996], Jugendschutzgesetz 1986[997], Altenwohn- und Pflegeheimgesetz[998], Landarbeitsordnung 1977[999].

2) Kärnten
Gemeinde Personalvertretungsgesetz[1000], Veranstaltungsgesetz 1997[1001], Landes-Personalvertretungsgesetz[1002], Landarbeitsordnung 1995[1003], Heimgesetz[1004].

---

993 Die Bestimmungen der Menschenwürde in den Landarbeitsverordnungen korrespondieren beispielsweise mit der bundesgesetzlichen Regelung des § 96 Arbeitsverfassungsgesetz.
994 Siehe hierzu die abschließende Einschätzung auf bundesgesetzlicher Ebene unter Dritter Teil V.
995 Überwiegend ist auf die Stammfassung des Gesetzes hingewiesen.
996 LGBl. Nr. 5/2000, § 1 (Aufgabe): „Die Sozialhilfe hat jenen Menschen die Führung eines menschenwürdigen Lebens zu ermöglichen, die dazu der Hilfe der Gemeinschaft bedürfen.", § 42 (Entzug der Betriebsbewilligung bei Verstoß gegen Bescheidauflagen und Gefahr einer Menschenwürdeverletzung).
997 LGBl. Nr. 19/1987, § 18 S. 1 (Jugendgefährdende Gegenstände).
998 LGBl. Nr. 61/1996, § 1 S. 1 (Ziele und Grundsätze): „Ziel diese Gesetzes ist es, stationäre Einrichtungen zur Aufnahme von alten Menschen sowie vorübergehend oder dauernd pflegebedürftigen Personen (Altenwohn- und Pflegeheime) derart zu gestalten, daß die Menschenwürde der Heimbewohner geschützt, ihren Interessen und Bedürfnissen Rechnung getragen, ihre Selbständigkeit und Mobilität erhalten und eine bedarfsgerechte Struktur von Baulichkeiten und Dienstleistungen sichergestellt wird.", § 14 (Entzug der Bewilligung; Untersagung der Weiterführung des Betriebes).
999 LGBl. Nr. 37/1977, § 198 (Zustimmungspflichtige Maßnahmen des Betriebsinhabers).
1000 LGBl. Nr. 40/1983, § 7 Abs. 2 c (Kontrollmaßnahmen).
1001 LGBl. Nr. 95/1997-§ 28 Abs. 1 c Nr. 2 (Verbot der Aufstellung oder des Betriebs von Spielautomaten).

3) Niederösterreich
Spielautomatengesetz[1005], Sozialhilfegesetz 2000[1006], Jugendgesetz[1007], Landarbeitsordnung 1973[1008].

4) Oberösterreich
Jugendschutzgesetz 1988[1009], Spielapparategesetz[1010], Landarbeitsordnung 1989[1011].

5) Salzburg
Jugendgesetz[1012], Pflegegesetz[1013], Landarbeitsordnung 1995[1014].

6) Steiermark
Pflegeheimgesetz[1015], Landarbeitsordnung 1981[1016]. In einer Entscheidung des OGH vom 23. 4. 1997[1017] zur Berechnung des Existenzminimums wird zu § 13

1002 LGBl. Nr. 49/1976, § 8 Abs. 2 c (Kontrollmaßnahmen).
1003 LGBl. Nr. 97/1995, § 57 c; § 225 Abs. 1 Nr. 3 (Kontrollmaßnahmen).
1004 LGBl. Nr. 7/1996, § 2 (Schutz der Menschenwürde als Ziel).
1005 Stammgesetz 105/82 idF 156/98-§ 3 (Verbot der Aufstellung und des Betriebs von Spielautomaten, „deren Benützung eine Geringschätzung der Menschenwürde zur Folge haben könnte ...").
1006 Stammgesetz 15/00; § 1; § 54 (Entzug der Bewilligung).
1007 LGBl. 46oo 2/83 idF v. 27.11. 1997, § 21 (Jugendgefährdende Gegenstände).
1008 Stammfassung 9020 185/73, § 199 Abs. 1 Nr.3 (Kontrollmaßnahmen).
1009 LGBl. Nr. 23/ 1988,§ 15 Abs. 2 (jugendgefährdende Gegenstände): "... zur Reizung einer die Menschenwürde mißachtenden Sexualität führen können."
1010 LGBl. Nr. 53/1999,§ 3 Abs. 2 Nr. 2 (Verbot von Spielapparaten und Spielprogrammen....u.a): "... deren Spielinhalt oder Spielweise nach allgemeinen sittlichen Empfinden die Menschenwürde gröblich verletzt oder...". In diesem Fall ist besonders eine relativierende Tendenz ersichtlich, da wohl eine nicht gröbliche Verletzung der Menschenwürde nicht zu einem Verbot führen müsste; in der Praxis dürfte aber das Tatbestandsmerkmal gröblich in der Subsumtion einer Verletzung der Menschenwürde aufgehen.
1011 LGBl. Nr. 25/1989, § 38 c Abs. 1, § 204 (Kontrollmaßnahmen,Zustimmungspflichtige Maßnahmen).
1012 LGBl. Nr. 24/1999, § 29 Abs. 1 (Jugendzulässigkeit von Theater- und Filmaufführungen): "... wenn deren Inhalt oder Art der Darstellung ... die Menschenwürde missachtet."
1013 LGBl. Nr. 52/2000, § 1 Satz 1 (Ziel des Gesetzes.): "Dieser Schutz umfasst insbesondere den Schutz der Menschenwürde und ...". vgl auch Richtlinien für Altenheime, Pflegeheime und Pflegestationen, LGBl. Nr. 74/1987, § 37 Abs. 1 Satz 2.
1014 LGBl. Nr. 7/1996, § 14 b Abs. 1, § 223 Abs. 1 Nr. 3 (Zustimmungspflichtige Maßnahmen).

Steiermärkisches Sozialhilfegesetz[1018] festgehalten: „Gerade § 13 Abs. 2 des Steiermärkischen Sozialhilfegesetzes sieht aber vor, daß der in einer Anstalt Untergebrachte für diese Zwecke einen Anspruch auf Taschengeld hat ... Es sind daher auch diese gewiß zur Wahrung der Menschenwürde erforderlichen notwendigen kleinen Barbeträge durch den Sozialhilfeträger gedeckt ... ".

7) Tirol
Jagdgesetz 1983[1019], Landarbeitsordnung 2000[1020].

8) Vorarlberg
Land- und Forstarbeitsgesetz[1021].

9) Wien
Jugendschutzgesetz 1985[1022], Landarbeitsordnung 1990[1023].

Aus den einfachgesetzlichen Bestimmungen der Länder ist kein Schluss auf eine bundesverfassungsrechtliche Gewährleistung der Menschenwürde möglich. Dennoch gilt auch hier, was unter dem Stichwort Einheit der Rechtsordnung zu diskutieren ist. In allen österreichischen Ländern ist das Rechtsprinzip der Menschenwürde gesetzlich verankert.

1015 LGBl. Nr. 108/94, § 2 (Zweck): "Zweck des Gesetzes ist es, die Interessen und Bedürfnisse der Heimbewohner zu beachten sowie die Menschenwürde und Selbständigkeit der Heimbewohner im Pflegeheim zu sichern."
1016 LGBl. Nr. 25/1981 idF LGBl. Nr. 9/1998.
1017 3 Ob 24/97v.
1018 LGBl. 1977/1; jetzt LGBl. Nr. 29/1998, § 1 Abs. 1 (Aufgabe der Sozialhilfe): „Durch die Sozialhilfe soll jenen Personen die Führung eines menschenwürdigen Lebens ermöglicht werden, die dazu der Hilfe der Gemeinschaft bedürfen."
1019 LGBl. Nr. 60/1983, § 35 Abs. 3 (Befugnisse des Jagdschutzpersonals bei Festnahme und Anhaltung).
1020 LGBl. Nr. 27/2000, § 67 Abs. 1, § 241 Abs. 1 c (Kontrollmaßnahmen , Zustimmungspflichtige Maßnahmen).
1021 LGBl .Nr. 28/1997, § 22o Abs. 1 Nr. 3 (Zustimmungspflichtige Maßnahmen).
1022 LGBl. Nr. 34/1985, § 18 Satz 1(Jugendgefährdende Gegenstände): "Kindern und Jugendlichen ist der Erwerb, Besitz oder die Verwendung von Gegenständen nicht gestattet, die geeignet sind, ihre Achtung vor der Menschenwürde, z.B. durch die Verherrlichung von Kriegshandlungen und anderen Gewalttaten oder durch die Reizung einer die Menschenwürde mißachtenden Sexualität, zu gefährden."
1023 LGBl. Nr. 33/1990 idF Nr. 17/2000, § 38 (Kontrollsysteme).

Fünfter Teil

Die Menschenwürde im Spannungsfeld der Positivität und Präpositivität sowie der Auslegung und Rechtsfortbildung

I) Methodologische Vergewisserung

Das Prinzip der Menschenwürde ist, wie dargestellt, in der Bundesverfassung verankert. Auf eine methodische Absicherung dieses Ergebnisses soll hier nicht verzichtet werden. Nach hiesiger Auffassung ist die Menschenwürde im Spannungsfeld der Positivität und Präpositivität positiv-rechtlich im Wege der Verfassungsinterpretation ableitbar[1024]; es handelt sich mithin nach meinem Verständnis methodologisch um eine zulässige Verfassungsinterpretation und nicht um eine (unzulässige) Rechtsfortbildung[1025]. Beleg hierfür ist weniger eine rechtstheoretisch zwingende Argumentation, sondern die Verfassungsrechtsprechung in Österreich selbst.

II) Ungeschriebene Verfassungsgrundsätze; allgemeine Rechtsgrundsätze

Der VfGH leitet aus verschiedenen Bestimmungen der Verfassung eine Reihe von Rechtsprinzipien mit Verfassungsrang ab, die als ungeschriebene Verfassungsprinzipien der Verfassung immanent sind. Dabei nimmt das Prinzip der Verhältnismäßigkeit wegen der beherrschenden Stellung eine Sonderfunktion ein, es ist bereits diskutiert worden[1026].

Hier zu nennen ist insbesondere das Vertrauensschutzprinzip, das der VfGH aus dem Gleichheitssatz gewinnt[1027]: „Dem Vertrauensschutz kommt aber auch

---

1024 Vgl zur Grundrechtsinterpretation Öhlinger, Verfassungsrecht, Rn 28 ff; Berka, Grundrechte, Rn 113 ff; Walter-Mayer, Bundesverfassungsrecht, Rn 122 ff.
1025 Vgl zur Rechtsfortbildung hinweisartig Öhlinger, Verfassungsrecht, Rn 25; Berka, Grundrechte, Rn 123 unter Hinweis darauf, dass die Grenzen zwischen Rechtsauslegung und Rechtsfortbildung fließend sind.
1026 Siehe bereits unter Zweiter Teil I 4; vgl auch Potacs, Auslegung, S. 221 Fn 252, der auf ein Erkenntnis des VfGH vom 14. 10. 1993, B 1633/92-9, VfSlg 13587, hinweist, wonach „der VfGH auf Grund verfassungskonformer Auslegung von einem dem wasserpolizeilichen Auftrag im Hinblick auf den Gleichheitssatz und den Eigentumsschutz 'immanenten Verhältnismäßigkeitsgrundsatz' spricht.
1027 Berka, Grundrechte, Rn 967; auch; Öhlinger, Verfassungsrecht, Rn 786 ff; Potacs, Auslegung, S. 221 ff; Walzel v. Wiesentreu, Vertrauensschutz und generelle Norm,

insoweit Relevanz zu, als der Gesetzgeber von Verfassung wegen gehalten ist, ihm bei seinen Regelungen Beachtung zu schenken."[1028] Des weiteren wird der Grundsatz von Treu und Glauben[1029] höchstrichterlich als Verfassungsgrundsatz qualifiziert, da aus dem Gleichheitsgrundsatz abgeleitet. Man wird zu den ungeschriebenen Verfassungsprinzipien auch die rechtsstaatlichen Verfahrensprinzipien des fairen Verfahrens[1030], des rechtlichen Gehörs[1031] und der Begründung von Bescheiden[1032] rechnen müssen. Eine Sonderstellung nimmt das Verfassungsprinzip der Rücksichtnahmepflicht[1033] ein. Auch Potacs ordnet dieses Prinzip auf dem Boden seiner der rechtspositivistischen Verfassungstradition widersprechenden Verfassungsinterpretation rechtsmethodisch wohl dem „Anfangsbereich" der Rechtsfortbildung zu, jedenfalls dem „Grenzbereich zwischen Auslegung und Rechtsfortbildung"[1034]. Der VfGH hält zu diesem Prinzip fest: „Der den Bundesstaat konstituierenden Bundesverfassung muß unterstellt werden, die Grundlage einer harmonisierenden Rechtsordnung zu sein, in der (allenfalls divergierende) Interessen von Bund und Ländern, auch soweit diese in Akten der Gesetzgebung ihren Niederschlag finden, aufeinander abgestimmt sind. Der rechtspolitische Gestaltungsfreiraum des Bundesgesetzgebers ist deshalb insofern eingeschränkt, als es ihm verwehrt ist, Regelungen zu treffen, die sich als sachlich nicht gerechtfertigte Beeinträchtigung der Effektivität landesgesetzlicher Re-

---

ÖJZ 2ooo, S. 1 ff, der für eine „gewisse Zurückhaltung ... gegenüber rein deduktiven Ableitungen aus dem Vertrauensprinzip als selbständigem Rechtsgrundsatz" plädiert (aaO, S. 5). „Will man vom Vertrauensschutz als einem Gebot der Verfassung sprechen, so ist vielmehr in erster Linie auf die unmittelbar der Verfassung selbst zu entnehmenden Wertungen und deren judikative Konkretisierung durch den VfGH zu rekurrieren." (aaO, S. 5).

1028 VfGH VfSlg 12186/1989.
1029 VfGH VfSlg 10.220/1984, Berka, Grundrechte, Rn 986; Potacs, Auslegung, S. 222/223; Walter-Mayer, Bundesverfassungsrecht, Rz 1355 unter Hinweis auf VfSlg 6258, 8606, 8725.
1030 VfGH VfSlg 10163/1984; vgl Potacs, Auslegung, S. 223.
1031 VfGH v. 27. 9. 1985, Gz. B 211/84, VfSlg 10549; Die Behörde handelte willkürlich und verletzte damit den Gleichheitssatz, weil sie „allgemein anerkannte, tragende Rechtsgrundsätze mißachtet". Der VfGH spricht von einem besonders gravierenden Verfahrensmangel in einem Verfahren mit Strafrechtscharakter, „der in die Verfassungssphäre reicht".
1032 VfGH VfSlg 7017/73, vgl Potacs, Auslegung, S. 223.
1033 VfGH VfSlg 10292/1994 v. 2. 12. 1994; Ausgangspunkt war § 94 NÖ Jagdgesetz mit einer exzessiven Bevorrangung von jagdwirtschaftlichen und wildbiologischen Interessen gegenüber den vom Bundesgesetzgeber wahrgenommenen Interessen der Erholungsfunktion des Waldes; dazu Öhlinger, Verfassungsrecht, Rn 284 ff mwN in Rn 287, z. B. zu VfGH v. 25. 6. 1999, G 258/98 zum Semmeringtunnel; vgl Potacs, Auslegung, S. 287.
1034 Potacs, Auslegung, S. 287.

gelungen darstellen; dasselbe gilt auch umgekehrt im Verhältnis des Landesgesetzgebers zum Bundesgesetzgeber ... Diese (entgegen der Meinung der Bundesregierung) der Bundesverfassung innewohnende Rücksichtnahmepflicht ... ."
Festzuhalten ist somit, dass der VfGH eine Reihe von ungeschriebenen Verfassungsprinzipien entwickelt und diese interpretatorisch aus positivierten Verfassungsbestimmumgen abgeleitet hat. In einem Fall spricht der VfGH sogar von dem ungeschriebenen Verfassungsprinzip „lex posterior derogat legi priori" als einem „positivrechtliche Geltung besitzenden Grundsatz"[1035]. Der VfGH erkennt ungeschriebene Verfassungsgrundsätze an, die der Verfassungsordnung immanent sind. Das Wörtchen „immanent" gehört nicht nur zum Sprachgebrauch des OGH in seiner Entscheidung zur Existenz eines Prinzips der Menschenwürde[1036]. Auch der VfGH verwendet das Wörtchen „immanent" im Zusammenhang mit der Ableitung von Verfassungsprinzipien, so z.B. in der Entscheidung über den Grundsatz des rechtlichen Gehörs[1037] oder zum Verhältnismäßigkeitsprinzip[1038] wie auch zur Rücksichtnahmepflicht[1039].

III) Positivität der Menschenwürde

Die Menschenwürde wird in dieser Ausarbeitung aus einer Vielzahl von geschriebenen Verfassungsbestimmungen abgeleitet und im Wege teleologischer und wertender Verfassungsinterpretation ermittelt. In der Regel wird das Prinzip der Menschenwürde als Kern eines Freiheitsgrundrechts oder des Gleichheitssatzes einem Grundrecht unmittelbar zuzuordnen sein, mithin Grundrechtscharakter

---

1035 VfGH VfSlg 1428, Gz. WI 5/95; vgl nicht zu diesem Erkenntnis, aber allgemein Potacs, Auslegung, S. 224, der den „lex posterior - Grundsatz"als allgemeinen Rechtsgrundsatz qualifiziert.
1036 OGH vom 14. 4. 1994, JBl. 1995, S. 46 ff (47).
1037 VfGH v. 27. 9. 1985, VfSlg 10549: „.... mußte die bel. Beh. - nach herrschender Auffassung - den elementarsten, jedem rechtsstaatlichen Verfahren immanenten Grundsätzen, also auch dem Grundsatz des rechtlichen Gehörs, voll Rechnung tragen ...".
1038 VfGH v. 14. 10. 1993, B 1633/92-9, VfSlg 13587: „Eine vermögensmäßige Belastung eines Grundeigentümers durch eine wasserpolizeilichen Auftrag nach § 138 WRG 1959 ist verfassungsrechtlich aus Gründen des Gleichheitssatzes und des Eigentumsschutzes schon wegen des diesem immanenten Verhältnismäßigkeitsgrundsatzes nur zulässig, wenn er wirtschaftlich dem Eigentümer zugemutet werden kann:".
1039 VfGH v. 2. 12. 1994 VfSlg 10292/1994: „...der Bundesverfassung innewohnende Rücksichtnahmepflicht...".

wegen seiner unverbrüchlichen Zuordnung zu einem geschriebenen Grundrecht aufweisen. Sofern das Prinzip der Menschenwürde im Ausnahmefall nicht einer Grundrechtsnorm unmittelbar zuzuordnen sein wird, ergibt sich der positive Charakter aus der Verfassungsnorm, der das Prinzip dann unmittelbar zugewiesen ist, z. B. dem Demokratieprinzip oder dem Rechtsstaatsprinzip in der jeweiligen materiellen Ausprägung. Die verfassungsrechtliche Eigenständigkeit lässt sich dogmatisch mit dem spezifischen Inhalt, der Absolutheit und der grundsätzlichen Unverfügbarkeit sowie der inhaltlichen Zuordnung zur Schranken-Schranke der vom VfGH geprägten Wesensgehaltssperre und auch mit der fehlenden Dispositionsbefugnis des „einfachen" Verfassungsgesetzgebers im Sinne des Art. 44 Abs. 3 B-VG begründen. Man kann auch die Betrachtung wählen, dass sich die Summe der Teilelemente von geschriebenen Verfassungsbestimmungen zu einem eigenständigen Verfassungsprinzip verdichtet.

Der Gegensatz zu der hier vertretenen Qualifizierung der Menschenwürde als positives Verfassungsrecht wäre eine naturrechtliche, präpositive Ableitung dieses Rechtsprinzips, wobei der Präpositivität eines Wertes gegenüber dem positiven Recht ein höherer Rang beizumessen wäre, zumal derartige Prinzipien konsequenterweise im Gegensatz zu Art. 44 Abs. 3 B-VG gänzlich der Disposition des einfachen und auch qualifizierten[1040] Verfassungsgesetzgebers entzogen sein müssten.

Freilich widerspricht die Auffassung der Positivität der Menschenwürde der österreichischen Verfassungstradition auf dem Boden der „Reinen Rechtslehre" Kelsens, der diese Rechtslehre als „Theorie des positiven Rechts" versteht[1041]. Normen werden danach gesetzt. Der hier vorgenommenen verfassungsrechtlichen Entfaltung des Rechtsprinzips der Menschenwürde kann mit beachtlichen Argumenten entgegengetreten werden, insbesondere dann, wenn man Kelsens Interpretationslehre folgt und gar historischen, systematischen und teleologischen Auslegungsargumenten „den Erkenntniswert abspricht"[1042].

Die Rechts*lehre* in Österreich ist in dieser Frage jedoch nicht mehr einheitlich. Ein Wandel vollzieht sich. Diese soll nachfolgend in teilweise wörtlicher Wiedergabe der einzelnen Auffassungen dargestellt werden. Die Fragen werden freilich in der nächsten Zeit weiterhin unterschiedlich beantwortet werden.

Nach Walter-Mayer[1043] ist „der Gegenstand der Interpretation - die Norm - als der Sinn eines Willensaktes zu sehen ... Es sind daher alle Mittel interpretati-

---

1040 Der qualifizierte Verfassungsgesetzgeber ist das Volk, vgl Art. 44 Abs. 3 B-VG.
1041 Larenz, Methodenlehre der Rechtswissenschaft, 5. Auflage, 1983, S. 70 unter Bezugnahme auf Kelsen, Was ist die Reine Rechtslehre, in: FS Ciacometti, 1953, 144.
1042 Vgl Larenz, aaO, S. 80 unter Bezugnahme auf Kelsen, Reine Rechtslehre 1934, 2. Auflage 1960, S. 349 ff.
1043 Walter-Mayer, Bundesverfassungsrecht, Rn 122.

onstheoretisch zulässig, die darauf abzielen, diesen Willen zu erfassen." Ebenfalls kann mit beachtlicher Argumentationskraft aus Art. 144 Abs. 1 B-VG entgegengehalten werden, dass ungeschriebenes Recht im allgemeinen „keine Rechtsquelle für Grundrechte (darstellt), die als 'verfassungsgesetzlich gewährleistete Rechte' besonderen formalen Anforderungen unterliegen"[1044]. Morscher[1045] bemerkt 1990, dass sich die Diskussion um die „rechtsschöpferische Funktion" des VfGH „nicht auf die Schaffung von Grundrechten seitens des VfGH bezieht, sondern auf die Auslegung und/oder Anwendung von Grundrechtsregelungen, deren positiv-verfassungsrechtliche Normierung außer jedem Zweifel liegt. Insofern gibt es in Österreich weder 'ungeschriebene Freiheitsrechte' noch Grundrechte kraft 'Richterrechts' bzw. kraft 'Gewohnheitsrechts' ". Schambeck[1046] spricht hingegen 1991 von der „positivistisch orientierten Grundhaltung des Verfassungsgerichtshofs", die ihre Rechtfertigung auch darin findet, „daß die Schutzfunktion der Verfassung verloren ginge, könnte die Verfassungsordnung ohne formelle Abänderung auf interpretativem Wege verändert werden; insbesondere verbietet es diese Schutzfunktion, daß die Änderung einfachen Gesetzesrechts den Sinngehalt der Verfassung verändert." Stelzer weist aktuell auf das Erkenntnis des VfGH zur Menschenwürde hin[1047], wonach der VfGH „erst in einem einzigen Fall ... seine enge Bindung an den geschriebenen Text –vorsichtig- geöffnet" habe. Öhlinger bemerkt zur Thematik einer teleologischen Interpretation des Verfassungsrechts: „Teleologische Interpretation des Verfassungsrechts beruht letztlich auf dem Verständnis der Verfassung als einer freiheits - und friedensstiftenden Grundordnung des Staates, die sich nicht in der Summe der einzelnen Anordnungen der verfassungsgesetzgebenden Organe erschöpft, sondern aus dieser Funktion heraus ein den einzelnen Bestimmungen vorausliegendes System bildet. Die Kriterien dieser Systembildung liegen außerhalb des positiven Rechts (dazu sehr beachtenswert Somek/Forgo, Nachpositivistisches Rechtsdenken[1996])."[1048] Walter- Mayer halten auf dem Boden der rechtspositivistischen Verfassungstradition dagegen, dass unter teleologischer Auslegung „sinnvollerweise nur eine Auslegung nach einem vom Gesetzgeber im Gesetz selbst zum

---

1044 Stelzer, Die Quellen der Grundrechte, ZÖR 54 (1999), 9 ff (15).
1045 Morscher, Die Hierarchie der Verfassungsnormen und ihre Funktion im Grundrechtsschutz in Österreich, Landesbericht Österreich, VIII. Konferenz der Europäischen Verfassungsgerichte 1990, EuGRZ 1990, S. 454 (464).
1046 Schambeck, Zur Theorie und Interpretation der Grundrechte in Österreich, in: Machacek/Pahr/Stadler, Band 1, 1991, S. 83 ff (86 - unter Hinweis auf die Lehre Adolf Merkls zum Stufenbau der Rechtsordnung).
1047 Stelzer, Die Quellen der Grundrechte, S. 15 unter Bezugnahme auf VfSlg 13.635/1993. Zu diesem Erkenntnis bereits oben, Zweiter Teil I 2 a.
1048 Öhlinger, Verfassungsrecht, Rn 24.

Ausdruck gebrachten Zweck oder nach einem vom historischen Gesetzgeber erkennbar verfolgten Zweck verstanden werden kann. Denn Zweck (telos) ist ein Grundbegriff, der seine Quelle in einem Willen hat. Für eine positivistische Rechtswissenschaft kann der relevante Wille nur jener des Gesetzgebers sein. Wird der Zweck jedoch aus irgendwelchen anderen Bereichen bezogen, so liegt keine Interpretation des positiven Rechts vor."[1049] Winkler[1050] formuliert: „Der verständnismäßige Zugang zu den Inhalten der Verfassungsvorschriften ist sowohl deduktiv als auch induktiv. So kann man beispielsweise einerseits aus dem demokratischen Grundsatz des Art 1 B-VG implizierte Grundelemente der Demokratie erschließen (deduzieren), wie etwa die Gleichheit, die Repräsentation, die Mehrheit und die Erheblichkeit der Minderheit. Man kann andererseits aber auch aus einer Synthese aller einschlägigen Vorschriften der Verfassung, soweit sie sich auf die Demokratie beziehen, Kriterien für den konkreten Inhalt des demokratischen Leitbegriffs im Art 1 B-VG induktiv ermitteln. Dabei erfolgt die Sinnermittlung *lege artis* zunächst auf Verfassungsebene, mit Hilfe eines verfassungsgeschichtlichen und staatstheoretischen Vorverständnisses. Daran fügt sich zumeist auch die Sinnergänzung aus der Erheblichkeit des Wesentlichen und Typischen einfacher Gesetze, unter der Voraussetzung ihrer Konformität mit der Verfassung, zur Veranschaulichung möglicher und zulässiger Verfassungsdurchführungen."

Berka bemerkt: „Der Stil der Grundrechtsinterpretation wird aber in erster Linie durch die gegebenen rechtswissenschaftlichen Traditionen eines Landes, das herrschende Verfassungsverständnis und der Einschätzung der Rolle des Richters im Spannungsverhältnis zwischen Rechtsanwendung und Rechtsfortbildung bestimmt."[1051] Er weist auf den Wandel in der Grundrechtsjudikatur ab etwa Mitte der 80er Jahre hin, worin auch „Aspekte der teleologischen Interpretation und Gesichtspunkte der Grundrechtseffektivität eine verstärkte Rolle spielen".[1052] Die Judikatur des VfGH über die Rechtswirkungen des Gleichheitssat-

---

1049 Walter-Mayer, Bundesverfassungsrecht, Rn 131.
1050 Winkler, Studien zum Verfassungsrecht: das institutionelle Rechtsdenken in Rechtstheorie und Rechtsdogmatik, 1991 (Forschungen aus Staat und Recht 95), S. 59.
1051 Berka, Grundrechte, Rn 115.
1052 Berka, Grundrechte, Rn 117. Die Grenzen zwischen Rechtsauslegung und Rechtsfortbildung sind dabei, so Berka, fließend (aaO, Rn 123 unter Hinweis auf die Rechtsprechung des VfGH zum „Vertrauensschutzprinzip, die Ausdehnung des Gleichheitssatzes auf Fremde, die effektive Überprüfung der Entscheidungen des Gesetzgebers nach den Grundsätzen der Verhältnismäßigkeit oder die Anerkennung staatlicher Schutzpflichten"); vgl auch Öhlinger, Verfassungsrecht, Rn 25; auch Baumgartner, EU-Mitgliedschaft, S. 154.

zes auf Ausländer[1053] ist ein bedeutsamer Beleg dafür, dass über den Wortlaut einer Bestimmung der Bundesverfassung hinaus „grundlegenden Anforderungen der Rechtsstaatlichkeit"[1054] Rechnung getragen wird und im Ergebnis[1055] einer streng positivistischen Haltung begegnet wird.

Nach Potacs[1056] wird unter Auslegung „die Erkenntnis von positivem Recht verstanden. Positive Rechtsnormen sind die Bedeutung sinnlich erfaßbarer Äußerungen, die in modernen staatlichen Ordnungen ebenso wie im internationalen Recht meist in Form von Texten in Erscheinung treten, die aber auch durch mündliche Verkündung oder - im Falle des Gewohnheitsrechts - als eine ganz bestimmte soziale Übung wahrgenommen werden können". Er bezeichnet unter Bezugnahme auf Rill eine Rechtsnorm „als Sinn eines Willensakts", wobei es darauf ankommt, was „dem Rechtssetzer nach Kommunikationsregeln zuzurechnen ist"[1057]. Potacs hält dabei „ein im Sprachgebrauch eingebürgertes Zusinnbarkeitskriterium" für eine zulässige Interpretationsregel[1058]. Kneihs sieht das Prinzip der Menschenwürde nicht als selbstständiges Verfassungsprinzip. Er formuliert: „Die Menschenwürde ist aber auch nach hier vertretener Ansicht im österreichischen Verfassungsrecht nicht schutzlos, allerdings ist der ihr gebotene grundrechtliche Schutz lediglich ein mittelbarer, der sich aus Teilelementen zusammensetzt, die durch verschiedene positive Grundrechtsbestimmungen gewährt werden. Der Schutz der Menschenwürde kann aber mE nicht mehr sein als die Summe dieser Teilelemente. Die Menschenwürde kann daher auch nicht als selbstständige verfassungsrechtliche Größe angerufen werden."[1059] Kneihs weist darauf hin, dass Begriffe wie die Menschenwürde (und auch wie ein Menschenbild der Verfassung) vom geltenden Grundrechtskatalog nicht vorgegeben und schwer zu fassen sind sowie mit beliebigem normativen Inhalt angereichert werden können. Die Grundrechte liefen dabei „Gefahr, ihre Funktion als 'Hort der Freiheitssicherung' zu verlieren[1060].

1053 VfGH VfSlg 14.191,14.193/1996 mwN; Berka, Grundrechte, Rn 897.
1054 Vgl zum Ausbau des Gleichheitsgrundsatzes zu einem allgemeinen Sachlichkeitsgebot und Willkürverbot, Berka, Grundrechte, Rn 899.
1055 „Im Ergebnis" deshalb, weil der VfGH seine erweiternde Rechtsprechung auf das BVG-Rassendiskriminierung stützt, das aber den Umfang der Rechtsprechung des VfGH nicht allein zu begründen vermag.; hierzu Berka, Grundrechte, Rn 899.
1056 Potacs, Auslegung, S. 23.
1057 Potacs, Auslegung, S. 24 unter Bezugnahme auf Rill, Hermeneutik, 56; ders. ZfV 1985, 466, 585.
1058 Potacs, Auslegung, S. 42.
1059 Kneihs, Grundrechte und Sterbehilfe, S. 283, Fn 1207 a. E.
1060 Kneihs, Grundrechte und Sterbehilfe, Fn 1207 unter Bezugnahme auf BVerfGE 39, 1, 68 ff (73 -„Dissenting opinion").

IV) Die Ableitung der Menschenwürde als Rechtsfortbildung?

Die Grenzen zwischen Verfassungsauslegung und Rechtsfortbildung sind im konkreten Fall schwer zu ziehen. Potacs formuliert: „Rechtsfortbildung ist anzunehmen, wenn eine 'Deutung' dem Rechtsetzer nach den Regeln des Sprachgebrauchs (Pragmatik und Semantik) keineswegs mehr als von ihm gewollt zugesonnen werden kann"[1061]. Adamovich[1062] hält fest: „Die Judikatur des Verfassungsgerichtshofes zum Gleichheitsgrundsatz ist ein typisches Beispiel für richterliche Rechtsfortbildung. Was heute in der Judikatur aus dem Gleichheitssatz herausgelesen wird, hat mit seinem ursprünglichem Wortlaut nichts mehr zu tun." Korinek/Gutknecht[1063] weisen ebenfalls auf eine methodische Sonderstellung des Gleichheitssatzes hin: „Diese für die österreichische Grundrechtspraxis ungewöhnliche Bedeutung ist das Ergebnis einer bemerkenswerten Entfaltung und Erweiterung seines rechtlichen Gehalts durch die Rechtsprechung." Morscher[1064] verweist aber darauf, dass die Grundrechtsbestimmungen in Österreich „Wertentscheidungen" darstellen, mithin somit ein „ 'rechtserzeugendes ' Moment inkludiert ist".

Es wurde bereits besprochen, dass das Rechtsstaatsprinzip in der österreichischen Bundesverfassung nicht ausdrücklich erwähnt ist. Dennoch wird dieses Prinzip zum positiv-rechtlichen Inhalt der Verfassung gerechnet[1065]. Rechtsmethodologisch wird nach der hier vertretenen Auffassung auch die Ableitung eines Prinzips der Menschenwürde als Auslegung, gleichsam als die Erkenntnis vom positiven Recht[1066] und nicht als Rechtsfortbildung qualifiziert, wenngleich nicht verkannt werden kann, dass die Grenzen zwischen der pragmatischen, auf kommunikativen Elementen fußenden Auslegung und der Rechtsfortbildung fließend sind[1067]. „Eine teleologische Interpretation, die sich vom Wortlaut der Norm gelegentlich weit entfernt, kann unmerklich in eine richterliche Rechtsfortbildung

---

1061 Potacs, Auslegung, S. 41 , vgl auch Fn 86.
1062 Adamovich, in: Kritik und Fortschritt im Rechtsstaat, Österreichische Juristenkommision, 20. Tagung in Weißenbach am Attersee, 1995, Gedanken zur Verfassungsinterpretation im Zeitalter der europäischen Integretation, S. 25 ff (30).
1063 Korinek/Gutknecht, Der Grundrechtsschutz, in: Schambeck (Hrsg), Das österreichische Bundesverfassungsgesetz und seine Entwicklung, S. 291 (310).
1064 Morscher, Die Hierarchie der Verfassungsnormen und ihre Funktion im Grundrechtsschutz in Österreich, EuGRZ 1990, S. 454 ff (464).
1065 Vgl auch Schambeck, Der Verfassungsbegriff und seine Entwicklung, FS Kelsen 1971, S. 211 ff (224 mit Hinweis auf Carl Schmitt).
1066 Vgl Potacs, Auslegung, S. 23.
1067 Potacs, Auslegung, S. 41 ff, S. 289. Potacs spricht auch von einer offenen Flanke der rein pragmatischen Interpretation (aaO, S. 286); vgl auch Berka, Grundrechte, Rn 123 unter Bezugnahme auf die Rechtsprechung des VfGH.

übergehen"[1068]. Öhlinger bemerkt zur grundrechtlichen Prüfung der Verhältnismäßigkeit: „Rekonstruiert man ihre Entwicklung in der Verfassungsjudikatur, so erweist sie sich eher als richterliche Rechtsfortbildung"[1069]. Er hält fest: „Die Frage nach der Legitimation und den Grenzen richterlicher Rechtsfortbildung in der parlamentarischen Demokratie ist eines der ungeklärten Probleme der Verfassungsinterpretation"[1070].

Potacs bezeichnet die „allgemeinen Rechtsgrundsätze" nach der Rechtsprechung des EuGH - wie die Grundrechte, das Verhältnismäßigkeitsprinzip, das Vertrauensschutzprinzip, das Prinzip von Treu und Glauben sowie rechtsstaatliche Verfahrensgarantien[1071] - als „eine rein pragmatische Interpretation unter Bedachtnahme auf Regelungsprinzipien, die er (der EuGH) als dem Gemeinschaftsrecht immanent ansieht"[1072]. Unter Bezugnahme auf die österreichische Verfassungssituation hält Potacs fest, dass der VfGH ebenfalls allgemeine Rechtsgrundsätze als „ein jeweils die gesamte Rechtsordnung umfassendes Prinzip"[1073] im öffentlichen Recht anerkennt; dies sei zum einen im vom VfGH auch im Bereich des öffentlichen Rechts gebilligten Rückgriff auf die in § 7 ABGB normierten Auslegungsregeln zu sehen[1074]. Des Weiteren weise die Rechtsprechung zum Grundsatz der Verhältnismäßigkeit[1075], zum Vertrauensgrundsatz[1076], dem

---

1068 Öhlinger, Verfassungsrecht, Rn 25; zur Verfassungsinterpretation grundlegend: Böckenförde, Die Methoden der Verfassungsinterpretation - Bestandsaufnahme und Kritik, NJW 1976, S. 2089 ff.
1069 Öhlinger, Verfassungsrecht, Rn 25.
1070 Öhlinger, Verfassungsrecht, Rn 25.
1071 Vgl Potacs, Auslegung, S. 211 ff.
1072 Potacs, Auslegung, S. 210.
1073 Potacs, Auslegung, S. 236.
1074 Potacs, Auslegung, S. 219.
1075 Potacs, Auslegung, S. 220: „Zumindest als allgemeiner Grundgedanke tritt die Verhältnismäßigkeit in zahlreichen Erkenntnissen des VfGH zu verschiedenen Rechtsgebieten in Erscheinung. Daher darf angenommen werden, daß jedenfalls der Grundgedanke nach Meinung des Gerichtshofs einen allgemeinen Rechtsgrundsatz im dargelegten Sinn darstellt."
1076 Potacs, Auslegung, S. 221: „So ist... der Vertrauensgrundsatz (als Ausdruck der Rechtssicherheit) vor Eingriffen des Gesetzgebers und der Verwaltung durch den Gleichheitssatz gewährleistet. Man kann diese Judikatur dahingehend verstehen, daß es sich beim Vertrauensschutz um einen allgemeinen Rechtsgrundsatz handelt, dessen Verletzung eine Unsachlichkeit und damit eine Gleichheitswidrigkeit zur Folge hat. Ferner spricht der VfGH ausdrücklich von einem „Gebot der dem Rechtsstaatsprinzip innewohnenden Postulate der Rechtsklarheit und der Rechtssicherheit", was ebenfalls als Bekenntnis zur Rechtssicherheit als allgemeines Rechtsprinzip gewertet werden kann." (aaO, S. 221 - unter Bezugnahme auf VfGH v. 3. 10. 1989, G 88/89, ZfVB 1990/3/1448).

Grundsatz von Treu und Glauben[1077] und rechtsstaatlichen Verfahrensgarantien wie dem Grundsatz auf rechtliches Gehör oder der Begründung von Bescheiden[1078] und auch der Grundsatz der Derogation[1079] darauf hin, dass diese Prinzipien als allgemeine Rechtsgrundsätze angesehen werden. Entscheidend ist, dass die Rechtsgrundsätze in „grundsätzlich weitgehend anerkannten sozialen Wertvorstellungen begründet (sind) und auch den einen oder anderen expliziten Ausdruck im positiven Recht gefunden haben"[1080]. Interessant ist, dass der VfGH selbst den Begriff des allgemeinen Rechtsgrundsatzes verwendet und diesen maßgeblich auf ungeschriebene Verfassungsgrundsätze (Wesen der Sache, Postulat der Reinheit der Wahlen, Freiheit der politischen Willensbildung) stützt: „Es gilt als allgemeiner Rechtsgrundsatz einer auf Freiheit hin orientierten Verfassung, worin Pflichten ausdrücklich normiert sein müssen, daß niemand gezwungen werden kann, eine solche Wahl auch anzunehmen ..."[1081].

Die dargestellten Überlegungen zur interpretatorischen Ableitung allgemeiner Rechtsgrundsätze lassen sich auch auf das Prinzip der Menschenwürde übertragen, das in anerkannten Wertvorstellungen ruht (siehe dazu die Rechtsprechung des VfGH vom 10. 12. 1993[1082] und des OGH insbesondere vom 14. 4. 1994[1083]) und seinen expliziten Ausdruck in einer Bestimmung der Bundesverfassung (Art. 1 Abs. 4 PersFrG) sowie in zahlreichen bundes- und landesgesetzlichen Bestimmungen wie auch in Landesverfassungen gefunden hat[1084]. Die Ableitung eines

---

1077 Potacs, Auslegung, S. 222.
1078 Potacs, Auslegung, S. 223.
1079 Potacs, Auslegung, S. 224; lex-specialis - Regel und lex posterior - Regel, der der VfGH explizit positivrechtliche Geltung zuspricht: "Zwar kann der positivrechtliche Geltung besitzende Grundsatz „lex posterior derogat legi priori" auf das Verhältnis einer späteren generellen zu einer früheren speziellen Norm nicht ohne weiteres angewendet werden ..." (VfGH WI 5/95, VfSlg 14282).
1080 Potacs, Auslegung, S. 238.
1081 VfGH v. 6.12.1994, VfSlg 13966 zur Unzulässigkeit der Abstimmung über einen auf eine nicht zur Kandidatur bereite Person lautenden Wahlvorschlag.
1082 VfSlg 13.635/1993, S. 635; JBl. 1995, 101 (105).
1083 OGH 10 Ob 501/94; JBl. 1995, S. 46 ff (47).
1084 Freilich wird nicht übersehen, dass die inhaltliche Ausgestaltung kontrovers diskutiert werden kann, so Kopetzki, Unterbringungsrecht, Band 1, S. 403: "Alle Versuche, den Schutzbereich der Menschenwürde zu bestimmen, sehen sich mit der Schwierigkeit konfrontiert, dass der Begriff der Menschenwürde auf ein unbestimmtes und wertungsabhängiges Vorverständnis vom „Wesen" des Menschen verweist, über das ein Konsens nur auf sehr allgemeiner Ebene zu erzielen ist." Kopetzki verweist aber sodann auf die von Dürig begründete Definition vom Verletzungsvorgang her, worin m.E. dem Problem die Schärfe genommen wird, zumal eine negative Definition konsensfähiger erscheint. Zur Inhaltsbestimmung oben, Sechster Teil II 1.

Prinzips der Menschenwürde aus der österreichischen Bundesverfassung ist daher in Anlehnung an Potacs und in dem hier verstandenen rechtsmethodologischen Sinne keine Rechtsfortbildung. Einer Ableitung steht insbesondere eine aus der semantischen Interpretationsmethode abgeleitete Vertrauensschutzfunktion[1085] nicht entgegen, weil ein gegenläufiger Vertrauensgrundsatz insofern nicht zwingend begründet werden kann. Ich teile die von Potacs vertretene, an die Rechtsprechung des EuGH angelehnte Auffassung, wonach auch „ein früherer Sinngehalt einer Rechtsvorschrift durch neue Rechtssetzungsakte verändert" werden kann[1086]. Die zunehmenden ausdrücklichen Bestimmungen zur Menschenwürde auf allen Ebenen des Rechts sind zusätzlich in der Lage, den Sinngehalt bundesverfassungsrechtlicher Vorschriften zu bestimmen und zu verändern; die Verfassung kann insofern als „living instrument"[1087] qualifiziert werden.

Interessant ist in diesem Zusammenhang die Feststellung des EGMR[1088], „dass die zunehmend hohen Anforderungen an den Schutz der Menschenrechte und Grundfreiheiten entsprechend und unvermeidlich eine größere Strenge bei der Bewertung der Verletzungen von Grundwerten der demokratischen Gesellschaft erfordern". Dieser inhaltliche Maßstab (im konkreten Fall am Beispiel der Abgrenzung von Folter und erniedrigender und unmenschlicher Behandlung) lässt sich von methodischen Überlegungen nicht vollständig lösen.

Im Ergebnis ist freilich bei der hier favorisierten rechtsmethodologischen Ableitung der Menschenwürde im Wege der Auslegung der Bundesverfassung eine gewisse Einschränkung staatlicher Souveränität ebensowenig von der Hand zu weisen wie bei einer anderweitigen methodischen Einordnung als Rechtsfortbildung[1089].

1085 Vgl hierzu Potacs, Auslegung, S. 277 (289).
1086 Potacs, Auslegung, S. 27.
1087 Vgl Berka, Grundrechte, Rn 123 zu den Interpretationsmaximen des EGMR; Fall Tyrer, EuGRZ 1979, 162, dazu bereits unten, Zweiter Teil II 2 d bb.
1088 EGMR Selmouni/Frankreich v. 28. 7. 1999, NJW 2001, S. 56 ff (60).
1089 Vgl allgemein Potacs, Auslegung, S. 290 ff.

Sechster Teil

Inhaltsbestimmung und Dogmatik

Als Zwischenergebnis ist festzuhalten, dass das Prinzip der Menschenwürde positives Verfassungsrecht in Österreich ist. Nun ist als nächster Schritt der Inhalt dieses Prinzips zu erhellen, wobei die Grenzen zwischen Inhaltsbestimmung und Dogmatik fließend sind und sich aus dem Gehalt der Menschenwürde dogmatische Vorgaben entwickeln werden, insbesondere was die subjektiv-rechtliche Dimension der Menschenwürde und die Schutzpflichten anbelangt.

Vor der Bestimmung des Inhalts und der Reichweite der Menschenwürde sollen einige grundlegende dogmatische Fragestellungen für Österreich im Rechtsvergleich mit der Bundesrepublik Deutschland diskutiert werden, und zwar mit den Ergebnissen, dass die Grundrechte in Österreich nicht als objektive Werteordnung mit den in Deutschland damit abgeleiteten Konsequenzen zu verstehen sind, des Weiteren, dass die Menschenwürde absolut wirkt, mithin nicht relativierbar ist und insofern eine eng umrissene Wertehierarchie der Grundrechte in Österreich begründet.

Bei der Inhaltsbestimmung geht es sodann um die begriffliche Eingrenzung des offenen und sehr unbestimmten Rechtsbegriff der Menschenwürde, mithin um den normativen Gehalt. Im Anschluss daran wird die Frage der individuellen Verfügbarkeit erörtert, es geht weiter um die Reichweite des Prinzips für die Legislative, die Exekutive und die Judikative und insbesondere um die Begründung einer subjektiv-rechtlichen Realisierung, in diesem Zusammenhang auch um die Thematik der Schutzpflichten, der Teilhaberechte und der Drittwirkung. Schließlich ist eine Antwort darauf zu finden, in welchem Umfang das Prinzip der Menschenwürde Verfahrensschutz vermittelt.

In einem Siebten Teil wird sodann das Prinzip der Menschenwürde auf dem Boden der beschriebenen Ableitung und in Kongruenz mit der dargestellten Inhaltsbestimmung und Dogmatik als Bauprinzip der Verfassung im Sinne des Art. 44 Abs. 3 B-VG qualifiziert, das der Disposition des „einfachen" und wohl auch des qualifizierten Verfassungsgesetzgebers entzogen ist.

I) Dogmatische Sondierungen

1) Die Grundrechte als objektive Werteordnung (Doppelfunktion)

a) Verfassungsrechtslage in Deutschland

Die Grundrechte in Deutschland sind nicht nur subjektive Abwehrrechte gegen den Staat, sondern verkörpern auch eine objektive Werteordnung[1090]. Die Rechtsnatur der objektiven Werteordnung beinhaltet insbesondere die Pflicht des Staates (Gesetzgebung, Verwaltung und Rechtsprechung), nach Möglichkeit Gefährdungen von Grundrechten auszuschließen und die Voraussetzungen für deren Verwirklichung zu schaffen. Die sogenannte Schutzpflicht fordert die Staatsgewalt, drängt sie nicht zurück; Adressat der Schutzpflicht ist nicht der grundrechtliche Störer, sondern der Staat.[1091]

Das BVerfG leitet die Schutzpflicht, was das ungeborene Leben angeht, unmittelbar aus Art. 2 Abs. 2 Satz 1 GG ab, flankierend dazu aus Art 1 Abs. 1 Satz 2 GG. Die Grundrechtsnormen verkörpern zugleich „eine objektive Wertordnung, die als verfassungsrechtliche Grundentscheidung für alle Bereiche des Rechts gilt und Richtlinien und Impulse für Gesetzgebung, Verwaltung und Rechtsprechung gibt"[1092]. .Isensee[1093] aktualisiert: "Seit dem Mühlheim-Kärlich-Beschluß sieht das Gericht von der Rückkopplung an die Norm des Art 1 Abs. 1 GG ab; seither geht es von 'anerkannter Rechtsprechung' aus". Isensee folgert, dass die Schutzpflicht auf einer Basis außerhalb der Grundrechte ruht, nämlich der „Staatsaufgabe Sicherheit"[1094]. "Die grundrechtliche Schutzpflicht schließt die offene Flanke des Grundrechtsschutzes und trägt dazu bei, daß die grundrechtlichen Güter erga omnes Sicherheit genießen. Indirekt stärkt sie das Abwehrrecht, mit dem sie die gemeinsame Aufgabe des Grundrechtsschutzes teilt"[1095].

1090 Stern, Staatsrecht, III/1, § 69, insb. I 3 (S. 900) mwN zur Rspr des BVerfG; vgl Starck, Grundgesetz I, Art. 1 Abs. 3, Rn 159.
1091 Isensee, in: Isensee/Kirchhof, Band V, § 111 Rn 3; Zur Judikaturlinie des BVerfG zu den Schutzpflichten vgl Isensee, aaO, § 111 Rn 77 ff, der als typische Fälle das Wächteramt des Staates über die Ausübung des Elternrechts, den Schutz der ungeborenen Kinder vor Abtreibung, die Abwehr des Terrorismus, die Rechtfertigung der Strafvollstreckung und den Schutz vor Immissionen und sonstigen Risiken technischer Anlagen nennt.
1092 BVerfGE 39, 1 (41).
1093 Isensee, aaO, § 111 Rn 80; BVerfGE 53, 30 (57).
1094 Isensee, aaO, § 111, Rn 83.
1095 Isensee, aaO, § 111, Rn 85.

b) Verfassungsrechtslage in Österreich

Die österreichische Verfassungsrechtsprechung wurde bis in die 80er Jahre hinein geprägt von einer rechtspositivistischen Verfassungstradition[1096]. Vielzitierte Beispiele dieser Judikaturlinie sind das Fristenerkenntnis aus dem Jahr 1974[1097] und das Hochschulerkenntnis aus dem Jahr 1977[1098]. Im Fristenerkenntnis wird festgehalten: „...der Grundrechtskatalog des Staatsgrundgesetzes ...(ist)... von der klassischen liberalen Vorstellung getragen, dem Einzelnen Schutz gegenüber Akten der Staatsgewalt zu gewähren"[1099]. In der Hochschulentscheidung wird betont, dass Art 17 Abs. 1 StGG weder aus dem Wortlaut noch aus der historischen Entwicklung heraus den Staat zu positiven Vorkehrungen verpflichtet, speziell nicht dazu, „den Hochschullehrern zur Sicherung dieses Grundrechts eine maßgebende Mitwirkung an der unmittelbaren Wissenschaftsverwaltung einzuräumen"[1100].

Allerdings hat sich die „stark formalisierte Sichtweise" des VfGH, insbesondere die große Zurückhaltung gegenüber dem Gesetzgeber, „etwa seit Beginn der 80er Jahre fundamental geändert"[1101]. Berka beschreibt die Grundrechte als „umfassende objektive Grundsatznormen für das staatliche Handeln"[1102]. Dennoch: Die Qualifizierung der Grundrechte als objektiv-rechtliche Werteordnung mit tragenden dogmatischen Konsequenzen ist der österreichischen Verfassungsrechtslehre weitgehend fremd.

Eine Gesamtschau der Grund - und Menschenrechte in Österreich mit dem Ziel, übergreifende Ansätze für eine objektiv-rechtliche Dimension der Grundrechte fruchtbar zu machen, würde wohl ein dürftiges Resultat zu Tage fördern. Die historischen Gegebenheiten der vielschichtigen Verfassungsbestimmungen sind zu unterschiedlich, um einen übergreifenden subjektiven Willen des Ge-

---

1096 Dazu aus deutscher Sicht Stern, Staatsrecht, III/1, § 69 I 2 a (S. 891/892 - mwN zum teilweise widersprechendem Schrifttum in Österreich).
1097 EuGRZ 1975, S. 74 ff; zum Rechtsvergleich Österreich/Deutschland vgl Grimm, JBl. 1976,74 ff.
1098 EuGRZ 1978, S. 7 ff.
1099 EuGRZ 1975, S. 76.
1100 EuGRZ 1978, S. 13.
1101 Novak, Fortpflanzungsmedizin und Grundrechte, in: Bernat (Hrsg), Die Reproduktionsmedizin am Prüfstand von Recht und Ethik, RdM Band 11, S. 63, unter Bezugnahme auf Öhlinger, Verfassungsrecht, Rn 687, der darauf hinweist, dass vereinzelte Rezeptionen des deutschen Verständnisses der Grundrechte als objektive Werteordnung in Österreich seiner Ansicht nach zu Recht kritisiert worden sind (aaO, Rn 693).
1102 Berka, Grundrechte, Rn 89.

setzgebers begründen zu können[1103]. Wegen einer Lückenhaftigkeit der Grundrechtsordnung und mangels eines geschlossenen Wertesystems ist aus den Grund - und Menschenrechten auch keine geschlossene objektive Werteordnung mit der Folge ableitbar, dass ein Prinzip der Menschenwürde den übergreifenden Kerngehalt einer Werteordnung darstellen kann. Der österreichische Grundrechtskatalog, insbesondere die verschiedenen Verfassungsbestimmungen des StGG und der EMRK weisen auf ein fehlendes einheitliches Wertungs - und Ordnungssystem[1104] hin. Die Begründung einer Synthese zwischen historischen älteren und neueren Quellen der Grundrechte mit der möglichen Folge, doch zu einer einheitlichen Grundrechtsstheorie zu gelangen[1105], erscheint mir wenig erfolgversprechend. Loebenstein weist darauf hin, dass der Freiheitskatalog des StGG 1867 und die „wenigen expliziten, also nicht rezipierten eigenständigen Grundrechtsschöpfungen der Verfassung von 1920 zeigen, wie wenig naturrechtlich und wie wenig systematisch die österreichische Grundrechtskonzeption angelegt war und auch heute noch ist und wie wenig man scheinbar die 'verfassungsrechtlich gewährleisteten Rechte' auf eine transzendale Würde des Menschen ausgerichtet sah".[1106] Das Bestreben der Kodifikation des 19. Jahrhunderts, in konsequenter Weise für alle gleiche Rechte zu schaffen, scheint die Grundrechtsentwicklung weitgehend bestimmt zu haben. Loebenstein spricht deshalb von der „unnaturrechtlichen Freiheitskonzeption der österreichischen Verfassungsordnung"[1107], verdeutlicht in dem Fristenerkenntnis des VfGH aus dem Jahr 1974.

Die verschiedenen Normtexte der Bundesverfassung wie insbesondere das StGG, das B-VG und die EMRK können nur auf interpretatorischem Wege zusammengeführt werden. Die in den Formulierungen der Art. 8, Art. 9, Art. 14 StGG angedeutete Präposivität einzelner Grundrechtsbestimmungen (ist gewährleistet, ist unverletzlich) ist nicht tragend, die Grundrechte und auch die

---

1103 Vgl Walter, Grundrechtsverständnis, S. 1 ff (20).
1104 Holoubek, Überblick über einige Grundpositionen des Grundrechtsschutzes, JÖR 45, S. 573 ff (574).
1105 Vgl Adamovich, Grundrechte heute-Eine Einführung, in: Machacek/Pahr/Stadler, 1991, Band 1, S. 7 ff (18). Adamovich äußert, dass der VfGH von einer einheitlichen Beurteilung von StGG und EMRK gar nicht zu weit entfernt sei und verweist auf eine Entscheidung aus dem Jahr 1983 (VfSlg 9911/1983), wonach Art. 1 Abs. 2 des 1. ZProtEMRK den in Art. 5 StGG gewährleisteten Eigentumsschutz ergänzt habe (aaO, S. 18).
1106 Loebenstein, Die Behandlung des österreichischen Grundrechtskataloges durch das Expertenkollegium zur Neuordnung der Grund- und Freiheitsrechte, in: Machacek/Pahr/Stadler, Band 1, S. 265 ff (388).
1107 Loebenstein, aaO, siehe oben, S. 389.

Menschenwürde als der Verfassung vorgegeben, präpositiv zu bestimmen und als Ausgangspunkt einer Diskussion einer Werteordnung zu betrachten.

Die Dogmatik grundrechtlicher Schutzpflichten ist - wie nachfolgend dargestellt werden wird - nicht an die Dogmatik einer objektiven Werteordnung einer Verfassung gebunden. Schutzpflichten lassen sich -auch übergreifend- in Österreich gut auf andere Weise begründen.[1108]

2) Absolutheit der Menschenwürde

In der nachfolgenden Untersuchung soll geklärt werden, ob das Prinzip der Menschenwürde absolute oder nur relative Wirkung entfaltet. Qualifiziert man die Menschenwürde als einen absoluten Rechtsbegriff, so entzieht er sich „dem gängigen Abwägungsmodell des grundrechtlichen Argumentationsprozesses"[1109], mithin der idealtypischen Beurteilung und Prüfung von Freiheitsgrundrechten (Schutzbereich, Eingriff und Schranken mit wiederum sogenannten Schranken-Schranken). Die Beurteilung, ob die Menschenwürde absolute oder relative Geltung beansprucht, hat weitreichende inhaltliche und dogmatische Konsequenzen. Inhaltliche Auswirkungen sind u. a. die Abwägungsfeindlichkeit, ggfs. eine notwendige Schutzbereichseingrenzung und auch Fragen der Unverfügbarkeit. Unter dogmatischem Blickwinkel können Fragen der Subjektivität, der Schutzpflichten und der Drittwirkung sowie der Verbindlichkeit dieses Prinzips gegenüber den staatlichen Gewalten sein, insbesondere gegenüber dem einfachen Gesetzgeber und auch dem Verfassungsgesetzgeber.

In Deutschland ist die Würde des Menschen unantastbar. Sie wirkt mithin als absolut verbindliches Rechtsgut. Aber es gibt beachtliche Ansatzpunkte, die für eine Relativität des Begriffs der Menschenwürde sprechen. Diese Ansatzpunkte werden nachfolgend dargestellt und zugleich diskutiert.

a) Begründung der Absolutheit der Menschenwürde in Deutschland

Art. 1 Abs. 1 GG Satz 1 formuliert: "Die Würde des Menschen ist unantastbar"[1110]. Trotz der semantischen Offenheit des Begriffs der Menschenwürde spricht sich die überwiegende Rechtslehre und auch die herrschende verfassungsgerichtliche Judikaturlinie in Deutschland schon auf der Grundlage des

---

1108 Siehe unten, Sechster Teil III 2.
1109 Höfling, Die Unantastbarkeit der Menschenwürde - Annäherungen an einen schwierigen Verfassungsrechtssatz, JUS 1995, S. 857 (858).
1110 Zur Unantastbakeit statt vieler Starck, Grundgesetz I, Art. 1 Abs. 1Rn 29 ff.

Wortlautes des Art. 1 Abs. 1 GG dafür aus, dass die Menschenwürde nicht eingeschränkt werden darf[1111]. Die Unantastbarkeit der Menschenwürde ist in Deutschland normatives Gebot. Der Unantastbarkeitscharakter wird unterstrichen durch die materielle Änderungsschranke des Art. 79 Abs. 3 GG, welche Art. 1 GG, nicht aber die nachfolgenden Grundrechte betrifft[1112]. Die Unantastbarkeit wird definiert mit der „rechtlichen Konstanz der grundlegenden Beziehung, durch die jeder einzelne Mensch durch die Tatsache seiner Existenz mit einer - seiner - Gesellschaft verbunden ist, die ihm menschliche Existenz allererst ermöglicht. Diese Konstanz besteht in der Unverzichtbarkeit, Unverwirkbarkeit und Uneinschränkbarkeit des Rechts jedes Menschen auf Wahrung seiner Menschenwürde (BVerfGE 45, 187, 229)"[1113]. Auch eine Unterscheidung eines Begriffshofes und eines Begriffskerns der Menschenwürde würde bereits eine Relativierung der Würdegarantie beinhalten, die „mit dem Absolutheitscharakter der Menschenwürde nicht vereinbar ist"[1114]. Die Prinzipien der Menschenwürde und der Verhältnismäßigkeit sind strikt zu trennen[1115]. Freilich ist es dogmatisch im Wege einer vorgeschalteten Prüfung angezeigt, eine Optimierung der bereits bestehenden Grundrechte unter Zuhilfenahme des übergreifenden Grundsatzes der Verhältnismäßigkeit zu erreichen[1116].

b) Ansätze einer Relativierung der Menschenwürde in Deutschland

Auch in Deutschland gibt es rechtsdogmatische Argumentationsmuster, die im Ergebnis auf eine Relativierung der Menschenwürde weisen[1117].

1111 vgl Starck, Grundgesetz I, Art 1 Abs. 1 Rn 30.
1112 Art. 79 Abs. 3 GG: „ (3) Eine Änderung dieses Grundgesetzes, durch welche die Gliederung des Bundes in Länder, die grundsätzliche Mitwirkung der Länder bei der Gesetzgebung oder die in den Artikeln 1 und 20 niedergelegten Grundsätze berührt werden, ist unzulässig."
1113 Podlech, GG-AK, Art. 1 Abs. 1, Rn 70.
1114 Geddert-Steinacher, Menschenwürde, S. 59. Das Verhältnismäßigkeitsprinzip stellt in Österreich einen gewichtigen Maßstab für die Zulässigkeit von Grundrechtseingriffen dar und ist bestens geeignet, eine „Überfrachtung" des Rechtsprinzips der Menschenwürde zu vermeiden.
1115 Siehe dazu bereits unten, Zweiter Teil I 4.
1116 Vgl Geddert-Steinacher, Menschenwürde, S. 59.
1117 Vgl dazu Geddert-Steinacher, Menschenwürde, S. 81 ff.

aa) Vereinzelte Entscheidungen des BVerfG; Menschenbild des GG

In dem sogenannten Abhörurteil des BVerfG[1118] aus dem Jahr 1970 kommt eine - allerdings vereinzelt gebliebene - relativierende Betrachtungsweise des Menschenwürdeprinzips zum Ausdruck. In dieser Entscheidung wird der Objektformel das Kriterium der Missbrauchsabsicht zur Seite gestellt, was die relativierende Tendenz verdeutlicht: „Die Behandlung des Menschen durch die öffentliche Hand, die das Gesetz vollzieht, muß also, wenn sie die Menschenwürde berühren soll, Ausdruck der Verachtung des Wertes, der dem Menschen kraft seines Personseins zukommt, also in diesem Sinne eine 'verächtliche Behandlung' sein[1119] ... Zwar verlangt die Rücksicht auf die Subjektqualität des Menschen normalerweise, daß er nicht nur Träger subjektiver Rechte ist, sondern auch zur Verteidigung und Durchsetzung seiner Rechte den Prozeßweg beschreiten und und vor Gericht seine Sache vertreten kann, in diesem Sinne also Gerichtsschutz genießt. Es gibt aber seit je Ausnahmen von dieser Regel, die die Menschenwürde nicht kränken. Jedenfalls verletzt es die Menschenwürde nicht, wenn der Ausschluß des Gerichtsschutzes nicht durch eine Mißachtung oder Geringschätzung der menschlichen Person, sondern durch die Notwendigkeit der Geheimhaltung von Maßnahmen zum Schutz der demokratischen Ordnung und des Bestandes des Staates motiviert wird. Dagegen würde die Menschenwürde angetastet, wenn durch den Ausschluß des Rechtswegs der Betroffene der Willkür der Behörden ausgeliefert wäre."[1120] Die Absicht als Kriterium einer Verletzung der Menschenwürde enthält deshalb ein relativierendes Moment, weil der subjektive Zweck einer Handlung in den Vordergrund gerückt wird. Dies entspricht einer Sichtweise, wie sie sich auch im Prinzip der Verhältnismäßigkeit unter der Beurteilung einer Mittel-Zweck-Relation widerspiegelt. Für die Beurteilung einer Verletzung der Menschenwürde kann aber das Motiv eines Eingriffs nicht ausschlaggebend sein.

In einer Entscheidung aus dem Jahr 1981 beschäftigt sich das BVerfG mit der Aussagepflicht des Gemeinschuldners im Konkursverfahren. Das Gericht hält dabei fest: "Ein Zwang zur Selbstbezichtigung berührt zugleich die Würde des Menschen, dessen Aussage als Mittel gegen ihn selbst verwendet wird.[1121]" Das BVerfG kommt aber unter Berufung auf die Gemeinschaftsbezogenheit und Gemeinschaftsgebundenheit der Person zu dem Ergebnis: "Unzumutbar und mit der Würde des Menschen unvereinbar wäre ein Zwang, durch eigene Aussagen die

---

1118 BVerfGE 30, 1 ff.
1119 BVerfGE 30, 1 (26).
1120 BVerfGE 30, 1 (27).
1121 BVerfGE 56, 37 (42).

Voraussetzungen für eine strafgerichtliche Verurteilung oder die Verhängung entsprechender Sanktionen liefern zu müssen ... Handelt es sich hingegen um die Auskünfte zur Erfüllung eines berechtigten Informationsbedürfnisses, ist der Gesetzgeber befugt, die Belange der verschiedenen Beteiligten abzuwägen[1122] ... Zwingt der Gesetzgeber den Gemeinschuldner dazu, für seine Verbindlichkeiten gegenüber seinen Gläubigern einzustehen und durch seine Auskunft zu deren bestmöglicher Befriedigung beizutragen, dann verletzt das noch nicht seine Menschenwürde."[1123] Die Gemeinschaftsbezogenheit als Ausfluss des Menschenbildes des Grundgesetzes wird als relativierendes Moment der Menschenwürde insofern verwendet, als es ähnliche, jedoch nicht vergleichbare Sachverhalte zu unterschiedlichen Ergebnissen führt, was eine Verletzung der Menschenwürde anbelangt. Im Ergebnis ist die hier skizzierte unterschiedliche Beurteilung ähnlicher Sachverhalte aber Ausdruck der Inhaltsbestimmung der Menschenwürde. Das Menschenbild des Grundgesetzes und die der Menschenwürde immanente Pflicht, den anderen Menschen zu achten und ein Mindestmaß an Solidarität zu üben, öffnen das Prinzip der Menschenwürde nur scheinbar hin zu einer Güter - oder Interessenabwägung. Dogmatisch handelt es sich um eine Bestimmung des Inhalts und des Schutzbereichs, der wertende Begriffe zugrunde gelegt sind, die freilich Bezüge zu anderen Rechtsgütern aufweisen.

bb) Zuordnung der Menschenwürde zu Art. 2 Abs. 1 GG, einem Grundrecht mit Schrankenvorbehalt

Die Menschenwürde lässt sich methodisch als Schranke bei Grundrechten mit Schrankenvorbehalt[1124] und auch als Schranken-Schranke einsetzen und könnte damit einem Abwägungsprozess zugänglich sein. Eine relativierende Tendenz des Prinzips der Menschenwürde kann vordergründig darin zum Ausdruck kommen, dass das BVerfG die Menschenwürde dem Grundrecht der allgemeinen Handlungsfreiheit und dem darin wurzelnden Persönlichkeitsrecht des Art. 2 Abs. 1 GG zuordnet, da dieses Grundrecht verschiedenen Schranken unterliegt. Höfling bemerkt: „Die dogmatische Konstruktion als *Kombinationsgrundrecht* aus Art. 2 I i.V. mit Art. 1 I GG jedenfalls wirft mehr Fragen auf als sie Lösungen auch nur anzudeuten vermag. Dabei bleibt nicht nur offen, welche Eingriffe unter welchen Voraussetzungen trotz der Bezugnahme auf die unantastbare Menschenwürde zulässig sein sollen. In der Tendenz namentlich der neueren Judika-

---

1122 BVerfGE 56, 37 (49).
1123 BVerfGE 56, 37 (50).
1124 Vgl für Österreich nur die vielen einfachgesetzlichen Bestimmungen zur Menschenwürde.

tur des BVerfG liegt darüber hinaus auch die Gefahr einer Relativierung der Menschenwürdegarantie."[1125]

In der Entscheidung zur Volkszählung[1126] leitet das Gericht das Recht auf informationelle Selbstbestimmung aus Art 2 Abs. 1 GG und Art 1 Abs. 1 GG ab. Das BVerfG hält fest: "Dieses Recht auf 'informationelle Selbstbestimmung' ist nicht schrankenlos gewährleistet. Der Einzelne hat nicht ein Recht im Sinne einer absoluten, uneinschränkbaren Herrschaft über 'seine' Daten; er ist vielmehr eine sich innerhalb der sozialen Gemeinschaft entfaltende, auf Kommunikation angewiesene Persönlichkeit ... Grundsätzlich muß daher der Einzelne Einschränkungen seines Rechts auf informationelle Selbstbestimmung im überwiegenden Allgemeininteresse hinnehmen."[1127] In einer Entscheidung zur Kunstfreiheit formuliert das BVerfG: „Dies gilt namentlich für das durch Art. 2 Abs. 1 i.V.m. Art. 1 Abs. 1 GG geschützte Persönlichkeitsrecht. Allerdings zieht die Kunstfreiheit ihrerseits dem Persönlichkeitsrecht Grenzen. Um diese im konkreten Fall zu bestimmen, genügt es mithin im gerichtlichen Verfahren nicht, ohne Berücksichtigung der Kunstfreiheit eine Beeinträchtigung des Persönlichkeitsrechts - hier in der Form einer Beleidigung - festzustellen."[1128] In einem aktuellen Beschluß des BVerfG vom 14. 12. 2000 zum „genetischen Fingerabdruck" unterscheidet das BVerfG zwischen dem absolut geschützten Kernbereich der Persönlichkeit, „in den auch aufgrund eines Gesetzes nicht eingegriffen werden dürfte"[1129], und dem durch Art. 2 Abs. 1 GG i.V.m. Art. 1 Abs. 1 GG verbürgten Grundrecht auf informationelle Selbstbestimmung, das mit folgender Maßgabe eingeschränkt werden darf: „Diese Verbürgung darf nur im überwiegenden Interesse der Allgemeinheit und unter Beachtung des Grundsatzes der Verhältnismäßigkeit durch Gesetz oder aufgrund eines Gesetzes eingeschränkt werden; die Einschränkung darf nicht weiter gehen als es zum Schutze öffentlicher Interessen unerlässlich ist"[1130]. Das BVerfG spricht von einem Schrankenvorbehalt für Eingriffe in das auch auf Art. 1 Abs. 1 GG gestützte Recht auf informationelle Selbstbestimmung.

1125 Höfling, Die Unantastbarkeit der Menschenwürde, aaO, S. 862 mit Hinweis auf Geis, JZ 1991, 112 (114) und unter Bezugnahme auf BVerfGE 80, 367 (369)- Tagebuchbeschluß. Höfling folgert: „Die verfassungsrechtliche Beurteilung einer entsprechenden Konfliktkonstellation hat deshalb auf zwei Ebenen zu erfolgen: Zunächst ist ein Verstoß gegen Art. 2 Abs. I GG in seinem auf Privatsphärenschutz zielenden Teilgewährleistungsbereich zu prüfen, sodann ist ggf. zusätzlich noch Art. 1 I GG als Maßstabsnorm heranzuziehen."(aaO, S. 862).
1126 BVerfGE 65, 1 (41 ff).
1127 BVerfGE 65, 1 (43/44).
1128 BVerfGE 67, 213 (228).
1129 BVerfG 2 BvR 174/99 u.a., unter www.bverfg.de., Abs. 48; EuGRZ 2001, S. 70 ff (73).
1130 BVerfG, 2 BvR 174/99, siehe oben, Abs. 49; EuGRZ 2001, S. 70 ff (73).

Für das BVerfG ist also der *Kern*bereich der Persönlichkeit maßgeblicher Ansatzpunkt eines absoluten Schutzes[1131]. Bemerkenswert ist, dass das BVerfG (in einer anderen Entscheidung) formuliert: „Was die Achtung der Menschenwürde im einzelnen erfordert, kann von den jeweiligen gesellschaftlichen Verhältnissen nicht völlig gelöst werden (vgl. BVerfGE 45, 187 [229])."[1132]

Auf den ersten Blick erscheint es, dass das BVerfG die Menschenwürde wertend diskutiert und dieser Rechtsbegriff einer abwägenden Betrachtungsweise zugänglich ist. Aber: Der Umfang des Schutzbereichs des allgemeinen Persönlichkeitsrechts wird von Art. 2 Abs. 1 GG bestimmt. Die Menschenwürde nimmt hingegen dogmatisch wegen des umfassenden Schrankenvorbehalts des Art. 2 Abs. 1 GG „die Funktion einer regulativen Schranken-Schranke" ein[1133]. Letztendlich stellt das BVerfG selbst klar: "Soweit das allgemeine Persönlichkeitsrecht allerdings unmittelbarer Ausfluß der Menschenwürde ist, wirken die Schranken absolut ohne die Möglichkeit eines Güterausgleichs."[1134] Das BVerfG betont aktuell, dass sich eine Gleichsetzung der Menschenwürde mit dem allgemeinen Persönlichkeitsrecht verbietet und dies auch „in der bisherigen Rechtsprechung des BVerfG keine Stütze findet"[1135]. Der Unterschied zwischen dem allgemeinen Persönlichkeitsrecht und der Menschenwürde zeige sich etwa darin, dass „die Menschenwürde im Konflikt mit der Meinungsfreiheit nicht abwägungsfähig ist, während es bei einem Konflikt der Meinungsfreiheit mit dem allgemeinen Persönlichkeitsrecht regelmäßig zu einer Abwägung kommt"[1136].

Eine Relativierung des Begriffs der Menschenwürde lässt sich mit Blick auf *vereinzelte* Entscheidungen des BVerfG damit nicht begründen und ist in einer derartigen dogmatischen Konsequenz ausdrücklich auch nicht beabsichtigt. Wird also eine Verletzung der Menschenwürde bejaht, so bleibt sie unantastbar und entscheidet die Rechtsfrage[1137]. Nur soweit Menschenwürdeschutz gegen Men-

---

1131 Vgl hierzu und zur Bestimmung dieses Kernbereichs BVerfGE 80, 367(374 - Verwertbarkeit tagebuchartiger Aufzeichnungen im Strafverfahren).
1132 BVerfGE 96, 375 (399/400).
1133 Geddert-Steinacher, Menschenwürde, S. 84.
1134 BVerfGE 75, 369 (380), vgl auch Geddert- Steinacher, Menschenwürde, S. 85.
1135 BVerfG, Beschluß v. 25. 8. 2000, NJW 2001, S. 594 ff (594).
1136 BVerfG NJW 2001, S. 594 ff (595).
1137 Starck, Grundgesetz I, Art. 1 Abs. 1, Rn 31: "Soweit der reine Menschenwürdeschutz reicht, bleibt es dabei, daß er nicht eingeschränkt werden darf. Soweit ein Sachverhalt, z.B. die Intimsphäre des Menschen, unter den Schutz der Menschenwürde gestellt wird (Art. 1 Abs. 1 iVm Art 2 Abs. 1 GG), hat die Menschenwürde „die Wirkung, daß die recht weitgezogenen Schranken des Art. 2 Abs. 1 GG ihrerseits beschränkt werden" (Starck, aaO, Rn 31).

schenwürdeschutz steht, wäre eine Abwägung und damit eine Einschränkung verfassungsrechtlich erlaubt[1138].

cc) *Menschenwürde als Prinzip und Regel zugleich*

Alexy[1139] weist, wie bereits angesprochen[1140], dem Begriff der Menschenwürde im Bonner Grundgesetz einen Doppelcharakter zu, was im Ergebnis die Menschenwürde relativiert. Er unterscheidet im Zusammenhang mit der Normstruktur von Grundrechten zwischen Prinzipien und Regeln[1141]. Regeln sind dabei Normen, die klare Anwendungsbefehle erteilen, mithin nur erfüllt oder nicht erfüllt werden können. Grundrechte sind grundsätzlich Prinzipien, die im Fall einer Kollision zueinander mit dem Ziel der Optimierung zuzuordnen sind. Der Prozess hierzu ist abwägender Natur. Die Regel wird als Ergebnis der Abwägungsentscheidung statuiert[1142]. Die Unbestimmtheit des Begriffs der Menschenwürde begründe dabei die Offenheit der Regel[1143].

Diese Theorie wird freilich stark kritisiert[1144], insbesondere auch deshalb, weil der dem Begriff der Menschenwürde zugeordnete Absolutheitsanspruch gegen eine „konsensgetragene Wertung"[1145] ausgetauscht werde. Geddert-Steinacher[1146] weist wie Starck zum einen auf die strukturellen Unterschiede der Menschenwürdenorm zu den anderen Grundrechten hin, als Rechtsprinzip gelte sie absolut. Zum anderen sei sie nicht Gegenstand, sondern Maßstab der Optimierung von Grundrechten, die Würde des Menschen dürfe nicht zu einseitig am Konsens orientiert bleiben. Peters[1147] fasst die Einwände gegen die Theorie Alexys unter Bezugnahme auf Alexy selbst wie folgt „in Kurzformeln" zusammen:

1138 Starck, Grundgesetz I, Art. 1 Abs. 1, Rn 31.
1139 Zu Alexy vgl auch Berka, Grundrechte, Rn 136 ff.
1140 Vgl unten, Zweiter Teil II 1 d bb.
1141 Hierzu bereits Dworkin, Bürgerrechte ernstgenommen, 1984, 54 ff, 145 ff, zitiert und hingewiesen bei Berka, Grundrechte, Rn 136.
1142 vgl Berka, Grundrechte, Rn 136; vgl Enders, Menschenwürde, S. 119.
1143 Alexy, Grundrechte, S. 97; Vgl Enders, Menschenwürde, S. 123.
1144 Statt vieler Kritiker Starck, Grundgesetz I, Art. 1 Abs. 1 Rn 30, Fn 105, der auf „den strukturellen Unterschied zwischen den weiten Grundrechtstatbeständen und dem engen Würdetatbestand" hinweist. Berka lässt offen, ob dieses Denkmodell für die österreichische Grundrechtsdogmatik fruchtbar zu machen ist (Berka, Grundrechte, Rn. 137).
1145 Vgl allgemein hierzu Enders, Menschenwürde, S. 388 ff.
1146 Geddert-Steinacher, Menschenwürde, S. 129.
1147 Peters, Grundrechte als Regeln und Prinzipien, ZÖR 51 (1996),159 ff (181) unter Bezugnahme auf Alexy, Rechtssystem und praktische Vernunft (1987), in ders. Recht, Vernuft, Diskurs (1995) 213 (214), im Zusammenhang mit der Darstellung der Kritik an seiner Theorie.

„Norm statt Wert; Subsumtion statt Abwägung; Eigenständigkeit einfachen Gesetzesrechts statt Allgegenwart der Verfassung und Autonomie des demokratischen Gesetzgebers im Rahmen der Verfassung statt verfassungsgestützter Omnipotenz der Gerichte, insbesondere des Bundesverfassungsgerichts." Alexy ist sich dieser Problematik bewusst, allerdings begründet er den „Eindruck der Absolutheit"[1148] mit der spezifisch deutschen Formulierung des Art. 1 Abs. 1 GG. „Der Regelcharakter der Menschenwürde-Norm zeigt sich daran, daß in Fällen, in denen diese Norm einschlägig ist, nicht gefragt wird, ob sie anderen Normen vorgeht oder nicht, sondern nur, ob sie verletzt ist oder nicht. Angesichts der Offenheit der Menschenwürde-Norm besteht bei der Beantwortung dieser Frage freilich ein weiter Spielraum"[1149]. Alexy geht dabei von zwei Menschenwürdenormen in Deutschland aus, einer Menschenwürde-Regel und einem Menschenwürde-Prinzip[1150]. Begründet wird dies auch mit Hinweisen auf die Rechtsprechung des BVerfG[1151], wonach im Ergebnis gegenläufige Prinzipien abgewogen werden. So verwendet das BVerfG in der bereits oben erörterten Abhörentscheidung[1152] den Begriff der verächtlichen Behandlung, womit das Gericht durch die semantische Offenheit des Begriffs der Menschenwürde vordergründig eine Abwägungsmöglichkeit eröffnet. Alexy betont: „Das Menschenwürde-Prinzip kann in verschiedenen Graden realisiert werden. Daß es unter bestimmten Bedingungen mit hoher Sicherheit allen anderen Prinzipien vorgeht, begründet keine Absolutheit des Prinzips, sondern bedeutet lediglich, daß kaum umstoßbare verfassungsrechtliche Gründe für eine Vorrangrelation zugunsten der Menschenwürde bei bestimmten Bedingungen existierten. Eine derartige Kernpositionsthese aber gilt auch für andere Grundrechtsnormen. Sie berührt den Prinzipiencharakter nicht. Es kann deshalb gesagt werden, daß die Menschenwürde-Norm kein absolutes Prinzip ist. Der Eindruck der Absolutheit ergibt sich daraus, daß es zwei Menschenwürde-Normen gibt, eine Menschenwürde-Regel und ein Menschenwürde-Prinzip, sowie daraus, daß es eine Reihe von Bedingungen gibt, unter denen das Menschenwürde-Prinzip mit hoher Sicherheit allen anderen Prinzipien vorgeht."[1153] Alexy selbst formuliert, dass das Prinzip der Menschenwürde so unbestimmt wie der Begriff der Menschenwürde ist[1154]. Das Prinzip der Menschenwürde sei durch ein „Bündel von Unterprinzipien zu präzisieren, zu denen außer dem formalen Prinzip der negativen Freiheit zahlreiche materiale Prinzipi-

---

1148 Alexy, Grundrechte, S. 95.
1149 Alexy, Grundrechte, S. 95/96.
1150 Alexy, Grundrechte, S. 97.
1151 BVerfGE 30, 1 (25 ff).
1152 BVerfGE 30, 1 (26).
1153 Alexy, Grundrechte, S. 97.
1154 Alexy, Grundrechte, S. 322.

en gehören, die in Abwägungen neben das Prinzip der negativen Freiheit treten und dessen Gewicht bestimmen können"[1155].

Bewertung: Nach Alexy ist lediglich die Menschenwürde-*Regel* absolut. Er beschreibt den Vorteil dieser Konstruktion damit, dass einerseits eine Schrankenklausel entbehrlich sei und andererseits eine Abwägung zwischen dem Prinzip der Menschenwürde und anderen Verfassungsprinzipien stattfinden kann. Nachvollziehbar ist, dass sich für den Rechtsanwender durch die semantische Offenheit des Begriffs der Menschenwürde faktisch ein Beurteilungs - und Abwägungsspielraum eröffnet. Der Auffassung von Alexy ist nach meiner Auffassung aber nicht zu folgen. Zum einen ist die Menschenwürde nach dem unmißverständlichem Wortlaut des Art. 1 Abs. 1 Satz 1 GG unantastbar. Zum anderen trifft das Prinzip der Menschenwürde als Fundamentalnorm und als Leitnorm der Verfassung eine Grundaussage über das Verhältnis Staat - Bürger und kann deshalb nicht relativierbar sein, weil Beständigkeit und nicht Zeitgeist eine Verfassung konstituiert. Alexys Theorie birgt die Gefahr, dass die Menschenwürde ihren Fundamental - und Ausnahmecharakter verliert und sich als „kleine Münze" in der rechtspolitischen und rechtlichen Diskussion verbraucht. Seine Theorie mag ein beachtliches Denkmodell für die Grundrechte sein, weil das Verhältnismäßigkeitsprinzip die Grundrechte und die Grundrechtsdogmatik immer stärker durchdringt. Das Prinzip der Menschenwürde als Kern der Grundrechte und des Gleichheitssatzes sowie als konstitutives Element der Demokratie trägt den Gedanken der Absolutheit in sich, weil diese Kernbereiche der Disposition des Gesetzgebers[1156] entzogen sind und somit staatliche Interessen im Sinne einer abwägenden Interessenjurisprudenz keinen Einfluß auf die Bestimmung des Schutzguts nehmen können und dürfen.

c) Begründung der Absolutheit der Menschenwürde in Österreich

Nun gilt es zu hinterfragen, ob dem auch in Österreich existenten Prinzip der Menschenwürde ebenfalls absoluter Charakter beizumessen ist. Die vielfältige Verankerung der Menschenwürde in den einfachen Gesetzen, ihr dortiger Standort, ihre Systematik, mithin ihre Relativierung sowie die programmatischen Aus-

---

1155 Alexy, Grundrechte, S. 326. Der Freiheitsgegenstand bei der negativen Freiheit besteht in der Handlungsalternative, während der Freiheitsgegenstand bei der positiven Freiheit genau eine Handlung ist (aaO, S. 199).
1156 Nach hier vertretener Auffassung auch des einfachen Verfassungsgesetzgebers, vgl Art. 44 Abs. 3 B-VG, siehe unten, Siebter Teil VI und VII.

sagen der Landesverfassungen lassen einen absoluten Stellenwert des Rechtsprinzips der Menschenwürde in Österreich zunächst nicht erhärten[1157].

aa) Keine ausreichende Begründung einer Relativität

Eine relative Geltung des Prinzips der Würde des Menschen lässt sich auf verschiedene Weise diskutieren. Nachfolgend werden die obergerichtliche Rechtsprechung unter diesem Blickwinkel zusammengefasst und mehrere Denkmodelle einer relativierenden Geltungskraft dieses Prinzips erörtert.

- *Obergerichtliche Rechtsprechung*

Nach der Rechtsprechung des VfGH[1158] stellt die Menschenwürde einen allgemeinen Wertungsgrundsatz dar, ist bedeutsamer rechtlicher Gesichtspunkt, mithin auf den ersten Blick durchaus Kriterium einer wertenden Entscheidung. Ein absoluter Anspruch und eine Qualifizierung als Wertungsgrundsatz vertragen sich auf den ersten Blick nicht. Die genannte Rechtsprechung des VfGH zur Menschenwürde gibt aber einen sehr deutlichen Hinweis zur Frage der Unantastbarkeit und Unverfügbarkeit der Menschenwürde. Der VfGH formuliert[1159]: „Der mit einem Versuch am Menschen auch mit dessen Zustimmung zwangsläufig verbundene Eingriff in die Menschenwürde setzt voraus, daß der Test am Menschen ausschließlich dem Schutz des Menschen bzw. seiner Gesundheit dient ..."[1160]. Auch eine Zustimmung ist demgemäß nur beschränkt wirksam und vermag grundsätzlich nicht die Qualifizierung eines Sachverhalts als zulässiger Eingriff in die Menschenwürde zu steuern[1161]. Die Rechtsprechung des VfGH zu Art. 3 EMRK lässt - ausgehend von den einschlägigen Formulierungen - keine tragenden Schlüsse in die eine oder andere Richtung zu. Bedeutsam ist aber schon, dass der VfGH den Begriff der Menschenwürde ausdrücklich Art. 3 EMRK zuordnet, einem notstandsfesten und vorbehaltlosem Grundrecht. Damit kann man argumentieren - allerdings zugegebenermaßen mit nur bescheidener

---

1157 Die Exekutive erkennt bislang ein Verfassungsprinzip der Menschenwürde nicht an, wie dies in den zahlreichen bereits vorstehend im Dritten Teil unter III und IV angezeigten Regierungsvorlagen auch explizit zum Ausdruck kommt, trifft mithin auch keine Aussage zur Absolutheit eines Prinzips der Menschenwürde.
1158 VfGH v. 10. 12. 1993, VfSlg 13.635/1993.
1159 Siehe die vollständige Formulierung oben, Zweiter Teil I 2 a.
1160 VfGH VfSlg 13.653/1993, S. 635.
1161 Vgl hiezu auch Berka, Grundrechte, Rn 179, Fn 18; im übrigen zur Rechtsprechung des VfGH über wirksame Grundrechtsverzicht Berka, Grundrechte, Rn 178 mwN, z.B. Zustimmung zu polizeilichen Maßnahmen wie Hausdurchsuchung und Beschränkung der Bewegungsfreiheit.

Durchschlagskraft -, dass der VfGH die Menschenwürde einem Grundrecht zuweist, das nicht der relativierenden Dogmatik von Schutzbereich, Eingriff und Eingriffsschranken unterliegt und demgemäß nicht „relativierbar" ist.

Die weitere obergerichtliche Rechtsprechung in Österreich gab bislang keine deutlichen Hinweise auf ein unantastbares und damit nicht einschränkbares Prinzip der Menschenwürde. Insbesondere die Rechtsprechung des OGH in Zivilsachen sieht methodisch in der Menschenwürde ein Kriterium der Abwägung; freilich ist die Menschenwürde im Ergebnis in der Lage, sich durchzusetzen[1162]. Eine aktuelle Entscheidung des OGH zu § 201 StGB läßt, wie bereits dargestellt[1163], nunmehr aufhorchen. Darin wird die Menschenwürde als Ausdruck der sexuellen Selbstbestimmung dargestellt und als „absoluter, jeder Person wesensimmanenter Wert"[1164] qualifiziert. Im konkreten Fall verbot sich ein „opferbezogener Maßstab" bei einem Angriff auf eine Prostituierte.

- Menschenbild

Eine Relativität der Menschenwürde könnte sich für Österreich aus einem Menschenbild der österreichischen Bundesverfassung ergeben, das mit interpretatorischer Kraft das Prinzip der Menschenwürde durch die Zuordnung anderer Rechtsgüter, insbesondere von Pflichten und Verantwortung, relativiert. Dies könnte man auch im weiteren Sinne als Tatbestandslösung bezeichnen. Ein Menschenbild als (interpretativer) Rechtsbegriff ist aber nach bereits dargelegter Auffassung aus der Bundesverfassung nicht ableitbar[1165]. Die Begriffe der Verantwortung, Solidarität und Toleranz im jeweiligen Kernbereich sind nach meiner Auffassung dem Begriff der Menschenwürde immanent[1166].

- Gesellschaftliche Ordnung als veränderliches Moment?

Eine Relativität der Menschenwürde ließe sich auch mit einem Denkmodell in der Weise begründen, dass man der Menschenwürde ein veränderliches Moment und ein unveränderliches Moment zuweist. Unveränderlich wäre der Schutz aus Art. 3 EMRK als notstandsfestes und schrankenloses Grundrecht. Das veränderliche Moment der Menschenwürde wäre die gesellschaftliche Ordnung, die immer wieder auf neuartige und bisher nicht evidente Bedrohungen reagieren muß.

1162 Siehe hierzu die Besprechung der einschlägigen OGH-Entscheidungen, auch zu § 16 ABGB, unten, Dritter Teil II und III.
1163 Siehe oben, Zweiter Teil I 2 b cc.
1164 OGH v. 3. 8. 2000, 12 Os 72/00.
1165 Siehe hierzu oben, Zweiter Teil I.
1166 Vgl dazu unten, Sechster Teil II 1 h und g (17).

Ein Beispiel eines veränderlichen Moments wäre die wirtschaftliche Leistungsfähigkeit einer Gesellschaft, woraus sich der jeweilige Umfang eines wirtschaftlichen Existenzminimums je nach Leistungsfähigkeit bemessen kann. Ein veränderliches Moment wäre auch der Grundkonsens, aus dem der Staat gewachsen ist und latent seine Rechtfertigung schöpft. Dieser Grundkonsens kann die Prämissen einer existentiellen Grundabsicherung verändern, kann sich des Weiteren in der Form der Verbrechensbekämpfung, deren Grad der Bedrohung grundverschieden sein kann, und auch in der Beurteilung fortpflanzungsrechtlicher Fragen verändern, weil er sich neuen Gegebenheiten konfrontiert sieht. Diese in Anlehnung an Podlech[1167] vorgenommene Einschätzung eines veränderlichen und unveränderlichen Moments spiegelt sich - allerdings ohne Bezug zur Menschenwürde - in der Rechtsprechung des VfGH zu Art. 3 FortpflanzungsmedizinG wieder. Hierbei ordnet der VfGH das Streben nach Erfüllung eines Kinderwunsches mit medizinischer Unterstützung dem Schutzbereich des Art. 8 EMRK zu. Der Eingriff des Gesetzgebers bewege sich allerdings innerhalb der Schranken des Art. 8 EMRK. Der VfGH weist aber darauf hin, dass der „Gesetzgeber etwa aufgrund auf internationaler Ebene gewonnener weiterer Erkenntnisse dazu verhalten sein könnte, das Gesetz künftig solchen Erkenntnissen anzupassen[1168]. Auch das BVerfG betont aktuell, dass die Anforderungen an die Menschenwürde „von den jeweiligen gesellschaftlichen Verhältnissen nicht völlig gelöst werden" können[1169].

Die Thematik veränderter gesellschaftlicher Verhältnisse führt allerdings nicht zu einer Relativierung des Prinzips der Menschenwürde, weil der Begriff der Menschenwürde in seiner semantischen Offenheit dazu angelegt ist, neuartige Gefährdungslagen und veränderte gesellschaftliche Verhältnisse zu beurteilen.

- Übertragbarkeit des Modells von Alexy?

Wird die Menschenwürde als Prinzip und Regel zugleich definiert, kommt lediglich der Regel absoluter und damit abwägungsfeindlicher Charakter zu, wenn sich das Prinzip Menschenwürde nach einer Optimierung mit anderen Werten auf Prinzipienebene durchsetzt. Die Menschenwürde wäre hierbei nicht Maßstab, sondern Gegenstand der Verfassungsinterpretation, gleichsam ein Kriterium unter mehreren Wertungsgesichtspunkten. Diese Sichtweise käme der bisherigen obergerichtlichen Rechtsprechung in Österreich entgegen, korrespondiert aber auf der anderen Seite nicht mit der hier favorisierten österreichspezifischen Ableitung

---

1167 Podlech, GG-AK, Art. 1 Abs. 1, Rn 15.
1168 VfGH EuGRZ 1999, S. 680 ff.
1169 BVerfGE 96, 375 (399/400 - unter Verweis auf BVerfGE 45, 187[229]).

der Menschenwürde aus dem Kern und dem Wesensgehalt der Freiheitsgrundrechte, dem Gleichheitsgrundsatz sowie den Kernaussagen anderer Verfassungsprinzipien, denn Kernbereiche sind vorbehaltlos und nicht mehr einer Abwägung mit anderen Rechtsgütern zugänglich. Andernfalls könnte man auch schwerlich begrifflich von Kernbereichen sprechen. Schützt die Menschenwürde einen Kernbereich menschlicher Existenz und Autonomie, so wird damit die Absolutheit impliziert[1170]. Im Übrigen kann auf die ablehnenden Überlegungen zur Theorie von Alexy verwiesen werden[1171].

– *Menschenwürde und Verhältnismäßigkeitsprinzip*

Wie bereits dargelegt, unterscheiden sich das relativierende Prinzip der Verhältnismäßigkeit und das Prinzip der Menschenwürde nach meiner Auffassung geradezu fundamental[1172]. Stelzer gelangt allerdings zu dem Ergebnis, dass eine Beurteilung einer Wesensgehaltsverletzung auf eine Prüfung der Verhältnismäßigkeit hinauslaufe[1173]. Er kommt zu dem Ergebnis, dass der VfGH mit seiner Rechtsprechung zu den materiellen wie auch formellen Gesetzesvorbehalten einen Paradigmenwechsel[1174] vollzogen habe. Kollisionen von Grundrechten werden anhand des Prinzips der Verhältnismäßigkeit gelöst. Sieht man wie hier die Menschenwürde als materielle Kehrseite der Wesensgehaltssperre, so würde sich das Prinzip der Menschenwürde ebenfalls in dem Prinzip der Verhältnismäßigkeit auflösen. Damit wäre die Diskussion um die Dogmatik und auch Inhaltsbestimmung entbehrlich, eines Prinzips der Menschenwürde auf Verfassungsebene bedürfte es in der österreichischen Rechtsordnung nicht. Dieser Konsequenz widersprechen aber nunmehr die einschlägigen Urteile des VfGH von 1993 und des OGH von 1994 zum übergreifenden Rechtsprinzip der Menschenwürde. Ferner sind damit die Rechtsprechung des VfGH zu dem vorbehaltlosen Grundrecht des

---

1170 Vgl Höfling, Die Unantastbarkeit der Menschenwürde, JUS 1995, S. 857 ff (86o).
1171 Vgl hierzu unten, Sechster Teil I 2 b cc.
1172 Siehe unten, Zweiter Teil I 4. Berka weist auf die notwendige Güterabwägung bei der Anwendung des Verhältnismäßigkeitsprinzips hin, was „wertende Entscheidungen" im Ergebnis zur Folge habe (Berka, Grundrechte, Rn 275). In Deutschland leitet das BVerfG das Verhältnismäßigkeitsprinzip aus dem Rechtsstaatsprinzip ab: „Aus einer dritten Grundentscheidung des Grundgesetzes -dem Rechtsstaatsprinzip- schließlich hat das Bundesverfassungsgericht den Grundsatz der Verhältnismäßigkeit abgeleitet, der bei Beschränkungen von Grundrechtspositionen verlangt, daß nur das unbedingt Notwendige zum Schutze eines von der Verfassung anerkannten Rechtsgutes -hier der Bestand des Staates und seiner Verfassungsordnung- im Gesetz vorgesehen und im Einzelfall angeordnet werden darf ..." (BVerfGE 30,1 [20]).
1173 Stelzer, Wesensgehaltsargument, S. 14.
1174 Vgl Stelzer, Wesensgehaltssperre, S. 263.

Art. 3 EMRK, in der die Menschenwürde als Schutzgut begrifflich erwähnt wird, sowie auch die Intention des Verfassungsgesetzgebers selbst nicht in Einklang zu bringen, der in Art 1 Abs. 3 und Abs. 4 PersFrG das Prinzip der Verhältnismäßigkeit und die Menschenwürde dogmatisch und begrifflich unzweideutig trennt. Der VfGH weist überdies dem Gleichheitsgrundsatz einen Kern zu, der sogar der Disposition des Verfassungsgesetzgebers entzogen ist[1175]. Diese „Kernbereichsrechtsprechung" lässt sich nach meiner Auffassung auf die Freiheitsrechte übertragen. Damit ist der Relativierung von Werten, die den jeweiligen Kernbereichen zuzuordnen sind, höchstgerichtlich eine Absage erteilt.

bb) Begründung der Absolutheit der Menschenwürde in Österreich

Das Prinzip der Menschenwürde ist in Österreich wie auch in Deutschland und wohl auch der Schweiz[1176] unantastbar, mithin absolut. Dies ergibt sich aus folgenden Überlegungen.

- Teleologie

Für Österreich ergibt sich das Gebot der Unantastbarkeit der Menschenwürde aus dem Telos Menschenwürde sowie auch mittelbar aus der Bundesverfassung. Zum einen charakterisiert das Gebot der Achtung und des Schutzes der Menschenwürde den grundlegenden Staatszweck, für den Menschen da zu sein. Der Staat schöpft seine Legitimation aus der Subjekt- und nicht Objektqualität des Menschen, was sich auch im Demokratieprinzip ausdrückt. Zum anderen lässt sich der Gehalt einzelner Grundrechte, insbesondere Art. 3 EMRK sowie der Kernbereich des Gleichheitssatzes nur dann verstehen, wenn man die Einzigartigkeit und Subjektivität einerseits und die prinzipielle Achtung der Gleichwertigkeit der Menschen andererseits als tragenden Gehalt qualifiziert, wie dies dem Prinzip der Menschenwürde zugrunde liegt[1177].

1175 VfGH VfSlg 15.374/1998.
1176 Für die Schweiz folgt dies aus Art. 36 Abs 4 BV von 1999 („Der Kerngehalt der Grundrechte ist unantastbar.") und der Überlegung, dass sich im Kern der Grundrechte der Menschenwürdeschutz widerspiegelt (Müller, Grundrechte, 1999, S. 1). Auffallend ist jedoch, dass die Menschenwürde (in Art. 7 nBV verankert) unter dem Oberbegriff (Kapitel) Grundrechte geführt wird, mithin der gesetzessystematische Schluß gezogen werden könnte, die Menschenwürde verfüge auch über einen Kern, der nur für sich allein unantastbar wäre.
1177 Vgl Holoubek, Überblick über einige Grundpositionen des Grundrechtsschutzes in der jüngeren Rechtsprechung des österreichischen Verfassungsgerichtshofes, JöR Band 43, 1995, S. 573 ff, 586 - unter Verweis u.a. auf Adamovich, Grundrechte

- *Grundrechtskern und begrifflich - logische Abwägungsfeindlichkeit*

Eine Inhaltsbestimmung und Dogmatik der Menschenwürde darf deren Ableitung nicht widersprechen. Die Menschenwürde ist Kern des Demokratieprinzips, Schutzgut der vorbehaltlosen und notstandsfesten Bestimmung des Art. 3 EMRK, Kern und fester Bestandteil des Gleichheitssatzes, Ausdruck des Schutzes der persönlichen Freiheit durch das PersFrG und Teilinhalt des Rechtsstaatsprinzips. Des Weiteren ist die Menschenwürde in vielen Grundrechten als Kern enthalten. Damit lässt sich dogmatisch ein Kernbereich der Grundrechte isolieren, dem Abwägungsfeindlichkeit immanent ist. Denn Kernbereich menschlicher Autonomie und Existenz und Relativität vertragen sich nicht. Schon diese begrifflich-logische Überlegung zwingt eigentlich zur Qualifizierung der Unabwägbarkeit und Unantastbarkeit der Menschenwürde. Wird die Menschenwürde als Kern insbesondere der Freiheitsgrundrechte verstanden, so betrifft dies die meisten Freiheitsgrundrechte, die damit eine Kernidentität aufweisen. Im Ergebnis ist daher eine Grundrechtskollision im jeweiligen Kernbereich und damit eine Abwägung nur insoweit vorstellbar, notwendig und statthaft, soweit Menschenwürdeschutz gegen Menschenwürdeschutz selbst steht[1178].

- *Ableitung der Menschenwürde aus vorbehaltlosem und notstandsfestem Grundrecht des Art. 3 EMRK*

Die Ableitung des Prinzips der Menschenwürde in Österreich wird u. a. auf die vorbehaltlose und notstandsfeste Bestimmung des Art. 3 EMRK gestützt. Diese Ableitung gibt vor, dass die Menschenwürde schrankenlos wirkt, eine Qualifizierung des Art. 3 EMRK als „absolutes Grundrecht" ist zulässig[1179]. Allerdings ist die Frage immanenter Grundrechtsschranken zu diskutieren. Vorbehaltlos kann nicht schrankenlos bedeuten, denn jede Freiheit, die auf Mitmenschen einwirkt, stellt Schrankenprobleme[1180]. Die Vorbehaltlosigkeit eines Grundrechts wie Art. 3

---

heute, in: Machacek/Pahr/Stadler (Hrsg), Grund-und Menschenrechte in Österreich, Band 1, 1991, 7 ff [18 ff]). Holoubek spricht davon, dass „sowohl dem StGG 1867 wie auch der EMRK ... der Gedanke der Unantastbarkeit der Menschenwürde zugrunde(liegt); nur von diesem Grundgedanken her werden die verschiedenen Einzelgrundrechte in ihrem vollen Gehalt verständlich, ihre Bedeutung erschließt sich daher nur unter Beachtung dieser grundlegenden Teleologie".
1178 Vgl Starck, Grundgesetz I, Art 1 Abs. 1 Rn 31 und Rn 71 zu Fragen des finalen Schußwaffengebrauchs der Polizei.
1179 Berka, Grundrechte, Rn 287.
1180 Vgl Starck, Art. 1 Abs. 3, Grundgesetz I, Rn 240. Als Lösungswege bieten sich zum einen eine sogenannte Schranken-Leihe aus anderen Grundrechten an oder einer Dogmatik verfassungsimmanenter Schranken, die sich mit dem notwendigen

EMRK ist jedoch eine gewichtige Aussage. Eine Beschränkung des Schutzbereiches bedarf daher sorgfältiger Begründung. Eine dogmatische Unterscheidung zwischen vorbehaltlosen Grundrechten und Grundrechten mit Gesetzesvorbehalt muss beibehalten werden, weil andernfalls der Vorbehaltlosigkeit und Notstandsfestigkeit des Art. 3 nicht mehr in ausreichendem Maße Rechnung getragen werden kann. Der VfGH löst die Ansätze, widerstreitende Interessen im Rahmen von Art. 3 EMRK beurteilen zu müssen, dogmatisch überzeugend über eine eigene Begriffsbestimmung der „unmenschlichen Behandlung"[1181]. Allerdings wird die Rechtsprechung des VfGH zu Art. 3 EMRK oftmals als Ausprägung des Grundsatzes der Verhältnismäßigkeit qualifiziert[1182]. Nach meiner Auffassung ist mit

---

Schutz anderer verfassungsrechtlicher Güter begründen läßt. Berka bemerkt, dass es begrifflich-immanente Schranken (sachlicher Gewährleistungsbereich), sachlich-immanente Schranken (allgemeine Gesetze) und verfassungsimmanente Grundrechtsschranken (insb. entgegenstehende Grundrechte) gebe (Berka, Grundrechte, Rn 291, 293 und 292). Stelzer beschreibt sein Regel- und Prinzipienverständnis der österreichischen Grundrechte als einzig sinnvolle Weise, um mit den Schranken unbeschränkter Grundrechte umzugehen (Wesensgehaltssperre, S. 263 ff). Die Frage der immanenten Schranke falle mit der der Frage der Anwendbarkeit oder der Geltung der Grundrechte zusammen. Auch unbeschränkte Grundrechte haben als Prinzipien mit anderen Prinzipien zunächst in einen Abwägungsvorgang zu treten (Wesensgehaltssperre, vgl S. 265). Kneihs (Grundrechte und Sterbehilfe, S. 86) weist auf mehrere Möglichkeiten hin, „immanente Grundrechtsschranken interpretativ zu ermitteln". Dies gelinge entweder durch eine tatbestandsspezifische Interpretation. Die fehlende Abwägungsmöglichkeit nehme allerdings eine Verkürzung des Grundrechtsschutzes in Kauf. Eine Lösung auf der Ebene des Grundrechtseingriffs sei, dass man nur „spezifischen Maßnahmen die Qualität eines Eingriffs" attestiert (Grundrechte und Sterbehilfe, S. 87). Kneihs resümiert: „Ein Eingriff in das vorbehaltlos gewährleistete Recht ist dann zulässig, wenn er vom Gesetz vorgesehen ist, das einem öffentlichen Interesse dient, zu dessen Verfolgung geeignet und erforderlich und in Bezug auf das Grundrecht im engeren Sinne verhältnismäßig ist."(Grundrechte und Sterbehilfe, S. 89 mwN und Belegen zum Prüfungsmaßstab der Verhältnismäßigkeit in der Rechtsprechung des VfGH und des EGMR zu Art. 3 EMRK, S. 91/92, Fn 308). Kneihs hält es für möglich, bei Art. 3 EMRK „von einem absolut garantierten Kerngehalt und einem stillschweigendem Gesetzesvorbehalt auszugehen (Grundrechte und Sterbehilfe, S. 93). Das Verbot der Folter sei absolut, eine „unmenschliche oder erniedrigende Behandlung" sei interpretatorisch im Einzelfall festzustellen (Grundrechte und Sterbehilfe, S. 93). Diese Beurteilung könne auf der Tatbestandsebene oder auf der Eingriffsebene erfolgen. Aber nur eine Verhältnismäßigkeitsprüfung ermögliche eine differenzierte Prüfung und Abwägung. Obwohl die Verhältnismäßigkeitsprüfung auf einer Schrankenebene erfolge, könne diese Prüfung auch auf die vorbehaltlosen Konventionsrechte übertragen werden (Grundrechte und Sterbehilfe, S. 95).

1181 Siehe dazu bereits eingegend oben, Zweiter Teil II 2 d aa.
1182 Vgl Zellenberg, Art. 3 EMRK, in: Machacek/Pahr/Stadler, Band 3, S. 441 ff (459 ff).

dieser ergebnisorientierten Schlußfolgerung aber keine zwingendes Aussage damit verbunden, dass das in Art. 3 EMRK verankerte Prinzip der Menschenwürde relativer Natur ist. Vielmehr ist die Betrachtung naheliegend, dass es sich bei der Verwendung sogenannter relativer und abwägender Begriffe um die Bestimmung des Schutzbereichs handelt. Eine „Relativität" des Beurteilungsmaßstabs lässt sich ohnehin nicht vermeiden, weil die von Art. 3 EMRK implizit geforderte Schwere des Eingriffs[1183] zu bestimmen und in Beziehung (Relation) zum Schutzgut gesetzt werden muß[1184]. Ich meine, dass Art. 3 EMRK den Gehalt der Unantastbarkeit in sich trägt. Ist der Schutzbereich eröffnet und wird ein Eingriff bejaht, so dürfte eine Abwägung nur insofern statthaft sein, soweit ein Menschenwürdeschutz mit einem Menschenwürdeschutz kollidiert. Die Dispositionsbefugnis über Art. 3 EMRK ist dem Gesetzgeber explizit entzogen (Art. 15 Abs. 2 EMRK[1185]), da Art. 3 EMRK notstandsfest ausgestaltet worden ist. Was für den Kriegsfall oder den öffentlichen Notstandsfall gilt, kann auch nicht durch Gesetzesrecht in Friedenszeiten eingeschränkt werden. Was für den Gesetzgeber und die Exekutive gilt, gilt überdies auch für die Judikative, zumal diese an Recht und Gesetz gebunden ist.

- *Menschenwürde als materielle Seite der Wesensgehaltsperre*

Einen gangbaren Weg, den Absolutheitsanspruch der Menschenwürde dogmatisch zu begründen, eröffnet die Rechtsprechung des VfGH zur Wesensgehaltsperre[1186]. Der Wesensgehalt der Grundrechte, der nicht durch einfachgesetzliche Beschränkungen angetastet werden darf, stellt die formelle Seite eines unantastbaren Kerns der Grundrechte dar. Materiell lässt sich nach meiner Auffassung der obergerichtlich anerkannte Wesensgehalt der Grundrechte als Ausdruck der Menschenwürde begründen. Damit lässt sich das Erfordernis einer Unantastbarkeit der Menschenwürde auch im österreichischen Verfassungsrecht auf dem Bo-

---

1183 Vgl die Rechtsprechung des EGMR unten, Zweiter Teil II 2 d bb.
1184 Vgl auch Zellenberg, Art. 3 EMRK, in: Machacek/Pahr/Stadler, Band 3, S. 441 ff (458/459).
1185 Art. 15 EMRK (Abweichen im Notstandsfall): „(1) Wird das Leben der Nation durch Krieg oder einen anderen öffentlichen Notstand bedroht, so kann jede Hohe Vertragspartei Maßnahmen treffen, die von den in dieser Konvention vorgesehenen Verpflichtungen abweichen, jedoch nur, soweit es die Lage unbedingt erfordert und wenn die Maßnahmen nicht im Widerspruch zu den sonstigen völkerrechtlichen Verpflichtungen der Vertragspartei stehen. (2) Aufgrund des Absatzes 1 darf von Artikel 2 nur bei Todesfällen infolge rechtmäßiger Kriegshandlungen und von Artikel 3, Artikel 4 Absatz 1 und Artikel 7 in keinem Fall abgewichen werden." (Beck-Texte, EuR, 15. Auflage, 1999).
1186 Siehe bereits oben, Zweiter Teil II 1 d.

den der Rechtsprechung vorsichtig bestärken. Ausgehend von den Ableitungen der Menschenwürde aus Art. 1 B-VG (Demokratieprinzip) und Art. 7 B-VG (Gleichheitssatz), dem Rechtsstaatsprinzip und dem Kern geschriebener Grundrechte ergibt sich, dass es sich bei der Menschenwürde inhaltlich um einen Mindeststandard menschlicher Selbstbestimmung und Existenz handelt und vernünftigerweise nicht hinweggedacht werden kann, ohne dass dies seiner Wirkung nach einer Aufhebung des jeweiligen Prinzip gleichkäme. Eine Aufhebung dieses Verfassungsprinzips im Wege einer Relativierung verbietet auf einfachgesetzlicher Ebene die Rechtsprechung zur Wesensgehaltssperre.

- *Menschenwürde als Bauprinzip*

Qualifiziert man die Menschenwürde als Bauprinzip der Bundesverfassung nach Art. 44 Abs. 3 B-VG[1187], so ist dieses Prinzip der Disposition des Verfassungsgesetzgebers entzogen, mithin für die staatliche Gewalt unantastbar und absolut, da nicht abzuändern. Mit dieser hier nachfolgend vertretenen Auffassung kann eine Relativierung des Prinzip nur schwerlich verbunden werden, außer, man versteht den unantastbaren Gehalt der Menschenwürde als Regel, als Ergebnis eines Abwägungs- oder Optimierungsvorgangs. Diese Zweiteilung wird aber aus den schon besprochenen Gründen abgelehnt.

- *Menschenwürde als präpositiver Wert? Dogmatik des Gesellschaftsvertrages*

Die Menschenwürde könnte auch als präpositives Recht eingestuft, ihr damit Überverfassungsrang und damit immanent Unabänderlichkeit und Absolutheit zugebilligt werden. Diese Auffassung wird in Österreich vertreten[1188]. Nach der von mir dargestellten Betrachtungsweise ist das Prinzip der Menschenwürde jedoch positives Verfassungsrecht, demzufolge müssen Kriterien und Beurteilungsmaßstäbe gefunden, die sich aus dem positiven Verfassungsrecht ableiten lassen und methodischer Überprüfung standhalten können. Neben dem präpositiven Ansatz, auf den zunächst Formulierungen des StGG wie „ist gewährleistet - Art 14 Abs. 1 StGG- oder des Art 144 Abs 1 B-VG - verfassungsgesetzlich gewährleistete Rechte - hinweisen, ließe sich auch der Gedanke eines Gesellschaftsvertrages[1189] zwischen den Bürgern zur Schaffung eines Staates ins Felde

---

1187 Dazu eingehend unten, Siebter Teil.
1188 Siehe dazu bereits einleitend oben, Rezeption, Erster Teil II 2.
1189 Vgl einführend Holzleithner, Naturrecht, Grundbegriffe des Rechts, JAP 1 2000/2001, S. 3 ff.

führen. Hofmann[1190] weist unter diesem Aspekt auf die Begründung einer Solidar - und Wertegemeinschaft hin, in der die Anerkennung der Würde wechselseitig sichergestellt wird. Danach ist die Menschenwürde der Mindeststandard, der kleinste gemeinsame konsensfähige Nenner, als Grundlage und Grundvoraussetzung eines Staatsgebildes, dem sich die Bürger freiwillig unterwerfen. Kein Mensch kann vernünftigerweise[1191] wollen, dass seine Menschenwürde angetastet wird, demzufolge gewährt der Mensch über die Staatsordnung die Achtung und den Schutz der Menschenwürde auch Dritten. Bei diesem Ansatzpunkt würde das Element der Menschenwürde konstitutiv, aber nicht präpositiv wirken, da sich die Gemeinschaft der Bürger den Schutz der Menschenwürde gleichsam konkludent als Grundlage staatlicher Machtbefugnisse ausbedungen haben, als konsensfähiger, da auf unschwer verständlicher Vernunft gründender Mindeststandard einer staatlichen Rechtsordnung. Auch in diesem Falle wäre der Menschenwürde überragender und damit absoluter Rang zuzusprechen.

Die Theorie des Gesellschaftsvertrages wird nur als entlegene Mindermeinung diskutiert und soll auch hier nicht weiter vertieft werden.

II) Die Menschenwürde als Verfassungsprinzip in Österreich, verbindlich für Gesetzgeber, Verwaltung und Rechtsprechung

1) Inhaltsbestimmung

Das Prinzip der Menschenwürde ist, wie dargelegt, positives Verfassungsrecht. Wird dieses Prinzip wie hier aus dem Gehalt objektiver Prinzipien und dem Kern subjektiver Grundrechte abgeleitet, so ist zumindest die Qualifizierung als rechtlich verbindliche Maßgabe staatlichen Handelns unumgänglich. Die Einordnung als bloßer Programmsatz widerspräche der Ableitung dieses Prinzips. Ein unverbindlicher Programmsatz, gleichwohl als staatliches Leitbild, kann nicht seine Ableitung aus Grundrechten und Bauprinzipien des Staates finden. Als Zwischenergebnis ist daher zunächst festzuhalten, dass die Menschenwürde als Rechtsprinzip[1192] auf Verfassungsebene zu qualifizieren ist. Die Frage, ob das

---

1190 Hofmann, Die versprochene Menschenwürde, AÖR Band 118 (1993), S. 353 ff (371 ff - zur „Renaissance" der Gesellschaftsvertragstheorie aaO, Fn 95 mwN).
1191 Holzleithner, aaO, S. 3 (Der Vertragsgedanke ist wesentlicher Teil des Vernunftrechts).
1192 Das Erkenntnis des VfGH vom Dezember 1993 hielt Versuche am Menschen nach dem (damaligen) Chemikaliengesetz für nicht zulässig, weil die Menschenwürde als allgemeiner Wertungsgrundsatz entgegenstand. Der VfGH verzichtete in diesem Erkenntnis auf eine Aussage über die Subjektivität eines Menschenwürdeprinzips,

Prinzip der Menschenwürde als objektiv-rechtliches Prinzip oder als subjektivrechtliche Gewährleistung zu qualifizieren ist, wird sodann in einem weiteren Abschnitt zu besprechen sein.

Über den Inhalt der Menschenwürde ist hinlänglich diskutiert worden. Der Weg, auf dem man sich dem Gehalt dieses Rechtsbegriffs nähert, prägt die Bestimmung des Inhalts in nicht unerheblichem Maße. Als unterschiedliche Richtungen lassen sich zwei Konzeptionen einer Inhaltsbestimmung zusammenfassen[1193]. Eine materiale Konzeption deduziert aus dem Begriff den Inhalt. Der normative Gehalt leitet sich demzufolge aus den Begriffen Würde und Mensch und dem Sinngehalt der Zusammensetzung des Wortes ab. Eine andere Konzeption, auch als formale Konzeption zu bezeichnen, bestimmt den Inhalt der Menschenwürde aus rechtlichen Gehalten oder Teilgehalten anderer Normen, vornehmlich aus anderen Verfassungsbestimmungen, z.B. dem Kerngehalt von Freiheitsgrundrechten oder dem Gleichheitsgrundsatz[1194]. Die hier vertretene Vorgehensweise entspringt beiden Überlegungen. Die inhaltliche Tragweite wird im Wege der Auslegung ermittelt werden. Nach dem hier verstandenen weiten Begriff der Verfassungsinterpretation weist dies den Weg zu einer systematischen und teleologischen Interpretation unter dem Einfluß wertender Kriterien.

Diese Art der Auslegung beinhaltet freilich eine scharfe Gratwanderung: Die Inhaltsbestimmung eines fundamentalen und in anderen Rechtsordnungen ausdrücklich verankerten und angewandten Begriffes birgt die Gefahr, sich von östereichspezifischen historischen, systematischen und teleologischen Auslegungsparametern zu lösen oder diese in nicht befriedigendem Maße fixieren zu können. Dennoch: Die Wesensgemeinsamkeiten der Bundesverfassung in Österreich, dem Grundgesetz in Deutschland und auch der neuen Schweizer Verfassung 1999 wie auch der von Österreich mitgetragene Wertekonsens, wie er in der Grundrechte-Charta der Europäischen Union vom 7. Dezember 2000 zum Ausdruck

---

sondern beließ es -da keine Notwendigkeit bestand- bei der objektiv-rechtlichen Auswirkung. Er erkannte die Menschenwürde jedoch als eigenständiges Rechtsprinzip an. Einen positivrechtlichen oder rechtsmethodologischen Ansatz verrät das Erkenntnis leider nicht. Eine dogmatische Begründung dieses Rechtsprinzips ergibt sich nach der hier vertretenen und bereits dargestellten Auffassung aus der Ableitung aus dem Kern von geschriebenen Grundrechten und tragenden Verfassungsprinzipien.

1193 Vgl Enders, Menschenwürde, S. 6 ff, der von zunächst drei wesentlichen Konzeptionen spricht, wobei die dritte Konzeption als metaphysikkritische Konzeption hier nicht diskutiert werden soll, weil sie sich gegen den rechtsnormativen Gehalt der Menschenwürde wendet und für die Interpretation eines positiven Rechts, wie hier vertreten, damit keine Grundlage ist.

1194 Enders, Menschenwürde, S. 7/8 (mwN in Fn 20) verweist hierzu auf Podlech, GG-AK, Art. 1 Abs. 1 Rn 17 ff (fünf Komponenten).

kommt[1195], rechtfertigen auf dem Boden der gemeinsamen Geistesgeschichte (wie dem Vernunftrecht und der Aufklärung) das Wagnis, eine übergreifende und auch für Österreich verbindliche Inhaltsbestimmung der Menschenwürde zu erarbeiten.

Eine von österreichischen Vorgaben völlig losgelöste Inhaltsbestimmung kann aber schon deshalb nicht stattfinden, weil die Interpretation der Menschenwürde dem Gehalt von österreichischen Verfassungsbestimmungen zugeordnet wird. Die Bestimmung des Inhalts der Menschenwürde soll in gewissem Maße auch als Fortentwicklung und Aktualisierung des Gehalts von Grundrechten gewertet werden können. Die EMRK als österreichischer Grundrechtskatalog - eine beeindruckende Sondersituation in Europa - verpflichtet ohnehin in ihrer Präambel zur Fortentwicklung der Menschenrechte und Grundfreiheiten. Das Prinzip der Menschenwürde wird nachfolgend als Grundrecht[1196] begründet werden. Deshalb ist auch der Auslegungsgrundsatz einer größtmöglichen Grundrechtseffektivität zu berücksichtigen[1197]. Eine teleologische Auslegung der Grundrechte findet in dem auch in Österreich zunehmend anerkannten „dynamischen und evolutiven"[1198] Interpretationsmuster mit ihren Grund. Eine Begründung der teleologischen und materiell-wertenden Inhaltsbestimmung ist auch in Art. 31 der Wiener Vertragsrechtskonvention[1199] zu finden, „die eine Auslegung im Licht 'von Ziel und Zweck' eines völkerrechtlichen Vertrags vorgibt"[1200].

Zunächst ist festzuhalten, daß der Begriff der Menschenwürde aus zwei Worten zusammengesetzt ist, nämlich aus dem Begriff Mensch und dem Begriff Würde. Es ist demzufolge das Spezifische des Menschseins und das Eigentümliche von Würde zu ermitteln.

a) Mensch

Der Mensch ist - bei aller dabei aufkommenden Bitterkeit - die Krone der Schöpfung: also Sinngeber unserer Geschichte und einziger und absoluter Parameter unserer Evolution. Er unterscheidet sich damit fundamental von Tieren, Pflanzen

---

1195 Hierzu unten, Achter Teil.
1196 Hierzu unten, Siebter Teil V.
1197 Vgl Berka, Grundrechte, Rn 123; v. Münch, in: v. Münch/Kunig, GGK I, Vorb. Art. 1-19, Rn 51.
1198 Berka, Grundrechte, Rn 123: „Zumindest in einzelnen Entscheidungen hat sich auch der VfGH von den Maximen einer „dynamischen und effektiven" Interpretation der Konventionsrechte leiten lassen."
1199 BGBl. 1955/152.
1200 Berka, Grundrechte, Rn 123 zur Rechtfertigung der Interpretationsmethode durch den EGMR.

und mineralischen Daseinsformen. Der Begriff Mensch knüpft an den biologischen Begriff Mensch an, nicht an fiktive Wesen (z. B. Zombies)[1201]. Freilich können rein fiktive Darstellungen das Gebot der Achtung der Menschenwürde verletzen, insbesondere dann, wenn durch eine Darstellung dem Menschen der fundamentale Wert- und Achtungsanspruch abgesprochen wird[1202]. Das Spezifische am Menschsein ist die Einzigartigkeit und die der Reflexion zugängliche Fähigkeit, Träger von geistigen und sittlichen Werten zu sein. Ob der Begriff des Menschen innerweltlich und mehr stofflich zu verstehen ist oder metaphysische Wurzeln hat[1203], soll zunächst nicht vertieft werden. Freilich deutet ein metaphysischer Bezug des Menschen an, dass einer gesellschaftlichen Ordnung Grenzen gesetzt sind[1204]. Der Begriff des Menschen unterscheidet sich von dem Begriff der Menschheit, ist also deutlich in seinem Anspruch auf Singularität. Menschenwürde beinhaltet demgemäß auch keinen Generationenschutz. Der Begriff des Menschen unterscheidet sich ebenfalls von dem Begriff der Person, auch im Sinne einer modernen dialogischen Philosophie. Eine begriffliche Gleichstellung zwischen menschlichem und personalem Leben lässt insofern bereits der Wortlaut nicht zu, Menschenwürde ist mehr als Personenwürde[1205].

Erste Fragestellungen sind jedoch hier bereits erkennbar. Zählt zum Begriff des Menschen der Embryo oder gar die Stammzelle, erfasst der Begriff den Menschen über seine Tod hinaus? Dazu gleich Näheres.

b) Würde

Zunächst ist festzuhalten, dass wir den Begriff der Würde grammatikalisch an den Begriff des Menschen koppeln. Damit ist nach der Würde zu suchen, die sich mit der Person des Menschen verbindet[1206]. Die Koppelung des Begriffs der Würde an den Begriff des Menschen bedeutet, dass nicht nur die individuelle Würde, sondern auch die Würde „des Menschen als Gattungswesen"[1207] vom Würdeschutz des Menschen umfasst ist. Würde besitzt damit jeder Mensch „ohne Rücksicht auf seine Eigenschaften, seine Leistungen und seinen sozialen Status"[1208]. Würde ist ein unbestimmter Rechtsbegriff, der mangels konkret- histori-

---

1201 Vgl BVerfG v. 20. 10. 1992, NJW 1993, S. 1457 (1458) zu § 131 Abs. 1 StGB.
1202 BVerfG NJW 1993, S. 1457 (1459).
1203 Vgl Starck, Grundgesetz I, Art. 1 Abs. 1 Rn 6.
1204 Starck, Grundgesetz I, Art. 1 Abs. 1 Rn 6.
1205 Vgl auch § 16 ABGB.
1206 So bspw. im Gegensatz zur sogenannten Würde des Gerichts, deren Verletzung sitzungspolizeiliche Maßnahmen nach sich ziehen kann.
1207 BVerfG NJW 1993, S. 1457 (1459).
1208 BVerfG NJW 1993, S.1457 (1459).

scher Vorgaben wertend und in teleologischer Interpretation zu ermitteln ist. Der Zweck des Rechtsbegriffs der Menschenwürde liegt darin, Grundsätzliches über den Stellenwert des Menschen, mithin über das Verhältnis der Gesellschaft zum Menschen und umgekehrt auszusagen.

Die *Einzigartigkeit* des Menschen ist dem Begriff der Würde systematisch und auch teleologisch immanent. Als anschauliches, aber - wie die aktuelle Diskussion zeigt - nicht universell konsensfähiges Beispiel für eine Verletzung der Menschenwürde durch einen unzulässigen Eingriff in die Einzigartigkeit des Menschen dürfte das Klonen von Menschen gelten[1209]. Würde als Wertbegriff beinhaltet in seiner menschenspezifischen Ausrichtung vor allem *Selbstbestimmung, Autonomie*; diese Feststellung ergibt sich aus der Verfassungsrechtsordnung Österreichs, aus der das Prinzip der Menschenwürde abgeleitet wird: Der Kern der Grundrechte als Freiheitsrechte und Abwehrrechte gegen den Staat sowie das Wesentliche einer Demokratie verbürgen den Selbstbestimmungswert des Menschen in der Gesellschaft.

Menschenwürde fordert aber auch die *Achtung des anderen*, die sich als inhaltliche Kehrseite der Selbstachtung ausdrückt[1210]. Die menschliche Würde soll der Gesellschaftsordnung Grenzen setzen, mithin staatliche Macht begrenzen, soll aber auch ausdrücken, dass dem Einzelnen um seiner Selbstachtung willen als auch seines seinsmäßig vorgegebenen Stellenwertes Verpflichtungen im Sinne einer *Solidarität* obliegen, Würde mithin ein Relationsbegriff[1211] ist. Denn der Mensch empfängt seine Einzigartigkeit aus der Beziehung zu den Mitmenschen.

Freilich kann der Begriff der Würde unterschiedliche epochiale Erfahrung widerspiegeln, von zeitlichen, örtlichen und situativen Gegebenheiten abhängig sein und damit unterschiedliche Parameter aufweisen. Diese Fragen betreffen die Universalität der Menschenwürde[1212]. Ausgehend von christlichen, humanistischen und aufklärerischen Wurzeln soll der Würdebegriff auf die europäisch - abendländische Tradition zugeschnitten bleiben. Würde hat demgemäß nach konsensfähiger Auffassung auch derjenige, der sie nicht erkennt oder nicht zu erken-

---

1209 Vgl dazu das Zusatzprotokoll des Europarates zum Übereinkommen zum Schutz der Menschenrechte und der Menschenwürde im Hinblick auf die Anwendung von Biologie und Medizin über das Verbot des Klonens von menschlichen Lebewesen vom 12. Januar 1998. Vgl aber auch die andersartigen Auffassungen insbesondere in England und den USA. Zum Klonen unten, Sechster Teil II 1 g (1).
1210 Vgl Hofmann, Die versprochene Menschenwürde, AÖR 118. Band (1993), S. 353 (u. a. 375).
1211 Hofmann, Die versprochene Menschenwürde, S. 353 ff (364).
1212 Vgl hierzu Stern, Staatsrecht, III/1, § 62 - Die Universalität der Menschen- und Grundrechtsidee.

nen oder herzustellen[1213] vermag. Würde muss auch nicht erarbeitet werden. Sie ist existenzpermanent.

Der Begriff der Würde unterscheidet sich unzweideutig vom Begriff der Freiheit. Der bestimmende Unterschied beider Begriffe liegt darin, dass Würde zwar Freiheit beinhaltet, aber nicht nur Freiheit. Der Begriff der Freiheit, wie er in den Freiheitsgrundrechten zum Ausdruck kommt, ist als etwas Dynamisches, nach außen Gerichtetes zu betrachten, der Rechtsbegriff der Menschenwürde beschreibt den Menschen und weist ihm einen Schutzbereich, und nach hier vertretener Auffassung in gewissem Maße auch Verantwortung und Toleranz, zu, ist mithin statisch und nach innen gerichtet zu erfassen[1214].

Der Rechtsbegriff der Gleichheit weist im Gegensatz zu den Freiheitsgrundrechten eine strukurelle Ähnlichkeit zum Begriff der Menschenwürde auf, da dem Gleichheitsgrundsatz wie auch der Menschenwürde eine Schrankensystematik nicht zu Eigen ist. Würde und Gleichheit weisen Gemeinsamkeiten auf, sind aber freilich nicht identisch.

c) Negative Definition

Eine exakte positive und abschließende Inhaltsbestimmung der Menschenwürde im österreichischen Recht[1215] wird in Übereinstimmung mit der herrschenden Literatur und Rechtsprechung in Deutschland und auch der Schweiz[1216] nicht möglich, aber auch nicht notwendig sein. Herkömmlich wird die Menschenwürde im Sinne Dürigs[1217] negativ, d. h. über den Verletzungsvorgang definiert[1218]. Eine Verletzung der Menschenwürde liegt u. a. dann vor, wenn der Mensch zum bloßen Objekt im Staat erniedrigt wird[1219]. Als weitere erläuternde Maßgabe sollte gelten, dass die Subjektqualität der Person prinzipiell nicht in Frage gestellt werden darf, wie dies auch das deutsche BVerfG fordert[1220].

1213 Vgl Starck, Grundgesetz I, Art. 1 Abs. 1 Rn 20, der andernfalls von einem „soziologischen Mißverständnis der elementaren Menschenwürdegarantie" spricht; vgl auch Kunig, in: v. Münch/Kunig, GGK I, Art. 1 Rn 12 unter Bezugnahme auch auf BVerfGE 39, 1 (41).
1214 Vgl zur Diskussion Enders, Menschenwürde, S. 14 ff.
1215 vgl dazu Berka, Grundrechte, Rn 379.
1216 Müller, Grundrechte, S. 5.
1217 Vgl hierzu oben, Erster Teil 2 b.
1218 Höfling, Die Unantastbarkeit der Menschenwürde, S. 857 ff (859) bezeichnet den „weitgehend praktizierten Verzicht auf eine positive Begriffsbestimmung" für Deutschland als „zwangsläufige Folge des modal ausgerichteten Generalklauselcharakters des Art. 1 I GG".
1219 vgl Berka, Grundrechte, Rn 379.
1220 Statt vieler Entscheidungen BVerfGE 30, 1 (26); 96, 375 (399).

Diese negative Interpretationsmethode in Deutschland korrespondiert mit der Rechtsprechung des VfGH aus dem Jahr 1993[1221], wonach der VfGH - Bydlinski zitierend - im Ergebnis festhält, dass „kein Mensch jemals als bloßes Mittel für welche Zwecke immer betrachtet und behandelt werden darf". Fügt man die Rechtsprechung des VfGH zu Art. 3 EMRK hinzu, wonach eine erniedrigende und unmenschliche Behandlung immer dann zu bejahen ist, wenn in einem Zwangsakt eine die Menschenwürde beeinträchtigende gröbliche Mißachtung des Betroffenen als Person zum Ausdruck kommt[1222], dann rundet sich das Bild ab. Der VfGH kommt - ohne das deutsche Recht zu rezipieren - von der interpretatorischen Erschließung und auch inhaltlich der deutschen herrschenden Auffassung zur Bestimmung der Menschenwürde sehr nahe. Letztendlich werden die Umstände des Einzelfalls für die Beurteilung einer Verletzung entscheidend sein, was sich auch in der vielfältigen Judikatur des VfGH zu Art. 3 EMRK widerspiegelt. Auch die obergerichtliche Judikaturlinie des OGH als Hüter der Grundrechte in gerichtlichen Verfahren widerspricht nicht dieser Einschätzung, weil der OGH zumindest in den beiden zitierten Entscheidungen vom 14. 4. 1994 und 12. 9. 1996[1223] darauf hinweist, dass der österreichischen Rechtsordnung Vorstellungen immanent sind, wie sie dem Schutz der Menschenwürde des deutschen Grundgesetz entsprechen. Für die österreichische Rechtslehre sei stellvertretend Kopetzki[1224] genannt: „Die Menschenwürde entzieht sich einer positiven Definition, sie kann nur vom Negativen, von ihrer Verletzung bestimmt werden."

Müller[1225] führt aus schweizerischer Sicht aus, dass sich der Inhalt der Menschenwürde „vor allem in ihrer Negation" (erschließt), d. h. in Akten der Verletzung, der Diskriminierung, der Schikane, der Beleidigung". Auch Art. 3 EMRK verankere die Menschenwürde "nicht zufällig ... nur in negativer Form"[1226].

Ausgehend von der auch in Österreich von Lehre und Rechtsprechung akzeptierten Begriffsbestimmung vom Verletzungsvorgang her ist eine Auslegungsrichtung vorgegeben, die in jedem Einzelfall jedoch sorgfältiger Begründung bedarf. Dabei wird durch die Wörter „bloßes" Objekt und „gröbliche" Mißachtung ausgedrückt, dass eine Schwere[1227] der Beeinträchtigung vorliegen muss, die Ahndung weniger schwere Eingriffe dagegen der einfachen Gesetzgebung (insb.

1221 VfSlg 13635/1993.
1222 vgl Berka, Grundrechte, Rn 382 mwN.
1223 Siehe dazu unten, Zweiter Teil 2 b.
1224 Kopetzki, Unterbringungsrecht, Band 1, S. 403 mwN in Fn 2580.
1225 Müller, Grundrechte, S. 5.
1226 Müller, Grundrechte, S. 5.
1227 Vgl hierzu die Rechtsprechung des EGMR zu Art. 3 EMRK, siehe dazu bereits oben, Zweiter Teil II 2 d bb; vgl auch EGMR v. 28. 7. 1999, NJW 2001, S. 56 ff (60).

Straf- und Zivilgesetze) obliegt. Damit soll eine Verletzung der Menschenwürde auf fundamentale Eingriffe beschränkt werden, wobei die Fundamentalität nicht an den Auswirkungen zu messen ist, sondern an der Verletzung des Schutzgutes, z. B. der Einzigartigkeit oder dem Kernbereich der Persönlichkeit und der daraus erwachsenden Würde. Aus der Fundamentalität des Menschenwürdeanspruchs erwächst zugleich die bereits dargelegte Absolutheit, was sich in der fehlenden Dispositionsbefugnis des Gesetzgebers, auch des „einfachen" Verfassungsgesetzgebers ausdrückt.

d) Fundamentale Gebote und Verbote; positive Würdeparameter

Unter dem zunächst geschilderten weiten Raster einer inhaltlichen Abgrenzung der Menschenwürde zu anderen Grundrechten ergeben sich bestimmte positive Schlußfolgerungen, die sich zunächst grob in Gebote und Verbote unterteilen lassen.

aa) Für das *demokratische Prinzip*, aus dem die Menschenwürde u. a. für Österreich abgeleitet ist, bedeutet dies insbesondere die prinzipielle Beteiligung des Menschen an der staatlichen Willensbildung sowie die Gewährung eines unantastbaren Bereichs der individuellen und kollektiven Meinungsfreiheit und der Gewährleistung eines Kernbereichs der Ehre als unabdingbare Voraussetzung für demokratische Partizipation, des Weiteren auch die Gewährleistung eines Kernbereichs der politischen Grundrechte. Andernfalls wird die im Demokratieverständnis mit ausgedrückte Einzigartigkeit und Autonomie des Menschen nicht ausreichend gewahrt, mithin der Mensch zum bloßen Objekt staatlichen Handelns degradiert. Menschenwürde beinhaltet insofern einen Schutz des Kernbereichs der Kommunikation, weniger als unmittelbarer, sondern als mittelbarer Schutz der Freiheit, weil die Kommunikation prägendes Element der freiheitlichen Demokratie und damit grundsätzliche Voraussetzung von Freiheit ist. Die Wahrnehmung der Kommunikation setzt im übrigen die Sicherung des materiellen Existenzminimums voraus.

bb) Da das Prinzip der Menschenwürde die Einzigartigkeit des Menschen schützt und der Mensch nicht zum bloßen Objekt erniedrigt werden darf, ergibt sich inhaltlich die Forderung, den *Kernbereich* an Subjektivität im Sinne *der körperlichen, geistigen und seelischen Identität und Integrität*[1228] zu schützen.

1228 Vgl Hofmann, Die versprochene Menschenwürde, S. 353 ff (363). zur Definition von Identität und Integrität vgl Podlech, GG-AK, Art. 1 Abs. 1, Rn 34 mwN. Eine abschließende Definition halte ich für entbehrlich, die Begriffe können weit gefasst werden, eine Eingrenzung erfolgt über die Kernbereichsbestimmung. Zur Integrität zählt insbesondere die Unversehrtheit der Seele, des Geistes und des Körpers. Identität beinhaltet ein selbstbezogenes wie auch ein gesellschaftsbezogenes Moment,

Insofern ist die Menschenwürde auch Freiheitsrecht. Damit ist aus der Menschenwürde der Schutz und die Sicherstellung der Grundfreiheiten wie des Persönlichkeitsrechts oder beispielsweise der Glaubens - und Gewissensfreiheit abzuleiten, freilich immer unter der Vorgabe eines Schutzes des jeweiligen Kernbereichs. Aus dem Gedanken der Selbstbestimmung lässt sich zum Beispiel ableiten, „wann und innerhalb welcher Grenzen persönliche Lebenssachverhalte offenbart werden"[1229]. Damit ist aber noch nicht der Kernbereich der Selbstbestimmung und des allgemeinen Persönlichkeitsrechts benannt. Der Kernbereich des Persönlichkeitsrechts wird beispielsweise dann verletzt, wenn mittels Daten oder genetischem Fingerabdruck ein Persönlichkeitsprofil entworfen werden kann, das über einen legitimen Zweck des Gesetzes hinausgeht, wie er sich im überwiegenden öffentlichen Interesse einer wirksamen Strafverfolgung schwerer Straftaten darstellt[1230].

Die Menschenwürde umfasst unter dem Gesichtspunkt des Persönlichkeitsschutzes auch den Schutz des Kernbereichs der Ehre. Dies deshalb, weil der Ehranspruch ein Achtungsanspruch ist, der in Form der Selbstachtung und in Form der untrennbar verbundenen Fremdachtung in dem Begriff der Menschenwürde seinen Ausdruck findet. Würde ist damit zugleich ein sozialer Achtungsanspruch[1231].

Der inhaltlichen Komponente der Einzigartigkeit der Menschenwürde ist auch die Gewährleistung eines *Existenzminimums* in materieller und sozialer Hinsicht zuzurechnen. Ein Recht auf materielle Existenzsicherung ist explizit in der Bundesverfassung der Schweizerischen Eidgenossenschaft 1999 unter dem Kapitel 'Grundrechte' verankert worden[1232]. In der Sicherung der Existenz drückt sich die individuelle und gesellschaftliche Verantwortung des Menschen aus, die sich darauf gründet, dass Würde nur dann Bestand haben kann, wenn sie auch in der Erhaltung der Würde des anderen ihren Ausdruck findet. Der Mensch empfängt seine Subjektivität aus der Beziehung zur Umwelt und vor allem aus der Tatsache, dass er in Beziehung zu anderen Menschen steht und diese Beziehung wech-

---

ist mithin auch ein Relationsbegriff. Zum Begriff der Identität auch Höfling, in: Sachs, Grundgesetz, Art. 1 Rn 29, der auf den Innen- und Außenbezug hinweist.
1229 BVerfGE 80, 367 (373); gleichlautend im Wortlaut zur Thematik des genetischen Fingerabdrucks aktuell BVerfG 2 BvR 1741/99 u.a. vom 14. 12. 2000, www.bverfg.de, Abs. 49; EuGRZ 2001, S. 70 ff (73).
1230 Vgl BVerfG 2 BvR 1741/99 u. a. vom 14. 12. 2000, www.bverfg.de, Abs. 48; EuGRZ 2001, S. 70 ff (73).
1231 Vgl BayVerfGHE n. F. Band 1, 29 (32), zitiert bei Stern, Staatsrecht, Band III/1, § 58 II 7 Fn 128 (S. 31).
1232 Art. 12 (Recht auf Hilfe in Notlagen): „Wer in Not gerät und nicht in der Lage ist, für sich zu sorgen, hat Anspruch auf Hilfe und Betreuung und auf die Mittel, die für ein menschenwürdiges Dasein unerlässlich sind."

selseitig entfalten und gestalten muss. Die Versagung des Existenzminimums eines Mitmenschen im gesellschaftlichen Verbund wäre auch Ausdruck einer fundamentalen Vernachlässigung der Selbstachtung derjenigen Menschen, die über das Existenzminimum hinaus über Mittel verfügen und helfen können. Dies unterscheidet gerade den Menschen vom Tier. Ein wesentlicher Geltungsgrund der Existenzsicherung ist, dass ohne Sicherung minimaler menschlicher Bedürfnisse die Ausübung anderer Grundrechte nicht möglich erscheint, mithin auch das demokratische Prinzip als Bauprinzip der österreichischen Bundesverfassung letztendlich die Existenzsicherung fordert, weil eine Teilnahme am demokratischen Prozeß ohne die Sicherung elementarster menschlicher Belang nicht mehr gewährleistet werden kann[1233]. Zum konkreten Inhalt der Existenzsicherung wird nachfolgend Stellung bezogen.

Aus diesen Überlegungen wird ersichtlich, dass eine Verletzungsabsicht im Sinne finaler Tätigkeit nicht Voraussetzung für eine Verletzung der Menschenwürde sein muss, im Einzelfall kann jedoch eine Erniedrigungs - oder Mißachtungsabsicht ein bedeutsamer Anhaltspunkt bei der Beuerteilung einer Verletzung der Menschenwürde sein.

cc) Aus den bislang geschilderten beiden positiven Schlußfolgerungen wird deutlich, dass das Prinzip der Menschenwürde Kernaussagen über das Verhältnis Mensch und Staat trifft, sich staatliches Handeln an der Subjektqualität des Menschen zu orientieren hat und demgemäß Menschenwürde auch *Ausdruck staatlicher Machtbegrenzung ist*[1234]. Aus dieser Erkenntnis folgt auch, den Möglichkeiten der Katalogisierung und der Erstellung eines Persönlichkeitsprofil des Menschen insbesondere durch die Möglichkeiten der elektronischen Datenverarbeitung und der Genanalyse Einhalt zu gebieten[1235].

Aus dem Zweck der Menschenwürde als Standortbestimmung des Menschen im Staat und staatliche Machtbegrenzung folgt die Notwendigkeit der Kontrolle und der Justitiabilität des Prinzips selbst. Denn aus der Subjektqualität des Menschen folgt eine subjektive Rechtsstellung, die sich in der Gewährung des subjektiv-rechtlichen Zugangs zum Recht und auch in der notwendigen Effektivität seiner Rechtsschutzmöglichkeiten ausdrückt. Das Gebot der Sicherung der Men-

---

1233 Vgl auch Müller, Grundrechte, S. 166 ff. Müller beschreibt die primäre Funktion des Grundrechts auf Existenzsicherung in dem schweizerischen Sozialstaat im „Aufdecken seines menschenrechtlichen Kerns ... Der Grundgedanke bleibt auch hier: dass Menschen einander in einer solidarischen Rechtsgemeinschaft ein Minimum an Beistand schulden, wenn sie in Not sind." (aaO, S. 177/178).
1234 Podlech, GG-AK, Art. 1 Abs. 1 Rn 40, wonach die vierte Bedingung der Wahrung menschlicher Würde die Begrenzung staatlicher Gewaltanwendung ist.
1235 Vgl hierzu Berka, Grundrechte, Rn 480 ff; § 1 DSG (Verfassungsbestimmung), v. 18. 10. 1978, BGBl. 565/1978; siehe dazu nachfolgend unter Datenschutz.

schenwürde impliziert die Forderung an die Gemeinschaft, mithin den Staat, dem einzelnen Subjekt die rechtlich effektiven Hilfen zur Sicherung dieses Gebotes zur Verfügung zu stellen. Der Schutz der Menschenwürde wirkt nicht nur materiell-rechtlich, sondern auch verfahrensrechtlich[1236].

dd) Einen wesentlichen Inhalt der Menschenwürde stellt nach meiner Auffassung das Gebot eines Minimums an *Solidarität* gegenüber den Mitmenschen dar[1237]. Die Wahrung der menschlichen Einzigartigkeit gelingt nur in der Aufrechterhaltung eines Minimalkonsenses menschlicher Solidarität. Die von dem Menschen für sich in Anspruch genommene Achtung erfordert die Achtung des Mitmenschen. Würde ist mithin ein Relations - und Kommunikationsbegriff[1238]. Zur Achtung des anderen gehört im Ausnahmefall auch die *Übernahme von Pflichten und Verantwortung*, die für die Aufrechterhaltung der gegenseitigen Achtung von fundamentaler Bedeutung sind. Für Österreich korrespondiert diese Ausprägung der Menschenwürde auch mit den normativen Ansätzen dieses Prinzips. Zum einen ergibt sich aus der Zuordnung der Menschenwürde zum Kernbestand des Gleichheitssatzes eine inhaltliche Vorgabe, die Gleichwertigkeit des anderen anzuerkennen. Das Gleichheitsrecht stellt ein notwendiges Korrelat gegenüber dem Freiheitsrecht dar, aus dem Gleichheitsrecht ergibt sich der Gemeinschaftsbezug des Menschen[1239]. Zum anderen sind im Demokratieprinzip auch Pflichten begründet, u. a. der Respekt vor der Meinung des anderen, die grundsätzliche Gleichwertigkeit im demokratischen Entscheidungsprozeß und die Grundpflicht, demokratische Entscheidungen zu tolerieren. Nach der geltenden Grundrechtsdogmatik, wie sie sich insbesondere aus den materiellen Grundrechtsvorbehalten der EMRK ergibt, können die Schranken der Freiheitsrechte sinnübergreifend auch als materiell-wertende Vorgabe für die Verankerung von elementaren Grundpflichten[1240] in der Verfassung gedeutet werden. So spricht Art. 10 Abs. 2 EMRK von „Pflichten und Verantwortung" und konkretisiert diese u. a. mit dem Rechtsbegriff „in einer demokratischen Gesellschaft notwendig".

1236 Vgl Häberle, Die Menschenwürde als Grundlage der staatlichen Gemeinschaft, in: Isensee/Kirchhof, Handbuch des Staatsrechts, Band I, § 20 Rn 75/76.
1237 Vgl hierzu Art. 6 (Individuelle und gesellschaftliche Verantwortung) der neuen schweizerischen Bundesverfassung: „Jede Person nimmt Verantwortung für sich selber wahr und trägt nach ihren Kräften zur Bewältigung der Aufgaben in Staat und Gesellschaft bei."
1238 Hofmann, Die versprochene Menschenwürde, AöR 118. Band (1993), S.353 ff (364).
1239 Zur Dialektik von Freiheit und Gleichheit Berka, Grundrechte, Rn 889 ff.
1240 Vgl Berka, Grundrechte, Rn 12: „Staatliche Freiheitsschranken können legitim sein und sind in vielen Fällen sogar Ausdruck einer verfassungsrechtlichen Schutzpflicht, der sich der Staat im Interesse der Gemeinschaft und der in ihr lebenden Menschen gar nicht entziehen darf."

Ein Widerspruch zum Kerngehalt der Freiheitsrechte als Sicherung der individuellen Freiheit ergibt sich nicht; der Würde des Menschen liegt eine Dialektik immanent zugrunde. Das aus der Menschenwürde abgeleitete Erfordernis der Verantwortung umfasst freilich nicht die Verbesserung des allgemeinen gesellschaftlichen oder wirtschaftlichen Standards. Das Gebot dieser Verantwortung kann nur den eng umschriebenen Bereich umfassen, der zur Gewährleistung der Menschenwürde unabdingbar ist. Aus dem Gebot zur Übernahme von Verantwortung folgt zwingend, dass ein Kernbereich der Kommunikation gewahrt bleibt, weil nur so gewährleistet ist, dass Verantwortung wahrgenommen werden kann.

Im Rechtsprinzip der Menschenwürde ist auch ein Mindestmaß an *Toleranz*[1241] verankert. Das Prinzip der Toleranz ist Teilaspekt der Verantwortung, eigene Rechtspositionen im Sinne eines gerechten Ausgleichs mit anderen gleichwertigen Rechtspositionen zurückzunehmen und beinhaltet mithin eine Pflicht zur Rücksichtnahme. Das BVerfG ordnet das Gebot der Toleranz[1242] der Menschenwürde zu. Die Toleranz wird dabei als eine Pflicht verstanden, Grundrechtskollisionen im Sinne einer praktischen Konkordanz zum Ausgleich zu bringen. Das der Menschenwürde innewohnende Gebot der Toleranz hält dazu an, im Bereich von Spannungsverhältnissen (z.B. zwischen negativer und positiver Glaubensfreiheit) einen Ausgleich zu suchen[1243]. Freilich ist aus der Menschenwürde nur ein Mindestmaß an Toleranz abzuleiten. In vielen Fällen wird sich aus den Grundrechtsschranken bereits ein Toleranzgebot ergeben, wie z.B. das allgemeine Persönlichkeitsrecht in Deutschland explizit unter dem Vorbehalt steht, dass die Rechte anderer nicht verletzt werden dürfen (Art. 2 Abs. 1 GG). Bei vorbehaltlosen Grundrechten werden die von der Lehre und Rechtsprechung entwickelte Grundsätze einer Beschränkung in fast allen Fällen einem Toleranzgebot außerhalb oder im Vorfeld des Schutzes der Menschenwürde Rechnung tragen. Interessant ist die Feststellung des EGMR zur Freiheit der Meinungsäußerung (Art 10 EMRK), wonach u. a. die Toleranz eine unabdingbare Voraussetzung einer „demokratischen Gesellschaft" ist[1244].

1241 Vgl Volkmann, Grund und Grenzen der Toleranz, in: Der Staat, 39. Band, 2000 Heft 3, S. 325 ff. Volkmann nennt als sensible Bereiche der Toleranzproblematik die vorbehaltlosen Grundrechte der Glaubens-, Bekenntnis- und Gewissensfreiheit sowie auch der Kunst- oder Versammlungsfreiheit.
1242 BVerfGE 52, 223 (247); siehe dazu Geddert-Steinacher, Menschenwürde, S. 160 ff.
1243 BVerfGE 52, 223 (247). Geddert-Steinacher weist aus dogmatischer Sicht darauf hin, dass das Prinzip der Toleranz Leitlinie der jeweiligen Rechtsmaterie ist, „die sich aus einer auf die Würde des Menschen bezogenen teleologischen Interpretation der Rechtsmaterie ergeben" (Menschenwürde, S. 162).
1244 EGMR, Urteil v. 28. 10. 1999 (Wille/Liechtenstein), NJW 2001, S. 1195 (1197).

Festzustellen bleibt, dass der Mensch und nicht die Menschheit Schutzsubjekt der Menschenwürde ist[1245] und sich die Verantwortung aus dem Rechtsprinzip der Menschenwürde nicht auf die Verantwortung für künftige Generationen übertragen lässt. Dies würde die Menschenwürde - auch als Kerngehalt der Freiheitsgrundrechte - erheblich in ihrem Gehalt verändern, mithin würden prinzipiell auch die „Schranken der Grundrechte enger gezogen"[1246].

dd) Ein weiterer inhaltlicher Bereich der Menschenwürde lässt sich mit der Gewährleistung eines *Kernbestandes an rechtlicher Gleichheit* umschreiben[1247]. Dies korrespondiert mit der dargelegten Auffassung, dass die Menschenwürde in Österreich dem Kernbereich des Gleichheitssatzes zuzuordnen ist. Aus der Gegenseitigkeit des Achtungsanspruchs, wie er der Menschenwürde innewohnt, folgt, dass auch der Staat den einzigartigen Wert des Menschen so zu erhalten hat, dass es keine systematische Ungleichbehandlung des Menschen geben darf, die den Einzelnen allein oder in der Gruppe zum bloßen Objekt staatlicher Zielvorgaben erniedrigt. Die aus der Menschenwürde resultierende Achtung der *Gleichwertigkeit* des Menschen ist ebenfalls zentraler inhaltlicher Maßstab des Gleichheitssatzes. Der Mensch ist gleichwertige Persönlichkeit in der staatlichen Gemeinschaft[1248]. Wer einen Menschen als minderwertig qualifiziert, verletzt ihn nicht nur im Kern der Persönlichkeit, sondern auch in seinem auch im Gleichheitssatz verbürgten Anspruch auf gleichwertige Achtung. Eine willkürliche Behandlung, wie sie der Gleichheitssatz verbietet, kann ein Anhaltspunkt für eine Verletzung der Menschenwürde sein, das Hinzutreten weiterer Umstände ist, wie oben dargelegt, aber erforderlich.

1245 Vgl Kunig, in: v. Münch/Kunig, Art. 1 Rn 17; Vgl auch Geddert-Steinacher, Menschenwürde, S. 73 ff.
1246 Geddert-Steinacher, Menschenwürde, S. 74 mwN.
1247 Dies entspricht der Position insbesondere von Ermacora, siehe hierzu unter Erster Teil II 2 b. Für Deutschland vgl Podlech, GG-AK, Art. 1 Abs. 1, Rn 29. Podlech legt der Inhaltsbestimmung der Menschenwürde seine fünf Komponenten des Würdeschutzes zugrunde: Sicherheit individuellen und sozialen Lebens, Wahrung der rechtlichen Gleichheit, Wahrung der Identität und Integrität der menschlichen Persönlichkeit, Begrenzung staatlicher Gewaltanwendung und Achtung der körperlichen Kontingenz (aaO, Art. 1 Abs. 1 Rn 23 ff). Podlech formuliert zum Kern des Gleichheitssatzes, den der VfGH explizit anerkennt (jedoch nicht inhaltlich bestimmt), dass dazu das Verbot gehört, „an tatsächliche Ungleichheiten, über die der Einzelne prinzipiell nicht verfügen kann, und die daher von ihm nicht verantwortbar sind, rechtliche Ungleichheit zu binden" (aaO, Art. 1 Abs. 1 Rn 64).
1248 BVerfG, Beschl. v. 6. 9. 2000, NJW 2001, S. 61 ff (63).

e) Zusammenfassung der generell-abstrakten inhaltlichen Vorgaben

Der Inhalt der Menschenwürde konkretisiert - positiv ausgedrückt - folgende Werte:
- Die Einzigartigkeit, Einmaligkeit des Menschen.
- Der Kernbereich der Selbstbestimmung, Autonomie des Menschen.
- Der Schutz des Kernbereichs der seelischen, körperlichen und geistigen Integrität und Identität.
- Die Selbstachtung.
- Der Kernbereich eines sozialen Achtungsanspruchs.
- Das Minimum an Achtung des anderen, die sich auch in einem Mindestmaß an Solidarität, Respekt und Toleranz ausdrückt.
- Das Verbot, den Menschen zu instrumentalisieren, zu katalogisieren, mithin als bloßes Objekt zu erniedrigen, unter Außerachtlassung seiner Subjektivität.
- Die Sicherung der materiellen Existenz.
- Die Begrenzung staatlicher Macht im Kernbereich der Identität und Integrität des Menschen sowie der Schutz des Kernbereichs der demokratischer Willensbildung und Mitwirkung.
- Das Verbot systematischer Ungleichbehandlung und das Gebot der Achtung der Gleichwertigkeit.
- Die verfahrensrechtliche Absicherung des hier skizzierten Inhalts.

Diese abstrakten Parameter können freilich nur Vorgaben sein. Die Zuordnung eines konkreten Sachverhalts hängt in vielen Fällen von den Besonderheiten des Einzelfalles ab, beispielsweise von der Art der Verletzungshandlung, der Intensität des Eingriffs, einer strikten Zweckgebundenheit eines zulässigen Eingriffs, der Missbrauchsgefahr, auch in bestimmten Fällen vom Willen des Verletzenden oder des Betroffenen. Ferner kann der Bezug zu anderen oder der Allgemeinheit ein wichtiger Umstand sein, auf den man zu achten hat. Entscheidend dabei ist freilich das Schutzgut. Eine mögliche Verletzung des Schutzgutes Leben wird weniger formale und inhaltliche Komponenten zu berücksichtigen haben als eine Verletzung des Persönlichkeitsrechts.

Bei der konkret-inhaltlichem Betrachtung ist ein restriktives Verständnis der Menschenwürde angezeigt. Dies folgt aus der bereits dargelegten Einordnung als absolutes Rechtsgut, das einer Schrankensystematik und damit einer Interessen- und Güterabwägung nicht zugänglich ist. Ist eine Abwägung untersagt, kann der Schutzbereich nur auf elementare Rechtspositionen beschränkt bleiben, welche die menschliche Existenz und Autonomie im Kern berühren.

f) Dialektik der Menschenwürde - Ausdruck der Relativität?

Alexy betont in seiner neuen Grundrechtstheorie für Deutschland den Prinzipiencharakter der Menschenwürde[1249]. Die hier vorgenommene Inhaltsbestimmung der Menschenwürde - auch in der dialektischen Grundkonzeption Freiheit und Verantwortung - nähert sich auf den ersten Blick einer relativierenden Sichtweise der Menschenwürde an, wie diese im Prinzipienmodell Alexys ihren Ausdruck findet: „Das Prinzip der Menschenwürde vermag das der negativen Freiheit also sowohl zu stützen als auch zu ergänzen. Möglich ist dies, weil das Prinzip der Menschenwürde durch ein Bündel von Unterprinzipien zu präzisieren ist, zu denen außer dem formalen Prinzip der negativen Freiheit zahlreiche materiale Prinzipien gehören, die in Abwägungen neben das der negativen Freiheit treten und dessen Gewicht bestimmen können."[1250] Mit der hier angesprochenen Dialektik des Begriffs der Menschenwürde ist eine vorweggenommene Abwägung von „Unterprinzipien" und damit eine relativierende Inhaltsbestimmung der Menschenwürde nicht verbunden. Die Freiheit des Einzelnen, wie sie in der Menschenwürde auch zum Ausdruck kommt, wird nicht mit einem Prinzip der Verantwortung abgewogen, wenn es um die Beurteilung eines konkreten Einzelfalls geht. Es ist nicht möglich, die Achtung vor sich selbst mit der Achtung des anderen abzuwägen, um zu einer inhaltlichen Ausgestaltung oder damit im Ergebnis auch zu einer personellen Zuordnung des Prinzips der Menschenwürde zu gelangen. Auch ist der Teilaspekt der Verantwortung und Gemeinschaftsbezogenheit des Menschen nicht Antithese zum Teilaspekt der Selbstbestimmung. Eine Abwägung zwischen den hier vorgestellten Menschenwürdeparametern ist möglich, aber inhaltlich keine Begriffsbestimmung der Menschenwürde, sondern dann eine Abwägung im Vorfeld der Menschenwürdediskussion, beispielsweise im Rahmen der teleologischen Interpretation eines Verfassungsbegriffs oder eine juristische Argumentation im Rahmen des Verhältnismäßigkeitsprinzips.

Die Achtung des Menschen, wie dem Prinzip der Menschenwürde immanent, ist nicht teilbar. Sie nimmt nicht dem einen und gibt dem anderen. Dieses Prinzip der Achtung ist auch nicht abwägbar, es ist ein absolut wirkendes Prinzip. Freilich ist die Gratwanderung einer wertenden und abwägenden Beurteilung im Bereich der Menschenwürde scharf. Die hier vorgestellten inhaltlichen Ausprägungen sind gedankliche Vorgaben, um das Prinzip zu beschreiben. Sie sollen aber nicht als „Unterprinzipien" verstanden werden, die im Einzelfall zum Ausgleich gebracht werden müssen. Wenn die Menschenwürde ein Mindestmaß an Verantwortung gegenüber dem Mitmenschen erfordert, ist sie kein Abstrich von dem

---

1249 Alexy, Grundrechte, S. 96 ff, 322 ff.
1250 Alexy, Grundrechte, S. 326.

freiheitsrechtlichen Gehalt diese Prinzips, sondern originärer Ausdruck des Prinzips selbst. Gedankliche Vorüberlegungen zum Ausgangspunkt und Inhalt des Prinzips relativieren dieses Prinzip keineswegs und stellen keinen rechtsmethodologisch eigenständigen Zwischenschritt auf dem Weg zu einer konkreten Inhaltsbestimmung dar, sondern vermitteln eine absolut wirkende Erkenntnis.

g) Thematisierung und Konkretisierung des Prinzips der Menschenwürde

Im folgenden Abschnitt ist der Inhalt der Menschenwürde in wesentlichen Bereichen zu thematisieren und auch in gewissem Umfang zu konkretisieren. Will man Details des inhaltlichen Gehalts beschreiben, eröffnet sich der Weg über die Kasuistik. Die sogenannte Objektformel weist dabei den Weg[1251]. Da das Prinzip der Menschenwürde positiv-rechtlich für Österreich auch aus dem Kern von Grundrechten, insbesondere aus den Freiheitsgrundrechten abgeleitet wird[1252], ist damit auch der Kerngehalt von Grundrechten auszuloten. Dabei ist der oben dargestellte abstrakt-generelle Inhalt der Menschenwürde mit dem konkreten, spezifischen Gehalt eines Grundrechts in Einklang zu bringen.

(1) Menschenwürde und Lebensschutz, Recht auf Leben

Das Gebot, das menschliche Leben und dessen Einzigartigkeit zu achten, ergibt sich neben Art. 2 EMRK[1253] aus dem Rechtswert der Menschenwürde; denn die Menschenwürde schützt den Kernbereich der körperlichen Integrität und damit das Leben. Der Kernbereich des Grundrechts auf Leben (Art. 2 EMRK) besteht darin, dass der Tod des Menschen nicht das Ziel staatlichen Handelns sein

---

1251 Vgl Kunig, in: v. Münch/Kunig, Art. 1 Rn 23, der darauf hinweist, dass die Objektformel „nicht lediglich eine Floskel (ist), auch wenn sie wenig resistent ist gegen eine floskelhafte Handhabung ...".
1252 Vgl allgemein zu einem Kern des Gleichheitssatzes VfGH VfSlg 15373/1998, vgl auch Berka, Grundrechte, Rn 79. Auch für die Schweiz, in der die Menschenwürde nunmehr explizit verankert ist (Art. 7 nBV (Menschenwürde):„Die Würde des Menschen ist zu achten und zu schützen.") formuliert Müller: „Im Schutz der Menschenwürde erkennt man einen Kern der anderen Grundrechte und eine Richtschnur für deren Auslegung." (Müller, Grundrechte, S. 1). Art. 36 Abs 4 der neuen schweizerischen Verfassung formuliert in diesem Sinn: "Der Kerngehalt der Grundrechte ist unantastbar."
1253 Dazu Kneihs, Das Recht auf Leben in Österreich, JBl. 1999, Heft 2, S. 76 ff. Die Frage nach dem Schutz des ungeborenen Lebens wird ausgeklammert (aaO, S. 78 Fn 20); vgl auch Machacek, Das Recht auf Leben in Österreich, EuGRZ 1983, S. 453 ff.

darf[1254]. Der Lebensschutz verpflichtet auch den Staat, menschliches Leben zu erhalten. Die Reichweite dieser Schutzpflicht ist eines der zentralen Probleme des Prinzips der Menschenwürde[1255] und hängt insbesondere von der Bestimmung des Begriffs Mensch ab.

- Die Verhängung und Vollstreckung der *Todesstrafe* verstößt gegen das Prinzip der Menschenwürde, weil sie dem Menschen das Recht auf Leben abspricht und damit den Wert menschlichen Lebens nicht ausreichend achtet[1256]. Mit dem Ausspruch der Todesstrafe ist keine Spezialprävention, sondern Generalprävention verbunden. Der Aspekt der Generalprävention qualifiziert den Menschen zum Objekt des staatlichen Strafanspruchs und ist geeignet, auch unter diesem Gesichtspunkt die Menschenwürde zu verletzen[1257]. Für Österreich ist dies in Art. 85 B-VG iVm Art. 2 EMRK sowie in dem 6. ZProtEMRK verfassungsrechlich verankert[1258]. In Deutschland ist die Abschaffung der Todesstrafe in Art. 102 GG verankert. Für die Schweiz ergibt sich ebenfalls ein absolutes Verbot der Todesstrafe, in Friedens- und auch in Kriegszeiten[1259].

1254 Vgl Müller, Grundrechte, S. 13/14, der den gezielten Schuss der Polizei, bekannt auch als finaler Rettungsschuss, als zulässiges Risiko eines Todes zum Erhalt menschlichen Lebens qualifiziert. Dies widerspricht m.E. der Realität, weil die beabsichtigte Kampfunfähigkeit im Extremfall die schnelle Tötung durch Gehirnschuss erfordert, mithin schon von gezielter Tötung gesprochen werden muss. Man kann aber argumentieren, dass in Ausnahmefällen Menschenwürdeschutz gegen Menschenwürdeschutz steht und der Staat legitim handelt, wenn er sich für den Menschenwürdeschutz des Opfers entscheidet, mithin der Staat in einer Art Nothilfe und der ausführende Polizeibeamte in Nothilfe handelt und damit das Tun gerechtfertigt ist.
1255 Vgl Berka, Grundrechte, Rn 371 ff.
1256 Vgl Kunig, in: v. Münch/Kunig, Art. 1 Rn 36 unter Todesstrafe; Starck, Grundgesetz I, Art. 1 Abs. 1 Rn 43. Ob das Verbot der Todesstrafe seine Wurzeln in dem Prinzip der Menschenwürde hat, ist freilich nicht unumstritten.
1257 Vgl auch Podlech, GG-AK, Art. 1 Abs. 1, Rn 43, der unter einem weiteren Aspekt darauf hinweist, dass „die Vollstreckung für die an diesem Vorgang Beteiligten rechtliche Zumutung würdelosen Verhaltens (bedeutet)". Kein Bürger könne verpflichtet sein, einer staatlichen Ordnung zuzustimmen, „die an Menschen die rechtliche Zumutung richtet, sich an der Verhängung und dem Vorgang der Vollstreckung zu beteiligen". M.E. sprechen gegen die Todesstrafe aber vor allem mögliche Unzulänglichkeiten der Urteilsfindung, mithin die Irreversibilität des Urteilsspruchs. Die Achtung des Richters vor sich selbst sollte auch das Bewusstsein mangelnder eigener Unfehlbarkeit beinhalten, der Richter, auch der Laienrichter, sollte sich mithin nicht Unfehlbarkeit im Ausdruck absoluter Verfügung –wie der Todesstrafe eigen- anmaßen.
1258 Vgl hierzu Berka, aaO, Rn 366.
1259 Vgl Müller, Grundrechte, S. 14, Fn 16 unter Bezugnahme auf Art. 10 Abs. 1 nBV sowie das 6. ZProtEMRK und das 2. Fakultativprotokoll zu dem UNO Pakt II.

Im Übrigen ergibt sich aus der Natur des Menschen, dass dieser nicht unfehlbar ist, mithin auch die Richter Irrtümern unterliegen können, da sie die Rechtsfolge des Todes auch nach einer subjektiven Sachverhaltsbeurteilung aussprechen müssten. Das Risiko eines irreversiblen Fehlurteils zwingt dazu, dass der Tod als Strafe nicht zur Disposition eines Menschen stehen darf, auch wenn dieser im konkreten Fall die Gesellschaft repräsentiert. Dagegen verbietet das Prinzip der Menschenwürde keine lebenslange Freiheitsstrafe[1260]. Elementar und unerlässlich ist, dass im Strafvollzug das Prinzip der Menschenwürde gewahrt und eine prinzipielle Chance zur Resozialisierung offen bleibt[1261]. Diese Rechtsauffassung korrespondiert in Österreich mit den einfachgesetzlichen Vorgaben im Strafvollzug[1262]. Sie sind Ausdruck des übergreifenden Prinzips, die Einzigartigkeit des Menschen und damit auch sein Leben auch unter außergewöhnlichen Umständen zu wahren. Deshalb ist der Staat verpflichtet, im Falle eines Hungerstreiks dann mit künstlicher zwangsweiser Ernährung einzugreifen, wenn der Gefangene nicht mehr in der Lage ist, seinen Willen frei zu bestimmen.

Freilich wird kaum in Frage gestellt, dass der Schusswaffengebrauch der Polizei mit dem Ziel, Menschenleben zu retten[1263], aber mit der nahe liegenden Gefahr eines tödlichen Ausgangs für den Straftäter nicht gegen dessen Menschenwürde verstößt. Damit stellt man fest, dass nicht jede finale Beendigung des Lebens einen Eingriff in die Menschenwürde darstellt[1264]. Das Ziel staatlichen Handelns ist primär die Rettung menschlichen Lebens, als gegebenenfalls sichere Nebenfolge wird der Tod des Straftäters in Kauf genommen oder sogar bezweckt, um eine für das Opfer tödliche Reaktion zu verhindern. Man kann auch argumentieren, dass in einer derartigen Ausnahmesituation Menschenwürde gegen Menschenwürde steht, da auch der Täter seine Menschenwürde nicht verwir-

---

1260 Dazu vgl Starck, Grundgesetz I, Art. 1 Abs. 1, Rn 44 mwN; BVerfGE 45, 187 (240 ff) mit der Maßgabe, dass eine Chance auf Freiheit gewahrt bleiben muss. Die Wiedereingliederung des Strafgefangenen in die Gesellschaft folgt aus dem Gebot der Menschenwürde (Starck, Grundgesetz I, Art. 1 Abs. 1 Rn 45 mwN, insb. zur Rechtsprechung des BVerfG, u.a. BVerfGE 35, 202 (219 ff); vgl auch Berka, Grundrechte, Rn 379, der auf eine noch nicht abgeschlossene Diskussion in Österreich hinweist.
1261 BVerfGE 35, 202 (235 ff); Kunig, in: v. Münch/Kunig, Art. 1 Rn 36 unter Resozialisierung; aktuell BVerfG 2 BvR 1741/99 v. 14. 12. 2000, www.bverfg.de, Abs. 68 (Das Resozialisierungsgebot wird aus Art. 1 Abs. 1 und Art. 2 Abs. 1 GG i.V.m. dem Rechtsstaatsprinzip des Grundgesetzes abgeleitet); EuGRZ 2001, S. 70 ff (75).
1262 Siehe dazu und zum Grund der Regelungen bereits oben, Dritter Teil III 7.
1263 Vgl Starck, Grundgesetz I, Art. 1 Abs. 1 Rn 71; vgl allgemein zum Schusswaffengebrauch Berka, Grundrechte, Rn 383.
1264 Generell auch Hufen, In dubio pro dignitate, NJW 2001, S. 849 ff (850 mwN).

ken kann[1265]. In dieser einmaligen Situation darf aber der Staat das Interesse am Lebensschutz des Opfers gegenüber dem Lebensinteresse des Täters höher bewerten. Die Friedenssicherungs - und Ordnungsfunktion des Staates gebietet dies sogar.

- Viel schwieriger stellt sich die Frage der straffreien *Abtreibung* ungeborener Kinder dar. Die unterschiedliche Auffassungen der Höchstgerichte in Deutschland und Österreich sind bekannt[1266]. Nach der Rechtsprechung des VfGH aus dem Jahr 1974 schützt Art. 2 EMRK nicht das werdende Leben[1267]. Dieses sogenannte Fristenerkenntnis soll hier nicht mehr vertieft werden.

Der U. S. Supreme Court betont den verfassungsrechtlichen Schutz der freien Entscheidung der Frau (right of privacy) und spricht sich somit für die Zulässigkeit der Abtreibung aus[1268]. In der Schweiz ist bundesgerichtlich bislang noch nicht entschieden, ob „der freie Entscheid über ein Abtreibung im Rahmen der verfassungsrechtlichen Garantie der Persönlichkeit geschützt wird"[1269].

Meiner Auffassung nach folgt aus der einzigartigen Subjektivität des Embryos und dessen menschlicher Individualität das aus der Menschenwürde abgeleitete und daher zwingende Gebot des Staates, sich schützend vor diese Menschen zu stellen. Der Embryo ist nicht Bestandteil des mütterlichen Organismus ohne eigene Subjektqualität. Dies ergibt sich genetisch auch daraus, dass der Embryo nur zum Teil über das genetisch identische Gut der Mutter verfügt. Des-

---

1265 Vgl Starck, Grundgesetz I, Art. 1 Abs. 1 Rn 31.
1266 Laufs, in: Laufs/Uhlenbruck, Handbuch des Arztrechts, § 4 Rn 28 spricht allerdings auch für die Gesetzeslage in Deutschland ab 1995 von einer „wenig verhüllten Fristenlösung". In Deutschland folgt aus einer Verletzung der Menschenwürde nicht notwendig eine Pönalisierung. Entscheidend ist nach der Rechtsprechung des BVerfG ein wirksamer und angemessener Schutz (BVerfGE 88, 203 (254). Die rechtliche Beurteilung rechtswidrig, aber straffrei wird mithin als „Schleichweg" bezeichnet und ist auch für die Frage der Zulässigkeit der Präimplantationsdiagnostik bei der In-vitro-Fertilisation im Gespräch (vgl Geyer, Der dritte Schleichweg, FAZ v. 15. 3. 2001).
1267 VfGH VfSlg 7400/1974; für Deutschland BVerfGE 39, 1 und 88, 203; kritisch zur Rechtsprechung des VfGH aus dem Jahr 1974 auch Berka, Grundrechte, Rn 373; zur Rechtslage in der Schweiz und den USA, Müller, Grundrechte, 1999, S. 51 ff. Zum internationalen Vergleich auch Wildhaber, in: Wildhaber/Breitenmoser, IntKomm, Art, 8 Rn 228 ff. Vgl auch OGH v. 20. 10. 1982, 11 Os 104/82, wonach erst das Kind im Geburtsvorgang (mit Austritt von Kindesteilen aus dem Mutterleib) ein Mensch im Sinne des Strafgesetzbuches (§ 75 StGB) und nicht mehr Leibesfrucht ist.
1268 Müller, Grundrechte, S. 54 Fn 72 mwN.
1269 Müller, Grundrechte, S. 53. Offensichtlich hat das Bundesgericht bislang auch noch nicht entschieden, ob der Embryo unter dem Schutz des Lebens oder jetzt in der neuen Bundesverfassung unter dem Schutz der Menschenwürde steht.

halb ist die Entscheidung für oder gegen den Embryo nicht dem Bereich privater Lebensgestaltung der Frau zuzuordnen[1270]. Freilich ist der Embryo nicht „Subjekt eines sozialen Achtungsanspruchs"[1271], wie er der Menschenwürde ebenfalls innewohnt. Achtung beinhaltet aber auch Selbstachtung. Und zur Selbstachtung gehört, dass wir diejenige Würde, die wir selbst in der Ermöglichung des Lebens erfahren haben, auch denjenigen zukommen lassen und weitergeben, die ihre Rechte (noch) nicht selbst wahrnehmen können und gerade deshalb eines ganz besonderen Schutzes bedürfen. Der Einwand, ein Embryo sei kein Mensch und der Schutz der Menschenwürde greife daher nicht, geht völlig fehl. Mensch ist, wer von Menschen gezeugt wurde[1272]. Es kommt keinesfalls darauf an, ob man sich der Würde bewusst ist oder sie zu wahren kann[1273]. Deshalb verletzt auch verbrauchende Embryonenforschung das Prinzip der Menschenwürde, da der Embryo als bloßes Objekt der Forschung genutzt wird. Meiner Einschätzung nach besteht aus rechtlicher Sicht auch kein Zweifel daran, daß der in vitro gezeugte Embryo ein Mensch ist[1274]. Weder allein die Erzeugung in vivo noch erst die Nidation können aus naturwissenschaftlicher Sicht zwingend ein Menschsein, also die schützenswerte Subjektivität, begründen. Der Embryo in vitro ist überdies wesentlich schutzbedürftiger, weil die Symbiose von Frau und Leibesfrucht noch nicht hergestellt ist.

Sehr problematisch, aber auch in Deutschland gesetzlich akzeptiert, ist der Verbrauch überzähliger Embryonen bei der künstliche Befruchtung[1275].

- Äußerst schwierig sind Fragen, ab welchem Tag nach der Empfängnis oder ab welchem Entwicklungsstand des werdenden Lebens das Rechtsprinzip der Menschenwürde greift und Schutz gewährt[1276]. Dies berührt auch Probleme der Biotechnologie. Derartige Fragen lassen sich nur wertend auf dem Boden hu-

---

1270 Vgl Kannengießer, in: Schmidt-Bleibtreu/Klein, Grundgesetz, Art. 1 Rn 17a.
1271 Hofmann, Die versprochene Menschenwürde, AöR 118. Band (1993), S. 353 ff (376).
1272 Kunig, in: v. Münch/Kunig, Art. 1 Rn 12.
1273 Vgl BVerfGE 39, 1 (41); zur Frage der Rechtssubjektivität des Embryo Geddert-Steinacher, Menschenwürde, S. 66 ff.
1274 Zum verfassungsrechtlichen Status des Embryos in vitro und der Ansicht, daß „die Menschenwürde als subjektives Recht auf das ungeborene Leben nicht anwendbar ist", Ipsen, Der verfassungsrechtliche Status des Embryos in vitro, JZ 2001, S. 989 ff (993). Das BVerfG in Deutschland hat bekanntlich diese Frage (noch) nicht entschieden.
1275 Vgl hierzu Laufs, in: Laufs/Uhlenbruck, Handbuch des Arztrechts, § 129 Rn 33/34 mit Hinweisen auf die vergleichsweise niedrige Erfolgsqote einer In-vitro-Fertilisation.
1276 Hierzu Starck, Grundgesetz I, Art. 1 Abs. 1, Rn 18 (mit Hinweis auf BVerfGE 39, 1, 37 - ab der Nidation, 14. Tag nach der Befuchtung). vgl auch Berka, Grundrechte, Rn 368.

manmedizinischer Erkenntnisse lösen. Legt man den Zeitpunkt des Würdeschutzes vor den Zeitpunkt der Nidation, ergeben sich Widersprüche zur Zulässigkeit nidationshemmender Maßnahmen wie der Verwendung der Spirale[1277]. Tatsache ist aber, dass der Mensch in seiner genetischen Einzigartigkeit bereits mit der Verschmelzung von Ei- und Samenzelle[1278] angelegt ist und deshalb ab diesem Zeitpunkt konsequenterweise die menschliche Existenz bejaht werden muss[1279]. Subjektive Empfindungen haben bei dieser rechtlichen Beurteilung außer Betracht zu bleiben. Freilich ist ein Fötus von der bildlichen Betrachtungsweise einem menschlichen Antlitz näher als ein embryonaler „Zellhaufen". Entscheidend ist aber das „Potential, ein Mitglied der menschlichen Gemeinschaft werden zu können"[1280]. Im rechtlichen Grenzbereich nidationshemmender Empfängnisverhütung ist dem Staat auf Grund eines überwältigenden gesellschaftlichen Konsenses ein Beurteilungsraum zuzubilligen[1281], der auch konträre Persönlichkeitsrechte der Frau zu schützen vermag und damit ihre Würde zu wahren weiß.

- Nicht minder schwieriger sind die Fragen zu beantworten, ob Eingriffe in das menschliche Genom, insbesondere Veränderungen an Spermatozoen oder Eizellen, die für die Befruchtung bestimmt sind[1282], bereits vor der Verschmelzung von Samen - und Eizelle gegen die Menschenwürde verstoßen, weil diese Eingriffe die Einzigartigkeit des Menschen und damit seine Würde im Vorfeld manipulieren[1283]. Eine unbefruchtete isolierte Ei - oder Samenzelle ist in ihrem Entwicklungsstadium keinesfalls als menschliche Existenz zu klassifizieren. Unter diesem Gesichtspunkt verstößt deshalb eine Manipulation an diesen Zellen im Vorfeld der Verschmelzung nicht gegen die Menschenwürde. Mit dem Eingriff in das menschliche Genom kann auch die genetische Eigenschaft nachfolgender Generationen verändert werden; es handelt sich mithin nicht um eine zeitlich

---

1277 Vgl dazu Geddert-Steinacher, Menschenwürde, S. 63.
1278 Kunig, in: v. Münch/Kunig, Art.2 Rn 49; Starck, Grundgesetz I, Art. 1 Abs. 1 Rn 18 mwN; das BVerfG geht davon aus, dass dem Leben mit der Nidation Menschenwürdeschutz zu Eigen wird (Starck, Grundgesetz I, Art. 1 Abs. 1 Rn 18 mit Hinweis auf BVerfGE 39, 1 (37)).
1279 So auch Stern, Staatsrecht, Band III/ 1, § 70 IV 5 a (S. 1059 mwN); auch R. Kollek, Der Spiegel, Nr. 1/1.1.01, S. 146 ff (146); auch Laufs, in: Laufs/Uhlenbruck, Handbuch des Arztrechts, § 129 Rn 5.
1280 Kollek, aaO, siehe oben, S. 146.
1281 Vgl BVerfGE 88, 203 (254) zum Untermaßverbot, das allerdings keinen „Beurteilungsspielraum" eröffnet.
1282 Zum Verbot der Keimbahntherapie Bernat, Das österreichische Recht der Medizin - eine Bestandsaufnahme, JAP 3 1999/2000, S. 105 ff (112 mit Hinweis auf § 9 Abs. 2 FortpflanzungsmedinzinG und § 64 GentechnikG); Vgl Art. 13 der Bioethik-Konvention des Europarates vom 4. April 1997.
1283 Vgl Geddert-Steinacher, Menschenwürde, S. 65/66.

vorübergehende oder überschaubare Maßnahme. Allerdings ist die Menschheit und die zukünftige Generation nicht unmittelbares Schutzgut der Menschenwürde, sondern nur der einzelne Mensch. Aber die Menschenwürde der Handelnden zwingt dazu, die Einzigartigkeit des entstehenden Lebens zu achten und die angelegte seelische, körperliche und geistige Identität zu wahren. Dies ist auch eine Frage der Selbstachtung, die der menschlichen Würde immanent ist. Eine weitere Überlegung ist, dass das Prinzip der Menschenwürde als Kern des Gleichheitssatzes den Schutz der Gleichwertigkeit gebietet. Manipulationen im Vorfeld der Geburt im Sinne einer positiven Eugenik verletzen mithin den Kern des Gleichheitssatzes[1284]. In ihrer Würde müssen alle Menschen gleich sein. Daraus folgt die Pflicht des Staates, präventiv und repressiv im Vorfeld solche Verstöße auf einfachgesetzlicher Ebene zu verhindern. Auch Eingriffe in den genetischen Code *nach* der Verschmelzung (z. B. im Wege künstlicher Befruchtung) instrumentalisieren den wachsenden Menschen für Vorstellungen Dritter und stellen daher grundsätzlich einen Eingriff in die Menschenwürde dar. Unstreitig sollte sein, dass die Einzigartigkeit und Einmaligkeit des Menschen nicht zur Disposition stehen kann. Der Schutz der Menschenwürde umfasst auch die „Unwiederholbarkeit"[1285] des Einzelnen.

Medizinisch gebotene Maßnahmen (z. B. Impfungen) oder Therapien (Strahlen - oder Chemotherapie) können die Erbinformation von Keimbahnzellen verändern. Diese Art der Veränderung von Keimzellen ist darauf gerichtet, Leben zu erhalten. Entsprechende Interventionen unterliegen deshalb nicht den oben genannten Kriterien einer Verletzung der Menschenwürde. Auch die *somatische Gentherapie* (Veränderung von erwachsenen Körperzellen und nicht Keimbahnzellen) berührt deshalb nicht das Prinzip der Menschenwürde.

- Im Jahr 1999 erregte die *Stammzellen*forschung aufsehen[1286], wonach pluripotente menschliche Zellen in Kultur gehalten werden können und mit ihnen u. a.

1284 Vgl Podlech, GG-AK, Art. 1 Abs. 1 Rn 51; Podlech hält dazu fest, dass die Problematik der „unaufhebbaren körperlichen Kontingenz" entspringt „und in der Bedrohung des selbstbestimmten Verhältnisses des Menschen zu seinem Körper, seiner genealogischen Identität und seiner sozialen und rechtlichen Gleichheit in der Gesellschaft auch dann (besteht), wenn körperliche Kontingenz ihn aus der tatsächliche Gleichheit auszusondern droht. Problemort ist daher die Würde des Menschen und nicht allein seine körperliche Unversehrtheit".
1285 Kunig, in: v. Münch/Kunig, Art. 1, Rn 36 zur Gentechnik.
1286 Embryonale Stammzellen lassen sich aus Blastozysten nach künstlicher Befruchtung (auch im Wege therapeutischen Klonens) oder aus abgetriebenen oder abgegangenen Föten (5. - 11. Schwangerschaftswoche) nach natürlicher Befruchtung gewinnen. Vgl zu der Problematik die auch im Internet veröffentliche Stellungnahme der DFG (Deutsche Forschungsgemeinschaft) „Große Chancen für die Medizin - rechtliche und ethische Bedenken, Nr. 10, vom 19. März 1999-http://www.dfg.de.

in Zukunft Organe gezüchtet werden könnten. Diese Fähigkeit, pluripotente Stammzellen zu isolieren und zu erhalten, eröffnet für die Forschung insbesondere die Möglichkeit zur Entwicklung von Zelltransplantationstherapien und Organentwicklungen zur Bekämpfung von Krankheiten ohne bisherige Therapiemöglichkeit (z.B. Morbus Alzheimer) oder von stark verbesserten Therapien gegen Krebs oder die Parkinson'sche Krankheit. Dieses Forschungsinteresse ist unter dem Gesichtspunkt der Preisgabe menschlichen Lebens zu verbieten, wenn embryonale[1287] Stammzellen aus Blastozysten (Embryonen während des ca. 4. - 7. Tages der Entwicklung) gewonnen werden.

Entscheidende Fragen für die Zulässigkeit der Forschung an Stammzellen sind mithin die Art der Gewinnung, die ausgewiesenen Ziele und die sich tatsächlich eröffnenden weiteren Möglichkeiten. Die Forschungsfreiheit hat gegenüber dem absolut geltenden Prinzip der Menschenwürde zurückzutreten[1288], was die Herstellung *embryonaler* Stammzellen für Forschungszwecke verbietet[1289]. Die Forderung nach der Gewinnung von embryonalen Stammzellen offenbart meiner Einschätzung nach ein fragwürdiges utilitaristisches Menschenbild. Eine vergleichbare Situation mit der Abtreibungsproblematik besteht insofern nicht, weil der Grundrechtsschutz der Mutter (Leben, Würde, Handlungsfreiheit) mangels Symbiose von Frau und Leibesfrucht nicht einschlägiges weiteres Beurteilungskriterium sein kann.

Die Herstellung embryonaler Stammzellen ist in Deutschland strafrechtlich verboten, vgl. §§ 2, 6 EschG.
1287 Im Gegensatz zu adulten Stammzellen.
1288 Aber anders Müller, Grundrechte, 1999, S. 321 ff, der im Einzelfall eine Güterabwägung zwischen dem Anliegen der Wissenschaftsfreiheit und auch der Menschenwürde favorisiert. Zu biomedizinischen Fragestellungen unter dem Gesichtspunkt der Menschenwürde vgl auch Höfling, in: Sachs, Grundgesetz, Art. 1, Rn 21 ff, der im Bereich der Gentechnik und hierbei im Bereich der Gentherapie an menschlichen Keimzellen (im Gegensatz zur somatischen Gentherapie) auf die Problembereich „intergenerative Implikationen" und die Abgrenzung zwischen kurativer, negativer Eugenik und meliorativer, positiver Eugenik hinweist.
1289 Anders als die hier vertretene Ansicht Taupitz, Der rechtliche Rahmen des Klonens zu therapeutischen Zwecken, NJW 2001, S. 3433 ff (3437, unter Hinweis auf Widersprüche zu zulässigen nidationshemmenden Maßnahmen und unter Verweis auf die Problematik zulässiger überzähliger Embryonen bei der künstlichen Befruchtung nach dem deutschen Embryonenschutzgesetz. Vgl auch Schulz, Schleichende Harmonisierung der Stammzellforschung in Europa, ZRP 2001, S. 526 ff, mit Aussagen zur Rechtslage in Österreich (aaO, S. 527 ff). Zum „Gebot" einer Forschung an Embryonen in vitro und einer Entwicklung einer Stammzellentherapie vgl Ipsen, Der „verfassungsrechtliche Status" des Embryos in vitro, JZ 2001, S. 989 ff (996). Zu Problemen der Stammzellenforschung und zu den Voraussetzungen einer Zulässigkeit des Imports von Stammzellen, Herdegen, Die Menschenwürde im Fluß des bioethischen Diskurses, JZ 2000, S. 773 ff (775 ff).

- Das *Klonen* eines Menschen ist in Österreich[1290] wie in Deutschland[1291] bereits einfachgesetzlich verboten. Die Schweiz bestätigt in der neuen Bundesverfassung (Art. 119 Abs. 2 nBV, ehemals Art. 24novies BV) ausdrücklich das Verbot des Klonens[1292]. Auch das Europäische Parlament in Straßburg wendet sich mit Blick auf das Vereinigte Königreich in einer Entschließung vom 7. 9. 2000 gegen das Klonen von Menschen, und zwar ohne Unterscheidung zwischen therapeutischem Klonen und Klonen zu Reproduktionszwecken[1293]. Das Verbot des Klonens ergibt sich aus der Würde des Menschen, die einen Anspruch auf eine einzigartige und unverwechselbare genetische Identität vermittelt. Das Klonen von Menschen als „Tabubruch der Babymacher"[1294] wird sich bei realistischer Betrachtung jedoch kaum verhindern lassen. Presseberichten zufolge beabsichtigen italienische und amerikanische Reproduktionsmediziner wie Severino Antinori oder Panos Zavos demnächst, entkernte Eizellen mit einer Spender - DNS zu versehen und die dabei entstehende Blastozyste als genetische Kopie des Spenders in eine menschliche Gebärmutter einzupflanzen. Als Argument für die Zulässigkeit des Klones wird insbesondere ein Grundrecht auf Fortpflanzung genannt, gleichsam ein Menschenrecht auf Nachkommen[1295] und damit ein Recht des Menschen auf Weitergabe seines genetischen Codes. Die Entwicklung des

---

1290 Vgl aber Schulz, Schleichende Harmonisierung der Stammzellenforschung in Europa, ZRP 2001, S. 526 ff, mit Aussagen darüber, daß nach Kopetzki das therapeutische Klonen mangels Verbot erlaubt sei (aaO s. 528).

1291 Vgl § 6 Abs. 1 EmbryonenschutzG. Auf europäischer Ebene ist das Zusatzprotokoll der so genannten Bioethik-Konvention des Europarates (v. 4. April 1997) vom 12. Januar 1998 bedeutsam, das ein umfassendes Verbot des Klones menschlicher Lebewesen vorsieht.

1292 Art. 119 Abs. 2 nBV: „Der Bund erlässt Vorschriften über den Umgang mit menschlichem Keim- und Erbgut. Er sorgt dabei für den Schutz der Menschenwürde, der Persönlichkeit und der Familie und beachtet insbesondere folgende Grundsätze: a. Alle Arten des Klonens und Eingriffe in das Erbgut menschlicher Keimzellen und Embryonen sind unzulässig." Vgl hierzu I. Wildhaber, Auf dem Weg zu einem eidgenössischen Fortpflanzungsmedizingesetz: Quo vadis?, in: Bernat (Hrsg), Die Reproduktionsmedizin am Prüfstand von recht und Ethik, RdM, Band 11, S. 84 ff (87).

1293 EuGRZ 2000, S. 495/496. Vgl aber Art. 3 Abs. 2 EU-Charta (Verbot des reproduktiven Klonens).

1294 Bethke Philip, Larotta Beate, Traufetter Gerald, Tabubruch der Babymacher, in: Der Spiegel, 6/2001, S. 204. Nach Darstellung des Spiegel soll in Österreich der Innsbrucker Frauenheilkundler Prof. Illmensee das Klonen bei Unfruchtbarkeit, die nicht anders zu behandeln ist, für gerechtfertigt halten und ggfs für die Realisierung im Team von Antinori entscheidende Beiträge leisten (aaO, S. 205, auch S. 206). Die wird bestätigt durch einen Bericht des Focus, Sündenfall als Forschungsziel, 8/2001, S. 158.

1295 Vgl Antinori, Spiegel-Gespräch, in: Der Spiegel 6/2001, S. 205 ff (206).

Klonens beinhaltet auch die Entnahme von Körperzellen eines toten Menschen und deren Einpflanzung in entkernte Eizellen. Man könnte somit auch Verstorbene mit genetischer Identität reproduzieren. Derzeit sind derartige Techniken mit unwägbaren Risiken und wohl auch verschwindend geringer Erfolgsquote[1296] verbunden. Dies wird sich aber nach menschlicher Erfahrung ändern. Festzuhalten bleibt, dass in den Ländern, die sich zum Prinzip der Menschenwürde bekennen und dieses Prinzip als überragendes Rechtsgut anerkennen, ein Klonen von Menschen verfassungsrechtlich verboten ist und insofern die Menschenwürde im Konflikt mit einem Recht auf Fortpflanzung auch nicht abwägungsfähig ist. Die Achtung vor dem künftigen Leben gebietet es, das Klonen wirkungsvoll zu verbieten und damit auch Menschen zu ersparen, sich in ihrem Leben lediglich als Kopie eines anderen Menschen zu erfahren. Die Menschenwürde vermittelt insofern ein absolutes Recht auf genetische Singularität[1297]. Dabei wird nicht verkannt, dass die Einzigartigkeit des Menschen nicht nur von den genetischen Anlagen, sondern auch von den Umweltbedingungen und den daraus fließenden psychosozialen Einflüssen geprägt wird[1298]. Eine Rechtfertigung für das Klonen lässt sich freilich daraus nicht ableiten. Denn die Problematik der eigenen Identitätsfindung wird dadurch nicht beseitigt. Auch ist zu bedenken, dass die Umweltbedingungen gleich gestaltet werden können und insofern eine annähernd gleiche Individualisierung bewirkt werden kann.

Da der Embryo als werdender Mensch unter dem Schutz der Menschenwürde steht, verbietet sich auch das *therapeutische* Klonen, wonach aus embryonalen Stammzellen beispielsweise Nervenzellen oder Insulin bildende Pankreaszellen[1299] hergestellt werden sollen. Die notwendige Forschung zur Bekämpfung von bisher nur unzureichend oder gar nicht behandelbaren Krankheiten mündet dabei aber in keine Sackgasse. Es eröffnet sich der Weg über Stammzellen ohne embryonale Züchtung, nämlich im Sinne der Entnahme von Stammzellen bei erwachsenen Menschen.

1296 Vgl hierzu Der Spiegel, 10/2001, S. 210.
1297 Die natürliche Identität des eineiigen Zwillings ist hier freilich auszunehmen. Die Singularität von eineiigen Zwillingen wird im Miteinander und Nebeneinander definiert „und nicht nach einem Vorbild mit Lebensvorsprung" (Kentenich, in: Der Spiegel, 10/2001, S. 212. Eineiige Zwillinge sind nicht identisch mit einem Elternteil.
1298 Vgl Markl, Der immer weitere Horizont, in: Focus, 11/2001, S. 180 ff (182). Markl spricht davon, dass das menschliche Genom „eine programmatische Starthilfe für einen Entwicklungsprozeß gibt".
1299 Vgl Kunz/Miketta/Sanides/Röper/Bartholomäus/Gofferje/kallinger, Sündenfall als Forschungsziel, in: Focus 8/2001, S. 155 ff (157).

Möglicherweise ist in Zukunft die Reprogrammierung pluripotenter Zellen in totipotente Zellen machbar[1300]. Dies eröffnet weitere Perspektiven des menschlichen Klonens. Dieser Hinweis soll genügen um darzustellen, dass das Prinzip der Menschenwürde nicht in der Lage sein wird, alle Probleme im Umgang mit Keimzellen oder Stammzellen zu lösen. Neben berufsrechtlichen Regelungen ist - entsprechender gesellschaftlicher Konsens vorausgesetzt - auch das Strafrecht ein angemessenes Mittel, gentechnische Möglichkeiten zu unterbinden.

- Eine virulente Thematik stellt die Präimplantationsdiagnostik (PID) insbesondere in der Ausformung dar, dass ein im Wege künstlicher Befruchtung erzeugter Embryo vor der Implantation auf erhebliche Erbschäden untersucht und im Falle positiver Bestätigung entsorgt werden soll. In Deutschland wird die Frage kontrovers diskutiert, ob die PID mit dem Verfassungsrecht vereinbar ist[1301]. Erörtert wird auch die Frage, ob die PID gegen geltendes einfaches Recht, nämlich das Embryonenschutzgesetz, verstößt. Die Mehrheit bejaht einen Verstoß gegen das geltende Recht[1302]. Die ethisch - rechtlichen Fragen einer PID sind insbesondere unter dem Blickwinkel der Menschenwürde zu diskutieren, da es sich um Eingriffe am Embryo mit dem Ziel handelt, über die Implantation oder Entsorgung eine Aussage zu treffen. Denn die pränatalen Therapiemöglichkeiten sind sehr begrenzt.

Es ist zu differenzieren, ob bereits die Diagnostik selbst gegen das Prinzip der Menschenwürde verstößt und wie die Vernichtung eines nicht gewünschten Embryos zu beurteilen ist. Große Bedenken hinsichtlich der Freigabe einer PID bestehen zunächst - wie bei der pränatalen Diagnostik allgemein - in der medizinischen, rechtlichen und damit auch weitgehend moralischen Vermittlung eines Anspruchs auf ein gesundes Kind. Eine so geförderte Erwartung eines gesunden

---

1300 Vgl zum Begriff der Totipotenz und dem wissenschaftlichen Disput hierzu: Deutscher Bundestag, Drucksache 13/11263 vom 26. 6. 1998.
1301 Vgl Limbach, Menschenwürde und medizinischer Fortschritt, Welt (deutsche Zeitung), 26. 5. 2001. Limbach weist als Präsidentin des deutschen Bundesverfassungsgerichts darauf hin, dass die Urteile des BVerfG zur Abtreibung aus den Jahren 1975 und 1993 „keine Aussage darüber (gestatten), wie das Bundesverfassungsgericht den Grundrechtsstatus eines in vitro gezeugten Embryos beurteilen wird". Mit anderer als hier vertretender Auffassung Faßbender, Präimlantationsdiagnostik und Grundgesetz, NJW 2001, S. 2745 ff mit Hinweis auf bestehende (faktische) Ungleichheiten zum gesetzlichen Abtreibungsrecht. Zu einem „abgestuften Schutz" der Menschenwürde vor einer Implantation vgl für Deutschland auch Herdegen, Die Menschenwürde im Fluß des bioethischen Diskurses, JZ 2001, S. 773 ff (774 ff). Vgl auch Benda, Verständigungsversuche über die Würde des Menschen, NJW 2001, S. 2147 ff. Vgl auch Sendler, Menschenwürde, PID und Schwangerschaftsabbruch, NJW 2001, S. 2148 ff.
1302 Vgl Laufs, in: Laufs/Uhlenbruck, Handbuch des Arztrechts, 2. Auflage, 1998, § 129 Rn 32.

Kindes bestärkt die Einstellung, einem behinderten Menschen das Lebensrecht abzusprechen und den Wert des Lebens nach den genetischen Eigenschaften zu bestimmen. Überdies ist im Falle einer mit hoher Wahrscheinlichkeit diagnostizierten Behinderung des Kindes damit zu rechnen, dass utilitaristisch geprägte gesellschaftliche Wertvorstellungen den Druck hin zu einer Tötung des ungeborenen Kindes erhöhen. Damit besteht die Gefahr, den Eltern die Würde zu nehmen, ihrem Kind das Leben zu schenken. Die Zulässigkeit der PID könnte zudem in der Praxis den Weg zu einer deutlich vermehrten künstlichen Befruchtung weisen, weil somit eine einfache und sichere „positive Selektion"[1303] gewährleistet wird. Meines Erachtens verstößt die PID gegen das Prinzip der Menschenwürde, weil der Embryo als Mensch zu qualifizieren ist und *diese* Art der pränatalen Diagnostik zweckgerichtet die Grundlagen für eine gezielte Entscheidung über Leben und Tod eines Menschen schaffen soll. Damit verstößt nicht nur der Akt der Tötung des Embryos selbst, sondern bereits auch die lebensentscheidende Diagnostik am lebenden Embryo gegen das Prinzip der Menschenwürde. Da das Prinzip der Menschenwürde absolute Geltung beansprucht, haben das Recht der Eltern auf Fortpflanzung und die Forschungsfreiheit zurückzutreten[1304]. Eine weitere Frage ist freilich, ob diese Einschätzung zu einer Pönalisierung der PID zwingt oder auf andere Weise, beispielsweise durch ärztliches Berufsrecht, Sozialrecht und Zivilrecht ein wirksamer Schutz der Menschenwürde des Embryos sichergestellt werden kann.

Mit dieser Beurteilung ist keine generelle Aussage über die Zulässigkeit anderer Methoden einer pränatalen Diagnostik verbunden[1305]. Insbesondere ist es wünschenswert, schwere Krankheiten durch Eingriffe in die Erbsubstanz behandeln zu können.

- Mit der Frage des Rechtes auf Leben sind vielfältige weitere Fragen verbunden, die auch das *Recht auf Gesundheit*[1306] oder das Recht auf unversehrte und gesunde Umwelt in die Nähe des Prinzips der Menschenwürde rücken. Diese Gefährdungen werden nur dann an dem rechtlichen Schutz der Menschenwürde ge-

---

1303 Laufs, in: Laufs/Uhlenbruck, Handbuch des Arztrechts, § 129 Rn 24. Interessant ist, daß in der Praxis ein deutliches Ansteigen des durchschnittlichen Alters der Erstgebärenden in Westdeutschland auf knapp 30 Jahre zu verzeichnen ist (Quelle: Der Spiegel, 4/2002, S. 78).
1304 a. A. Für Deutschland Ipsen, Der „verfassungsrechtliche Status" des Embryos in vitro, JZ 2001, S. 989 ff (995 mit der Aussage, dass „verfassungsrechtliche Gründe für eine Einschränkung oder gar ein Verbot der Präimplantationsdiagnostik nicht bestehen").Ipsen weist im Falle anderweitiger Beurteilung u. a. auf einen Widerspruch zur geltenden Abtreibungsregelung in Deutschland hin.
1305 Vgl mwN Laufs, in: Laufs/Uhlenbruck, Handbuch des Arztrechts, § 129 Rn 24.
1306 Vgl Berka, Grundrechte, Rn 375, 1038. Funk, Ein Grundrecht auf Schutz der Gesundheit, in: JRP 1994, S. 68 ff.

messen werden können, wenn die dargelegten inhaltlichen Vorgaben eine Verletzung der Menschenwürde implizieren. Wenn durch Manipulationen die körperliche Identität und Integrität im Kernbereich verletzt zu werden droht, so gebietet der verfahrensrechtliche Annex des Prinzips der Menschenwürde, auch ein Handeln des unterlassenden Gesetzgebers einzufordern[1307].

Der Schutz der Menschenwürde im Bereich der menschlichen Einzigartigkeit im Leben findet bislang seinen einfachgesetzlichen Ausdruck im GentechnikG[1308], im FortpflanzungsmedizinG[1309] sowie auch in der bisher allerdings nicht ratifizierten sogenannten Bioethik-Konvention des Europarates[1310] und in der bislang rechtsunverbindlichen EU-Grundrechtecharta (Art. 1, Art. 3 Abs. 2)[1311]. Im GentechnikG wird explizit die Menschenwürde als Regulativ und Schranke verwendet, im FortpflanzungsmedizinG wird die Menschenwürde in der Gesetzesbegründung als einschlägiges Prinzip genannt. Im weiteren Sinne kommt in der Entscheidung des OGH[1312] über die Unzulässigkeit einer rechtsverbindlichen Vereinbarung einer Empfängnisverhütung, gestützt auf die Menschenwürde, meines Erachtens auch eine Präferenz für das Leben zum Ausdruck.

(2) Menschenwürde und Tod; Recht auf Tod?

- Der Mensch ist das einzige Lebewesen, das sich seiner Endlichkeit bewusst ist. Der Tod berührt die Einzigartigkeit der menschlichen Existenz. Der Tod begrenzt das Leben auf Erden und stellt sich als das Ende unserer wahrnehmbaren Subjektivität dar. Das Erlöschen der Lebensfunktionen wirkt bestimmend und wertend auf unser irdisches Sein. Denn der Tod ist ebenso Teil des Lebens wie die Geburt eines Menschen. Als ein elementarer Begriff menschlicher Existenz unterliegt er dem Prinzip der Menschenwürde. Deshalb finden ethische und sozialethische Diskussionen um den Tod im Allgemeinen und die *Sterbehilfe* im Besonderen ihren rechtlichen Niederschlag in diesem Rechtsbegriff.

Die Thematik Menschenwürde und Sterbehilfe[1313] ist vielschichtig und aktuell. Sterbehilfe wird als Akt der Mitmenschlichkeit qualifiziert[1314]. Die nun-

---

1307 Ein Beispiel wäre das gerichtlich durchsetzbare gesetzliche Verbot der Verfütterung von Tiermehl an Rinder unter der Voraussetzung einer wahrscheinlichen Gefährdung der körperlichen Integrität der Bürger durch den Konsum von Rinderfleisch (z.B. Separatorenfleisch).
1308 Siehe dazu bereits oben, Dritter Teil III 10.
1309 Siehe dazu bereits oben, Dritter Teil IV 1.
1310 Siehe dazu bereits oben, Vierter Teil IV 1.
1311 Zur EU-Charta siehe oben Achter Teil.
1312 OGH JBl. 1995, S. 46 ff (47).
1313 Vgl Berka, Grundrechte, Rn 374. Bernat, Das österreichische Recht der Medizin - eine Bestandsaufnahme, JAP 3, 1999/2000, S. 105 (113). Kneihs, Grundrechte und

mehrige *gesetzliche* Zulässigkeit *aktiver* Sterbehilfe in den Niederlanden[1315] wird dabei in Deutschland kritisch bis ablehnend beurteilt und als „Tabubruch"[1316] kommentiert.

Sterbehilfe, 1998. Kneihs bezweifelt, ob sich aus Art. 3 EMRK das Prinzip der Menschenwürde ableiten lässt. Er prüft Art. 3 EMRK im Anwendungsbereich der Sterbehilfethematik unter dem Begriff der unmenschlichen Behandlung (aaO, S. 282 ff [284 ff]). Zur Rechtslage in der Schweiz Müller, Grundrechte, S. 59 ff; Hoerster, Rechtsethische Überlegungen zur Freigabe der Sterbehilfe, NJW 1986, S. 1786 ff. Vgl für Deutschland BGH NJW 1995, 204 ff; m.E. sehr weitgehend zur Zulässigkeit eines Behandlungsabbruch, wenn der Sterbevorgang noch nicht eingesetzt hat und dem mutmaßlichen Willen des Kranken entspricht. Die Forderung des BGH (aaO) und des OLG Frankfurt v. 13. 7. 1998 (NJW 1998, S. 2747 ff), dass Vormundschaftsgerichte im Ergebnis eine Genehmigung zur Sterbehilfe aussprechen können (analog § 1904 BGB), wird wohl in der Praxis mehrheitlich abgelehnt; vgl statt vieler Laufs, Zivilrichter über Leben und Tod ?, NJW 1998, S. 3399 ff. Zur Unterscheidung in Deutschland zwischen aktiver, indirekter und passiver Sterbehilfe sowie eines Behandlungsabbruchs Coeppicus, Behandlungsabbruch, mutmaßlicher Wille und Betreuungsrecht,S NJW 1998, S. 3381 (3382). vgl auch Koppernock, Das Grundrecht auf bioethische Selbstbestimmung, 1997, S. 178 ff. Vgl auch Taupitz, Sterbebegleitung im internationalen Vergleich, JBl. 2001, Heft 9, S. 557 ff, der auf die vielen unterschiedlichen nationalen Lösungen hinweist (unterschiedliche Auffassungen über den Stellenwert des Selbstbestimmungsrechts, von staatlichen Schutzpflichten und der Verantwortung von Familie und Ärzten). Auch Uhlenbruck, Brauchen wir in Deutschland ein Gesetz zur aktiven Sterbehilfe?, NJW 2001, S. 2770 ff.
Vgl auch Schmoller, Lebensschutz bis zum Ende?, ÖJZ 2000; S. 361 ff (365). Schmoller weist darauf hin, dass das Menschenwürdeargument sowohl von Befürwortern als auch Gegnern einer Selbstbestimmung im Rahmen der Sterbethematik eingesetzt wird. Er sieht den Einfluß des Rechtsprinzips der Menschenwürde darin, dass kein Mensch zu einem „ wertlosen Objekt' degradiert werden darf" (aaO, S. 366).

1314 Vgl nachdenklich Uhlenbruck, ZRP 1986, Recht auf den eigenen Tod ?, S. 209 ff (217), Sophokles zitierend: „Der Tod ist noch das Schlimmste nicht, vielmehr den Tod ersehnen und nicht sterben dürfen."
1315 Gesetz zur Überprüfung von Lebensbeendigung auf Verlangen und Hilfe bei Selbsttötung, vgl Janssen, Die Regelung der aktiven Sterbehilfe in den Niederlanden - Ein Novum, in: ZRP 2001, S. 179 ff. Mit diesem Gesetz (Art. 20) werden den Straftatbeständen der Tötung auf Verlangen und der Hilfe zum Selbstmord spezielle Strafausschließungsgründe hinzugefügt, vgl Janssen, aaO, siehe oben, S. 179 ff (180). Janssen kommt zu dem Ergebnis, dass das Gesetz im Wesentlichen „ die bislang schon durchgeführte, im Laufe von Jahrzehnten gewachsene Praxis kodifiziert" (aaO, siehe oben, S. 183).
1316 Leicht, in: Die Zeit, 7. 12. 2000.

Sterbehilfe ist nicht gleich Sterbehilfe. Einer begrifflichen Unschärfe lässt sich nur dann begegnen, wenn genauer differenziert wird: Unter Sterbehilfe können dabei - grob skizziert - vier Fallgestaltungen unterschieden werden[1317]:
1) Die aktive Sterbehilfe als gezieltes Töten bei nahendem Tod und irreversiblem und unheilbar tödlich verlaufendem Grundleiden,
2) die indirekte Sterbehilfe (überdosierte, den Level der Norm überschreitende analgetische Therapie, die beispielsweise eine Schädigung des Atemzentrums und damit einen vorzeitigen Tod billigend in Kauf nimmt; Grundleiden mit infauster Prognose und irreversiblem Verlauf; erklärte oder mutmaßliche Einwilligung), SM
3) die passive Sterbehilfe als Hilfe im Sterben (irreversibles Grundleiden mit tödlichem Verlauf, Todeseintritt nahend, Sterbevorgang einsetzend, Verzicht auf lebensverlängernde Maßnahmen ohne aktives Tun) und SM
4) der Behandlungsabbruch oder Abbruch einer lebenserhaltenden Maßnahme (vor Einsetzen des Sterbevorgangs, erklärte oder mutmaßliche Einwilligung. Strittig sind die objektiven Kriterien wie Unumkehrbarkeit der Erkrankung, infauste Prognose, Zumutbarkeit des Leidens etc; meines Erachtens muss auch hier feststehen, dass eine Erkrankung unheilbar ist[1318]).

Die Achtung des sterbewilligen Menschen gebietet, diese Fragen unter dem Blickwinkel der Selbstbestimmung (freie Willensbestimmung vorausgesetzt)[1319] zu beurteilen[1320]. Der Anspruch auf einen menschenwürdigen Tod ist legitim und leitet sich aus dem Recht des Menschen ab, über sein Leben eigenverantwortlich auf dem Boden seiner auch einzigartigen Biographie zu entscheiden. Das individuelle Sterben ist nicht nur Ausdruck der Einzigartigkeit, sondern vor allem Bestandteil des Lebens selbst und somit auch in den Grenzen der dem Menschen zukommenden Würde der Disposition des Staates entzogen. Eine individuelle

---

1317 Vgl ähnlich auch Kneihs, Grundrechte und Sterbehilfe, 1998, S. 36 ff; Kneihs, Intensivmedizin und Sterbehilfe, in: Bernat/Kröll, Intensivmedizin als Herausforderung für Recht und Ethik, RdM Band 7, S. 64 ff (66 ff); vgl auch Ulsenheimer, in: Laufs/Uhlenbruck, Handbuch des Arztrechts, § 149 Rn 7 ff.
1318 Vgl BGH NJW 1995, 204.
1319 Damit ist allgemein die natürliche Einsichts- und Urteilsfähigkeit zu verstehen, insbesondere hinsichtlich der Tragweite und Unwiderruflichkeit des Aktes; dies ist bei Kindern und Jugendlichen mangels Einsicht in die Tragweite zu verneinen; in sehr vielen Fällen, insbesondere beim Suizid, muss der Wille wohl als pathologisch qualifiziert werden (dazu nachfolgend).
1320 Rechtsethisch und religiös freilich ist dies freilich umstritten; vgl Hoerster, Rechtsethische Überlegungen zur Freigabe der Sterbehilfe, NJW 1986, S. 1786 ff (1787) unter Diskussion von religiös-christlichen Begründungen der Unverfügbarkeit menschlichen Lebens als Eingriff in die Schöpfung, als Verstoß gegen ein göttliches Gebot oder als Durchkreuzung des göttlichen Heilsplans.

Unverfügbarkeit über das menschliche Leben kann dabei nicht auf christlich-religiöse Glaubenssätze gestützt werden, weil sich die Verfassungsrechtsordnung in Österreich zur Neutralität gegenüber verschiedenen Bekenntnissen verpflichtet sieht[1321]. Freilich ist die Missbrauchsgefahr einer gezielten[1322] Sterbehilfe virulent. Dieser Gefahr ist zu begegnen, sie kann aber nicht Grund sein, das aus der Menschenwürde abgeleitete Recht auf einen würdigen eigenen Tod, in dem der jeweilige individuelle Achtungsanspruch zum Ausdruck kommt, nicht zu gewähren.

Eine *aktive* Sterbehilfe verstößt deshalb gegen das Prinzip der Menschenwürde, weil die Menschenwürde verbietet, einen anderen Menschen *gezielt*[1323] zu töten. Eine Einwilligung in die eigene gezielte Tötung ist verfassungsrechtlich wie strafrechtlich irrelevant. Ob die Beurteilung einer Menschenwürdeverletzung den Staat zwingt, mit den Mitteln des *Strafrechts* jede Form aktiven Handelns zu verbieten, wird allerdings rechtlich gegenläufig diskutiert[1324]. In der Schweiz werden Fragen im Zusammenhang mit der Sterbehilfe unter dem Verfassungsgebot der Wahrung des Persönlichkeitsrechts (als Grundrecht, Art. 10

1321 Vgl Berka, Grundrechte, Rn 511; Öhlinger, Verfassungsrecht, Rn 937; Walter-Mayer, Bundesverfassungsrecht, 1442; für Deutschland vgl BVerfGE 88, 203 (252 "religiös-weltanschaulich neutraler Staat").
1322 Die ärztlich gebotene, gezielte Schmerzlinderung entsprechend dem erklärten oder mutmaßlichen Patientenwillen mit der in Kauf genommenen möglichen Folge eines früheren Todeseintritts ist grundsätzlich kein Verstoß gegen das Strafrecht und steht nicht im Gegensatz zum Recht auf Leben; vgl für Deutschland BGH NJW 1997, S. 807 ff.
1323 Vgl Ulsenheimer in: Laufs/Uhlenbruck, Handbuch des Arztrechts, § 149 Rn 7; differenzierend beim Behandlungsabbruch des irreversibel bewusstlosen Menschen, Ulsenheimer, aaO, § 149 Rn 16 mwN zur Diskussion. Ulsenheimer beurteilt hierbei aktives Tun nicht phänomenologisch, sondern "wertungsmäßig" und kommt z. B. bei einem Abschalten des Beatmungsgeräts bei einem irreversibel bewusstlosen Menschen dem "sozialen Sinn nach" zu einer "Unterlassung der Beatmung". Unter Wertungsgesichtspunkten ist es schwierig, das Absetzen oder eine unterlassene Höherdosierung einer Medikation grundlegend anders zu bewerten als einen technischen Behandlungsabruch.
1324 Vgl Müller, Grundrechte, S. 62 für die Verfassungsrechtslage in der Schweiz: "So ist verfassungsrechtlich haltbar, dass ein Arzt, der einem entsprechenden Verlangen seines Patienten folgt, nach Art. 111 ff StGB bestraft wird. Eine verfassungsrechtliche Pflicht, Sterbehilfe generell zu bestrafen, besteht m.E. nicht."
Zum sogenannten Untermaßverbot des deutschen BVerfG im Zusammenhang mit der Frage der Strafbarkeit einer (nicht gerechtfertigten) Abtreibung BVerfGE 88, 203 (254 ff).

Abs. 2 nBV) und des Grundrechtes des Schutzes der Privatsphäre (Art. 13 Abs. 1 nBV) diskutiert. Passive Sterbehilfe ist erlaubt, der verfassungsrechtlichen Begründungsansatz ist das Selbstbestimmungsrecht des Einzelnen[1325]. Zur aktiven Sterbehilfe bemerkt Müller, dass die entgegentretenden Strafvorschriften im schweizerischen Strafgesetzbuch „verfassungsrechtlich haltbar", aber verfassungsrechtlich nicht zwingend sind[1326]. Auch in Deutschland wird diese Meinung vertreten[1327]. Nachtrag vor Drucklegung: Vgl. aktuell EGMR, Case of Pretty v. The United Kingdom v. 29.04.2002[1328], wonach u. a. weder Art. 2 noch Art. 3 EMRK einen Beitrittsstaat verpflichten, einer straflosen Tötung einer unheilbar Kranken zuzustimmen.

Ethische und rechtspolitische Überlegungen beschwören meines Erachtens zu Recht eine Missbrauchsgefahr. Der Druck auf Ärzte, Angehörige und auch auf die schwerstkranken und schwerstbehinderten Menschen selbst[1329] würde in nicht mehr vertretbarem Umfang zunehmen. Die „Achtung des Lebens als Wert der Gemeinschaft"[1330] ist in einer demokratischen Gesellschaft fundamental. Der Mensch darf allerdings auch nicht zum bloßen Objekt der Intensivpflege wegen einer staatlich gehegten Missbrauchsargumentation erniedrigt werden, denn er hat ein Recht auf ein würdiges Sterben. Im Extremfall kann freilich die Menschenwürde des Handelnden (z. B. der Kernbereich der Gewissensfreiheit des Arztes) der Menschenwürde des Sterbenden gegenüberstehen[1331]. Entscheidend - und verfassungsrechtlich notwendig - ist die Gewährleistung eines angemessenen und wirksamen Schutzes des Sterbenden[1332]. Für die Frage der Angemessenheit gibt das Persönlichkeitsrecht des Sterbenden einen wichtigen verfassungsrechtlichen Maßstab.

1325 Müller, Grundrechte, S. 61.
1326 Müller, Grundrechte, S. 62: „Eine verfassungsrechtliche Pflicht, aktive Sterbehilfe generell zu bestrafen, besteht m. E. aber nicht ... Das Verfassungsrecht kann heute nur grob Richtung weisen."
1327 Hufen, In dubio pro dignitate, NJW 2001, S. 849 ff (855).
1328 EGMR Application number 2346/02 unter www.echr.coe.int/hudoc.
1329 Es handelt sich hierbei um die moralisch aufgezwungene Überlegung, die Angehörigen aus der finanziellen und pflegerischen Verantwortung zu befreien.
1330 Hufen, In dubio pro dignitate, NJW 2001, S. 849 ff (855 mwN).
1331 Vgl allgemein Starck, Grundgesetz I, Art. Abs. 1 Rn 31 mit Hinweis auf die Problematik des polizeilich-finalen Rettungsschusses.
1332 Vgl BVerfGE 88, 203 (254) - Schwangerschaftsabbruch II: „Art und Umfang des Schutzes im einzelnen zu bestimmen ist Aufgabe des Gesetzgebers. Die Verfassung gibt den Schutz als Ziel vor, nicht aber seine Ausgestaltung im einzelnen. Allerdings hat der Gesetzgeber das Untermaßverbot zu beachten ... Notwendig ist ein - unter Berücksichtigung entgegenstehender Rechtsgüter- angemessener Schutz; entscheidend ist, daß er als solcher wirksam ist."

Außerhalb der aktiven Sterbehilfe sind die Sterbe*beihilfen* unter dem Gesichtspunkt eines Gebotes der Menschenwürde im Einzelfall (Leiden, Wille, Prognose etc) zu beurteilen; das Prinzip der Menschenwürde gebietet, das Persönlichkeitsrecht und die Selbstbestimmung des Sterbenden zu wahren. Freilich sind wirtschaftliche Überlegungen auszuklammern, da die Menschenwürde kein veränderbarer Parameter wirtschaftlicher und gesundheitspolitischer Überlegungen sein kann.

Der Mensch darf nicht zum „Objekt der ärztlichen Heilkunst"[1333] werden. Dies ist wohl konsensfähige Meinung. Die ethische Konfliktsituation der Sterbehilfe aus der Sicht des Praktikers liegt darin, dass die Problematik der passiven Maßnahmen oder des Behandlungsabbruchs meistens dann virulent werden, wenn der Betroffene nicht mehr zu freier Willensbestimmung[1334] in der Lage ist, weil in diesem Fall zunächst die dem Prinzip der Menschenwürde innewohnende Verpflichtung des Staates, Leben zu schützen, den vorrangigen und generellen Beurteilungsmaßstab bildet[1335]. Konkreter Entscheidungsmaßstab ist dann vor allem die Bewertung einer erklärten und mutmaßlichen Einwilligung. Die tatsächlichen Feststellungen hierzu sind oftmals mühsam und wenig ergiebig. Auch die Reichweite und Bindungswirkung von Patientenverfügungen, auch Patiententestamente genannt, vor allem für Ärzte sind dabei umstritten[1336]. Oftmals wird der Arzt keine Sicherheit über den aktuellen Willen des Patienten erlangen können, weil Ausgangspunkt auch von schriftlichen Erklärungen in vielen Fällen weder die konkrete Krankheitssituation noch die verbleibenden Behandlungsmöglichkeiten sein wird. Was bleibt, ist das Prinzip der Menschenwürde als verfassungsrechtlich normierter allgemeiner Wertungsgrundsatz.

Der Stellenwert des Rechtsbegriffs der Menschenwürde in der Diskussion der Sterbehilfe ist bei weitem noch nicht ausgelotet. Im Hintergrund wirken unterschiedliche, bisweilen unversöhnliche rechtsethische Wertungen und mithin die Sorge, dass im Falle der rechtlichen Billigung aktiver Sterbehilfe ein Dammbruch erfolgt, der den moralischen Minimalkonsens im Staat im Umgang mit dem Le-

---

1333 Hufen, In dubio pro dignitate, NJW 2001, S. 849 ff (851).
1334 vgl auch § 101 Abs. 1 Satz 2 Deutsches Strafvollzugsgesetz (Zwangsmaßnahmen auf dem Gebiet der Gesundheitsfürsorge): „Zur Durchführung der Maßnahmen ist die Vollzugsbehörde nicht verpflichtet, solange von einer freien Willensbestimmung des Gefangenen ausgegangen werden kann."
1335 Vgl Kunig, in: v. Münch/Kunig, Art. 1 Rn 36 unter Sterbehilfe.
1336 Vgl Uhlenbruck, in: Laufs/Uhlenbruck, Handbuch des Arztrechts, § 132 Rn 35 ff, der darauf hinweist, dass der inhaltlichen Gestaltung und damit auch der Bindungswirkung durch das ärztliche Standesrecht und die Rechtsordnung Grenzen gesetzt sind. Zur Diskussion Uhlenbruck, aaO, siehe oben, § 132 Rn 34 Fn 30. Vgl auch Uhlenbruck, aaO, siehe oben, § 58 Rn 8/9.

ben in Frage stellt[1337]. Eine tragende Überlegung, die aus dem Prinzip der Menschenwürde abgeleitet werden kann, ist jedoch, dass dieses Prinzip eine menschenwürdige Existenz sichert. Dazu zählt nicht nur die Sicherung der materiellen Existenz. Unter dieser Existenzsicherung ist auch ein menschenwürdiges Leben zu verstehen, das ein menschenwürdiges Sterben einschließt. Über die Frage eines menschenwürdigen Sterbevorgangs haben aber nicht Angehörige, Ärzte, Juristen, Theologen oder Moralphilosophen zu entscheiden. Der unmittelbar Betroffene selbst hat im Sterben eine Entscheidung zu treffen. Kann er dies nicht mehr, ist der mutmaßliche Wille dann maßgeblich, wenn er auf sicherem Fundament zu ermitteln ist. Ist dies nicht der Fall, was auf die weit überwiegende Mehrheit der Fälle zutreffen wird, dann muss sich der Betroffene bewusst sein, dass die verfassungsrechtlichen Vorgaben eine Sterbehilfe durch aktives Handeln außerhalb der Palliativmedizin nicht zulassen. Freilich kann eine verweigerte Schmerzbehandlung neben einer Körperverletzung „eine besondere Form der menschlichen Erniedrigung sein"[1338] und selbst eine Verletzung der Menschenwürde darstellen.

Abschließende Antworten können kaum gegeben werden[1339]. Der Leistungsfähigkeit auch des Prinzips der Menschenwürde sind Grenzen gesetzt. Nicht alle Fragen werden sich rechtlich lösen lassen. In einer viel zitierten und kontrovers diskutierten Entscheidung[1340] zur Zulässigkeit des Abbruchs einer ärztlichen Behandlung bei mutmaßlichem Einverständnis fand der deutsche Bundesgerichtshof in Strafsachen (BGHSt) 1995 folgenden Weg (Leitsätze): „2. An die Voraussetzungen für die Annahme eines mutmaßlichen Einverständnisses sind strenge Anforderungen zu stellen. Hierbei kommt es vor allem auf frühere mündliche oder schriftliche Äußerungen des Patienten, seine religiöse Überzeugung, seine sonstigen persönlichen Wertvorstellungen, seine altersbedingte Lebenserwartung oder das Erleiden von Schmerzen an. 3. Lassen sich auch bei der gebotenen sorgfältigen Prüfung konkrete Umstände für die Feststellung des individuellen mutmaßlichen Willens des Kranken nicht finden, so kann und muß auf Kriterien zurückgegriffen werden, die allgemeinen Wertvorstellungen entsprechen. Dabei ist jedoch

---

1337 Vgl zur *aktiven* Sterbehilfe auch Kunig, in: v. Münch/Kunig, Art. 1 Rn 36; Starck, Grundgesetz I, Art. 2 Abs. 2 Rn 191 und 198, der in aktiver Sterbehilfe verbotene Eingriffe in das Recht auf Leben sieht; Häberle, in: Isensee/Kirchhof, Handbuch des Staatsrechts, Band I, § 20 Rn 96 ff (97); Otto, Recht auf den eigenen Tod? Strafrecht im Spannungsverhältnis zwischen Lebenserhaltungspflicht und Selbstbestimmung, Gutachten D zum 56. Deutschen Juristentag, Beck-Verlag, 1986: „Einem umfassenden Recht auf freie Entfaltung der Persönlichkeit durch Selbsttötung steht die verfassungsmäßige Ordnung entgegen." (D 18).
1338 Hufen, In dubio pro dignitate, NJW 2001, S. 849 ff (851).
1339 Vgl ausführlich Kneihs, Grundrechte und Sterbehilfe, 1998.
1340 Vgl Hufen, In dubio pro dignitate, NJW 2001, S. 849 (849/850 mwN).

Zurückhaltung geboten; im Zweifel hat der Schutz menschlichen Lebens Vorrang vor persönlichen Überlegungen des Arztes, eines Angehörigen oder einer anderen beteiligten Person."

Der BGHSt stellt somit im Grenzbereich unergiebiger Ermittlung des mutmaßlichen Willens auch auf allgemeine Wertvorstellungen im Gegensatz zu persönlichen Wertvorstellungen ab[1341]. Dies erachte ich aus tatsächlichen und rechtlichen Gründen als sehr problematisch. Zum einen zeigt die Diskussion um die Sterbehilfe, dass sich ein allgemeiner Wertekonsens kaum erzielen läßt. Zum anderen könnte das aus dem Prinzip der Menschenwürde fließende Selbstbestimmungsrecht des Sterbenden durch allgemeine Wertvorstellungen ersetzt werden, wenn es aus tatsächlichen Gründen nicht mehr ausgeübt werden kann.

In der Diskussion um die Sterbehilfe wird die Menschenwürde nur dann ein konsensfähiger Wert sein, wenn ein Minimalkonsens gefunden werden kann, der den Menschen auf der einen Seite das Recht zur freien Entfaltung seiner Persönlichkeit zubilligt, zu dem auch die positive Entscheidung für den nahenden Tod als Ausdruck der Selbstbestimmung gehört; auf der anderen Seite aber berücksichtigt, dass um des Erhalts von Minimalprinzipien, die für ein vertrauensvolles und auf gegenseitiger Achtung gründenden Gemeinlebens unerlässlich sind[1342], gewisse Grenzen der Zulässigkeit der Sterbehilfe (auch außerhalb der aktiven Sterbehilfe) zu ziehen sind. Denn Menschenwürde beinhaltet auch einen Kernbereich an gesellschaftlicher Verantwortung und gegenseitigem Vertrauen, der sich im Erhalt eines gesellschaftlich notwendigen Minimalkonsenses ausdrücken kann.

- Auch die Thematik des selbst zu verwirklichenden *Freitodes* wird unter dem Begriff der Menschenwürde diskutiert[1343]. Vorab ist zu bemerken, dass die Beihilfe zum Suizid in Österreich (wie auch im Übrigen in den Niederlanden[1344]) im

---

1341 Vgl hierzu auch Ulsenheimer, in: Laufs/Uhlenbruck, Handbuch des Arztrechts, § 149 Rn 14.
1342 Schwerstkranke könnten den Tod erbitten, um Angehörigen nicht zur Last zu fallen; Ärzte und Angehörige sind in der Lage, den Willen des Patienten zu beeinflussen und ggfs „Druck" auszuüben; krankenhaus- und versicherungsrechtliche Überlegungen könnten zunehmend eine Rolle spielen.
1343 Zur moraltheologischen Sicht vgl Uhlenbruck, Recht auf den eigenen Tod ?, ZRP 1986, S. 209 ff (212); vgl auch Koppernock, Das Grundrecht auf bioethische Selbstbestimmung, S. 186 ff (189).
1344 Das neue Gesetz zur Regelung der aktiven Sterbehilfe sieht allerdings nunmehr in Art. 294 niederländisches StGB einen Strafausschließungsgrund vor, vgl Janssen, Die Regelung der aktiven Sterbehilfe in den Niederlanden, in: ZRP 2001, S. 179 ff (180/181).

Gegensatz zu Deutschland strafrechtlich verboten ist, § 78 StGB[1345]. Ein Verzicht auf eine Pönalisierung - wie in Deutschland - beinhaltet aber nicht zwangsläufig einen Verzicht auf die Beurteilung als rechtswidriges Handeln. Der Standpunkt wird vertreten, der Freitod verletze die Menschenwürde und müsse daher verboten, zumindest präventiv-polizeilich unterbunden werden[1346]. Andere sehen in dem Recht auf Freitod den Ausfluss der Autonomie des Menschen[1347]. Das Recht auf Leben gem. Art. 2 EMRK gewährleistet jedenfalls kein unbeschränktes Recht auf Tod[1348]. Nach meiner Auffassung gewährt das Prinzip der Menschenwürde zwar kein *Recht* auf den Tod[1349], verleiht dem Staat aber auch kein Recht, den selbstverantwortlichen, nicht pathologisch bedingten Freitod zu verhindern. Eine Pflicht des Staates zum Einschreiten bei suizidalen Handlungen folgt nicht aus dem Prinzip der Menschenwürde, sondern daraus, dass der Staat rechtlich zum Schutz des Lebens verpflichtet ist[1350] und - empirisch belegt - der sogenannte Freitod in der weit überwiegenden Zahl bereits kein „freier" Tod ist, weil es wegen Krankheit oder Behinderung an der Fähigkeit mangelt, seinen Willen frei bestimmen zu können. Nicht sachgerecht wäre es, eine generelle Unzulässigkeit des Freitodes mit einem dem Staat zugrunde liegenden sittlichen Menschenbild zu begründen, das sich rationaler Diskussion entziehen könnte, zumal der Staat auch zur Neutralität gegenüber den verschiedenen Bekenntnissen verpflichtet ist[1351].

Als Ansatzpunkt der Thematik Menschenwürde und Freitod könnte aber die Überlegung gelten, dass die Menschenwürde auch die Verantwortung und Achtung des Mitmenschen beinhaltet und diese Verantwortung die Klärung erfordert, ob ein Prozeß mit Krankheitswert den Entschluss zur Selbsttötung bestimmt

---

1345 Vgl dazu Schmoller, Lebensschutz bis zum Ende, ÖJZ 2000, S. 361 ff (370 ff mwN zur internationalen Rechtslage); Bernat, Das österreichische Recht der Medizin-eine Bestandsaufnahme, JAP 3 1999/2000, S. 105 ff (113); für die Schweiz Müller, Grundrechte, S. 61 mwN.
1346 Vgl dazu Kunig, in: v. Münch/Kunig, Art. 1 Rn 36 unter Selbsttötung, wonach die Menschenwürde kein Recht auf Selbsttötung gewährt; auch Kunig, in: v. Münch/Kunig, Art. 2 Rn 50, wonach Selbsttötung „durch polizeiliches Einschreiten verhindert werden (darf); regelmäßig korrespondiert dem eine entsprechende staatliche Verpflichtung."
1347 Podlech, GG-AK, Art. 1 Abs. 1 Rn 55: „Der Versuch, durch Rechtsvorschriften die Freiheit zur Selbsttötung prinzipiell auszuschließen, widerspricht der Würde des Menschen."
1348 Vgl für Deutschland Kunig, in: v. Münch/Kunig, Art. 2 Rn 50.
1349 Vgl für Deutschland Ulsenheimer, in: Laufs/Uhlenbruck, Handbuch des Arztrechts, § 149, Rn 4.
1350 Art. 2 EMRK, vgl auch EGMR v, 8. 7. 1999, ÖJZ 2000, S. 474 ff (475); für Deutschland Art. 2 Abs. 2 GG.
1351 Vgl zur Bekenntnisfreiheit Berka, Grundrecht, Rn 511.

hat[1352]. Wassermann[1353] geht nach empirischen Untersuchungen allerdings davon aus, dass bei höchstens 60 % der Todeswilligen die „rechtlichen Anforderungen, die an einen Akt der Freiheit zu stellen sind", nicht erfüllt sind. Bekannt ist auch, dass der versuchte Freitod ein Hilfeschrei sein kann und aus körperlicher oder seelischer Not daraus ableitend Rettung erhofft wird. Ein auf freier Willensbestimmung geplanter Suizid wird - da das Prinzip der Menschenwürde nicht Ausdruck eines bestimmten Glaubenssatzes ist - rechtlich weder mit Hilfe dieses Prinzips zu verhindern sein, wie auf der anderen Seite auch die Menschenwürde kein Recht auf den „frühen" eigenen Tod vermitteln kann. Trotz der semantischen Offenheit ist hier die Leistungsfähigkeit des Rechtsbegriffs der Menschenwürde begrenzt.

Einfachgesetzlich ist die Bestimmung der Menschenwürde in Österreich in allgemeinem Zusammenhang in der Patientencharta Bund/Land Kärnten[1354] verankert und ist damit auch Vorgabe zur Achtung der Menschenwürde des Sterbenden.

- Im Bereich der Organtransplantation[1355] verletzt es die Menschenwürde, Organe zu entnehmen, wenn dies den Tod des Spenders zur Folge hätte. Dies ist wohl unstreitig eine konsensfähige allgemeine Erkenntnis[1356]. Zum Nachdenken regt aber die Überlegung an, dass es damit einem Elternteil verboten ist, das Leben des eigenen Kindes zu retten, wenn die Organentnahme den Tod des Spenders zur Folge haben könnte. Der Wahrung der Menschenwürde sind auch hier Grenzen gesetzt.

- Der Würdeschutz schließt auch den verstorbenen Menschen mit ein[1357]. Denn die Einzigartigkeit der Persönlichkeit wirkt über den organischen Todes-

---

1352 Vgl Wassermann, Das Recht auf den eigenen Tod, DRiZ 1986, S. 291 ff (295), der von „in dubio pro vita" spricht und damit dem Staat die Legitimation gibt, bei Unklarheit über die Freiheit des Entschlusses zur Selbsttötung einzugreifen (mittels der Polizei- und Unterbringungsgesetze sowie des Strafrechts, vgl den Straftatbestand der unterlassene Hilfeleistung).
1353 Wassermann, aaO, siehe oben, S. 291 ff (295).
1354 Siehe dazu bereits oben, Dritter Teil II 9.
1355 Vgl § 62a Abs. 1 KAG, hierzu Kopetzki, Rechtliche Aspekte der Widerspruchslösung, in: Barta (Hrsg), Rechtspolitische Aspekte des Transplantationsrechts, S. 43 ff. Für Deutschland vgl § 7 Abs. 1 S. 1 Nr. 1 c TPG, hierzu Ulsenheimer, in: Laufs/Uhlenbruck, Handbuch des Arztrechte, § 142 Rn 30.
1356 Vgl für die Schweiz Müller, Grundrechte, S. 56/57 und S. 65, der sich ohne Abstriche gegen eine Zulässigkeit derartiger Organentnahme ausspricht. In Deutschland ist eine Transplantation bei Gefährdung des Spenders über das Operationsrisiko hinaus gesetzlich verboten, § 8 TPG (vgl Deutsch, Das Transplantationsgesetz vom 5. 11. 1997, NJW 1998, S. 777 [779]).
1357 Hierzu Geddert-Steinacher, Menschenwürde, S. 70 ff; Podlech, Grundgesetz I, Art. 1 Abs. 1 Rn 49 (zum Leichnam und auch zur Obduktion); vgl auch Spranger, Der

zeitpunkt[1358] hinaus weiter, wenngleich der verstorbene Mensch nicht mehr über Selbstbestimmung verfügt. Die fehlende Selbstbestimmung allein kann aber den Würdeschutz nicht versagen, weil Würde nicht an die Fähigkeit zur Selbstbestimmung geknüpft ist[1359]. Die menschliche Würde zu Lebzeiten schließt ein, seine Einzigartigkeit über den Tod hinaus gewahrt zu wissen. Zum Kernbereich der menschlichen Identität zählt die Wahrung der Subjektivität nicht nur im Sterben, sondern auch im Tod. Deshalb steht der verstorbene Mensch unter dem Schutz der Menschenwürde. Das heißt zum Beispiel, dass ihm nur unter bestimmten Bedingungen Organe entnommen werden können. Ein Veto des Verstorbenen zu Lebzeiten verhindert die Organentnahme[1360]; dies gebietet das Prinzip der Menschenwürde.

Mensch als Sondermüll, Zum Umgang mit Fehlgeburten, NVwZ, 1999, S. 856 ff (857), de auf problematische kommunale Handhabungen hinweist.

1358 Das Ende des menschlichen Lebens wird in Österreich wie in Deutschland mit dem sogenannten Hirntod angenommen; der exakte Zeitpunkt ist dabei naturwissenschaftlich nicht sicher feststellbar, die Dignose gilt jedoch als absolut sicher (vgl Stellamor/Steiner, Handbuch des österreichischen Arztrechts, Band 1,Band 2 S. 27 ff; vgl auch Kalchschmid/Barta, Rechtspolitische Überlegungen zur Organtransplantation, in: Barta (Hrsg), Rechtspolitische Aspekte des Transplantationsrechts, RdM Band 6, 1999, S. 23/24; vgl zum juristischen Todeskonzept auch Schick, Intensivmedizin und strafrechtliche Aspekte, in: Bernat/Kröll (Hrsg), Intensivmedizin als Herausforderung für Recht und Ethik, RdM Band 7, 1999, S. 34 ff. Zur Zulässigkeit des Hirntodkonzepts in der Intensivmedizin Kneihs, Grundrechte und Sterbehilfe, S. 234 ff. Kritisch und nachdenklich zum Hirntod Bavastro, Das Hirnversagen und das Transplantationsgesetz, Eine phänomenologische Betrachtung, ZRP 1999, S. 114 ff, zur Verfassungswidrigkeit der Hirntoddefinition des Menschen im deutschen Transplantationsgesetz Höfling, in: Sachs, Grundgesetz, Art. 1, Rn 55, 60 mwN, wonach der hirntote Mensch ein sterbender Mensch ist; vgl in Österreich § 62a ff KAG (BGBl. 1982/273). In dieser Bestimmung ist der Hirntod nicht ausdrücklich erwähnt, jedoch liegt dieses Todeskonzept der Vorschrift zugrunde (vgl Kneihs, Grundrechte und Sterbehilfe, S. 235).

1359 Vgl auch Müller, Grundrechte, S. 57, der den Würdeschutz mit dem Selbstbestimmungsrecht des Lebenden begründet; vgl zur Menschenwürde BVerfGE NJW 1993, 1457 (1459 „Sie ist auch dem eigen, der aufgrund seines körperlichen oder geistigen Zustands nicht sinnhaft handeln kann."). Die Entscheidungsgründe beziehen sich allerdings nicht auf den hirntoten Menschen.

1360 Vgl zur deutschen Rechtslage Deutsch, Das Transplantationsgesetz vom 5. 11. 1997, NJW 1998, S. 777 ff. Das BVerfG hatte sich zwischenzeitlich in mehreren Fällen mit den Bestimmungen des TPG zu befassen und erklärte die Widerspruchslösung für verfassungsgemäß (BVerfG NJW 1999, S. 3403 ff und zum Fehlen der unmittelbaren Betroffenheit als formelle Voraussetzung einer Verfassungsbeschwerde NJW 1999, S. 858; zur Zulässigkeit der Einschränkung von Organentnahmen bei lebenden Personen BVerfG NJW 1999, S. 3399 ff).

Auch der Kernbereich der Ehre des Verstorbenen wird durch die Menschenwürde geschützt, weil Schutzgut der Menschenwürde auch der soziale Wert- und Achtungsanspruch ist, der es verbietet, den Menschen zum bloßen Objekt zu erniedrigen. Der verstorbene Mensch ist zwar im biologischen Sinne kein „Mensch", seine Würde wirkt aber in dem sozialen Achtungsanspruch fort. Der Verstorbene ist auch in besonderem Maße schutzwürdig, weil er sich nicht mehr wehren kann. Nach der Rechtsprechung des deutschen BVerfG endet die Verpflichtung des Staates, „dem Einzelnen Schutz gegen Angriffe auf seine Menschenwürde zu gewähren, nicht mit dem Tod"[1361].

(3) Erniedrigende Behandlung; Schutz des Kernbereichs der Integrität und Identität

Aus dem Achtungsanspruch des Menschen ergibt sich, dass ein Zentralbereich der seelischen, geistigen und körperlichen Integrität und auch Identität zu wahren ist. Den Schutz der geistigen, körperlichen und seelischen Integrität bezwecken beispielsweise die einfachgesetzlichen expliziten und impliziten Vorgaben zur Menschenwürde im Sicherheitsrecht, im Unterbringungsrecht, im Militärstrafrecht und im ABGB[1362]. Würde ist nicht verwirkbar, da sie im Menschsein angelegt ist und demgemäß auch nicht erworben werden muss. Auch der Mörder verliert seine rechtlich geschützte Würde nicht. Freilich kann man aus sittlicher Sicht diese Frage anders beantworten[1363]; aber gerade im Verbot der rechtlichen Aberkennung der dem Menschen immanenten Würde liegt die Stärke des verfassungsrechtlichen Würdebegriffs.

- Der Schutz der Menschenwürde umfasst die Tatbestände, wie sie in Art. 3 EMRK vorbehaltlos und notstandsfest gewährleistet sind. *Folter* und grausame Strafen überschreiten das Minimum dessen, was der gegenseitige Achtungsanspruch dem Menschen abverlangt. Freilich sind auch hier emotionale Grenzbereiche offenkundig, wenn durch eine erniedrigende Behandlung beispielsweise eines gefassten Täters oder Mittäters eine kriminelle Katastrophe (Sprengsatz in einem Hochhaus, das nicht mehr rechtzeitig geräumt werden kann) verhindert werden könnte. Aus der Definition der Menschenwürde verbietet sich zum einen

---

Für Österreich vgl § 62 a Abs. 1 KAG („Widerspruchslösung"), vgl dazu Bernat, Das österreichische Recht der Medizin-eine Bestandsaufnahme, JAP 3 1999/2000, S. 105 ff (114 mwN zur Diskussion).
1361 BVerfG, Beschl. v. 25. 8. 2000, NJW 2001, S. 594 ff (594).
1362 vgl hierzu oben, Dritter Teil III und IV 2 (§ 146a ABGB - gewaltfreie Erziehung).
1363 Vgl Starck, Grundgesetz I, Art. 1 Abs. 1, Rn 19.

eine rechtliche Akzeptanz der *repressiven Folter*[1364]. Der EGMR sieht den Grund der Unterscheidung zwischen Folter und erniedrigender Behandlung in Art. 3 EMRK dabei darin, „vorsätzliche Misshandlungen, die sehr starke und grausame Leiden verursachen, als besonders schändlich zu brandmarken"[1365]. Zum anderen verstößt auch die *präventiv*-polizeiliche Folter in der dargelegten Extremsituation gegen das Prinzip der Menschenwürde, auch wenn die Garantie der Menschenwürde das Schutzgut Leben mit umfasst und der (überführte) Straftäter als Subjekt der Wahrheitsfindung und der Verhinderung schwerster Verstöße gegen die Menschenwürde (Tötung) eine beabsichtigte Repression zumutbar vermeiden kann und ihm überdies aus der eigenen Menschenwürde auch die Verpflichtung obliegt, anderen gegenüber die Achtung der Würde zu gewährleisten[1366].

- Ein fundamentaler Bereich der erniedrigenden Behandlung (Art. 3 EMRK) ist die Anwendung von *körperlicher Gewalt* gegenüber einer Person, der die Freiheit entzogen worden ist[1367], ferner die Körperstrafe[1368] und mit Einschränkungen die absichtliche Verletzung der physischen und psychischen Unversehrtheit[1369]. Der EGMR rechnet Tathandlungen dazu, die geeignet sind zu demütigen oder den körperlichen oder moralischen Widerstand zu brechen[1370]. Freilich ist zu fragen, ob jede körperliche Züchtigung gegen die Menschenwürde verstößt. Dies wird von den Umständen des Einzelfalles abhängen. Zu der besonderen Thematik der gewaltfreien Erziehung wird nachfolgend Stellung bezogen[1371]. Den Freiheitsentzug betreffend verpflichtet die Menschenwürde, dass die Persönlichkeit des Betroffenen nicht, auch nicht zeitweise gebrochen werden darf,

---

1364 Zur Abgrenzung Folter und erniedrigender Behandlung vgl EGMR v. 28. 7. 1999, Selmouni/Frankreich, NJW 2001, S. 56 ff. Der EGMR greift bei der Beurteilung einer Folter auf die Definition in Art. 1 des UN-Übereinkommens gegen Folter und andere grausame, unmenschliche oder erniedrigende Behandlung oder Strafe, in Kraft getreten am 26. 6. 1987, zurück. Letztendlich geht es darum, ob Schmerzen oder Leiden als „groß" im Sinne von Art. 1 des UN-Übereinkommens eingestuft werden können (aaO, S. 59).
1365 EGMR; Urteil v. 28. 7. 1999-Selmouni/Frankreich, NJW 2001, S. 56 ff (59).
1366 Vgl Starck, Grundgesetz I, Art. 1 Abs. 1 Rn 71, der in Ausnahmefällen einen Verstoß gegen die Menschenwürde verneint. Starck weist allerdings darauf hin, dass sich „diese Konstellation nicht gesetzlich regeln läßt".
1367 Vgl EGMR v. 28. 7. 1999, NJW 2001, S. 56 ff (60).
1368 Vgl Berka, Grundrechte, Rn 384 zur Prügelstrafe. Vgl Müller, Grundrechte, S. 22/23, auch zur Kostschmälerung als Disziplinarstrafe im Strafvollzug (aaO, S. 23 Fn 18).
1369 Vgl Müller, Grundrechte, S. 23 mwN zur Rechtsprechung des EGMR zu Art. 3 EMRK.
1370 EGMR v. 28. 7. 1999, NJW 2001, S. 56 (60).
1371 Hierzu unter Sechster Teil II 1 g (8) - Kinder - und Jugendschutz; Prügelstrafe und Erziehungsmaßregel.

seine integere Subjektivität somit gewahrt bleiben muss. Daraus ergibt sich beispielsweise die Pflicht für die Behörden des Strafvollzugs, alles zu unternehmen, um Gefangene vor Mitgefangenen zu schützen, die durch ein System der Gewalt, Unterdrückung und Schikane eigene Herrschaftsgewalt aufzubauen und zu erhalten versuchen.

- Die Unterbringung in Alten - und Pflegeheimen birgt die Gefahr einer unmenschlichen und erniedrigenden Behandlung, das Prinzip der Wahrung der Menschenwürde ist hier nicht nur ein ethisches und sozialethisches, sondern ein rechtliches Postulat[1372]. Das unnötige Anlegen von Magensonden, das ungerechtfertigte Hochziehen von Bettgittern, das Einsperren und das Fesseln bei Unruhe ohne erhebliche Eigen - oder Fremdgefährdung, die Verabreichung von nicht indizierten Sedativa, die vorwerfbare pflegerische Vernachlässigung der Inkontinenten wie auch die konsequente Vernichtung des Ehr - und sozialen Achtungsanspruchs durch Anreden wie „Oma" oder „Opa" und in Ausnahmefällen auch die Anrede mit Du stellen eine Verletzung der Menschenwürde dar.

Viele Alten - und Pflegeheime wie auch Krankenhäuser werden privatrechtlich geführt. Insofern ist der Mensch dort kein Objekt der staatlichen, sondern der privatrechtlichen Gewalt. Dies sollte aber den Schutz der Menschenwürde in den Heimen und Krankenhäusern nicht mindern. Zum einen gewährt das Strafrecht Schutz. Zum anderen unterliegen Heime und Krankenhäuser kommunaler oder staatlicher Aufsicht. Insofern ist der Staat verpflichtet, den Schutz der Menschenwürde sicherzustellen. Hilfreich ist, wenn der Begriff der Menschenwürde Eingang in einfache privatrechtliche Gesetze und auch in Verträge findet, weil damit eine unmittelbare Drittwirkung dieser verfassungsrechtlichen Position erreicht werden kann.

- Die Achtung der behinderten Menschen in einem Staat ist fundamentaler Ausdruck des Gebots der Menschenwürde. Die Beachtung dieses Gebots zeigt sich insbesondere in den rechtlichen Vorgaben eines Staates. In Österreich ist in Art. 7 Abs. 1 Satz 3 B-VG das Verbot der Benachteiligung behinderter Menschen verankert[1373]. Da die Achtung der Würde des Menschen alle Menschen umfasst, sollte der Schutz der Würde von behinderten Menschen keine eigenständige *rechtliche* Thematik aufweisen. Der Schutz der Menschenwürde kann aber den Gesetzgeber zu legislativen oder administrativen Maßnahmen verpflichten, um den Würdeschutz in diesem sensiblen und gefährdeten Bereich zu

---

1372 Vgl Hufen, In dubio pro dignitate, NJW 2001, S. 849 ff (851).
1373 Hierzu Berka, Grundrechte, Rn 963 ff (Staatszielbestimmung); Öhlinger, Verfassungsrecht, Rn 102.

gewähren oder aufrecht zu erhalten[1374]; insofern gilt das, was oben bereits zur Thematik der Menschen in Alten - und Pflegeheimen ausgesagt worden ist.

- Die Würde des Menschen ist des Weiteren bei sogenannten *Menschenversuchen* ohne Einwilligung[1375] des Betroffenen verletzt. Der VfGH befasste sich bereits mit dieser Problematik in der analysierten Entscheidung vom Dezember 1993[1376], in der er explizit auf das Prinzip der Menschenwürde Rückgriff nahm und auch zur Unverfügbarkeit Stellung bezog. Auch die sogenannte Bioethik-Konvention des Europarats von 1997[1377] wird in Österreich kontrovers unter dem Gesichtspunkt der Verletzung der Menschenwürde diskutiert, und darin insbesondere eine Vorschrift, wonach unter bestimmten Voraussetzungen eine fremdnützige Forschung an Einwilligungsunfähigen für zulässig erachtet wird. Die Bestimmung des Art 17 Abs. 2 (fremdnützige Forschung) dieser Konvention wird vielfach als verfassungswidrig angesehen[1378]. Erniedrigend ist es auch, den „Körper eines Menschen gelöst von dessen Selbstbestimmung so anderenöffentlichen oder privaten- Zwecken unterzuordnen, das die Leistung von Würde unmöglich wird"[1379]. Zum Kernbereich der psychischen Integrität ist das Verbot zu rechnen, auf die Persönlichkeit eines Menschen mittels Verwendung von Lügendetektoren, Narkoanalysen, Seren und ähnlichen Methoden[1380] zur Erforschung einer Wahrheit einzuwirken, weil damit das Subjekt zum bloßen Objekt der Wahrheitsforschung auf empirisch nicht ausreichend verlässlicher Methodenwahl durch seine aktive Mithilfe erniedrigt wird.

- Zum Kernbereich der körperlichen und auch seelischen Integrität und auch Identität ist ferner der Bereich der *sexuellen Selbstbestimmung* zu rechnen, wie er in dem Strafgesetzbuch einfachgesetzlich zum Ausdruck kommt. Auch dieser

---

1374 Hierzu unter Sechster Teil III 2 g und h. Hierzu auch Menschenrechte und Psychiatrie, Öffentliche Diskussion zur Vorbereitung einer neuen Rechtsurkunde des Europarates zum Schutz der Menschenrechte und der Würde des Menschen in der Psychiatrie, in: DRiZ Januar 2001, S. 6/7.
1375 Hierzu unter Sechster Teil, II 2 (Verfügbarkeit).
1376 VfSlg 13.635/1993, S. 635.
1377 Vgl oben, Dritter Teil IV 1.
1378 Vgl dazu bereits oben, Dritter Teil IV 1.
1379 Podlech, GG-AK, Rn 67. „Zur Wahrung der Menschenwürde gehört es, Menschen nicht in einer Weise zu behandeln, die es ihnen unmöglich macht, die Kontingenz des eigenen Körpers als Moment der eigenen autonom verantworteten Individualität darzustellen."(aaO, Art 1 Abs. 1 Rn 44).
1380 Vgl Müller, Grundrechte, S. 29; Berka, Grundrechte, Rn 379; Podlech, GG-AK, Art. 1 Abs. 1 Rn 47, der darauf hinweist, dass diese Maßnahmen auch nicht mit Einwilligung des Betroffenen eingesetzt werden dürfen,"da bereits die Zumutung der Erteilung der Einwilligung eine Beeinträchtigung der Würde ist und nie ausgeschlossen werden kann, daß aus der Versagung der Einwilligung für den Betroffenen negative Schlüsse gezogen werden".

Kernbereich der privaten Lebensgestaltung kann letztendlich nicht theoretisierend, sondern nur unter Berücksichtigung der Besonderheiten des Einzelfalles bestimmt werden[1381]. Die innerlichste und intimste Form der Selbstbestimmung und Autonomie der Menschen findet ihren unzweifelhaften Ausdruck in dem Verbot, sexuelle Handlungen gegen seinen Willen zu erzwingen[1382]. Damit verletzt auch die Vergewaltigung oder sexuelle Nötigung in der Ehe unstreitig die Menschenwürde des Betroffenen[1383]. Im österreichischen Recht spiegelt sich dieser Schutz in der Rechtsprechung zum Qualifikationstatbestand des § 201 Abs. 3 StGB wider. Der OGH sieht dabei in einer aktuellen Entscheidung ausdrücklich die sexuelle Selbstbestimmung als Ausdruck der Menschenwürde und verbindet mit der Menschenwürde einen absoluten Wert und verbietet sich deshalb einen „opferbezogenen Maßstab"[1384]. Die Menschenwürde gebietet ferner die Anerkennung der *Transsexualität*. Dies hat sowohl das deutsche BVerfG[1385] festgestellt als auch der OGH unter ausdrücklicher Erwähnung des Prinzips der Menschenwürde anerkannt[1386].

- Der Kernbereich der seelischen und geistigen Identität und Integrität umfasst einen Mindeststandard an Autonomie und ungestörte Singularität, wie er sich im Kernbereich des Rechts auf *Unverletzlichkeit der Wohnung* ausdrückt. Für Österreich sind hierbei die Grundrechte des Art. EMRK und Art. 9 StGG einschlägig, wobei nach der Rechtsprechung des VfGH Art. 9 StGG das Hausrecht nicht in umfassender Weise und Art. 8 EMRK nur die Wohnung

---

1381 Vgl in anderem Zusammenhang BVerfG 80, 367 (374) -Tagebuchaufzeichnungen-, wonach es nicht allein auf den Willen des Betroffenen zur Geheimhaltung ankommt, sondern auch davon abhängt, ob ein Sachverhalt „nach seinem Inhalt höchstpersönlichen Charakters ist und in welcher Art und Intensität er aus sich heraus die Sphäre anderer oder die Belange der Gemeinschaft berührt."
1382 Vgl Müller, Grundrechte, S. 64.
1383 Vgl Feichtinger, Vergewaltigung in der Ehe - Notwendigkeit eines neuen Straftatbestandes?, ÖJZ 1988, S. 268 ff (271), worin (ohne nähere Begründung) unter Anführung der Argumente und Gegenargumente darauf hingewiesen wird: „Die grundgesetzliche Verpflichtung des Gesetzgebers zur Wahrung der Würde des Menschen verlangt die Pönalisierung der Ehegattennotzucht."
1384 OGH v. 3. 8. 2000, 12 Os 72/00.
1385 BVerfGE 49, 286, 297 ff („Die Menschenwürde und das Grundrecht auf freie Persönlichkeitsentfaltung gebieten daher, den Personenstand des Menschen dem Geschlecht zuzuordnen, dem er nach seiner psychischen und physischen Konstitution zugehört ... Die 'Grunderfahrung', daß das Geschlecht eines Menschen wegen seiner körperlichen Geschlechtsmerkmale bestimmbar, ihm angeboren und unwandelbar sei, dürfte durch die medizinischen Erkenntnisse über die aus vererbter Anlage und Umwelteinflüssen resultierende Psychosexualität ernsthaft in Frage gestellt sein."); vgl auch Podlech, GG-AK, Rn 50.
1386 Entscheidung vom 12. 9. 1996, siehe hierzu unten, Zweiter Teil I 2 b cc.

schützt[1387]. Der VfGH spricht im Zusammenhang mit Art. 9 StGG davon, dass diese Bestimmung einen „die persönliche Würde und Unabhängigkeit" verletzenden Eingriff verhindern soll[1388]. Das Prinzip der Achtung der Menschenwürde schützt unser Zentrum der ungestörten Selbstentfaltung wie auch den Kernbereich der Kommunikation, weil sich die ungestörte Kommunikation[1389], auch im gesellschaftspolitischen Bereich, wesentlich in der räumlichen Sphäre einer Wohnung entfaltet oder gar gezwungen ist, sich dort zu entfalten. Der Schutz gilt für alle Bereiche, in denen der Kern menschlicher Identität und auch Integrität gewahrt werden muß. Deshalb ist dieser Schutz nicht gekoppelt an eine spezielle Begriffsbestimmung der Wohnung. In besonders gelagerten Fällen unterliegen diesem Schutz beispielsweise auch Geschäftsräume oder Autos.

Der Erhalt der Menschenwürde, also die Selbstentfaltung und Einzigartigkeit, geschützt im räumlichen Bereich, ist nicht verwirkbar. Aber die räumliche Sphäre des Menschen verliert dann ihren Ausdruck der Einzigartigkeit und ihre Legitimation zur Selbstentfaltung, wenn die Menschenwürde anderer Personen verletzt wird oder verletzt zu werden droht. Denn der Schutz einer räumlichen Enklave kann nur soweit reichen, wie er den Würdeschutz der anderen Menschen nicht beeinträchtigt. Überwachungsmaßnahmen, Lausch- und Spähangriffe, dienen sie der Gefahrenabwehr oder der Verbrechensbekämpfung, beinträchtigen nur dann den Kernbereich der Unverletzlichkeit der Wohnung, wenn sie den Menschen zum bloßen Objekt staatlichen Handelns erniedrigen, mithin auch kein Verfahrensrecht (Kontrolle durch den Richter) eine ausreichende Sicherung des Grundrechts gewährleistet[1390]. Die Sicherung der räumlich ungestörten Einzigartigkeit liegt im Bereich der Verbrechensbekämpfung in der verfahrensrechtlich ausreichenden Absicherung dieses Grundrechts. Diese Sichtweise rechtfertigt sich daraus, dass zwar der Schutz der Menschenwürde absolute Geltung beansprucht und durch Interessenabwägungen nicht relativiert werden kann, aber die Unverletzlichkeit der Wohnung dann nicht mehr Schutzgut der Menschenwürde sein kann, wenn der spezifische Bezug der Einzigartigkeit, der Selbstachtung und der Ach-

---

1387 Hierzu Berka, Grundrechte, Rn 489 ff und Rn 502.
1388 VfGH v. 12.6.1986, VfSlg 10.897/1986: „Nun hat der VfGH schon wiederholt dargelegt, daß durch den Schutz des Hausrechtes 'ein die persönliche Würde und Unabhängigkeit verletzender Eingriff in den Lebenskreis des Wohnungsinhabers, in Dinge, die man im allgemeinen berechtigt und gewohnt ist, dem Einblick Fremder zu entziehen', hintangehalten werden soll (VfSlg. 1486/1933, 5182/1965, 9525/1982)."
1389 Vgl dazu auch Müller, Grundrechte, S. 119 (Wohnungen als „Inseln politischer Kommunikation vor Bedrohung durch staatliche Macht").
1390 Zum Richtervorbehalt unter dem Gesichtspunkt des effektiven Grundrechtsschutz vgl auch BVerfG BvR 1741/99 v. 14. 12. 2000-Genetischer Fingerabdruck, www.bverfg.de, Abs. 53; EuGRZ 2001, S. 70 ff (74); NJW 2001, S. 879 ff (881).

tung der anderen, mithin auch der Kernbereich an gesellschaftlicher Verantwortung und Solidarität zu dem Schutzgut räumlicher Bereich nicht mehr hergestellt werden kann. Diese innere und spezifische Verknüpfung zwischen dem Gehalt der Menschenwürde und der Unverletzlichkeit der Wohnung ist dann gelöst, wenn massive Straftaten aufgeklärt oder verhindert werden müssen.

Einfachgesetzlich ist der Schutz der Menschenwürde im Themenkreis einer erniedrigenden Behandlung insbesondere im MilStrG, in der ADV, im StVG, im StGB, in der StPO, im SPG und im UbG, in Art. 146a ABGB[1391] und auch in der Patientencharta Bund/Land Kärnten verankert. Auf Verfassungsebene ist dieser Schutz ausdrücklich in Art. 1 Abs. 4 PersFrG festgelegt. In der obergerichtlichen Rechtsprechung verdeutlicht sich der Schutz der Menschenwürde zu dieser Thematik insbesondere in der Rechtsprechung des VfGH zu Art. 3 EMRK[1392], aber auch in der Rechtsprechung des OGH zur Strafzumessung[1393], zu Art. 146a ABGB[1394] und zum UbG[1395] wie auch in der Rechtsprechung des EGMR[1396], z. B. im Fall Tyrer.

(4) Schutz des Kernbereichs der Gleichheit und Gewähr der prinzipiellen Gleichwertigkeit

Nicht jede Ungleichbehandlung ohne sachlichen Grund oder unter Verstoß gegen des Prinzip der Verhältnismäßigkeit ist eine Verletzung der Menschenwürde.
- Eine gleichheitssatzwidrige Verletzung der Menschenwürde ist dann gegeben, wenn wertende Gesichtspunkte dazu zwingen, eine rechtliche oder tatsächliche Behandlung dahingehend zu korrigieren, dass die Einzigartigkeit des Menschen nicht in einer Weise diffamiert wird, welche ihm die prinzipielle Gleichwertigkeit abspricht. Daraus folgt insbesondere der Schutz der Minderheiten und das Verbot rassischer Diskriminierung[1397]. Die freie Entscheidung, sein Leben

---

1391 Auch in Deutschland ist das Leitbild einer gewaltfreien Erziehung nunmehr im § 1631 Abs. 2 BGB verankert (vom deutschen Bundestag am 6.7.2000 (14/1247) verabschiedet („Kinder haben ein Recht auf gewaltfreie Erziehung. Körperliche Bestrafungen, seelische Verletzungen und andere entwürdigende Maßnahmen sind unzulässig.", siehe dazu oben, Sechster Teil II 1 g (8).
1392 Siehe hierzu oben, Zweiter Teil II 2 d aa.
1393 Siehe hierzu oben, Dritter Teil III 7.
1394 Siehe hierzu oben, Dritter Teil IV 2.
1395 Siehe hierzu oben, Dritter Teil III 2.
1396 Siehe hierzu oben, Zweiter Teil II 2 d bb.
1397 Podlech, GG-AK, Art. 1 Abs. 1 Rn 30, der daraus auch die Forderung ableitet, daß es dem Staat auch nicht erlaubt ist, „durch sein hoheitliches Verhalten solche Diskriminierungen in anderen Staaten zu unterstützen". Podlech weist darauf hin, daß

einzigartig zu gestalten, darf - unter Berücksichtigung der sich auch aus der Menschenwürde ergebenden Verpflichtungen - nicht im Kernbereich faktisch oder rechtlich unmöglich gemacht werden. Eine denkbare Verletzung der Menschenwürde unter diesem Gesichtspunkt wäre, die Gruppe der bewusst kinderlosen Ehepaare ideell und materiell auf dem Boden insbesondere rentenpolitischer Überlegungen so auszugrenzen, dass eine freie Entscheidung für einen derartigen Lebensentwurf nicht mehr möglich ist. Freilich stellen sich hier gewichtige Abgrenzungsfragen zur rechtlich zulässigen Ungleichbehandlung wie auch zur „bloßen" Gleichheitssatzverletzung außerhalb des Kernbereichs des Gleichheitssatzes. Als weitere Beispiele elementarer Ungleichheit und damit als Verstoß gegen die Menschenwürde gelten die Sklaverei[1398] und erniedrigende Behandlung, wenn die Erniedrigung insbesondere ihren Grund in einer willkürlichen Ungleichbehandlung findet[1399]. Generell lässt sich festhalten, dass jeder Mensch einen fundamentalen Anspruch auf Anerkennung einer gleichwertigen Persönlichkeit in der staatlichen Ordnung hat. Wird diese generelle Gleichwertigkeit abgesprochen und der Mensch als minderwertiges Wesen dargestellt, ist der Kern des Gleichheitssatzes und damit auch das Prinzip der Menschenwürde verletzt.

- Die Erforschung der Gene des Menschen „mit dem Ziel selektiver Rollen - oder Statuszuschreibungen"[1400] stellt sich als „Beeinträchtigung elementarer Basisgleichheit"[1401] und damit als Verletzung der Menschenwürde dar. Denn damit wird die aus dem Kern des Gleichheitssatzes abzuleitende Achtung der Gleichwertigkeit fundamental beeinträchtigt; einem Mindeststandard an Gleichwertigkeit im Sinne einer gleichen Werthaftigkeit wird der Boden entzogen.

- In diesem Zusammenhang ist auch das sogenannte „*Mobbing*" zu nennen. Der Begriff des Mobbings läßt sich negativ insbesondere dahingehend konkretisieren, dass einfachgesetzliche Vorgaben keinen ausreichenden Schutz vermitteln (beispielsweise der strafrechtliche oder zivilrechtliche Ehrenschutz oder arbeitsvertragliche Pflichten). Eine Verletzung der Menschenwürde durch Mobbing wird nur in seltenen Fällen zu bejahen sein. Zum einen wäre eine Verletzung im Sinne einer erniedrigenden Behandlung (Art. 3 EMRK) dann anzunehmen, wenn

---

      es auch gegen die Menschenwürde verstößt, Frauen oder außerehelich geborene Menschen „in einem Status minderen Rechts zu halten" (aaO, Rn 31).
1398 Vgl Art. 4 EMRK; vgl auch Berka, Grundrechte, Rn 449, der bereits auf das Verbot in § 16 ABGB hinweist.
1399 Vgl Höfling, in: Sachs, Grundgesetz, Art. 1 Rn 27 („andere demütigende Ungleichbehandlungen").
1400 Höfling, in: Sachs, Grundgesetz, Art. 1 Rn 27.
1401 Höfling, in: Sachs, Grundgesetz, Art. 1, Rn 27; vgl zum Verbot einer Erstellung eines Persönlichkeitsprofils aufgrund einer DNA-Analyse BVerfG BvR 1741/99 v. 14. 12. 2000, EuGRZ 2001, S. 70 ff; dazu nachfolgend unter Menschenwürde und Datenschutz.

Handlungen Gefühle der Angst oder der Unterwertigkeit wecken, die bei objektivierender Betrachtungsweise geeignet sind zu demütigen oder zu erniedrigen. Dabei müsste allerdings im Sinne der Rechtsprechung des EGMR ein Mindestmaß an Schwere festzustellen sein. Der konkrete Einzelfall wird entscheidend sein (Dauer, körperliche und seelische Folgen, Gesundheitszustand des Opfers, Möglichkeit der Gegenwehr, ggfs auch Alter, Geschlecht, Ausländereigenschaft etc). Zum anderen wäre dann eine Verletzung der Menschenwürde zu bejahen, wenn Mobbing Ausdruck systematischer Diskriminierung ist und einem Geschlecht die Achtung der Gleichwertigkeit versagt. Da die Menschenwürde als Grundrecht qualifiziert wird[1402], stellt sich beim Mobbing die Frage der Wirkung des Menschenwürdeschutzes in Privatrechtsverhältnissen, zumal die überwiegende Anzahl der Arbeitsverhältnisse privatrechtlicher Natur ist. Die grundsätzliche Frage der Drittwirkung wird nachfolgend erörtert werden[1403].

Einfachgesetzlich finden die hier angesprochenen Gebote der Menschenwürde explizit ihren Ausdruck im Gleichstellungsgesetz[1404] und der Richtlinienverordnung[1405] des SPG. Markanter Eckpfeiler in der Rechtsprechung des VfGH[1406] ist die Aussage, dass der Gleichheitssatz über eine auch für den einfachen Verfassungsgesetzgeber unantastbaren Kernbereich verfügt.

Das Prinzip der Menschenwürde ist so gesehen nicht nur ein Freiheitsrecht, sondern auch ein Gleichheitsrecht.

(5) Menschenwürde und Datenschutz

In Österreich ist der Datenschutz verfassungsrechtlich in § 1 Datenschutzgesetz (DSG) geregelt[1407]. Beschränkungen des Datenschutzes sind in bestimmten Fällen im Wege des Gesetzesvorbehaltes erlaubt, vgl. § 1 Abs. 2 DSG. Für die Schweiz ist in der neuen Bundesverfassung von 1999 in Art. 13 Abs. 2 als Grundrecht verankert: „Jede Person hat Anspruch auf Schutz vor Missbrauch ihrer persönlichen Daten".

Auch der Schutz der Menschenwürde umfasst in einem Ausnahmebereich das Verbot, Daten herzustellen und zu verwenden. Da dieser Schutz absolut wirkt, kann das freilich nur für eng umgrenzte Bereiche gelten.

1402 Siehe Siebter Teil V.
1403 Siehe Sechster Teil V 5.
1404 Siehe Dritter Teil III 8.
1405 Siehe Dritter Teil 6.
1406 VfGH VfSlg 15.374.
1407 Datenschutzgesetz 2000, BGBl. I Nr. 165/1999. Das Gesetz trat am 1. 1. 2000 in Kraft. Vgl. zur früheren Fassung Berka, Grundrechte, Rn 480 ff.

- Das ist zum einen der Bereich der „*Totalerhebung*"[1408]. Denn eine Totalerhebung qualifiziert den Menschen zum bloßen Objekt staatlichen Interesses. Datenerhebung und - verarbeitung bergen die Gefahr des Machtmissbrauchs und der Überwachung des Menschen, unter elementarer Vernachlässigung der Subjektqualität des Menschen[1409]. Moderne Datenverarbeitung beinhaltet auch die Möglichkeit, über die Vernetzung von „*Teilerfassungen*" ein umfassendes Bild der Persönlichkeit eines einzelnen Menschen zu zeichnen und zu speichern. Die Möglichkeit der Kontrolle des einzelnen über die Richtigkeit und die Verwendung seiner Daten ist dabei nicht mehr gewährleistet. Der Datenabgleich ermöglicht, dem Menschen seines Kernbereichs der Identität zu berauben, weil eine gläserne Transparenz den Verlust der individuellen Identität bewirken kann. Das BVerfG weist auf die freiheitshemmende Wirkung unüberschaubarer Datenerfassung und Datenkommunikation hin[1410]. Da die Menschenwürde aber auch den Kernbereich der Identität des Menschen schützt, ist eine Erhebung oder Verwendung solcher Daten unzulässig, die den Privat - und Intimbereich des Menschen ausleuchten und zur Schau stellen[1411]. Der Mensch hat ein elementares Recht, sich einen letzten Bereich des persönlichen Rückzugs zu schaffen und zu bewahren.

- Eine Datenerfassung, die den Gebrauch fundamentaler Bereiche der Kommunikationsgrundrechte hemmt oder vereitelt, verstößt ebenfalls gegen die Menschenwürde, weil die Entfaltung der Menschenwürde einen Kernbereich ungestörter Kommunikation voraussetzt. So verbietet es die Menschenwürde, insbesondere außerhalb zwingend gebotener präventiver oder repressiver Strafzwecke die Identität von Versammlungsteilnehmern bildlich oder schriftlich zu erfassen und auszuwerten, weil dadurch eine ungestörte Ausübung der in einer Demokra-

---

1408 Vgl Starck, Grundgesetz I, Art. 1 Abs. 1 Rn 79.
1409 Zur Datenerhebung im Bereich der Verbrechensbekämpfung (Rasterfahndung) vgl Starck, Grundgesetz I, Art. 1 Abs. 1 Rn 79 mwN.
1410 BVerfGE 65, 1 (43: „Wer nicht mit hinreichender Sicherheit überschauen kann, welche ihn betreffende Informationen in bestimmten Bereichen seiner sozialen Umwelt bekannt sind, und wer das Wissen möglicher Kommunikationspartner nicht einigermaßen abzuschätzen vermag, kann in seiner Freiheit wesentlich gehemmt werden, aus eigener Selbstbestimmung zu planen oder zu entscheiden."). Zur Menschenwürde und Datenschutz Bleckmann, Staatsrecht II-Die Grundrechte, § 21 VII Rn 71 ff mwN zur Rechtsprechung des BVerfG.
1411 Der VfGH, Beschluß v. 12. 12. 2000, EuGRZ 2001, S. 83 ff, legte dem EuGH Fragen zum gemeinschaftsrechtlichen Datenschutz vor. Dabei geht es um die Zulässigkeit einer Veröffentlichung einer namentlichen Einkommensliste für Jahres-Bezüge aus öffentlichen Kassen. Ein Verstoß gegen das Prinzip der Menschenwürde wird allerdings nicht angesprochen.

tie fundamentalen kollektiven Meinungsäußerung gehemmt oder gar vereitelt wird.

- Ein Verbot besteht für die Speicherung und (künftige) Verwendung des genetischen Codes eines Menschen. Dieser Code läßt sich heute entschlüsseln. Der Mensch wird dadurch im extremen Sinne objektiviert und als Persönlichkeit minimiert, ja exstirpiert. Auch die Möglichkeiten der gentechnischen Diagnostik oder der Genomanalyse bergen die Gefahr der Offenbarung der Persönlichkeit des Menschen (Erstellung eines Persönlichkeitsprofils). Diese Diagnostik ist geeignet, die Selbstbestimmung des Menschen im wahrsten Sinne des Wortes im Kern zu beeinträchtigen, weil „individuelles Entscheidungsverhalten"[1412] grundlegend erschwert oder gehemmt wird. Freilich gibt es schwierige Grenzziehungen im Bereich der Diagnostik des Erbgutes zu therapeutischen Zwecken[1413].

Die DNA - Analyse ist mittlerweile eine moderne, in der kriminologischen Anwendung effiziente und beweiskräftige Datenerfassung. Die staatliche Erstellung eines Persönlichkeitsprofils unter Verwendung persönlichkeitsbegründender Merkmale wie Erbanlagen, Charaktereigenschaften oder Krankheiten[1414] verstößt gegen die Menschenwürde[1415]. Denn zum Kernbereich der Selbstbestimmung zählt nicht nur die Entscheidung über die Verwendung der persönlichen Daten in ihrer Gesamtheit, sondern auch die Entscheidung über die Preisgabe persönlicher Kerndaten, weil damit der Kernbereich der Identität offen gelegt wird. Insbesondere der sogenannte genetische Fingerabdruck[1416] kann Möglichkeiten eröffnen, ein umfangreiches Persönlichkeitsprofil zu erstellen[1417]. Der genetische Fingerabdruck mit dieser möglichen Konsequenz kann deshalb nur in engen Grenzen zulässig sein. Voraussetzung hierfür ist, dass das Prinzip der Menschenwürde nicht verletzt wird. Denn dieses Prinzip beansprucht absolute Geltung und ist keinem Schrankenvorbehalt zugänglich. So verletzt eine DNA - Entnahme und Analyse zum Zweck der Identitätsfeststellung in künftigen Strafverfahren dann nicht den absolut geschützten Kernbereich der Persönlichkeit, wenn nur der nicht - codierende Teil der DNA verwendet und das genetische Material nach dem Ge-

---

1412 Höfling, in: Sachs, Grundgesetz, 1996, Art. 1 Rn 37; vgl BVerfGE 65, 1 (42/43).
1413 Vgl Kannengießer, in: Schmidt-Bleibtreu/Klein, Grundgesetz, Art. 1 Rn 17b; Höfling, in: Sachs, Grundgesetz, Art. 1, Rn 23 unter Hinweis auf intergenerative Implikationen der Gentherapie an menschlichen Keimzellen.
1414 Vgl BVerfG v. 14. 12. 2000, 2 BvR 1741/99, www.bverfg.de, Abs. 48; EuGRZ 2001, S. 70 ff (73); NJW 2001, S. 879 ff (880).
1415 Vgl BVerfG v. 14. 12. 2000, 2 BvR 1741/99, NJW 2001, S. 879 ff (880).
1416 Beispiel hierfür ist das Belecken einer Briefmarke.
1417 Die Frage, welche Methoden der Entnahme des genetischen Materials entsprechende Möglichkeiten nicht eröffnen, kann hier nicht vertieft werden.

brauch vernichtet wird[1418]. Das BVerfG hält dazu fest, dass die Feststellung, Speicherung und (künftige) Verwendung des DNA-Identifizierungsmusters allerdings in das Recht auf informationelle Selbstbestimmung eingreift, das durch Art. 2 Abs. 1 iVm Art. 1 Abs. 1 GG verbürgt ist[1419]. Das BVerfG weist auf die Notwendigkeit einer auf den Einzelfall bezogenen und insbesondere auf dem Boden zureichender Sachaufklärung sorgfältig begründeten Entscheidung der Gerichte hin[1420].

Als ein besonderes Problem wird die Frage der Zulässigkeit der freiwilligen[1421] Weitergabe des genetischen Codes zu werten sein. Denn das fremde Wissen hierüber, beispielsweise einer Krankenkasse oder eines Sozialversicherungsträgers, verfügt über eine „gesellschaftliche Dimension"[1422]. Gravierende zukünftige Auswirkungen einer vereinzelt beginnenden Offenbarung des genetischen Codes sind nicht von der Hand zu weisen. Ein Druck auf Patienten, Ärzte oder Versicherungsträger sich einer zweckgebundenen Offenbarung anzuschließen, könnte eine unabsehbare Eigendynamik entfalten und die gesellschaftliche Solidarität fundamental erschüttern. Diese Thematik berührt auch die Frage der Unverfügbarkeit der Menschenwürde, die nachfolgend besprochen wird[1423].

1418 Vgl BVerfG v. 14. 12. 2000.2 BvR 1741/ 99, www.bverfg.de, Abs. 55; EuGRZ 2001, S. 70 f (74), NJW 2001, S. 879 ff (881).

1419 Vgl auch BVerfG 2 BvR 1841/00 v. 15. 3. 2001, www.bverfg.de, Abs.-Nr. 29. Das BVerfG führt weiter aus: „Diese Verbürgung darf nur in überwiegendem Interesse der Allgemeinheit und unter Beachtung des Grundsatzes der Verhältnismäßigkeit durch Gesetz oder auf Grund eines Gesetzes eingeschränkt werden; die Einschränkung darf nicht weiter gehen als es zum Schutz des öffentlichen Interesses unerlässlich ist."

1420 BVerfG 2 BvR v. 15. 3. 2001, www.bverfg.de, Abs. -Nr. 31 und 32.

1421 In vielen Fällen wird bereits die Frage nach der Freiwilligkeit Probleme aufwerfen, wenn beispielsweise im Strafverfahren heteronome Motive bestimmend sind. Hierzu Golembiewski, Entbehrlichkeit einer richterlichen Anordnung der DNA-Analyse bei Einwilligung des Betroffenen, NJW 2001, S. 1036 ff (1037). Golembiewski kommt zu dem Ergebnis, dass wegen der Schwere der Beeinträchtigung des Rechts auf informationelle Selbstbestimmung eine richterliche Anordnung nicht durch eine Einwilligung zu ersetzen sei (aaO, siehe oben, S. 138).

1422 Fisahn, Ein unveräußerliches Grundrecht am eigenen genetischen Code, ZRP 2001, S. 49 ff (51).

1423 Siehe Sechster Teil II 2.

(6) Schutz der sozialen Achtung

- Der soziale Achtungs -[1424] oder auch Geltungsanspruch wird im Kernbereich durch das Prinzip der Menschenwürde geschützt[1425]. Dabei handelt es sich um den Bereich des Persönlichkeitsrechts, sein Bild in der Beziehung zu Dritten selbstbestimmt prägen zu können und zu dürfen. Der Mensch erfährt seine Einmaligkeit in der Beziehung zu Dritten. Konsequent zu Ende gedacht verlöre der Begriff der Menschenwürde ohne Dritte seinen Geltungsgrund. Aus der Beziehung zu Dritten schöpft der Mensch auch seine Identität[1426]. Diese Identität mag selbstbestimmt oder in gewissem Maße auch fremdbestimmt sein. Diese Fragestellung ist aber nicht ausschlaggebend, weil Würde auch Ausdruck eigener Sinngebung ist - freilich unter dem Vorbehalt, die Würde des anderen nicht zu verletzen - und sich die eigene Sinngebung (auch wenn diese teilweise fremdbestimmt wird, was nicht immer wahrgenommen wird) in der Wertschätzung und Anerkennung, mithin in der sozialen Geltung ihren Ausdruck findet. Die soziale Geltung ist insbesondere dann erheblich gefährdet, wenn der Mensch seine existentiellen Lebensgrundlagen wie Arbeit und Wohnung oder die Familie verliert.

Besonders virulent kann die Verletzung des sozialen Geltungsanspruch im Wirkbereich der Medien und des Rundfunks werden. Dabei geht es weniger um den Schutz der im Verfassungsrang stehenden Unschuldsvermutung[1427], sondern um die ungewollt „medial geschaffene Identität"[1428], die in krassem Widerspruch zur tatsächlichen Identität stehen kann und dann die Menschenwürde verletzt, wenn sie die identitätsbegründenden und - erhaltenden sozialen Bezugspunkte zerstört. Der in Österreich in den Mediengesetzen verankerte Schutz des „höchstpersönlichen Lebensbereichs" erfährt Einschränkungen (vgl § 7 Abs. 2 MedienG) und ist daher nicht geeignet, den Schutzumfang der Menschenwürde im sozialen Achtungsanspruch und Ehrbereich zu begründen.

1424 Vgl BVerfG NJW 1993, S. 1457 [1458 mwN BVerfGE 45, 187 (227)]: "Mit ihm (Anmerkung: dem Begriff der Menschenwürde) ist der soziale Wert- und Achtungsanspruch des Menschen verbunden, der es verbietet, den Menschen zum bloßen Objekt des Staates zu machen oder ihn einer Behandlung auszusetzen, die seine Subjektqualität prinzipiell in Frage stellt."
1425 Vgl zum verfassungsrechtlichen Persönlichkeitsschutz in der Schweiz Müller, Grundrechte, S. 43 Fn 3-5, S. 49 zum sozialen Ansehen.
1426 Vgl BVerfGE 80, 367 (374): „Der Mensch als Person, auch im Kern seiner Persönlichkeit, existiert notwendig *in* sozialen Bezügen."
1427 Vgl hierzu § 7b Mediengesetz, hierzu Berka, Persönlichkeitsschutz auf dem Prüfstand: Verfassungsrechtliche Perspektiven, in: H.Mayer (Hrsg), Persönlichkeitsschutz und Medienrecht, 2000, S. 1 ff (16).
1428 Vgl Berka, Grundrechte, S. 18.

Der soziale Geltungsanspruch weist eine Teilidentität mit dem Anspruch auf Existenzsicherung auf, freilich nicht im Sinne einer materiellen Existenzsicherung, sondern einer sozialen Existenzsicherung. Denn die soziale Geltung, die Achtung der nahen Umwelt und des Kernbereichs des familiären Schutzes ist ebenfalls „unabdingbare Existenzvoraussetzung"[1429].

- Die *Ehre* schützt den inneren Wert des Menschen und seinen äußeren Wert, der sich als der Ruf oder die Geltung gegenüber anderen unterteilen lässt. Der Ehrenschutz ist bereits in weiterem Umfang durch die Straf - und Zivilgesetze auf einfachgesetzlicher Ebene sichergestellt. Die *Ehre* ist dann verfassungsrechtlich vom Schutz der Menschenwürde mit umfasst, wenn ein Angriff auf diese Ehre den oben umschriebenen sozialen Geltungsanspruch und den absolut geschützten *Kern*bereich der Persönlichkeit verletzt.

Der Ehrenschutz wird in Deutschland verfassungsrechtlich auch dem allgemeinen Persönlichkeitsrecht des Art. 2 Abs. 1 GG iVm Art. 1 Abs. 1 GG zugeordnet. Die Menschenwürde schützt dabei den *Kern* der Ehre mit der Folge, dass dieser Schutz „absolut ohne Möglichkeit eines Güterausgleichs" wirkt[1430]. Der verfassungsrechtliche Schutz der Ehre findet in Österreich nach meiner Auffassung seinen normativen Ausdruck insbesondere in Art. 3 EMRK. Der verfassungsrechtliche Ehrenschutz lässt sich in Österreich von dem einfachgesetzlichen Ehrenschutz jedenfalls in der Beschränkung auf das unterscheiden, was als Kern der Ehre im Prinzip der Menschenwürde angelegt ist. Denn nach der hier dargelegten Auffassung wirkt das Prinzip der Menschenwürde absolut, ist mithin nicht abwägungsfähig. Insofern ist auch der Kernbereich der Ehre nicht mit der Meinungsfreiheit abzuwägen[1431]. Daraus folgt, dass nur dann eine Ehrverletzung im Sinne einer Verletzung der Menschenwürde vorliegen kann, wenn nicht nur einzelne Facetten des Persönlichkeitsrechts betroffen sind, sondern der absolut geschützte Kernbereich der Persönlichkeit verletzt ist[1432].

Eine abstrakte Umschreibung dieser geforderten Verletzungen ist nicht möglich. Die Umstände des Einzelfalles sind maßgebend. Es wird auf die sozialen

---

1429 Müller, Grundrechte, S. 172: „Das grundrechtliche Existenzminimum umfasst aber nicht nur materielle Güter, sondern auch soziale, „kommunikative" Leistungen wie elementare Zuwendung und minimale Integration in eine Gemeinschaft zum Schutz vor Verachtung, Erniedrigung oder sozialer Ausstossung infolge äusserer Not."
1430 BVerfGE 75, 369 (380); vgl hierzu Kube, Ehrenschutz im Verfassungsrecht des Frühkonstitutionalismus und im Grundgesetz, AöR 125. Band (2000), Heft 3, S. 341 ff (353 und 377 ff zu den ehrenschutzrechtlichen Abgrenzungen zwischen Art. 1 Abs. 1 GG und Art. 2 Abs. 1 iVm Art. 1 Abs. 1 GG.
1431 So für Deutschland BVerfG v. 10. 10. 1995, BVerfGE 93, 266 (293) – Soldaten-Mörder, NJW 1995, 3303 ff (3304); vgl auch BVerfG Beschl. v. 6. 9. 2000, NJW 2001, S. 61 ff (62).
1432 Vgl BVerfG NJW 2001, S. 61 ff (63).

Bezüge des einzelnen Menschen ankommen. Auch wird zu berücksichtigen sein, welche Bedeutung der Einzelne aus den sozialen Bezügen erfährt. Wichtige Parameter für die Beurteilung sind ferner die Art der Verletzung, der persönliche oder höchstpersönliche Charakter der Verletzung und die Feststellung, ob die Belange anderer Schutzbedürftiger mit berührt werden (Kinder, Familie). Von Bedeutung können im Ausnahmefall auch Belange der Gemeinschaft sein. Eine Verletzung des Kernbereichs der Ehre ist dann zu bejahen, wenn dem Menschen die prinzipielle Gleichwertigkeit in der staatlichen Gemeinschaft abgesprochen, er als minderwertiges Wesen[1433], als Untermensch dargestellt wird. Sie liegt aber auch dann vor, wenn der dem individuellen Menschen innewohnende soziale Geltungs - und Achtungsanspruch abgesprochen wird. Das wird dann der Fall sein, wenn einem Menschen falsche Äußerungen zugeordnet werden, die geeignet sind, seine selbst definierte Identität zu zerstören. Starck umschreibt dies beispielhaft, wenn jemand „als Zeuge gegen sich selbst vorgeführt wird", mithin ihm „Worte in den Mund gelegt werden, die seinen von ihm selbst definierten sozialen Geltungsanspruch beeinträchtigen"[1434], allerdings müsse die unterstellte Äußerung unehrenhaft sein. Eine Verletzung des Kernbereichs der Ehre ist auch dann zu bejahen, wenn der Betroffene als „bloßes Objekt" in seiner Ehre getroffen wird, z. B. als Angehöriger einer Gruppe unter Aberkennung des Wertes als Mensch; sich der Ehrangriff mithin gegen das Menschsein, die Subjektivität richtet, wie dies auf einfachgesetzlicher Ebene im Straftatbestand der Verhetzung seinen Ausdruck findet[1435].

Die hier vertretene Auffassung findet, wie bereits dargestellt, in bestimmtem Maße eine Bestätigung in der obergerichtlichen Rechtsprechung des OGH zu § 1330 ABGB[1436] und des VfGH zu einer menschenunwürdigen Leibesvisitation[1437].

(7) Menschenwürde und Strafrecht

Die Menschenwürde ist auch im Bereich der Strafrechtspflege bestimmendes Schutzgut[1438]. Das betrifft das Verbot einer Bestrafung ohne Schuld (nulla poena

---

1433 Vgl BVerfG NJW 2001, S. 61 ff (63); BGH NJW 1994, S. 1421 ff (1421).
1434 Starck, Grundgesetz I, Art. 1 Abs. 1 Rn 102.
1435 Vgl § 283 Abs. 2 StGB.
1436 Siehe dazu Dritter Teil IV 2, OGH 1 0b 4/91.
1437 Siehe dazu Zweiter Teil II 2 d aa., VfGH SlgNr 10663, 12258.
1438 Vgl Vitzthum, Die Menschenwürde als Verfassungsbegriff, JZ 1985, S. 201 ff (204 ff).

311

sine culpa)[1439], das Verhältnis von Schuld und Strafe (Sühne)[1440] wie auch das bereits dargestellte Resozialisierungsgebot[1441]. Auch bestimmte Strafverfahrensrechte wie insbesondere das Recht der Aussageverweigerung des Angeklagten ist dem Gehalt der Menschenwürde zuzuordnen, weil der Angeklagte damit nicht zum bloßen Objekt des Strafverfahrens erniedrigt, sondern ihm ein letzter Bereich der Autonomie belassen wird. Nicht einfach ist die Frage zu beantworten, ob ein Strafverfahren durchgeführt werden darf, wenn zu erwarten ist, dass der der Beschuldigte das Ende des Verfahrens nicht mehr erleben wird[1442]. Nach meiner Auffassung verstößt es nicht gegen die Würde eines Menschen, trotz nahendem Tod ein Strafverfahren durchzuführen. Der Schwellenwert zu einer Verletzung der Menschenwürde wird dann überschritten, wenn trotz *Verhandlungsunfähigkeit* das Verfahren weiter geführt wird[1443]. Hierzu bieten aber die vorhandenen strafprozessualen Vorgaben zur Verhandlungsunfähigkeit - als einfachgesetzliche implizite Ausformung des Prinzips der Menschenwürde - einen hinreichenden Schwellenwert.

Die Menschenwürde selbst kann auch Schutzgut strafrechtlicher Normen sein, wie dies in § 283 Abs. 2 StGB (Verhetzung) zum Ausdruck kommt. Dem Gesetzgeber ist es in bestimmtem Maße überlassen, Verletzungen der Menschenwürde zu pönalisieren und damit mit Hilfe des Strafrechts den Schutz der Menschenwürde sicherzustellen[1444]. Verfassungsrechtlich gebotener Maßstab ist, dass die Würde des Menschen angemessenen und wirksamen Schutz erfährt[1445]. So ist der in den Strafgesetzen verankerte Lebensschutz Ausdruck der Menschenwürde, ebenso nach obergerichtlicher Rechtsprechung die sexuelle Selbstbestimmung[1446]. Der Schutzumfang der Straftatbestände ist regelmäßig freilich nicht auf eine Verletzung der Menschenwürde begrenzt, wie dies der strafrechtliche Schutz

---

1439 Vgl BVerfGE 45, 187 (228); BVerfGE 57, 250 (275); Kannengießer, in: Schmidt-Bleibtreu/Klein, Art. 1 Rn 14a; vgl auch Kunig, in: v. Münch/Kunig, Art. 1 Rn 36 unter Strafe.
1440 Vgl BverfGE 50, 5 (12).
1441 BVerfGE 30, 235 ff; Kannengießer, in: Schmidt-Bleibtreu/Klein, Art. 1 Rn 14a; vgl auch BVerfG BvR 1741/99 v. 14. 12. 2000, www.bverfg.de, Abs. 68; EuGRZ 2001, S. 70 ff (75) = NJW 2001, S. 879 ff (882).
1442 So BerlVerfGH NJW 1993, 515 ff (Honecker), auch in DVBl. 1993, S. 368 ff. Ablehnend Höfling, in: Sachs, Grundgesetz, Art. 1, Rn 34; ablehnend auch Starck, Grundgesetz I, Art. 1 Abs. 1, Rn 59; vgl auch Kunig, in: v. Münch/Kunig, GGK I, Art. 1 Rn 36 zu Strafprozeß.
1443 So auch Starck, Grundgesetz I, Art. 1 Abs. 1, Rn 59, der auch auf die Friedensfunktion des Staates hinweist, der auch ein Urteil ohne Vollstreckungsmöglichkeit dient.
1444 Vgl Vitzthum, Die Menschenwürde als Verfassungsbegriff, JZ 1985, S. 201 ff (205).
1445 Vgl BVerfGE 88 203 (254 - Untermaßverbot).
1446 Vgl OGH v. 3. 8. 2000, 12 Os 72/00.

der Ehre zeigt. Implizit findet der Schutz der Menschenwürde im österreichischen Strafrecht auch im Straftatbestand der unterlassenen Hilfeleistung seinen Ausdruck, explizit in den bereits erwähnten Bestimmungen des StGB und der StPO. Das Schutzgut der Menschenwürde wird in der obergerichtlichen Rechtsprechung besonders im Bereich der Delikte gegen die sexuelle Selbstbestimmung betont[1447].

(8) Kinder - und Jugendschutz

In dem Prinzip der Menschenwürde drückt sich auch die Notwendigkeit aus, den heranwachsenden Menschen zu achten und einer Fehlentwicklung seiner Persönlichkeit entgegenzuwirken. Diese Pflicht trifft die Eltern, aber auch den Staat, weil dieser mittels gesetzlicher Vorgaben (Verbote, Sanktionen) auf straf -, zivil - und verwaltungsrechtlicher Ebene den gebotenen Schutz verwirklichen kann[1448]. Das deutsche BVerfG zählt den Jugendschutz ausdrücklich zu den Rechtsgütern mit Verfassungsrang[1449], stützt diese Wertung allerdings nicht ausdrücklich auf das Prinzip der Menschenwürde. In Österreich stellt der Belang des Jugendschutzes keinen Wert im Verfassungsrang dar[1450]. Der Schutz der Jugend und der Kinder spiegelt sich meiner Meinung nach jedoch im Prinzip der Menschenwürde wider.
- Ein Beispiel für eine notwendige staatliche Intervention zum Schutz von Kindern und Jugendlichen stellen die einfachgesetzlichen Regelungen des Rundfunkrechts dar, wonach der Schutz der Menschenwürde als eine rundfunkrechtlich verbindliche Vorgabe verankert ist[1451]. Die einfachrechtlichen Vorgaben im österreichischen Recht haben nach meiner bereits dargelegten Auffassung ihren Geltungsgrund im verfassungsrechtlichen Prinzip der Menschenwürde. Denn die moderne Rundfunk - und Fernsehkommunikation birgt die erhebliche Gefahr, den Menschen als bloßes Objekt der Informationsbegierde zu betrachten, den Kernbereich seiner seelischen und geistigen Identität zu verletzen und insbesondere Kindern und Jugendlichen die behütete Solidarität zu verwehren, die eine

---

1447 Siehe hierzu bereits oben, Dritter Teil III 7.
1448 Vgl Starck, Grundgesetz I, Art. 1 Abs. 1 Rn 38.
1449 Vgl BVerfGE 83, 130 (139). Das BVerfG betont, dass der Jugendschutz in Art. 5 Abs. 2 GG besonders erwähnt sei und sich der Verfassungsrang vor allem aus dem „in Art. 6 Abs. 2 Satz 1 GG verbrieften elterlichen Erziehungsrecht" ergebe. Vgl auch BVerfG NJW 2001, 598 ff (598), unter Verweis auf BVerfGE 83, 130 [139]). Auf Art. 1 Abs. 1 GG wird die Begründung des Verfassungsranges des Jugendschutzes hingegen nicht gestützt.
1450 Vgl Berka, Konkretisierung und Schranken der Grundrechte, ZÖR 54 (1999), S. 31 ff (37).
1451 Siehe dazu Dritter Teil III 1.

gesunde Entwicklung ermöglicht. Mit der diesbezüglichen gesetzlichen Vorgabe der Bewahrung der Menschenwürde erfüllt der Staat seine Pflicht, sich besonders schützend vor seine Kinder zu stellen.

Der Menschenwürdegehalt der Meinungs - und Pressefreiheit (Art. 13 StGG, Art. 10 EMRK, vgl für Deutschland Art. 5 GG[1452], für die Schweiz Art. 16 nBV) besteht nach Podlech in dem Verbot, „die Freiheit der Aufnahme und Abgabe von Informationen rechtlich so einzuschränken, dass die Identität und Integrität von Personen verletzt wird, d. h. ihre Selbstdarstellungsmöglichkeiten und ihre Lernfähigkeit gestört werden". Im Ergebnis entspricht diese Auffassung auch der Rechtsprechung des VfGH[1453] zu § 2a RundfunkG, wonach die Achtung der Menschenwürde für den Persönlichkeitsschutz Jugendlicher in fatalen Lebenssituationen als unverzichtbar eingestuft worden ist und Belange des allgemeinen Informationsinteresses zurückdrängt.

Die Pflicht des Staates zum Schutz der Menschenwürde kann sich freilich nicht nur auf den Rundfunk im weiteren Sinne erstrecken, sondern gilt für den gesamten Bereich der Kommunikation. Auf einfachgesetzlicher Ebene drückt sich der Kinder- und Jugendschutz in den Jugendschutzgesetzen der Länder aus. So formuliert § 29 des Salzburger Jugendgesetzes[1454] ein Verbot von Theater- und Filmaufführungen, wenn die Art oder Darstellung u.a. geeignet ist, die Menschenwürde zu missachten. Der staatliche Schutz der Menschenwürde ist auch dann gefordert, wenn beispielsweise Spielzeug, Bilder, Schallplatten, Hör - oder insbesondere Videospiele eine erniedrigende, bloße Objektfunktion des Menschen zum Gegenstand haben. Auch eine Darstellung rein fiktiver Vorgänge kann die Menschenwürde verletzen, obgleich der Begriff Mensch an den biologischen Begriff des Menschen anknüpft. Die simulierte Missachtung der menschlichen Subjektivität verletzt jedoch die Menschenwürde, weil sie die Gefahr einer tatsächlichen Verletzung der Menschenwürde ernsthaft begründet[1455]. Denn die Darstellung der Verfügbarkeit des Menschen als bloßes Objekt ist insbesondere bei Kindern und Jugendlichen - auf simulatorischer Ebene im Bereich des Frei-

---

1452 Art. 5 GG: „(1) Jeder hat das Recht, seine Meinung in Wort, Schrift, und Bild frei zu äußern und zu verbreiten und sich aus allgemein zugänglichen Quellen ungehindert zu unterrichten. Die Pressefreiheit und die Freiheit der Berichterstattung durch Rundfunk und Film werden gewährleistet. Eine Zensur findet nicht statt. (2) Diese Rechte finden ihre Schranken in den Vorschriften der allgemeinen Gesetze, den gesetzlichen Bestimmungen zum Schutze der Jugend und in dem Recht der persönlichen Ehre. (3) Kunst und Wissenschaft, Forschung und Lehre sind frei. Die Freiheit der Lehre entbindet nicht von der Treue zur Verfassung."
1453 VfGH v. 24. 2. 1999, ÖJZ 2000, S. 357.
1454 LGBl. Nr. 24/1999.
1455 Vgl BVerfG, Beschl. v. 20. 10. 1992, NJW 1993, S. 1457 (1459); vgl auch Starck, Grundgesetz I, Art. 1 Abs. 1 Rn 91, der von „intellektueller Vorbereitung" spricht.

zeitspiels - nicht nur geeignet, Toleranz und Respekt vor der Würde des anderen herabzusetzen, sondern lässt ernsthaft befürchten, dass spielerisch vorgegebene und trainierte Verhaltensweisen in die Tat umgesetzt werden. Aus dieser Überlegung heraus erklären sich auch die einfachgesetzlichen Vorgaben der Länder[1456], wie sie in den Spielautomatengesetzen ihren Ausdruck finden. Diese Gesetze sind implizit und explizit Ausdruck des Schutzes der Menschenwürde.

Auch in dem Leitbild der Menschenwürde in der Kindergarten - und Schulerziehung, wie dies in den verschiedenen Lehrplänen[1457] ausdrücklich zum Ausdruck kommt, äußert sich die Umsetzung des Prinzips der Menschenwürde im Staat.

Der Schutz der Menschenwürde von Kindern und Jugendlichen umfasst auch die Sicherung des Existenzminimums. Das deutsche BVerfG leitet daraus auch ein Besteuerungsverbot dergestalt ab, dass der Unterhaltsaufwand für die Gewährleistung des Existenzminimums des Kindes bei der Beurteilung der steuerlichen Leistungsfähigkeit des Unterhaltsverpflichteten als besteuerbares Einkommen außer Betracht zu lassen ist[1458]. Dies ist meiner Auffassung nach konsequent. Kinder und private Bedürfnisbefriedigung sind nicht auf eine Stufe zu stellen[1459].

Zum Kinder und Jugendschutz zählt freilich auch das Verbot von Prügelstrafen. Die Achtung des Menschseins gebietet, Körpergewalt nicht als Mittel der Erziehung in der Schule[1460] einzusetzen, weil dies insbesondere wegen des öffentlichen und kommunikativen Charakters der Schulerziehung erniedrigend und demütigend wirkt und mittel - und langfristig die Gefahr birgt, dass später im Gegenzug in der Erwachsenenwelt Gewalt als Konfliktbewältigung und Konfliktlösung angesehen und eingesetzt wird, was der Achtung des anderen Menschen zutiefst zuwider läuft. Für Österreich ergibt sich dieser Grundsatz bereits aus Art. 3 EMRK[1461]. Letztlich lässt sich das Verbot der (repressiven) Strafe auch unter dem Gesichtspunkt der Verhältnismäßigkeit im Vorfeld einer Verletzung der Menschenwürde begründen. Denn eine Prügelstrafe widerspricht den

---

1456 Vgl dazu § 18 Burgenländisches Jugendschutzgesetz 1986, § 28 Kärntner Veranstaltungsgesetz 1997, § 3 Spielautomatengesetz NÖ, § 3 Spielapparategesetz OÖ 1999, § 18 Wiener Jugendschutzgesetz; hierzu unter Vierter Teil II 4.
1457 Die Menschenwürdebestimmungen in den Lehrplänen sind aufrufbar im Rechtsinformationssystem des BKA unter www.ris,bka.gv.at in der Rubrik Bundesgesetze unter dem Suchwort Menschenwürde.
1458 BVerfGE 82, 60 (87).
1459 So BVerfGE 82, 60 (87).
1460 Abzulehnen ist die Meinung von Starck, Grundgesetz I, Art. 1 Abs. 1 Rn 76 mwN, der „geringe körperliche Züchtigungen in der Schule" als keinen Verstoß gegen die *Menschenwürde* wertet.
1461 Vgl hierzu bereits oben, Zweiter Teil II 2 d aa.

Gesichtspunkten der Geeignetheit und Erforderlichkeit und ist von daher schon nicht in der Lage, einem staatlichen Handeln Legitimität zu verleihen.
- Schwieriger gestaltet sich die Frage nach der Zulässigkeit einer Züchtigung unter dem Gesichtspunkt des *elterlichen Erziehungsrechts*, Art. 8 EMRK. Die Achtung der Subjektqualität des Kindes gebietet, dass Eltern ihre Kinder nicht zum bloßen Objekt ihres Erziehungsanspruchs herabwürdigen dürfen (z.b. durch Fesselung, Isolierung[1462], Behandlung mit Prangerwirkung). Die Menschenwürde setzt demgemäß nicht nur der staatlichen Machtentfaltung Grenzen; sie ist ein für die gesamte Gesellschaftsordnung verbindliches Prinzip. Damit werden auch Erziehungsmaßnahmen Grenzen gesetzt. Körperliche Züchtigung „per se"[1463] verstößt hingegen nicht prinzipiell gegen den Verfassungsgrundsatz der Menschenwürde. Unmenschlichkeit, Demütigung und Erniedrigung bleiben auch hier unentbehrliche Parameter dafür, ob eine *verfassungsrechtliche* Verletzung der Menschenwürde zu bejahen ist. „Nicht jede körperliche Züchtigung ist entwürdigend"[1464]. Der „Klaps auf den Po" ist nicht als eine Verletzung der Menschenwürde zu qualifizieren. Diese Rechtsauffassung begründet sich auch darin, dass die Menschenwürde, will sie als oberstes Prinzip der Verfassung und Rechtsbegriff nicht zur „kleinen Münze" verkommen, Anforderungen an die Schwere einer Handlung stellen muss. Freilich wird der Maßstab für erniedrigendes Verhalten gegenüber Kindern im Vergleich zu Erwachsenen differenzierter anzusetzen sein, schon wegen der emotionalen Instabilität und der entwicklungspsychologisch möglichen Folgewirkungen harter Züchtigung. Die Verletzung der Menschenwürde ist insofern naheliegender.

Eine Erziehung verstößt auch dann gegen die Menschenwürde, wenn sie das Kind nicht befähigt, sich selbst anzunehmen. Denn die Annahme seiner selbst ist nicht nur Voraussetzung dafür, ein selbstbestimmtes Leben führen zu können. Sie ist auch Voraussetzung dafür, den anderen anzunehmen[1465] und damit auch die Würde des Menschen zu achten und zu schützen.

Auf einfachgesetzlicher zivilrechtlicher Ebene ist die gewaltfreie Erziehung und damit der Schutz der Menschenwürde von Kindern in Art. 146a ABGB[1466]

1462 Im Kleinkindalter ist die Erfahrung von Zuwendung existentiell.
1463 Starck, Grundgesetz I, Art. 1 Abs. 1 Rn 98; Starck begründet die Notwendigkeit der Übernahme des Würdeschutzes der Kinder durch den Staat mit dem Wortlaut des Art. 6 Abs. 2 Satz 1 GG, wonach die staatliche Gemeinschaft über die Pflicht der Eltern zur Pflege und Erziehung ihrer Kinder wacht. Diese Pflicht des Staates zum Würdeschutz im Bereich des elterlichen Erziehungsrechts lässt sich in Österreich insbesondere aus Art. 8 Abs. 2 EMRK ableiten.
1464 Starck, Grundgesetz I, Art. 2 Abs. 2 Rn 220.
1465 Vgl Glück, Verantwortung, S. 96.
1466 Siehe hierzu unten, Dritter Teil IV 2; vgl in Deutschland nunmehr die am 8. 11. 2000 in Kraft getretene Regelung des § 1631 Abs. 2 BGB zum Leitbild einer ge-

geregelt. Diese Bestimmung wahrt die Rechte von Personen, die sich nicht selbst vertreten können. Durch die Verankerung des Gewaltverbots in Art. 146a ABGB übt der Staat die Schutzpflicht und das Wächteramt aus, die dem verfassungsrechtlichen Schutz der Menschenwürde entspringen. Die obergerichtliche Rechtsprechung verbindet, wie dargestellt, mit Art. 146a ABGB explizit den Schutz der Menschenwürde[1467]. Auf landesgesetzlicher Ebene finden sich Bestimmungen zur Menschenwürde, um nachhaltige Eingriffe in die kindliche und jugendliche Entwicklung des Menschen zu unterbinden (z. B. Jugendschutzgesetze). Auch hierin drückt sich die Verpflichtung der staatlichen Gemeinschaft aus, die selbstbestimmten Lebenschancen der jungen Menschen zu wahren und Achtung vor sich selbst und insbesondere anderen Menschen zu lehren. Die UN-Konvention über die Rechte des Kindes[1468] steht unter Erfüllungsvorbehalt. Die dortigen Vorgaben sind in Österreich demgemäß nur im Rahmen einer völkerrechtskonformen Interpretation bestimmend[1469].

(9) Ausweisungs - und Abschiebungsschutz

Der Schutz der Menschenwürde drückt sich in Ausnahmefällen in einem Ausweisungs - und Abschiebungsverbot aus. Denn eine Ausweisung oder Abschiebung ist dann nicht zulässig, wenn begründet eine Verletzung der Menschenwürde droht. Für Österreich ist dies bereits verfassungsgesetzlich in Art. 3 EMRK und Art. 7, 8 EMRK verankert. Die verfassungsrechtlichen Vorgaben sind einfachgesetzlich umgesetzt[1470].

---

waltfreien Erziehung : „Kinder haben ein Recht auf gewaltfreie Erziehung. Körperliche Bestrafungen, seelische Verletzungen und andere entwürdigende Maßnahmen sind unzulässig." Vgl hierzu Kellner, Die Ächtung der Gewalt in der Erziehung nach neuem Recht, NJW 2001, S. 786 ff. Ein Verstoß gegen dieses Gebot kann insbesondere jugendhilferechtliche und familienrechtliche Maßnahmen zur Folge haben.
1467 OGH JBl. 1992 S. 639 ff; 7 Ob 523/93.
1468 BGBl. 1993/7
1469 Vgl Sax/Hainzl, Die verfassungsrechtliche Umsetzung der UN-Kinderrechtskonvention in Österreich, 1999, S. 40 ff zum rechtlichen Status in Österreich. In der Präambel der Konvention wird die Würde des Menschen bekräftigt, in einzelnen Bestimmungen ist die Würde des Menschen als Rechtsbegriff verankert.
1470 Vgl § 34 Abs. 1 Satz 2 Auslieferungs- und Rechtshilfegesetz; § 57 Fremdengesetz; dazu unten, Dritter Teil III 5. Zur Verletzung im Recht auf Achtung des Privat - und Familienlebens durch Ausweisung türkischer Staatsangehöriger mangels ausreichender Interessenabwägung, VfGH v. 12. 6. 2001, B 394/01 u. a.; EuGRZ 2001, S. 511 ff.

Das Asyl*recht* hingegen wurzelt nicht im Prinzip der Menschenwürde[1471], vielmehr gründet das Verbot, den Asylsuchenden in seinen Heimatstaat zurückzuweisen, auf eine begründete Befürchtung einer Verletzung der Menschenwürde[1472]. Dieser Grundsatz des non - refoulement ist in Art. 3 EMRK verankert und auch in der Schweiz in Art. 25 Abs. 2 nBV[1473] konkretisiert. Differenzierendes und den Schutz der Menschenwürde auslösendes Kriterium ist die Behandlung des Asylsuchenden durch die Hoheitsgewalt des Staates, der den Schutz der Menschenwürde gewährt oder gewähren soll.[1474] Eine Universalität des Prinzips der Menschenwürde besteht nicht, weil das Prinzip der Menschenwürde als Schutzprinzip auf die Hoheitsgewalt des Staates beschränkt ist, der sich der Menschenwürde als Rechtsprinzip verpflichtet fühlt[1475].

(10) Sicherung der Existenz

Unter Existenzsicherung kann die Sicherung der materiellen, der ökologischen und auch der sozialen Existenz verstanden werden.
- Der Schutz der Menschenwürde gebietet die Sicherung der materiellen Existenz. Die Schweiz hat diese Verpflichtung explizit in der neuen Bundesverfassung als Grundrecht verankert[1476]. Eines Rückgriffs auf die Bestimmung der

---

1471 Vgl BVerfGE 94, 49 (103): "Daraus läßt sich indes nicht der Schluß ziehen, daß das Asylgrundrecht zum Gewährleistungsinhalt von Art. 1 Abs. 1 GG gehört. Was dessen Gewährleistungsinhalt ist und welche Folgerungen sich daraus für die deutsche Staatsgewalt ergeben, ist eigenständig zu bestimmen." Vgl Starck, Grundgesetz I, Art. 1 Abs. 1, Rn 74; Becker, in: v. Mangoldt/Klein/Starck, Grundgesetz I, Art. 16a Abs. 1 Rn 21 mwN.
1472 In dieser Differenzierung auch der VwGH v. 21. 9. 2000, 98/2o/0557, siehe oben, Dritter Teil III 5.
1473 Art. 25 Abs. 2 nBV: „Flüchtlinge dürfen nicht in einen Staat ausgeschafft oder ausgeliefert werden, in dem sie verfolgt werden."; vgl Müller, Grundrechte, S. 158 ff, der das Asylrecht ebenfalls ersichtlich nicht auf den Schutz der Menschenwürde gründet.
1474 Vgl Becker, in: v. Mangoldt/Klein/Starck, Grundgestz I, Art. 16a Abs. 1 Rn 21; kritisch zur Handhabung des Asylrechts in Deutschland unter dem Gesichtspunkt der Menschenwürde Hofmann, AöR, Die versprochene Menschenwürde, 118. Band (1993), S. 353 ff (365/366).
1475 Vgl dazu auch Hofmann, Die versprochene Menschenwürde, S. 353 ff (365 ff), der kritisch auf die völkerrechtliche Unzuständigkeit für Ausländer im Ausland und die faktische Unmöglichkeit hinweist (z. B. Menschen vor dem Hungertod zu bewahren).
1476 Art. 12 nBV (Recht auf Hilfe in Notlagen): „Wer in Not gerät und nicht in der Lage ist, für sich zu sorgen, hat Anspruch auf Hilfe und Betreuung und auf die Mittel, die für ein menschenwürdiges Dasein unerlässlich sind."; vgl Müller, Grundrechte, S. 166 ff; Koller, AJP/PJA 6/99, S. 656 ff (664 mwN [BGE 121 I 367 ff; BGE 122 II

Menschenwürde in Art 7 nBV - ebenfalls ein Grundrecht und den anderen Grundrechten vorangestellt - bedarf es insofern nicht. Normative Grundlage für das Recht auf Existenzsicherung ist in Deutschland das Prinzip der Menschenwürde in Verbindung mit dem Sozialstaatsgrundsatz des Art. 20 Abs. 1 GG[1477].

Die Achtung des Menschen und die Sicherung des Kernbereichs der körperlichen, aber auch seelischen und geistigen Integrität verbietet es, dem Menschen ein Existenzminimum vorzuenthalten. Auch setzt die Verwirklichung der Freiheitsgrundrechte ein Minimum an wirtschaftlicher Freiheit voraus[1478]. Ein menschenwürdiges Leben muss die Möglichkeit der Entscheidung beinhalten, von seiner Freiheit Gebrauch zu machen. Ist diese Möglichkeit mangels existentieller Armut und Abhängigkeit nicht eröffnet, ist der Gehalt der Menschenwürde betroffen. Hinzu kommt: Mit dem Kampf um die materielle Existenz verändert und verfällt auch die Persönlichkeit des Menschen, mithin auch die Selbstachtung und die Achtung des Artgenossen. Auch deshalb erscheint die Sicherung eines Existenzminimums zentrales Gebot des Prinzips der Menschenwürde. Auf verfassungsrechtlicher Ebene in Österreich findet das Gebot der Existenzsicherung meines Erachtens bereits seinen Niederschlag in Art. 3 EMRK, da das Vorenthalten des Existenzminimums die Subjektivität des Menschen zerstört und darin eine die Menschenwürde beeinträchtigende gröbliche Missachtung der Person zum Ausdruck kommt. Einfachgesetzlich findet sich die Verpflichtung zur Existenzsicherung in Österreich implizit und explizit in der Sozialhilfegesetzgebung wieder[1479]. Auch die gesetzlichen Pfändungsfreigrenzen helfen, die materielle Existenz zu sichern.

Fraglich ist freilich, was jeweils unter dem Existenzminimum zu verstehen ist. Außer Frage stehen dürfte das Gebot, einen Mitbürger nicht an Nahrungsmangel zu Grunde gehen zu lassen. Dasselbe gilt für Frostschäden oder gar Erfrierungstod infolge mangelnder Bekleidung oder unzureichender Unterkunft und Beherbergung. Existenzminimum bedeutet konkret im Bereich einer Unterbringung, dass Schutz vor Lebens- und Leibesgefährdungen durch Baumängel und auch vor

---

193 ff]); Koller weist darauf hin, dass die Aufnahme dieser Bestimmung u.a. auf der Rechtsprechung des Bundesgerichts beruhe, das das Recht auf Existenzsicherung in den Rang eines verfassungsmäßigen Rechts erhoben hatte.
1477 Vgl BVerfGE 82, 60 (85); 40, 121 (133). Vgl Kunig, in: v. Münch/Kunig, GGK I, Art. 1 Rn 36 zu Existenzminimum; Kannengießer, in: Schmidt-Bleibtreu/Klein, Kommentar zum Grundgesetz, Art. 1 Rn 14.
1478 Zum Zusammenhang von Armut, Freiheit und Menschenwürde Kirchhof, Armut und Freiheit, in: Verfassung, Theorie und Praxis des Sozialstaats, FS Zacher zum 70. Geburtstag, Ruland/Baron v. Maydell/Papier (Hrsg), 1998.
1479 Vgl bereits unten, Vierter Teil II 4, z.B. § 13 Steiermärkisches Sozialhilfegesetz.

seuchenauslösenden Krankheitserregern gewährleistet sein muss[1480]. Für den Bereich der Haftbedingungen bedeutet dies ein Mindestmaß an Kommunikation[1481], Betätigung und Bewegung, neben „angemessener Kleidung" und „sauberen sanitären Einrichtungen"[1482]. Ausgehend von der inhaltlichen Vorgabe, dass das Vorenthalten des Minimums[1483] an materieller Existenz geeignet ist, die Subjektqualität des Menschen zu zerstören, ist wertend unter Berücksichtigung der jeweiligen gesellschaftlichen Verhältnisse zu ermitteln, was zur Aufrechterhaltung einer menschenwürdigen Existenz erforderlich erscheint. Ein Anspruch auf *Bestand* des Gewährten ist allerdings aus der Menschenwürde nicht abzuleiten, das Existenzminimum ist keine konstante und absolute Größe[1484]. Insofern weist das Prinzip der Menschenwürde unter dem Blickwinkel der materiellen Existenzsicherung ein variables Moment auf[1485], weil auch danach zu fragen ist, inwieweit gesellschaftliche Leistungsfähigkeit besteht und inwieweit Selbsthilfe möglich ist. Grundsätzlich ist davon auszugehen, dass die geltenden Bestimmungen in Österreich[1486] in der Schweiz wie auch in Deutschland ein menschenwürdiges Leben ermöglichen; als einfachgesetzliche Konkretisierungen sind neben den Sozialhilferegelungen, auch in Form einer medizinischen Grundversorgung, die Pfändungsfreigrenzen und auch im weiteren Sinne die Steuergesetzgebung zu rechnen. Eine abschließende positive inhaltliche Umschreibung dessen, was unter dem Begriff Existenzsicherung zu verstehen ist, fällt freilich schwer, eine gewisse inhaltliche Schärfe verleiht die Umschreibung vom Verletzungsvorgang, wenn der Mensch wegen existentieller Nöte zu einem erniedrigenden Dasein gezwungen wird[1487].

- Die Frage nach dem sogenannten ökologischen Existenzminimum (Schutz des menschlichen Lebens vor drohende Umweltschädigungen) ist schwieriger und komplexer, da es auch die Frage betrifft, ob das Prinzip der Menschenwürde nur den einzelnen Menschen oder die Menschheit, auch als zukünftige Genera-

---

1480 Vgl Müller, Grundrechte, S. 174 unter Bezugnahme auf eine schriftliche Auffassung des UNO-Ausschusses für wirtschaftliche, soziale und kulturelle Rechte.
1481 Vgl zur Kommunikation als eine Grundbedingung für die Verwirklichung der menschlichen Existenz Müller, Grundrechte, S. 183 mwN; auch die Übernahme von Verantwortung setzt Kommunikation voraus.
1482 Müller, Grundrechte, S. 174/175, auch unter Bezugnahme auf die obergerichtliche schweizerische Rechtsprechung.
1483 Vgl BVerfGE 82, 60 (80).
1484 Höfling, in: Sachs, Grundgesetz, Art. 1 Rn 25.
1485 Vgl allgemein Podlech, GG-AK, Art. 1 Abs. 1 Rn 15.
1486 Hierzu Oppitz, Armut und Verfassung, Die Rechtslage in Österreich, S. 161 ff (167/168 mit Hinweis auch auf die Ausgleichszulage nach dem Pensionsrecht.
1487 Vgl Müller, Grundrechte, S. 171.

tion, schützt[1488]. Meiner Auffassung nach beschränkt sich der Schutz der Menschenwürde auf das einzelne Rechtssubjekt Mensch, da es auf der Einzigartigkeit des „einzelnen" Menschen gründet und der Achtungsanspruch aus der Einzigartigkeit fließt. Dem einfachen oder auch Verfassungsgesetzgeber obliegt es, ökologische Gesichtspunkte rechtlich zu verankern, wie dies beispielsweise in Österreich durch das BVG-Umweltschutz und in Deutschland durch Art. 20a GG geschehen ist. Allerdings ist der Staat verpflichtet, das Leben des einzelnen zu schützen, vgl Art. 2 EMRK. Der Lebensschutz ist ein zentraler Inhalt der Menschenwürde. Dieses Schutzgebot kann im Ausnahmefall auch im Umweltbereich Wirkung entfalten[1489]. Insbesondere könnte im Vorfeld eines Verbots - oder Sanktionsgebots ein Informationsgebot greifen, wonach der Staat verpflichtet ist, vor konkreten Gefahren des Lebens zu warnen[1490], so z. B. im Verbraucherschutz.

- Die Frage nach dem sozialen Existenzminimum ist bereits unter dem Gliederungspunkt „Schutz des sozialen Achtungsanspruchs und des Kernbereichs der Ehre" angesprochen. Zur Existenzsicherung gehört nicht nur Brot und Wasser, d. h. die Sicherung des Überlebens, sondern auch ein Mindeststandard an gesellschaftlicher Teilhabe. Müller beschreibt u. a. diese Art der Existenzsicherung als „soziale, 'kommunikative' Leistungen wie elementare Zuwendung und minimale Integration in eine Gemeinschaft zum Schutz vor Verachtung, Erniedrigung oder sozialer Ausstossung infolge äusserer Not"[1491].

(11) Administrative und justitielle Teilhabe

Die sich aus der Menschenwürde ergebende Forderung, nicht bloßes Objekt staatlichen Handelns zu sein, wirkt sich im Verwaltungsverfahren und Prozeßrecht aus und stellt nicht nur Anforderungen an die verfahrensrechtliche Kommunikation[1492], sondern auch an die Durchsetzbarkeit des Rechts.

- Aus dem Gebot, den Einzelnen nicht zum bloßen Objekt des Verfahrens zu erniedrigen, folgt zunächst, rechtliches Gehör zu gewähren[1493]. Dieser Grundsatz

---

1488 Vgl Starck, Grundgesetz I, Art. 1 Abs. 1 Rn 85; ablehnend Geddert-Steinacher, Menschenwürde zu den Belangen des Umweltschutzes, S. 74 ff.
1489 Vgl Berka, Grundrechte, 375; Müller Grundrechte, S. 18, 291 ff.
1490 Vgl zum Informationsgebot Starck, Grundgesetz I, Art. 1 Abs. 1 Rn 38.
1491 Müller, Grundrechte, S. 172.
1492 Vgl zu diesem Begriff Müller, Grundrechte, S. 509 ff unter Bezugnahme auf Art. 29 Abs. 2 nBV.
1493 Dürig, in: Maunz/Dürig, Grundgesetz Kommentar, Art. 1 Abs. 1 Rn 36; Starck, Grundgesetz I, Art. 1 Abs. 1, Rn 65 mwN; Kunig, in: v. Münch/Kunig, Grundgesetz, Art. 1 Rn 36 zu rechtliches Gehör; BVerfGE 38, 105 (114); Vgl auch Müller,

gilt für das administrative wie für das gerichtliche Verfahren. Auch der Grundsatz des „fair trial" hat nach meiner Auffassung seinen Gültigkeitsgrund in der Menschenwürde[1494]. Die Verfahrensbeteiligten dürfen nicht zum bloßen Objekt des Verfahrens erniedrigt werden. Dies kann dann der Fall sein, wenn einem Verurteilten unmittelbar nach richterlicher Urteilsverkündung kraft erkennbar nachwirkender richterlicher Autorität ein Rechtsmittelverzicht abgenötigt wird, ohne dass eine angemessene und adäquate Zeit zur Überlegung eingeräumt wird[1495]. Freilich kann im Einzelfall die Beurteilung einer Verletzung der Menschenwürde schwierig sein. So urteilt das deutsche Bundesverfassungsgericht, dass die Verpflichtung des Gemeinschuldners zur uneingeschränkten Aussage nicht gegen die Menschenwürde verstößt, im Gegensatz zu einem „Zwang, durch eigene Aussagen die Voraussetzungen für eine *strafgerichtliche* Verurteilung oder die Verhängung entsprechender Sanktionen liefern zu müssen"[1496]. Das BVerfG erklärt diese verschiedene rechtliche Beurteilung im Verfahren insbesondere damit, dass es sich bei den Auskünften des Gemeinschuldners um „Auskünfte zur Erfüllung eines berechtigten Informationsbedürfnisses" handelt, mithin der Gesetzgeber befugt ist, „die Belange der verschiedenen Beteiligten abzuwägen"[1497].

Exekutive und Judikative haben die Subjektivität der Partei, des Betroffenen oder Angeklagten zu wahren und auch Zusagen, sofern sie gesetzlich zulässig sind, einzuhalten. Insbesondere hat der Richter in einem Verfahren, in dem der Mensch durch seelische, geistige oder körperliche Defizite Gefahr läuft, seine auf der Subjektivität gründenden Verfahrensrechte nicht wahrnehmen zu können, korrigierend einzugreifen z. B. durch Vermittlung einer Zeugenbetreuung, durch Pflichtverteidigerbestellung, durch entsprechende eigene richterliche Hinweise, um damit einen Minimalstandard an Subjektivität zu gewährleisten. Der Richter hat, auch aus dem Kern des Gleichheitssatzes abgeleitet, dem Angeklagten Achtung im Sinne der prinzipiellen Gleichwertigkeit aller Menschen entgegenzubringen.

Grundrechte, S. 510/511 unter Bezugnahme auf eine frühe Rechtsprechung des BGE aus dem Jahr 1963.
1494 Vgl Müller, Grundrechte, S. 585; Berka, Grundrechte, auf dem Boden von Art. 6 EMRK.
1495 Vgl Müller, Grundrechte, S. 586.
1496 BVerfGE 56, 37 (49).
1497 BVerfGE 56, 37 (49); „Zwingt der Gesetzgeber den Gemeinschuldner dazu, für seine Verbindlichkeiten gegenüber seinen Gläubigern einzustehen und durch seine Auskunft zu deren bestmöglicher Befriedigung beizutragen, dann verletzt das noch nicht seine Menschenwürde." (aaO, S. 50).

Aus dem Prinzip der Menschenwürde gründet sich auch das Verbot, durch Verletzungen der Menschenwürde erlangte Beweismittel zu verwerten, so beispielsweise mittels erniedrigender Behandlung oder durch Narkoanalyse[1498] gewonnene Geständnisse. Diese Verbote sind absolut, so dass daraus gewonnene Erkenntnisse auch nicht gegen den Geständigen verwendet werden dürfen. Die gewonnenen Erkenntnisse dürfen weiter nicht gegenüber Dritten *verwertet* werden, stellen gleichsam keine rechtmäßige Handhabe für weitere Maßnahmen wie Durchsuchung oder Haftbefehl dar. Ein Eingriff in den Kernbereich der Persönlichkeit ist ein absolutes Verbot, mithin auch nicht zu einer Abwägung mit anderen Interessen und Gütern fähig.

- Eine weitere Frage ist, ob aus dem Prinzip der Menschenwürde selbst ein Mindeststandard an administrativer und prozessualer Teilhabe abzuleiten ist oder dieses Prinzip diesen Mindeststandard nur dann vermittelt, wenn eine Verletzung der Menschenwürde dargestellt wird, mithin Betroffenheit vorliegt. Im letzteren Fall würden sich verfahrensrechtliche Fragen mit inhaltlichen Fragestellungen vermengen, weil die bloße Behauptung einer Verletzung der Menschenwürde nicht zu einer administrativen oder prozessualen Besserstellung führen kann und somit auch den Gleichheitssatz verletzen könnte.

Aus der inhaltlichen, insbesondere teleologischen Vorgabe des Prinzips der Menschenwürde als Begrenzung der staatlichen Machtentfaltung ergibt sich ein Mindeststandard an Verfahrensteilhabe desjenigen, dessen Menschenwürde gefährdet ist. So ist im Sachwalterrecht dem Betroffenen auch dann Verfahrensfähigkeit zuzubilligen, wenn Geschäfts - oder Prozessfähigkeit nach allgemeinrechtlicher Beurteilung nicht gegeben ist; andernfalls wird der Betroffene in seiner eigenen Angelegenheit als bloßes Objekt des Verfahrens gehandhabt. So kann ein gänzlicher Ausschluss an Teilhabe nicht an ein formelles Bescheiderfordernis als unabdingbare Prozessvoraussetzung für die Geltendmachung eines Menschenwürdeschutzes gekoppelt werden. Dies ist mit dem Prinzip der Menschenwürde nicht vereinbar, weil damit das Subjekt Mensch zum bloßen Objekt formeller Vorgaben erniedrigt wird und die Menschenwürde kein Minimum an prozessualer Absicherung erfährt. Freilich ist aus dem Prinzip der Menschenwürde keine unbedingte Klagebefugnis oder Rechtswegegarantie abzuleiten. Die Zulässigkeit administrativer oder gerichtlicher Intervention kann und soll beispielsweise auch von einer subjektiven Betroffenheit(z. B. Klagebefugnis) abhängig gemacht werden. Der Schutz der Menschenwürde umfasst nur den Standard an Teilhabe und Durchsetzungsmöglichkeit, der sich inhaltlich aus der Menschenwürde ableiten lässt, nämlich dann, wenn der Mensch zum bloßen Objekt

---

1498 Vgl Müller, Grundrechte, S. 566 mit Hinweisen auf Art. 15 UNO-Folterschutzabkommen.

staatlicher Vorgaben erniedrigt wird und ihm keine Möglichkeit eröffnet wird, Subjektivität insbesondere im Sinne subjektiv-rechtlicher Betroffenheit geltend zu machen.

Diese prozessualen Garantien als Kehrseite materieller Ansprüche müssen durchgängig gewahrt sein, auch um der elementaren Rechtsgleichheit willen. Deshalb muss in Extremfällen auch ein totales gesetzgeberisches Unterlassen gerichtlich geltend gemacht werden können. Unterließe beispielsweise der Gesetzgeber die Sicherung des Existenzminimums, muß der unmittelbar aus dem Prinzip der Menschenwürde fließende Anspruch auf Hilfe in Not (Existenzsicherung) vor Gericht eingeklagt werden können[1499]. Im Bereich einer Verletzung der Menschenwürde durch gesetzgeberisches Unterlassen würde sich in vielen Fällen ein Anspruch unmittelbar auf bereits positiviertes subjektives Recht stützen können (wie z. B. Art. 3 EMRK) und wäre durch die Exekutive zu realisieren, weswegen sich in der Praxis zunächst die Frage nicht vorrangig stellen dürfte, ob ein Handeln des *Gesetzgebers* eingeklagt werden kann.

Das materielle Gebot, dass bei Eingriffen in die persönliche Freiheit die menschenwürdige Behandlung zu wahren ist, findet seinen Niederschlag in Art. 3 EMRK und auch in der expliziten Verfassungsbestimmung des Art. 1 Abs. 4 PersFrG. Die Notwendigkeit einer effektiven gerichtlichen Überprüfung (Justitiabilität) von freiheitseinschränkenden Maßnahmen entspringt auch der Forderung, wie sie das Prinzip der Menschenwürde stellt[1500]. Verfahrensrechtlich liegt der Gehalt der Menschenwürde in Vorschriften über die Freiheitsbeschränkung darin, „Freiheitsbeschränkungen nur aufgrund eines Verwaltungs - oder Gerichtsverfahrens zu verhängen, in dem dem Betroffenen das rechtliche Gehör gewährt wurde (BVerfGE 9, 89, 95) und eine öffentliche Kontrolle des Verfahrens besteht"[1501]. Die einschlägigen Vorschriften finden sich in Österreich im PersFrG, des Weiteren ist die Bestimmung des Art. 5 und 6 EMRK maßgeblicher Bezugspunkt bei der Gewährleistung und Umsetzung dieser geforderten Rechte. Grundaussagen administrativer und prozessualer Teilhabe spiegeln sich in der Rechtsprechung des OGH zum Rechtsschutz gegenüber bereits beendeter unterbringungsrechtlicher Maßnahmen wider, wonach u. a. aus dem Gehalt der Menschenwürde des Art. 3 EMRK ein rechtliches Interesse an der Feststellung der

---

1499 So für die Rechtslage in der Schweiz Müller, Grundrechte, S. 499, auch unter Bezugnahme auf BGE 121 I 367 ff, wonach Art 12 nBV einen Anspruch vermittelt, der von den Gerichten auch dann zuzusprechen ist, wenn der Gesetzgeber untätig geblieben ist.
1500 Vgl zu diesem Gesichtspunkt Müller, Grundrechte, S. 33; zur Rechtslage in Österreich Berka, Grundrechte, Rn 433 ff.
1501 Podlech, GG-AK, Art. 1 Abs. 1 Rn 66.

Rechtmäßigkeit bereits beendeter Behandlung und Heilbehandlung abgeleitet wird[1502].

(12) Der Kernbereich der Glaubens - und Gewissensfreiheit

Die in Österreich gewährleistete Glaubens - und Gewissensfreiheit (Art. 14 StGG, Art. 9 EMRK) verpflichtet den Staat zur Neutralität gegenüber den verschiedenen Bekenntnissen[1503] und zur Achtung der Autonomie des Geistes. Die Glaubens - und Gewissensfreiheit beinhaltet ein prägendes inhaltliches Moment der Menschenwürde, nämlich die Selbstbestimmung und Autonomie des Menschen im zentralen Bereich des Lebens, mithin den „innersten Bereich der ethischen und religiösen Selbstverantwortung"[1504].

- Die Menschenwürde verbietet insbesondere den staatlichen Zwang zu einem Bekenntnis und die Verpflichtung, seinen Glauben nach außen zu bekennen. Im Bereich der Glaubens - und Gewissensfreiheit[1505] sieht Podlech[1506] den Gehalt der Menschenwürde in dem Verbot, „in die persönlichen und kleingruppengetragenen Prozesse moralischer, weltanschaulicher, religiöser oder politischer Überzeugungsbildung und Sinnstiftung menschlicher und gesellschaftlicher Existenz durch Verbote und Gebote einzugreifen, und in dem Verbot, Kulthandlungen und entsprechende Verhaltensweisen außer schwerer Sozialunverträglichkeit zu erschweren oder zu untersagen".

- Die Glaubens- oder Religionsfreiheit gewährleistet auch die sogenannte negative Glaubensfreiheit in dem Sinne, keinem Bekenntnis oder einer Religionsgemeinschaft angehören zu müssen[1507]. Aufsehenerregend in Österreich[1508], Deutschland[1509] und in der Schweiz[1510] war die Rechtsfrage, ob Kruzifixe in

---

1502 Siehe oben, Dritter Teil III 2.
1503 Berka, Grundrechte; Rn 511.
1504 Müller, Grundrechte, S. 87.
1505 Vgl für Deutschland Art. 4 Abs. 1 GG: „Die Freiheit des Glaubens, des Gewissens und die Freiheit des religiösen und weltanschaulichen Bekenntnisses sind unverletzlich."
1506 Podlech, GG-AK, Art. 1 Abs. 1 Rn 65.
1507 Vgl Berka, Grundrechte, Rn 514 mwN; Öhlinger, Verfassungsrecht, Rn 937.
1508 Vgl dazu Berka, Grundrechte, Rn 514 zu § 2b Religionsunterrichtsgesetz mwN zur Diskussion in Österreich.
1509 Vgl hierzu Starck, Grundgesetz I, Art. 4 Abs. 1,2 Rn 26 ff; Mager, in:von Münch/Kunig, Grundgesetz I, Art. 4, Rn 3; BVerfGE 93, 1 (23/24), wonach die Anbringung eines Kreuzes in den Unterrichtsräumen einer staatlichen Pflichtschule, die keine Bekenntnisschule ist, gegen Art. 4 GG verstößt; vgl aber auch VGH München vom 22. 10. 1997 (NJW 1999, S. 1045 ff), BayVerfGH vom 1.8. 1997 (NJW 1997, S. 3157 ff) und BVerfG (1. Kammer des Ersten Senats), Beschl. vom 27. 10.1997 (NJW 1999, S. 1020 ff) zur neuen Widerspruchslösung des Art. 7 Abs.

Klassenzimmern entfernt werden müssen. Nach meiner Auffassung ist das Kreuz in der heutigen Zeit ein Symbol christlich-abendländischer Kultur und Ausdruck einer Werteordnung, wie sie gerade auch im Prinzip der Menschenwürde ihren rechtlichen Ausdruck findet. Der Toleranzgedanke einer kleinen Minderheit kann kein ausschlaggebender rechtlicher Maßstab sein, da auch die Mehrheit Toleranz von einer Minderheit erwarten kann. Die Neutralität des Staates verpflichtet nicht zu Laizismus[1511]. Die Grenzen der Toleranzpflicht werden erst dann erreicht sein, wenn das Symbol des Kreuzes nach objektiver Beurteilung „als besonders aufdringlich und indoktrinierend empfunden"[1512] werden muss. Eine Aufdringlichkeit wird bei einem räumlich dezent angebrachten Kreuz - und wie bereits vielfach üblich auch ohne Christusfigur (Kruzifix) - kaum vorstellbar sein.

In den einschlägigen Entscheidungen der Gerichte in Deutschland wie auch in der Schweiz und auch in der Literatur wird die Thematik nicht unter dem Gesichtspunkt der Menschenwürde diskutiert. Dies möglicherweise deshalb, weil die einschlägigen Vorschriften der Neutralitätspflicht des Staates und der Glau-

---

3 Satz 3 und 4 Bayer. Gesetz über das Erziehungs- und Unterrichtswesen (BayEUG): „(3) Angesichts der geschichtlichen und kulturellen Prägung Bayerns wird in jedem Klassenraum ein Kreuz angebracht. Damit kommt der Wille zum Ausdruck, die obersten Bildungsziele der Verfassung auf der Grundlage christlicher und abendländischer Werte unter Wahrung der Glaubensfreiheit zu verwirklichen. Wird der Anbringung des Kreuzes aus ernsthaften und einsehbaren Gründen des Glaubens oder der Weltanschauung durch die Erziehungsberechtigten widersprochen, versucht der Schulleiter eine gütliche Einigung. Gelingt eine Einigung nicht, hat er nach Unterrichtung des Schulamts für den Einzelfall eine Regelung zu treffen, welche die Glaubensfreiheit des Widersprechenden achtet und die religiösen und weltanschaulichen Überzeugungen aller in der Klasse Betroffenen zu einem gerechten Ausgleich bringt; dabei ist auch der Wille der Mehrheit soweit möglich zu berücksichtigen."
1510 Vgl hierzu Müller, Grundrechte, S. 90/91 mit Hinweis auf die Verfassungsbestimmungen der Art. 27 Abs. 3 BV und 15 Abs. 4 nBV zur Neutralitätspflicht des Staates und die Rechtsprechung des BGE 116 Ia 252 ff („Das Kruzifixobligatorium sei mit der Garantie eines konfessionell neutralen Primarunterrichts und der Glaubens- und Gewissensfreiheit nicht vereinbar" (aaO, S. 91). Interessant ist in diesem Zusammenhang die Formel in der Präambel der neuen Bundesverfassung der Schweizerischen Eidgenossenschaft vom 18. April 1999: Präambel: Im Namen Gottes des Allmächtigen! ...." Müller weist darauf hin, daß die Invocatio dei „ähnlich wie die Gewährleistung der Menschenwürde im Bonner Grundgesetz ... zum Ausdruck (bringt), dass sie die Verfassung in einen kulturellen Rahmen einbettet, der verpflichtet und der zugleich auf das Fragmentarische, Zeitliche, Unvollkommene aller menschlichen Gesetzgebung, aber auch zur Bescheidung gegenüber 'Gott und den Mitmenschen' ruft" (aaO, S. 4).
1511 Hierzu Starck, Grundgesetz I, Art. 4 Abs. 1, 2 Rn 27; Mager, in: v. Münch/Kunig, Grundgesetz, Art. 4 Rn 3.
1512 Berka, Grundrechte, Rn 514 a. E.

bensfreiheit speziell sind. Ich meine, dass das Prinzip der Menschenwürde ein rechtlich zulässiger und auch gebotener Maßstab ist, den Konflikt zu entschärfen oder zu lösen. Dies unter zwei Gesichtspunkten: Zum einen gewährt die Glaubensfreiheit im Kern die religiöse oder ethische Selbstverantwortung. Darin kommt die Einzigartigkeit des Menschen und der Kern seiner Autonomie zum Ausdruck. Der Kern der Glaubensfreiheit weist somit mit der Menschenwürde eine Identität auf. Die positive Glaubensfreiheit vermittelt die Legitimation, Werte symbolhaft darzustellen. Zum anderen verpflichtet das Prinzip der Menschenwürde zur Achtung des anderen, mithin auch zur Toleranz gegenüber dessen Glauben. Aus diesem der Menschenwürde entspringenden Gebot der Toleranz folgt in einer pluralen Gesellschaft mit zwangsläufig kollidierenden Werten ein Achtungs - und Rücksichtnahmegebot, das im Gehalt der Menschenwürde wurzelt. Die Menschenwürde als fundamentaler Ausdruck des Respekt - und Toleranzgedankens setzt nicht nur der positiven, sondern auch der negativen Glaubensfreiheit Grenzen.

(13) Menschenwürde und Kommunikation

Auch im Kern der Kommunikationsgrundrechte spiegelt sich der rechtliche Gehalt der Menschenwürde wider. Die Entfaltung der Menschenwürde setzt ein Mindestmaß an Kommunikation voraus. Dies lässt sich für den individuellen Bereich auch unter dem Gesichtspunkt der Existenzsicherung begründen. Kommunikation ist aber auch tragende Voraussetzung dafür, dass ein Mindestmaß an Verantwortung übernommen und dem Mitmenschen Achtung entgegengebracht werden kann. Müller beschreibt den unantastbaren Kernbereich aller Kommunikationsgrundrechte im „generellen Verbot präventiver inhaltlicher Zensur von Äusserungen"[1513].
- Zu dem aus der Menschenwürde fließenden Mindestmaß an Kommunikation muß auch der Kernbereich der *Versammlungsfreiheit* (Art 12 StGG, Art. 11 EMRK, vgl für Deutschland Art 8 Gg[1514], für die Schweiz Art. 22 nBV[1515]) als kollektive Meinungsfreiheit - friedliche Versammlung vorausgesetzt - gerechnet werden, weil sich die kollektive Meinungsäußerung in Ausnahmefällen auch als

---

1513 Müller, Grundrecht, S. 193.
1514 Art. 8 GG: „(1) Alle Deutschen haben das Recht, sich ohne Anmeldung oder Erlaubnis friedlich und ohne Waffen zu versammeln. (2) Für Veranstaltungen unter freiem Himmel kann dieses Recht durch Gesetz oder auf Grund eines Gesetzes beschränkt werden."
1515 Art. 22 nBV: „1) Die Versammlungsfreiheit ist gewährleistet. 2) Jede Person hat das Recht, Versammlungen zu organisieren, an Versammlungen teilzunehmen oder Versammlungen fernzubleiben."

notwendiges Verfahren zur Wahrung und Durchsetzung von Menschenwürde darstellen kann. Die Versammlungsfreiheit kann auch als „konstitutives Element" der Demokratie bezeichnet werden[1516]. Der Kern der Versammlungsfreiheit, der dem Gehalt der Würde des Menschen zuzurechnen ist, umfasst nach Podlech „nur diejenigen Zusammenkünfte und Versammlungen, deren Verbot oder staatliche Regelung oder Registrierung menschliche Identität oder Integrität verletzen würde"[1517]. Eine Registrierung und Katalogisierung außerhalb des Bereichs der Verbrechensbekämpfung verletzt insofern die Menschenwürde, weil sie geeignet ist, die Ausübung des Rechts auf kollektive Kommunikation zu verhindern, mithin das Grundrecht faktisch auszuhöhlen. Deshalb ist aus dem Kern des Versammlungsgrundrecht selbst ein grundsätzliches Verbot der Katalogisierung und Registrierung der sich versammelnden Menschen abzuleiten[1518], es sei denn, die Katalogisierung dient ausnahmsweise der Erhaltung und Gewähr des Grundrechts der Versammlungsfreiheit selbst, mithin der vorbeugenden und repressiven versammlungsspezifischen Verbrechensbekämpfung. Im Einzelnen können sich freilich gewichtige Abgrenzungsprobleme ergeben.

- Zur Wahrung der Menschenwürde sind der Kommunikation aber auch Grenzen gesetzt. Hier zeigt sich eine Dialektik der Menschenwürde im Kommunikationsbereich, die diesem Prinzip innewohnt, dieses aber nicht in Frage stellt, vielmehr seine Stärke ist. Die Freiheit und Unabhängigkeit der Kommunikation findet ihre Grenze dort, wo der Mensch zum bloßen Objekt, zur bloßen Gier der Berichterstattung wird. Diese Grenzen werden, wie bereits dargelegt, in den einschlägigen einfachen rundfunkrechtlichen Gesetzen in Österreich ausdrücklich mit dem Begriff der Menschenwürde umschrieben oder finden implizit, wie im Mediengesetz und der dort auch einfachgesetzlich verankerten Unschuldsvermutung, ihren Ausdruck. Droht die Gefahr, dass durch eine Bildberichterstattung, Namensnennung oder Benennung von Umständen, die zu einer leichten Identifizierung eines Menschen führen, die seelische, geistige oder körperliche[1519] Integrität und Identität eines Menschen im Kernbestand gefährdet ist, so sind Grenzen gesetzt. Je schutzbedürftiger der Betroffene ist, desto mehr wird eine Verlet-

---

1516 Müller, Grundrechte, S. 324 für die schweizerische Demokratie unter Bezugnahme auf BGE 96 I 219 E4 S. 224 (Nöthiger).
1517 Podlech, GG-AK, Art. 1 Abs. 1 Rn 65.
1518 Es geht hierbei nicht darum, dass durch die Katalogisierung und Registrierung das informationelle Selbstbestimmungsrecht, das der Menschenwürde zugeordnet wird, verletzt wird. Der Kernbereich des Datenschutzes ist insofern Menschenwürdeschutz, der aber nicht aus der Versammlungsfreiheit abgeleitet wird. Zum Recht auf informationelle Selbstbestimmung vgl Berka, Grundrechte, Rn 480 ff, Fn 2; BVerfGE 27, 1. BVerfGE 65, 1. Starck, Grundgesetz I, Art. 1 Abs. 1 Rn 79. Kunig, in: v. Münch/Kunig, Grundgesetz, Art. 1 Rn 36 unter Datenschutz.
1519 Beispielsweise durch Suizid.

zung der Menschenwürde in Rede stehen. Dies betrifft insbesondere Kinder und Jugendliche[1520], Kranke, Behinderte und auch Resozialisierungsbedürftige.
- Unter dem weiten Begriff der Kommunikationsfreiheit[1521] ist die Frage durchaus zu diskutieren, ob das Prinzip der Menschenwürde nicht ein Recht auf Besinnung und Ruhe[1522], Glücksgefühl und Seelenfrieden vermittelt (*negative Informationsfreiheit*). Glücksgefühl und Seelenfrieden können nur dann voll erlebt und gelebt werden, wenn man zerstörerischer Informations - und damit Reizüberflutung wenigstens ansatzweise entfliehen kann. Ein grundrechtlicher Schutz vor einer Flut unerwünschter Informationen mag in spezifischen Fällen dann zu bejahen sein, wenn gesundheitliche Gefährdungen zu befürchten sind. Eine Verletzung der Menschenwürde nach objektivierbaren Gesichtspunkten ist nur dann denkbar, wenn der Mensch durch Lärm - oder Reizüberflutung im Kernbereich seiner Identität, Integrität oder Einzigartigkeit verletzt ist. Denkbar ist - universell betrachtet - es schon, dass die Identität eines Menschen dadurch zerstört wird, dass durch unkontrollierte Informations - und Reizüberforderung das die Existenz des jeweiligen Menschen bestimmende und tragende Kulturgut, möglicherweise auch aus wirtschaftlichen Interessen, vernichtet wird[1523].

(14) Menschenwürde und Familienschutz

Die Menschenwürde schützt den Kernbereich des Familienlebens (Art. 8 EMRK)[1524] als Achtung der freien Selbstbestimmung der Menschen, in familiären Strukturen zu leben. Mit dieser Lebensform ist der Mensch in einer Zeit zunehmenden Werteverlustes auch in der Lage, den Kernbereich der seelischen und geistigen Integrität und Identität zu wahren. Zum Kernbereich der Achtung des Familienlebens zählt die Verpflichtung des Staates, eine Trennung der Kinder von ihren Eltern aus rein wirtschaftlichen Gründen zu verhindern und das materielle Existenzminimum einer Familie zu sichern. Der Kernbereich des Familienschutzes umfasst im Falle der Trennung von Eltern und Kindern eine verfahrensrechtliche Absicherung beim Entzug des Aufenthaltsbestimmungs - oder Sorge-

---

1520 Vgl hierzu bereits unter Sechster Teil II 1 g (8).
1521 Vgl zum Begriff Berka, Grundrechte, Rn 544.
1522 Vgl Müller, Grundrechte, S. 278 im Zusammenhang mit Fragen der Informationsfreiheit gem Art. 16 nBV, auch unter Bezugnahme auf BVerfGE 44, 197 (203), auch zu einer Entscheidung des US Supreme Court, der ein Verbot schützte, in einem öffentlichen Bus Nachrichten über einen Lautsprecher auszustrahlen; vgl auch Kannengießer, in: Schmidt-Bleibtreu/Klein, Art. 1 Rn 7, auch zum Recht auf Einsamkeit, unter Bezugnahme auf BVerfGE 27, 6.
1523 Vgl Müller, Grundrechte, S. 279.
1524 Vgl zum Schutz des Familienlebens Berka, Grundrechte, Rn 469 ff.

rechts der Eltern[1525] oder eines Elternteils. Die Möglichkeit und Verpflichtung des Staates zum Entzug der elterlichen Obhut basiert ebenfalls auf dem Prinzip der Menschenwürde, wonach die Entwicklung des Kindes als einzigartigem Wesen sowie insbesondere der Kernbereich seiner körperlichen, seelischen und geistigen Identität und Integrität zu schützen ist.

Eine Frage ist, welche Form der Familie einen unabdingbaren Schutz genießt. Der rechtspolitische Gestaltungsspielraum[1526] wird insofern einer Beschränkung unterliegen, dass zum Kernbereich einer Familie die Gemeinschaft von Eltern und Kindern (leibliche Kinder, Stiefkinder, Pflegekinder) zu rechnen ist[1527]. Freilich stellen sich zunehmend Fragen der (negativen) Familienfreiheit unter dem Gesichtspunkt der Selbstbestimmung sowie Fragen der Reichweite der staatlichen Verpflichtung, andere Formen des Zusammenlebens zu schützen.

- Eine besondere Thematik stellt die Einflussnahme ausländerrechtlicher Maßnahmen auf das Zusammenleben in der Familie dar[1528]. Ein allgemeines Recht auf Familienzusammenführung ist weder aus Art. 8 EMRK[1529] noch aus dem Prinzip der Menschenwürde zu begründen. Der Schutz der Menschenwürde im Bereich familienspezifischer ausländerrechtlicher Sachverhalte reicht soweit, wie dies der Schutz der Menschenwürde unabhängig von der Ausländereigenschaft fordert. Die Menschenwürde als bindendes Recht gilt für alle Menschen gleich. Eine Trennung der Familie ist dann rechtlich zulässig, wenn ein inländischer Familienstatus widerrechtlich, z. B. durch unerlaubte Einreise, durch Scheinehe oder Scheinadoption erworben worden ist. Denn im Falle einer Trennung werden die Menschen im Familienverbund nicht als bloße Objekte staatlichen Handelns gehandhabt, weil sie sich als Rechtssubjekte wie jeder Bürger an die legislativen und durch den Gesetzgebers eröffneten administrativen Vorgaben halten müssen. Andernfalls besteht ein Gefälle in der Achtung der Gleichwertigkeit der Menschen. Denn der Gleichheitssatz bestimmt im Kern auch die Rechtsgleichheit der Bürger und eine fundamentale Rechtsgleichheit besteht darin, sich an Gesetze zu halten - Verfassungskonformität vorausgesetzt - und diese zu be-

---

1525 Vgl Müller, Grundrechte, S. 113.
1526 Vgl hierzu Berka, Grundrechte, Rn 471.
1527 Vgl Robbers, in: v. Mangoldt/Klein/Starck, Art. 6 Abs. 1 Rn 77; Müller, Grundrechte, S. 110/111 mwN zur Rechtsprechung des EGMR über den Familienbegriff des Art. 8 EMRK.
1528 Vgl Berka, Grundrechte, Rn 472 ff mwN auch zur Rechtsprechung des EGMR; Müller, Grundrechte, S. 114 ff mwN.
1529 Berka, Grundrechte, Rn 472. Für die Rechtslage in der Schweiz aktuell zum den verfassungsrechtlichen Anforderungen iens Anspruchs auf Erteilung einer Aufenthaltserlaubnis Schweizerisches Bundesgericht v. 11. 9. 2000, EuGRZ 2001, S. 47 ff (49 ff). Der Aspekt der Menschenwürde wird dabei durch eine Diskriminierung (Art. 8 Abs. 2 nBV) berührt (aaO, S. 52).

folgen. Freilich berühren diese Fragen nicht nur das Gemüt und die Moral, sondern auch die Universalität der Menschenwürde, wonach Familien nicht getrennt werden sollten[1530]. Es ist aber auch zu bedenken, dass die Menschenwürde nach hiesiger Auffassung kein Recht auf Asyl begründet, sondern nur Ausweisungs - und Abschiebungsschutz.

- Der Schwerpunkt der Menschenwürdediskussion im Bereich der Familie umfasst aktuell insbesondere den Bereich der Chancen und Risiken der Fortpflanzungs - und Gentechnologie[1531]. Denn aus der Menschenwürde wird in gewissen Grenzen auch ein Recht *auf* Familie[1532] abzuleiten sein. Im Einzelnen sind grundlegende Fragen der Fortpflanzung und der Gentechnik in Österreich bereits einfachgesetzlich geregelt, wenngleich die Entwicklungen in der Biotechnologie laufend neue Fragen aufwerfen und sich Regelungslücken zeigen werden. Gerade hier liegt aber die Stärke des Rechtsbegriffs der Menschenwürde, um einen vernünftigen Minimalkonsens in der Gesellschaft zu wahren. Bioethische familiären Fragestellungen wurden bereits unter dem Gesichtspunkt des Lebensschutzes angesprochen und beantwortet[1533]. Festzuhalten bleibt, dass der Menschenwürde des ungeborenen Kindes absolute Priorität einzuräumen ist.

Der Menschenwürdeschutz der Familie drückt sich in der Rechtsprechung zum einen im Schutz der einzelnen Familienmitglieder (Kinder, Frauen) wie auch im Schutz der Familie durch Gefährdungen von außen aus. Zur Rechtsprechung über die Menschenwürde im Familienbereich ist in Österreich im weiteren Sinne die Freiheit zur Empfängnisverhütung zu zählen, die einer rechtlichen Vereinbarung in keinem Fall zulässig ist[1534]. Auch die Rechtsprechung des OGH zu § 146a ABGB[1535], zum ordre public[1536] sowie des VfGH zu § 2a RFG[1537] belegen auf einfachgesetzlicher Ebene den Stellenwert der Menschenwürde zur Wahrung von Rechten von Familienmitgliedern. Der EGMR beurteilte 1995 die Ver-

---

1530 Vgl zum Widerspruch „zwischen dem universellen Geltungsanspruch des Menschenwürdeprinzips und der Partikularität der Verwirklichungsgemeinschaft in einer Welt differierender Nationalismen" Hofmann, Die versprochene Menschenwürde, AöR 118. Band (1993), S. 353 ff (366).
1531 Vgl Berka, Grundrechte, Rn 471; Robbers, in: v. Mangoldt/Klein/Starck, Art. 6 Abs. 1 Rn 79.
1532 Hierzu unter Sechster Teil II 1 g (1) zu Menschenwürde und Lebensschutz, dort auch zur Thematik des Klonens; vgl auch Art. 14 nBV Schweiz: „Das Recht auf Ehe und Familie ist gewährleistet."
1533 Vgl Sechster Teil II 1 g (1). Zum Aspekt einer Grund- und Menschenwürdepflicht vgl Sechster Teil II 1 g (17).
1534 OGH JBl. 1995, S. 46 ff (47), vgl oben, Zweiter Teil I 2 b bb.
1535 JBl. 1992, S. 639 ff, vgl oben, Dritter Teil IV 2.
1536 SZ 1974/121, vgl Zweiter Teil I 2 b dd.
1537 ÖJZ 2000, S. 357, vgl Dritter Teil III 1.

gewaltigung in der Ehe als Verletzung der Menschenwürde[1538]. Der Schutz der Menschenwürde erfordert als Schutz der Familie nach der Rechtsprechung des BVerfG, dass der existentielle Unterhalt für Kinder bei der Besteuerbarkeit des Einkommens des Unterhaltsverpflichteten außer Betracht bleiben muss[1539].

(15) Menschenwürde und Kunst

Die Menschenwürde weist mit dem Kernbereich der Kunstfreiheit[1540] dann eine Identität auf, wenn die Kunst Ausdruck der Einzigartigkeit des Menschen ist. Freilich muss man fordern, soll ein Bereich der Kunst einem absoluten und keiner Interessenabwägung zugänglichen Bereich zugeordnet werden, dass die Kunst nicht den Kernbereich der Identität und Integrität, mithin nicht den Kern der Persönlichkeit eines anderen Menschen verletzt[1541]. Verletzt die Kunst die Menschenwürde eines anderen, muss die Kunstfreiheit zurücktreten; denn die Menschenwürde ist mit keinem Grundrecht abwägungsfähig[1542]. Die Menschenwürde anderer wird durch menschenverachtende Karikatur verletzt, weil sie den Kernbereich der Ehre eines anderen Menschen angreift[1543]. Der Kern der Kunst-

---

1538 ÖJZ 1996, S. 356, siehe dazu Zweiter Teil II 2 d bb.
1539 Siehe dazu bereits unter Kinder- und Jugendschutz, (8) a. E.
1540 Vgl zum Schutzbereich der Kunstfreiheit Berka, Grundrechte, Rn 606 ff; auch BVerfGE 67, 213 (228), wonach sich Kunstfreiheit und Persönlichkeitsrecht (Art. 2 Abs. 1 GG iVm Art. 1 Abs. 1 GG) gegenseitig Grenzen ziehen; eine schwerwiegende Beeinträchtigung der Persönlichkeit, nicht eine geringfügige Beeinträchtigung oder die bloße Möglichkeit einer schwerwiegenden Beeinträchtigung setzen dabei erst der Kunstfreiheit die Grenzen (BVerfG, aaO, S. 228). Das BVerfG hält fest, dass die Kunstfreiheit „zwar vorbehaltlos, aber nicht schrankenlos gewährleistet" ist. Die Schranken ergeben sich aus den Grundrechten anderer Rechtsträger und anderen Rechtsgütern mit Verfassungsrang, z. B. dem Jugendschutz oder der Eigentumsgarantie (BVerfG Beschluß v. 29. 6. 2000, NJW 2001, S. 598 ff (598).
1541 Zu den Schranken der Kunstfreiheit vgl Berka, Grundrechte, Rn 614 ff, auch zum Begriff der Allgemeinheit eines Gesetzes als Schranke der Kunstfreiheit; vgl auch Müller, Grundrechte, S. 309.
1542 So BVerfGE 75, 369 (380: „Soweit das allgemeine Persönlichkeitsrecht allerdings unmittelbarer Ausfluß der Menschenwürde ist, wirkt diese Schranke absolut ohne die Möglichkeit eines Güterausgleichs (Starck, in: v. Mangoldt/Klein, Das Bonner Grundgesetz, 3. Aufl., Art. 5 Abs. 3 Rdnr. 209). Bei Eingriffen in diesen durch durch Art. 1 Abs. 1 GG geschützten Kern menschlicher Ehre liegt immer eine schwerwiegende Beeinträchtigung des Persönlichkeitsrechts vor, die nach der Rechtsprechung des Bundesverfassungsgerichts (BVerfGE 67, 213 [228]) durch die Freiheit künstlerischer Betätigung nicht mehr gedeckt ist." Vgl auch BVerfGE 93, 266 (293) = NJW 1993, S. 3303 ff (3304).
1543 Vgl Kannengießer, in: Schmidt-Bleibtreu/Klein, Grundgesetz, Art. 1, Rn 17 unter Bezugnahme auf BVerfGE 75, 369 ff.

freiheit und damit der einschlägige Gehalt der Menschenwürde liegt meines Erachtens vor allem in der Begrenzung staatlicher Macht, wenn Kunst kommunizieren soll und als Möglichkeit kritischer Kommunikation eingesetzt wird (Kunst als Werk - und Wirkbereich[1544]).

Wenn sich in der Einschränkung der Kunstfreiheit eine systematische Ungleichbehandlung von Menschen oder eine Missachtung der prinzipiellen Gleichwertigkeit des Menschen ausdrückt, so ist die Menschenwürde in der Form der Verletzung des Kerns des Gleichbehandlungsgrundsatzes verletzt. Dies kann dann der Fall sein, wenn offensichtlich gleichartige Kunst systematisch unterschiedlich subventioniert wird oder die Rasse oder das Geschlecht des Künstlers einen willkürlichen Beurteilungsmaßstab darstellen.

(16) Menschenwürde, Eigentumsgarantie und Berufsfreiheit

Auch die Eigentumsgarantie (Art. 5 StGG, Art. 1 1. ZProtEMRK) weist eine Kerngehalt auf. Dieser Kerngehalt liegt im Wesentlichen in der Wahrung der Funktion des Eigentums als Sicherung eines Mindeststandards an Freiheit[1545] und Selbstbestimmung. In der Erarbeitung eines Eigentums[1546] kann sich die Einmaligkeit eines Menschen ausdrücken. Ein erarbeiteter Wert (Ertrag) darf nicht zerstört werden, wenn durch den Entzug der Kernbereich der seelischen oder geistigen Identität des Menschen vernichtet, der Mensch als bloßes Objekt staatlicher und gesellschaftspolitischer Interessen erniedrigt wird. Die Beschränkungen bei Pfändungen sind Ausdruck einer Minimalgarantie menschlicher Eigennützlichkeit und wirtschaftlicher Zuordnung und kann auch als Ausfluss des Gehalts der Menschenwürde einer erworbenen Eigentumsgarantie betrachtet werden.

Die Erwerbs - und Berufsfreiheit (Art. 6 StGG) sind dann von der Menschenwürdegarantie mit umfasst, wenn es darum geht, dass niemand zu einer bestimmten Ausbildung oder der Ausübung eines bestimmten Berufes gezwungen werden darf[1547]. Die Erwerbsfreiheit schützt „die menschliche Arbeit selbst, die ebenfalls ein wesentliches Element der Persönlichkeitsverwirklichung ist"[1548]. Im Bereich der Berufsausübung sind vielfältige Verletzungen der Menschenwürde denkbar. Meist werden diese Verletzungen der Menschenwürde als erniedrigende Behandlung zu qualifizieren sein. Als einfachgesetzlicher Ausdruck einer Beein-

---

1544 Vgl zum Wirkbereich Berka, Grundrechte, Rn 610.
1545 Zum freiheitsvermittelnden Kerngehalt des Eigentums Müller, Grundrechte, S. 612.
1546 Eigentumsgarantie als Garantie des Ertrags der menschlichen Arbeit, vgl Berka, Grundrechte, Rn 745.
1547 Vgl Müller, Grundrechte, S. 667.
1548 Berka, Grundrechte, Rn 745.

trächtigung des Persönlichkeitsrechts im Vorfeld der Menschenwürde ist § 96 Abs. 1 Z. 3 ArbVG[1549] zu nennen.

Wirtschaftliche Betätigung ist eigenverantwortliche Lebensgestaltung. Eine willkürliche Vereitelung der Erwerbstätigkeit eines Menschen durch erdrosselnde Steuer verletzt die Menschenwürde[1550].

Überleitende Betrachtung: Die Inhaltsbestimmung der Menschenwürde in Deutschland erschöpft sich in einer Kasuistik, deren Gesamtdarstellung oder österreichspezifische Diskussion den Rahmen dieser Ausarbeitung sprengen würde. Der Kerngehalt der Menschenwürde der einzelnen Grundrechte, insbesondere der Freiheitsrechte, lässt sich anhand der hier vorangestellten abstrakt-generellen inhaltlichen Maßgaben im Einzelfall konkretisieren. Zu bedenken ist, dass das Prinzip der Menschenwürde nach der von mir begründeten Auffassung absolute Geltung beansprucht, sich aus prinzipiellen Gründen eine Interessen - und Güterabwägung mit anderen Grundrechten verbietet. Daher ist eine restriktiver Maßstab angemessen. Das Prinzip der Menschenwürde kann in einer freiheitlichen Demokratie aber nicht Ausdruck dafür sein, dass der Mensch nur für sich selbst Verantwortung trägt. Deshalb soll nachfolgend die Thematik der Grundpflichten erörtert und der Bezug zu dem Prinzip der Menschenwürde diskutiert werden.

(17) Menschenwürde und Grundpflichten; Menschenwürdepflichten

Die Thematik der Verantwortung[1551] und der von mir so benannten Menschenwürdepflichten berührt zunächst die generelle Frage nach den Grundpflichten[1552] des Menschen, im Gegensatz zu dessen Grundrechten. Das Grundgesetz für die

---

1549 Siehe dazu oben, Dritter Teil III 4.
1550 Vgl BVerfGE 82, 60 (85): „Ausgangspunkt der verfassungsrechtlichen Beurteilung ist der Grundsatz, daß der Staat dem Steuerpflichtigen sein Einkommen insoweit steuerfrei belassen muß, als es zur Schaffung der Mindestvoraussetzungen für ein menschenwürdiges Dasein benötigt wird. Dieses verfassungsrechtliche Gebot folgt aus Art. 1 Abs. 1 GG in Verbindung mit dem Sozialstaatsgrundsatz des Art. 20 Abs. 1 GG. Ebenso wie der Staat nach diesen Verfassungsnormen verpflichtet ist, dem mittellosen Bürger diese Mindestvoraussetzungen erforderlichenfalls durch Sozialleistungen zu sichern (vgl. BVerfGE 40,121[133]), darf er dem Bürger das selbst erzielte Einkommen bis zu diesem Betrag - der im folgenden als Existenzminimum bezeichnet wird - nicht entziehen."
1551 Zum Prinzip Verantwortung in der Philosophie, Wiegand, Das Prinzip Verantwortung und die Präambel des Grundgesetzes, JöR NF Band 43, 1995, S. 31 ff (41 ff).
1552 Vgl Berka, Grundrechte, Rn 12; Stern, Staatsrecht, Band III/2, § 88 Die Grundpflichten und ihr Verhältnis zu den Grundrechten; vgl auch Hofmann, Grundpflichten und Grundrechte, in: Isensee/Kirchhof, Handbuch des Staatsrechts, Band V, § 114.

Bundesrepublik Deutschland[1553] wie auch das Bundesverfassungsrecht Österreichs enthalten keine den Grundrechten vergleichbaren ausdrücklich normierten Grundpflichten[1554]. Anders z. B. zumindest in der Formulierung die Verfassung des Freistaates Bayern[1555] und die neue schweizerische Bundesverfassung, die in Art. 6 (Individuelle und gesellschaftliche Verantwortung) festhält: „Jede Person nimmt Verantwortung für sich selbst wahr und trägt nach ihren Kräften zur Bewältigung der Aufgaben in Staat und Gesellschaft bei."[1556] Koller weist für die Schweiz aber darauf hin, dass auch die Menschenwürde von der „Idee des selbstbestimmenden und verantwortlichen Menschen (ausgeht), weshalb der Bundesrat der Auffassung war, eine besondere Bestimmung über die Pflichten des Einzelnen sei entbehrlich"[1557]. Die rechtliche Tragweite des in Art. 6 der neuen schweizerischen Bundesverfassung formulierten „Appells an die persönliche Verant-

---

1553 Vgl hierzu v. Münch, in: v. Münch/Kunig, Grundgesetz, Vorb. Art. 1-19, Rn 56 ff zu den verfassungsimmanenten Grundrechtsschranken. In der *Präambel* des GG ist formuliert: „Im Bewußtsein seiner Verantwortung vor Gott und den Menschen, von dem Willen beseelt, als gleichberechtigtes Glied in einem vereinten Europa dem Frieden der Welt zu dienen, hat sich das Deutsche Volk kraft seiner verfassungsgebenden Gewalt dieses Grundgesetz gegeben." vgl auch Art. 20a G (Staatsziel Umweltschutz). In der Literatur wird auf die Verantwortung des Staates hingewiesen, allerdings als normativer Ansatz der Verantwortung auf den Schutz der Menschenwürde hingewiesen. Dies ergebe sich insbesondere aus der Formulierung des Art. 1 Abs. 1 Satz 2 GG, wonach der Schutz der Menschenwürde Verpflichtung aller staatlichen Gewalt ist (vgl Kunig, in: v. Münch/Kunig, Grundgesetz, Präambel, Rn 19; Starck, Grundgesetz I, Präambel, Rn 36 ff; Wiegand, Das Prinzip Verantwortung, S. 31 ff).
1554 Vgl Berka, Bürgerverantwortung im demokratischen Verfassungsstaat, VVDStRL 55, S. 48 ff (52/53).
1555 Vgl insbesondere Art. 117 BV: „Der ungestörte Genuß der Freiheit für jedermann hängt davon ab, daß alle ihre Treuepflicht gegenüber Volk und Verfassung, Staat und Gesetzen erfüllen. Alle haben die Verfassung und die Gesetze zu achten und zu befolgen, an den öffentlichen Angelegenheiten Anteil zu nehmen und ihre körperlichen und geistigen Kräfte so zu betätigen, wie es das Wohl der Gesamtheit erfordert."; vgl des weiteren Art. 121 BV (Ehrenämter), Art. 122 BV (Hilfspflichten), Art. 123 BV (Steuerpflicht).
1556 Diese Bestimmung ist nicht im Kapitel über Grundrechte eingebettet, sondern als eine von mehreren allgemeinen Bestimmungen vorangestellt; vgl Koller, Der Einleitungstitel und die Grundrechte in der neuen Bundesverfassung, AJP/PJA 6/99, S. 656 ff (657), der auf den objektiv-rechtlichen Charakter dieser Bestimmung hinweist.
1557 Koller, aaO, siehe oben, S. 661 mit Hinweis auf die Botschaft Bundesrat zum VE 96, 139.

wortung des Einzelnen"[1558] wird freilich in der Rechtslehre und der Rechtsprechung noch auszuloten sein.

Die EMRK als österreichischer Grundrechtskatalog formuliert an mehreren Stellen explizit oder implizit den Pflichten - und Verantwortungsgedanken[1559]. So ist in Art. 10 Abs. 2 EMRK ausdrücklich davon die Rede, dass die Ausübung der Freiheit der Meinungsäußerung mit „Pflichten und Verantwortung" verbunden ist. Art. 4 EMRK nimmt vom Verbot der Zwangs - oder Pflichtarbeit eine „Arbeit oder Dienstleistung (aus), die zu den üblichen Bürgerpflichten gehört"[1560]. In den materiellen Grundrechtsschranken ist erwähnt, dass u. a. „zum Schutz der Rechte und Freiheiten anderer" Eingriffe statthaft sind. Auch der materielle Gesetzesvorbehalt „in einer demokratischen Gesellschaft notwendig" weist deutlich auf Pflichten hin, da demokratische Mitwirkung demokratische Verantwortung impliziert. In Art. 1 1. ZProtEMRK wird das Allgemeininteresse als Schranke der Eigentumsfreiheit formuliert. In den Schranken der Grundrechte spiegelt sich somit die Gemeinschaftsbezogenheit und auch Gemeinschaftsgebundenheit des Menschen wider.

Grundpflichten können auch Ausdruck dafür sein, das Verhältnis des Menschen zum Staat zu definieren, und zwar in einem Sinne, dass eine enge und wechselseitige Bindung zwischen Staat und Bürger besteht. Dies war auch der Grund, warum in der Weimarer Reichsverfassung der Zweite Hauptteil mit Grundrechte und Grundpflichten der Deutschen umschrieben worden ist und eine allgemein formulierte Grundpflicht in Art. 163 Abs. 1 WRV ihren Niederschlag fand[1561]. Im Grundgesetzentwurf des Herrenchiemseer Konvents 1948 fehlte bewusst eine Darstellung von Grundpflichten wie in der Weimarer Reichsverfassung[1562]. Im Parlamentarischen Rat zur Erarbeitung eines Grundgesetzes für die Bundesrepublik Deutschland wurde die Übernahme von Grundpflichten abgelehnt, weil die Grundrechte als Beschränkung der Staatsgewalt konzipiert waren[1563], die neben der Verwaltung und der Rechtsprechung auch die Gesetzgebung binden sollten. Die Effektivität der Grundrechte sollte nicht durch die Ver-

---

[1558] Koller/Biaggini, Die neue schweizerische Bundesverfassung/Neuerungen und Akzentsetzungen im Überblick, EuGRZ 2000, S. 337 ff (345).

[1559] Vgl auch Bergmann, Das Menschenbild der Europäischen Menschenrechtskonvention, 1995, S. 163/164.

[1560] Text nach EuR, Beck-Texte, 15. Auflage.

[1561] Vgl Stern, Staatsrecht, Band III/1, § 69 V 6 (S. 121, auch Fn 337 mwN); vgl auch Stern, Staatsrecht, Band III/2, § 88 II 3 (S. 1011); Art. 163 Abs. 1 WRV: „Jeder Deutsche hat unbeschadet seiner persönlichen Freiheit die sittliche Pflicht, seine geistigen und körperlichen Kräfte so zu betätigen, wie es das Wohl der Gesamtheit erfordert."; hierzu auch Hofmann, in: Isensee/Kirchhof, Band V, § 114 Rn 15.

[1562] Vgl Stern, Staatsrecht, Band III/1, § 60 II 2 (S. 146).

[1563] Stern, Staatsrecht, Band III/1 § 60 III 4 (S. 157).

ankerung von Grundpflichten als Eingriffsmöglichkeit für den Gesetzgeber geschmälert werden. In „bewußter Abkehr von früheren Verfassungen" sollte kein „genereller Ansatzpunkt für bestimmte Einbrüche und Relativierungen"[1564] formuliert werden.

Die hier interessierende Frage ist, ob sich fundamentale Grundpflichten in dem Prinzip der Menschenwürde selbst widerspiegeln und dieses Prinzip mithin Grundrecht und Grundpflicht zugleich ist[1565]. Für die Verfassungsrechtslage in der Schweiz fällt auf, dass die Verankerung der individuellen und gesellschaftlichen Verantwortung getrennt von den Grundrechten und der Menschenwürdebestimmung verankert ist. Die Begründung eines rechtlich verbindlichen und unantastbaren Kernbestandes von Grundpflichten ist nach meiner Auffassung nicht im Sozialstaatprinzip und auch nicht in der Sozialpflichtigkeit des Eigentums zu finden, sondern in dem Prinzip der Menschenwürde selbst. Denn die Würde des Menschen kann nur dann umfassend und auf Dauer gewährt werden, wenn sie auf Gemeinschaft und Solidarität hin verpflichtet wird. Damit werden nicht nur widerstreitende Grundrechte zu einem Ausgleich gebracht, sondern es wird die Voraussetzung für den Erhalt einer freiheitlichen und auf Grundrechten gründenden Demokratie geschaffen.

Das BVerfG weist mit seiner Rechtsprechung zum Menschenbild des Grundgesetzes[1566], mit der die Gemeinschaftsbezogenheit und die Gemeinschaftsgebundenheit der Person betont wird, meiner Ansicht nach der freiheitssichernden Funktion der Menschenwürde eine implizite Beschränkung im Sinne eines Kernbereichs einer Solidarität und Toleranz zu[1567]. Der normative Ansatzpunkt dieser Rechtsprechung des BVerfG ist zwar nicht allein das Prinzip der Menschenwürde, das Menschenbild wird „insbesondere aus einer Gesamtsicht der Art. 1, 2, 12,

---

1564 Stern, Staatsrecht, Band III/1, § 60 III 5 (S. 168).
1565 Bejahend Häberle, Menschenwürde und Verfassung Griechenland, S. 418; bejahend im Ergebnis wohl auch Kannengießer, in: Schmidt-Bleibtreu/Klein, Grundgesetz, Art. 1 Rn 16 unter Hinweis auf die Duldungspflicht des Einzelnen, Maßnahmen „im überwiegenden Interesse der Allgemeinheit unter strikter Wahrung des Verhältnismäßigkeitsgebotes (hinzunehmen), soweit sie nicht den unantastbaren Bereich privater Lebensgestaltung beeinträchtigen (BVerfGE 27,351)". Hofmann spricht hingegen von einer „Rechte- und Pflichten-Asymmetrie in der Verfassung der Freiheit" (Hofmann, in: Isensee/Kirchhof, Band V, § 114 Rn 38 ff).
1566 Siehe dazu oben, Zweiter Teil I 1 a.
1567 Ablehnend Höfling, in: Sachs, Grundgesetz, Art. 1 Rn 29 („Untauglich ist die Argumentationsfigur (Anmerkung: Menschenbildformel) aber, wenn sie die Menschenwürde über eine Pflichtendimension gleichsam einer Grundrechtsschranke unterwerfen will."; vgl zum Begriff der Toleranz Volkmann, Grund und Grenzen der Toleranz, in: Der Staat, 39. Band 2000 Heft 3, S. 325 ff (328 ff zur Feststellung „Keine Toleranz gegenüber der Intoleranz" und zu den Grenzen dieses Prinzips).

14, 15, 19 und 20 GG"[1568] begründet. Im Prinzip der Menschenwürde wurzelt aber der Kern einer Grundpflicht als Rechtspflicht, und zwar nicht mit der Zielsetzung, den Staat zu erhalten oder das Gemeinwohl zu fördern, sondern als inhaltliche Kehrseite des Prinzips der Menschenwürde selbst: Die Forderung nach Achtung und Anerkennung der Subjektivität beinhaltet notwendig das Bekenntnis, auch anderen Personen Achtung entgegenzubringen. Die Forderung nach Gewährleistung eines Kernbereichs eigener seelischer, körperlicher und geistiger Identität und Integrität umfasst die Gewähr, diesen Schutz auch anderen Menschen zukommen zu lassen. Hinzu kommt die Überlegung, dass die Sicherung der eigenen Menschenwürde nur dann gelingen kann, wenn der Schutz auch gegenüber den anderen gewährleistet ist. Die Übernahme von Verantwortung ist damit nicht nur uneigennützig[1569]. Aus diesen Überlegungen leitet sich ein Mindestmaß an Grundpflichten ab, was sich mit dem Kernbereich einer „Friedenspflicht" und einer Pflicht, „elementare Individual - und Gemeinschaftsgüter nicht zu verletzen[1570]", umschreiben läßt. Als konkretes Beispiel dient die Sicherung der materiellen Existenz des anderen. Der normative Kern dieser auf das Prinzip der Menschenwürde gestützten Schutzpflicht des Staates ist, dass „Menschen einander in einer solidarischen Rechtsgemeinschaft ein Minimum an Beistand schulden, wenn sie in Not sind"[1571]. Die Freiheit, die von den Freiheitsrechten verbürgt wird und freilich auch im Kern vom Menschenwürdeschutz mit umfasst wird, ist zunächst die Freiheit, „sich selbst zu bestimmen und sich zu entfalten"[1572]. Diese Freiheit ist aber nicht zu verstehen als eine Freiheit „eines isolierten und selbstherrlichen, sondern als die eines gemeinschaftsbezogenen und gemeinschaftsgebundenen Individuums"[1573]. Den sich aus den Grundfreiheiten und Menschenrechten der demokratischen und freiheitlichen Verfassungen mit den Verbürgungen von Freiheit und Gleichheit ergebenden Spannungen weist Berka die Pole der individuellen Selbstverwirklichung und der mitmenschlichen Verantwortung zu, die „untrennbar miteinander verbunden und aufeinander be-

---

1568 BVerfGE 4, 7 (15/16).
1569 Wenn niemand mehr Verantwortung übernimmt, wird die eigene Lebenssituation immer inhumaner." (Glück, Verantwortung, S. 90).
1570 Stern, Staatsrecht, Band III/2 § 88 III 3 (S. 1026).
1571 Müller, Grundrechte, S. 178 für die Verfassungsrechtslage in der Schweiz auf dem Boden der neuen Vorschrift des Art. 12 nBV (Recht auf Hilfe in Notlagen: "Wer in Not gerät und nicht in der Lage ist, für sich zu sorgen, hat Anspruch auf Hilfe und Betreuung und auf die Mittel, die für ein menschenwürdiges Dasein unerlässlich sind."
1572 BVerfGE 45,187 (227).
1573 BVerfGE 45,187 (227).

zogen" sind[1574]. Berka hält die Rechtsprechung des BVerfG zum Menschenbild des GG für „eine Konkretisierung dieses Befundes"[1575].

Ein weiterer Ansatzpunkt dafür, dem Prinzip der Menschenwürde ein Minimum an Verantwortung zuzuordnen, liegt in der Überlegung, dass der Gehalt der Menschenwürde den Kerngehalt des Gleichheitssatzes mit umfasst. Der Gleichheitsgrundsatz begrenzt die Freiheit und fordert nicht nur vom Staat, sondern auch von den einzelnen Menschen selbst eine Zurücknahme von Stärke, Macht und Freiheit, impliziert mithin im Ergebnis die Übernahme eines Kernbestandes von Verantwortung insbesondere gegenüber den Schwachen und Hilflosen[1576].

Der *Kern* der Grundpflichten (hier als Menschenwürdepflichten bezeichnet), der jedem Bürger als Kehrseite der ihm gewährten und gesicherten Menschenwürde obliegt, ist noch nicht ausgelotet. Die Wehrpflicht ist eine Grundpflicht. Sie verstößt weder gegen die Menschenwürde noch ist sie als Grundpflicht Ausfluss des Prinzips der Menschenwürde. Dies dürfte verständlich und weitgehend konsensfähig sein. Der Kerngehalt der Grundpflichten kann meines Erachtens darin liegen, das Prinzip der Menschenwürde zu erhalten und auch zu verteidigen. Das strafrechtlich verankerte Verbot unterlassener Hilfeleistung kann dabei ebenso als impliziter Ausdruck einer Menschenwürdepflicht gedeutet werden wie ein Minimum an Steuerpflicht des Leistungsfähigen, das eine Existenzsicherung von bedürftigen Mitmenschen bewirkt. Auch die präventiv-polizeiliche Pflicht, einen Freitod zu verhindern, ist Ausdruck einer Menschenwürdeverpflichtung, freilich primär an den Staat gerichtet, aber auch als Auftrag an den einzelnen Menschen. Auch in einer Duldung oder in einem Verzicht kann sich eine Pflicht zur Achtung der Menschenwürde manifestieren. Der Schutz der genetischen Einzigartigkeit des Menschen kann dazu zwingen, auf Eingriffe in den Fortpflan-

---

1574 Berka, Bürgerverantwortung im demokratischen Verfassungsstaat, S. 49 ff (63, auch 65).
1575 Berka, Bürgerverantwortung im demokratischen Verfassungsstaat, S. 63 Fn 53.
1576 Dieser Ansatzpunkt spielt in der Schweiz eine besondere Rolle, vgl Mastronardi, Der Verfassungsgrundsatz der Menschenwürde in der Schweiz, Schriften zum öffentlichen Recht Band 349, 1977, S. 284: „Echte Freiheit und Sicherheit sind nur in gegenseitiger Verantwortung und in einer Gemeinschaft mit andern freien Menschen möglich. Die Würde eines jeden erfordert die Solidarität aller. Der Gleichheitssatz ist daher als Rechtsform der Solidarität zu verstehen. Er ist mehr als nur formales rechtsstaatliches Prinzip, das die Begründung ungleicher Behandlung fordert. Er ist Ausdruck dafür, daß sich die Mitglieder des Gemeinwesens zum Schutz ihrer Würde solidarisch erklären. Die Würde des Menschen verleiht der Rechtsgleichheit einen materialen Gehalt: Persönliche Freiheit und Sicherheit stehen allen Menschen ohne Unterschied in gleichem Maße zu."; vgl auch ders, Die Menschenwürde als Verfassungsgrundsatz in der Schweiz, JöR NF Band 28, 1979, 469 ff (vgl S. 481/ 482).

zungsmechanismus oder Genmanipulationen zu verzichten. Im Extremfall kann sich dies als ein Verzicht auf Fortpflanzung darstellen, weil biotechnische Möglichkeiten versagt werden. Insofern drückt sich bereits in der positiven Annahme einer Verletzung der Menschenwürde, wie dies im Verbot des Klonens seinen Ausdruck findet, eine Duldung aus, die auch als Ausdruck einer Menschenwürdepflicht gewertet werden kann.

Abschließend ist festzuhalten, dass zu einem menschenwürdigen Leben die Erfahrung von Solidarität und Verantwortung durch den Mitmenschen gehört, so zum Beispiel die Hilfe in existentiellen Notlagen. Daran zeigt sich, dass Menschenwürde ohne die Übernahme von Grundpflichten, mithin ohne die Übernahme eines Mindestmaßes an Verantwortung und Solidarität durch den Mitmenschen nicht möglich ist. Gelebte Verantwortung und Solidarität und erfahrene Verantwortung und Solidarität sind die jeweilige Kehrseite derselben Medaille[1577]. Mit dieser Beurteilung erscheint kein „Diffundieren des Rechts" verbunden[1578]. Es geht vor dem Hintergrund der Einsicht, dass menschenwürdige Freiheit und Gleichheit verantwortlichen Umgang mit der Freiheit und Gleichheit impliziert, vielmehr darum, die Dialektik des Prinzips der Menschenwürde im Einzelfall auszuloten. Es darf freilich nicht darum gehen, dem Bürger auf Umwegen über das Prinzip der Menschenwürde eine Verantwortungsmoral aufzuerlegen.

2) Die Unverfügbarkeit der Menschenwürde

Die Frage der Unverfügbarkeit der Menschenwürde ist ein Teilaspekt und eine Detailfrage der Absolutheit der Menschenwürde[1579]. Das Prinzip der Menschenwürde ist nach hier vertretener Auffassung ein unantastbares, absolut wirkendes Prinzip. Damit ist aber noch keine abschließende Aussage über die Unverfügbarkeit der Menschenwürde getroffen. Diese Frage gehört zu den schwierigsten und heftig diskutierten Fragestellungen im Zusammenhang mit der Reichweite des Menschenwürdeschutzes. Die Diskussion wird allgemein auch unter dem Stichwort des Grundrechtsverzichts geführt[1580] und kann hiervon auch nicht isoliert werden.

1577 Vgl auch Glück, Verantwortung, S. 96, der darauf hinweist, daß Solidarität, „unabhängig vom eigenen Nutzen eine ethische Grundlage jeder menschlichen Gemeinschaft (bildet)".
1578 Wiegand, Das Prinzip Verantwortung, S. 50.
1579 Podlech, GG-AK, Art. 1 Abs. 1 Rn 69 ff.
1580 Hierzu Berka, Grundrechte, Rn 175 ff Berka weist darauf hin, dass die Grenzen eines zulässigen Grundrechtsverzichts nicht eindeutig geklärt sind (Rn 179). Seiner Auffassung nach kann ein Grundrechtsverzicht u. a. dann unwirksam sein, „wenn

Die Unverfügbarkeit der Menschenwürde ist vom *BVerfG* in Deutschland ausdrücklich bestätigt worden[1581]. Damit ist aber die Kernfrage auch in Deutschland nicht gelöst, ob und in welchem Umfang bei freiwilligem Handeln überhaupt eine Verletzung der Menschenwürde zu bejahen ist und in welchem Umfang eine staatliche Schutzpflicht greift. In Deutschland löste zu Beginn der 80er Jahre eine Entscheidung des *BVerwG*[1582] zur Peep-Show heftige Reaktionen aus, wonach eine Würdeverletzung und im Ergebnis die mangelnde Verfügbarkeit bejaht wurde, auch wenn sich die Betroffenen freiwillig für diese Art der Selbstdarstellung entschieden haben.

In Österreich beweist die Entscheidung des VfGH vom 10. 12. 1993[1583], dass auch dort bereits die Frage der Unverfügbarkeit der Menschenwürde auf der Tagesordnung steht. Diese Rechtsprechung ist vereinzelt wegen der darin angedeuteten Grenzen der Verfügbarkeit kritisiert worden, u. a. auch deswegen, weil der VfGH zu einer Einschränkung der Freiheit des Einzelnen gelange, was der Konzeption des Art. 3 EMRK widerspreche und der VfGH versäumt habe, die Vorschriften der Art. 3 und 8 EMRK zu prüfen[1584]. Es entspreche ständiger Rechtsprechung des VfGH, wonach „eine Grundrechtsverletzung bez. überhaupt das

---

bestimmte grundrechtlich geschützte Rechtspositionen primär öffentliche Interessen umschließen" (so das Grundrecht des geheimen Wahlrechts, aaO, Rn 179); vgl Bleckmann, Staatsrecht II, Die Grundrechte, § 15 (S. 485 ff), der die verschiedenen Diskussionsansätze darstellt und zusammenfasst; Kneihs, Grundrechte und Sterbehilfe, S. 161 ff mwN in Fn 671. Kneihs definiert: „Unter einem Grundrechtsverzicht ist die Disposition des einzelnen über ein grundrechtlich geschütztes Rechtsgut in der Weise zu verstehen, daß damit eine Handlung gestattet wird, die sich als Beeinträchtigung des grundrechtlichen Schutzgutes auswirkt."(aaO, S. 163); zum Verzicht im Zusammenhang mit Art. 3 EMRK (aaO, S. 300 ff).

1581 BVerfGE 45,187 (229).
1582 BVerwGE 64, 274 (278 ff) mwN bei Geddert-Steinacher, Menschenwürde, S.88 ff; vgl auch Höfling/Gern, Menschenwürde und gute Sitten, NJW 1983, S. 1582 ff.
1583 Wonach wohl die Verfügbarkeit über das Rechtsgut der Menschenwürde eingeschränkt worden ist: Slg 13.635/1993, siehe hierzu unter ; vgl auch zurückhaltender Berka, Grundrechte, Rn 179 Fn 18, der davon spricht, der VfGH habe „angedeutet, dass Versuche am Menschen, die nur wirtschaftlichen Interessen dienen, auch mit Zustimmung des Betroffenen wegen der Verletzung der Menschenwürde unzulässig wären".
1584 Kneihs, Grundrechte und Sterbehilfe, S.305/306; Kneihs argumentiert mit der Maßgabe des Art. 3 EMRK, dass es einerseits dem Ziel und Zweck der EMRK (Wahrung und Entwicklung der Grundfreiheiten) und auch dem Wortlaut des Art. 3 EMRK entspreche („niemand darf .. .unterworfen werden"), dass Art. 3 EMRK nur „Bedrohungen von außen, ... die ohne oder gegen den Willen des Betroffenen vorgenommen werden" unterbinden wolle (aaO, S. 307); überdies stünde eine Einschränkung der Selbstbestimmung, was eine unmenschliche Behandlung anbelange, in systematischen Widerspruch zu Art. 8 EMRK (aaO, S. 308).

Vorliegen eines beschwerdefähigen Eingriffsakts" verneint wird, „wenn der Einzelne einer polizeilichen Maßnahme ... aus freien Stücken ausdrücklich oder konkludent zustimmt"[1585]. Was die Unzulässigkeit einer Einwilligung zu einer die Menschenwürde verstoßenden Behandlung anbelangt, hält Berka fest, dass bei Bejahung einer Unzulässigkeit „die Grundrechte (auch) als Elemente einer objektiven verfassungsrechtlichen Wertordnung" zu qualifizieren seien, „über die der Einzelne nur beschränkt disponieren kann"[1586].

Eine Feststellung, dass in Art. 7 nBV wie auch in Art. 1 Abs. 1 GG keine „Verpflichtung" begründet sei, „seine eigene Menschenwürde zu achten"[1587], erscheint mir missverständlich und ist ohne weitere Betrachtung geeignet, die Diskussion zu verkürzen. Eine Unschärfe in der Diskussion ist mithin auch deshalb gegeben, weil mit dem Begriff der Unverfügbarkeit eine „Assoziation mit dem viel engeren zivilrechtlichen Verzichtsbegriff" hervorgerufen werde, „womit die Vorstellung vom Totalverzicht geweckt und damit schnell die Annahme der Unzulässigkeit eines solchen Verzichts verbunden werde"[1588].

Die Frage nach der Unverfügbarkeit der Menschenwürde ist losgelöst von zivilrechtlichen wie auch allgemeinen Überlegungen zum Grundrechtsverzicht zu diskutieren. Diese Sichtweise ist in der Einmaligkeit des Prinzips der Menschenwürde begründet[1589]. Ausgangspunkt der Frage ist, welchen Schutz die Men-

---

1585 Berka, Grundrechte, Rn 178 mwN.
1586 Berka, Grundrechte, Rn 179.
1587 Starck, Grundgesetz I, Art. 1 Abs. 1 Rn 32; vgl aber eingehend ders., aaO, Art. 1 Abs. 1 Rn 97; zum Zwergenweitwurf, der in Frankreich als Verstoß gegen die Menschenwürde qualifiziert worden ist Starck, Grundgesetz I, Art. 1 Abs. 1, Rn 97, Fn 298 unter Verweis u.a. auf Rädler, Die Unverfügbarkeit der Menschenwürde in Deutschland und Frankreich, DÖV 1997, 109; siehe auch Höfling, Die Unantastbarkeit der Menschenwürde, JUS 1995, S. 857, Fn 1 unter Verweis auf VG Neustadt, NVwZ 1993, 92 ff und NWVBl. 1994, 195 ff (Beispiel für eine einschlägige Examensklausur).
1588 Stern ,Band III/2 86 I 1, S. 887 unter Bezugnahme auf Pietzker, Der Staat, Bd. 17 ,1978 (S. 527, 528 ff).
1589 Stern, Staatsrecht, III/2, 86 III 3, S. 924, hält die Leitlinie Pietzkers für akzeptabel, bei den der Persönlichkeitssphäre zugeordneten Grundrechten „das Einverständnis des Betroffenen sehr hoch veranschlagen und es für geeignet halten, dem staatlichen Handeln den würdeverletzenden Charakter zu nehmen". Er plädiert allerdings für eine Abwägung im Einzelfall unter „Bewertung der Rechtsgüter ..., die einem Verzicht entgegenstehen könnten".(aaO, S. 925). Bleckmann (Staatsrecht II, § 15 V, S. 495 leitet die rechtliche Zulässigkeit eines Grundrechtsverzichts für Deutschland aus dem Recht auf freie Entfaltung der Persönlichkeit, Art. 2 Abs. 1 GG, ab. „Bei näherer Analyse fließt aber die Zulässigkeit des Grundrechtsverzichts und ihre Begrenzung aus den Zielen der klassischen und sozialen Grundrechte selbst" (aaO, Rn 27). „Diese Grenzen werden offensichtlich erreicht, wenn der Grundrechtsträger entgegen den bisherigen Annahmen nicht die notwendige Einsichtsfähigkeit besitzt

schenwürde gewährleistet. Dabei zeigt sich eine gewisse Dialektik der Schutzgüter. Denn die Menschenwürde ist nicht nur Ausdruck der Selbstbestimmung und Autonomie des Menschen, sondern fordert implizit die Achtung und den Schutz des Kernbereichs der Identität und Integrität auch des anderen Menschen und beinhaltet insofern ein Mindestmaß an Toleranz, Respekt und Solidarität. Im Prinzip der Menschenwürde ist die Gemeinschaftsgebundenheit angelegt, die Menschenwürde ist mithin nicht nur Ausdruck der Freiheit des Menschen. Damit wird bereits auf begrifflicher Ebene eine Sachverhaltseinordnung ermöglicht, die zu berechenbaren und sachgerechten Ergebnissen führt und die Beurteilung einer Verletzung der Menschenwürde von der Frage der guten Sitten trennen lässt.

Die Formulierung, die Würde des Menschen ist nicht verzichtbar, hilft im Ergebnis nicht weiter und ist in hohem Maße missverständlich. Die Menschenwürde ist zunächst Ausdruck der Autonomie des Menschen. Dazu gehört, seine individuelle Würde zunächst selbst zu definieren. Damit liegt die allerdings widerlegbare Vermutung nahe, dass keine Verletzung der Menschenwürde vorliegt, wenn sich eine Handlung oder Unterlassung als Verwirklichung der Autonomie des Menschen darstellt[1590]. Weitere Überlegung ist, wie dargelegt, dass der Menschenwürde inhaltlich auch ein Kernbereich von Verantwortung und Solidarität zugeordnet ist und aus dem eigenen Achtungsanspruch aus der Anspruch des anderen erwächst, in seiner Würde geachtet zu werden. Daraus folgt erstens: Droht durch eigenen Verzicht auf die Subjektqualität eine Verletzung der Menschenwürde Dritter, werden Menschen zum bloßen Objekt eigener Selbstverwirklichung, auch Selbstgefährdung oder Selbstschädigung erniedrigt, so ist die Menschenwürde verletzt. Zweitens: Wird die Solidarität der Gemeinschaft in den Grundwerten (z. B. in der Wertschätzung des Lebens), in der gegenseitigen An-

---

oder die Gleichheit der Bargaining-Power der Individuen gefährdet ist."(aaO, §15 V Rn 29). Im Ergebnis wird ein Grundrechtsverzicht bei Grundrechten mit Gesetzesvorbehalt einfacher zu begründen sein, als bei vorbehaltlosen Grundrechten, da der Gesetzesvorbehalt signalisiert, dass Entscheidungen über Grundrechtseinschränkungen grundsätzlich zulässig sind. Was für den Gesetzgeber gilt, muss in einer freiheitlichen Demokratie auch für den Bürger gelten (vgl Bleckmann, aaO, § 15 V Rn 28). Schwieriger ist freilich die Frage zu beantworten, ob ein Grundrechtsverzicht im Bereich eines Wesensgehalts eines Grundrechts ausgeschlossen ist, was nach hiesiger Auffassung für Österreich mit der Frage des Verzichts auf die Menschenwürde durchaus korrespondiert. (vgl hierzu Bleckmann, aaO, § 15 V Rn 23, der wohl den Grundrechtsverzicht im Bereich des Wesensgehalts eines Grundrechts ausschließt).

1590 Vgl Geddert-Steinacher, Menschenwürde, S. 92, die von einem „negativen Tatbestandsmerkmal" spricht und darauf hinweist, dass das Prinzip der Menschenwürde dann seinen absoluten Geltungsanspruch verlöre, wenn es „in die Nähe des jeweiligen Sittenkodex gerückt würde"; vgl auch Stern, Staatsrecht, Band III/1,§ 58, II 6 S. 31.

erkennung im Kernbereich erschüttert, so dass sich im Verzicht auf die eigene Achtung der Kernbereich der *gegenseitigen* Achtung als einzigartige und unvertretbare Größe aufzulösen droht, so sind aus Gründen der der Menschenwürde immanenten Grundpflichten, der Menschenwürde*pflicht*, einer Handlung ebenfalls Grenzen gesetzt. Als krasses Beispiel hierfür kann ein Gewinnspiel gewertet werden, bei dem die erhebliche Gefahr der Selbstschädigung oder gar des Todes in Kauf genommen wird und notwendiger Teil des Spiels oder Kriterium des Gewinns ist (Beispiel: Russisches Roulette). Freilich sind auch hier die Grenzen fließend, wie sich das im Wettkampf von sogenannten Extremsportarten ausdrücken kann. Aus diesen Erwägungen heraus können Einzelfälle sachgerecht diskutiert werden.

- Das in Peep - Shows praktizierte Verhalten kann als würdelos qualifiziert werden[1591]. Zur Würde gehört aber auch, „nicht zur Leistung von Würde gezwungen zu werden". Nach meiner Auffassung. verstößt die Darstellung in sogenannten Peep - Shows nicht gegen das verfassungsrechtliche Prinzip der Menschenwürde, weil sich der Mensch durch diese Art der selbstbestimmten Darstellung nicht zum bloßen Objekt erniedrigt. Diese Art der Darstellung kann jedoch aus ordnungsrechtlichen oder jugendschutzrechtlichen Gründen als sittenwidriges Handeln unterbunden werden[1592]; ein entsprechendes behördliches Einschreiten verletzt nicht den Kernbereich der Berufsausübungsfreiheit und mithin nicht die Menschenwürde der Darstellerin. Die Menschenwürde anderer Personen wird nur dann verletzt, wenn deren Identität und Integrität im Kernbereich betroffen wird, was dann allerdings zu bejahen sein wird, wenn gravierende Belange der Erziehung oder des Jugendschutzes betroffen sind.

- Auf dem Boden dieser Überlegungen lässt sich auch die zunehmend ins juristische Blickfeld gerückte Frage einer Verletzung der Menschenwürde durch die Ausstrahlung der Sendung „Big Brother" (RTL)[1593] beantworten. Diskussionspunkt ist das Gesamtkonzept, „das den einzelnen Kandidaten als bloßes Mittel zum Zweck benutzt, als Marionette eines Gewinnspiels"[1594]. Die „von den Teil-

---

1591 Podlech, GG-Ak, Art. 1 Abs. 1 Rn 46; kritisch auch Kneihs, Grundrechte und Sterbehilfe, S. 303 ff mwN zur Auseinandersetzung mit dieser Entscheidung.
1592 Vgl Kunig, in: v. Münch/Kunig, Art. 1 Rn 36 unter Peep-Show; vgl auch Starck, Grundgesetz I, Art. 1 Abs. 1 Rn 97.
1593 Vgl auch zum Konzept der Sendung Hartwig, „Big Brother" und die Folgen, JZ 2000, S. 967 ff. Vgl für Österreich Holzleithner, Big Brother, Taxi Orange und die Menschenwürde, Juridikum 3/01, S. 112 ff.
1594 Hinrichs, NJW 2000, S. 2173, 2175. Die kritischen Reaktionen zu dieser Veröffentlichung ließen nicht lange auf sich warten. Köhne (NJW 2000, Heft 39, XXVII) weist darauf hin, dass sich die Kandidaten im Bereich ihrer selbstbestimmten Menschenwürde bewegen und demzufolge nicht auf sie verzichten. Fielenbach (NJW 2000, Heft 39, XXVIII) betont, dass es dem Staat verwehrt sei, „die 'richtige'

nehmern nicht vorgesehene, nicht erwünschte und vor allem auch nicht autorisierte manipulierte Darstellung ihrer selbst in der Öffentlichkeit"[1595] wird von einigen Autoren als Verletzung der Menschenwürde qualifiziert. Dies ist meiner Meinung nach nicht zutreffend. Die Würde des Menschen darf nicht einen Sittenkodex ersetzen. Die Kandidaten der Show mögen in ihrer Darstellung gesteuert werden. Jedoch wird davon auszugehen sein, dass die Kandidaten wissen, auf was sie sich einlassen. Eine eigenverantwortlich gewollte und verwirklichte Handlungsweise ist dann nicht als Verletzung des Prinzips der Menschenwürde zu qualifizieren, wenn neben der Kenntnis des eingegangenen Risikos - Verantwortungsreife vorausgesetzt - auch die Fähigkeit besteht, einerseits sein Verhalten sachgerecht zu erfassen und andererseits sein Verhalten auf dem Boden der Risikokenntnis zu steuern (Herrschaft über das Geschehen). Generell - abstrakt ist deshalb eine Verletzung der Menschenwürde zu verneinen. Eine Verletzung ist freilich dann zu bejahen, wenn sich im konkreten Fall eine Handlung oder Darstellung entweder als erniedrigende Behandlung oder Verletzung des Kerns der Integrität oder Identität eines Mitmenschen ausdrückt und dem Subjekt Mensch die von der Menschenwürde gebotene Achtung nicht entgegengebracht oder der Kandidat in seiner Verhaltens - oder Ausdrucksweise so manipuliert wird, dass er damit zum „bloßes Objekt" der Sendung erniedrigt und instrumentalisiert wird (z. B. durch auferlegten Schlafentzug, Hunger, Rausch).

- Eine aktuelle Thematik stellt die freiwillige[1596] Weitergabe des genetischen Codes wie auch der freiwillige Eingriff in die Veränderung des menschlichen Erbgutes dar. Die Auswirkungen dieser Handlungen weisen nämlich nicht nur eine individuelle, sondern auch eine „gesellschaftliche Dimension"[1597] auf. Die Veränderung des Erbgutes eines Menschen wirkt auf nachfolgende Generationen, betrifft mithin die Gattung Mensch. Die Preisgabe des genetischen Codes ist unter bestimmten Umständen (z. B. für krankenversicherungsrechtliche Zwecke) geeignet, die generelle Gleichwertigkeit der Menschen und damit auch die für eine funktionierende freiheitliche Gesellschaftsordnung notwendige Solidarität der

---

oder 'würdige' Lebensgestaltung vorzuschreiben. Er muss seine Lebensentscheidung vielmehr grundsätzlich respektieren, solange sie frei von Willensmängeln getroffen ist und andere nicht gefährdet werden". Die Grenze der freien Selbstbestimmung liege dort, „wo der Einzelne selbst in seine eigene körperliche oder seelische Gefährdung einwilligt".

1595 Hartwig, „Big Brother" und die Folgen, S. 971.
1596 In den Fällen der DNA - Analyse zum Zwecke der Identitätsfeststellung in künftigen Strafverfahren wird in nicht wenigen Fällen die Freiwilligkeit, d. h. die autonome Entscheidung bereits gewichtige Fragen aufwerfen, vgl hierzu Golembiewski, NJW 2001, S. 1036 ff (1037).
1597 Fisahn, Ein unveräußerliches Grundrecht am eigenen genetischen Code, ZRP 2001, S. 49 ff (51).

Menschen in Frage zu stellen. Insofern werden der Verfügbarkeit des Individuums gewisse Grenzen zu setzen sein.

- Herausragende weitere Lebenssachverhalte im Zusammenhang mit Fragen der Unverfügbarkeit der Menschenwürde sind der Freitod[1598], die Sterbehilfe, aber auch die Behandlung des Hungerstreiks von Strafgefangenen[1599]. Oftmals stehen aber in der Praxis[1600] nicht grundrechtstheoretische Fragen im Vordergrund, sondern die tatsächliche und auch rechtliche Beurteilung der Freiwilligkeit, also der Freiheit des Handelnden oder Einwilligenden. Denn in vielen Fällen wird eine sachgerechte Beurteilung die Feststellung voraussetzen, dass der Betroffene noch zu einer freien Willensbestimmung in der Lage ist, was in nicht wenigen Fällen zumindest nach Eintreten gewisser Folgezustände (Koma bei verweigerter Zwangsernährung) zu verneinen sein wird.

Abschließend ist zu bemerken, dass die Menschenwürde auch in Österreich als unverfügbar qualifiziert werden kann[1601]. Freilich muss der Inhalt, mithin das jeweilige Schutzgut der Menschenwürde sorgfältig bestimmt und eine mögliche gesellschaftliche Dimension der Handlung oder des Unterlassens dargelegt werden.

3) Funktion der Menschenwürde

Die Funktion des Prinzips der Menschenwürde im Gefüge der österreichischen Bundesverfassung ist durch die Qualifizierung als Kernbereichssicherung der Grundrechte vorgeprägt. Das Prinzip der Menschenwürde bestimmt den Schutz-

---

1598 Vgl Geddert-Steinacher, Menschenwürde, S. 90/91.
1599 Vgl Geddert-Steinacher, Menschenwürde, S. 91 mwN.
1600 Der Verfasser war lange Jahre Vormundschaftsrichter und mehrmals mit Fragen der staatlichen Eingriffsbefugnis bei angekündigtem Freitod befasst.
1601 In Deutschland ist die Menschenwürde der sogenannten Ewigkeitsgarantie des Art. 79 Abs. 3 GG zugeordnet. Damit ist formal auch ein schlagkräftiger Hinweis gegeben, dass der Einzelne nicht über die Menschenwürde verfügen darf. Für Österreich wäre der formale Argumentationsansatz für die Unverfügbarkeit der Menschenwürde, dass auf Bauprinzipien der Verfassung nicht verzichtet werden kann, weil diese der Disposition des „einfachen" Verfassungsgesetzgebers entzogen sind. Die Lehre von den Bauprinzipien beinhaltet ein wesentliches materielles Element der Unverfügbarkeit, nämlich die Dauerhaftigkeit einer Rechtsposition, die sich von der Beliebigkeit unterscheidet, die einem Verzicht innewohnt. Gemäß Art. 44 Abs. 3 B-VG könnte nur die Mehrheit des Volkes, nicht der Staat und auch nicht der Einzelne verzichten. Geht man davon aus, dass das Prinzip der Achtung der Menschenwürde auch durch eine Volksentscheidung nicht angetastet werden darf, so ist damit freilich bereits aus formal-verfassungsrechtlicher Sicht eine Unverfügbarkeit indiziert.

bereich der Grundrechte mit, vermag diesen zu erweitern und kann somit „als Direktive verstärkend in schon garantierte Grundrechte hinein wirken"[1602]. Dieses Prinzip vermag den Schutzbereich aber auch einzuschränken und kann in Ausnahmefällen auch als Schranken - Schranke bei Grundrechten mit Gesetzesvorbehalt wirken. Die Menschenwürde kann insofern als Konkretisierung von Grenzen der Grundrechte aktuell werden, im weiteren Sinne auch als „Element der öffentlichen Ordnung[1603]". „Schutzbereichserweiternd kann die Menschenwürde wirken, wenn neue Gefährdungen der Eigenständigkeit und Autonomie des Menschen auftreten, die die Grundrechte bislang noch nicht erfaßten"[1604]. Es handelt sich dabei um eine „teleologische Erweiterung der Reichweite des Grundrechts", da die Menschenwürde das „Telos, den letzten Normzweck der Menschenrechte" bildet[1605]. Auch ist eine teleologische Reduktion des Gehalts eines Grundrechts aus der Überlegung heraus denkbar, dass die Menschenwürde die Übernahme eines Minimums an Verantwortung und Solidarität impliziert.

Eine Entfaltung des Prinzips der Menschenwürde als Maßstabs - und Orientierungsfunktion im Rahmen der Bestimmung der Schranken - Schranken von Grundrechten birgt freilich die Gefahr, die „Positivität der Verfassung" aufzulösen und zu einer „Nivellierung des Systems der Grundrechtsschranken"[1606] zu führen, weil hierbei - so für Deutschland zur Dogmatik des Art. 2 Abs. 1 GG iVm Art. 1 Abs. 1 GG - nicht die Verletzungsgrenze des Prinzips der Menschenwürde im Vordergrund steht, sondern es „vielmehr um die Bedeutungsermittlung und Gewichtung des Grundrechts bzw. einzelner Grundrechtsaspekte bei Kollisionslagen im Lichte der Menschenwürde"[1607] geht. Eine derartige in der deutschen Verfassungsrechtsprechung[1608] entwickelte interpretative Funktion der Menschenwürde ist auf Österreich nicht so ohne weiteres übertragbar und zu begründen, da ein allgemeines Persönlichkeitsrecht nicht explizit in der Bundesverfassung verankert ist. Der Anwendungsbereich des Prinzips der Menschenwürde im Bereich der Beurteilung von Grundrechtsschranken soll daher nur dann greifen, wenn diesem Prinzip keine schutzbereichserweiternde oder schutzbereichslimitie-

---

1602 Häberle, Menschenwürde und Verfassung am Beispiel von Art. 2 Abs. 1 Verfassung Griechenland 1995, Rechtstheorie 11, 1980, S. 389 (425).
1603 Vgl Häberle, aaO, S. 425 unter Bezugnahme auf Art. 13 Abs. 2 Satz 2 Verf. Griechenland („Die Ausübung des Kultus darf die öffentliche Ordnung und die guten Sitten nicht verletzen.").
1604 Geddert-Steinacher, Menschenwürde, S. 136.
1605 Geddert-Steinacher, Menschenwürde, S. 136.
1606 Geddert-Steinacher, Menschenwürde, S. 153.
1607 Geddert-Steinacher, Menschenwürde, S. 145.
1608 vgl Geddert-Steinacher, Menschenwürde, S. 145 ff zu Art. 2 Abs. 1 iVm Art. 1 Abs. 1 GG.

rende Funktion innerhalb von Grundrechten zuzusprechen ist, denen im Kern die Menschenwürde immanent zugeordnet werden kann. Es mag in Ausnahmefällen Bereiche geben, in denen es nicht um die Kernbereichssicherung von grundrechtlichen Freiheiten oder den Kernbereich des Gleichheitsgrundsatzes geht, mithin aber die Feststellung oder konkrete Möglichkeit einer würdeverletzenden Objektbehandlung eines Menschen ein rechtliches Eingreifen erfordert. In gewissen Fällen muss dem Prinzip der Menschenwürde auch eine konstitutive Auffangfunktion im Sinne eines eigenständigen Rechtsprinzips zugesprochen werden. Das BVerfG in Deutschland entwickelte aus und mit der Menschenwürde Rechtsprinzipien außerhalb der grundrechtlich konkret geschützten Freiheitsbereiche wie dem Schuldprinzip[1609], dem Resozialisierungsgebot[1610], dem Prinzip des fairen Verfahrens[1611] oder dem Prinzip der Toleranz[1612]. Das Schuldprinzip (§ 46 Abs. 1 Satz 1 StGB) und das Resozialisierungsprinzip (§ 46 Abs. 1 Satz 2 StGB) sind dabei einfachgesetzlich bereits geregelt, diese werden aber in Verfassungsrang gehoben und sind damit einer verfassungsrechtlichen Argumentation zugänglich[1613]. Unmittelbare Ansprüche werden aber durch das BVerfG aus diesen Rechtsprinzipien nicht abgeleitet, erst die Zuordnung zu Grundrechten - gleichsam in einem zweiten Schritt - verleiht subjektive Rechtspositionen[1614].

4) Die Reichweite eines Menschenwürdeprinzips als objektiv - rechtliches Prinzip

Zunächst soll die Reichweite der Menschenwürde als objektiv-rechtliches Verfassungsprinzip dargestellt werden, ohne damit die nachfolgend begründete subjektiv-rechtliche Dimension des Prinzips der Menschenwürde zu widerlegen.

1609 BVerfGE 45,187 (228).
1610 Starck, Grundgesetz I, Art. 1 Abs. 1 Rn 45, u.a. BVerfGE 35, 202 (235). BVerfG NJW 2001, 879 ff (882) = EuGRZ 2001, S. 70 ff (75); das Resozialisierungsgebot wird aus Art. 1 Abs. 1 und Art. 2 Abs. 1 iVm dem Rechtsstaatsprinzip abgeleitet.
1611 BVerfGE 57, 250 (275). Das Grundrecht auf ein faires Verfahren wird in Österreich vor allem durch Art 6 EMRK geschützt, dazu Berka, Grundrechte, Rn 786 ff (828 ff); Öhlinger, Verfassungsrecht, Rn 959 ff. Der VfGH leitet das Gebot, sich selbst nicht belasten zu müssen, aus Art 90 Abs. 2 B-VG ab.Vgl VfSlg 9950/1984; kritisch dazu mwN Berka, Grundrechte, Rn 849, vgl auch Walter/Mayer, Bundesverfassungsrecht, Rn 786.
1612 BVerfGE 52, 223 (247).
1613 vgl Geddert-Steinacher, Menschenwürde, S. 156.
1614 vgl Geddert-Steinacher, Menschenwürde, S. 162.

Das Prinzip der Menschenwürde erfüllt die Anforderungen, die an ein objektiv-rechtliches Prinzip zu stellen sind. Es ist kein bloßer Programmsatz, da es rechtliche Wirkungen entfaltet und nach der von mir vertretenen Auffassung als Rechtsprinzip nicht nur einfachgesetzlich, sondern auch in der Verfassungsrechtsordnung verankert ist. Die Einordnung als Rechtsprinzip ist in Österreich in der obergerichtlichen Rechtsprechung - wie bereits dargelegt - anerkannt. Die verfassungsrechtliche Verankerung ergibt sich aus der verfassungsrechtlichen Ableitung der Menschenwürde; eine ausdrückliche Verneinung dieser Auffassung in der obergerichtlichen Rechtsprechung lässt sich (bislang jedenfalls) nicht finden. Die einzelnen rechtlichen Wirkungen einer objektiv-rechtlich wirkenden Staatszielbestimmung faßt Berka u. a. zusammen: Maßstab für die Beurteilung der rechtlichen Verantwortlichkeit oberster Staatsorgane, Gesichtspunkte der verfassungskonformen Interpretation, Berücksichtigung bei der Beurteilung von Gleichheitssatzfragen und Schranken von Freiheitsrechten[1615].

Was ein objektiv-rechtliches Prinzip der Menschenwürde dem Staat auferlegt, kann am anschaulichsten von der Funktion der drei Gewalten im Staat erklärt werden. Der Schutz der Menschenwürde und insbesondere auch der Schutz vor Verletzungen der Menschenwürde durch Dritte ist Aufgabe (Regelungsaufgabe) des Gesetzgebers, Pflicht der Exekutive und Maßstab für gerichtliche Entscheidungen. Damit ist die Reichweite des Schutzes der Menschenwürde als Verfassungsprinzip zunächst weit gezogen. Letztlich geht es um eine Optimierung eines Prinzips, das auf allen staatlichen Ebenen wirkt.

Aus der Einordnung als Staatszielbestimmung gleichsam als Verneinung einer subjektiv-rechtlichen Funktion würde sich zwangsläufig die grundsätzlich fehlende, unmittelbare subjektive Anspruchsbegründung ergeben. Spranger[1616] beschreibt den Standort einer Staatszielbestimmung mit „mehr als reine Programmsätze, aber weniger als subjektive Rechtspositionen". Aus dem „Ranggefälle" ergebe sich, „dass Grundrechtsausübungen durch Staatszielbestimmungen grundsätzlich nicht in dem Maß begrenzt werden können, wie dies im Fall der Kollision zu anderen Grundrechten der Fall ist". Allenfalls ließe sich ein derivativer Anspruch aus dem Gleichheitsrecht begründen[1617]. Voraussetzung hierfür wäre aber eine Verletzung des Kerns des Gleichheitssatzes, in der Praxis dürfte dies wohl kaum Bedeutung erlangen.

1615 Berka, Grundrechte, Rn 1045.
1616 Spranger, Auswirkungen einer Staatszielbestimmung „Tierschutz" auf die Forschungs - und Wissenschaftsfreiheit, ZRP 2000, S. 285 (288).
1617 Hierzu Berka, Grundrechte, 915, 1038. Stelzer, Stand und Perspektiven des Grundrechtsschutzes, FS 75 Jahre Bundesverfassung, 1995, S. 585 ff (590) mit Verweis zu diesem Begriff in Fn 37 auf Hesse, Grundzüge des Verfassungsrechts der Bundesrepublik Deutschland (1990), Rz 289.

Die hier vorgenommene verfassungsrechtliche Ableitung des Prinzips der Menschenwürde weist aber vielmehr den Weg, dieses Prinzip subjektiv-rechtlich zu qualifizieren. Andernfalls ließe sich die These, dass die jeweiligen Grundrechtskerne inhaltlich der Menschenwürde entsprechen, mit der gängigen Grundrechtsdogmatik nicht in Einklang bringen, wonach die Grundrechte subjektive Rechtspositionen vermitteln. Überdies ist die Subjektivität des Menschen der zentrale inhaltliche Bereich der Menschenwürde. Hinzu kommt, dass aus dem Prinzip der Menschenwürde selbst die Notwendigkeit einer wirksamen verfahrensrechtlichen Absicherung folgt. Insofern ist - vorweggenommen - der Auffassung, das Prinzip der Menschenwürde vermittle keine subjektiven Rechtspositionen, eine Absage zu erteilen.

III) Die subjektiv - rechtliche Dimension der Menschenwürde

1) Abwehrrecht

a) Abwehrrechte als subjektive Rechte

Auf dem Boden der ideen- und verfassungsgeschichtlichen Entwicklung in Österreich wie auch in Deutschland lassen sich die Grundrechte zunächst als Abwehrrechte gegen staatliches Handeln qualifizieren[1618]. Dies wird durch die Verfassungsjudikatur bestätigt[1619]. Die abwehrrechtliche Dimension der Grundrechte in Österreich ergibt sich historisch auch daraus, dass die Freiheitsrechte den „Kernbestand der auf das 18. und 19. Jahrhundert zurückgehenden Grundrechtskataloge" bildeten[1620]. Sowohl im StGG als auch in der EMRK finden sich neben Gleichheitsrechten überwiegend Freiheitsrechte[1621]. Dabei setzt das Abwehrrecht „die Freiheit des Bürgers als dem Staat vorgegeben voraus und zielt darauf ab, sie vor ungerechtfertigten Eingriffen des Staates zu bewahren"[1622]. Die Abwehr-

---

1618 Vgl Starck, Grundgesetz I, Art. 1 Abs. 3 Rn 148; Öhlinger, Verfassungsrecht, Rn 692. Walter Grundrechtsverständnis, S. 1 ff (17).
1619 In Österreich steht für diese Sichtweise insbesondere das Fristenerkenntnis aus dem Jahr 1974 (VfSlg 7400/94) und das Hochschulerkenntnis aus dem Jahr 1977 (VfSlg 8136/1977).
1620 Berka, Grundrechte, Rn 93.
1621 Berka, Grundrechte, Rn 93.
1622 Isensee, Das Grundrecht als Abwehrrecht und staatliche Schutzpflicht, in: Isensee/Kirchhof, Band V, § 111 Rn 2.

rechte als verfassungsgesetzlich gewährleistete Rechte im Sinne des Art 144 Abs. 1 B-VG gewähren eine subjektive, klagbare Rechtsposition[1623].

b) Menschenwürde als subjektives Recht

Das Prinzip der Menschenwürde gewährt eine subjektiv-rechtliche Abwehrposition gegen staatliches Handeln. Hierfür sind insbesondere zwei Gründe maßgebend:
(1) Ausgehend von der verfassungsrechtlichen Ableitung aus den Kerngehalten der einzelnen Freiheitsgrundrechte und aus Art 3 EMRK und dem Kerngehalt des Gleichbehandlungsgrundsatzes folgt die Zuordnung des Prinzips der Menschenwürde zu den einzelnen subjektiven Grundrechten, was wiederum die subjektive Standortbestimmung dieses Prinzips impliziert, denn die Grundrechtsbestimmungen gewähren subjektiv-rechtliche Abwehrrechte. Auch Art. 1 Abs 4 PersFrG ist als subjektive Rechtsposition ausgestaltet. Die Feststellung, dass das Demokratieprinzip das Prinzip der Menschenwürde mit beherbergt, ändert an dieser Einschätzung nichts, denn die Grundrechte selbst weisen eine „demokratische Komponente"[1624] auf, sie „gehören zu dem in Art. 1 B-VG postulierten demokratischen Prinzip"[1625]. „Ein Grundgedanke der Demokratie ist die Freiheit."[1626] Zur Demokratie gehört die Chance des politischen Wechsels, mithin Wahlen. Diese sind nur dann frei, wenn Elemente wie die Meinungsfreiheit, Pressefreiheit, Vereinsfreiheit und Versammlungsfreiheit, also subjektive Rechtspositionen, gewährt werden. Demokratie, materiell verstanden, impliziert eine subjektiv-rechtliche Dimension der Grundrechte. Oberndorfer[1627] hält fest, dass „das demokratische Grundprinzip im Sinne der Bundesverfassung auf Menschenwürde und individuelle Freiheit" baut. Einer eigenständigen subjektiv-rechtlichen Anspruchsbegründung der Menschenwürde - gleichsam als eigenständiges, von anderen Verfassungsnormen losgelöstes, ungeschriebenes Grundrecht - bedarf es bei dieser Sichtweise nicht mehr[1628]. Auch in Deutschland wird der subjektiv-rechtliche Standort der Menschenwürde nicht eigenständig und

---

1623 Dazu Holoubek, Funktion und Interpretation der Grundrechte, ZÖR 54 (1999), 97 ff. Walter, Grundrechtsverständnis, S. 1 ff (9 ff zur Dezemberverfassung 1867).
1624 Öhlinger, Verfassungsrecht, Rn 66.
1625 Öhlinger, Verfassungsrecht, Rn 359.
1626 Öhlinger, Verfassungsrecht, Rn 357.
1627 Oberndorfer, in: Korinek/Holoubek (Hrsg), Österreichisches Bundesverfassungsrecht, Textsammlung und Kommentar, 2000, Art. 1 Rn 26.
1628 Rechtstechnisch könnte eine Verletzung der Menschenwürde unter der einschlägigen Grundrechtsnorm „in Verbindung mit dem Menschenwürdeprinzip" zu benennen sein.

isoliert aus Art 1 Abs. 1 GG bestimmt, die subjektiv-rechtliche Realisierung dieses Prinzips erfolgt überwiegend entweder über die Verfassungsbestimmung der allgemeinen Handlungsfreiheit des Art. 2 Abs. 1 GG[1629] oder über spezielle Grundrechte[1630]. Im österreichischen Verfassungsrecht gibt es hingegen kein Grundrecht der allgemeinen Handlungsfreiheit. Dies zwingt jedoch zu keiner anderen Dogmatik. Denn es besteht weitgehend ein vergleichbarer Grundrechtsschutz[1631].

1629 Vgl BVerfG v.15. 12. 1999, NJW 2000, 1021 ff. Die angegriffenen Urteile berühren das allgemeine Persönlichkeitsrecht der Bf. aus Art. 2 I i.V. Mit Art. 1 I GG ... Die Notwendigkeit einer solchen lückenschließenden Gewährleistung besteht insbesondere im Blick auf neuartige Gefährdungen der Persönlichkeitsentfaltung, die meist in Begleitung des wissenschaftlich-technischen Fortschritts auftreten." (aaO, S. 1021).
1630 Vgl Starck, Grundgesetz I, Art. 1 Abs. 1 Rn 24.
1631 Berka, Grundrechte, Rn 243. U.a. ist der Anwendungsbereich des Gleichheitssatzes mit dem ihm immanenten Willkürverbot so weit gespannt, dass dieses auch ein „Auffanggrundrecht" sei (vgl Berka, aaO, Rn 242/243). Überdies ist das Recht der Verfassungsbeschwerde nach Art. 144 B-VG mittlerweile so ausgelegt, dass ein Anspruch bestehe, nur durch staatliche Maßnahmen belastet zu werden, die sowohl materiell als auch formell der Verfassung entsprechen (aaO, Rn 243). Das PersFrG gewährleistet nur den Schutz der körperlichen Bewegungsfreiheit und nicht die allgemeine Handlungsfreiheit (aaO, Rn 397). Auch Art 8 EMRK stellt kein Auffanggrundrecht dar, das eine allgemeine Handlungsfreiheit verbürge (aaO, Rn 460).
Bereits Dürig (in: Maunz-Dürig, Grundgesetz, Art. 1 Abs. 2 Rn 88) setzt sich vor dem Hintergrund „der nach Art. 1, 1 II, 19 II verbotenen Wertschutzlücke" (aaO, Rn 89) mit der Thematik der Auffanggrundrechte und extensiven Interpretation der Einzelgrundrechte auseinander. Er spricht sich im Ergebnis dafür aus, dass in den meisten Fällen eine Schutzbereichserweiterung der Einzelgrundrechte ausreichend sei. Starck plädiert für Deutschland dennoch für die Annahme eines subjektivrechtlichen Charakters der Menschenwürde aus Art. 1 Abs. 1 GG und begründet seine Auffassung mit grammatikalischen, systematischen und teleologischen Überlegungen(aaO, Grundgesetz I, Art. 1 Abs. 1 Rn 28 a.E.). Im übrigen weist er auf die Notwendigkeit einer Drittwirkung des Menschenwürdeprinzips (Geltung unter Privaten) hin. Eine Drittwirkung „eines elementaren Menschenrechtsbestandes" lasse sich „juristisch klar" über Art. 1 Abs. 1 GG begründen, damit wäre die Drittwirkung auch prozessual abgesichert (aaO, Rn 28 a.E).
Für Österreich können diese Überlegungen nicht gelten, weil Autoren wie Starck an den normativen Begriff der Menschenwürde in einem anderen Verfassungssystem anknüpfen und die spezielle Ableitung des Prinzips der Menschenwürde in Österreich andere Vorgaben für die Dogmatik gibt. Abwehrrechtlich ergibt sich nach hiesiger Auffassung der Charakter des Prinzips der Menschenwürde als subjektive Rechtsposition in Österreich aus dem jeweiligen subjektiv-rechtlich ausgestalteten Grundrecht heraus.

(2) Des weiteren folgt aus dem Prinzip der Menschenwürde selbst die notwendige verfahrensrechtliche Absicherung der inhaltlichen Vorgaben[1632]. Der Grundsatz eines effizienten Rechtsschutzes ist in Österreich höchstgerichtlich bestätigt und wird auch aus Art. 13 EMRK abgeleitet[1633]. Eine effektive Gewährleistung des Prinzips der Menschenwürde wird nur dann gegeben sein, wenn es als subjektives Recht begründet wird[1634]. Die Menschenwürde hat den wesentlichen Zweck, den subjektiven Standort des Menschen im Staat zu fixieren und die staatliche Macht zu begrenzen. Aus dieser Zweckrichtung ergibt sich die dogmatische Forderung, diesem Prinzip eine subjektiv-rechtliche Abwehrposition zu verleihen.

Sollte das Prinzip der Menschenwürde als „eigenständiges" Rechtsprinzip in Österreich - wie z. B. in Deutschland das Resozialisierungs - oder Schuldprinzip oder das Recht auf ein faires Verfahren[1635]- einer verfassungsrechtlichen Absicherung bedürfen, so wird der Standort des jeweiligen Rechtsprinzips ebenfalls wie in Deutschland in einer subjektiv-rechtlichen Verfassungsnorm zu bestimmen sein.

c) Die Haltung des VfGH

Die Rechtsprechung des VfGH erkennt die verfassungsrechtliche subjektive Realisierung der Menschenwürde nicht an, lehnt aber diese Auffassung auch nicht ausdrücklich ab[1636]. Der gangbare Weg, neue Lebenssachverhalte wie die Biomedizin verfassungsrechtlich und verfassungsdogmatisch zu beurteilen, kann freilich auch über die Bestimmung des Schutzbereichs von Grundrechten erfolgen[1637]. Stelzer hält diesen Ansatz „für den methodisch richtigen und für den

---

1632 Vgl Sechster Teil II 1 g (11).
1633 Vgl Berka, Grundrechte, Rn 873 mit Hinweis auf VfSlg 13837/1994, 14769/1997.
1634 So auch VerfGH Berlin, DVBl. 1993, S. 386 ff - Honecker („Dieser Schutz wäre unvollkommen, wenn die verfassungsrechtliche Gewährleistung der Menschenwürde nicht zugleich ein individuelles Grundrecht begründen würde."). In der Verfassung Berlins ist die Menschenwürde nicht explizit verankert, das Grundrecht des Einzelnen auf Achtung seiner Menschenwürde durch die staatliche Gewalt wird jedoch als ungeschriebener Verfassungssatz anerkannt.
1635 Siehe dazu aktuell auch BVerfG 1 BvR 2623/95, 1 BvR 622/99 v. 24. 1. 2001 (Fernseh-Rundfunkaufnahmen in Gerichtsverhandlungen). Der Anspruch auf ein faires Verfahren wird auf Art. 2 Abs. 1 iVm Art. 20 Abs. 3 GG gestützt (www.bverfg.de, Abs. 76 mit Hinweis auf BVerfGE 57, 250 (274 f) und BVerfGE 89, 120 (129).
1636 Vgl VfGH v. 10. 12. 1993, VfSlg 13635, hierzu unter Zweiter Teil I 2 a aa.
1637 Wie z. B. in dem Erkenntnis zu § 3 FortpflanzungsmedizinG vom 14. 10. 1999, siehe unten, Dritter Teil IV 1.

Verfassungsgerichtshof wohl mittlerweile auch gangbaren Weg, nämlich den Schutzbereich der einzelnen positivrechtlich verbürgten Grundrechte „step by step" und „case by case" vorsichtig und, was die Grundrechte der Europäischen Menschenrechtskonvention angeht, in Übereinstimmung mit der Rechtsprechung des Europäischen Gerichtshofes für Menschenrechte, zu erweitern"[1638]. Als Beispiele und „brauchbare Argumentationsfiguren" nennt Stelzer die Subsumtion der Privatautonomie unter das verfassungsrechtliche Eigentumsrecht wie auch das Prinzip der Menschenwürde selbst als „fundamentalen Rechtsgrundsatz zur Legitimierung einer Verordnungsbestimmung" ohne ausdrückliche gesetzliche Grundlage[1639].

Der Weg, den Schutz der Menschenwürde inhaltlich wie dogmatisch den Grundrechten und nicht dem Kern von Grundrechten zuzuordnen, ist nicht gangbar. Der Schutz der Menschenwürde beansprucht absolute Geltung und entzieht sich schon deshalb der gängigen Grundrechtsdogmatik. Die Menschenwürde versagt sich der herkömmlichen Schrankensystematik und kann daher nicht Grundrechten zugeordnet werden, für die die typische strukturelle Teilung in Schutzgut, Eingriff und Schranken (mit den Schranken-Schranken) gilt. Das Prinzip der Menschenwürde steht in der Rangordnung des Rechts über den einzelnen Grundrechten. Eine Identität der Menschenwürde mit dem Kerngehalt von Grundrechten widerspricht dieser Auffassung nicht, weil Kernbereich und Schutzbereich inhaltlich und dogmatisch zu trennen sind[1640].

d) Anspruchsschranken

Die Anspruchsschranken für den abwehrrechtlichen Schutz der Menschenwürde ergeben sich insbesondere wegen der Ableitung aus dem Kernbereich der jeweiligen Grundrechte und dem hier vertretenen Erfordernis der Unantastbarkeit aus der Bejahung oder Verneinung einer Verletzung. Notwendig ist insofern eine sorgfältige Inhalts - oder auch Schutzbereichsbestimmung[1641] und die Bejahung

---

1638 Stelzer, Stand und Perspektiven des Grundrechtsschutzes, in: FS 75 Jahre Bundesverfassung, 1995, S. 585 ff (605).
1639 Stelzer, aaO, siehe oben, S. 605 unter Bezugnahme auf VfSlg 12227/1989 und VfSlg 13635/1993.
1640 Vgl für Österreich die Rechtsprechung des VfGH zur Wesensgehaltssperre; für Deutschland Art. 19 Abs. 2 GG: „In keinem Fall darf ein Grundrecht in seinem Wesensgehalt angetastet werden."; vgl auch Art. 36 Abs. 4 nBV Schweiz 1999: „Der Kerngehalt der Grundrechte ist unantastbar."
1641 Dieses Wort ist insofern missverständlich, als im Bereich der Grundrechte zwischen Kern- und Schutzbereich unterschieden wird (so explizit in der Schweiz, siehe oben).

eine Verletzungs- oder Eingriffsintensität[1642]. In Deutschland beschränkt im Ergebnis das Menschenbild des Grundgesetzes die Menschenwürde immanent, eine derartige rechtsverbindliche interpretative Funktion eines Menschenbildes aus der Bundesverfassung wurde für Österreich verneint[1643]. Vorstellbar ist eine Kollision mit einer Verletzung der Menschenwürde anderer Personen. Eine Übertragung der Schrankendogmatik für *vorbehaltlose* Grundrechte kann zunächst vor dem Hintergrund diskutiert werden, dass die Menschenwürde den unantastbaren Kern der Grundrechte darstellt, sich mithin „dem gängigen Abwägungsmodell des grundrechtlichen Argumentationsprozesses entzieht"[1644], weil es absolut wirkt. Der hier begründete, einzigartige Absolutheitsanspruch spricht aber gerade gegen die Übertragung einer Dogmatik, wie sie für die vorbehaltlosen Grundrechte entwickelt worden ist. Denn vorbehaltlose Grundrechte wirken nicht schrankenlos. Es besteht auch kein praktisches Bedürfnis für eine (verfassungsimmanente) Schrankendogmatik, weil nach hiesiger Auffassung in dem Begriff der Menschenwürde eine Dialektik zwischen Individualität und Personalität einerseits und solidarischer Verantwortung andererseits wurzelt und sich gravierende Problemstellungen in einer Art Synthese auf begrifflicher Ebene lösen lassen.

Art. 3 EMRK, einer bedeutsamen Norm für die Ableitung des Prinzips der Menschenwürde, werden vereinzelt auf dem Boden der Rechtsprechung des EGMR und des VfGH Hinweise entnommen, die auf Einschränkungen der Gewährleistung im Sinne von Schranken deuten. Im Ergebnis prüfe „die Rechtsprechung Eingriffe in Art. 3 EMRK regelmäßig nach dem Grundsatz der Verhältnismäßigkeit"[1645]. Diese Einschätzung argumentiert vom Ergebnis her und mag beachtlich sein. Eine Schrankendogmatik entwickelte die Rechtsprechung jedoch keinesfalls und ist auch mit den in Art. 3 EMRK verankerten absoluten[1646] Verboten nicht vereinbar.

1642 Vgl BVerfG NJW 1993, 3315 (3316) zur Weisung des Strafrichters, während der Bewährungszeit Urinproben zur Abklärung illegaler Drogenaufnahme abzugeben.
1643 Vgl oben, Zweiter Teil I 1 a.
1644 Höfling, Die Unantastbarkeit der Menschenwürde, JUS 1995, S. 857 ff (858).
1645 Kneihs, Grundrechte und Sterbehilfe, S. 293, unter Hinweis auf Wörter wie „notwendig, maßhaltend, gerechtfertigt". Vgl auch Matscher (Hrsg), Grundrechtsschutz und polizeiliche Effizienz -Das österreichische Sicherheitspolizeigesetz, 1994, 1 3 (31 f); vgl Rosenmayr, Artikel 3 EMRK, S. 162.
1646 Vgl Berka, Grundrechte, Rn 380.

2) Schutzpflicht

Grundrechtliche Schutzpflichten und Abwehrrechte „sichern das identische grundrechtliche Gut vor Eingriffen. Doch die Eingriffe drohen von verschiedenen Seiten, beim Abwehrrecht von der öffentlichen Gewalt, bei der Schutzpflicht von Privaten"[1647]. Die „staatliche" Schutzpflicht ist dabei identisch mit der „grundrechtlichen" Schutzpflicht, Erstere stellt auf den „Adressaten der Pflicht", Letztere „ auf das Objekt und den Rechtsgrund des Schutzes ab"[1648]. Die Schutzpflicht richtet sich mithin „nicht an den Privaten, der das grundrechtliche Schutzgut gefährdet"[1649]. Dürig[1650] formuliert für Deutschland, dass die anerkannte staatliche Schutzverpflichtung „nichts anderes als die Bestätigung dafür (ist), daß die Menschenwürde einen absoluten, d. h. gegen alle möglichen Angreifer gerichteten Achtungsanspruch darstellt. Dabei ist nochmals zu betonen, daß auch das positive Tun des 'Schützens' abwehrende Staatstätigkeit und nicht positive Gestaltung ist. Vgl. BVerfGE 1, 97 (104)".

Schutzpflichten legen dem Staat den Schutz grundrechtlicher Positionen gegenüber Dritten auf, im Ausnahmefall auch die Gewährung positiver Leistungen. Sofern es sich dabei um soziale Leistungen handelt, wird dies unter dem Begriff Teilhaberechte diskutiert. In erster Linie richten sich die Schutzpflichten an den Gesetzgeber. Die Anerkennung von Schutzpflichten hat weitreichende Konsequenzen für den Gesetzgeber. Sie sind geeignet, dessen Handlungsspielräume zu begrenzen[1651]. In einem ersten Schritt ist festzustellen, ob eine Schutzpflicht besteht. In einem zweiten Schritt ist zu bestimmen, auf welche Weise der Gesetzgeber dieser Pflicht entsprechen kann und welche Handlungsfreiräume, Beurteilungs - und Prognosespielräume offen bleiben.

a) Rechtslage in Deutschland

In Deutschland[1652] - wie auch in der Schweiz, wo aus den Grundrechten explizit[1653] und implizit[1654] Schutzpflichten abgeleitet sind - sind die grundrechtlichen

---

1647 Isensee, Das Grundrecht als Abwehrrecht und als staatliche Schutzpflicht, in: Isensee/Kirchhof, Handbuch des Staatsrechts, Band V, § 111, Rn 1. Zu den ungeschriebenen Schutzpflichten des Gemeinschaftsrechts siehe Schilling, Allgemeine Rechtsgrundsätze des EG-Rechts, EuGRZ 2000, S. 3 ff (S. 32 ff).
1648 Isensee, aaO, siehe oben, § 111, Rn 3.
1649 Isensee, aaO, siehe oben, § 111, Rn 3.
1650 Dürig, in: Maunz-Dürig, Grundgesetz, Band I, Art. 1 Abs. 1 Rn 3.
1651 Vgl Unruh, Zur Dogmatik der grundrechtlichen Schutzpflichten, S. 79.
1652 Zur Rechtsprechung des BVerfG hinsichtlich der Reichweite und des Untermaßverbotes vgl Unruh, Zur Dogmatik der grundrechtlichen Schutzpflichten, S. 80 ff (Abtreibung, Schleyer, C-Waffen).

Schutzpflichten fester Bestandteil der Verfassungsrechtsordnung. Das GG - und auch jetzt die neue Bundesverfassung der Schweiz - bieten die Besonderheit, dass die staatliche Schutzpflicht verfassungsrechtlich explizit normiert ist[1655]. Die dogmatische Begründung der Schutzpflichtenlehre des BVerfG gründet auf zwei Säulen. Zum einen wird den Grundrechten eine objektiv-rechtliche Dimension zugesprochen; zum anderen wird die Begründung von Schutzpflichten auf das positiv-rechtlich verankerte Prinzip der Menschenwürde gestützt[1656]. In der deutschen Literatur lässt sich zu der dogmatischen Begründung von Schutzpflichten eine Vielzahl von Begründungen nachlesen, so der ideengeschichtliche Ansatz oder die bereits genannte Ableitung aus dem Prinzip der Menschenwürde. Ferner erfolgt eine Begründung aus der abwehrrechtlichen Dimension der Grundrechte selbst oder aus den Grundrechtsschranken und dem Sozialstaatprinzip[1657].

Unter ideengeschichtlicher Ableitung versteht man dabei, dass sich der moderne Staat u.a. durch seine Sicherungsfunktion ausweist und legitimiert und der Staatszweck der Sicherheitsgewährleistung geradezu die positiven Schutzpflichten gebietet. Dieser Begründungsansatz soll nachfolgend für die österreichische Rechtslage vertieft werden.

b) Rechtslage in Österreich; keine Rezeption der herrschenden deutschen Dogmatik

In Österreich werden die Schutzpflichten insbesondere unter dem Begriff der grundrechtlichen Gewährleistungspflichten erörtert[1658]. Die Ableitung und dog-

---

1653 Art. 7 nBV: „Die Würde des Menschen ist zu achten und zu schützen." Art. 9 nBV (Schutz vor Willkür und Wahrung von Treu und Glauben). Art. 11 nBV: „Kinder und Jugendliche haben Anspruch auf besonderen Schutz ihrer Unversehrtheit und auf Förderung ihrer Entwicklung." Art 12 nBV: "Wer in Not gerät und nicht in der Lage ist, für sich selbst zu sorgen, hat Anspruch auf Hilfe und Betreuung und auf die Mittel, die für ein menschenwürdiges Dasein unerläßlich sind." Art. 13 Abs. 2 nBV: „Jede Person hat Anspruch auf Schutz vor Missbrauch ihrer persönlichen Daten."
1654 Vgl dazu Müller, Grundrechte in der Schweiz, 1999, z. B. S. 18.
1655 Art. 1 Abs. 1 GG: „(1) Die Würde des Menschen ist unantastbar. Sie zu achten und zu schützen ist Verpflichtung aller staatliche Gewalt."
1656 Unruh, Zur Dogmatik der grundrechtlichen Schutzpflichten, S. 31 unter Bezugnahme auf BVerfGE 39, 1, (41); 77, 170 (214); 88, 203 (251 ff).
1657 Unruh, Zur Dogmatik der grundrechtlichen Schutzpflichten, S. 37 ff.
1658 Holoubek, Grundrechtliche Gewährleistungspflichten,Forschungen aus Staat und Recht, 114, 1997; ders., Funktion und Interpretation der Grundrechte, ZÖR 54 (1999), S. 97 ff (105 ff); Berka, Grundrechte, Rn 99 ff; Öhlinger, Verfassungsrecht, Rn 694 ff; Hinteregger, Die Bedeutung der Grundrechte für das Privatrecht, ÖJZ 1999, S. 741 ff, 742.

matische Begründung der Schutzpflichten werden kontrovers diskutiert[1659]. Auch wird die Auffassung vertreten, dass die Schutzpflichten den Eingriffsverboten immanent sind, gleichsam wie zwei Seiten einer einzigen Münze[1660]. Festzuhalten ist, dass weder in der Rechtsprechung noch in der überwiegenden Rechtslehre eine Rezeption der deutschen verfassungsgerichtlichen Begründung der Schutzpflichten stattfand[1661]. Die deutsche Dogmatik der objektiv-rechtlichen Werteordnung gründet auf der besonderen Verfassungsrechtslage in Deutschland, wonach die Verfassung lückenlosen Grundrechtsschutz gewährt. In Österreich ist der historisch gewachsene Grundrechtskatalog lückenhaft[1662]. Berka nennt beispielhaft, dass der Schutz der persönlichen Ehre oder Belange des Jugendschutzes keine verfassungsrechtlich geschützten Werte sind[1663].

c) StGG 1867; historische Bedeutung

Die Grundrechte des StGG sind auf den ersten Blick als Freiheitsrechte und Abwehrrechte gegen den Staat konzipiert[1664]. Es wird aber darauf hingewiesen, dass „eine subjektiv-historische Interpretation des StGG 1867 starke Argumente dafür liefert, diese Grundrechte als umfassende Schutzgewährleistungen für die in ihnen verbürgten Grundrechtspositonen zu begreifen ... Anhaltspunkte dafür, die Grundrechte des StGG 1867 als objektive Ordnung in dem Sinne zu verstehen, daß mit ihr jede zukünftige rechtspolitische Entwicklung grundsätzlich geleitet

---

1659 Berka, Grundrechte, Rn 101 ff. Berka favorisiert den Begriff der „objektiven Grundsatznormen" und weist darauf hin, dass die Freiheitsrechte als Bestandteil des objektiven Verfassungsrechts einen Achtungsanspruch verbürgen; Inhalt, Pflichtenumfang und die mögliche Qualifizierung als individualrechtlicher Anspruch sind dabei „bei jedem Grundrecht gesondert zu bestimmen".(aaO, Rn 101 a.E.); vgl auch Kneihs, Grundrechte und Sterbehilfe, S. 154 ff.
1660 Funk, Ein Grundrecht auf Schutz der Gesundheit? JRP 1994, S. 68 ff (73) hält fest: „Die Schutzpflicht ist nichts anderes als ein konsequent zu Ende gedachtes Eingriffsverbot. Der Gesetzgeber, der es unterläßt, das Leben von Menschen vor Gefahren zu schützen, die von Umweltzerstörungen ausgehen, setzt mit dieser Unterlassung einen Grundrechtseingriff. An dieser Erwägung wird deutlich, daß Schutzpflichten bereits in den klassischen Grundrechten als ein Teil ihrer Abwehrfunktion mit eingeschlossen sind."
1661 Öhlinger, Verfassungsrecht, Rn 693. Holoubek, Grundrechtliche Gewährleistungspflichten, S. 96/97, auch 126 ff.
1662 Berka, Konkretisierung und Schranken der Grundrechte, ZÖR 54 (1999), 31 ff (37).
1663 Berka, Konkretisierung und Schranken der Grundrechte, S. 37. Zum verfassungsrechtlichen Ehrenschutz in Österreich Berka, Die Grundrechte, 1999, Rn 389, und auch Canaris, Grundprobleme des privatrechtlichen Persönlichkeitsschutzes, JBl. 1991, S. 205 ff.
1664 Vgl Walter, Grundrechtsverständnis, S. 1 ff (9 ff).

werden sollte, sind den historischen Materialien demgegenüber nicht zu entnehmen"[1665]. Holoubek folgert, dass den Grundrechten normative Vorgaben für den Gesetzgeber entnommen werden können und Schutzpflichten damit an den Gesetzgeber herangetragen sind, da man u. a. „bereits bei Verabschiedung des StGG im Jahr 1867 die primäre und zentrale Stellung des Gesetzgebers für die Gewährleistung und Umsetzung der grundrechtlichen Schutzpositionen vor Augen hatte"[1666]. Die Bejahung von Schutzpflichten bedeutet „keineswegs zwingend eine 'Richtungsänderung' ", sondern Schutzpflichten sind auch mit einer weit gefassten abwehrrechtlichen Sichtweise der Grundrechte zu begründen[1667].

Möglicherweise lässt sich auch aus der Formulierung einzelner Grundrechte wie „ist gewährleistet" (Art. 14 Abs. 1 StGG) oder „ist unverletzlich" (Art. 5 Abs. 1 StGG und Art. 9 Abs. 1 StGG) der schützende Charakter fundamentaler Menschenrechte des StGG ablesen. Etwas „Gewährleistetes" kann nicht mehr verliehen werden, sondern wird vielmehr als etwas Gegebenes und Vorausgesetztes anerkannt. Die Positivierung und Formulierung dieser Grundrechte lassen durchaus den grammatikalischen wie auch teleologischen Schluss ernsthaft diskutieren, ob die umfassende Gewährleistung nur so verstanden werden kann, dass sich der Staat auch schützend vor seine Bürger stellen muss. Der Hinweis einer Präpositivität kann ein Argument eines umfassend gewollten Schutzes sein, der sich als Schutz nicht nur gegen den Staat, sondern als Schutz im Staat niederschlagen muss. Dies auch deshalb, weil die Verankerung der Grundrechte ein Bild des Staates zum Ausdruck bringt, wonach die Grundrechte umfassend zu schützen sind.

d) EMRK; dogmatische Differenzierungen zum StGG

Für den Bereich der in der EMRK verankerten Grundrechte lässt sich bereits ein anderes, verfestigteres Bild zeichnen. In der nunmehrigen Judikatur des VfGH ist im Geltungsbereich der EMRK die Schutzfunktion der Grund - und Freiheitsrechte anerkannt worden[1668]. Die Rechtsprechung des VfGH akzeptiert die Judi-

---

1665 Holoubek, Grundrechtliche Gewährleistungspflichten, S. 129 unter Bezugnahme auf Lehne (Fn 216; JBl. 1986, 425 ff; JBl. 1985, 129 ff und 216 ff; Berka,Medienfreiheit, S. 39 ff und Griller, ZSV 1983, 10 ff.
1666 Holoubek, Grundrechtliche Gewährleistungspflichten, S. 131.
1667 Kneihs, Grundrechte und Sterbehilfe, S. 72.
1668 Vgl die Rechtsprechung zur Versammlungsfreiheit, VfGH VfSlg 12501/1990; Adamovich/Huppmann, Die Judikatur des Verfassungsgerichtshofes 1975-1995, FS 75 Jahre Bundesverfassung , S. 505 ff (522): "Angesichts der Notwendigkeit einer harmonisierenden Interpretation" müsse dies zukünftig auch für den Bereich des StGG gelten.

katurlinie des EGMR[1669]. Insbesondere in einer Entscheidung des VfGH[1670] zu Art. 8 EMRK stellt der VfGH unter eingehender Würdigung der Rechtsprechung des EGMR fest: "Da aus der Garantie eines effektiven Schutzes des Familienlebens (Art. 8 Abs. 1 MRK) auch positive Pflichten für die Staaten erfließen, hat der Gesetzgeber unter anderem die familiären Beziehungen rechtlich derart zu gestalten, dass den Betroffenen die Führung eines „normalen" Familienlebens ermöglicht wird." Allerdings kommt dem Gesetzgeber bei entsprechenden Regelungen „ein erheblicher Gestaltungsspielraum"[1671] zu. Die Rechtsprechung des VfGH zu den grundrechtlichen Schutzpflichten betrifft den Minderheitenschutz[1672], den Gleichheitsgrundsatz[1673] und insbesondere auch die Umsetzung der Unschuldsvermutung des Art. 6 Abs. 2 EMRK zum Schutz einer „medialen Vorverurteilung"[1674]. Der VfGH spricht von einer "verfassungsrechtlichen Verpflichtung"; ein „fairer Strafprozeß" müsse gesichert sein und dürfe nicht dem „vorauseilenden Schuldspruch einer „Medienjustiz" zum Opfer fallen. Bedeutsam und richtungsweisend erscheinen mir in diesem Zusammenhang zwei neuere Entscheidungen des VfGH[1675], wonach aus der Eigentumsgarantie und Art. 8 EMRK Gewährleistungspflichten auch in dem Sinne anerkannt werden, dass eine Parteistellung, mithin ein subjektives Recht zugesprochen wird. Das „Bestehen eines subjektiven öffentlichen Rechts und die zu seiner Durchsetzung erforderliche Parteistellung (wird) nicht wie in der Vergangenheit gleichheitsrechtlich begründet, sondern unter Heranziehung eines Freiheitsrechtes"[1676]. Der Gesetzgeber wird im konkreten Fall aus den Freiheitsgrundrechten selbst in Verbindung mit dem rechtsstaatlichen Prinzip verpflichtet, Strafgefangenen zur Durchsetzung ihrer subjektiv-öffentlichen Rechte eine Parteistellung einzuräumen.

1669 Dazu Holoubek, ZÖR 54 (1999), S. 97 ff, S. 104/105; Berka, Grundrechte, Rn 461 zur bereits frühen Anerkennung positiver Handlungspflichten des Staates durch den EGMR (aaO mwN, u. a. Marcks, EuGRZ 1979, 454; zur staatlichen Pflicht über die Offenlegung von Daten über HIV-Erkrankungen EGMR, ÖJZ 1998, 152 und 587; 454; zur Informationsverpflichtung der Behörden im Umweltbereich Guerra, ÖJZ 1999, 33 = NJW 1999, S. 3181 ff).
1670 VfGH VfSlg 12103/1989.
1671 Vgl hierzu in Deutschland die sehr ähnliche Formulierung des BVerfG „weite Gestaltungsfreiheit", so in BVerfG, NJW 1997, S. 3085 mwN.
1672 Holoubek, Funktion und Interpretation der Grundrechte, ZÖR 54 (1999), S. 97 ff (102 mwN, Slg 9224/1981; 11585/1987, 12245/1989).
1673 Holoubek, Funktion und Interpretation der Grundrechte, aaO, S. 102 mwN, so VfSlg 11585/1987 und 11632/1988.
1674 Vgl Holoubek, Funktion und Interpretation der Grundrechte, aaO, S. 103 mwN, so allgemein VfSlg 11062/1986, speziell 14260/1995.
1675 EuGRZ 2000, S. 239 ff; S. 240 ff.
1676 Pöschl, EuGRZ 2000, S. 242.

e) Schutzpflicht und Sicherungsfunktion (Friedens- und Ordnungsfunktion) des Staates

Der VfGH formuliert in der genannten Entscheidung zur Versammlungsfreiheit[1677]: "... dies gebietet Art. 11 MRK, denn ohne staatlichen Schutz wäre das - gegen Störungen von dritter Seite besonders empfindliche - Recht auf Versammlungsfreiheit entweder faktisch überhaupt wirkungslos, oder aber die Versammlungsteilnehmer müßten ihr Recht durch Selbsthilfe durchsetzen ... Die Annahme aber, die Bundesverfassung verhalte vom Grundsatz her den einzelnen zur Selbsthilfe, weil der Staat nicht einzuschreiten habe, ist mit der Friedens - und Ordnungsfunktion des Staates schlechterdings unvereinbar." Meines Erachtens kann eine Rückbesinnung auf die Sicherungsfunktion des Staates einen wesentlichen Ansatz zur dogmatischen Begründung der Schutzpflichten in Österreich darstellen, der Hinweis der obergerichtlichen Rechtsprechung ist nicht übersehbar. Dieser Ansatz zur Begründung der Schutzpflichten wird auch in der deutschen Rechtslehre vertreten. Der „Sicherheit in den zwischenmenschlichen Beziehungen"[1678] ist Grundrechtsqualität beizumessen und damit eine dogmatische Legitimation zu verleihen. "Der Staat hat die Unversehrtheit der grundrechtlichen Güter zwischen Privaten, damit Sicherheit in den privaten Beziehungen, zu garantieren: das „Grundrecht auf Sicherheit."[1679] Eine derartige Begründung der Schutzpflichten wird geteilt von Stern, der darlegt, dass die Bejahung von Schutzpflichten „Teil der dem Staat prinzipiell auferlegten Friedensordnung" ist[1680]. Stern[1681] belegt diese Auffassung auch historisch, wonach die Sicherheit und die Sicherung der Rechtspositionen des Bürgers seit alters her einer der Staatszwecke ist. Enders[1682] formuliert pointiert: „Erst die allgemeine staatstheoretische Vorstellung, welche die Verantwortung des Staates für die Sicherheit seiner Bürger als eigentlichen Staatszweck bezeichnet, offenbart also die ganze Tragweite der grundrechtlichen Schutzpflicht."

Auch in der österreichischen Bundesverfassung finden sich Hinweise zu diesem Staatszweck. Wenn in Art 9a B-VG die Aufgabe Österreichs normiert wird, die demokratischen Freiheiten der Einwohner vor gewaltsamen Angriffen von außen zu schützen und zu verteidigen, so kann dies implizit bedeuten, dass es dem Staat auch obliegt, die demokratischen Freiheiten, mithin auch die Grundrechte, vor Angriffen von innen zu schützen. Ein weiterer verfassungsrechtlicher

---

1677 VfGH v. 12. 10. 1990, VfSlg 12501/1990.
1678 Isensee, in: Isensee/Kirchhof, Handbuch des Staatsrechts, Band V, § 111, Rn 1.
1679 Isensee, in: Isensee/Kirchhof, Handbuch des Staatsrechts, Band V, § 111, Rn 3.
1680 Stern, Staatsrecht, Band III/1, § 69 IV 5 (S. 946).
1681 Stern, Staatsrecht, Band III/1, § 69 IV 2 (S.932 ff)
1682 Enders, Menschenwürde, S. 335 ff (Grundrechtliche Schutzpflichten - S. 347).

Maßstab des Gebots der Friedenssicherung des Staates lässt sich in der Präambel der EMRK finden, in der die Grundfreiheiten als Grundlage der Gerechtigkeit und des Friedens in der Welt bezeichnet werden. Art 5 EMRK erwähnt sogar explizit das Recht auf Sicherheit als Grundrecht, wobei der Geltungsanspruch freilich nicht umfassend ist. Die Begriffe der nationalen oder öffentlichen Sicherheit finden sich in verschiedenen Grundrechtsbestimmungen als Schrankenlegitimation wieder, so in den Artikeln 6 Abs. 1, Art. 8 Abs. 2, Art 9 Abs. 2 und 10 Abs. 2 Art. 11 Abs. 2 EMRK.

Auf dem Boden der skizzierten Funktion des Staates, Frieden und Sicherheit zu gewährleisten, sowie der zitierten Rechtsprechung und den verfassungsrechtlichen Anhaltspunkten erscheint mir die Begründung von Schutzpflichten aus der Friedens - und Ordnungsfunktion des Staates ein auch für Österreich gangbarer Weg.

Im Übrigen ergibt sich aus dem dargestellten Gehalt der Menschenwürde notwendig die Übernahme staatlicher Verantwortung für den Menschen. Diese Verantwortung realisiert sich auch in einem schützenden Tun. So ist die aus der Menschenwürde abgeleitete Sicherung der materiellen Existenz Ausdruck einer Schutzpflicht, ebenso zwingen die Achtung der Gleichwertigkeit und der Schutz des sozialen Achtungsanspruch neben dem Schutz der personalen Identität und Integrität den Staat zu positiver Übernahme von Verantwortung. Das Prinzip der Menschenwürde lässt sich nicht als Abwehrrecht allein definieren. Die Menschenwürde ist nicht identisch mit einem Freiheitsrecht, auch wenn die Freiheit Voraussetzung und Grundlage für die Entfaltung menschlicher Würde ist.

f) Die Schutzpflichten als subjektive Rechte

Die Schutzpflichten werden in erster Linie als bindende Vorgaben für den Gesetzgeber formuliert[1683]. Sie gelten aber auch als Vorgaben für Verwaltung und Gerichte[1684]. In welchem Umfang die anerkannten Schutzpflichten subjektivrechtlich durchsetzbar sind, ist nicht einheitlich zu beantworten[1685], betrifft aber zunächst nicht die grundsätzliche Frage nach der Subjektivität der Schutzpflichten.

Die Subjektivität staatlicher Handlungs - und Schutzpflichten ist auch in Deutschland nicht eindeutig geklärt. Diese ist „aber in der Judikatur des BVerfG angelegt"[1686]. Die Subjektivität wird auch formal-rechtlich aus der Zulassung

---

1683 Vgl Holoubek, ZÖR 54 (1999), S. 97 ff (102); Berka, Grundrechte, Rn 102.
1684 Berka, Grundrechte, Rn 104.
1685 Vgl Berka, Grundrechte, Rn 101 a. E.
1686 Unruh, Zur Dogmatik der grundrechtlichen Schutzpflichten, S. 58.

einschlägiger Verfassungsbeschwerden begründet[1687]. Das in der Literatur vorgebrachte methodologische Argument[1688] gegen die Subjektivierung der Schutzpflichten, dass aus einer objektiv-rechtlichen Dimension der Grundrechte (wie in Deutschland) subjektive Rechte zu begründen sind, ist deutschlandspezifisch und nicht zwingend. Ein gewichtigeres Argument gegen die Anerkennung von Schutzpflichten folgt aus dem Prinzip der Gewaltenteilung, wonach mit der Öffnung einer subjektiv-rechtlichen Komponente der Schutzpflicht eine nicht gerechtfertigte Einschränkung der Befugnisse der Legislative zu befürchten sei.

Für die Annahme einer Subjektivierung von Schutzpflichten sprechen aber die folgenden, teilweise auch bereits für die subjektiv-rechtliche Dimension von Abwehrrechten dargelegten Argumente: In der Gewährung von Grundrechten ist, da der Mensch der Mittelpunkt des Staates ist, ein Optimierungsgebot enthalten, „ein durchschlagendes Mittel der Geltungsoptimierung ist aber die Subjektivierung"[1689]. Des Weiteren ist auf das Telos der Grundrechte abzustellen. Es spricht „eine 'Vermutung' für die Subjektivierung grundrechtlicher Positionen, unabhängig von der jeweiligen Grundrechtsfunktion"[1690]. Auch kann mit guten Gründen in den Schutzpflichten die Kehrseite der Abwehrrechte erblickt werden, da es sich bei den Schutzpflichten um nichts anderes als die konsequent zu Ende gedachte Abwehrrechtsposition handelt. Insofern bietet sich eine Gleichbehandlung in der subjektiv-rechtlichen Beurteilung geradezu an. Diese für Deutschland dargestellten Überlegungen können durchaus auch für Österreich gelten.

Für die Menschenwürde ergibt sich die Begründung der Subjektivität der Schutzpflicht auch aus dem Gewährleistungsgehalt. Die Menschenwürde muss aus Gründen der Effektivität eine ausreichende verfahrensrechtliche Absicherung erhalten. Diese Absicherung, die zugleich inhaltlich als Begrenzung und Kontrolle staatlicher Macht anzusehen ist, ist nur dann gewährleistet, wenn grundsätzlich eine subjektive Rechtsposition zuerkannt wird. Mit der Anerkennung eines subjektiv-rechtlichen Gehalts ist freilich noch nichts über die Reichweite und Durchsetzbarkeit des Rechts ausgesagt.

g) Normativer Gehalt; Reichweite

Der normative Gehalt der Menschenwürde als staatlicher Schutzanspruch unterscheidet sich grundsätzlich nicht von dem Gehalt der Menschenwürde als staatlicher Abwehranspruch. Der Inhalt von Schutzpflichten ergibt sich zunächst aus

---

1687 Unruh, Zur Dogmatik der grundrechtlichen Schutzpflichten, S. 58/59 mit Hinweis auf BVerfGE 53, 30 ff; 56, 54 ff; 77, 170 ff.
1688 Unruh, Zur Dogmatik der grundrechtlichen Schutzpflichten, S. 59 ff.
1689 Unruh, Zur Dogmatik der grundrechtlichen Schutzpflichten, S. 62.
1690 Unruh, Zur Dogmatik der grundrechtlichen Schutzpflichten, S. 64.

der Zuordnung der inhaltlichen Vorgaben, wie sie hier zunächst mit allgemeinen Parametern umschrieben worden sind[1691]. Handlungsverbote und Handlungsgebote überschneiden sich dabei. Konkrete inhaltliche Ausprägungen der Schutzpflicht sind bereits unter dem Gliederungspunkt „Thematisierung und Konkretisierung des Gehalts" dargelegt[1692]. Eine klar erkennbare Schutzpflicht besteht neben dem Lebensschutz beispielsweise in dem dargelegten Gebot zur Sicherung der materiellen Existenz[1693], ein Schutz, der mit sozialer Teilhabe überschrieben werden kann. Auch grundlegende verfahrensmäßige Sicherungen zur Durchsetzung und Kontrolle der Menschenwürde werden den Schutzpflichten zuzuordnen sein. Als weiterer Pflichtenkreis wird auch die Pflicht zu nennen sein, die Belange der Menschenwürde in die schulische Bildung und den Jugendschutz einfließen zu lassen.

Im (privatrechtlichen) Verhältnis der Menschen untereinander realisiert sich der Schutz der Menschenwürde in den einfachgesetzlichen Vorgaben strafrechtlicher, zivilrechtlicher oder verwaltungsrechtlicher Ausprägung. Der Schutz der Menschenwürde legt dem Staat auch im Vorfeld einer drohenden Verletzung eine Beobachtungspflicht auf, die sich im Vorgriff auf Verbote oder Sanktionen auch in einer Informations - oder Warnpflicht verdichten kann[1694].

Die sensiblen Bereiche der subjektiv-rechtlichen Schutzpflichten liegen in deren Reichweite, im Bereich der *legislativen* Pflichten vor allem in der Bestimmung des Beurteilungsspielraums (Einschätzungs-, Wertungs- und Gestaltungsbereich) des Gesetzgebers[1695]. Das deutsche BVerfG spricht in diesem Zusammenhang von dem Untermaßverbot[1696]. Dieses Verbot wird als ein „Mindeststan-

---

1691 Vgl Sechster Teil II 1 f.
1692 Vgl Sechster Teil II 1 g.
1693 Vgl Sechster Teil II 1 g (10).
1694 Vgl Starck, Grundgesetz I, Art. 1 Abs. 1 Rn 38 mwN zur Rechtsprechung des BVerfG. Vgl auch BverwG NJW 1992, 2496 ff (2499 - Warnung vor Jugendsekten).
1695 Zum Beurteilungs - und Gestaltungsspielraum des Gesetzgebers siehe BVerfG NJW 1999, S. 3399 ff (3401 ff) zur Organentnahme bei lebenden Personen; auch BVerfG, 1 BvR 1658/96 v. 17. 2. 1997 (1. Kammer des 1. Senats) - Elektrosmog zu Art. 2 Abs. 2 Satz 1 GG: „Bei der Erfüllung der Schutzpflicht kommt dem Gesetzgeber wie der vollziehenden Gewalt ein weiter Einschätzungs-, Wertungs- und Gestaltungsbereich zu, der auch Raum läßt, etwa konkurrierende öffentliche und private Interessen zu berücksichtigen. Eine Verletzung der Schutzpflicht kann nur festgestellt werden, wenn die öffentliche Gewalt Schutzvorkehrungen überhaupt nicht getroffen hat oder die getroffenen Maßnahmen gänzlich ungeeignet oder völlig unzulänglich sind, das gebotene Schutzziel zu erreichen, oder erheblich dahinter zurückzubleiben."; vgl auch BVerfG v. 5.3.1997, NJW 1997, S. 3085.
1696 BVerfGE 88, 203 (245) ‚Schwangerschaftsabbruch II, NJW 1993, 1751 ff (1754). Zum Untermaßverbot und zur Kontroverse hierzu vgl Unruh, Zur Dogmatik der

dard staatlicher Intervention" bezeichnet[1697], im Gegensatz zum Übermaßverbot; das staatlichen Eingriffen eine Grenze zieht. Dem Gesetzgeber wird, ausgehend von dem jeweiligen Rechtsgut, ein weiter Beurteilungsspielraum zuzubilligen sein, der auch eine Abwägung von privaten und öffentlichen Interessen zuläßt[1698]. In besonders gelagerten Fällen kann die Realisierung der staatlichen Schutzpflicht dazu zwingen, Strafgesetze zu erlassen. Im Bereich der schützenden Handlungspflichten der *Exekutive* muss sich insbesondere das Ermessen der Behörde auf Null reduzieren, was bei einer drohenden oder eingetretenen Verletzung der Menschenwürde fast ausnahmslos der Fall sein dürfte.

Die Reichweite des legislativen Beurteilungsspielraums ist bei einer festgestellten Verletzung der Menschenwürde nicht das rechtliche Problem, da die Menschenwürde oberster Wert der gesellschaftlichen Ordnung ist und wegen der absoluten Geltungskraft so wirkungsvoll zu schützen ist, dass zumindest in zukünftigen Fällen eine Verletzung angemessen unterbunden werden kann.

IV) Teilhaberechte

Grundsätzlich sind Grundrechte, wenn sie als Freiheits - und Abwehrrechte konzipiert sind, nicht im Wege der Auslegung oder Rechtsfortbildung in soziale Grundrechte umzudeuten[1699].

Der Begriff der Teilhaberechte wird in Deutschland unterschiedlich verwandt und kann daher zu Missverständnissen führen[1700]. Weitgehende Einigkeit besteht

---

grundrechtlichen Schutzpflichten, S. 82. Zu Inhalt und Reichweite der Schutzpflicht und der gesetzgeberischen Gestaltungsspielräume zu Art. 2 MRK Kneihs, Das Recht auf Leben in Österreich, JBl. 1999, S. 76 ff (80 ff).

1697 Sommermann, in: v. Mangoldt/Klein/Starck (Hrsg), Grundgesetz I, Band 2, Art. 20 Abs. 3 Rn 309 (Das Untermaßverbot ist „Maßstab für die Erfüllung grundrechtlicher Schutzpflichten").

1698 Vgl zum Spielraum des Gesetzgebers VfGH v. 14. 10. 1999, EuGRZ 1999, S. 680 ff unter Bezugnahme auf EGMR v. 23. 4. 1997, ÖJZ 1998/14; Vgl auch BVerfG, Beschl. v. 17. 2. 1997, 1 BvR 1658/96 - Elektrosmog.

1699 vgl Berka, Grundrechte, Rn. 112. Das GG in Deutschland verzichtete auf soziale Grundrechte wie das Recht auf Arbeit oder das Recht auf Wohnung. Murswik verweist auf die „sachnotwendige Vagheit typischer sozialer Grundrechte". (Murswiek, in: Isensee/Kirchhof, Handbuch des Staatsrechts, Band V, § 112 Rn 49 (des Weiteren auf die Konkretisierungsbedürftigkeit und die Schwierigkeit im Umgang mangels hinreichender rechtlicher Maßstäbe und auf den „Vorbehalt des Möglichen"). „Alle sozialen Leistungsansprüche beziehen sich auf Teilhabe an Lebensgütern. Deren Verteilungsmasse ist begrenzt und entzieht sich weithin der Planbarkeit und Machbarkeit." (Murswiek, aaO, § 112 Rn 57).

aber darin, dass soziale Leistungsansprüche als Teilhaberechte zu qualifizieren sind. Teilhaberechte werden im engeren Sinne als subjektive Rechte verstanden, die auf die Gewährung von Leistungen gerichtet sind, wobei unter Leistungen das zu verstehen ist, was man üblicherweise einem „Leistungsstaat" oder einer „Leistungsverwaltung" zuordnet[1701].

Auch in Österreich werden Teilhaberechte als soziale Grundrechte verstanden, die subjektiv-öffentliche Rechte auf soziale Leistungen vermitteln. Berka betont, dass das österreichische Bundesverfassungsrecht „derartige Leistungsansprüche zumindest expressis verbis nicht vorsieht". Aus einzelnen Gewährleistungen des österreichischen Grundrechtskatalogs können „gewisse Ansprüche auf Teilhabe an staatlichen Leistungen abgeleitet werden"[1702]. Als Beispiel wird auf den „Anspruch auf diskriminierungsfreien Zugang zu bestehenden Bildungseinrichtungen und auf Anerkennung der dort erworbenen Leistungsnachweise" verwiesen, ferner auf das Recht auf Auskunftserteilung oder Löschung von Daten und auf sogenannte derivative Leistungsansprüche. Diese ergeben sich aus dem Gleichheitsgrundsatz[1703], weil der Staat nicht ohne sachliche Grund Dritten eine entsprechende Leistung vorenthalten darf. Darauf hingewiesen wird, dass die österreichische Lehre Teilhaberechte nur aus bestimmten Einzelgrundrechten abgeleitet hat[1704]. Subsidiär diene das „allgemeine Sachlichkeitsgebot" und das „Recht auf Gleichbehandlung" als Ableitung[1705].

Das Prinzip der Menschenwürde kann eine Teilhabe als derivativer Anspruch aus dem Gleichheitsgrundsatz begründen, wenn der Kern des Gleichheitssatzes verletzt ist[1706]. Das Prinzip der Menschenwürde kann ferner eine originäre Teilhabe an staatlichen Leistungen begründen, beispielsweise zur Sicherung eines (menschenwürdigen) Existenzminimums[1707].

1700 Murswiek, in Isensee/Kirchhof, Handbuch des Staatsrechts, Band V, § 112 Rn 5, der für Deutschland auf eine uneinheitliche Terminologie hinweist.
1701 Murswiek, in: Isensee/Kirchhof, Handbuch des Staatsrechts, Band V, § 112 Rn 21.
1702 Berka, Grundrechte, Rn 97.
1703 Berka, Grundrechte, Rn. 97; vgl auch Berka, Grundrechte, Rn 112 und 915; zu den derivativen Teilhaberechten auch Murswiek, in: Isensee/Kirchhof, Handbuch des Staatsrechts, Band V, § 112 Rn 68 ff, der als Rechtsgrund vor allem den Gleichbehandlungsgrundsatz, aber auch das rechtsstaatliche Vertrauensprinzip, die Eigentumsgarantie oder auch Freiheitsrechte nennt.
1704 Kneihs, Grundrechte und Sterbehilfe, S. 128.
1705 Kneihs, Grundrechte und Sterbehilfe, S. 128/129.
1706 Vgl zum Kern des Gleichheitssatzes VfGH VfSlg 15373/1998.
1707 Vgl Murswiek, in: Isensee/Kirchhof, Handbuch des Staatsrechts, Band V,§ 112 Rn 99: Teilhabe und Menschenwürde heißt in erster Linie die Sicherung der Minimalgarantie wie z.B. des Existenzminimums. In der Schweizer Bundesverfassung findet sich, wie bereits dargestellt, eine ausdrückliche Absicherung der Existenzgarantie.Art. 12 nBV [vgl unten, Sechster Teil II 1 g (10)].

Problematisch erscheint mir die Teilhabe an der „Nutzung von öffentlichen Einrichtungen und Gütern"[1708]. Überlegungen hierzu mögen mit jeweiligen beachtlichen Argumenten diskutiert werden.. Das Prinzip der Menschenwürde vermag eine soziale Teilhabe, wie sie hier als sozialer Leistungsanspruch verstanden wird, nur in Ausnahmefällen zu begründen, nämlich insbesondere dann, wenn eine existentielle Bedrohung, eine willkürliche Diskriminierung von existentiellem Ausmaß, eine systematische Ungleichheit zu beseitigen und die Achtung der Gleichwertigkeit wieder herzustellen ist.

V) Drittwirkung der Grundrechte

1) Ausgangslage

Die Drittwirkung von Grundrechten betrifft die Frage der Grundrechtsgeltung für privatrechtliche Rechtsverhältnisse[1709]. Eine ausdrückliche und spezielle und daher nicht verallgemeinerungsfähige Fallgestaltung und Regelung findet sich in § 1 Abs. 5 Satz 1 DatenschutzG[1710], einer Vorschrift im Verfassungsrang.

2) Mittelbare Wirkung der Grundrechte in Privatrechtsverhältnissen

Grundsätzlich ist nicht von einer unmittelbaren, sondern von einer mittelbaren Wirkung der Grundrechte in privatrechtlichen Rechtsverhältnissen auszugehen[1711]. Dies ist insbesondere darin begründet, dass die Grundrechte unmittelbar

---

1708 So Kneihs, Grundrechte und Sterbehilfe, S. 129, der auf einen effektiven Schutz der Grundrechtsausübung verweist.
1709 Berka, Grundrechte, Rn 222/223 zur Definition; Öhlinger, Verfassungsrecht, Rn 741, der von Horizontalwirkung spricht; Kneihs, Grundrechte und Sterbehilfe, S. 142 mwN in Fn 574: Nicht behandelt wird die Frage, ob und inwieweit die Grundrechte Auswirkungen auf die Tätigkeit des Staates haben, soweit dieser als Privatrechtssubjekt auftritt (vgl hierzu auch Kneihs, Grundrechte und Sterbehilfe, S.139 ff); vgl auch Griller, JBl. 1992, Der Schutz der Grundrechte vor Verletzungen durch Private, 1. Teil, S. 205 ff; dazu auch Mayer, Nochmals zur sogenannten „Drittwirkung" der Grundrechte, JBl. 1992, S. 768 ff.
1710 Datenschutzgesetz 2000, BGBl. I Nr. 165/1999: „ (5) Gegen Rechtsträger, die in Formen des Privatrechts eingerichtet sind, ist, soweit sie nicht in Vollziehung der Gesetze tätig werden, das Grundrecht auf Datenschutz mit Ausnahme des Rechtes auf Auskunft auf dem Zivilrechtsweg geltend zu machen ... "; vgl Berka, Grundrechte, Rn 224, Rn 480 ff.
1711 Berka, Grundrechte, Rn 228: „ ... die Wirkung der Grundrechte (wird) durch das verfassungskonforme und verfassungskonform auszulegende Recht vermittelt." Vgl

im Verhältnis des Bürgers zum Staat und umgekehrt wirken und nur mittelbar das Privatrecht und die Privatautonomie beeinflussen. In einer Bestandsaufnahme wird allerdings gezeigt, dass „die Grundrechte auf nahezu alle Teile des Privatrechts"[1712] einwirken. Ein Teil der dargelegten einfachgesetzlichen Bestimmungen zur Menschenwürde und die einschlägige obergerichtliche Rechtsprechung belegen eindrucksvoll die Durchschlagskraft von Grundwerten der Verfassung auch in Beziehungen zwischen Privaten. Die privatrechtlichen Normen sind ein notwendiges Instrument für die Gewährleistung des Grundrechtsschutzes. Die Verankerung von Grundrechtsinhalten in einfachgesetzlichen Regelungen im Zivilrecht eröffnet aber im Ergebnis auch die Möglichkeit einer unmittelbaren Drittwirkung von Grundrechtsinhalten. Hinteregger leitet aus der Verpflichtung des Staates, „die Ausübbarkeit von Freiheitspositionen zu gewährleisten", auch die Pflicht der *Rechtsprechung* ab, eine entsprechende „Rechtsschutzlücke im Rahmen des ihr zur Verfügung stehenden Interpretationsspielraums zu schließen"[1713].

---

auch Berka, Grundrechte, Rn 231 ff mwN zu Auswirkungen in der Praxis. Vgl Öhlinger, Verfassungsrecht, Rn 743/744. Holoubek (Wer ist durch die Grundrechte gebunden?, ZÖR 54 (1999), S. 57 ff (66 - unter Verweis auf OGH SZ 61/210) weist unter Bezugnahme auf die obergerichtliche Rechtsprechung darauf hin, dass die Persönlichkeits- und Freiheitsrechte im Privatrecht Beachtung und Schutz verdienen, allerdings nur mittelbar, und zwar über die privatrechtlichen Begriffe, Normen und Generalklauseln. Die Rechtsprechung trage, so Holoubek, damit dem Umstand Rechnung, dass es grundsätzlich Aufgabe des Gesetzgebers ist, die Rechtspositionen der Privaten gegeneinander abzugrenzen und gleichzeitig ihre effektive Ausübbarkeit zu gewährleisten. Adamovich/Huppmann (FS 75 Jahre Bundesverfassung, Die Judikatur des Verfassungsgerichtshofes 1975-1995, S. 5O5 (523) unter Bezugnahme auf VfGH v. 12. 12. 1994, B 2083/93; B 1545/94) weisen auf eine Entscheidung „von bahnbrechender Bedeutung" hin, wonach § 879 ABGB dort anwendbar ist, „wo es sich um eine nicht als Verordnung zu wertende Satzung einer Körperschaft des öffentlichen Rechts handelt". Stelzer (FS 75 Jahre Bundesverfassung, Stand und Perspektiven des Grundrechtsschutzes, S. 585 ff [611]) plädiert im Ergebnis dafür, den VfGH die Kompetenz zur Überprüfung von Akten der ordentlichen Gerichtsbarkeit zu übertragen. Damit entfalte sich der „praktisch sinnvolle Effekt" der Drittwirkung, nämlich als Korrektiv für fachgerichtliche Grundwertungen und die Sicherstellung der Einheitlichkeit und Gemeinsamkeit von Grundwertungen.

1712 Hinteregger, Die Bedeutung de Grundrechte für das Privatrecht, ÖJZ 1999, S. 741 ff (752: „Auch der OGH beginnt verstärkt, den Regelungsgehalt der Grundrechte zu beachten und die in den Grundrechten enthaltenen Wertungen für die Auslegung des Privatrechts zu nutzen.").

1713 Hinteregger, Die Bedeutung der Grundrechte für das Privatrecht, S. 752.

3) Die deutsche Rechtslage

In Deutschland gehen das BVerfG und die herrschende Lehre von der sogenannten mittelbaren Drittwirkung der Grundrechte in privatrechtlichen Verhältnissen aus[1714]. Das BVerfG bestätigt aktuell: „Im Privatrechtsverkehr entfalten die Grundrechte ihre Wirkkraft als verfassungsrechtliche Wertentscheidungen durch das Medium der Vorschriften, die das jeweilige Rechtsgebiet unmittelbar beherrschen, damit vor allem auch durch die zivilrechtlichen Generalklauseln ... Der Staat hat auch insoweit die Grundrechte des Einzelnen zu schützen und vor Verletzung durch andere zu bewahren ... Den Gerichten obliegt es, diesen grundrechtlichen Schutz durch Auslegung und Anwendung des Rechts zu gewähren und im Einzelfall zu konkretisieren."[1715] Die Grundrechte wirken insbesondere über die zivilrechtlichen Generalklauseln[1716]. Die mittelbare Geltung der Grundrechte auch in der Privatrechtsordnung verpflichtet den Zivilgesetzgeber ebenso wie den Richter als Teil der Staatsgewalt, der im Wege der (verfassungskonformen) Auslegung des Privatrechts die Grundwertungen der Gesellschaft zu berücksichtigen hat[1717]. Allerdings wird die Vertragsfreiheit nach der Rechtspre-

---

1714 Vgl v. Münch, in:v. Münch/Kunig, Grundgesetz, Vorb. Art. 1-19, Rn 3o/31 mwN auch zur Rechtsprechung des BAG, das früher in ständiger Rechtsprechung eine unmittelbare Drittwirkung der Grundrechte annahm. Vgl auch Stern, Staatsrecht, III/1, § 76 II 2, S. 1547; Starck, in: Grundgesetz I, Art. 1 Abs. 3 Rn 263, 264; Unruh, Zur Dogmatik der grundrechtlichen Schutzpflichten, S. 66 ff (69). Ein Teil der Lehre und das Bundesarbeitsgericht (in der Begründung allerdings inhaltlich verändert ohne bisherige förmliche Aufgabe seiner Haltung, vgl Starck, Grundgesetz I, Art. 1 Abs. 3 Rn 266) geht bei einzelnen Grundrechten von einer unmittelbaren Drittwirkung in Privatrechtsbeziehungen aus. Ossenbühl (Öffentliches Recht in der Rechtsprechung des BGH, NJW 2000, S. 2945) weist darauf hin, daß der BGH (zitierend BGHZ 13, 334 (338)=NJW 1954,1404) bereits vier Jahre vor dem BVerfG (BVerfGE 7, 198=NJW 1958, 257 zur Ausstrahlungswirkung der Grundrechte als objektive Wertentscheidungen) das aus Art. 1 GG iVm Art. 2 Abs. 1 GG abgeleitete allgemeine Persönlichkeitsrecht als ein Deliktsrecht im Sinne von § 823 Abs. 2 BGB anerkannt habe, das die „Unantastbarkeit der Persönlichkeit" gewährleistet.
1715 BVerfG zur Inhaltskontrolle von Eheverträgen, 1 BvR 12/92 vom 6. 2. 2001, www.bverfg.de, Absatz-Nr. 29 = NJW 2001 S. 957 ff (958).
1716 „Die im Einzelfall erforderliche Anpassung an die Grundrechte vollzieht sich überwiegend in der Weise, daß Wertungen aus den Grundrechten in die Auslegung der Generalklauseln des Bürgerlichen Rechts einfließen" (Rüfner, Grundrechtsadressaten, Wirkung der Grundrechte im Privatrecht, in: Isensee/Kirchhof, Handbuch des Staatsrechts, Band V, § 117 Rn 73); zur methodischen Vorgehensweise der Drittwirkungslehre über die verfassungskonforme Auslegung auch Stern, Staatsrecht, III/1, 76 III 3, S. 1556 ff.
1717 Vgl zur Verpflichtung des Zivil*gesetzgebers* zur Grundrechtswahrung Stern, Staatsrecht, Band III/1, § 76 IV 6 (S. 1578 ff); zur Verpflichtung des *Richters* zur grund-

369

chung des BVerfG wie auch des VfGH ebenfalls als ein Recht im Verfassungsrang qualifiziert[1718].

Nach meiner Auffassung ist die Bewahrung der Einheit der Rechtsordnung tragende Grundlage der Drittwirkung, andernfalls würde die Rechtsordnung „in einen unerträglichen Selbstwiderspruch geraten"[1719]. Die Wirkung der Grundrechte in Privatrechtsverhältnissen kann nicht nur darauf beschränkt sein, nur über Geneneralklauseln zu wirken. Die Grundrechte können prinzipiell im Privatrecht Wirkung im Wege der Auslegung entfalten, allerdings mit der Maßgabe, dass die Gewichtung unterschiedlich sein kann (z.b. je nach wirtschaftlicher Macht oder persönlicher Abhängigkeit[1720]).

4) Drittwirkung und grundrechtliche Schutzpflichten

Ein Zusammenhang von mittelbarer Drittwirkung und grundrechtlichen Schutzpflichten ist offensichtlich[1721]. Ausgehend von der Überlegung, dass die Grund-

---

rechtskonformen Auslegung des Rechts Stern, Staatsrecht, III/1, § 76 IV 7a, S. 1583 ff, ggfs müsse Vorlage an das BVerfG erfolgen, Art 100 GG. Stern fordert für die Konkretisierung grundrechtlich geschützter Rechtsgüter verlässliche Handhabungen, dabei sind Fragen der „Drittwirkungsgeneigtheit" des jeweils zu beurteilenden Grundrechts zu prüfen. Stern wertet die Entfaltung der grundrechtlichen Schutzfunktion als objektiv-rechtliches Prinzip in der Privatrechtsordnung und plädiert für eine Beurteilung im Bewußtsein der Besonderheit des Falls unter Wahrung der Eigenständigkeit des Privatrechts (Staatsrecht, III/1, § 76 IV 7 S.1585/1586).

1718 Vgl hierzu für Deutschland zuletzt BVerfG, BvR 12/92. v. 6.2.2001, www.bverfg.de, Absatz-Nr. 30. In dieser Entscheidung zur gerichtlichen Kontrolle des Inhalts eheverträglicher Abreden weist das BVerfG darauf hin, dass die durch Art. 2 Abs. 1 GG gewährleistete Privatautonomie voraus setzt, „daß die Bedingungen der Selbstbestimmung des Einzelnen auch tatsächlich gegeben sind".

1719 Rüfner, in: Isensee/Kirchhof, Handbuch des Staatsrechts, Band V, Rn 60.

1720 So ist der Gleichheitssatz beim Privatverkauf eines PKW irrelevant, im Arbeitsrecht hingegen von großer Bedeutung (vgl Rüfner, in: Isensee/Kirchhof, Handbuch des Staatsrechts, Band V, Rn 77; vgl auch v. Münch, in: v. Münch/Kunig, Grundgesetz, Vorb. Art. 1-19, Rn 31. Interessant ist eine Überlegung, dass es im Grunde im Privatrecht um bürgerlich-rechtliche Streitigkeiten gehe und insofern die Grundrechte „gegen staatliche Herrschaftskompetenz - Gesetzesbefehl, Richterspruch, Zwangsvollstreckung - durchgesetzt werden müssen". Aus diesem Grund gelten im Privatrecht als staatlich gesetztes und vollzogenes Recht die Grundrechte, wobei die Lehre von der Drittwirkung - ob mittelbar oder unmittelbar - fehlgehe (vgl v. Münch, aaO, Vorb. Art. 1-19, Rn 33 unter Bezugnahme auf Schwabe, DÖV 1981, 796 ff, und mwN. z. B. Griller, ZfV 1983, 1 ff, 109 ff).

1721 Hierzu auch Rüfner, in: Isensee/Kirchhof, Handbuch des Staatsrechts, Band V, § 117 Rn 60 und Fn 180 mwN; Stern, Staatsrecht, III/1, § 76 IV, S. 1560.

wertungen der Verfassung in die gesamte Rechtsordnung[1722] ausstrahlen, geben sie der Gesetzgebung, der vollziehenden Gewalt und der Rechtsprechung auf, diese Grundwertungen umzusetzen. Diese Verpflichtung - auch als Schutz der Menschen verstanden - kann nicht vor Privatrechtsverhältnissen innehalten. In Deutschland ist die objektiv-rechtliche Dimension der Grundrechte[1723] das dogmatische Bindeglied zwischen Schutzpflichten und mittelbare Drittwirkung.

5) Drittwirkung und Menschenwürde

Die Einwirkung des Prinzips der Menschenwürde auf Privatrechtsverhältnisse kann nicht isoliert von den allgemeinen dogmatischen Überlegungen zur Drittwirkung ausgelotet werden. Begreift man die Menschenwürde als fundamentales Prinzip[1724], als Wertungsgrundsatz[1725] und Grundwert[1726] der gesamten Rechtsordnung, so ist dieser Wert für die gesamte Staatstätigkeit maßgebend, für den Gesetzgeber ebenso wie für die Verwaltung und Rechtsprechung. Aus dem Inhalt der Menschenwürde ergibt sich, dass diese - aus Gründen der Selbstachtung - auch die Achtung des anderen Menschen beinhaltet und einen Kernbereich von Solidarität und Verantwortung fordert. Die Menschenwürde ist Ausgangspunkt und Maßstab des menschlichen Zusammenlebens. Deshalb kann diese Prinzip nicht nur im Verhältnis der Bürger zum Staat und umgekehrt gelten. Freilich ist auch die Privatautonomie ein Wert im Verfassungsrang[1727]. Das Prinzip der Menschenwürde kann demgemäß mit dem Verfassungsprinzip der Privatautonomie kollidieren. Ein der Vertragsfreiheit zugrunde liegende Autonomiegedanke korrespondiert aber nicht deckungsgleich mit dem der Menschenwürde innewohnenden Gedanken der Selbstbestimmung und Autonomie, weil sich der Gehalt der Menschenwürde auch in anderen Parametern offenbart. So ist in der Men-

---

1722 Hierzu VfGH v. 1o. 12. 1993, VfSlg 13635 S.635, worin im Zusammenhang mit dem Menschenwürdeprinzip von „den allgemeinen Wertungsgrundsätzen unserer Rechtsordnung" gesprochen wird.
1723 Vgl v. Münch, in: v. Münch/Kunig, Grundgesetz, Vorb. Art. 1-19, Rn 31 mit Hinweis auf die Rechtsprechung des BVerfGE 7, 198 (205).vgl Unruh, Zur Dogmatik der grundrechtlichen Schutzpflichten, S. 72.
1724 Vgl EGMR insb. Fall Soering v. 7. 7. 1989, EuGRZ 1989, S. 314 ff sowie Fall C.R. v. 22. 11. 1995, in denen der EGMR die Menschenwürde als Wesenskern der EMRK qualifizierte. Dazu oben, Zweiter Teil II 2 d bb.
1725 VfGH VfSlg 13.635/1993.
1726 OGH JBl. 1995, 46 ff (47).
1727 VfGH VfSlg 12.227/1989; vgl Berka, Grundrechte, Rn 712. Für Deutschland ebenso, vgl BVerfGE 89, 214 (232) und BVerfG, Urteil v. 6. 2. 2001, NJW 2001, S. 957 ff (958).

schenwürde auch die Achtung und der Respekt des anderen angelegt. Knebelungsverträge können einen Verstoß gegen die Menschenwürde begründen, wenn sie die materielle Existenzsicherung vereiteln. Auch Verträge unter Ausnutzung materieller und ideeller Zwangslagen, z. B. im Prostitutionsgewerbe, können gegen das Prinzip der Menschenwürde verstoßen[1728]. Bekanntes Beispiel für eine Verletzung der Menschenwürde auf der Ebene des privaten Vertragsrechts dürfte die willkürliche und grundlose Verweigerung einer Bewirtung eines Ausländers sein, gestützt auf seine Ausländereigenschaft. Der OGH beruft sich ausdrücklich auf das Prinzip der Menschenwürde, wenn er die Zulässigkeit einer Vereinbarung im Rechtssinn über Intimbeziehungen zwischen einer Frau und einem Mann (Empfängnisverhütung) verneint[1729]. Da der Schutz der Menschenwürde absolut ist, geht es grundrechtsdogmatisch nicht um eine Vorrangentscheidung zugunsten eines Prinzips, vielmehr ist das jeweilige Problem mit der Bejahung oder Verneinung einer Verletzung des Garantiegehalts der Menschenwürde zu lösen. Einer Auffassung, wonach die Menschenwürde in Privatrechtsverhältnissen der Abwägung mit anderen Wertungsgesichtspunkten, gleichsam einer Wertung zwischen verschiedenen Rechtsgütern zugänglich ist, muss aus grundsätzlichen Überlegungen widersprochen werden. Zum einen wäre die meiner Auffassung nach gebotene Symmetrie zwischen staatsgerichteten Schutzansprüchen und zivilgerichteter Drittwirkung nicht aufrechtzuerhalten. Zum anderen wirkt die Menschenwürde auch in den Beziehungen der Bürger absolut. Die Zuordnung der Menschenwürde zu den Kernbereichen der Grundrechte verbietet eine Abwägung der Menschenwürde mit durchaus bedeutenden Drittinteressen ebenso wie eine Abwägung mit bedeutenden Staatsinteressen[1730]. Weder Gesetzgeber noch Verwaltung und Gerichte dürfen somit eine Verletzung der Menschenwürde zulassen.

Einige Autoren in Österreich entfalten eine unmittelbare Geltung des Prinzips der Menschenwürde in Privatrechtsverhältnissen implizit aus Art. 3 EMRK. So resumiert Kneihs zu Art. 3 EMRK, dass die Formulierung dieser Vorschrift bereits einen (schwachen) Hinweis gebe, „daß die unmenschliche oder erniedrigende Behandlung in jedem Fall verboten sein soll, daß der Staat also auch im Verhältnis zwischen Privaten für die Hintanhaltung von Übergriffen sorgen muß, indem sie ausspricht, daß 'niemand' den genannten Behandlungs - oder Bestrafungsweisen unterzogen werden darf"[1731]. Schlag spricht sich für eine „Gestaltungspflicht" des Staates aus, um den Schutz des Art. 3 EMRK auch in Privat-

---

1728 Vgl hierzu auch die strafrechtliche Absicherung durch § 217 Abs. 1 StGB, wobei der OGH ausdrücklich das Menschenwürdprinzip als Schutzgut argumentativ verwendet. Siehe dazu unter Sechster Teil II 1 g (7).
1729 OGH v. 14. 4. 1994 (JBl. 1995, S. 46 ff (47).
1730 Vgl hierzu BVerfGE 46, 160 ff (Schleyer). Hierzu auch Müller, Grundrechte, S. 18.
1731 Kneihs, Grundrechte und Sterbehilfe, S. 296/297.

rechtsverhältnissen zu gewährleisten: „Unabhängig also von dem konkreten Umfang des geschützten Bereiches, legt Art. 3 MRK dem Staat eine Pflicht zum Schutz des Menschen vor unwürdiger Behandlung auch durch Private auf.[1732]" Auch Funk[1733] hält im Ergebnis eine unmittelbare Drittwirkung des Art. 3 EMRK für erforderlich, weil der Staat umfassende Vorsorge zum Schutz der Gesundheit seiner Bürger zu treffen habe.

Zusammengefasst wirkt das Prinzip der Menschenwürde als ein die gesamte Rechtsordnung prägendes Prinzip auch in Privatrechtsverhältnissen und ist als absolutes Prinzip nicht mit anderen Werten abwägbar, auch nicht mit Werten im Verfassungsrang. Dogmatisch wirkt dieses Prinzip mittelbar über Generalklauseln oder im Wege der „menschenwürdekonformen Auslegung" von Vorschriften. Freilich darf die Leistungskraft des Prinzips der Menschenwürde nicht überschätzt werden. Dieses Prinzip als Ausdruck auch der Selbstbestimmung und Autonomie wird die Vertragsautonomie nur in seltenen Fällen überlagern können. Ein Beispiel in der österreichischen Rechtsprechung ist die bereits genannte Entscheidung des OGH vom 14. 4. 1994[1734] zu einer Vereinbarung über eine Empfängnisverhütung. Eine aktuelle Parallele findet sich in der Rechtsprechung des deutschen Bundesverfassungsgerichts zur gerichtlichen Inhaltskontrolle ehevertraglicher Abreden, wonach die verfassungsrechtlich geschützte Vertragsautonomie voraussetzt, „dass die Bedingungen der Selbstbestimmung des Einzelnen auch tatsächlich gegeben sind"[1735]. Eine Verletzung der Menschenwürde im Privatrecht wird sorgfältig zu prüfen sein, weil es auch zulässig ist - freie Willensbestimmung vorausgesetzt-, den Umfang seiner „Würde" grundsätzlich zunächst selbst zu definieren[1736]. In so manchen Fällen wird so das Schutzgut Menschenwürde gar nicht betroffen sein.

Rechtspolitisch bezog Rack bereits 1985 im Rahmen der Diskussion zur Grundrechtsreform Position: „Gewissermaßen umwegig sollte daher von Verfassungs wegen garantiert werden: „Die Würde des Menschen ist unantastbar."[1737]

1732 Schlag, Verfassungsrechtliche Aspekte der künstlichen Fortpflanzung, S. 132 ff.
1733 Funk, Ein Grundrecht auf Schutz der Gesundheit?, ZRP 1994, S. 68 ff (73).
1734 JBl. 1995, S. 46 ff. siehe dazu bereits unter Zweiter Teil I 2 b bb.
1735 BVerfG 1 BvR 12/92 v. 6. 2. 2001, www.bverfg.de, Absatz-Nr. 30 = NJW 2001 S. 957 ff (958). Verfassungsrechtlicher Prüfungsmaßstab ist jedoch nicht das Prinzip der Menschenwürde.
1736 Vgl hierzu oben, Sechster Teil II 2 (Verfügbarkeit).
1737 Rack, Die Weiterentwicklung der klassischen Grund- und Freiheitsrechte am Beispiel des Gleichheitssatzes, in: Rack (Hrsg), Grundrechtsreform, 1985, S. 159 ff (169).

VI) Justitiabilität

1) Österreichspezifische Besonderheiten aus deutscher Sicht

Die Justitiabilität und Durchsetzbarkeit der Grundrechte in Österreich und in Deutschland weisen Unterschiede auf[1738]. Der VfGH besitzt keine Kompetenz, Entscheidungen der ordentlichen Gerichtsbarkeit zu überprüfen. Überdies ist in Österreich das Rechtsschutzsystem im Verwaltungsverfahren förmlich auf den Erlaß von Bescheiden oder den Anspruch auf Erlass von Bescheiden ausgerichtet[1739]. Gegen einen gänzlich nicht handelnden Gesetzgeber gibt es nach ganz überwiegender Meinung in Österreich keinen Rechtsschutz. Insoweit ist zu diskutieren, ob es nicht Rechtsschutzlücken gibt, deren Schließung das Prinzip der Menschenwürde dann erfordert, wenn der Kernbereich grundrechtlicher Positionen, mithin die Würde des Menschen betroffen ist.

2) Menschenwürde, Rechtsweggarantie und effektiver Rechts- und Verfahrensschutz

Zunächst ist festzuhalten, dass die auch im österreichischen Verfassungsrecht in Art. 6 Abs. 1 EMRK verankerte Rechtsweggarantie[1740] nicht mit dem Prinzip der Menschenwürde identisch oder aus diesem abgeleitet ist[1741]. Der Grundsatz der *Effizienz* des Rechtsschutzes wird durch den VfGH immanent dem rechtsstaatlichen Prinzip zugeordnet[1742].

1738 Vgl zusammenfassend für Österreich Schäffer/Jähnel, Der Schutz der Grundrechte, ZÖR 54 (1999), S. 71 ff (79 ff). Stelzer, Stand und Perspektiven des Grundrechtsschutzes, FS 75 Jahre Bundesverfassung 1995, S. 585 ff (606 ff). Holoubek, Funktion und Interpretation der Grundrechte, ZÖR 54 (1999), S. 97 ff.

1739 Vgl Stelzer, FS 75 Jahre Bundesverfassung, Stand und Perspektiven des Grundrechtsschutzes ‚585 ff, 609. Vgl aber nunmehr VfGH v. 7. 6. 1999 und 13. 10. 1999, EuGRZ 2000, 239 ff.

1740 Hierzu Berka, Grundrechte, Rn 787 ff.

1741 Geddert-Steinacher, Menschenwürde, S. 141 formuliert: "Mag auch die Durchsetzbarkeit subjektiver Rechte im Wege eines subjektiv-rechtlichen Verfahrens nicht unmittelbares Gebot der Menschenwürde sein, war die Durchsetzbarkeit der subjektiven Rechte auf dem Individualrechtsweg doch die entscheidende Bedingung für die Realisierung der Menschenrechte, so daß der Rechtsweggarantie schon wegen dieser „Nähe" zur Menschenwürde ein hoher Rang zukommt."

1742 Vgl Berka, Grundrechte, Rn. 873 mwN. Normativer Ansatzpunkt ist zunächst Art. 13 EMRK, der sich nur auf Konventionsrechte bezieht und dem Wortlaut nach zunächst auf tatsächliche Konventionsverletzungen. Diese Vorschrift verlangt zudem lediglich eine wirksame Beschwerdemöglichkeit, setzt keine gerichtliche Prüfung

Aus dem Prinzip der Menschenwürde selbst folgt - wie dargelegt - die Notwendigkeit einer effektiven verfahrensrechtlichen Absicherung, weil ohne angemessene verfahrensrechtliche Instrumentarien ein wirksamer Schutz der Würde nicht gewährleistet und damit auch staatliche Machtbegrenzung nicht in ausreichender Weise ermöglicht werden kann.

Für die Schweiz weist Müller darauf hin, dass das Prinzip der Menschenwürde in der neuen Bundesverfassung (Art. 7) "nicht nur den klassischen Grundrechten, sondern auch den Verfahrensgarantien der Art. 29 - 32 nBV und der Garantie politischer Rechte in Art. 34 nBV zugrunde liegt".[1743] Die verfahrensrechtliche Komponente der Menschenwürde findet sich auch in der Rechtsprechung des deutschen BVerfG wieder. "Erfüllt das vom Gesetzgeber geschaffene Verfahrensrecht seine Aufgabe nicht oder setzt es der Rechtsausübung so hohe Hindernisse entgegen, dass die Gefahr einer Entwertung der materiellen Grundrechtsposition entsteht, dann ist es mit dem Grundrecht, dessen Schutz es bewirken soll, unvereinbar"[1744]. In diesem Fall hielt es das BVerfG mit der Gewährleistung des allgemeinen Persönlichkeitsrechts durch Art. 2 Abs. 1 GG in Verbindung mit Art. 1 Abs. 1 GG unvereinbar, wenn eine Gegendarstellung im Rundfunk nur innerhalb von zwei Wochen nach der beanstandeten Sendung verlangt werden kann. In einer weiteren Entscheidung zur Auslieferung[1745] betont das BVerfG den engen Zusammenhang zwischen Verfahrensrechten und der Menschenwürde: „Nach deutschem Verfassungsrecht gehört es zu den elementaren Anforderungen des Rechtsstaats, die insbesondere im Gebot der Gewährleistung rechtlichen Gehörs vor Gericht (Art. 103 Abs. 1 GG) Ausprägung gefunden haben, dass niemand zum bloßen Gegenstand eines ihn betreffenden staatlichen Verfahrens gemacht werden darf; auch die Menschenwürde des Einzelnen (Art. 1 Abs. 1 GG) wäre durch ein solches staatliches Handeln verletzt". In einer Entscheidung aus dem Jahr 1974 hält das BVerfG[1746] fest: „Soweit sich der Rechtsstaat in dem Grundrechtsschutz verkörpert und zu diesem Zweck die Mäßigung der staatlichen Gewalt verlangt, muß staatliches Handeln den Menschen in seiner Eigenständigkeit achten und schützen. Der rechtsstaatliche Gehalt des in Art. 1 Abs. 1 GG wurzelnden Grundsatzes, daß über die Rechte des Einzelnen nicht kurzerhand von Obrigkeits wegen verfügt werden darf (BVerfGE 9, 89 [95]), liegt in der aktiven Teilnahme des Bürgers an dem ihm zukommenden Rechts-

---

fest, auch eine Abhilfe ist nicht zwingend. Nach der Rechtsprechung des EGMR genügt es aber, wenn die Verletzung eines Grundrechts vertretbar behauptet werden kann (Berka, Grundrechte, Rn 864 mwN).
1743 Müller, Grundrechte, S. 2 Fn 8.
1744 BVerfGE 63, 131 (143).
1745 BVerfGE 63, 332 (337).
1746 BVerfGE 38, 105 (114).

schutz." Auch das Recht auf ein faires Verfahren wird vom BVerfG in dieser Entscheidung umschrieben als ein Recht, „das den Zeugen davor bewahrt, von anderen Verfahrensbeteiligten als bloßes Objekt eines rechtsstaatlich geordneten Verfahrens behandelt zu werden ..."[1747]. Das BVerfG hält fest, dass auch eine Gefährdung, eine drohende Verletzung, unter bestimmten Voraussetzungen Grundrechtsverletzungen gleich zu achten seien[1748].

3) Konstellationen

'Materieller' Grundrechtsschutz und rechtsstaatliche Verfahrensgestaltung bedingen einander wechselbezüglich."[1749]. Der Zusammenhang von Grundrechten und Verfahren zeigt sich in vielfältigen Konstellationen.
- Grundrechte sind von einer bestimmten Organisation oder einem bestimmten Verfahren abhängig; - Grundrechte wirken auf das Verfahrensrecht ein;
- Organisation und Verfahren sind Instrumente für die unmittelbare Verwirklichung der Grundrechte;
- Organisations - und Verfahrensregelungen sind Mittel, kollidierende Verfassungsrechtspositionen zum Ausgleich zu bringen;
- aus den Grundrechtsbestimmungen ergeben sich besondere Anforderungen für die Verfahrensgestaltung oder - teilhabe."[1750]

Zunächst ist festzuhalten, dass die Menschenwürde als Verfassungsprinzip auf das einfache Recht ausstrahlt und insofern auch das Verfahrensrecht der verfassungskonformen Auslegung unter dem Gesichtspunkt des Menschenwürdeschutzes zugänglich ist. Die Auslegung bestehenden Verfahrensrechts findet aber am oftmals eindeutigen Wortlaut des Gesetzes ihre Grenze. Auch Analogieschlüsse dürften im Verfahrensrecht schon deshalb überwiegend unzulässig sein, weil es regelmäßig an der hierfür notwendigen Feststellung einer planwidrigen Gesetzeslücke fehlen wird.

Von besonderem Interesse ist hier der Grundrechtsschutz durch die Judikative[1751], weil die Gesetzgebung und vollziehende Gewalt die Staatsorgane sind,

---

1747 BVerfGE 38, 105 (115).
1748 BVerfGE 66, 39 (57/58).
1749 Denninger, Staatliche Hilfe zur Grundrechtsausübung durch Verfahren, Organisation und Finanzierung, in: Isensee/Kirchhof, Handbuch des Staatsrechts, Band V, § 113, Rn 8.
1750 Stern, Staatsrecht, Band III/1, 69 V 7, S. 974 in Anlehnung an Hesse und Ossenbühl.
1751 Der Schutz der Menschenwürde durch die Legislative betrifft insbesondere die Vorkehrungen, die „das formelle und materielle Verfassungsrecht unter Berück-

„von denen potentiell die größte Gefährdung der Grundrechte ausgeht. Im Verfassungsstaat avancierte deshalb immer stärker die Gerichtsbarkeit zur grundrechtsschützenden Gewalt par excellence"[1752]. In Österreich kommt dabei insbesondere dem VfGH und dem OGH als Hüter der Grundrechte die größte Bedeutung zu. Aber auch die anderen Gerichtsbarkeiten, insbesondere die Verwaltungsgerichtsbarkeit als Gerichtsbarkeit für öffentlich-rechtliche Streitsachen und der VwGH, ebenfalls als Hüter der Grundrechte, sind zum Schutz der Menschenwürde berufen und verpflichtet.

Nachfolgend sollen die schwierigen Fragen in den Vordergrund gerückt werden, inwieweit administratives Handeln ohne förmlichen Bescheid und teilweises oder gänzliche Unterlassen des Gesetzgebers im Hinblick auf eine Gefährdung oder tatsächliche Verletzung der Menschenwürde justitiabel und verfahrensrechtlich abgesichert sein müssen. Dabei ist zwischen der Durchsetzungsmöglichkeit eines *Abwehranspruchs* und der verfahrensrechtlichen Position bei einer geltend gemachten *Schutzpflicht*verletzung zu unterscheiden.

a) Justitiabilität und Bescheiderfordernis

Stelzer[1753] weist für Österreich allgemein auf Defizite hin , die „großteils in Strukturmerkmalen des Rechtsschutzsystems" begründet seien. Die Unterlassung administrativer Schutzpflichten ist durch den VfGH nur überprüfbar - sofern Grundrechtsverletzungen geltend gemacht werden -, wenn die Form eines Bescheides (Art. 144 B-VG) vorliegt, eine „Säumnis bei der Bescheiderlassung" oder „formlose behördliche Akte" sind verfassungsgerichtlich nicht überprüfbar, es fehlt mithin an der Durchsetzbarkeit[1754]. Die Beschränkung auf das formelle Bescheiderfordernis entzieht Sachverhalte der verfassungsgerichtlichen Kontrolle. Der Schutz der Menschenwürde verlangt jedoch eine verfahrensrechtliche Ab-

---

sichtigung der Verfassungspraxis trifft, um die Beachtung der Grundrechte auch gegenüber der gesetzgebenden Gewalt sicherzustellen" (Stern, Staatsrecht, III/2, § 90 II 2, S. 1144 mwN. Hierbei ist auf zwei neue Erkenntnisse des VfGH aus den Jahren 1999 hinzuweisen, wonach der Gesetzgeber aus grundrechtlichen Gewährleistungen (Grundrecht iVm rechtsstaatlichem Prinzip) verpflichtet ist, eine Parteistellung zur Durchsetzung eines subjektiv-öffentlichen Rechts einzuräumen (VfGH EuGRZ 2000 S. 239 ff). Der Schutz der Menschenwürde durch die Verwaltung einschließlich der Regierung liegt insbesondere in der Beachtung der Menschenwürde im Handeln, in „menschenwürdewirksamen" Verwaltungsverfahren und auch in der Beachtung des Prinzips der Menschenwürde beim Erlass von Vorschriften.
1752 Stern, Staatsrecht, III/2, 90 IV 1 (S. 1189).
1753 Stelzer, Stand und Perspektiven des Grundrechtsschutzes, in: FS 75 Jahre Bundesverfassung,, S. 585 ff (606).
1754 Öhlinger, Verfassungsrecht, Rn 698.

sicherung. Deshalb ist es nicht möglich, dass eine Verletzung der *Menschenwürde* behördlich und gerichtlich nicht abgewehrt werden kann, weil es an formalen Eingangskriterien für behördliches und insbesondere gerichtliches Einschreiten mangelt. Insofern besteht eine Gesetzeslücke. Ist diese nicht im Wege der Analogie zu überbrücken, was methodologisch schwierig zu begründen sein dürfte, besteht gesetzgeberischer Handlungsbedarf.

b) Justitiabilität und gesetzgeberisches Unterlassen

Die verfahrensrechtlichen Positionen zur effektiven Überprüfung einer geltend gemachten grundrechtlichen Schutzpflicht sind begrenzt[1755]. Nach der Rechtsprechung des VfGH kann ein gänzliches Untätigbleiben des Gesetzgebers im Rechtsschutzsystem des B-VG nicht angegriffen werden[1756], eine durch lediglich partielles Tätigwerden geprägte Rechtslage ist überprüfbar[1757]. Positives Tun des Gesetzgebers lässt sich also in den Fällen einfordern, in denen der Gesetzgeber „wenigstens in Ansätzen tätig geworden ist"[1758]. Im Extremfall kann ein gesetzgeberisches Unterlassen gegen das Gebot, die Menschenwürde zu schützen, verstoßen. Bei einer Verletzung[1759] der Menschenwürde durch Unterlassen muss ebenso wie bei einer Verletzung durch gesetzgeberisches Handeln der Rechtsweg eröffnet sein. Dies ergibt sich aus dem Prinzip der Menschenwürde selbst.

Ein einschlägiges gesetzgeberisches Unterlassen könnte dann vorstellbar sein, wenn die materiellen Existenzsicherung - wie sie insbesondere die Sozialhilfege-

---

1755 Vgl auch Gutknecht, BVG Umwelt, in:Korinek/Holoubek, Bundesverfassungsrecht, Rn 28 Fn 88.
1756 Dazu Berka, Grundrechte, Rn 308 mit Hinweis auf VfGH VfSlg 14.453/1996. Holoubek, Funktion und Interpretation der Grundrechte, ZÖR 54 (1999), S. 97 ff, S. 103, zitiert den VfGH (VfSlg 14453/1996), wonach die Bundesverfassung, u.a. auch nicht Art 140 B-V, den VfGH legitimiere, den Gesetzgeber zu einem Gesetzgebungsakt zu zwingen.
1757 VfSlg 14.258/1995. Zu der skizzierten Rechtslage Berka, Grundrechte, Rn 308, der darauf hinweist: „In vielen Fällen liegt allerdings nur eine so genannte 'partielle Untätigkeit' des Gesetzgebers vor, dh dass eine gesetzliche Regelung deshalb verfassungswidrig ist, weil sie in einer gegen ein Grundrecht (zB den Gleichheitssatz) verstoßenden Weise unvollständig ist ..." Gegen den „effektiv nicht handelnden Gesetzgeber" wäre der VfGH „wohl machtlos".(Stelzer, Stand und Perspektiven des Grundrechtsschutzes, in: FS 75 Jahre Bundesverfassung, S. 585 ff [609]). Auch Holoubek, Funktion und Interpretation der Grundrechte, ZÖR 54 (1999), S. 97 ff (103).
1758 Stelzer, Stand und Perspektiven des Grundrechtsschutzes, S. 609.
1759 Eine Verletzung setzt ein Maß an Schwere voraus, das darzulegen ist. Auch eine Gefährdung, die justitiabel sein kann, erfordert die insbesondere durch den EGMR judizierte Schwere.

setzgebung sicherstellt - nicht gesetzlich geregelt ist. Oder wenn es an gesetzlichen Vorgaben fehlt, wonach Obdachlosen, insbesondere im Winter, ein Quartier zum Überleben bereit gestellt werden kann. Auch ein Kronzeuge muss im Falle ernsthafter Lebensgefährdung Anspruch auf staatlichen Schutz haben. In der Regel wird - gesetzgeberisches Unterlassen unterstellt - bei entsprechend weitem Begriffsverständnis ein „partielles" Unterlassen mit der Folge vorliegen, dass nach der Rechtsprechung des VfGH eine verfassungsgerichtliche Überprüfung ermöglicht ist. Im Extremfall kann aber eine Verletzung der Menschenwürde auf einer *gänzlichen* Untätigkeit des Gesetzgebers beruhen. Dies ist denkbar im Falle neuartiger und auch nicht ansatzweise geregelter Bedrohungen, beispielsweise im Bereich der Biomedizin, der Telekommunikation oder durch Tierseuchen oder Krankheiten, die das Leben bedrohen.

Die Frage einer Justitiabilität, die den Umfang der staatlichen Schutzpflichten nicht überspannt und dem Gesetzgeber, den Gerichten und der Verwaltung verfassungsrechtlich gebotene Beurteilungsspielräume zubilligt, ist schwierig und nicht einheitlich zu beantworten. Es käme einer Aushöhlung und Entwertung der Grundrechte gleich, wenn der Gesetzgeber keine Grenzen durch eine gerichtliche Überprüfung erfahren kann. In gewissem Maße müssen wie bei Urteilen auch die tatsächlichen Grundlagen gesetzgeberischer Beurteilungen, die gewählten Mittel und auch die so genannte Einschätzungsprärogative überprüft werden können. Das BVerfG legt dabei unterschiedliche Maßstäbe an, von einer Vertretbarkeitskontrolle über eine Evidenzprüfung bis hin zu einer hohen inhaltlichen Kontrolldichte[1760]. Die Kontrolldichte wird insbesondere von dem Rechtsgut und dem Gefährdungsgrad abhängen. Öhlinger[1761] weist auf den auch in der Rechtspre-

---

[1760] Vgl. v. Münch, in: v. Münch/Kunig, Grundgesetz, Vorb. Art. 1-19, Rn 66/67. Starck, Grundgesetz I, Art. 1 Abs. 3 Rn 245. BVerfGE 53, 30 (57): „Als verfassungsrechtlicher Prüfungsmaßstab kommt das in Art. 2 Abs. 2 GG gewährleistete Grundrecht auf Leben und körperliche Unversehrtheit in Verbindung mit dem Anspruch auf einen effektiven Rechtsschutz in Betracht. Nach anerkannter Rechtsprechung schützt dieses Grundrecht nicht nur als subjektives Abwehrrecht gegen staatliche Eingriffe. Vielmehr folgt darüber hinaus aus seinem objektiv-rechtlichen Gehalt die Pflicht der staatlichen Organe, sich schützend und fördernd vor die darin genannten Rechtsgüter zu stellen und sie insbesondere vor rechtswidrigen Eingriffen von seiten anderer zu bewahren. Diese zunächst im Urteil zur Fristenlösung (BVerfGE 39, 1 [41]; vgl. ferner BVerfGE 46, 160 [164] - Schleyer) entwickelte Rechtsprechung ist in dem erwähnten Kalkar-Beschluß auch zur verfassungsrechtlichen Beurteilung atomrechtlicher Normen herangezogen und dabei ausgeführt worden, daß angesichts der Art und Schwere möglicher Gefahren bei der friedlichen Nutzung der Kernenergie bereits eine entfernte Wahrscheinlichkeit ihres Eintritts genügen müsse, um die Schutzpflicht des Gesetzgebers konkret auszulösen (BVerfGE 49, 89 [141 f.])."
[1761] Öhlinger, Verfassungsrecht, Rn 697.

chung formulierten Beurteilungsspielraum des Gesetzgebers hin. Nur „exzessive Fälle einer gesetzgeberischen Untätigkeit" seien verfassungsgerichtlich justitiabel. Fehlende Gesetze seien nicht durchsetzbar. Freilich handelt es sich bei der Frage der Justitiabilität um ein Kompetenzproblem zwischen dem jeweiligen Verfassungsgericht und dem Gesetzgeber. In der deutschen Verfassungsrechtsprechung ist dabei der Begriff des Untermaßverbots als entscheidender verfassungsgerichtlicher Kontrollmaßstab geprägt worden[1762].

Die Schranke der gesetzgeberischen Befugnisse und Beurteilungsspielräume liegt nach geltender Rechtsprechung in Österreich in der Wesensgehaltssperre und neuerdings auch für den Verfassungsgesetzgeber im Kernbereich des Gleichheitssatzes[1763]. Der inhaltlich bislang nicht durch den VfGH präzisierte Wesensgehalt korrespondiert mit den Kernbereichen der Grundrechte und entspricht nach hiesiger Auffassung dem Inhalt des Prinzips der Menschenwürde. Im Gewährleistungsgehalt der Menschenwürde findet der Gesetzgeber somit eine absolut wirkende Grenze seines Beurteilungsspielraums, eine Abwägung mit anderen Grundrechten oder Verfassungsrechtsgütern ist mithin versagt. Entscheidend ist der wirksame Schutz der Menschenwürde. Eine Pönalisierung eines Verhaltens ist damit freilich nicht zwangsläufig verbunden.

Die Kontrolldichte des Verfassungsgerichts wird wegen des überragenden Rechtsgutes der Menschenwürde jedoch hoch sein.

1762 BVerfGE 88, 203 (254) = NJW 1993, S. 1751 (1755): „Der Staat muß zur Erfüllung seiner Schutzpflicht ausreichende Maßnahmen normativer und tatsächlicher Art ergreifen, die dazu führen, daß ein -unter Berücksichtigung entgegenstehender Rechtsgüter- angemessener und als solcher wirksamer Schutz erreicht wird (Untermaßverbot). Dazu bedarf es eines Schutzkonzepts, das Elemente des präventiven wie des repressiven Schutzes miteinander verbindet." (Leitsatz 6). Dazu auch Unruh, Zur Dogmatik der grundrechtlichen Schutzpflichten, S. 82/83.
1763 VfSlg 15.374/1998.

Siebter Teil

Zusammenfassende rechtliche Einordnung des Prinzips der Menschenwürde

I) Die Menschenwürde als Rechtsprinzip

Nach dem Ergebnis der hier vorgenommenen Analyse der Rechtsprechung ist das Prinzip der Menschenwürde als allgemeines Rechtsprinzip[1764] anerkannt. Es ist nicht nur ein rechtlich unverbindlicher Begriff, gleichsam ein rechtsethisches Prinzip, und auch nicht ein bloßer Programmsatz. Die Formulierung des VfGH, dass die Menschenwürde einen allgemeinen Wertungsgrundsatz der *Rechts*ordnung[1765] darstellt, impliziert die Rechtsverbindlichkeit des Prinzips. Die Qualifizierung der Menschenwürde als allgemeines Rechtsprinzip zumindest ohne verfassungsrechtlichen Geltungsanspruch dürfte insbesondere vor dem Hintergrund der zitierten obergerichtlichen Rechtsprechung weitgehend konsensfähig sein. Berka hält dazu fest: „Die Tragweite einer solchen Gewährleistung ist noch nicht ausgelotet."[1766]

II) Die Menschenwürde als Verfassungsprinzip und allgemeiner Rechtsgrundsatz

Freilich müssen weitere Fragen beantwortet werden. Eine wesentliche Fragestellung ist, ob das Prinzip der Menschenwürde als Verfassungsprinzip zu qualifizieren ist. Diese Frage ist bereits insofern bejaht worden, als die Menschenwürde

---

[1764] Rechtsprinzip ist nicht zu verwechseln mit Grundprinzip. Als Grundprinzipien der Bundesverfassung bezeichnet Öhlinger (Verfassungsrecht, Rn 63) das der demokratischen Republik, den Bundesstaat auch das Rechtsstaatsprinzip. Diese Prinzipien werden auch als leitende Prinzipien, leitende Grundsätze, Grundprinzipien, Baugesetze verstanden (Walter-Mayer, Bundesverfassungsrecht, Rn 146). Bei einer gravierenden Änderung dieser Prinzipien liege allerdings eine Gesamtänderung der Bundesverfassung iSd Art. 44 Abs. 3 B-VG vor, vgl Öhlinger, Verfassungsrecht, Rn 64). Die normative Funktion dieser Grundprinzipien sei aber auch, daß das gesamte Recht im Lichte dieser Prinzipien auszulegen sei, so Öhlinger, Verfassungsrecht, Rn 79. In der neueren Judikatur sind Grundprinzipien auch unmittelbarer Maßstab einfachgesetzlicher Regelungen, Öhlinger, Verfassungsrecht, Rn 80.
[1765] Vgl Berka, Grundrechte, Rn 378.
[1766] Berka, Grundrechte, Rn 378.

aus der Bundesverfassung abgeleitet ist und diese Ableitung die Qualifizierung als Verfassungsprinzip impliziert. Denn der Wesensgehalt und Kern der Freiheitsgrundrechte und des Gleichheitssatzes können in ihrer rechtlichen Dimension nicht als ein Minus gegenüber dem jeweiligen Grundrecht selbst bewertet werden. Auch die Zuordnung der Menschenwürde zum Kernbereich der Demokratie verbietet eine Qualifizierung dieses Prinzips unterhalb des Verfassungsrangs, denn das Demokratieprinzip gilt als Baugesetz der Bundesverfassung. Die Menschenwürde als der Bundesverfassung innewohnendes Prinzip ist somit mehr als ein Rechtsgrundsatz. Wie dargelegt, fehlt hierüber eine ausdrückliche verfassungsgerichtliche oder obergerichtliche Feststellung. Die Rechtsprechung des OGH weist aber, wie dargestellt, in diese Richtung. Das Gegenteil ist mithin nicht ausdrücklich ausgesprochen und erörtert worden. Aus der bislang fehlenden weiteren Rechtsprechung sollten keine gegenteiligen Schlüsse gezogen werden. Eine Durchsicht der Rechtsprechung des VfGH zum Begriff des „Verfassungsgrundsatzes" ist in der Sache nicht weiterführend[1767]. Interessant ist, dass der

---

1767 Vgl dazu bereits unter Zweiter Teil I 2 a cc. Das Vertrauensprinzip, abgeleitet aus dem Gleichbehandlungsgrundsatz, wird als Verfassungsprinzip anerkannt, wenngleich durch den VfGH explizit nicht so bezeichnet. Walzel v. Wiesentreu, Vertrauensschutz und generelle Norm, ÖJZ 2000, S. 1 ff (S. 11) spricht davon, dass sich diese Rechtsprechung „nahtlos in die materiale Rechtsprechungstradition (einfügt), die der GH beginnend mit den achtziger Jahren begründet hat". Hierbei ist auch die Rücksichtnahmepflicht zu nennen. In dem Erkenntnis vom 2. 12. 1994 judiziert der VfGH eine Verletzung der verfassungsrechtlichen Rücksichtnahmepflicht in § 94 NÖ-Jagdgesetz durch die exzessive Bevorrangung von jagdwirtschaftlichen und wildbiologischen Interessen durch den Landesgesetzgeber gegenüber den vom Bundesgesetzgeber wahrgenommenen Interessen der Erholungsfunktion des Waldes. Der VfGH stellt fest, dass eine Pflicht zu bundestreuen Verhalten im österreichischen Verfassungsrecht weder ausdrücklich noch schlüssig enthalten ist. "Eine Verpflichtung zur wechselseitigen Treue von Bund und Ländern kann aber aus dem Grundsatz der exklusiven Trennung der Aufgabenbereiche iVm dem allgemeinen Sachlichkeitsgebot (Gleichheitssatz) ..abgeleitet werden." Die obergerichtliche Rechtsprechung leitet aus einem Verfassungsprinzip demzufolge Befugnisse und Gebote ab. Anders gesprochen ist das Rücksichtnahmegebot Teil des Verfassungsprinzips und zugleich Bauprinzips der Bundesstaatlichkeit. Potacs , aaO, S. 287, spricht in diesem Zusammenhang aus rechtsmethodologischer Sicht, dass es sich bei diesem Prinzip auch um eine Rechtsfortbildung des VfGH handeln könnte. VfGH v.5.10.1989, VfSlg Nr. 12186 Explizit bezeichnet der VfGH die Freiheit der Wahlwerbung als Verfassungsprinzip VfGH v. 28.2.1992, VfSlg 13004. Der VwGH stellt in einer Entscheidung vom 28.2.1997, Gz. 97/02/0035, fest, dass dem „Verfassungsgrundsatz" des Art. 1 Abs. 3 bez. Art. 5 Abs. 2 " des B-VG über den Schutz der persönlichen Freiheit durch die Normierung der Voraussetzungen für die Verhängung der Schubhaft Rechnung getragen worden ist". Art. 1 PersFrG normiert, dass der Entzug der persönlichen Freiheit dem Zwecke der Maßnahme notwendig sein muss und der Entzug nicht zum Zweck der Maßnahme außer Verhältnis

VfGH in dem Erkenntnis vom 10. 12. 1993[1768] die Verfügbarkeit über das Rechtsgut der Menschenwürde ausdrücklich beschränkt. Eine Beschränkung der Freiheit durch ein ungeschriebenes Rechtsprinzip lässt sich nach meiner Meinung aber nur dann tragend begründen, wenn diesem Rechtsprinzip ein hoher und für den Staat fundamentaler Rang eingeräumt, mithin Verfassungsqualität zugestanden wird. Der VfGH zieht jedoch insbesondere dann, wenn Entscheidungen des Gesetzgebers „materiell-wertend"[1769] überprüft werden, die Lösung einer Erweiterung des Schutzbereiches einer Grundrechtsbestimmung[1770] vor oder er beschränkt sich darauf, eine Kernverletzung zu verneinen[1771]. Auf die Menschenwürde als *allgemeines* Prinzip griff der VfGH bislang nicht mehr zurück, die Rechtsprechung blieb vereinzelt. Der VfGH sieht die Menschenwürde aber in ständiger Rechtsprechung zudem in Art. 3 EMRK verankert. Art. 3 EMRK wird in der Rechtsprechung des EGMR als fundamentale Rechtsposition qualifiziert. Es ist für mich nicht vorstellbar, dass der VfGH auf dem Boden der abendländischen Rechtstradition, der EMRK und auch der AEMR die Menschenwürde als Prinzip qualifiziert, dem nicht Verfassungsrang zuzubilligen ist.

Potacs[1772] beschreibt die vom VfGH entwickelten Rechtsprinzipien wie das Verhältnismäßigkeitsprinzip, den Vertrauensgrundsatz, den Grundsatz von Treu und Glauben und die rechtsstaatliche Verfahrensgarantien wie die Grundsätze auf rechtliches Gehör und die Begründung von Bescheiden als allgemeine Rechtsgrundsätze, die im Wege der Auslegung entwickelt wurden. Auch das Prinzip der Menschenwürde verschließt sich, wie bereits ausgeführt[1773], einer solchen rechtsmethodologischen Einordnung nicht und lässt sich als allgemeines Rechtsprinzip mit der Maßgabe qualifizieren, dass diesem Prinzip Verfassungsrang zuzubilligen ist.

---

steht. Art. 5 Abs. 2 PersFrG bestimmt, dass vom Freiheitsentzug abzusehen ist,wenn gelindere Maßnahmen ausreichen.
1768 VfSlg 13.635/1993.
1769 Novak, Fortpflanzungsmedizingesetz und Grundrechte, in Bernat (Hrsg), Die Reproduktionsmedizin am Prüfstand von Recht und Ethik, RdM, Bd. 11, 2000, S. 63.
1770 Erkenntnis zum Fortpflanzungsmedizingesetz vom 14. 10.1999, EuGRZ 1999, S. 680 ff, siehe unten, Dritter Teil IV 1.
1771 Erkenntnis zum Gleichheitsgrundsatz, VfSlg 15373/1998, siehe unten, Zweiter Teil II 3. Zur Wesensgehaltssperre aktuell VfGH v. 25. 9. 2000, Gz. B 780/98.
1772 Potacs, Auslegung, S. 234 ff.
1773 Siehe oben, Fünfter Teil III und IV.

III) Die Menschenwürde ist keine Staatszielbestimmung ohne subjektive Rechtsgewährung

Als Staatszielbestimmungen in Österreich gelten u. a. das Bekenntnis zum umfassenden Umweltschutz[1774], das Bekenntnis zur Gleichbehandlung von behinderten und nichtbehinderten Menschen in allen Bereichen des täglichen Lebens[1775], sowie das Bekenntnis zur tatsächlichen Gleichstellung von Mann und Frau[1776], aber auch die dauernde Neutralität[1777] und die umfassende Landesverteidigung[1778], das Verbot nazistischer Tätigkeit[1779], der Rundfunk als öffentliche Aufgabe[1780] sowie die verschiedenen Staatszielbestimmungen der Landesverfassungen[1781].

Staatszielbestimmungen sind keine Grundrechte, subjektive Rechtspositionen werden dadurch nicht verliehen. „Staatszielbestimmungen verpflichten die betroffenen Staatsorgane objektiv-rechtlich dazu die angesprochenen Aufgaben aufzugreifen und sich mit den zur Verfügung stehenden Möglichkeiten um die Realisierung der dahinter stehenden Zielsetzungen zu bemühen. Sie sind verbindliches Verfassungsrecht, sind in Grenzen justitiabel und können im Einzelnen unterschiedliche rechtliche Wirksamkeit entfalten."[1782] Öhlinger[1783] weist darauf hin, dass sich Staatszielbestimmungen von Grundrechten dadurch unterscheiden, dass sie keine subjektiven Rechte gewährleisten. Dies entspricht auch der herrschen Meinung in Deutschland. Epiney[1784] spricht von zwei zentralen Charakteristika: keine subjektive Rechtsposition, aber objektiv-verbindliche Rechtssätze mit Rechtswirkungen.

1774 BVG-Umweltschutz v. 27. 11. 1984, BGBl. Nr. 491, dazu Öhlinger, Verfassungsrecht, Rn 100 ff; ausführlich Gutknecht, BVG Umwelt, in: Korinek/Holoubek, Bundesverfassungsrecht. Hierzu auch Marko, Umweltschutz als Staatsziel, ÖJZ 1986, S. 289 ff mwN zum rechtsdogmatischen Gehalt eines Staatsziels.
1775 Art. 7 Abs. 1 B-VG; Öhlinger Verfassungsrecht, Rn 102.
1776 Art. 7 Abs. 2 B-VG; Öhlinger, Verfassungsrecht, Rn 783.
1777 Vgl Öhlinger, Verfassungsrecht, Rn 93.
1778 Vgl Öhlinger, Verfassungsrecht, Rn 99.
1779 Vgl Öhlinger, Verfassungsrecht, Rn 91; Berka, Grundrechte, Rn 1046.
1780 Vgl Öhlinger, Verfassungsrecht, Rn 103.
1781 Hierzu oben, Vierter Teil I und II; vgl Berka, Grundrechte, Rn 1046; Öhlinger, Verfassungsrecht, Rn 106.
1782 Berka, Grundrechte, Rn 1044.
1783 Öhlinger, Verfassungsrecht, Rn 90.
1784 Epiney, in: v. Mangoldt/Klein/Starck, Grundgesetz II, Art. 20a Rn. 34 ff (mit Hinweis auf den Bericht der Sachverständigenkommision „Staatszielbestimmungen/Gesetzesaufräge" des BMI/BMJ 1983, Rn 34 Fn 69).

1) Staatsziel und Legislative

In erster Linie richtet sich die Staatszielbestimmung an die Legislative, die bei dem Erlass von Gesetzen das Staatsziel berücksichtigen und mit anderen verfassungsrechtlichen Vorgaben abwägen muss. Dabei stehen Staatszielbestimmungen Grundrechten in ihrer Wirkung nicht gleich und sind insofern nicht gleichwertig. Gleichwertigkeit besteht aber unter Staatszielbestimmungen und anderen verfassungsrechtlich in gleicher Weise geschützten Rechtsgütern[1785]. Berka[1786] verweist auf die Ausstrahlung einer Staatszielbestimmung auf den Gleichheitssatz, wonach diese Bestimmungen „verfassungsrechtlich hervorgehobene öffentliche Interessen ... und in diesem Sinn etwa Kriterien der Sachlichkeit im Rahmen der Anwendung des Gleichheitssatzes" darstellen. Außerdem können Staatsziele „rechtfertigende Gründe für Schranken, die der Gesetzgeber dem Gebrauch gewisser Freiheiten setzt"[1787] geben. Berka[1788] geht davon aus, dass Staatszielbestimmungen „eine Sperrwirkung gegenüber der Beseitigung oder Abschwächung eines einmal eingeführten Schutzniveaus bilden" können. So könnte eine gänzliche Beseitigung des Umweltschutzes, so Berka, in einem bestimmten Bereich einen gesetzgeberischen Akt als verfassungswidrig qualifizieren. Gutknecht[1789] spricht am Beispiel der Staatszielbestimmung Umweltschutz davon, dass u. a. die Auswahl und Gewichtung der Maßnahmen und die Festlegung der Mittel einem „legislativen Ermessen" überlassen sind.

Das BVerfG in Deutschland spricht im Zusammenhang von Staatszielen als Teil der allgemeinen Verfassungsprinzipien, die Zielinhalte beschreiben, ohne die genauen Mittel zu ihrer Verwirklichung vorzuschreiben[1790].

2) Staatsziel und Exekutive

Staatsziele können „Gesichtspunkte der verfassungskonformen Interpretation (liefern), die etwa bei Entscheidungen im Ermessensbereich oder bei der Hand-

---

1785 Epiney, in: v. Mangoldt/Klein/Starck, Grundgesetz II, Art. 20a Rn 47.
1786 Berka, Grundrechte, Rn 1045.
1787 Berka, Grundrechte, Rn 1045 unter Verweis auf VfSlg 12.009/1989; 13.102/1993.
1788 Berka, Grundrechte, Rn 1045.
1789 Gutknecht, BVG Umwelt, in: Korinek/Holoubek, Bundesverfassungsrecht, Rn 28, auch Rn 36.
1790 Epiney, in: v. Mangoldt/Klein/Starck, Grundgesetz II, Art. 20a Rn 37 Fn 69 unter Hinweis auf BVerfGE 14, 263 (275) und auch BVerfGE 59, 57 (108), worin Staatszielbestimmungen als offene verfassungsrechtliche Verpflichtungen bezeichnet werden.

habung von Planungsermessen zu beachten sind (VfSlg 11.990/1989)"[1791]. Zum Staatsziel Umweltschutz wird bemerkt: „Gewisse Bedeutung hat dieses BVG als Auslegungsmaxime erlangt."[1792] Die Verankerung des Umweltschutzes als Staatszielbestimmung könne Eingriffe in das Grundrecht der Erwerbsfreiheit im Sinne der Verhältnismäßigkeitsprüfung rechtfertigen[1793].

Starck spricht davon, dass Staatsziele „unter Beachtung der Grenzen verwirklicht (werden), die die Verfassung durch Kompetenzregeln, Grundrechte und sonstige Bestimmungen zieht"[1794]. Epiney spricht im Zusammenhang mit Art. 20 a GG[1795] von einer „verfassungsrechtlichen Wertentscheidung, die bei der Auslegung anderer Verfassungsbestimmungen, aber auch einfachgesetzlichen Normen, zu beachten ist"[1796]. Das Verhältnis zum einfachen Recht wird durch den Grundsatz der verfassungskonformen Auslegung geprägt, so z.B. für Art. 20a GG „bei der Auslegung unbestimmter Rechtsbegriffe, wie etwa 'öffentliches Interesse' oder 'Wohl der Allgemeinheit'"[1797].

Eine große Wirkung entfaltet eine Staatszielbestimmung im Rahmen von Abwägungen, sei es bei Ermessensentscheidungen oder der Anwendung des Grundsatzes der Verhältnismäßigkeit[1798]. Die obergerichtliche Rechtsprechung zur Menschenwürde, insbesondere die des OGH, deutet in diese Denkrichtung. Denn der OGH verknüpft im Zivilrecht[1799], wie dargestellt, mit der Menschenwürde einen Rechtsbegriff, der im Grundsatz der Abwägung zugänglich ist. Die Formulierung des VfGH „allgemeiner Wertungsgrundsatz" deutet ebenfalls begrifflich an, dass das Prinzip der Menschenwürde einer wertenden Betrachtung zugänglich ist, es mithin andere Wertungsgrundsätze gibt. „Allgemein" kann dabei im Sinne von übergreifend verstanden werden[1800]. Auch die Gesetzesmaterialien zu einzelnen einfachgesetzlichen Bestimmungen weisen dahin, dass die

---

1791 Berka, Grundrechte, Rn 1045.
1792 Öhlinger, Verfassungsrecht, Rn 101 mwN zur Rechtsprechung des. VfGH.
1793 Öhlinger, Verfassungsrecht, Rn 1o1 unter Hinweis auf VfGH Vfslg 13.102/1992 und VfGH 12009/1989.
1794 Starck, Grundgesetz I, Art. 3 Abs. 2 Rn 287 unter Hinweis auf BVerfGE 88, 203 (319).
1795 Art. 20a GG: „Der Staat schützt auch in Verantwortung für die künftigen Generationen die natürlichen Lebensgrundlagen im Rahmen der verfassungsmäßigen Ordnung durch die Gesetzgebung und nach Maßgabe von Gesetz und Recht durch die vollziehende Gewalt und die Rechtsprechung."
1796 Epiney, in: v. Mangoldt/Klein/Starck, Grundgesetz II, Art. 20a Rn 43.
1797 Epiney, in: v. Mangoldt/Klein/Starck, Grundgesetz II, Art. 20a Rn 92.
1798 Epiney, in: v. Mangoldt/Klein/Starck, Grundgesetz II, Art. 20a Rn 93.
1799 Vgl dagegen die Qualifizierung der Menschenwürde als „absoluter Wert" in OGH 12 Os 72/00 v. 3. 8. 2000 zu § 201 StGB.
1800 Vgl näher oben, Zweiter Teil I 2 a cc.

Menschenwürde als ein abwägungsfähiges Rechtsprinzip (manchmal sogar nur als ethisches Prinzip) wirken soll.

Zusammenfassend lässt sich festhalten: Die Exekutive kann Staatsziele gestaltend verwirklichen, soweit der Gesetzgeber Entscheidungsmöglichkeiten eröffnet[1801]. Des Weiteren ist eine Staatszielbestimmung Auslegungsmaßstab und wichtiges, auch verfassungsrechtlich verfestigtes öffentliches Interesse[1802], mithin interpretativer Faktor auf Verfassungsebene und einfachgesetzlicher Ebene. Auf Verfassungsebene kann eine Staatszielbestimmung allerdings keine Schranke von Grundrechten sein[1803].

3) Staatsziel und Judikative

Eine Staatszielbestimmung erweitert nicht den Zugang zu Gerichten[1804], eine subjektiv-rechtliche Dimension ist einem Staatsziel nicht zuzusprechen. Dennoch haben die Gerichte den objektiv-rechtlichen Gehalt bei Auslegungs - und Abwägungsfragen zu berücksichtigen, dabei dem Verfassungsrang des Staatsziels Rechnung zu tragen[1805]. Die Rechtsprechung muss bei der Prüfung einer Verletzung der Staatszielbestimmung durch den Gesetzgeber „den dem Gesetzgeber zustehenden Gestaltungsspielraum beachten", nur eine „Kontrolle evidenter Verstöße" sei möglich[1806].

4) Staatsziel und Menschenwürde

Für eine Qualifizierung des Prinzips der Menschenwürde als Staatszielbestimmung könnte zunächst die Bewertung durch den VfGH in der genannten Entscheidung aus dem Jahr 1993 sprechen. Die Menschenwürde wurde nicht als subjektiv-rechtliche Rechtsposition qualifiziert. Allerdings war eine konkrete Aussage darüber nicht veranlasst. Ein obiter dictum erfolgte nicht, dies wäre aber

---

1801 Vgl Gutknecht, in: Korinek/Holoubek, Bundesverfassungsrecht, BVG Umwelt, Rn 29.
1802 Gutknecht, in: Korinek/Holoubek, Bundesverfassungsrecht, BVG Umwelt, Rn 29, 30.
1803 Vgl Gutknecht, in: Korinek/Holoubek, Bundesverfassungsrecht, BVG Umwelt, Rn 34.
1804 Epiney,in: v. Mangoldt/Klein/Starck, Grundgesetz II, Art. 20a Rn 37.
1805 Öhlinger, Verfassungsrecht, Rn 101 mwN zur Rechtsprechung des VfGH zum Staatsziel Umweltschutz.
1806 Epiney, in: v. Mangoldt/Klein/Starck, Grundgesetz II, Art. 20a Rn 94.

für den VfGH von seinem Selbstverständnis ausgehend bislang untypisch gewesen.

Formal spricht gegen die Einordnung der Menschenwürde als Staatsziel schlichtweg, dass dieses Prinzip verfassungsrechtlich nicht als Staatszielbestimmung positiviert ist. Staatsziele werden in der Verfassung ausdrücklich festgeschrieben, was schon der Begriff „Ziel" nahelegt. Unter dem Begriff Bestimmung versteht man Geschriebenes und nicht Ungeschriebenes. Die Anerkennung ungeschriebener Staatszielbestimmungen erscheint mir wenig konsensfähig. Eine andere Bezeichnung wäre angebracht, wenn man der Menschenwürde diejenigen Rechtswirkungen zubilligen wollte, die mit der Zuordnung als Staatszielbestimmung verbunden wären.

Gegen die Einordnung des Prinzips der Menschenwürde als Staatszielbestimmung spricht *materiell* nicht nur der fundamentale Wert, welcher der Menschenwürde auch durch die Rechtsprechung des EGMR und auch mittelbar des VfGH in Form der Judikatur zu Art. 3 EMRK zugewiesen wird. Gegen eine Qualifizierung als Staatszielbestimmung lässt sich auch die absolute, unabwägbare und damit herausgehobene Stellung der Menschenwürde im Gefüge der Grundrechte anführen. Ein Staatsziel ist verfassungsgesetzlicher Wertungs - und Interessenausgleich[1807]. Das Prinzip der Menschenwürde ist nach der hier begründeten Auffassung einem Interessenausgleich nicht zugänglich, kann demzufolge auch nicht das Ergebnis eines Ausgleichs sein. Die Menschenwürde ist Maßstab für die Beurteilung von Eingriffen oder Schutzpflichten und nicht Gegenstand der Optimierung von Grundrechten. Zudem verpflichtet das Prinzip der Menschenwürde nach hiesiger Auffassung zu einer wirksamen verfahrensrechtlichen Absicherung. Beides kann eine Staatszielbestimmung dogmatisch nicht leisten.

IV) Die Menschenwürde, kein Rechtsprinzip sui generis

Die Menschenwürde als fundamentales Rechtsprinzip und Kerngehalt der Freiheitsgrundrechte und des Gleichheitsgrundsatzes lässt sich nicht nur objektiv-rechtlich qualifizieren, will man Wertungswidersprüche vermeiden. Als Konsequenz bliebe eine Qualifizierung des Prinzips der Menschenwürde als allgemeines Rechtsprinzip, als „allgemeiner Wertungsgrundsatz", gleichsam als argu-

---

[1807] Vgl Gutknecht, in: Korinek/Holoubek, Bundesverfassungsrecht BVG Umwelt, Rn 26 mit Hinweis auf VfGH VfSlg 11.291/1987 (Abwägung mit dem verfassungsrechtlichen Wirtschaftlichkeitsgebot) und VfGH VfSlg 14.551/1996 (Offenhalten von Gaststätten).

mentatives Zwischenglied und interpretativer Faktor, nützlich und heutzutage auch nicht mehr rechtlich zu vernachlässigen, da national und international präsent. Eine derartige Qualifizierung leidet aber insbesondere unter zwei Mängeln:

Zum einen wird sie der fundamentalen, auch zunehmend internationalen[1808] und europäischen[1809] Rechtsposition der Menschenwürde nicht gerecht. Qualifiziert man die Menschenwürde lediglich als allgemeines Rechtsprinzip, das auch in die Verfassung ausstrahlen kann, so stellt sich überdies die Frage, worin die juristische Notwendigkeit der Anerkennung einer solchen Rechtsposition zu finden ist. Zum anderen lassen sich dogmatisch klare Strukturen nicht begründen, das Prinzip wird zum beliebig einsetzbaren Instrument, nicht vorhersehbar und auch nicht steuerbar, einsetzbar bei der Prüfung von Freiheitsgrundrechten auf der Ebene des Schutzbereichs wie des Eingriffs oder auf der so genannten Rechtfertigungsebene als Schranke oder wiederum als Schranken-Schranke. Deshalb ist schon aus Gründen der Rechtsklarheit, Voraussehbarkeit und Rechtssicherheit eine Einordnung des Prinzips der Menschenwürde als letztendlich doch diffuses Rechtsprinzip sui generis abzulehnen.

V) Die Menschenwürde als Verfassungsprinzip mit subjektiv-rechtlicher Realisierung und als Grundrecht

Für die Qualifizierung der Menschenwürde als Verfassungsprinzip mit subjektiv-rechtlicher Dimension spricht die Ableitung der Menschenwürde aus dem Kern der Freiheitsrechte, insbesondere als Inhalt der vorbehaltlosen und notstandsfesten Bestimmung des Art 3 EMRK sowie dem Kern des Gleichheitssatzes und dem Demokratieprinzip. Über die hier begründete Ableitung kann man sicherlich mit beachtenswerten Argumenten trefflich streiten. Sie ist aber Grundlage der Inhaltsbestimmung, der rechtlichen Einordnung und der Dogmatik, so dass nach meiner Auffassung aus der hier vertretenen Ableitung und Dogmatik zwingend die Qualifizierung als subjektives Verfassungsprinzip folgt. Damit ist eine Qualifizierung als Staatszielbestimmung oder Staatszielprinzip verwehrt; denn ein Hauptmerkmal der Staatszielbestimmung ist die lediglich objektiv-rechtliche Dimension des Staatsziels.

Die Menschenwürde realisiert sich dabei nicht als eigenständiges Verfassungsprinzip, sondern wird an eine jeweils einschlägige Grundrechtsbestimmung angelehnt (z. B. das Prinzip der Menschenwürde iVm Art. 3 EMRK). Dies ent-

---

[1808] Vgl die Qualifizierung der Menschenwürde als Grundrecht in der Schweiz in Art. 7 nBV.
[1809] Vgl dazu Art. 1 EU-Charta, hierzu unten, Achter Teil.

spricht im Übrigen auch der Dogmatik in Deutschland[1810]. Auch wenn im Ausnahmefall die Menschenwürde keinem Grundrecht zuzuordnen ist, sondern als eigenständiges Rechtsprinzip argumentativ entwickelt wird, erfolgt auch dann eine Zuordnung des Prinzips zu einer Verfassungsnorm[1811].

Das Prinzip der Menschenwürde ist somit als ein *Grundrecht* zu qualifizieren. Hierfür spricht neben der unmittelbare Verpflichtung aller staatlichen Gewalt, dieses Prinzip anzuwenden, vor allem die gerichtlich einklagbare subjektive Rechtsposition. Die Menschenwürde ist ein individuelles Recht.

VI) Die Menschenwürde als Bauprinzip der Verfassung im Sinne des Art. 44 Abs. 3 B-VG

Es drängt sich wegen des fundamentalen Charakters der Menschenwürde die Frage auf, ob und inwieweit dem österreichischen einfachen Verfassungsgesetzgeber die Disposition über das Verfassungsprinzip der Menschenwürde entzogen ist, mithin das Prinzip der Menschenwürde als Baugesetz im Sinn des Art. 44 Abs. 3 B-VG zu qualifizieren und demgemäß eine durch den Gesetzgeber gebilligte Verletzung als Gesamtänderung der Verfassung einer Volksabstimmung zu unterziehen ist. Berka betont, dass „die Grundrechtsordnung als Bestandteil des rechtsstaatlichen Bauprinzips Anteil am Bestandsschutz des Art. 44 Abs. 3 B-VG hat", mithin eine Volksabstimmung bei einer „Aufhebung oder wesentlichen Modifikation des Grundrechtsschutzes" erforderlich wäre[1812]. Die Beurteilung einer baugesetzwidrigen Einschränkung ist freilich schwieriger. Hiesel[1813] plädiert für eine „unverrückbare Einsicht ..., dass weder der einschlägige Verfassungstext des Art. 44 Abs. 3 B-VG noch seine Entstehungsgeschichte klare und eindeutige Antworten auf die Frage geben, wann eine Gesamtänderung der Bundesverfassung vorliegt". Berka bezieht deutlich Position: "Anzunehmen ist, dass jedes Grundrecht einen auch dem Verfassungsgesetzgeber unzugänglichen „Wesenskern" enthält, den man aus seinem Menschenwürdegehalt ableiten kann. Denn es ist nicht anzunehmen, dass der zentrale inhaltliche Bezugspunkt aller Grundrechte, der Schutz der menschlichen Würde, in einem Rechtsstaat beseitigt wer-

---

1810 Vgl Starck, Grundgesetz I, Art. 1 Abs. 1 Rn 24.
1811 Vgl Starck, Grundgesetz I, Art. 1 Abs. 1 Rn 24.
1812 Berka, Grundrechte, Rn 79. Zur Gesamtänderung der Bundesverfassung auch Baumgartner, EU-Mitgliedschaft und Grundrechtsschutz, S. 26 ff; zur Bedeutung der Grundrechte im Gefüge der baugesetzlichen Ordnung, Baumgartner, EU-Mitgliedschaft, S. 30 (Fn 31 mwN).
1813 Hiesel, ÖJZ 2000, Gleichheitssatz, verfassungsrechtliche Grundordnung und das Erkenntnis VfSlg 15.373/1998, S. 281 ff (290).

den dürfte, ohne dass dieses Prinzip selbst aufgehoben wird. Dann wäre jedenfalls die gänzliche Aufhebung eines Grundrechts ebenso eine Gesamtänderung wie die schwer wiegende, den Menschenwürdekern betreffende Durchbrechung eines einzelnen Grundrechts, auch wenn dies nur für einen einzigen Anwendungsfall erfolgen sollte. In diesen Kernbereich würde aber auch eingegriffen, wenn (etwa durch ein Maßnahmegesetz) die Grundrechte für einzelne Personen oder Personengruppen durchbrochen würden."[1814] Diese Auffassung wird meines Erachtens belegt durch ein Erkenntnis des VfGH aus dem Jahr 1998[1815], wonach der VfGH dem Gleichheitsgrundsatz explizit einen Kern zuweist (allerdings ohne inhaltliche Darstellung), der einer Änderung durch den Verfassungsgesetzgeber im Sinne des Art. 44 Abs. 1 B-VG nicht zugänglich ist. Nach der hier begründeten Darstellung, in Österreich bereits früh vertreten durch Ermacora, entspricht auch der Kern des Gleichheitssatzes dem Prinzip der Menschenwürde, so dass auch aus dieser Sichtweise die Menschenwürde als ein Prinzip zu qualifizieren ist, das dem Zugriff des Verfassungsgesetzgebers entzogen ist[1816].

Das Prinzip der Menschenwürde ist ein fundamentales Recht, die Basis und der Kerngehalt der Freiheitsrechte und der Gleichbehandlung. Damit beansprucht es den gleichen formalen Stellenwert, über den Demokratie, Rechtsstaat, Bundesstaat oder auch Gewaltenteilung verfügen, nämlich der Disposition des „einfachen" Verfassungsgesetzgebers entzogen zu sein.

Für die Qualifizierung des Prinzips der Menschenwürde als Baugesetz im Sinne des Art. 44 Abs. 3 B-VG ist auch die Bestimmung des Art. 15 Abs. 2 EMRK beachtlich, wonach von der Bestimmung des Art. 3 EMRK auch im Notstandsfall nicht abgewichen werden darf, mithin auch dem Verfassungsgesetzgeber deutliche Schranken gezogen sind. Denn Art. 3 EMRK ist eine wesentliche Bestimmung, aus der das Prinzip der Menschenwürde abgeleitet wird.

In Deutschland erklärt Art. 79 Abs. 3 GG[1817] die in Art. 1 und 20 GG enthaltenen Grundsätze für unabänderlich, das Prinzip der Menschenwürde ist somit „ewig" garantiert. Auch das Volk kann darüber nicht im Wege einer neuen Verfassung verfügen. Das BVerfG bestätigt aktuell den Bezug der Menschenwürde

---

1814 Berka, Grundrechte, Rn 79, unter Hinweis auf Pernthaler, Verfassungskern, S. 82 ff.
1815 VfSlg 15.373/1998.
1816 Vgl auch Kirchhof (in: Isensee/Kirchhof, Band V, § 124 Rn 112). Dieser sieht in der Unantastbarkeitsgarantie des Art. 1 Abs. 1 GG neben der Unverletzlichkeitsgarantie des Art 2 Abs. 2 Satz 1 und 2 GG „fundamentale Gleichheitssätze, weil sie jedem Menschen zugesprochen werden, damit als Basisrechte jedes Menschen spezielle Gleichheitsgewährleistungen enthalten".
1817 Art. 79 Abs. 3 GG: „Eine Änderung dieses Grundgesetzes, durch welche die Gliederung des Bundes in Länder, die grundsätzliche Mitwirkung der Länder bei der Gesetzgebung oder die in den Artikeln 1 und 20 niedergelegten Grundsätze berührt werden, ist unzulässig."

zum jeweiligen Kerngehalt der Grundrechte, wie er auch hier für Österreich vertreten wird: „Art. 79 III GG entzieht die in Art. 1 I und 20 GG niedergelegten Grundsätze jeglicher Änderung. Das Grundgesetz erklärt damit neben dem in Art. 1 I GG verankerten Grundsatz der Menschenwürde und den von ihm umfassten Kerngehalt der nachfolgenden Grundrechte ... auch andere Garantien für unantastbar, die in Art. 20 GG festgehalten sind."[1818] In der Schweiz ist die Unantastbarkeit des Kerngehalts der Grundrechte positiviert[1819]. Die Menschenwürde ist als *Grundrecht* in Art. 7 nBV qualifiziert. Meiner Auffassung nach muss man davon ausgehen, dass das Prinzip der Menschenwürde, da dem Grundrechtskatalog vorangestellt, in seiner gesamten inhaltlichen Ausprägung nicht angetastet werden darf, mithin sich ein Kerngehalt eines Menschenwürdeprinzips nicht isolieren läßt.[1820] Die wesentliche Bedeutung des Art. 7 nBV dürfte in der Vermittlung einer subjektiven Rechtsposition liegen.

VII) Die Menschenwürde als unabänderliches Prinzip über Art. 44 Abs. 3 B-VG hinaus?

In der österreichischen Rechtslehre finden sich Stimmen, die der Menschenwürde einen unabänderlichen Rechtswert zusprechen. 1991 formuliert Schambeck: „Die Grundrechte haben ihre geistige Wurzel in der Idee der Würde des Menschen und sind - so gesehen - in einem gewissen Ausmaß jeder staatlichen Disposition unzugänglich."[1821] Pernthaler weist darauf hin, dass in der neueren europäischen Verfassungsdogmatik und Verfassungskultur „immanente Schranken der Verfassungsänderung mit oder ohne ausdrückliche verfassungsrechtliche Verankerung" gelten[1822]. Einer Volksabstimmung im Sinne des Art. 44 Abs. 3 B-VG kann eine „*Diskriminierung* einzelner Personen oder Gruppen in ihren Grundrechten unter einem 'im übrigen' weitergeltenden verfassungsstaatlichen Rechts- und Demokratiesystem"[1823] nicht vorgelegt werden. Pernthaler nimmt in diesem Zusammen-

---

1818 BVerfG v. 19. 12. 2000 -Zeugen Jehovas-, NJW 2001, S. 429 ff (431/432).
1819 Art. 36 Abs. 4 nBV: „Der Kerngehalt der Grundrechte ist unantastbar."
1820 So auch wohl Müller, Grundrechte, S. 1, der die Menschenwürde auch dem jeweiligen Kerngehalt der Grundrechte zuordnet.
1821 Schambeck, Zur Theorie und Interpretation der Grundrechte in Österreich, in: Machacek/Pahr/Stadler, Band 1, 1983, S. 83 ff (83).
1822 Pernthaler, Verfassungskern, S. 84. Aus verfassungsrechtlicher Sicht ablehnend Hiesel, Gleichheitssatz, verfassungsrechtliche Grundordnung und das Erkenntnis VfSlg 15.373/1998, ÖJZ 2000, S. 281 (285 ff). Hiesel sieht die Theorie Pernthalers als nicht „überzeugend in der Bundesverfassung verankert" (aaO, S. 286).
1823 Pernthaler, Verfassungskern, S. 83.

hang Bezug auf eine Feststellung von Hufeld[1824], der als absolute Schranke einer Verfassungsdurchbrechung das Prinzip der Menschenwürde nennt. Auch Klecatsky[1825] bezeichnet die Menschenwürde unter Bezugnahme auf Pernthaler und § 16 ABGB als einen „unaufhebbaren ... Kern des 'Verfassungskerns' (Pernthaler).

Die Auffassung Pernthalers ist beachtenswert, stellt aber eine deutliche Mindermeinung in der Rechtslehre dar und ist obergerichtlich nicht bestätigt. Freilich ist der Gedanke einer Unabänderlichkeit dem Prinzip der Menschenwürde nicht wesensfremd und in Deutschland[1826] normativ verankert. Der normative Geltungsanspruch des Prinzips der Menschenwürde ergibt sich, wie dargelegt, zwar aus der Verfassung. Mit der Beseitigung des Prinzips der Menschenwürde würde das Volk jedoch auf die Funktion der Staatsordnung verzichten, Gerechtigkeit, Freiheit, Gleichheit und Frieden zu sichern und sich somit gegen die fundamentalen und tradierten Grundwerte des Zusammenlebens stellen. Die Abschaffung des Grundwertes der Menschenwürde[1827] käme somit einer Revolution gleich mit der Folge, dass der einzelne Mensch auch ein *Recht* auf Widerstand haben muss[1828]. Insofern könnte eine ausdrückliche Abschaffung des Prinzips der Menschenwürde durch den „qualifizierten" Verfassungsgesetzgeber (Volk) keine materielle Rechtsverbindlichkeit begründen, mithin muß auch das Prinzip der Menschenwürde in Österreich als unabänderlich anzusehen sein. Eine Abschaffung dieses Prinzips durch eine neue Verfassung wäre nicht möglich.

1824 Pernthaler, Verfassungskern, S. 84 Fn 386 unter Bezugnahme auf U. Hufeld, Die Verfassungsdurchbrechung, Rechtsprobleme der deutschen Einheit und der europäischen Einigung, 1997, S. 219 und S. 246: „Undenkbar sind solche (Durchbrechungsgründe), die die Beeinträchtigung der Menschenwürde rechtfertigen können. Sie ist unteilbar. An diesem bedingungslosen Schutz nimmt auch der die Menschenwürde schützende Gehalt der einzelnen Grundrechte teil."
1825 Klecatsky, Erinnerungen, S. 275 ff (300).
1826 Art. 79 Abs. 3 GG, siehe dazu bereits in diesem Teil vorgehend unter V.
1827 Vgl Isensee, Verfassungsgarantie ethischer Grundwerte und gesellschaftlicher Konsens, NJW 1977, S. 545 ff (548).
1828 Vgl Art. 20 Abs. 4 GG :"Gegen jeden, der es unternimmt, diese Ordnung zu beseitigen, haben alle Deutschen das Recht zum Widerstand, wenn andere Abhilfe nicht möglich ist."; vgl auch Art. 17 EMRK.

Achter Teil

Die Charta der Grundrechte der Europäischen Union

Nationales und europäisches Verfassungsrecht beeinflussen sich wechselseitig. Die „Europäisierung des Verfassungsrechts"[1829] schreitet voran. Deshalb soll abschließend in einem Ausblick das Prinzip der Menschenwürde im Rahmen des Gemeinschaftsrechts skizziert werden. Das in der österreichischen Bundesverfassung positiv-rechtlich verankerte Prinzip der Menschenwürde ist dabei geeignet, das Prinzip der Menschenwürde im Gemeinschaftsrecht zu bestärken, wie auch umgekehrt ein Gemeinschaftsgrundrecht der Menschenwürde nicht ohne Einfluss auch auf die nationale Rechtsordnung in Österreich bleiben kann.

I) Sachstand und Rechtslage

Artikel 1 der vom Europäischen Parlament, vom Rat und von der Kommission am 7. 12. 2000 in Nizza proklamierten Grundrechte - Charta[1830] lautet: „Die Würde des Menschen ist unantastbar. Sie ist zu achten und zu schützen." In der Präambel zu der Charta der Grundrechte ist formuliert: „In dem Bewusstsein ihres geistig-religiösen und sittlichen Erbes gründet sich die Union auf die unteilbaren und universellen Werte der Würde des Menschen, der Freiheit, der Gleichheit und der Solidarität."

Österreich ist mit Wirksamkeit vom 1. 1. 1995 der Europäischen Union beigetreten. Eine wesentliche Konsequenz der Geltung des Gemeinschaftsrechts ist

---

1829 Bauer, Europäisierung des Verfassungsrechts, JBl. 2000, S. 750 ff. Bauer spricht dabei von der „Ausbildung von Europäischem Verfassungsrecht", der „Entwicklung Gemeineuropäischen Verfassungsrechts" sowie über „wechselseitige Beeinflussungen von nationalem Verfassungsrecht und Gemeinschaftsrecht" (aaO, S. 750). Vgl auch Zuleeg, Zum Verhältnis nationaler und europäischer Grundrechte, EuGRZ 2000, S. 511 ff.
1830 Vgl EuGRZ 2000, S. 554 ff. Die Erläuterungen zum endgültigen Text-Entwurf des Konvents verweisen auf die AEMR 1948 und sprechen davon, dass „die Würde des Menschen zum Wesensgehalt der in dieser Charta festgelegten Rechte gehört" (EuGRZ 2000, S. 559). Zu den Erläuterungen auch Alber/Widmaier, Die EU-Charta der Grundrechte und ihre Auswirkungen auf die Rechtsprechung, EuGRZ 2000, S. 497 ff (499).

der Anwendungsvorrang gegenüber entgegenstehendem staatlichen Recht[1831]. Dieser Vorrang drückt sich auch dadurch aus, dass nationales Verfassungsrecht in der Rangordnung unter dem Gemeinschaftsrecht steht[1832].

Das europäische Gemeinschaftsrecht enthält bislang keinen ausdrücklichen Katalog von Grundrechten[1833]. Allerdings zählen die Grundrechte, deren Erkenntnisquellen die EMRK und die Verfassungsüberlieferungen der Mitgliedstaaten sind, zu den allgemeinen Rechtsgrundsätzen des Gemeinschaftsrechts. Diese allgemeinen Rechtsgrundsätze werden als ungeschriebenes Gemeinschaftsrecht anerkannt[1834].

Das Prinzip der Würde des Menschen fand im Gemeinschaftsrecht bislang keine umfassende Anerkennung. Dennoch ist bereits der frühen Rechtsprechung des EuGH aus dem Jahre 1969 (*Stauder-Urteil*) im Wege der Auslegung zu entnehmen, dass die Würde des Menschen gemeinschaftsrechtlichen Grundrechtsschutz genießt[1835]. Rengeling[1836] bemerkt hierzu: „Man kann möglicherweise die

---

[1831] Berka, Grundrechte, Rn 332 unter Bezugnahme auf VfGH v. 16. 6. 1998, V 6/98. Öhlinger, Verfassungsrecht, Rn 156 ff. Hengstschläger, Grundrechtsschutz kraft EU-Rechts, JBl. 2000, S. 494 ff. Moritz, Zum Stufenbau nach dem EU-Beitritt, ÖJZ 1999, S. 781 ff. Classen, in: V. Mangoldt/Klein/Starck, Grundgesetz II, Art. 23 Abs. 1 Rn 63 ff.

[1832] Öhlinger, Verfassungsrecht, Rn 159; hierzu auch unter dem Blickwinkel gemeinschaftsrechtlicher allgemeiner Rechtsgrundsätze, Schilling, Bestand und allgemeine Lehren der bürgerschützenden allgemeinen Rechtsgrundsätze des Gemeinschaftsrechts (nachfolgend „Gemeinschaftsrecht"), EuGRZ 2000, S. 3 ff (S. 33 ff).

[1833] Berka, Grundrechte, Rn 343; vgl zum Einfluss des europäischen Grundrechtsschutzes auf das nationale Recht auch Baumgartner, Das Verhältnis der Grundrechtsgewährleistungen auf europäischer und nationaler Ebene, ZÖR 54 (1999), S. 117 ff.

[1834] Vgl dazu Berka, Grundrechte, Rn 343; zu den allgemeinen Rechtsgrundsätzen Baumgartner, EU-Mitgliedschaft und Grundrechtsschutz, 1997, S. 153 ff mwN zur Rechtsprechung des EuGH; Schilling, Gemeinschaftsrecht, S. 3 ff (11).

[1835] EuGH, Slg. 1969, 419, Rn 7 - Stauder/Stadt Ulm: „Bei dieser Auslegung enthält die streitige Vorschrift nichts, was die in den allgemeinen Grundsätzen der Gemeinschaftsrechtsordnung, deren Wahrung der Gerichtshof zu sichern hat, enthaltenen Grundrechte der Person in Frage stellen könnte."; EuR 1970, 39; vgl auch Losch/Radau, Grundrechtskatalog für die Europäische Union, ZRP 2000, S. 84 ff (85, Fn 12); Dreier, in Dreier (Hrsg), Grundgesetz, Band 1, Art. 1 Rn 25. Dreier formuliert: „Im Stauder-Urteil, wo es um die Frage einer rechtswidrigen Diskriminierung (der Begriff der „Menschenwürde" findet sich in der Entscheidung des EuGH nicht) bei der Vergabe verbilligter Butter an hilfsbedürftige Personen nur gegen Vorlage eines namentlich gekennzeichneten Gutscheines ging, konstatierte der EuGH, daß die allgemeinen Grundsätze des Gemeinschaftsrechts auch „Grundrechte der Person" enthielten." (Dreier, in: Dreier, Grundgesetz, Band 1, Art. 1 Rn 25). Er bemerkt, dass für Deutschland wegen der „Ewigkeitsgarantie" des Art. 79 Abs. 3 GG bei einer Verletzung der Menschenwürde die „ 'Vorrangschranke' greifen" würde (aaO, Rn 27 mwN).

Beachtung dieses Grundrechts in der Rechtsprechung des Europäischen Gerichtshofs erblicken, in der allgemein von der Beachtung der 'Grundrechte der Person' die Rede ist."

Rengeling sieht in der Entscheidung *Nold* aus dem Jahr 1974 einen noch deutlicheren Hinweis auf ein Prinzip der Menschenwürde im EU-Recht[1837]. Insbesondere dann, so Rengeling wörtlich[1838], wenn man hierin die Gewährleistung eines „Maximalstandards"[1839] sieht, lässt sich die soeben genannte Auffassung des Schutzes auch des Grundrechts der Menschenwürde vertreten. In der Entscheidung Nold wird ebenfalls nicht explizit das Prinzip der Menschenwürde angesprochen[1840].

Es wird darauf hingewiesen, dass die Menschenwürde vom Europäischen Gerichtshof bereits 1974 in der Entscheidung *Casagrande* genannt wird, und zwar unter Bezugnahme auf „Teilhaberechte"[1841]. Allerdings thematisiert der EuGH nicht das Prinzip der Menschenwürde. Er nennt in seinen Entscheidungsgründen lediglich die Begründung einer EWG - Verordnung, in der die Menschenwürde als „Begründungserwägung" genannt ist.

Ausdrücklich anerkannt hat der EuGH die Achtung der Würde gegenüber einer Person in einer Entscheidung (*P. gegen S. und Cornwall County Council*) aus dem Jahr 1996. In dieser Entscheidung geht es um die Gleichbehandlung von Männern und Frauen im Rahmen einer Entlassung einer transsexuellen Person.

1836 Rengeling, Grundrechtsschutz in der Europäischen Gemeinschaft: Bestandsaufnahme und Analyse der Rechtsprechung des Europäischen Gerichtshofs zum Schutze der Grundrechte als allgemeine Rechtsgrundsätze, 1992, S. 133.
1837 Rengeling, Grundrechtsschutz, S. 133 unter Bezugnahme auf EuGH 14. 5. 1974, Nold, Slg. 1974, S. 491 (507, Rdnr 13).
1838 Rengeling, Grundrechtsschutz, S. 134.
1839 Vgl zum Maximalstandard Rengeling, Grundrechtsschutz, S. 224; vgl auch Baumgartner, EU-Mitgliedschaft, S. 158 ff zu variablem Grundrechtsschutz, Minimal-und Maximallösung sowie zur „wertenden Rechtsvergleichung".
1840 EuGH Slg. 1974/491, S. 507, Rn 13: „Der Gerichtshof hat bereits entschieden, daß die Grundrechte zu den allgemeinen Rechtsgrundsätzen gehören, die er zu wahren hat, und daß er bei der Gewährleistung dieser Rechte von den gemeinsamen Verfassungsüberlieferungen der Mitgliedstaaten auszugehen hat. Hiernach kann er keine Maßnahmen als Rechtens anerkennen, die unvereinbar sind mit den von den Verfassungen dieser Staaten anerkannten und geschützten Grundrechten. Auch die internationalen Verträge über den Schutz der Menschenrechte, an deren Abschluß die Mitgliedstaaten beteiligt waren oder denen sie beigetreten sind, können Hinweise geben, die im Rahmen des Gemeinschaftsrechts zu berücksichtigen sind. Anhand dieser Grundsätze ist über die von der Klägerin geltend gemachten Rügen zu entscheiden."
1841 Rengeling, Grundrechtsschutz, S. 134 mit Hinweis auf (Fn 8). EuGH v. 3. 7. 1974 - Casagrande, Rs. 9/74; Slg 1974, S. 773 (778 ff).

Allerdings wird der Begriff der Würde im Leitsatz der amtlichen Sammlung nicht erwähnt, der Begriff der *Menschen*würde wird in der Entscheidung nicht verwendet. Der EuGH formuliert: „Würde eine solche Diskriminierung toleriert, so liefe dies darauf hinaus, daß gegenüber einer solchen Person gegen die Achtung der Würde und der Freiheit verstoßen würde, auf die sie Anspruch hat und die der Gerichtshof schützen muß."[1842]

In einer aktuellen Entscheidung vom 9. Oktober 2001[1843] urteilt der EuGH ausdrücklich, daß die Menschenwürde durch die Richtlinie zum rechtlichen Schutz biotechnologischer Erfindungen (RL 98/44/EG) gewahrt ist. Der EuGH formuliert: „Es obliegt dem Gerichtshof, im Rahmen der Kontrolle der Übereinstimmung der Handlungen der Organe mit den allgemeinen Grundsätzen des Gemeinschaftsrechts die Beachtung der Menschenwürde und des Grundrechts der Unversehrtheit der Person sicherzustellen."[1844] Die Menschenwürde wird somit als allgemeiner Grundsatz des Gemeinschaftsrechts qualifiziert, die Wahrung der Menschenwürde wird somit ausdrücklich als verbindlicher Prüfungsmaßstab herausgestellt.

Der EuGH erkennt überdies neben spezifischen Freiheitsrechten einen allgemeinen Gesetzesvorbehalt im Sinne eines Schutzes gegen willkürliche oder unverhältnismäßige Eingriffe in die Sphäre der privaten Betätigung als allgemeinen Grundsatz des Gemeinschaftsrechts an, was unter der Rubrik „Schutz der allgemeinen Handlungsfreiheit"[1845] eingeordnet wird.

Das Prinzip der Menschenwürde ist mittelbar in Art 6 Abs. 2 EUV verankert[1846]. Dies ergibt sich daraus, dass der EMRK über die Bezugnahme auf die

---

1842 Slg 1996, I - 2143, Rn 22; Schilling, Gemeinschaftsrecht, S. 1 ff (13).
1843 Rs. C - 377/98, EuGRZ 2001, S. 486 ff (490 ff - Zum fünften Klagegrund).
1844 EuGRZ 2001, S. 486 ff (490). Die englische Formulierung lautet: ... to ensure that the fundamental right to human dignity and integrity is observed." Die französische Formulierung lautet: „ ... de veiller au respect du droit fondamental à la dignité humaine et à l'intégrité de la personne." Vgl www.europa.eu.int/jurisp zu Rs. C-377/98. Hinzuweisen ist noch darauf, dass der Generalanwalt Francis. G. Jakobs in seinem Schlussantrag vom 14. Juni 2001 bereits darlegte: „Meines Erachtens unterliegt es keinem Zweifel, dass die von den Niederlanden angeführten Rechte in der Tat Grundrechte sind, deren Beachtung in der Gemeinschaftsrechtsordnung sicherzustellen ist. Das Recht auf Achtung der Menschenwürde ist vielleicht das grundlegenste Recht von allen und nunmehr in Artikel 1 der Charta der Grundrechte der Europäischen Union zum Ausdruck gelangt, der festlegt, dass die Menschenwürde unantastbar und zu achten und zu schützen ist." (www.europa.eu.int/jurisp, Schlussanträge, Rechtssache C-377/98, Rn. 197).
1845 Schilling, Gemeinschaftsrecht, 1 ff (14) unter Bezugnahme auf EuGH Slg 1989, 2859, mwN in Fn 167.s
1846 EUV idF vom 2. 10. 1997 (Vertrag von Amsterdam): Art. 6 Abs. 1: „Die Union beruht auf den Grundsätzen der Freiheit, der Demokratie, der Achtung der Menschen-

AEMR 1948 in der Präambel einerseits und Art. 3 andererseits das Prinzip der Menschenwürde zuzuordnen ist[1847]. Der EGMR bezeichnet ausdrücklich die Menschenwürde als Wesenskern der EMRK[1848]. Allerdings sind die Bestimmungen der EMRK nicht Bestandteil des Gemeinschaftsrechts, worauf der EuGH auch aktuell deutlich hinweist[1849]. In einer „Erklärung des Europäischen Parlaments über Grundrechte und Grundfreiheiten" vom 12. April 1989 wird die Würde des Menschen ausdrücklich benannt[1850]. Eine rechtliche Wirkung ist damit aber nicht zu verbinden.

Die Frage ist, ob der in Nizza am 7. Dezember 2000 feierlich proklamierten Charta der Grundrechte der Europäischen Union Rechtsverbindlichkeit zugesprochen werden wird[1851]. Dies kann explizit durch eine Aufnahme in die europäischen Verträge geschehen. Eine andere Option wäre, die Charta in Art. 6 Abs. 2 EUV zu erwähnen. Es wird aber befürchtet, dass der EU damit Kompetenzen zuwachsen[1852] und auch der EuGH eine gegenüber den nationalen obersten Gerichten nicht gebilligte Machtfülle erhält. „Grundrechtsfragen sind zugleich Machtfragen"[1853]. Es liegt auf der Hand, dass die Stellung des EuGH insbesondere unter dem Blickwinkel der Kontrolldichte deutlich gestärkt würde. Auch bestehen Befürchtungen einiger Mitgliedstaaten, dass die Verankerung eines Grundrechtskatalogs die Unionsverträge „an eine staatliche Verfassung"[1854] an-

---

rechte und Grundfreiheiten sowie der Rechtsstaatlichkeit; diese Grundsätze sind allen Mitgliedstaaten gemeinsam.
Art. 6 Abs. 2: „Die Union achtet die Grundrechte, wie sie in der am 4. November 1950 in Rom unterzeichneten Europäischen Konvention zum Schutze der Menschenrechte und Grundfreiheiten gewährleistet sind und wie sie sich aus den gemeinsamen Verfassungsüberlieferungen der Mitgliedstaaten als allgemeine Grundsätze des Gemeinschaftsrechts ergeben."; vgl Baumgartner, EU-Mitgliedschaft, S. 164.

1847 Sehe hierzu oben, Zweiter Teil II 2.
1848 ÖJZ 1996, S. 356; siehe hierzu bereits oben unter Zweiter Teil II 2 d bb.
1849 EuGH Rs. T-112/98, in: Bulletin des Gerichtshofes der Europäischen Gemeinschaften Nr. 06/01, S. 25.
1850 Artikel 1 (Würde des Menschen): „Die Würde des Menschen ist unantastbar.", in Hummer/Obwexer, EU-Recht, Basistexte zur EU-Mitgliedschaft Österreichs, 1998, Nr. 42 (S. 1129), Grundrechtserklärung EP; vgl auch Dreier, in: Dreier, Grundgesetz, Band 1, Art. 1 Rn 26.
1851 Zur Historie vgl Hummer, Eine „Grundrechtscharta" für die Europäische Union, in: juridikum, Zeitschrift im Rechtsstaat, 3/2000, S. 163 ff. Zum Verfassungsbegriff und zu der Qualifizierung der Charta als präkonstitutionelles Dokument: Arnold, Begriff und Entwicklung des Europäischen Verfassungsrechts, Festschrift H. Maurer, 2001, S. 855 ff.
1852 Hierzu Baer, Grundrechtecharta ante portas, ZRP 2000, S. 361 (364).
1853 Kriele, in: Isensee/Kirchhof, Handbuch des Staatsrechts, Band V, § 110 Rn 1.
1854 Geiger, EUV,EGV, Kommentar, 3.Auflage 2ooo, EUV Art. 6 Rn 9.

nähern. Nicht zu übersehen ist, dass die Grundrechte - Charta die individuellen Freiheitsrechte betont und dies zumindest langfristig nicht ohne Folgewirkungen auf das politische Rechtssystem der EU bleiben kann[1855]. Mittlerweile argumentieren Generalanwälte vor dem EuGH bereits mit den in der Charta verankerten Werten. In einem Schlussantrag des Generalanwalts Siegbert Alber vom 1. 2. 2001 heißt es: „Der neu geschaffene Artikel 16 EG und Artikel 36 der Charta der Grundrechte der Europäischen Union unterstreichen die Bedeutung dieser Annahme als Ausdruck einer grundlegenden Wertentscheidung des Gemeinschaftsrechts."[1856] Auch das Gericht Erster Instanz äußert sich bereits zu dieser Charta: „Was die Frage der Bedeutung der Charta, auf die sich die Klägerin beruft ..., für die Beurteilung des vorliegenden Falles anbelangt, ist zu beachten, dass die Charta erst am 7. Dezember 2000 vom Europäischen Parlament, vom Rat und von der Kommission proklamiert wurde. Daher kann die Charta keine Auswirkung auf die Beurteilung der angefochtenen Maßnahme haben, da diese vorher ergangen ist."[1857]

Es deutet sich an, dass der EuGH die Grundrechte-Charta „als eine weitere Auslegungshilfe bei der Ermittlung von Grundrechtsgarantien als Bestandteil der allgemeinen Rechtsgrundsätze"[1858] werten wird. Auf dem Boden der bisherigen Rechtsprechung des EuGH kann auch die Meinung vertreten werden, die Charta schaffe keine neuen Rechte, sondern verdeutlichte den Konsens bereits anerkannter oder dem EU-Recht innewohnender Rechte. Denn die Charta ist eine evolutive Verfassung, d. h. sie konstituiert teils bestehendes geschriebenes[1859] und ungeschriebenes[1860] Gemeinschaftsrecht und rezipiert Rechte (insbesondere

---

1855 Vgl v. Bogdandy, Grundrechtsgemeinschaft als Integrationsziel, JZ 2001, S. 157 ff (168 ff).
1856 Schlußantrag zu Rs. C-340/99, www.europa.eu.int/jurip, Rn. 94 (siehe unten). Vgl auch Schlußantrag Tizzano v. 8. 2. 2001, Rs. C-173/99, dazu Steinbeis, Justiz macht zunehmend von EU-Grundrechtecharta Gebrauch, Handelsblatt v. 5. 3. 2001. Vgl auch Alber, Die Selbstbindung der europäischen Organe an die Europäische Charta der Grundrechte, EuGRZ 2001, S. 349 ff (351) mit weiteren Hinweisen zu Schlussanträgen unter Bezugnahme auf die EU-Charta und der Feststellung, dass der Gerichtshof in den einschlägigen Urteilen vom 17. Mai 2001 (C-340/99) und vom 26. Juni 2001 (C-173/99) nicht auf die Charta der Grundrechte einging.
1857 EuG, Erste erweiterte Kammer, Rs. T-112/98 v. 20. 2. 2001, in: Bulletin des Gerichtshofes der Europäischen Gemeinschaften, Nr. 06/01, S. 26.
1858 So bereits Winkler, Der Europäische Gerichtshof für Menschenrechte, das Europäische Parlament und der Schutz der Konventionsgrundrechte im Europäischen Gemeinschaftsrecht, EuGRZ 2001, S. 18 ff (26). Zu den möglichen Funktionen der Grundrechte-Charta vgl Zuleeg, Zum Verhältnis nationaler und europäischer Grundrechte, EuGRZ 2000, S. 511 ff (514 ff).
1859 z. B das Diskriminierungsverbot.
1860 z. B Grundrechte als allgemeine Rechtsgrundsätze.

aus der EMRK und der Europäischen Sozialcharta, wie aber auch aus der sogenannten Bioethik - Konvention des Europarats)[1861].

II) Grundrechte - Charta und das Prinzip der Menschenwürde in Österreich

Die Grundrechte - Charta wird Einfluß auf die Diskussion zur Menschenwürde in Österreich nehmen. Dazu trägt schon der vorrangige Standort der Menschenwürde in dieser Charta bei, wenngleich der Anwendungsbereich der Charta begrenzt ist[1862]. Die Verankerung des Prinzips der Menschenwürde in Artikel 1 der Charta wird aus europäischer Sicht als „revolutionärer Fortschritt"[1863] qualifiziert. Die Charta der Grundrechte verdeutlicht den politischen wie auch rechtlichen Weg der EU hin zu einer umfassenden Rechtsgemeinschaft im Sinne einer Wertegemeinschaft[1864]. Österreich beschreitet als EU - Mitglied diesen Weg mit und ist auch gehalten, Stellung zur zukünftigen rechtlichen Qualifizierung des Prinzips der Menschenwürde zu beziehen. Es darf zwar bezweifelt werden, dass ein auf Artikel 1 der Charta gestütztes Prinzip der Menschenwürde alsbald verbindliches Gemeinschaftsrecht sein wird. Denn die Charta wirft fundamentale staatsrechtliche Fragen auf, bei der es nicht nur um eine mögliche EU-Kompetenzerweiterung oder Annäherung an eine Eigenstaatlichkeit der EU geht. Es handelt sich auch um inhaltliche und dogmatische Fragestellungen von jeweiligem nationalen Interesse, wie z. B. die Grenzen richterlicher Interpretation oder gesetzgeberischer Gestaltungsspielräume, der Umfang von Schutzpflichten, der Inhalt von Leistungsansprüchen und die jeweiligen Kompetenzen hierfür[1865]. Ei-

---

1861 Vgl. hierzu grundsätzlich Arnold, Begriff und Entwicklung des Europäischen Verfassungsrechts, Festschrift H. Maurer, 2001, S. 855 ff.

1862 Vgl Art 51 Abs. 1 Satz 1: „Diese Charta gilt für Organe und Einrichtungen der Union unter Einhaltung des Subsidiaritätsprinzips und für die Mitgliedstaaten ausschließlich bei der Durchführung des Rechts der Union." Vgl hierzu Tettinger, Die Charta der Grundrechte der Europäischen Union, NJW 2001, S. 1010 ff (1010).

1863 Alber/Widmaier, Die EU-Charta der Grundrechte und ihre Auswirkungen auf die Rechtsprechung, EuGRZ 2000, S. 497 ff (500).

1864 Vgl Alber/Widmaier, Die EU-Charta der Grundrechte und ihre Auswirkungen auf die Rechtsprechung, EuGRZ 2000, S. 497 ff (510). Zuleeg, Zum Verhältnis nationaler und europäischer Grundrechte, EuGRZ 2000, S. 511 ff (516) spricht davon, dass die Charta ein „Konsens der Wertvorstellungen" ist.

1865 Der EG fehlt in der Regel die sogenannte Kompetenz-Kompetenz, vgl Lindner, EG-Grundrechtecharta und gemeinschaftsrechtlicher Kompetenzvorbehalt, DÖV 20000, S. 543 ff (545). Zur Absage an die Begründung neuer Zuständigkeiten vgl explizit Art 51 Abs. 2 der Charta: „Diese Charta begründet weder neue Zuständigkeiten noch neue Aufgaben für die Gemeinschaft und für die Union, noch ändert sie

ne europäische Grundrechtsdogmatik ist zu diskutieren und zu entwickeln. Der Grundrechtskatalog der Charta ist sehr weit gefaßt, so dass schon diese Weitläufigkeit einen kurzfristigen Entscheidungsprozeß hemmen wird. Ferner werden die Möglichkeit und der Umfang eines Individualrechtsschutzes abzuklären sein, weil Grundrechte Individualrechtsschutz implizieren.

Fest steht: Die Charta wird rechtliche Wirkung entfalten[1866]. Fest steht auch: Der Annäherung des EU - Rechts an das nationale Recht wird man sich langfristig nicht entziehen können. Das Prinzip der Menschenwürde wird dabei nicht nur den Rechtssektor des für Österreich verbindlichen Gemeinschaftsrechts besetzen, sondern zumindest mittelfristig auch das nationale Recht und die nationale Rechtsdogmatik beeinflussen. Umgekehrt ist das im österreichischen Bundesverfassungsrecht verankerte Prinzip der Menschenwürde geeignet, eine Inhaltsbestimmung und auch eine Dogmatik des Prinzips der Menschenwürde auf europäischer Ebene entscheidend mit zu gestalten.

Die Rechte des Menschen haben zur Grundlage die Würde jedes Individuums.

An diesem elementaren Prinzip haben sich nationales, europäisches und internationales Recht zu orientieren. Seine Beachtung und sein Vollzug werden eine dankbare und segensreiche Aufgabe der im Rahmen der Globalisierung immer mehr zusammenwachsenden Völker sein.

---

die in den Verträgen festgelegten Zuständigkeiten und Aufgaben." Hierzu Tettinger, Die Charta der Grundrechte der Europäischen Union, NJW 2001, S. 1010 ff (1014).

1866 Tettinger, Die Charta der Grundrechte der Europäischen Union, NJW 2001, S. 1010 ff (1015) formuliert: „Die in der Charta niedergelegten Gewährleistungen werden in absehbarer Zukunft vor allem als argumentativer Steinbruch für die Weiterentwicklung einer stärker grundrechtlich imprägnierten Rechtsprechung des EuGH fungieren." Zum Verhältnis EMRK und EG/EU - Recht vgl EGMR, Urteil vom 18. 2. 1999, Matthews gegen Vereinigtes Königreich, EuGRZ 1999, S. 200 ff, wonach der EGMR im Gegensatz zur Solange-Konzeption des deutschen BVerfG (BVerfGE 73, 339, und BVerfG v. 7. 6. 2000 (Bananenmarkt, NJW 2000, 3124 = EuGRZ 2000, 328) das Verhalten der Organe der EU mittelbar an den Grundrechten der EMRK misst und Konventionsschutz gewährt. Interessant wird die Entscheidung im anhängigen Verfahren Senator-Lines sein (Beschwerde-Nr. 56672/00), hierzu EuGRZ 2000, S. 334.

Abkürzungsverzeichnis

a.A.	anderer Ansicht
a.a.O.	am angegebenen Ort
a.E.	am Ende
AEMR	Allgemeine Erklärung der Menschenrechte, verkündet durch die Generalversammlung der Vereinten Nationen am 10. Dezember 1948
AJP	(Schweizer) Aktuelle Juristische Praxis; AJP/PJA = Sondernummer
Anm.	Anmerkung
AöR	Archiv des öffentlichen Rechts
BayVBl.	Bayerische Verwaltungsblätter
Bd.	Band
BGBl.	Bundesgesetzblatt (Österreich)
BGE	Entscheidungen des Schweizerischen Bundesgerichts
BGHZ.	(Deutscher) Bundesgerichtshof in Zivilsachen
BlgNR	Beilage(n) zu den stenographischen Protokollen des Nationalrates
B-VG	Bundes-Verfassungsgesetz
BVG	Bundesverfassungsgesetz
BVerfG	(Deutsches) Bundesverfassungsgericht
BVerfGE	Entscheidungssammlung des Bundesverfassungsgerichts
GG	Grundgesetz für die Bundesrepublik Deutschland
GP	Gesetzesperiode
ders.	derselbe
Diss.	Dissertation
DÖV	Die öffentliche Verwaltung(Zeitschrift)
DRiZ	Deutsche Richterzeitung
DVBl.	Deutsches Verwaltungsblatt(Zeitschrift)
EGMR	Europäischer Gerichtshof für Menschenrechte
EMRK	Europäische Menschenrechtskonvention

EG	Europäische Gemeinschaften
EKMR	Europäische Kommission für Menschenrechte
EuGRZ	Europäische Grundrechte-Zeitschrift
EuGH	Europäischer Gerichtshof
EuR	Europarecht (Zeitschrift)
EUV	Vertrag über die Europäische Union
EvBl	Evidenzblatt der Rechtsmittelentscheidungen in ÖJZ
FAZ	Frankfurter Allgemeine Zeitung
f(f)	folgende(n)
FG	Festgabe
Fn.	Fußnote
FrG	Fremdengesetz
FS	Festschrift
G	Gesetz
GS	Gedächtnisschrift
Hrsg	Herausgeber
iVm	in Verbindung mit
JAP	Juristische Ausbildung und Praxisvorbereitung (Zeitschrift)
JBl.	Juristische Blätter (Zeitschrift)
JöR	Jahrbuch des öffentlichen Rechts der Gegenwart (NF=Neue Folge)
JRP	Journal für Rechtspolitik
Jura	Zeitschrift für die juristische Ausbildung
JUS	Juristische Schulung (Zeitschrift)
JZ	Juristenzeitung
mwN	mit weiteren Nachweisen
MedR	(Deutsches) Medizinrecht (Zeitschrift)
nBV	Bundesverfassung der Schweizerischen Eidgenossenschaft vom 18. April 1999
NJW	Neue Juristische Wochenschrift (Zeitschrift)
NR	Nationalrat
NVwZ	(Deutsche) Neue Zeitschrift für Verwaltungsrecht

OGH	Oberster Gerichtshof
ÖGZ	Österreichische Gemeindezeitung
ÖJZ	Österreichische Juristen-Zeitung
Oö	Oberösterreich
PersFrG	Bundesverfassungsgesetz zum Schutz der persönlichen Freiheit
RdM	Recht der Medizin
RFG	Rundfunkgesetz
RGBl.	Reichsgesetzblatt
Rn	Randnummer
Rspr.	Rechtsprechung
S.	Seite
Slg	Sammlung (der Rechtsprechung des VfGH oder des EuGH)
SPG	Sicherheitspolizeigesetz
StGB	Strafgesetzbuch
StGG	Staatsgrundgesetz über die allgemeinen Rechte der Staatsbürger
StPO	Strafprozeßordnung
StProtNR	Stenographische Protokolle des Nationalrates
StVG	Strafvollzugsgesetz
SZ	Entscheidungen des österreichischen Obersten Gerichtshofes in Zivil-(und Justizverwaltungs-)sachen
u.a.	und andere(s)
UbG	Unterbringungsgesetz
UN	United Nations (Vereinte Nationen)
UVS	Unabhängige(r) Verwaltungssenat(e)
UWG	Bundesgesetz gegen den unlauteren Wettbewerb
VfGH	Verfassungsgerichtshof
VfSlg	Sammlung der Erkenntnisse und wichtigen Beschlüsse des Verfassungsgerichtshofes
vgl.	vergleiche
VVDStRL	Veröffentlichungen der Vereinigung der Deutschen Staatsrechtslehrer
VwGH	Verwaltungsgerichtshof
WRV	Weimarer Reichsverfassung

ZAS	Zeitschrift für Arbeitsrecht und Sozialrecht
ZBJV	(Schweizer) Zeitschrift des Bernischen Juristenvereins
ZfL	Zeitschrift für Lebensrecht
ZfV	Zeitschrift für Verwaltung
ZÖR	(Österreichische) Zeitschrift für öffentliches Recht
ZRP	Zeitschrift für Rechtspolitik

Literaturverzeichnis

Adamovich, Ludwig K. / Funk, Bernd-Christian / Holzinger Gerhart: Österreichisches Staatsrecht, Wien, New York, Band 1, Grundlagen, 1997. *Zitat: Adamovich/Funk/Holzinger, Staatsrecht 1, Rn 14.031.*

Adamovich, Ludwig: Die Reform des strafprozessualen Verfahrens und Menschenwürde im Krankenhaus, 19. Tagung der Österreichischen Juristenkommission vom 28. bis 30. Mai 1992 in Weißenbach am Attersee, Wien 1993, Diskussion S. 175 ff.

Gedanken zur Verfassungsinterpretation im Zeitalter der europäischen Integration, in: Kritik und Fortschritt im Rechtsstaat, Grundrechte in Europa, in: 20. Tagung der Österreichischen Juristenkommission vom 10. bis 12. Juni 1993 in Weißenbach am Attersee, Wien, 1995, S. 25 ff.

Grundrechte heute – Eine Einführung, in: Machacek/Pahr/Stadler, Band 1, 1991, S. 7 ff.

Adamovich, Ludwig / Huppmann, Reinhild: Die Judikatur des Verfassungsgerichtshofes 1975-1995, in: 75 Jahre Bundesverfassung, Wien, 1995, S. 505 ff.

Alber, Siegbert / Widmaier Ulrich: Die EU-Charta der Grundrechte und ihre Auswirkungen auf die Rechtsprechung, EuGRZ 2000, S. 497 ff.

Alexy, Robert: Theorie der Grundrechte, Frankfurt am Main, 3. Auflage 1996. *Zitat: Alexy, Grundrechte, S. 323.*

Arnold Rainer: Die europäischen Verfassungsgerichte und ihre Integrationskonzepte in vergleichender Sicht, in: Staat-Verfassung-Verwaltung, FS Koja zum 65. Geburtstag, Wien, New York, 1998, S. 3 ff.

Begriff und Entwicklung des Europäischen Verfassungsrechts, FS H. Maurer, 2001, S. 855 ff.

Badura, Peter: Generalprävention und Würde des Menschen, in: JZ 1964, S. 337 ff.

Barth, Peter: Medizinische Maßnahmen bei Personen unter Sachwalterschaft, in: ÖJZ 2000, Heft 2, S. 57 ff.

Battis, Ulrich, Mahrenholz, Ernst Gottfried, Tsatsos, Dimitri: Das Grundgesetz im internationalen Wirkungszusammenhang der Verfassungen, Schriften zum Öffentlichen Recht, Band 588.

Baumgartner, Gerhard: Das Verhältnis der Grundrechtsgewährleistungen auf europäischer und nationaler Ebene, ZÖR 54 (1999), S. 117 ff.

EU-Mitgliedschaft und Grundrechtsschutz, Juristische Schriftenreihe, Band 102, Wien, 1997. *Zitat: Baumgartner, EU-Mitgliedschaft, S. 28.*

Bavastro, Paolo: Das Hirnversagen und das Transplantationsgesetz, Eine phänomenologische Betrachtung, in: ZRP 1999, S. 114 ff.

Becker, Ulrich: Das „Menschenbild des Grundgesetzes" in der Rechtsprechung des Bundesverfassungsgerichts, Berlin, Schriften zum öffentlichen Recht, Band 708, 1996. *Zitat: Becker, Menschenbild, S. 23.*

Benda, Ernst / Maihofer, Werner / Vogel, Hans-Jochen: Handbuch des Verfassungsrechts der Bundesrepublik Deutschland, Teil 1, 1984 (unveränderter Nachdruck der Originalausgabe 1983). *Zitat: Benda, Die Menschenwürde, in: Handbuch des Verfassungsrechts, S. 107 ff. (115).*

Berchtold, Klaus: Verfassungsentwicklung seit 1945, in: FS 75 Jahre Bundesverfassung, 1995, S. 141 ff.

Bergmann, Jan Michael: Das Menschenbild der Europäischen Menschenrechtskonvention, Baden-Baden, 1. Auflage 1995. *Zitat: Bergmann, Menschenbild, S. 14.*

Berka, Walter: Die Grundrechte: Grundfreiheiten und Menschenrechte in Österreich, 1. Auflage, Wien 1999. *Zitat: Berka, Grundrechte, S. 12.*

Konkretisierung und Schranken der Grundrechte, in: ZÖR 54 (1999), S. 31 ff.

Das allgemeine Gesetz als Schranke der grundrechtlichen Freiheit, in: FS Koja zum 65. Geburtstag, 1998, S. 221 ff.

Persönlichkeitsschutz auf dem Prüfstand: Verfassungsrechtliche Perspektiven, in: Persönlichkeitsschutz und Medienrecht, H. Mayer (Hrsg.), Wien, 1999, S. 1 ff.

Bürgerverantwortung im demokratischen Verfassungsstaat, in: VVDStRL 55, S. 49 ff.

Europäische Menschenrechtskonvention und die österreichische Grundrechtstradition, ÖJZ 1979, S. 365 ff.

Bernat, Erwin: Die Reproduktionsmedizin am Prüfstand von Recht und Ethik, Schriftenreihe Recht und Medizin (RdM), Band 11. *Zitat: Novak, Fortpflanzungsmedizin und Grundrechte, in: Bernat, Reproduktionsmedizin, S. 63.*

Das österreichische Recht der Medizin – eine Bestandsaufnahme, JAP 3, 1999/2000, S. 105 ff.

Bleckmann, Albert: Staatsrecht II – Die Grundrechte, 4. Auflage 1997, Köln, Berlin, Bonn, München. *Zitat: Bleckmann, Staatsrecht II-Grundrechte, § 9 II 1, S. 13.*

Böckenförde, Ernst-Wolfgang: Die Methoden der Verfassungsinterpretation-Bestandsaufnahme und Kritik, in: NJW 1976, S. 2089 ff.

Brandtner, Werner / Hämmerle, Franz / Müller, Johannes: Der Vorarlberger Landtag, in: Schambeck (Hrsg.), Föderalismus und Parlamentarismus in Österreich, 1992, S. 539 ff.

Brauneder, Wilhelm: Die Gesetzgebungsgeschichte der österreichischen Grundrechte, in: Machacek/Pahr/Stadler, Band 1, 1991, S. 191 ff.

— Zum Wesen der Grundrechte des „Kremsierer Verfassungsentwurfs", in: ÖJZ 1989, Heft 14/15, S. 417 ff.

Brugger, Winfried: Besprechungen zu Christoph Enders, Die Menschenwürde in der Verfassungsordnung, AöR, Band 124 (1999), S. 310 ff.

Bydlinski, Franz: Juristische Methodenlehre und Rechtsbegriff, Wien, New York, 2. Auflage 1991.

— Fundamentale Rechtsgrundsätze, Wien, New York, 1988.

Canaris, Claus-Wilhelm: Grundprobleme des privatrechtlichen Persönlichkeitsschutzes, in: JBl. 1991, S. 205 ff.

Deutsch, Erwin: Embryonenschutz in Deutschland, in: NJW 1991, S. 721 ff.

— Das Transplantationsgesetz vom 5.11.1997, in: NJW 1998, S. 777 ff.

Dittrich, Robert / Tades, Helmut: Das Allgemeine bürgerliche Gesetzbuch, Manz, Große Ausgabe der österreichischen Gesetze, Band 2, 35. Auflage, Wien, 1999. *Zitat: Dittrich/Tades, ABGB, § 16 E 1.*

Dreier, Horst: Grundgesetz-Kommentar, H. Dreier (Hrsg.), Band 1, Tübingen 1996, und Band 2, Tübingen 1998. *Zitat Dreier: in: Dreier, Grundgesetz, Band 1, Art. 1 Rn 2.*

Dürig, Günter: Der Grundrechtssatz von der Menschnwürde, AöR, 81, S. 117 ff.

— Die Menschenauffassung des Grundgesetzes, JR 1952, S. 259 ff.

Echterhölter, Rudolf: Die Europäische Menschenrechtskonvention in der juristischen Praxis, JZ 1956, S. 142 ff.

Enders, Christoph: Die Menschenwürde in der Verfassungsordnung: zur Dogmatik des Art. 1 GG, Jus publicum Band 27, Tübingen 1997. *Zitat: Enders, Menschenwürde, S. 17.*

Ermacora, Felix: Die Menschenrechte als Grundnorm des Rechts, in FS Klecatsky zum 60. Lebensjahr, S. 151 ff.

— Grundriß einer Allgemeinen Staatslehre, Berlin, 1979.

— Handbuch der Grundfreiheiten und der Menschenrechte, Ein Kommentar zu den österreichischen Grundrechtsbestimmungen, Wien 1963.

— Grundriß der Menschenrechte in Österreich, Wien 1988.

— Die UN-Menschenrechtspakte, Bestandteil der österreichischen Rechtsordnung?, in: JBl. 1979, S. 191 ff.

Faller, Hans Joachim: Wiederkehr des Naturrechts? Die Naturrechtsidee in der höchstrichterlichen Rechtsprechung von 1945 bis 1993, JöR NF, Band 43, 1995, S. 1 ff.

Feichtinger, Barbara: Vergewaltigung in der Ehe – Notwendigkeit eines neuen Straftatbestandes?, in: ÖJZ 1988, Heft 9, S. 268 ff.

Frowein, Jochen Abr. / Peukert Wolfgang: Europäische Menschenrechtskonvention, EMRK Kommentar, Kehl, Straßburg, Arlington, 2. Auflage, 1996.

Funk, Bernd-Christian: Ein Grundrecht auf Schutz der Gesundheit?, in: JRP 1994, S. 68 ff.

Das Grundgesetz im internationalen Wirkungszusammenhang der Verfassungen Bericht Österreich, in: Schriften zum öffentlichen Recht, Band 588, Battis, Mahrenholz, Tsatsos, S. 53 ff.

Geddert-Steinacher, Tatjana: Menschenwürde als Verfassungsbegriff: Aspekte der Rechtsprechung des Bundesverfassungsgerichts zu Art. 1 Abs. 1 Grundgesetz, Berlin, 1990. *Zitat: Geddert-Steinacher, Menschenwürde, S. 13.*

Geiger, Rudolf: EUV, EGV, Kommentar, 3. Auflage, München 2000.

Glück, Alois: Verantwortung übernehmen, Stuttgart, München, 2. Auflage 2001. *Zitat: Glück, Verantwortung, S. 16.*

Griller, Stefan: Der Schutz der Grundrechte vor Verletzungen durch Private, 1. Teil, in: JBl. 1992, S. 205 ff.

Grof, Alfred: Einschreitepflicht der Behörde bei Verletzung des Grundrechts auf körperliche Integrität durch Dritte, ÖJZ 1984, Heft 22, S. 589 ff.

Groiss, Wolfgang / Schantl, Gernot / Welan, Manfred: Der verfassungsrechtliche Schutz des menschlichen Lebens, in: ÖJZ 1978, Heft 1, S. 1 ff.

Guradze, Heinz: Europäische Menschenrechtskonvention, Berlin und Frankfrut a. M., 1968.

Gutknecht, Brigitte: Ratifikation und Prozeß der Akzeptanz der MRK in Österreich, in: ZfV 1987, S. 261 ff.

Häberle, Peter: Menschenwürde und Verfassung am Beispiel von Art. 2 Abs. 1 Verf. Griechenland 1975, in: Rechtstheorie 11. Band, 1980, S. 389 ff. *Zitat: Häberle, Menschenwürde und Verfassung Griechenlands, S. 370.*

Die Menschenwürde als Grundlage der staatlichen Gemeinschaft, in: Isensee/Kirchhof, Handbuch des Staatsrechts, Band 1, 1987, § 20. *Zitat: Häberle, in: Isensee/Kirchhof, Band I, § 20 I 2.*

Hanika, Heinrich: Patientencharta, in: MedR 1999, S. 149 ff.

Hartwig, Henning: „Big Brother" und die Folgen, in: JZ 2000, S. 967 ff.

Hauer, Andreas / Keplinger, Rudolf: Sicherheitspolizeigesetz, Wien, 1997.

Hiesel, Martin: Die Rechtsstaatsjudikatur des Verfassungsgerichtshofes, in: ÖJZ 1999, H 14/15, S. 522 ff.

Gleichheitssatz, verfassungsrechtliche Grundordnung und das Erkenntnis VfSlg 15.373/1998, in: ÖJZ 2000, Heft 8, S. 281 ff. *Zitat: Hiesel, Gleichheitssatz, S. 289.*

Hinrichs, Ulrike: „Big Brother und die Menschenwürde", in: NJW 2000, S. 2173 ff.

Hinteregger, Monika: Die Bedeutung der Grundrechte für das Privatrecht, ÖJZ 1999, Heft 20, S. 741 ff.

Hoerster, Norbert: Rechtsethische Überlegungen zur Freigabe der Sterbehilfe, in: NJW 1986, S. 1786 ff.

Hofmann, Hasso: Die versprochene Menschenwürde, AöR 118. Band (1993), S. 353 ff.

Hofmann, Rainer / Holländer, Pavel / Merli, Franz / Wiederin, Ewald: Armut und Verfassung, Sozialstaatlichkeit im europäischen Vergleich, Wien, 1998.

Höfling, Wolfram / Gern, Alfons: Menschenwürde und gute Sitten, in: NJW 1983, S. 1582 ff.

Höfling, Wolfram: Die Unantastbarkeit der Menschenwürde-Annäherungen an einen schwierigen Verfassungsrechtssatz, in: JUS 1995, S. 857 ff. *Zitat: Höfling, Die Unantastbarkeit der Menschenwürde, JUS 1995, S. 860.*

Holoubek, Michael / Lienbacher, Georg: Rechtspolitik der Zukunft – Zukunft der Rechtspolitik, Wien, New York, 1999.

Holoubek, Michael: Überblick über einige Grundrechtspositionen des Grundrechtsschutzes in der jüngeren Rechtsprechung des österreichischen Verfassungsgerichtshofes, JöR 1995, NF, Band 43, S. 573 ff.

Funktion und Interpretation der Grundrechte, in: ZÖR 54 (1999), S. 97 ff.

Wer ist durch die Grundrechte gebunden?, in: ZÖR (1999), S. 57 ff.

Grundrechtliche Gewährleistungspflichten: Ein Beitrag zu einer allgemeinen Grundrechtsdogmatik, Forschungen aus Staat und Recht, Wien, New York, 1997. *Zitat: Holoubek, Gewährleistungspflichten, S. 136.*

Der Grundrechtseingriff – Österreichische und konventionsrechtliche Aspekte, in: DVBl. 1992, S. 1031 ff.

OGH, EMRK und Gemeinschaftsrecht, in: ZfV 1996, S. 28 ff.

Holzbauer, Albert / Brugger Sepp: Strafvollzugsgesetz, Wien, 1996.

Holzinger, Gerhart: Verfassungsbereinigung – Zur Frage der Neukodifikation der Bundesverfassung, in: FS 75 Jahre Bundesverfassung, 1975, S. 195 ff.

Holzleithner, Elisabeth: Naturrecht, Grundbegriffe des Rechts, in: JAP I 2000/2001, S. 3.

Hopf, Gerhard / Aigner, Gerhard: Unterbringungsgesetz, Wien, 1993.

Hufen, Friedhelm: Entstehung und Entwicklung der Grundrechte, in: NJW 1999, S. 1504 ff.

In dubio pro dignitate, Selbstbestimmung und Grundrechtsschutz am Ende des Lebens, in: NJW 2001, S. 849 ff.

Isensee, Josef / Kirchhof Paul: Handbuch des Staatsrechts der Bundesrepublik Deutschland Band I; Grundlagen von Staat und Verfassung, Heidelberg 1987;

Band V, Allgemeine Grundrechtslehre, Heidelberg 1992. *Zitat: Kirchhof, in Isensee/Kirchhof, Band I, § 18 Rn. 49.*

Isensee, Josef: Verfassungsgarantie ethischer Grundwerte und gesellschaftlicher Konsens, in: NJW 1977, S. 545 ff.

Jann, Peter: Verfassungsrechtlicher und internationaler Schutz der Menschenrechte: Konkurrenz oder Ergänzung?, Landesbericht Österreich, in: EuGRZ 1994, S. 1 ff.

Janssen, André: Die Regelung der aktiven Sterbehilfe in den Niederlanden, – ein Novum, ZRP 2001, S. 179 ff.

Jarras, Hans D.: Folgerungen aus der neueren Rechtsprechung des BVerfG für die Prüfung von Verstößen gegen Art. 3 I GG, in: NJW 1997, S. 2545 ff.

Kelsen, Hans: Reine Rechtslehre, 2. Auflage 1960, unveränderter Nachdruck 1967.

Keplinger, Rudolf: Fremdenrecht, Wien, 1997.

Kienapfel, Diethelm / Schmoller, Kurt: Grundriß des österreichischen Strafrechts, Besonderer Teil, Band III, Wien, 1999.

Kienberger, Heinrich: Grundrechtsverbürgungen in den österreichischen Landesverfassungen, in: Machacek/Pahr/Stadler, Band 2, S. 27 ff.

Kingreen, Thorsten: Die Gemeinschaftsgrundrechte, in: JUS 2000, S. 857 ff.

Klang, Heinrich: Kommentar zum allgemeinen bürgerlichen Gesetzbuch, Wien, 1933.

Klecatsky, Hans. R.: Menschenrechte, innerstaatlicher Rechtsschutz und Volksanwaltschaft, in JBl. 1985, S. 577 ff.

Geht das Recht der Republik Österreich vom Volk aus?, in: JBl. 976, S. 512 ff.

Was verlangt der Rechtsstaat heute?, in: ÖJZ 1967, Heft 5, S. 114 ff.

Hat Österreich eine Verfassung?, in: JBl. 1965, S. 544 ff.

Unvergeßbare Erinnerungen an § 16 ABGB, in: Pro justitia et scientia – FS für K. Kohlegger, Hrsg. K. Ebert, Wien 2001, S. 275 ff. *Zitat: Klecatsky, Erinnerungen, S. 276.*

Kley, Andreas: Der Grundrechtskatalog der nachgeführten Bundesverfassung, – ausgewählte Neuerungen, ZBJV 1999/6, S. 301 ff.

Kneihs, Benjamin: Grundrechte und Sterbehilfe, Wien 1998, Juristische Schriftenreihe Band 121.

Das Recht auf Leben in Österreich, in: JBl. 1999, S. 76 ff.

Koja, Friedrich: Buchbesprechungen, Handbuch der Grundfreiheiten und Menschenrechte, von Felix Ermacora, JBl. 1964, S. 379/380.

Das Verfassungsrecht der österreichischen Bundesländer, 2. Auflage, Wien, New York, 1988.

Koller, Heinrich: Der Einleitungstitel und die Grundrechte in der neuen Bundesverfassung, AJP/PJA 6/99, S. 656 ff.

Koller, Heinrich / Biaggini Giovanni: Die neue schweizerische Bundesverfassung/Neuerungen und Akzentsetzungen im Überblick, EuGRZ 2000, S. 337 ff.

Kopetzki, Christian: Unterbringungsrecht, Wien, New York, Band 1 und Band 2, 1995, Forschungen aus Staat und Recht 108 und 109.

Das Recht auf persönliche Freiheit, in: Machacek/Pahr/Stadler, Band 3, S. 261 ff.

Rechtspolitik der Zukunft-Medizinrecht, in: Holoubek/Lienbacher (Hrsg.), Rechtspolitik der Zukunft-Zukunft der Rechtspolitik, 1999, S. 221 ff.

Koppernock, Martin: Das Grundrecht auf bioethische Selbstbestimmung: Zur Rekonstruktion des allgemeinen Persönlichkeitsrechts, Baden-Baden, 1997.

Korinek, Karl: Zur Interpretation von Verfassungsrecht, in: FS Walter, 1991, S. 363 ff.

Korinek, Karl / Holoubek, Michael: Österreiches Bundesverfassungsrecht, Textsammlung und Kommentar, Korinek/Holoubek (Hrsg.), Wien, New York, 2000. Zitat: *Oberndorfer, in: Korinek/Holoubek, Band II, Art. 1, Rn 8.*

Korinek, Karl / Gutknecht, Brigitte: Der Grundrechtsschutz, in: Schambeck (Hrsg.), Das österreichische Bundesverfassungsgesetz und seine Entwicklung, Berlin, 1980, S. 291 ff.

Kriele, Martin: Freiheit und Gleichheit, in: Benda/Maihofer/Vogel, Handbuch des Verfassungsrechts, 1984, S. 129 ff.

Larenz, Karl: Methodenlehre der Rechtswissenschaft, Berlin, Heidelberg, New York, Tokio, 5. Auflage 1983.

Laufer, Heinz: Freiheit und Gleichheit, in: Menschenwürde und freiheitliche Rechtsordnung, Geiger FS 1974, S. 337 ff.

Laufs, Adolf: Arzt, Patient und Recht am Ende des Jahrhunderts, in: NJW 1999, S. 1758 ff.

Das Menschenrechtsübereinkommen zur Biomedizin und das deutsche Recht, in: NJW 1997, S. 776/777.

Laufs, Adolf / Uhlenbruck, Wilhelm: Handbuch des Arztrechts, München, 2. Auflage 1999.

Laurer, Hans Rene: Der verfassungsrechtliche Schutz der persönlichen Freiheit nach dem Bundesverfassungsgesetz vom 29. November 1988, in: Walter (Hrsg.), Verfassungsänderungen 1988 (1989), Wien 1989, S. 27 ff.

Lebitsch, Gerhard: Einige Gedanken zur Neuregelung des Rechts auf persönliche Freiheit, JBl. 1992, S. 430 ff.

Leisner, Walter: Die Zweckmäßigkeit der Verfassung, in: JZ 1964, S. 201 ff.

Loebenstein, Edwin: Die Zukunft der Grundrechte im Lichte der künstlichen Fortpflanzung des Menschen, Teil 1, in: JBl. 1987, S. 694 ff.
Teil 2, in: JBl. 1987, S. 749 ff.
Die Behandlung des österreichischen Grundrechtskataloges durch das Expertenkollegium zur Neuordnung der Grund- und Freiheitsrechte, in: Machacek/Pahr/Stadler, Band 1, 1991, S. 365 ff.; ebenso in: EuGRZ 1985, 365 ff.
Machacek, Rudolf / Pahr, Willibald P. / Stadler, Gerhard: 70 Jahre Republik. Grund- und Menschenrechte in Österreich, Band 1, 1991, Machacek/Pahr/Stadler (Hrsg.).
40 Jahre EMRK, Grund- und Menschenrechte in Österreich, *Band 2*, 1992, Machacek/Pahr/Stadler (Hrsg.).
50 Jahre Allgemeine Erklärung der Menschenrechte, Grund- und Menschenrechte in Österreich, *Band 3*, 1997, Machacek/Pahr/Stadler (Hrsg.). *Zitate: Adamovich, in: Machacek/Pahr/Stadler, Band 1, S. 18 ff.*
Machacek, Rudolf: Das Recht auf Leben in Österreich, in: EuGRZ 1983, S. 453 ff.
Maihofer, Werner: Die demokratische Ordnung des Grundgesetzes, in: Benda/Maihofer/Vogel, Handbuch des Verfassungsrechts, 1984, S. 169 ff.
Maleczky, Oskar: Zur Strafbarkeit der „G'sundn Watschn", ÖJZ 1993, Heft 18, S. 625 ff.
Mangoldt, Hermann v. / Klein, Friedrich / Starck, Christian: Das Bonner Grundgesetz, Kommentar, Band 1, München, 4. Auflage 1999 und Band 2, München, 4. Auflage 2000. *Zitat: Starck, in: v.Mangoldt/Klein/Starck, GG I, Art. 1 Abs. 1 Rn 13.*
Marcic, Rene: Die rechts- und staatsphilosophischen Grundgedanken der geltenden Österreichischen Verfassungsordnung, in: JBl. 1965, S. 552 ff.
Der unbedingte Rechtswert des Menschen, in: Festgabe Voegelin zum 60. Geburtstag, S. 360 ff.
Menschenpflichten, Eine Gedanken- und Systemskizze, in: Internationale FS Verdross, München, Salzburg, 1971.
Vom Gesetzesstaat zum Richterstaat, Wien 1957.
Marko, Joseph: Umweltschutz als Staatsziel, in: ÖJZ 1986, Heft 10, S. 289 ff.
Mastronardi, Philippe A.: Der Verfassungsgrundsatz der Menschenwürde in der Schweiz, Berlin, 1978.
Die Menschenwürde als Verfassungsgrundsatz in der Schweiz, in: JöR NF, Band 28, 1979, S. 469 ff.
Matscher, Franz: Der Schutz der Menschenrechte in Europa, in: Kirche und Gesellschaft Nr. 264, Mönchengladbach, 1999.
Maunz, Theodor / Dürig, Günter / Herzog, Roman / Scholz, Rupert / Lerche, Peter / Papier, Hans-Jürgen / Randelzhofer, Albrecht / Schmidt-Aßmann, Eber-

hardt: Grundgesetz, Kommentar, Band I, Loseblatt, 1958 ff. *Zitat: Dürig, in: Maunz-Dürig, Grundgesetz, Art. 1 Abs. 1 Rn 88.*

Mayer, Heinz: Das österreichische Bundes-Verfassungsrecht, Kurzkommentar, 2. Auflage, Wien, 1997.

Nochmals zur sogenannten „Drittwirkung" der Grundrechte, in: JBl. 1992, S. 768 ff.

Mayrhofer, Karl / Steininger, Einhard: Grundrechtsbeschwerdegesetz, Wien, 1995.

Meyer-Ladewig, Jens / Petzold, Herbert: Der neue ständige Europäische Gerichtshof für Menschenrechte, in: NJW 1999, S. 1165 ff.

Morscher, Siegbert: Die Rechtsprechung des österreichischen Verfassungsgerichtshofes zum Fremdengesetz, EuGRZ 1997, S. 133 ff.

Die Hierarchie der Verfassungsnormen und ihre Funktion im Grundrechtsschutz in Österreich, Landesbericht Österreich, EuGRZ 1990, S. 454 ff.

Tirol, in: Schäffer (Hrsg.), Das Verfassungsrecht der österreichischen Bundesländer, Wien 1991.

Müller, Jörg Paul: Grundrechte in der Schweiz: im Rahmen der Bundesverfassung von 1999, der UNO-Pakte und der EMRK, Bern 1999. *Zitat: Müller, Grundrechte, S. 2.*

Münch, Ingo v. / Kunig, Philip: Grundgesetz-Kommentar, Band 1, München, 5. Auflage 2000. *Zitat: Kunig, in: v. Münch/Kunig, GGK I, Art. 1 Rn 13.*

Neumann, Franz L. / Nipperdey, Hans Carl / Scheuner Ulrich: Die Grundrechte, Handbuch der Theorie und Praxis der Grundrechte, Berlin, 2. Auflage 1968.

Niebler, Engelbert: Die Rechtsprechung des Bundesverfassungsgerichts zum obersten Rechtswert der Menschenwürde, in: BayVBl. 1989, S. 737 ff.

Novak, Richard: Landesgesetzgebung und Verfassungsrecht-Stand, Tendenzen, Reformen, in: Schambeck (Hrsg.), Föderalismus und Parlamentarismus in Österreich, 1992, S. 53 ff.

Lebendiges Verfassungsrecht (1995), in: JBl. 1998, S. 341 ff.

Öhlinger, Theo / Nowak, Manfred: Grundrechtsfragen künstlicher Fortpflanzung, in: Österreichische Enquete zum Thema Familienpolitik und künstliche Fortpflanzung, Dezember 1985, S. 31 ff.

Öhlinger, Theo: Verfassungsrecht, Wien, 4. Auflage 1999. *Zitat: Öhlinger, Verfassungsrecht, Rn 37.*

Stil der Verfassungsgesetzgebung-Stil der Verfassungsinterpretation, in: FS Adamovich, 1992, S. 502 ff.

Oppitz, Florian: Armut und Verfassung, Die Rechtslage in Österreich, in: Hofmann, Holländer, Merli, Wiederin (Hrsg.), Armut und Verfassung, Wien, 1998, S. 161 ff.

Otto, Harro: Recht auf den eigenen Tod? Strafrecht im Spannungsverhältnis zwischen Lebenserhaltungspflicht und Selbstbestimmung, Gutachten D zum 56. Deutschen Juristentag, Berlin, 1986.

Pahr, Willibald P.: Schutz und Ausbau der Menschenrechte – Eine Herausforderung unserer Zeit, in: Machacek/Pahr/Stadler, Band 1, 1991, S. 3 ff.

Pernice, Ingolf: Gemeinschaftsverfassung und Grundrechtsschutz, Grundlagen, Bestand und Perspektiven, NJW 1990, S. 2409 ff.

Pernthaler, Peter / Lukasser, Georg: Vorarlberg, in: Schäffer (Hrsg.), Das Verfassungsrecht der Österreichischen Bundesländer, Wien, 1995.

Pernthaler, Peter: Der Verfassungskern: Gesamtänderung und Durchbrechung der Verfassung im Lichte der Theorie, Rechtsprechung und europäischer Verfassungskultur, Wien 1998. *Zitat: Pernthaler, Verfassungskern, S. 13.*

Allgemeine Staatslehre und Verfassungslehre, 2. Auflage, Wien, New York, 1996.

Die Präambel zur Tiroler Landesordnung, Ein Beitrag zur verfassungsrechtlichen Grundwerte – Formulierung, in: Pax et justitia, FS für Alfred Kostelecky zum 70. Geburtstag, Hrsg. H. W. Kaluza, Berlin, 1990, S. 143 ff. *Zitat: Pernthaler, Präambel, S. 144.*

Peters, Michaela: Grundrechte als Regeln und Prinzipien, in: ZÖR 51 (1996), S. 159 ff.

Podlech: Kommentar zum Grundgesetz für die Bundesrepublik Deutschland, Reihe Alternativkommentare, Azzola, Axel u.a., Neuwied, Frankfurt, Band 1 und 2, 2. Auflage 1989. *Zitat: Podlech, GG-AK, Art. 1 Abs. 1 Rn 32.*

Poplutz, Christian: Offene Fragen rund um die Bioethik-Konvention, ZfL 1998, S. 6 ff.

Potacs, Michael: Auslegung im öffentlichen Recht: Eine vergleichende Untersuchung der Auslegungspraxis des Europäischen Gerichtshofs und der österreichischen Gerichtshöfe des öffentlichen Rechts, Baden-Baden, Schriftenreihe Europäisches Recht, Politik und Wirtschaft, Band 175, 1. Auflage, 1994. *Zitat: Potacs, Auslegung, S. 221.*

Rack, Reinhard: Die Weiterentwicklung der klassischen Grund- und Freiheitsrechte am Beispiel des Gleichheitssatzes, in: Rack (Hrsg.), Grundrechtsreform, Wien, Köln, Graz, Böhlau, 1985, S. 159 ff. (169).

Raschauer, Bernhard: Namensrecht, Forschungen aus Staat und Recht 45, Wien, New York, 1978.

Rengeling, Hans Werner: Grundrechtsschutz in der Europäischen Gemeinschaft: Bestandsaufnahme und Analyse der Rechtsprechung des Europäischen Gerichtshofs zum Schutz der Grundrechte als allgemeine Rechtsgrundsätze, München, 1992. *Zitat: Rengeling, Grundrechtsschutz, S. 13.*

Ringhofer, Kurt: Über Grundrechte und deren Durchsetzung im innerstaatlichen Recht, FS Hellbling zum 80. Geburtstag, Berlin 1981, S. 355 ff.

Rosenkranz, Sigmund: Das Bundes-Gleichbehandlungsgesetz, Wien, 1997.

Rosenmayr, Stefan: Asylrecht, in: Machacek/Pahr/Stadler, Band 3, S. 535 ff.

Artikel 3 MRK, in: Ermacora/Nowak/Tretter (Hrsg.), Die Europäische Menschenrechtskonvention in der Rechtsprechung der österreichischen Höchstgerichte, Wien, 1983, S. 139 ff.

Rummel, Peter: Kommentar zum Allgemeinen bürgerlichen Gesetzbuch, 1. Band, Wien 1983, Zitat: Aicher, in: Rummel, ABGB, § 16 Rn 4.

Sachs, Michael: Grundgesetz, Kommentar, M. Sachs (Hrsg.), München, 1996. *Zitat: Höfling, in: Sachs, Grundgesetz, Art. 1 Rn 4.*

Schäffer, Heinz / Jahnel, Dietmar: Der Schutz der Grundrechte, in: ZÖR 54 (1999), S. 71 ff.

Schäffer, Heinz: Das Verfassungsrecht der Österreichischen Bundesländer, Schäffer (Hrsg.), Zitat: Pernthaler, Lukasser, in: Schäffer, Das Verfassungsrecht der Österreichischen Bundesländer, Vorarlberg, Wien 1992, Art. 7 Rn.

Die Interpretation, in: Schambeck (Hrsg.), Das österreichische Bundes-Verfassungsgesetz und seine Entwicklung, Berlin, 1980, S. 57 ff. *Zitat: Schäffer, Die Interpretation, S. 34.*

Schambeck, Herbert: Bild und Recht des Menschen in der europäischen Sozialcharta, in: FS Hans Schmitz zum 70. Geburtstag, Band II, Wien München 1967.

Menschenbild und Menschenrechte im österreichischen Verfassungsrecht, in: Menschenrecht und Menschenbild in den Verfassungen Schwedens, Deutschlands und Österreichs, Deutsche Sektion der Internationalen Juristen-Kommission, Vorträge und Diskussionsbeiträge auf der Arbeitstagung vom 12.-14. Juni 1982 in Stockholm, Rechtsstaat in der Bewährung Band 13, Heidelberg, 1983.

Über Grundwerte und Grundprinzipien europäischer Verfassungen, in: ÖJZ 1992, Heft 22, S. 745 ff.

Das österreichische Bundes-Verfassungsgesetz und seine Entwicklung, Berlin, 1980.

Verfassungsrecht und Verfassungswirklichkeit in Österreich, in: Verfassungsstaatlichkeit, FS Stern zum 65. Geburtstag, 1997, S. 253.

Zur Theorie und Interpretation der Grundrechte in Österreich, in: Machacek/Pahr/Stadler, Band 1, 1991, S. 83 ff.

Der Begriff der Natur der Sache, Wien 1964.

Föderalismus und Parlamentarismus in Österreich, Wien, 1992.

Möglichkeiten und Grenzen der Verfassungsinterpretation in Österreich, in: JBl. 1980, S. 226 ff.

Der Verfassungsbegriff und seine Entwicklung, in: FS Kelsen 1971, S. 211 ff.

Sax, Helmut / Hainzl, Christian: Die verfassungsrechtliche Umsetzung der UN-Kinderrechtskonvention in Österreich, Wien, 1999.

Schilling, Theodor: Bestand und allgemeine Lehren der bürgerschützenden allgemeinen Rechtsgrundsätze des Gemeinschaftsrechts, in: EuGRZ 2000, S. 3 ff. *Zitat: Schilling, Gemeinschaftsrecht, S. 38.*

Schlag, Martin: Verfassungsrechtliche Aspekte der künstlichen Fortpflanzung: insbesondere das Lebensrecht des in vitro gezeugten Embryos, Wien, 1991.

Die Herausforderung der Biotechnologie an die österreichische allgemeine Grundrechtsdogmatik, ÖJZ 1992, S. 50 ff.

Schmidt-Bleibtreu, Bruno / Klein, Franz: Kommentar zum Grundgesetz, Neuwied, Kriftel, 9. Auflage 1999. *Zitat: Kannengießer, in: Schmidt-Bleibtreu/Klein, Grundgesetz, Art. 1 Rn 17a.*

Scholler, Kurt: Lebensschutz bis zum Ende, in: ÖJZ 2000, Heft 10, S. 361 ff.

Schreiner, Helmut: Grundrechte und Landesverfassungen, ZÖR 54 (1999), S. 89 ff.

Schwimann, Michael: Praxiskommentar zum ABGB, Band 1, 2. Auflage 1997. *Zitat: Schwimann, in: Schwimann, ABGB, § 16 Rn 14.*

Spranger, Tade Matthias: Auswirkungen einer Staatszielbestimmung „Tierschutz" auf die Forschungs- und Wissenschaftsfreiheit, in ZRP 2000, S. 285 ff.

Starck, Christian: Menschenwürde als Verfassungsgarantie im modernen Staat, in: JZ 1981, S. 457 ff.

Steiner, Johannes Wolfgang: Ausgewählte Rechtsfragen der Insemination und Fertilisation, ÖJZ 1987, Heft 17, S. 513 ff.

Steininger, Herbert / Leukauf, Otto: Kommentar zum Strafgesetzbuch, 3. Auflage, 1992.

Stelzer, Manfred: Das Wesensgehaltsargument und der Grundsatz der Verhältnismäßigkeit, Wien, New York, Forschungen aus Staat und Recht 94, 1991. *Zitat: Stelzer, Wesensgehaltsargument, S. 34.*

Stand und Perspektiven des Grundrechtsschutzes, in: 75 Jahre Bundesverfassung, Wien, 1995, S. 585 ff.

Die Quellen der Grundrechte, in: ZÖR 54 (1999), S. 9 ff.

Stern, Klaus: Das Staatsrecht der Bundesrepublik Deutschland, Allgemeine Lehren der Grundrechte, Band III/1, München 1988. *Zitat: Stern, Staatsrecht, III/1, § 64 III 7 a (S. 464).*

Allgemeine Lehren der Grundrechte, Band III/2, München 1994.

Menschenwürde als Wurzel der Menschen- und Grundrechte, FS Scupin zum 80. Geburtstag, Berlin, 1983.

Stolz, Armin: Grundrechtsaspekte künstlicher Befruchtungsmethoden, in: Lebensbeginn durch Menschenhand (Bernat, Hrsg.), Graz 1985, S. 109 ff.

Strimitzer, Martin / Schober, Richard / Kienberger, Heinrich / Rath-Kathrein, Irmgard: Der Tiroler Landtag, in: Schambeck (Hrsg.), Föderalismus und Parlamentarismus in Österreich, 1992, S. 495 ff.

Stubenrauch, Moritz v.: Commentar zum österreichischen allgemeinen bürgerlichen Gesetzbuche, Erster Band, Wien, 1892; Zitat: Pisto, in: v. Stubenrauch, § 16 B I.

Taupitz, Jochen / Fröhlich, Uwe: Medizinische Forschung mit nichteinwilligungsfähigen Personen, in: VersR 1997, Heft 22, S. 911 ff.

Tettinger, Peter J.: Die Charta der Grundrechte der Europäischen Union, NJW 2001, S. 1010 ff.

Thienel, Rudolf: Der Rechtsbegriff der Reinen Rechtslehre – Eine Standortbestimmung, in: FS Koja 1998, S. 161 ff.

Tomandl, Theodor: Probleme im Zusammenhang mit Betriebsvereinbarungen über Kontrollmaßnahmen, in: Probleme des Einsatzes von Betriebsvereinbarungen, Wiener Beiträge zum Arbeits- und Sozialrecht, Tomandl (Hrsg.), Band 19, Wien, 1983, S. 1 ff.

Uhlenbruck, Wilhelm: Recht auf den eigenen Tod?, in: NJW 1986, S. 209 ff.

Unruh, Peter: Zur Dogmatik der grundrechtlichen Schutzpflichten, Berlin 1996, Schriften zum öffentlichen Recht.

Verdross, Alfred: Abendländische Rechtsphilosophie, 2. Auflage, Wien, 1963.

Die Würde des Menschen als Grundlage der Menschenrechte, in: EuGRZ 77, S. 207 ff.

Die Würde des Menschen in der abendländischen Rechtsphilosophie, in: Naturordnung in Gesellschaft, Staat, Wirtschaft, FS Messer 1961, S. 353 ff.

Die Idee der Menschenwürde im Rechtsstaat der pluralistischen Gesellschaft, in: Menschenwürde und freiheitliche Rechtsordnung, FS Geiger zum 65. Geburtstag, 1974, S. 221 ff.

Vitzthum, Wolfgang Graf: Die Menschenwürde als Verfassungsbegriff, JZ 1985, S. 201 ff.

Volkmann, Uwe: Grund und Grenzen der Toleranz, in: Der Staat, 39. Band 2000, Heft 3, S. 325 ff.

Wagner, Hellmut / Morsey, Benedikt: Rechtsfragen der somatischen Gentherapie, in: NJW 1996, S. 1565 ff.

Waldstein, Wolfgang: Das Menschenrecht zum Leben, Schriften zum öffentlichen Recht, Band 423, 1982.

Walter, Robert: Waren die „Grundrechte" es „Kremsierer Verfassungsentwurfs" bloße „Staatszielbestimmungen"? – Eine Erwiderung, in: ÖJZ 1990, Heft 19, S. 609 ff.

ABGB und Verfassung, in: ÖJZ 1966, S. 1 ff.

Grundrechtsverständnis und Normenkontrolle in Österreich, in: Grundrechtsverständnis und Normenkontrolle, Eine Vergleichung der Rechtslage in Österreich und in Deutschland, Kolloquium zum 70. Geburtstag von H. Spanner, S. 1 ff, Forschungen aus Staat und Recht 49, Wien, New York, 1979. *Zitat: Walter, Grundrechtsverständnis, S. 19.*

Walter, Robert / Mayer, Heinz: Grundriß des österreichischen Bundesverfassungsrechts, 9. Auflage, Wien 2000. *Zitat: Walter-Mayer, Bundesverfassungsrecht, Rn 1376.*

Walzel v. Wiesentreu, Thomas E.: Vertrauensschutz und generelle Norm, in: ÖJZ 2000, Heft 1, S. 1 ff.

Wagner, Friedrich: Zur Gehorsamspflicht in der staatlichen Verwaltung, ZfV 1987/2, S. 116 ff.

Wassermann, Rudolf: Das Recht auf den eigenen Tod, DRiZ 1986, S. 291 ff.

Weber, Albrecht: Die Europäische Grundrechtscharta – auf dem Weg zu einer europäischen Verfassung, in: NJW 2000, S. 537 ff.

Weiß, Regina: Das Gesetz im Sinne der Europäischen Menschenrechtskonvention; Berlin 1996, Schriften zum europäischen Recht, Band 24.

Wellspacher, Moritz: Das Naturrecht und das ABGB., in: Festschrift zur Jahrhundertfeier des allgemeinen bürgerlichen Gesetzbuches 1. Juni 1911, Erster Teil, Wien, 1911, S. 173 ff.

Widder, Roland: Der Burgenländische Landtag, in: Schambeck (Hrsg.), Föderalismus und Paralamentarismus in Österreich, 1992, S. 167 ff.

Wiederin, Ewald: Bundesrecht und Landesrecht: zugleich ein Beitrag zu Strukturproblemen der bundesstaatlichen Kompetenzverteilung in Österreich und in Deutschland, Wien, New York, 1995.

Wiegand, Bodo: Das Prinzip Verantwortung und die Präambel des Grundgesetzes, in JöR NF, Band 43, 1995, S. 31 ff. *Zitat: Wiegand, Das Prinzip Verantwortung, S. 40.*

Wimmer, Norbert: Die neue Burgenländische Landesverfassung-Hüterin des politischen Friedens, in: die Burgenländische Landesverfassung, Burgenländische Kulturoffensive, Publikationen, 10.

Winkler, Günther: Studien zum Verfassungsrecht: das institutionelle Rechtsdenken in Rechtstheorie und Rechtsdogmatik, Wien, New York, 1991.

Zeiler, Gerold: Recht und Unrecht am eigenen Bild – Fragen des Bildnisschutzes am Beispiel der Kriminalberichterstattung, in: Persönlichkeitsschutz und Medienrecht, H. Mayer (Hrsg.), Wien, 1999.

Zellenberg, Ulrich E.: Der grundrechtliche Schutz vor Folter, unmenschlicher oder erniedrigender Strafe oder Behandlung, in: Machacek/Pahr/Stadler (Hrsg.), Band 3, 1997, S. 441 ff.

Zuleeg, Manfred: Zum Verhältnis nationaler und europäischer Grundrechte, Funktionen einer EU-Charta der Grundrechte, EuGRZ 2000, S. 511 ff.

Weitere Quellen

Rechtsprechung des VfGH, OGH, VwGH und UVS sowie der Texte der Bundesverfassung und der einfachen Bundes- und Landesgesetze: Rechtsinformationssystem des BKA: www.ris.bka.gv.at.
Rechtsprechung des BVerfG: www.bverfg.de
Rechtsprechung des EGMR: www.echr.coe.int
Rechtsprechung des EuGH und Schlußanträge: www.europa.eu.int
Bundesrecht und Bundesverfassung der Schweizerischen Eidgenossenschaft: www.admin.ch.
Gesetzesmaterialien in Österreich: www.parlinkom.gv.at.
www.land-sbg.gv.at.

Gregor Paul / Thomas Göller / Hans Lenk / Guido Rappe (Hrsg.)

Humanität, Interkulturalität und Menschenrecht

Frankfurt/M., Berlin, Bern, Bruxelles, New York, Oxford, Wien, 2001. 422 S.
Schriften zur Humanitäts- und Glücksforschung. Bd. 1
Herausgegeben von Hans Lenk und Robert Weimar
ISBN 3-631-36151-3 · br. € 50.10*

Gibt es universal gültige Menschenrechte? Und wenn ja, wie lassen sie sich begründen und verwirklichen? Welche Möglichkeiten und Grenzen sind kulturunabhängig und welche kulturspezifisch? Solchen und ähnlichen Fragen gehen die Beiträge nach. Dabei kommt ein weites Spektrum unterschiedlichster Informationen, Gesichtspunkte und Argumente ins Spiel.

Aus dem Inhalt: Jutta Limbach: Geleitwort der Präsidentin des Bundesverfassungsgerichts · Thomas Göller: Kulturelle Pluralität und menschliche Würde. Eine Problemskizze · Heiner Roetz: Das Menschenrecht und die Kulturen. Sieben Thesen · Kenichi Mishima: Menschenrechte und kulturelles Selbstverständnis · Gregor Paul: Ansätze zu einer globalen Ethik in der Geschichte der Philosophie in China · Fuad Kandil: Verbreitete Haltungen und Einstellungen in arabisch-islamischen Gesellschaften zum aktuellen Menschenrechtsdiskurs · Heidi Meier-Menzel: Ursachen und Folgen der Glaubwürdigkeitskrise in der Menschenrechtsfrage · Dieter Senghaas: Der aufhaltsame Sieg der Menschenrechte · Walter Heß: Überlegungen zum Problem des Naturrechts · Guido Rappe: Menschenrechte und die Anfänge des Naturrechts: Moralität und Legalität in der griechischen und chinesischen Antike · Hans-Georg Möller: Individualität und Menschenrechte. Zur Theorie Niklas Luhmanns und möglichen sinologischen Implikationen · Bernward Grünewald: Menschenrechte, praktische Vernunft und allgemeiner Wille. Zur Geschichte eines moralphilosophischen Konzepts · Karlfriedrich Herb: Paradoxien der Freiheit. Zur Problematik der Menschen- und Bürgerrechte bei Rousseau · Heinz Müller-Dietz: Menschenrechte zwischen nationalstaatlicher Souveränität und weltanschaulichen Systemen · Matthias Kaufmann: Die „Artfremdheit" der Menschenrechte. Carl Schmitts Version des Relativismus · Ioanna Kuçuradi: Der Staat, die Staaten und die Menschenrechte · Hans Lenk: Ein Menschenwürdeanrecht auf sinnvolle Eigentätigkeit

Frankfurt/M · Berlin · Bern · Bruxelles · New York · Oxford · Wien
Auslieferung: Verlag Peter Lang AG
Jupiterstr. 15, CH-3000 Bern 15
Telefax (004131) 9402131

*inklusive der in Deutschland gültigen Mehrwertsteuer
Preisänderungen vorbehalten

Homepage http://www.peterlang.de